総説 キリスト教

はじめての人のためのキリスト教ガイド

Christianity: An Introduction

アリスター E. マクグラス［著］　本多峰子［訳］

キリスト新聞社

translated from
CHRISTIANITY: AN INTRODUCTION
SECOND EDITION
Copyright © 1997, 2006 by Alister E.McGrath

The right of Alister E. McGrath to be identified as the Author of this Work
has been asserted in accordance with the UK Copyright, Designs, and Patents Act 1988.

This edition is published by arrangement with Blackwell Publishing Ltd, Oxford
through Tuttle-Mori Agency,Inc., Tokyo

Translated by Kirisuto Shimbun from the original English language version.
Responsibility of the accuracy of the translation rests solely with Kirisuto Shimbun, Co., Ltd.
and is not the responsibility of Blackwell Publishing Ltd.

日本の読者の方へ

　この『総説　キリスト教』の日本語版のために序文を書けることをとてもうれしく思います。この本は、本当にキリスト教が初めての方を念頭に書きました。そして、キリスト教のテーマや、論争や、個性に触れるための単純で分かりやすい入門書にしようと努めました。この本は、きっと、次の方たちに役に立つと思います。第１に、日本のキリスト教徒の方で、キリスト教の歴史的発展や、おもなテーマや特徴など、ご自分の信仰についてより深く理解したい方に。そして第２に、自分はキリスト教徒ではないけれども、この世界でいちばん大きな宗教の歴史や、思想や、価値についてもっとよく知りたい方に役に立つはずです。

　この本を訳出する労をとってくださった本多峰子さんに感謝いたします。

　　　　　　　　　　　2008年５月　オックスフォード大学にて
　　　　　　　　　　　　　　　アリスター・マクグラス

まえがき

　現代世界や現代世界ができた過程を理解したいと思えば、キリスト教の信仰について、いく分かは理解しておかなくてはなりません。キリスト教は世界でも際だって大きな宗教で、信徒の数は、数え方によって異なりますが、12億5,000万から17億5,000万人もいます。現代世界を理解するには、たとえば、なぜキリスト教がアメリカ合衆国でこうも重要なものであり続けるのか、なぜ中国でますます成長しているのかなどについて、よく分かることが大切なのです。西洋社会の伝統や価値観はキリスト教の影響を深く受けて形成されたので、キリスト教信仰についての基本的な理解が教養の基礎として欠かせません。

　キリスト教は、それも特にイエスという人物は、自分をキリスト教徒だと考えていない多くの人にとっても魅力があります。1996年４月、アメリカの福音伝道家ビリー・グラハムは、キリスト教の福音と今日的意味について１時間の講演を行いました。その話はビデオその他によって世界中の聴衆に伝えられ、聴いた人は約25億人もいたことが今では分かっています。西洋文化圏では教会出席者が減少しており、そのことは、一般的な意味での宗教的関心や、特にはキリスト教に対する興味が失われているしるしだと考えられがちです。けれども、これは、複雑な状況をひどく誤解させる見方です。確かに西洋では、人々がますます個人的な活動を好むようになるに従って、伝統的な諸制度から離れてゆく動きが見られます──社会的にも、政治的にも、宗教的にもです。けれどもキリスト教は、共同体を基礎とするという特質を持つと同時に、個人的レベルでの

まえがき

霊的慰めも与えてくれるので、強い魅力を持ち続けています。ですから、キリスト教を理解しておくことはやはり重要なのです。

　この本は、キリスト教を読者に紹介しようとするものです。文字どおりの入門書で、これを用いる人がキリスト教についてほとんど何の知識もなく、その概念や歴史や発達や特質への手引きを喜んでくださるという前提で書いてあります。そうした要求に応えて、信仰体系として、また社会的現実として理解されるキリスト教へのごく初歩的な手引きをすることが本書の目的なのです。概念や発展の過程はすべて紹介し、説明しました。本書で扱ったテーマにはすべて、読者がさらに勉強するための適切な資料について情報をつけてあります。本書で用いる言葉や文体についても、極力やさしくするように心がけました。

目　次

日本の読者の方へ　3
まえがき　5
序　11

第1章　ナザレのイエス　17
イエスがキリスト教信仰の中心であること　18
福音書とイエス　22
イエスとローマの歴史家たち　27
イエスとイスラエル　28
イエスとユダヤ教の諸派　32
イエスの誕生　38
イエスの公的宣教の始まり　40
イエスと女性たち　46
イエスの教え――神の国のたとえ　49
磔刑（十字架刑）　51
復活　58
出来事と意味　62
新約聖書のイエス理解　66

第2章　聖書入門　79
「聖書」という語の由来　79
旧約聖書と新約聖書の連続性　86
聖書の内容　89
聖書の翻訳　95
聖書の解釈　99
聖書の信仰的読み――キリスト教の霊性　106

第3章　旧約聖書　119
旧約聖書の形　120

《目次》

　　　　　旧約聖書の内容　125
　　　　　旧約聖書のおもなテーマ　149

第4章　新約聖書　169
　　　　　福音書　169
　　　　　使徒言行録　185
　　　　　手　紙　186
　　　　　ヨハネの黙示録　196

第5章　キリスト教の信仰内容の背景　199
　　　　　信仰とは何か？　199
　　　　　神の存在証明　204
　　　　　キリスト教信仰の源　209
　　　　　「召し使い」――神学と文化の対話　219
　　　　　神学とは何か　221

第6章　キリスト教信仰の核――概要　227
　　　　　神　230
　　　　　創　造　252
　　　　　人間性　265
　　　　　イエス　273
　　　　　救　済　286
　　　　　恵　み　299
　　　　　教　会　308
　　　　　サクラメント――秘蹟・聖礼典・機密　319
　　　　　キリスト教とほかの宗教　326
　　　　　天　国――終末のこと　336

第7章　キリスト教の歴史――略史　343
　　　　　初代教会　345
　　　　　中　世　380
　　　　　宗教改革　407

目次

現　代　449

第8章　キリスト教──グローバルな視点で　489
　　　　キリスト教の地域的概観　490
　　　　キリスト教──今日の諸形態の概観　509
　　　　キリスト教──そのグローバルな関心の概説　531

第9章　信仰生活──生きたリアリティーとしてのキリスト教との出会い　559
　　　　教会生活　560
　　　　キリスト教生活のリズムと期節　586
　　　　文化に対するキリスト教の態度──一般的考察　605
　　　　文化に対するキリスト教の影響　609

　　　　キリスト教用語集　665
　　　　さらに学びたい方へ　681
　　　　訳者あとがき　695

序

　紀元60年頃、ローマ帝国の当局は、自分たちの都市の真ん中に新しい秘密の集団が出現しており、急速に新入会員を増しているようだと気がついた。明らかに誰か扇動家がいるようだが、彼らには、いったい何が起こっているのか、まったく分からなかった。徐々に伝わってきた噂では、何か「クレスト」とか「クリスト」とかいう謎めいた怪しげな人物がすべての騒ぎの元凶らしい。その者はローマ帝国の辺境の出身だという。けれども、いったい彼は誰なのか？　この新しい宗教は、いったい何を言っているのか？　ローマ当局として懸念するべき事態なのか、それとも、見て見ぬふりをしていても大丈夫なのだろうか？

　まもなく、この新しい宗教には、実際、問題を引き起こす可能性があることが明らかになった。64年、皇帝ネロの時代にローマを焼き尽くした大火は、手頃にこの新しい宗教団体のせいにされた。彼らにあまり好意を抱く者はなく、彼らは明らかに、ローマ当局がこの大火とその余波に対してしかるべき手を打てなかったことの罪をなすりつけるには格好の餌食だった。ローマの歴史家コルネリウス・タキトゥスは、15年ほど後にこの出来事を詳しく報告している。タキトゥスは、この新しい宗教団体を「キリスト教徒」と言ったが、その名は、かつてティベリウス帝の治世に総督ピラトによって処刑された「キリスト」と呼ばれる者から来ていた。

　この「有害な迷信」はローマに伝わり、そこで膨大な数の信奉者を得た。タキトゥスは「キリスト教徒」という言葉をはっきりと悪い意味で用いている。

序

　この運動に関するローマの公式説明は曖昧で混乱してはいたが、それが「キリスト」という人物を中心とすることだけは明らかであった。運動は、永続するような重要性を持つとは考えられておらず、むしろ軽い一過性の騒動のように見なされていた。最悪でも、皇帝崇拝を脅かす程度のことであろうと思われた。けれども、それから300年も経たないうちに、この新しい宗教はローマ帝国の公認宗教になったのである。かつてローマの歴史家は出来事を記すのにローマの都の建設から始めて日を数えたが、出来事は今や、イエス・キリストの到来から数えて記されるようになったのである。

　では、この新しい宗教とは何だったのか？　何を教えていたのか？　その起源はどこにあるのか？　なぜ、この宗教はそれほど魅力があったのか？　なぜ、起こってわずか数世紀の間にそれほどの影響力を持つようになったのか？　ローマでそれほどの成功を収めてから、どうなったのか？　この宗教はどのように、個々の人々の人生や人類の歴史を形作ってきたのか？　こうした問いに答える試みをこの本は始めようとするのである。キリスト教を学ぶことは、誰にとっても、およそありうる限り最も魅力的で、刺激的で、知的にも霊的にも報いの多いことのひとつである。この小さな本は、そのような学問の基礎を据え、この世界一の宗教についてより多くのことを発見する扉を開くことを目的としている。この本が読者の方の欲求を刺激し、より詳細にキリスト教を掘り下げていくことに導くことができるならば幸いである。

キリスト教との出会い──いくつかの入り口

　キリスト教は、単なる一連の概念ではない。ひとつの生き方だ。だから、キリスト教との出会いには多くの異なった道筋がある。キリスト教信仰への入り口には何があるだろうか？　それらは、どの

ようにしてキリスト教運動へのより深い理解への扉となるのだろうか？　以下では、キリスト教と出会う最もよくある道筋をいくつか取り上げて、それがキリスト教に独自の性質をどのように明らかに見せてくれるかを説明しよう。

聖書本文

　ほとんどの宗教には――すべての宗教ではないが――特別重要とされている聖典がある。キリスト教の場合には、そのような書の最も重要なものは「聖書」と言われている。世界のほとんどの地域で――イスラム教で禁止されているいくらかの地方は別として――聖書は一般の書店で自由に買うことができる。そして、教会の礼拝や個人的な信仰生活の中でいつも読まれている。聖書の多くの部分が歌にもされており、その最も有名な例は、ジョージ・フレデリック・ヘンデル（1685-1759）の「メサイア」だろう。その歌詞は、キリストの到来をテーマにした一連の聖書箇所で構成されている。聖書の性質と内容については、本書の第2章から第4章で考察する。

礼　拝

　多くの人々は、教会の礼拝に出席することを通じてキリスト教信仰と出会う。自分自身がキリスト教徒ではない人の場合、この経験は、キリスト教徒である友人や親戚の結婚式や葬式への出席という形をとる可能性が高いだろう。礼拝で読まれるテキストは――しばしば「式文」と呼ばれるが――キリスト教の核となる信仰や価値についての重要な示唆を与えてくれる。キリスト教礼拝の構成については第9章で考察し、礼拝を経験することでどれほどキリスト教理解が深められるか説明しよう。また、多様な形のキリスト教と結びついた異なる礼拝様式も掘り下げて、それらが各々のキリスト教信仰理解をどのように明らかにしているかも考察しよう。

序

建　築

　キリスト教の教会建築は、それ自体、キリスト教信仰への重要な入り口である。教会に、旅行者として行っても、信徒として行っても、その建物の構造自体がキリスト教を理解するためのひとつの入り口になる。──たとえば、中世ヨーロッパの大聖堂などのように比較的古いキリスト教の教会は、大部分の人が読み書きのできない文化の中で、キリスト教のさまざまな側面を伝えるように設計されていた。多くの大聖堂は十字架の形をしており、信徒に、キリスト教の信仰生活や思想や礼拝の中で十字架が占める中心的な位置を思い出させるようになっている。しばしば洗礼聖水盤が教会の表玄関の近くに置かれ、洗礼こそが教会に入る道であることを象徴している。ステンドグラスの窓は、信仰の神秘への窓として働いている。教会の壁にはしばしば福音書のさまざまな場面が描かれ、礼拝に来た人々はそれを見て、自分たちの信仰の基礎となった出来事を思い出す。一言で言えば、キリスト教建築はキリスト教の信仰を具体的に表現しているのである。この本では、キリスト教の建築物をこのように「読む」ことができるいくつかの方法を考察する。

音　楽

　キリスト教は、神を公に礼拝することを強調し、そのために、礼拝に用いる音楽を発展させることに関心が持たれるようになる。賛美を歌うために作曲された膨大なさまざまな歌の集成は、修道院の簡素な単律聖歌から、ヴェルディのレクイエムやベートーベンの「荘厳ミサ曲」の複雑な構成の音楽にまでわたり、非常に多様なキリスト教の聖句が歌にされている。キリスト教礼拝の一部としても、また、一般的な人間の文化活動の賛歌としても、常に歌われている。音楽もまた、キリスト教の核となる価値観や概念への扉となる。こ

の点については、後の第9章で考えよう。

芸術

　最後に、キリスト教芸術の重要性について見よう。キリスト教徒は最初から、自分たちの信仰を伝えるのに、可視的芸術の価値に気づいていた。彫刻や絵画はどちらも、福音書の主要な場面を描くのに用いられた。歴史上最もよく知られた像のいくつかは、このジャンルから出ている。たとえば、ミケランジェロの「アダムの創造」や、レオナルド・ダ・ヴィンチの「最後の晩餐」だ。十字架刑は、キリスト教の思想と信仰の中心的な位置を占めているために、特別な重要性を持つようになった。本書の第9章では、キリスト教芸術のいくつかの面について考察し、芸術がどのように福音書の主要なテーマを明らかにしているかを示す。

　今述べたことから明らかなように、キリスト教は単なる一連の概念であるよりもはるかに広がりを持っている。このことには重要な意味合いがある——つまり、キリスト教について書いた1冊の本を読んだだけでは、キリスト教を正しく理解して、その良さを知ることは決してできないということだ。キリスト教内部で働く生き生きとした力は、外側から中を覗いているだけでは、理解することも、その本当の良さを知ることもできないことが多いのだ。ときにこれは、電灯で照らされた部屋を外からのぞき込むのに似ている。人々が動いたり話したりしているのは見えるが、何を言ったり、したりしているのかは分からない、というようなことなのだ。だから、この本が役に立つ方もあるだろうが、それは、ローマやニュージーランドへの旅行案内書が、その地を訪ねるための準備に役立つようなものだ。でも、この入門書もそうした旅行ガイドも、決して実物を体験することの代わりにはならない。

序

　この本は確かに、キリスト教徒たちが何を信じているか、また、なぜ信じているのかについて貴重な情報を与えるだろう。けれども、生き方としてのキリスト教について正しく述べることは、とてもできることではない。だから、キリスト教徒と知り合いになり、その人たちの集会に連れていってくれるように頼んだり、その人たちの信仰について語り合ったりすることが役に立つだろう。1冊の本だけでは決してキリスト教信仰の豊かさや多様さを十分に伝えることはできない。この入門書はキリスト教信仰への手引きとしては役立つだろうし、キリスト教信仰の中心的なテーマを理解する助けになるだろう。けれども、キリスト教徒であることは、単なる信条や価値観の問題ではない。日常の生活が信仰によってある種の影響を受ける、はっきりとした生き方の問題なのだ。最も明らかな形でそのことは、教会やその他の形のキリスト教共同体が、祈りや礼拝に集まる行為に反映されている。

　本書はキリスト教生活の少なくともいくつかの側面を述べて説明しようとはしているが、この点でキリスト教を理解する最も良い方法は、地元の教会や共同体でキリスト教に参加することだということは知っておいていただきたい。キリスト教は異なる気候や地理や文化や伝統や神学を反映して、非常に多様な形で自己を表現している。

　では、どこから話を始めようか？　キリスト教を学ぶのに最も助けとなる入り口はどこだろうか？　キリスト教の教義を見ることだろうか？　キリスト教芸術を概観することだろうか？　結局、最も良い出発点は、これらのすべての始めとなった歴史的出来事だろう。イエス・キリストについて語ることなしには、キリスト教のどのような側面についてでも考えたり語ったりすることはできない。イエス・キリストが中心にあり、キリスト教信仰のすべての面はそこから放射状に発しているのだ。そこでさっそく、イエスと、イエスがキリスト教にとって持っていた意味を探ってみることにしよう。

第 1 章　ナザレのイエス

　キリスト教のことを話すのに最初に取り上げるに何よりもふさわしいのは、ナザレのイエスという人物のことだろう。イエスについての常識的な見方は、彼を、霊性市場で注目を競っている多くの宗教的教師のひとりと見る見方である。この見方では、イエスの重要性は、彼の教えや振る舞い方がどれほどに秀でていたかにかかっている。

　キリスト教徒は常に、ナザレのイエスの教えと手本の両方を非常に大切にしてきた。しかし、すぐに分かることだが、キリスト教徒にとってはイエスは単なる教師や手本ではない。イエスのことを、他の宗教的文化のカテゴリーを借りて、キリスト教のラビとかグルーというように表現するなら、キリスト教の際だった信仰を誤解することになるだろう。キリスト教の信仰では、イエスは受肉した神であり、人類を罪から救うために十字架で死に、甦った神のみ子である。イエスは、単なる「教師」や「手本」には収まらない。そのどちらでもあるのだが、そのどちらをも超えているのである。

　これらは難しいが、重要な概念なので、本書でもいくつかの点から考えてみよう。特に第 6 章で扱うことにする。しかしその前に、第 1 章では、イエスをキリスト教徒がどう理解しているかを知るための基礎として、最初に、キリスト教のイエス理解の基本的な要素をいくつかはっきりさせておきたい。

イエスがキリスト教信仰の中心であること

　キリスト教の中心はイエス・キリストという人物である。実際、ある意味で、キリスト教はイエス・キリストそのものだとさえ言えよう。キリスト教は決して自己完結した独立の概念体系などではない。むしろ、イエス・キリストの生と死と復活が引き起こした問いに答えようとする持続的な応答なのだ。キリスト教は、イエス・キリストをめぐる特定の一連の出来事への応答として発生した歴史的宗教である。そして、キリスト教神学は、思索や考察を行うときには、その歴史的出来事に立ち戻らずにはいられない。

　しかし、イエスの重要性は、彼の歴史的な重要性をはるかに超えている。キリスト教徒にとってイエスは、彼らの宗教の創始者以上のものである。イエスは、神を知らせてくれた人、救いを可能にしてくれた人、そして、信仰の結果生じる新しい生き方の手本となってくれた人でもある。これを公式的に言うならば、

1　イエスは、神がどのようなものであるかを私たちに語り、示してくれる。
2　イエスは、神との新しい関係を可能にする。
3　イエス自身、神中心の生を生き抜き、キリスト教徒はその生き方を真似るように励まされている。

となるだろう。

　そこでこれから、これらのイエス観をひとつずつ簡単に見てゆくことにする。

　まず、イエスは神を啓示している。神は目に見えないが、イエスを通してある仕方で知られ、目に見えるものとされているという非

常に重要な考えが新約聖書には示されている。イエスは、単に神がどのようなものであるかを語ったり、神が私たちに何を期待しているかを教えてくれたりするだけではない。彼は、私たちが神を見ることができるようにしてくれるのである。キリスト教は、イエスが神の意志と顔の両方を見せてくれると考えている。

旧約聖書の主要なテーマのひとつに、誰も神の顔を見ることはできない、ということがある。この主張には多くの理由があるが、ひとつには、そもそも人間というものは、神の大いなる神秘を完全に把握することも対処したりすることもできないのだと信じられていたことがある。また、それに関連して、人間の罪深さが神をはっきりと知覚することを妨げていると信じられていたこともある。

新約聖書の書簡の中にある二つの文章がこの点をことにはっきりと示している。コロサイの信徒への手紙1章15節は、イエスが「見えない神の姿」であると断言している。ここで「姿」と訳されているギリシア語の単語 *eikon* は多くの意味があるが、原義として、像とそれが表す実在とが対応しているという考えを表している。新約聖書のほかの箇所でこの語は、ローマの貨幣に刻まれた皇帝の像を指して用いられている。同じテーマが、ヘブライの信徒への手紙1章3節でも重要なものとして表れており、そこでは、イエスのことを「神の本質の完全な現れ」と言っている。ここで「完全な現れ」と訳されているギリシア語の単語 *charakter* は、硬貨に刻印された像のことを指すのに用いられ、おそらくそれは、似姿の「完全な現れ」という意味だろう。この語は時折、「写し」という意味も持っていたようである。これらの文は両方とも、イエスが、ほかにはありえないやり方で神を教えて分からせてくれるという概念を表している。

「わたしを見た者は、父を見たのだ」(ヨハネ14：9)とある、いかにもヨハネ福音書らしいこの注目すべき言葉は、父なる神がみ子に

おいて語り、行為するということを強調している。神はイエスを通して、イエスにおいて、そしてイエスによって啓示されるのだ。キリスト教徒は、神がイエス・キリストの顔に最も完全に確かな形で明らかにされていると主張しているが、それはただ、新約聖書でさまざまな形で描かれている父なる神とみ子、神とイエスの関係の要約なのである。イエスを見たことは、神を見たことである。マルティン・ルターはこの点を次のように考えている。イスラムにはコーランがあり、ユダヤ教には律法がある、けれども、キリスト教徒たちには、「神はただキリストを通してのみ知られることを望んでおり、また、ほかの方法では知られようがない」。

つまり、神は断固としてこの形、このやり方で──ナザレのイエスにおいて明らかにされることを選んでいるのである。この点は、20世紀最大の神学者と定評のあるスイスの神学者カール・バルト（1886-1968）によってはっきりと述べられている。バルトは、神の性質を理解するための鍵はイエスだと考えているのである。

> 聖書が神について語るときには、われわれの注意や思考がでたらめにさまようことを許していない。……聖書は神について語るとき、われわれの注意や思考をある一点とその一点によって知られるものに集中させる。……もしわれわれが、われわれの注意や思考が集中するべき点について聖書に沿って問うならば、われわれは終始、聖書によってイエス・キリストのみ名に向かわされているのである。

この点は、神がイエス・キリストという肉体を持った人物になってこの時空の世界に入ってきたというキリスト教特有の考えを示した受肉の教義でさらに明らかにされている（278-281頁参照）。受肉の教義は、イエスが「神への窓」を与えてくれるという明確にキリス

ト教的な信仰の基礎である。そしてまた、特にギリシア正教会を思わせる習慣だが、礼拝や個人的な祈りにおいてイコンを用いることの根拠にもなっている。

第2に、イエスは救済の礎と理解されている。新約聖書でイエスを表す称号の中でも重要なもののひとつは、「救い主」である。イエスは「救い主、この方こそ主メシアである」(ルカ2：11)。信仰を表すキリスト教の象徴で最も古いもののひとつは、1匹の魚である。この象徴が用いられたのは、ひとつには、最初の弟子たちが漁師だったことの反映かもしれない。しかし、真の理由は、「魚」を表すギリシア語の単語 I-CH-TH-U-S が、キリスト教の標語「イエス (*Iesous*) キリスト (*Christos*) 神の (*Theou*) 息子 (*Huios*) 救い主 (*Soter*)」の最初の文字をとった頭字語だからである。新約聖書によれば、イエスは人々をそれぞれの罪から救った (マタイ1：21)。イエスの名においてのみ救いはある (使徒言行録4：12)。イエスは「彼らの救いの創始者」(ヘブライ2：10) なのだ。

最後に、イエスは贖われた生のモデルである。キリスト教徒は「キリストを真似る」ように招かれている。この点の重要性を理解するために、新約聖書の中でパウロが読者に「神に倣う者となりなさい」(エフェソ5：1) と求めている箇所を考えてみよう。キリスト教徒が「神に倣う者」になるためには、神がどのような方かを知らなければならない。受肉の教義は、イエス・キリストが、神がどのような方なのかを言葉で私たちに語り、行いによって示してくれたと請け合ってくれるのだ。つまり、キリスト教徒は、神がキリストのようだと宣言しているのである。

この点を当てはめた一例を挙げよう。キリスト教徒は「互いに愛し合いなさい」(Ⅰヨハネ4：7-11) と促されている。しかし、この「愛」という言葉の意味するものは何なのだろうか？　受肉の教義は私たちに、「神の愛」という言葉で私たちが意味するものを具体

的に示してくれる。私たちは、イエスがその宣教の間ずっと、人々をひとりひとり受け入れ、社会で受け入れられている人々とも、社会から排斥された人々とも同じように喜んで交わろうとしていたことを知る。神の国の良い知らせは、区別なくすべての人のためであった。神が人々を受け入れたやり方と同じに、私たちも受け入れるべきである。イエス・キリストが受肉した神であると認識することは、イエスが、キリスト教徒らしい行動様式を詳細に示して見せていると認めることなのである。しかし、キリスト教文筆家の多くは、この点に神学的脚注を加えておきたいと考えるだろう。それは、私たちはキリストを真似ることによって救われるのではない、むしろ救われることによってキリストの似姿になりたいと促されるのであり、彼を通して神を真似ることを望むようになるのだということである。

　このようにナザレのイエスは、キリスト教の信仰で中心となる重要な存在である。けれども、私たちは彼について何を知っているのだろうか？　この問題に答え始めるために、私たちは、新約聖書の四つの福音書を考えることにしよう。

福音書とイエス

　マルコによる福音書は、最初に文書化された福音書と広く考えられているが、その冒頭にはまずこのように書かれている。「神の子イエス・キリストの福音の初め」（1：1）。この「福音」という言葉は、マルコの書いた書物を指しているのだと考えられやすい。しかしマルコは、この言葉で自分の本を指しているのではない。彼は、「福音」——つまり、良き知らせ——とはイエス・キリストそのものなのだと宣言しているのである。2000年ほど経った今、人々は新約聖書の最初の四つの書を「福音書」と呼ぶことに慣れてしまっ

第1章　ナザレのイエス

ている。けれども、この書が「福音書」と呼ばれるのは、それが、キリスト教の福音の中心の人物、イエス・キリスト、つまり、福音書や使徒言行録で「ナザレのイエス」と呼ばれている人を扱っているからだ。

　それでは、この重要な「福音」という言葉は何を意味するのだろうか？　すでに見たように、これは、ある特別の型の著述――イエスの生涯を扱った書――を指すようになっている。しかし、その真の意味は「良い知らせ」である。新約聖書は、1世紀に日常用いられたギリシア語（特にしばしば「コイネ」（「ふつうの／日常の」という意味）と呼ばれる形のギリシア語）で書かれた。「福音」と訳されるギリシア語は *evangelion* で、「良い」と「知らせ／使信」という意味の二つのギリシア語の語根から来ている。この語は、聞き手にとって何か肯定的な含みを持つ出来事を指し示している。それで福音書は、「イエス・キリストの良い知らせ」を伝える書なのである。

　もしキリスト教に中心があるなら、それはイエス・キリストである。キリスト教徒が神や救いや礼拝について語るときには、はっきりとにしろ、含みとしてにしろ、イエスを持ち込まないでは論じられない。新約聖書の記者たちにとってイエスは、神の性質や性格や目的への窓である。イエスは救済の土台である。新約聖書の時代以来、キリスト教徒はイエスを甦った主、世界の救い主として礼拝している。

　イエス・キリストの役割についてのキリスト教の理解と、ムハンマドの役割についてのイスラム教の理解とを比較することは興味深い。イスラム教徒にとってムハンマド自身は、アッラーからの啓示を伝える者として以外、根本的な重要性を持たない。アッラーは知られず、知りえない。ムハンマドを通して人類へのアッラーの意志が知られているのである。それゆえイスラム教は、ムハンマドを通じて啓示された原理に集中する傾向がある。けれども、キリスト教

は、イエスという人物に焦点を当てる。イスラム教は神からの啓示を語るが、キリスト教は神の啓示を語り、その啓示がイエスという人物に凝縮され、焦点を当てて鮮明にされていると見るのである。

「イエス・キリスト」という名は、少し説明を要する。「イエス」（ヘブライ語の「ヨシュア」）という言葉は、文字どおりには、「神は救いたもう」という意味である。「キリスト」とは、実際はひとつの称号であり、「イエス・キリスト」（Jesus Christ）という名は、おそらく「キリストなるイエス」（Jesus the Christ）と表記するほうがよい。「キリスト」はヘブライ語の「メシア」（Messiah）のギリシア語訳で、何か特別の目的のために神に選ばれたり立てられたりした個人を示す。そのメシアは、あたかも新しいダビデ王のようにイスラエルの歴史に新しい時代を開くだろうという、一般の共通した期待があったようである。ただ、イスラエルの民がメシアの時代を待望するときに、異なる集団ではメシアの時代についての理解も異なっていた。クムラン教団という砂漠のユダヤ教共同体はメシアを祭司的な観点で考えたが、ほかの者たちはより政治的な期待を持っていた。けれども、このような違いはあったとしても、「メシアの時代」が来るという希望は広く広まっていたらしい。それは、福音書にあるイエスの宣教の記録にはっきりと見て取ることができる。

キリスト教は、その最初の段階においてはユダヤ教と隣り合って（あるいは、ユダヤ教の内部に、とさえ言えるかもしれない）存在していた。キリスト教徒たちが主張したのは、アブラハムやイサクやヤコブやモーセなどというイスラエルの偉大な英雄たちが知り、また出会った神は、イエスにおいてより完全に明らかに啓示されている神と同じ神だということだった。それゆえ、初代キリスト教徒たちにとっては、ナザレのイエスというキリスト教信仰の中心人物が、メシアを待つユダヤ教の大きな希望を成就したのだと示すことが重要だった。キリスト教とユダヤ教の関係がそれほど差し迫った重要性を持

第1章　ナザレのイエス

たなくなるに従って、「キリスト」の元の意味が失われた。「キリスト」はただ、その意味を完全に理解せずに使われるひとつの名前になったようである。

いずれにしろ、イエスはほかの呼び方もされている。四福音書と使徒言行録（これらは40、50年代の教会の拡大を示す証言を編集したものである）では、イエスはしばしば単に「ナザレのイエス」と言われている。これは嘲笑的な言葉だったように感じられる。ナザレはガリラヤ地方の村で、エルサレムの北100キロほどのところにある。歴史上の理由で、ユダヤ地方（ここはエルサレムの都を含む）出身のユダヤ人たちは、ガリラヤ地方のユダヤ人を見下す傾向があり、自分たちほど純粋にはユダヤ人ではなく、文化的にも劣っていると見なしていた。この宗教的・文化的優越感は、新約聖書に記されているひとつの出来事の背景にあり、そこでは、エルサレム出身のユダヤ人が、メシアがガリラヤから来るなどということはまじめに考えられないと言っている（ヨハネ7：41）。また、もうひとつの出来事からは、ガリラヤ出身のユダヤ人は特有のなまりがあるために、エルサレムではよそ者として目立ったことが明らかである（マタイ26：73）。

イエスの生涯についてのおもな資料は、新約聖書のマタイ、マルコ、ルカ、ヨハネの四つの福音書である。ローマの歴史家たちは、初期キリスト教の中でイエスがどのように理解されたかを理解するには重要な資料源であるが、イエスに関してはさほど役立つ情報を与えてはくれない。そ

ガリラヤ湖。AKG-Images/Erich Lessing.

第1章　ナザレのイエス

こで本書では、福音書に描かれたイエスの生涯に焦点を当てることにしよう。第4章では、四福音書の一般的な特徴と、四つそれぞれの固有の特徴を考える。四福音書の最初の三つは「共観福音書」（synoptic gospels）と呼ばれている。これは、ギリシア語の「要約」を表す *synopsis* から来ていて、これらの福音書のそれぞれが、別個にではあるが、関連づけられた著述の仕方でイエスの宣教を語っていることを示している。たとえばマタイによる福音書は、ユダヤ民族にとってイエスがいかに重要かを打ち出し、ことにイエスがイスラエルの期待をいかに正しく成就しているかを掘り下げている。マルコによる福音書は、テンポの速い語りの形式で、しばしば読者に息をつかせる暇もなく、ひとつの出来事から次の出来事に移る。ルカによる福音書は、ユダヤ人ではない読者に向けてイエスの重要性を打ち出している。ヨハネによる福音書は、より思索的な態度で書かれており、イエスの到来が、彼を信じる者たちに永遠の生命をもたらすさまを強調している。

　福音書は、イエスについて有用な伝記的情報を与えてはくれるが、現代的な意味ではイエスの真の伝記と考えることはできない。ひとつに、福音書はイエスの生涯全体を語っていないからである。たとえばマルコによる福音書は、イエスの活発な公的宣教から最後の十字架刑と復活までを描き、彼の生涯の2－3年に焦点を当てている。マタイとルカは両方とも、イエスの誕生と幼少時代を短く伝えてからイエスの公的宣教を語り始めている。明らかに福音書は、いくつかの資料により、それらを編集して、イエスの本質や意義について、それぞれの総体的なイエス像を築いている。たとえばマルコによる福音書は、伝統的にイエスの一番弟子ペトロによるとされていた資料に基づいている。さらに、福音書は、イエスの生涯を細かい詳細のすべてにわたって記録することよりも、むしろその意義を明らかにすることに関心がある。それでいて福音書は、単にイエスが歴史

上何であったのかという点ではなく、世界にとって彼が持ち続ける重要さの点においてイエスが誰なのかを私たちに告げるために、歴史と神学の混じったイエス像を与えてくれるのである。

イエスとローマの歴史家たち

　ローマの歴史家たちは、ほとんどイエスについては書いていない。彼らは、ローマ帝国の中で文化的に停滞した地域で起こったことについてはそれほど時間をとらなかったからである。彼らの歴史は、ローマそのものや、ローマの運命を形作った指導的な人物や出来事に焦点を当てている。キリスト教についての彼らの関心は、そのローマ自体への影響に集中している。彼らは、キリスト教の歴史的な起源が、ローマの属州ユダヤが総督ピラトに統治されていた時代にそこで起こった出来事にさかのぼることには気づいていたが、それをたどってみることにはほとんど関心がなかった。

　ローマの3人の歴史家がイエスに言及している。小プリニウスは、西暦111年頃、トラヤヌスに宛てた手紙に、小アジアでのキリスト教の急速な広まりについて書いている。タキトゥスは115年頃、64年のローマの火災のときに皇帝ネロがキリスト教徒たちにその大火の責任をなすりつけて処刑した出来事について書いている。そしてスエトニウスが120年頃、クラウディウス帝の治世に起こった出来事について書いている。スエトニウスは、ローマの暴動の背後にいたある「クレストゥス」なる人物に言及している。当時の段階では、「クレストゥス」なら奴隷の名（「役に立つ者」という意味）としてよくある名前だったが、「クリストゥス」はまだローマ人には耳慣れない名だった。3世紀、4世紀になってすら、キリスト教の著者たちは、人々が「キリストゥス」を「クレストゥス」と間違えてつづると不満を表している。これらの歴史家たちの短い論評から以下の

点が見えてくる。

1 　キリストは、ローマのティベリウス帝（タキトゥス帝）の治世に、ユダヤの行政長官であったピラト総督によって死刑に処せられた。ピラトがユダヤの行政長官だったのは紀元26年から36年までであり、ティベリウスが皇帝だったのは14年から37年である。伝統的にイエスの磔刑は30年から33年頃のある時点に起こったとされる。
2 　ネロの時代までにキリストは多くの弟子を集め、彼らは、都市ローマの火災の罪を着せる格好の犠牲にされるのに十分なほどになっていた。これらの弟子は、彼の名をとって「キリスト教徒」と呼ばれた。（タキトゥス）
3 　「クレストゥス」は、ユダヤ教内で独特な一派を形成した創始者である。（スエトニウス）
4 　紀元112年、キリスト教徒はイエスを「あたかも彼がひとりの神であるかのように」礼拝し、そのためにローマ皇帝礼拝をやめた。（プリニウス）

そこで、時代的考察を続けて、福音書がイエスの到来を告げた背景を考えることにしよう——神の民としてのイスラエルの歴史を。

イエスとイスラエル

イエスの到来は、何もないところにいきなり起こったわけではない。イエスが神の民イスラエルに生まれたことの意味を理解することは決定的に重要である。イエスによって宣言され啓示された神は、アブラハムやモーセなど、イスラエルの偉大な聖者が知り礼拝していた神と同一であるとキリスト教は強調している。キリスト教の視

第1章　ナザレのイエス

点からすれば、イスラエルの歴史は、神の人間に対する扱いの新しい局面への準備と見なされる。神は最初、イスラエルを通じ、次にイエス・キリストを通じて啓示を与えたが、その啓示の連続性は、キリスト教著述家にとって非常に重要であった。それは、聖書の中で新約聖書と言われるキリスト教の規範と見なされる部分（79-105頁参照）の要所要所に見て取ることができる。

　ユダヤ教とキリスト教の連続性は多くの仕方で表現されている。ユダヤ教がことに重要視するのは、神の意志を命令の形で知らせてくれる「律法」と、神の意志をある明確な歴史的状況で知らせる「預言者」たちである。イエス自身は、「わたしが来たのは律法や預言者を廃止するためだ、と思ってはならない。廃止するためではなく、完成するためである」（マタイ5：17）と強調している。同じ点がパウロによっても主張されており、パウロは、［キリスト・］イエスを「律法の目標」と言っている（ローマ10：4。パウロは、ギリシア語の *telos* という語を用いており、これは、「終わり」という意味にも「目標」という意味にも取れる）。パウロもまた、アブラハムの信仰とキリスト教徒の信仰の連続性を強調している。一方、ヘブライ人への手紙は、モーセとイエスの関係（ヘブライ3：1-6）と、キリスト教徒たちとイスラエルの信仰の偉人たちとの関係（11：1-12：2）の連続性を指摘している。

　新約聖書を通じて同じ主題が繰り返し現れている。つまり、キリスト教はユダヤ教と連続しており、ユダヤ教が志向しているものを完成させる、という主題である。このことにはいくつかの重大な結果があるが、特に重要なのは以下のようなことであろう。イエスが「律法と預言者と諸書」と呼んでいるものは、キリスト教徒には「旧約聖書」と呼ばれている。キリスト教の内部には常に、イスラエルとのつながりを断ち切りたがる急進的な向きの思想家がいたが、多数派の意見はいつでも、イスラエルとの歴史的なつながりを認め

尊重することが重要と考えてきた。ユダヤ人がそれ自体で完結していると考えているひとつの文書集を、キリスト教徒は、それを完成させる何かを指し示すものと考える。「旧約聖書」という言葉の含む意味については、本書で後に詳しく見ることにする（119-120頁）。

第2に新約聖書の著者はしばしば、旧約聖書の預言の数々がどのようにイエス・キリストの生と死において成就し、実現しているかを強調する。そのようにして彼らは二つの重要な原則に注意を喚起する——キリスト教はユダヤ教と連続していること、そして、キリスト教はユダヤ教を真に完成させるということ、である。このことは、ユダヤ教徒にとってキリスト教が重要であることを示すのに特に関心を持っていたパウロやマタイなどの初代キリスト教著述家にはことに重要だった。たとえば、マタイは12箇所で、イエスの生涯の出来事が旧約聖書の言葉の成就と見ることができると指摘している（1：22、2：15、23、3：15、4：14、5：17、8：17、12：17、13：14、35、21：4、17：9）。

詩編22編はキリスト教徒にとって特別の意味を持っている。イエスは十字架上で死に瀕して、この詩編の冒頭の句を叫んでいる。この詩編は、現在優勢になりつつある敵の攻撃に応答して、ある苦しむ義人の苦難について語っている。その「苦しむ義人」は、主なる神から来る解放を待ち望んでいるが、まだ与えられないでいる。この詩編によって歌われている状況は、おそらく確かに、もともとはダビデ王の個人的な苦境と関連しているものだが、この詩編は、神の義しい苦難の僕としてのキリストの磔刑を理解する光となる。この詩編はキリストより10世紀も前の出来事との関連で書かれたが、キリスト教徒の目には、特にイエスの死でこれが成就されているように見える。この詩編は明らかにダビデの生前の出来事と関連しているが、預言的でもあり、イエス・キリストの到来によって初めて成就する未来の出来事を指し示していたのである。

第1章　ナザレのイエス

　たとえばこの詩編は、「苦しむ義人」がまわりの人すべてからあざ笑われ、嘲笑されている（22：6）と書いている——これは、十字架のまわりの光景の予表である。詩編作者は、彼をあざける人々のことを書いている。「主に頼んで救ってもらうがよい。主が愛しておられるなら、助けてくださるだろう」（22：9）。同じ言葉を、死んでゆくキリストを取り囲んで嘲笑する群衆も使っている（マタイ27：43）。苦しむ人の苦痛の描写（22：13-17）は、十字架の上のキリストが経験した痛みにちょうど対応する。十字架でキリストの手足が刺し貫かれたことも、ここに預言されている（22：17。ヨハネ20：25参照）。彼の衣服を分けるためにくじが引かれることも同様である（22：19。マタイ27：35、ルカ23：24参照）。

　旧約聖書からの第2の引用もキリスト教徒にとって特別に重要である。これは、イザヤ書の預言（イザヤ52：13-53：12）にある「苦難の僕の歌」のひとつで、通常、イエス・キリストに関する旧約聖書の預言の中でも最も重要なものと考えられている。この聖句は、紀元前6世紀にさかのぼり、神の僕であるイスラエルの民の、他の諸国民のための苦難を語っているようである。しかし、キリスト教徒の目にはこの箇所は、イエス・キリストにおいて成就しているように見ることができる。たとえば、「僕」は人々に軽蔑され、見捨てられながら、同時に、その人々のために苦しみを受け、彼らの不義を担っていた。僕は義しい人であったが、「罪人の一人に数えられた」。イエスは、ふたりの罪人の間で十字架につけられた（ルカ22：37、23：32-33）。「僕」は、罪を犯した人たちのために執り成しの祈りをしているが、それとちょうど同じようにイエスも、自分を十字架につけた人々のために十字架の上で祈っている（ルカ23：34）。その他の新約聖書記者たちも、この預言がイエスの苦難において成就していることを特に取り上げて書いている（ことにIペトロ2：21-25は、この預言をはっきりとイエスに結びつけている）。

このような重要な聖句がイエスの生涯と死で成就していると見るときに、キリスト教徒は決して、それらが、それらを書いた時代のユダヤ人たちが直面していた状況と真の関わりや妥当性を持たなかったと見ているわけではない。ただ、それらの聖句の完全な意味は当時には理解されていなかったと指摘しているだけである。それらには、より深い――おそらく、より神秘的な意味があり、それは時が満ちて初めて明らかになったのだと。

イエスとユダヤ教の諸派

今強調したように、イエスはユダヤ教の中に位置づけて見なくてはならない。イエスの時代には、ユダヤ教は非常に複雑な現象であった。ユダヤ教は、ユダヤ地方自体に住んでいるユダヤ人（この人々のユダヤ教はしばしば「パレスチナ・ユダヤ教」と呼ばれる）と、当時の文明社会全域に離散していた多様なユダヤ教共同体の両方を含んでいた。ユダヤ教共同体は、さまざまな大きさで、地中海世界全域と、さらにそれを超えた地域にも散らばっていた。このグループのユダヤ人たちはしばしば「ディアスポラ」（「離散」という意味のギリシア語から）と呼ばれていた。このことから問題となるのは、イエスが、当時パレスチナ・ユダヤ教の内部に存在していたさまざまな派とどのような関係にあったのかである。そのような派の中で最も重要だったのは、サマリア人、サドカイ派、ファリサイ派、熱心党、エッセネ派の五つである。次に、これらの派について知られていることとイエスとの関係を見てみよう。

サマリア人は、ユダヤに隣接して住んでいた民族で、ユダヤ教の主要な教義を共有しながらも、ユダヤ人から強い疑念と敵意をもって見られていた。サマリア人の起源は、ユダヤ教の伝統的な説明によれば、アッシリア王国がイスラエル北王国を征服し、アッシリア

第 1 章　ナザレのイエス

帝国内になったサマリア地方に他の地方からの人々を強制移住させた出来事にある。これらの人々は、自分たちの宗教の教義や礼拝、習慣を、この地方に残っていたユダヤ人の宗教と混合し、一種の混交宗教を形成したとされている。しかし、この見方は歴史家たちにいくらかの疑いをもって見られている。さらに、旧約聖書には、特に「サマリア人」についての明確な言及は何もない。ユダヤ人歴史家ヨセフスは、はっきりとした集団としてのサマリア人の出現時期を、捕囚期ではなく、むしろヘレニズム時代としている。新約聖書はサマリア人を、エルサレムとシオンの丘ではなくシケムとゲリジム山を聖所とするユダヤ教内部の保守的な一派と考えている。

　彼らの起源が何であれ、サマリア人はユダヤ人からよそ者と考えられていた。そのために、「善いサマリア人」のたとえ（ルカ 10：25-37）や、イエスとサマリアの女との出会いの話（ヨハネ4：4-42）は、新約聖書の中で特別の意味を持っている。

　ファリサイ派とサドカイ派の起源は、通常、マカバイの乱にさかのぼるとされる。この反乱の発端は紀元前168年、この地方に政治権力によるギリシア型の宗教の強要がなされ、ユダヤ教が脅かされたことに対して起こった。紀元前333年から332年の間、パレスチナはアレクサンダー大王に征服された。この新しい情勢はユダヤ教の歴史に新しい時代を開いた。しばしば「ヘレニズム期」と呼ばれ、ギリシア語とギリシア型の宗教がパレスチナの宗教でますます顕著な役割を果すようになった時代である。最初はユダヤはプトレマイオス王朝に支配され、後にはセレウコス朝に支配された。ひとつの特に触発的な状況が起こったのは167年で、それが直接、ユダヤの反乱につながった。セレウコス朝の支配者アンティオコス・エピファネス4世がエルサレムの城壁を取り壊し、彼に抵抗したユダヤ人たちを大虐殺した。彼は次に強制的にユダヤ教の神殿（これはユダヤ教の政治的・祭儀的中心であった）をギリシアの神ゼウスに再奉献

した。この瀆神行為は、地元のさまざまな出来事と結びついてマカバイの乱を誘発した（「マカバイ」という名は、「ハンマー」という意味のあだ名である）。164年までに反乱はその目的を遂げていた。ユダヤ教の礼拝は公式に再建され、神殿はイスラエルの神に再奉献されていた（このときの神殿再奉献は、今でもユダヤ教のハヌカーの祭りで祝われ続けている）。このユダヤの民族的・宗教的アイデンティティーの再主張は、ユダヤ教内部に緊張を生みだした。問題はことにユダヤ教の律法、つまりトーラーの役割についてであった。

　サドカイ派は、律法の五書（モーセ五書とも呼ばれる。125頁参照）に成文化された律法の優位を唱えた。これらの書に書かれた教え以外は何も権威を持たない。サドカイ派は、彼ら自身の伝承も持っていたが、それらは律法に比べれば副次的なものと考えていた。サドカイ派は、いかなる改革に対しても特に敵対的であり、たとえば、後期ヘレニズム期に新たに出現した状況への適応などにも敵対した。同様に彼らは、旧約聖書（125-148頁参照）の預言書やその他の諸書にも、律法と同じ地位を認めなかった。サドカイ派にとっては、律法の五書だけが拘束力を持つ権威だった。この点が、復活はあるのか（マタイ22：23-33）というサドカイ派の質問に対するイエスの答えの背景となっている。復活があると答えるのに、イエスは出エジプト記3章6節を引用している。ここは、現代の読者であれば、より明白なイザヤ書の引用を期待するであろう（「復活」のテーマがいくつかの箇所で明確に述べられているからである）。けれどもサドカイ派は、イザヤ書からの引用などは何ら重要性を持つものとは見なさなかったであろう。それゆえイエスはモーセ五書から引用した。その権威であれば、質問者がまじめに受け取るであろうと彼は知っており、そこに訴えたのである。

　サドカイ派と対照的に（サドカイ派は宗教的改変をまったく認めなかったが）、ファリサイ派は律法を、変化しないものではなく発展して

ゆくものと考えた。それゆえ、決定的問題は、ユダヤ教が直面している新しい状況に合わせて律法を変えるかどうかであった。加えて、彼らは、モーセ五書にはっきりと述べられていない教義でも、その大要が矛盾していなければ受け入れたので、その点で教義的にも発展を認めていた——たとえば、彼らは死者の復活という考えを受け入れた（サドカイ派は否定していた考えである。使徒言行録23：8参照）。ファリサイ派の人々に採択された綱領は、「トーラーと口伝」という標語に要約されるだろう。これは、「律法学者に解釈された律法への忠実」という意味である（「律法学者」とは、トーラーの正式な教師であり、その多くはファリサイ派に共感していた）。ファリサイ派の人々にとって律法学者による律法の解釈と適用は、律法そのものと同じ重みを与えられるべきものであった。そうして、書かれた律法（トーラー）は、トーラーの解釈と適用を表す口伝の法（「昔の人の言い伝え」）によって補われるべきものなのである。書かれた法も口伝の法も同じ権威を持つべきなのである。対照的に、サドカイ派は断じて、拘束力のある伝承とか権威ある口伝律法などという概念を認めなかった。

　ファリサイ派の人々は1世紀初期のパレスチナ・ユダヤ教においてかなり重要な位置を占めており、それで、新約聖書でなぜ彼らにあれほどしばしば言及されるのかが分かる。ユダヤの歴史家ヨセフスは、当時、6,000人のファリサイ派がいたと示唆している。強調しておかなければならないが、福音書はファリサイ派を偽善者とは描いていない。多くの人が間違えてそう思っているだけである。実際、イエスが概要を描いた綱領はファリサイ派の綱領と多くの点で共通しており、特に顕著なことは、彼らが一致して、律法全体を「神と隣人を愛せ」という言葉で要約していることである。けれども、イエスとファリサイ派の人々との間には異なる点もあり、その中でも以下の点は特に重要である。たとえば、イエスは何箇所かで、

口伝が完全に間違っていると論じている（祭儀的清浄についての彼の教えに特に明らかである。マルコ7：1-23）。しかし、ことに重要な点は「分離」の概念であり、それについては詳細な説明が必要である。

　「ファリサイ派」という言葉はしばしば、ヘブライ語の *parush*（「分離した」）から来ていると考えられている。エッセネ派が荒れ野に退いて、汚れた同胞と自分たちを物理的に分離する道を選んだのとは異なり、ファリサイ派はユダヤの世俗の世に留まり、その生活の中で、彼らが望ましくないと考える側面と距離を保った。疑いなくファリサイ派は祭儀的清浄を強調し、そのために彼らは、宗教的・道徳的基準が手ぬるいような人々から「分離した」であろう。しかし、イエスは罪人とつきあった。しかも、特に娼婦（マタイ9：9-13）などのような、ファリサイ派の人々が不浄とか不潔と考えていた人々とつきあったのである。明らかにイエスは、失われた人々に手を差し伸べることを自分の使命と考えていた。それに対してファリサイ派の人々は彼らを避け、安全な距離を置いて彼らを批判していたのである。

　あと二つの重要な派について述べよう。イエスの宣教の期間、パレスチナはローマに占領され、管理されていた。熱心党は、政治的により過激なユダヤ人たちで、ローマによる彼らの祖国の占領を覆すことを目的としていた。熱心党（ゼロタイ）という語はおもに、紀元66年にユダヤ人がローマの占領軍に対して反乱を起こした際の革命家たちを指して用いられるが、この語自体はそれ以前から存在していたと推測するいくつかの理由があり、おそらく紀元6年の人口調査にまでさかのぼれる。当時、外国の占領軍の存在に煽られた激しい民族感情があった。このことは、新約聖書でのイエスの肩書きのひとつ、「メシア」あるいは「キリスト」（66-68頁参照）に含まれる意味合いに関して重要である。ローマのパレスチナ占領は、メシア到来への伝統的な期待を新たに強くした。多くの人にとって

第1章　ナザレのイエス

　そのメシアとは、ローマをイスラエルから追い出し、ダビデ王家を再建するであろう者だった。福音書は、イエスが、自分をそのようなメシアと見ることを拒否していることを示している。彼は宣教のいかなる時点においても、ローマに対する暴力を示唆したり許容したりしておらず、ましてローマ当局に対する明白な攻撃などした様子はない。イエスの攻撃はおもに彼自身の同胞に向けられていた。たとえば、エルサレムへの凱旋（マタイ21：8-11）という、どこから見ても意図的なメシア的示威行為か表現動作の直後、彼は神殿から商人たちを追い出している（マタイ21：12-13）。

　最後に考察するのはエッセネ派である。この派は、ファリサイ派と同様、宗教的清浄を非常に重視した。けれども、ファリサイ派と異なり、エッセネ派は、ユダヤの日常生活から退いて荒れ野で修道共同体を形成をする道を選んだ。死海文書（1947-60年にかけて発見された）は、その出所が明らかになっていないために正確に解釈することは困難だが、エッセネ派の教義と実践的習慣についてきわめて重要な洞察を与えてくれる。死海文書はすべて、第2神殿の最後の2世紀間に書かれたと推定される。だから、そのいくつかは、イエスが生きていた時期に書かれた可能性はきわめて高い。これらの文書は、イエスの時代のユダヤ教のメシア待望を理解する上でことに興味深い。洗礼者ヨハネはエッセネ派だったか、あるいはエッセネ派共同体と関係があったのではないかとも示唆されている。けれども、死海文書が福音書の物語の信憑性を覆すとか、キリスト教の起源についての私たちの理解をすっかり修正させるというような、しばしばセンセーショナルなマスコミ報道に見られる示唆には何ら根拠がない。

　この重要な問題を見たところで、今や私たちは、福音書に見られるイエスの生涯に向かえるであろう。

イエスの誕生

マタイとルカは、イエスの誕生について補い合う物語を提供している。伝統的なクリスマス・カードやクリスマス・キャロルはそれらに基づいている。マタイの報告はヨセフの立場から語られており、ルカの報告はマリアの立場から語られている。イエスの生まれた年も日も正確には分かっていない。キリスト教徒でない人々はしばしば、キリスト教徒がイエスの生まれた日を12月25日と信じていると思っている。しかし実は、キリスト教徒はイエスの誕生をクリスマスの日に祝うことを選んだのである。12月25日は、イエスの誕生を祝うために定められた日であり、誕生そのものの日ではない。初代キリスト教著者たちは、イエスの誕生を祝うためにさまざまな日を提案している——たとえば、アレクサンドリアのクレメンス（150頃–215頃）は5月20日を提唱した。4世紀までに12月25日が選ばれたのだが、それはおそらく伝統的なローマの祝日がその日と結びついていたからだろう。キリスト教徒にとってイエスの誕生の正確な日付は問題ではなかった。真に重要なことは、彼が人間として生まれたこと、人間の歴史の中に入ってきたことだった。

伝統的なクリスマス物語は、長年の間にいく分定型化してきた。たとえば、ほとんどの伝統

「イエスの誕生」。フラ・アンジェリコによるサンマルコ修道院の壁画（1437–45年の間に製作された）。AKG-Images/Rabatti-Domingie.

第1章　ナザレのイエス

的な型の物語は「3人の賢者」やイエスが「馬小屋で生まれた」ことを語っている。実際は新約聖書が語っているのは、賢者たちが、イエスに三つの贈り物を持ってきたということであり、多くの者が、単純に贈り物が三つだから当然3人の賢者がいたのだろうと考えたのである。同様に、私たちに語られているのは、イエスが飼い葉桶に寝かされたということで、多くの人が、飼い葉桶は馬小屋の中にあるので、当然、イエスは馬小屋で生まれたに違いないと考えてきたのだ。

イエスの生まれた場所の確認に関してひとつ、特に重要な点がある。ベツレヘムはユダヤ地方の比較的小さな町で、エルサレムからさほど遠くないところにある。その重要性は、イスラエルの預言者のひとりであるミカの書で強調されたところから、この町がダビデ王との関連で考えられるところにある。ミカは紀元前8世紀に、将来、ベツレヘムからイスラエルの指導者が出るだろうと示しているのである（5:1）。この期待はマタイによる福音書に記され（2:5-6）、ここでは、イエスの誕生と宣教は、まさにイスラエルの預言と希望の成就だと考えられている。

ルカは、イエス誕生の状況が謙虚で慎ましかったことを強調している。たとえば彼は、イエスが飼い葉桶（ふつうは動物にえさをやるために用いられるもの）に寝かされ、彼を訪れた初めての人々は羊飼いたちだったと記している。このことが訴える力は見過ごされがちだが、羊飼いが、彼らの遊牧の生活様式のために、ユダヤ社会では社会的にも宗教的にも劣った者と見なされていたことは覚えておかなければならない。

マタイとルカは両方、マリアの重要性を強調している。後のキリスト教思想においてマリアは、彼女の従順さと謙虚さのために私的崇拝の的となる。彼女はしばしば、たとえば中世のようなキリスト教の非常に男性中心的風潮の中で、社会の周辺に追いやられている

ように感じている女性たちを特に惹きつける力があった。13世紀に書かれたラテン語の賛美歌「スタバト・マーテル」（「（十字架の脇に）立っていた母」）は、自分の息子を十字架で失ったマリアが経験した深い悲しみの気持ちを表現している。この賛美歌には何人もの主要な作曲家が曲をつけ、中世以降の霊性に深い影響を与えた。宗教改革の時代には、マリア崇拝はしばしば批判された。この崇拝は、キリスト教の祈りや礼拝におけるイエス・キリストの中心性を脅かすと示唆された。それにもかかわらず、ほとんどのキリスト教徒はマリアを、神への従順と信頼など、キリスト教で中心的ないくつかの徳目の優れた手本と考えている。

　福音書のイエス物語におけるヨセフの位置についても書いておく必要がある。マリアのことは至るところで「イエスの母」と言われているが、ヨセフのことは、どこにも「イエスの父」とは書かれていない。マタイは、法律的にヨセフがどのようにダビデとつながっているかを示し、その結果、イエスが合法的にダビデの血筋であることを見せている（マタイ1：1-17）。けれども、ヨセフは身体的な意味ではイエスの父親ではない。マタイやルカでは、イエスは神によって受胎したからである。

イエスの公的宣教の始まり

　福音書はどれも、イエスの公的宣教の始まりをユダヤの田舎、ヨルダン川の近くに置いている。それは、洗礼者ヨハネの活動と特に関係がある。ヨハネは、悔い改めの呼びかけで広く注目を引いた。明らかにヨハネの宣教は、イスラエルの歴史において、ある特別の意味のある時期に起こった。おそらく、神がイスラエルを見捨てたと感じている人々がいたであろう。過去にあった神の偉大な解放と励ましの業はもう二度と繰り返されることはないと感じている者も

第1章　ナザレのイエス

いたであろう。イスラエルはローマの占領下にあり、神の民としてのアイデンティティーを失ってしまったかのように見えた。私たちはおそらく、洗礼者ヨハネの出現に集約した期待や不安や希望の織り混ざった複雑な状況を決して完全には理解できないであろう。

　新約聖書は、なぜ洗礼者ヨハネがあれほどに多大な関心を集めたのか理解する助けになる二つの主題を取り上げている。ユダヤ教の預言の最後の書であるマラキ書は、おそらく紀元前5世紀にさかのぼるものであるが、神は、神の到来の道を備える使者を遣わすと語っている（3：1-2）。マラキ書はまた、この出来事の前に、イスラエルの信仰の偉人のひとり、預言者エリヤの再来があるともほのめかしている。洗礼者ヨハネが現れたとき、彼は、その昔エリヤが着ていたのと同じ簡素ならくだの毛衣を着ていた。マラキは、共同体全体の悔い改めの必要を語っていた。神の民が再び神の愛顧を取り戻すためには、その前に民全体が自分たちの罪を悔い改めることが必要だった。洗礼者ヨハネはこの同じ必要を語り、個人の悔い改めの意志の象徴として洗礼を与えようと言ったのである（「洗礼」という言葉は、「洗う」あるいは「浴させる」という意味のギリシア語から来ている）。

　このような展開の含みは、ユダヤの預言者に精通して時代のしるしに敏感な人々には、明らかだったであろう。洗礼者ヨハネの到来は神の到来を指し示した。ヨハネ自身がそう主張し、彼よりも優れた者が彼の後に来る、そして、彼はその履物のひもを解く値打ちもないのだと言っていた（マルコ1：7）。そして、ちょうどそのときにイエスが現れたのである。その出会いを描くマルコの鮮明なきびきびした記述を読めば一目瞭然だが、ヨハネがイエスのことを言っているようにマルコは理解させようとしている。ヨハネはイエスの先駆者であり、彼の来る道を指し示す者だった。

　イエスはヨハネに洗礼を受けた後、人里離れた荒れ野に出てゆき、

40日40夜を過ごした。イエスの宣教のこの時期は——通常、「キリストの誘惑」と呼ばれるが——彼が宣教活動の中で出会うことになるすべての誘惑との戦いを含んでいる。マルコはそのことを暗示するだけだが（マルコ1：13）、マタイとルカはそれよりも詳しく記述し、イエスがどのように個人的な権力や栄光の誘惑と戦ったかを理解させてくれる（たとえばルカ4：1-13）。そして続いて、これらの新約聖書記者たちは、神の意志に従うイエスの従順の重要性を強調している。イースターの直前のレント（四旬節）の期間は、キリスト教徒が同じように自分たちを吟味し、キリストの手本に従うように促される期節である。

そこで展開されるのは、イエスが自分の同胞の民に拒絶されるというテーマである。このテーマは十字架で頂点に達する。十字架刑でイエスはエルサレムの群衆に公に否認され、ローマ当局によって磔刑にされるために引かれてゆく。このテーマは、イエスの宣教のより早い時期にも現れ、特にファリサイ派やユダヤ教律法学者がイエスに向けた辛らつで敵意に満ちた批判と結びついている。新約聖書の記者たちにとってのパラドックスは、ユダヤ教の律法に最も深く精通して専心していた人々が、律法の成就を、それがいざ起こったときに理解できなかったことなのである。

けれども、「拒絶」のテーマはこれよりもずっと早くから見ることができる。この点を特に例証する出来事がある。彼の故郷の町ナザレで彼が拒絶されたことである。ルカによる福音書は、イエスがどのように安息日ごとにきちんとシナゴーグに行っていたかを語っている。あるとき彼は、イザヤ書の預言の次の箇所を読んでほしいと頼まれた（ルカ4：18-19）。

　　　　主の霊がわたしの上におられる。
　　　　貧しい人に福音を告げ知らせるために、

第1章　ナザレのイエス

イエスのガリラヤ宣教

　　　主がわたしに油を注がれたからである。
　　　主がわたしを遣わされたのは、
　　　捕らわれている人に解放を、
　　　目の見えない人に視力の回復を告げ、
　　　圧迫されている人を自由にし、
　　　主の恵みの年を告げるためである。

　イエスは、この言葉が彼自身において成就しており、彼の宣教はイスラエルよりもむしろ異邦人に受け入れられるだろうと宣言した。

シナゴーグの会衆は激怒して、彼を町の外に追い出し、町が建っている山の崖まで連れていき、突き落とそうとさえした。この後、イエスは、ガリラヤ湖の北端の岸にあるカファルナウムの地方で宣教をしたのである。

　イエスは次に、自分のまわりに弟子たちの小さなグループを集め、彼の旅に同行させた。これが後に初期キリスト教会の中核になる弟子たちである。この12人の弟子集団は（しばしば短く「十二弟子」と呼ばれるが）選ばれたときの背景もさまざまだが、大部分は地方の田園経済に従事していた者である。兄弟が2組──ペトロとアンデレ、ヤコブとヨハネ──は、漁業を捨ておいてイエスに従うように招かれた。後になって、おそらく宣教を始めて1年くらい経ってからだろうが、イエスは12人を6人ずつの2組に分けて、神の国を宣べ伝えるために田舎に送り出した。

　そうしてイエスは、彼の教えと癒やしの宣教を始めた。最初はガリラヤ地方のまわりで、続いてユダヤで。福音書に記された記述か

ドメニコ・ギルランダイオ画「ガリラヤ湖のほとりでのペトロとアンデレの召命」（1481年）。フレスコ。イタリア、ヴァチカン市国、ヴァチカン美術博物館蔵。www.bridgeman.co.uk.

ら、この期間はおおよそ３年間ほど続いたと概算できる。教えと癒やしはそれぞれ、それ自体でも重要であるが、その真の重要さは、ひとつには、それらがイエスについて実証していることにある。そのことは、のちに洗礼者ヨハネが尋ねた問いから明らかになる。そのときまでにヨハネは、ガリラヤの統治者（あるいは、正確には「四分領太守」）ヘロデ・アンティパスによって投獄されていた。イエスが真実何であるか、まだ確信が持てずにいたヨハネは、イエスに、「来るべき方は、あなたでしょうか。それとも、ほかの方を待たなければなりませんか」と尋ねた。この問いは重大な意味を含んでいる。イエスはメシアなのか？　メシアの時代は到来したのか？

　イエスは（彼は宣教生活の間、一度も、自分がメシアであると直接主張したことはない）間接的に、自分の宣教において起こっていることを指し示すことで答えている。「目の見えない人は見え、足の不自由な人は歩き、重い皮膚病を患っている人は清くなり、耳の聞こえない人は聞こえ、死者は生き返り、貧しい人は福音を告げ知らされている」（マタイ11：5）。つまり、メシア時代にあると期待されたしるしは、彼の宣教において明らかであるということである。イエスは、彼がメシアなのかという問いに直接には答えていない。けれども、ここから導き出される結論は明らかである。癒やしの奇跡は、イエスのアイデンティティーと、彼の持つ重要な意味について正しく理解させるしるしとして見られるべきである。

　ヨハネによる福音書もまた、イエスの宣教に伴う癒やしその他の業の意味を理解させてくれる上で重要である。たとえば、ヨハネが特筆していることだが、イエスを批判する人々は絶えずイエスに、彼が神の代弁者として語る権威を証明する「しるし」を見せてくれと要求している（たとえばヨハネ２：18）。ヨハネはまた、これらの「しるし」の明瞭な役割も指摘し、それらがイエスの栄光を現すとともに、弟子たちにイエスを信じさせる働きをしていることを示

している（ヨハネ 2：11）。共観福音書は、弟子たちがイエスの教えを聞き、イエスが行ったしるしを見る過程で、彼らのうちに信頼が育っていった過程もたどらせてくれる。その点については、まもなく戻って見ることにしよう。しかしまず次に、当時では社会の周辺に追いやられていた女性層に対するイエスの態度に注目してみることにする。

イエスと女性たち

　イエスの宣教についての福音書の記述から明らかに分かるように、女性たちは、イエスのまわりに集まった集団の肝要なメンバーであった。女性たちは、ときにファリサイ派その他の宗教的伝統主義者を狼狽させるほどにイエスに認められていた。女性たちは十字架刑を目撃しただけではなく、復活の最初の証人たちでもあった。復活祭の出来事の中で唯一、四つの福音書すべてに明らかに詳述されているのは、女性たちがイエスの墓に行ったことである。しかし、ユダヤ教は女性たちの証しや証言の価値を認めなかった。証言については、男性だけが重要な法的地位を持っていると見なしていたからである。興味深いことにマルコは、これらの女性目撃者の名前――マグダラのマリア、ヤコブの母マリアとサロメである――を3回も告げているが、男性弟子はひとりとして、この場にいたとして名前を挙げてはいない。

　また、福音書がしばしば、女性たちのほうが男性たちよりもはるかに鋭い霊的知覚力を持っているように描いていることに気づくことも重要である。たとえば、マルコは男性弟子たちを不信仰な者として描き（マルコ 4：40、6：52）、女性を賞賛している――ある女性は、その信仰ゆえに賞賛され（マルコ 5：24-30）、ある外国の女性は、イエスに答えることによって賞賛を受け（マルコ 7：24-30）、ひ

とりのやもめの女は手本として取り上げられている（マルコ12：41-4）。さらにイエスは、女性たちを単なる物や所有財産としてではなく、主体的人間として扱っている。宣教生活を通じてずっとイエスは女性たちと関わり、彼女たちを肯定している。そして、それはしばしば、出自（シリア・フェニキアの女性やサマリアの女の人のように）や生活の仕方（娼婦など）のせいで、当時のユダヤ社会からは見捨てられた存在として扱われた女性たちであった。

　イエスは、性的な問題——たとえば姦淫の罪に関して——で、女性たちに罪をなすりつけることは断じてしようとしなかった。男性はふしだらな女性によって堕落するのだという男性優位の想定がイエスの教えや態度に見られないことは顕著であり、特にそのことは、娼婦や、姦淫の現場で捕らえられた女性に対して明らかである。タルムードは、ユダヤ教の律法や教えの重要な資料であるが、読者に（読者は男性と想定されている）、「あまり女性と話してはならない。なぜなら、そのようなことをすれば、いずれ不貞を犯すことにつながるからだ」と言い切っている。イエスはこの助言を故意に無視し、決まって女性たちと話している（ヨハネによる福音書4章のサマリアの女性との会話はことに有名な例である）。そしてまた同様のことだが、生理中の女性は「汚れている」という伝統的な見方も退け、人を不浄にするのは道徳的な不純のみであることをはっきりさせている（マルコ7：1-23）。

　ルカによる福音書は、イエスの女性たちに対する態度を理解する上で特に興味深い。ルカは、女性が、イエスの到来で解放された「虐げられた人々」に含まれていることを明らかに打ち出している。ルカはまた彼の資料を並行させて提示し、イエスの宣教には男性も女性も関わっており、どちらも恩恵を受けているということを強調している。たとえば次の箇所は、この並行関係を特に明らかに例証している。

第1章　ナザレのイエス

ルカ 1：11-20、26-38	ザカリアとマリア
ルカ 2：25-38	シメオンとアンナ
ルカ 7：1-17	百人隊長とやもめ
ルカ13：18-21	ひとりの男性とからし種、ひとりの女性とパン種
ルカ15：4-10	ひとりの男性と羊、ひとりの女性と硬貨

　このように資料を配列することでルカは、男性と女性は共に並んで神の前に立っているのだと示している。男女は、名誉においても恩寵においても平等である。どちらも同じ賜物を授かっており、同じ責任を負っている。

　ルカは、福音を伝え広める上での女性の重要な役割にも私たちの注意を促している。たとえば、ルカによる福音書8章2-3節は、福音伝道活動の初期には「多くの女性たち」が携わっており、十二弟子に伴って、「悪霊を追い出して病気をいやしていただいた何人かの婦人たち、すなわち、七つの悪霊を追い出していただいたマグダラの女と呼ばれるマリア、ヘロデの家令クザの妻ヨハナ、それにスサンナ、そのほか多くの婦人たちも一緒であった。彼女たちは、自分の持ち物を出し合って、一行に奉仕していた」と示している。女性たちをそのような重要な役割に含むことは、当時のパレスチナの男性支配の社会では理解できないことだっただろう。

　西洋の読者は、女性が男性と同等の権利と地位を持つと考えることに慣れているので、こうした態度が当時どれほど新しく革新的であったかを十分理解するのはおそらく難しいだろう。おそらくイエスの女性に対する姿勢の最も革新的な面は、彼が女性たちと自由に交際し、責任ある人間存在として扱い、女性との神学的会話にも没頭して応答を促し、答えも期待したという点にあろう。初期のキリ

スト教が女性たちを深く惹きつけたことは驚くに当たらない。

イエスの教えが女性たちを惹きつけたひとつの理由が、キリスト教共同体の中で女性たちが与えられた新しい役割と地位にあった可能性は高い。ギリシアやローマにあった多くの異教は、男性しか教団加入を認めなかったり、女性の参与をごく限られた点に制限したりしていた。本書では、キリスト教の女性に対する態度の後の展開について第7章で見ることにする（46-49頁参照）。

イエスの教え──神の国のたとえ

「神の国」のテーマ（あるいはマタイによる福音書では「天の国」）は、イエスの宣教の中心にあると広く合意ができている。イエスの公的宣教は、神の国は「近づいた、時は満ちた」（マルコ1：15）という宣言で始まる。ギリシア語の「バシレイア」（*basileia*）は伝統的に「王国」と訳されているが、表現されている概念は、境界が定まり王に支配される政治的領域というよりは、むしろ王による「支配」そのものである。つまり、ギリシア語は、「王国」よりもむしろ「王の統治」を表しているのである。「山上の説教」（マタイ5：1-7：29の説教群）は一般に、他の人々と神の前での非常に高い行為基準を設定すると見られており、しばしば「神の国の倫理」を説明していると言われている。つまり、神の支配を認知することは、あるひとつの決まった行動様式につながる。それがイエスの生涯や宣教活動で具現し、彼の教えに反映している。そのように、イエスの教えの基本的なテーマは、神の王的支配の到来という観点で考えることができる。このテーマは、広く「主の祈り」として知られている、イエスが弟子たちに真似るように指示した祈りに表されている。

王国に関するイエスの教えは、「開始」（inauguration）という観点で理解するのが最もよい。これから成就する一連の出来事の始まり

となる何かが起こった。一連のたとえが、神の国とは、一見意味のないような小さな出来事から始まって、ずっと大きなものに発達するものなのだという考えを表している。「からし種のたとえ」（マタイ13：31-32）はその特に良い例であり、成長と発達という概念を表している。「ぶどう園のたとえ」の論点は、ぶどう園の小作になる権利を持っているのは、果実を実らせる者たちだけであるということであり、神の国に入る権利を主張する者は、その倫理に従わなければならないということを明らかに示している。神の王的支配は義務を伴うのである。

　神の国についてのイエスの教えに関連したたとえは非常に重要なので、より詳細に考察しなければならない。たとえは、しばしば「天的な意味を持つ地上的な物語」と定義される。これは、イエスの宣教におけるたとえの重要性を理解する手始めに役立つひとつの仕方である。「たとえ」（parable）という語は多くの概念を反映しており、「例証」「神秘」「謎」などという意味を含む。あるたとえは霊的な真理を例証しており、その真理の意味がはっきりと見えないので、何か例で示すことが必要なのかもしれない。いくつかのたとえは、パレスチナの田舎の日常生活の鋭い観察に基づいている。価値の高い一粒の真珠は、それを得るために、価値の少ない財産を売り払うに値するが、ちょうどそのように、神の国は、それを得るために他のすべてを捨てるに値する（マタイ13：45-46）。わずかな量の酵母は大量のパン種をふくらますことができるが、ちょうどそのように、神の国はその影響を世界中に及ぼすことができる（マタイ13：33）。羊飼いは、出ていって迷子になった羊を探すが、そのように神も、迷った者たちを見つけだしてくださるだろう（ルカ15：4－6）。

　また、ときにはもっと複雑なたとえもある。「放蕩息子のたとえ」（ルカ15：11-32）はその種のたとえの例である。ひとりの息子が父の家を離れて、遠い地で一旗揚げようと決心する。しかし、父の

家を離れた生活は、放蕩息子が考えていたほどバラ色ではなく、彼はつらい経験をする。放蕩息子は父の家に帰りたくなる。しかし彼は、父は彼を勘当して、もう彼を自分の息子と認めたがらないだろうと確信していた。このたとえの注目に値する特徴は、これが私たちに与えてくれる神の像にある。父親は、帰ってくる息子が父親に気づくよりもずっと早くから息子を見つけ、駆け寄って彼を迎える。そして、失ったと思っていたこの息子の帰還を祝うのである。

　このたとえは明らかに、次のような趣旨で理解されるように意図されている。父親は神を表している。息子は、罪を犯したか、あるいは、神に背いた人々を表している。このたとえが伝えていることは単純である。父親が息子の帰還を非常に喜んだように、神も罪人の帰還を非常に喜ぶだろう。

　神の国に関するイエスの教えは、キリスト教信仰の重要な要素である。しかしキリスト教は、イエスが何を教えたかだけに関するものではない。イエスという人自身についてのものでもある。彼は何だったのだろうか？　彼の重要性は何なのか？　新約聖書にとってはイエスの死と復活が中心的な重要性を持っている。そこで、これらのことについて次に考えることにしよう。

磔　刑（十字架刑）

　イエス・キリストの十字架刑のテーマは、新約聖書に深く埋め込まれている。ラテン語のcrucifixion（磔刑）は、文字どおりには「十字架につけられること」である。イエス・キリストの十字架刑の伝承は、彼についての新約聖書の証言のあらゆるレベルに埋め込まれている。十字架刑の中心的な重要性を証言した最も早い文書のひとつは、パウロがコリントのキリスト教会に宛てた第1の手紙である。パウロは、キリストが十字架につけられたという事実を強く

強調している。パウロの説教の主題は、「十字架につけられたキリスト」（1：23）である。福音全体が、「十字架の言葉」と要約されてさえいる（1：18）。十字架につけられた救い主（メシア）という概念はたちまち初期キリスト教の敵対者に愚かなこととして取り上げられ、キリスト教の主張のばかげた性質を示すものだと見られた。殉教者ユスティノスは、より教養ある2世紀の批判者に対してキリスト教を擁護しようとして、十字架につけられたメシアというキリスト教の使信は狂気のように見える、と譲歩している。「［キリスト教の反対者は、］われわれの狂気が、普遍かつ永遠の神、世界の創造主の次に高い席を、十字架につけられた人間に与えたところにあると言う」。

　ユダヤ教内部におけるこのことの背景は重要である。ユダヤ人にとって、誰でも木に吊された者は神によって呪われていると考えられている（申命記21：23）。このことはとうてい、イエスが実際、長く待たれたメシアであるというキリスト教の主張を推奨する理由とはなりがたい。実際、死海文書のひとつは、十字架刑は国家に対する反逆罪の容疑を受けたユダヤ人を処刑するにふさわしい処刑法であったと示唆している。最初のキリスト教徒たちは、ユダヤ人に対する福音の宣教を彼らの最も優先する事柄のひとつに考えていたのに、なぜユダヤの聴衆に対してそれほど不快な概念を含めることにしたのだろうか？　答えは実に単純である。そうせざるをえなかったからだ。これは史実であって、すべての者に知られていたので、たとえキリスト教に改宗する可能性のあるユダヤ人たちの多くを遠ざけることになりかねないとしても、認め宣べ伝えざるをえなかったのである。

　同時代の証拠から明らかだが、十字架刑はローマ帝国内で広く行われた処刑方法であり、この刑を執行する方法は驚くほど多様だった。犠牲者は通常、鞭打ちか拷問にあってから、十字架に縛りつけられるか、釘で打ちつけられる。十字架につけられるときの姿勢は

第1章　ナザレのイエス

実際、どのようでもありえた。この形の刑罰は、ローマの属州で起こる反乱を鎮圧するために容赦なく用いられたらしく、ユダヤ人の反乱だけでなく、たとえばスペインのカンタブリアの反乱などの場合も使われた。ヨセフスが記録している、70年のローマ軍による最終的なエルサレム破壊のときに逃亡を図った多くのユダヤ人逃亡者の十字架刑は、読んでも恐ろしい。ローマの法学者の考えでは、悪名高い犯罪人は、彼らの犯罪が起こったまさにその場所で十字架につけられねばならなかった。「その光景が、他の者に、そのような罪を犯すことを思いとどまらせるからである」。おそらくこのような理由から、最大の抑止効果を上げるためであろう、ローマ皇帝クウィンティリアヌスは犯罪人を最もにぎやかな大通りで十字架につけている。

それゆえ、キリスト教徒が「邪悪な人とその十字架」（*homo noxius et crux eius*）をまじめに受け止め、彼を礼拝までしているのを見て、教養のある1世紀の異教世界が疑惑と嫌悪の念で反応したことは、ほとんど驚くに当たらない。十字架は、最も低い犯罪人のためにとっておかれた処刑法であり、イエスはそのような人々の範疇に属していたからである。けれども福音書は、新約聖書の残りの書と共通して、これはイエスが耐えた運命であると強く主張している。

十字架の背景は、旧約聖書にある偉大なメシア預言が成就するように（ゼカリヤ9：9）、イエスがロバに乗ってエルサレムに凱旋入城したことにある。イエスはエルサレムに王として入城した。この出来事をキリスト教徒は、棕櫚の日曜日に特に祝っている。しかし、イエスの生涯のこの最後の1週間は、激化してゆく討論に特徴づけられ、ついに彼の引き渡し、逮捕、処刑に至る。ルカは、イエスと弟子たちが「2階の広間で」過越の食事をしていたと伝えている（ルカ22：14-23）。非常に厳粛にイエスは、「神の国で過越が成し遂げられるまで、わたしは決してこの過越の食事をとることはない」と

言っている。過越の祭りは、それ自体を超えたところにある何かより偉大なものを指し示しており、その何かは、これから成就するべきものなのである。この言葉の含意は、過越の真の意味はイエスにおいて、またイエスを通してまさに成就しようとしているということだ。この考えは重要なので、もっと詳しく考えてよいだろう。

　ユダヤ教の過越の祭りは、出エジプトとイスラエルの民族の確立に至る出来事を祝っている。祭りの直前に屠られて祭りに食べられる過越の小羊は、神のこの偉大な贖いのみ業を象徴している。それゆえ、最後の晩餐とイエスの十字架が過越の祭りに行われたことには非常に深い意味がある。共観福音書は明らかに最後の晩餐を過越の食事として扱い、イエスが新しい型の食事を始めているように描いている。ユダヤ人が小羊を食べることによって神によるエジプトからの解放を祝うのに対して、これから後、キリスト教徒は、パンを食べ、ぶどう酒を飲むことによって、神による罪からの解放を祝うのである。過越は、イスラエルの民を生みだした神の偉大な業を祝い、主の晩餐は、キリスト教の教会を生みだし、教会がその生命と存在を負う神の偉大な救済の業を祝う。

　ヨハネによる福音書は、イエスが十字架につけられたのは、過越の小羊が屠られたのと正確に同時刻であったと示唆し、さらにより力強く、イエスが世の罪のために死んだ真の過越の小羊であると示している。真の過越の小羊は、神殿の境内ではなく、十字架の上で屠られている。洗礼者ヨハネの言葉の完全な意味は、この光に照らして理解される。「見よ、世の罪を取り除く神の小羊だ」（ヨハネ１：29）。キリストの死は、私たちの罪を取り除き、私たちをやましさや汚れから清めてくれる。

　最後の晩餐と十字架刑が過越の祭りと同時に起こったことは、出エジプトとキリストの死の間に決定的に密接なつながりがあることを明らかにしている。どちらも、抑圧からの神の解放の業と見られ

第1章　ナザレのイエス

る。けれども、モーセがイスラエルをエジプトでの特別の束縛から導き出したのに対し、キリストは自分の民を罪と死という普遍的な束縛から解放した。出エジプトと十字架の間には類似点があるが、相違点もある。おそらく最も重要な相違は、新約聖書が、キリストによって遂げられた贖いの普遍性を請け負っていることであろう。新約聖書では、キリストの業は、彼に信頼する人々なら誰でも、その民族的、歴史的、地理的な出自にかかわらず、ふさわしく当てはまる。

「最後の晩餐」は、キリスト教の礼拝で想起される。その意味でも、キリスト教徒にとってことに重要なものである。イエスを覚えてこの行為を繰り返すようにとはっきりと命じられている。イエスの記念としてぶどう酒とパンを用いることは——通常、「聖餐式」「聖体拝領」「領聖」「主の晩餐」「ミサ」などと言われる聖礼典に集約しているが、ここに起源を持っている。このことは後にさらに詳細に考察しよう。

最後の晩餐に続いて記録されているのは、イエスが30枚の銀貨でユダヤ教の当局に引き渡されたことである。イエスが30枚の銀貨でユダによって引き渡されたことは（マタイ27：1-10）、旧約聖書の預言の成就だと見られている（その預言とは、エレミヤ書19：1-13とゼカリヤ書11：12-13を合わせたもののようである）。

神学的な審問の後、イエスはローマ当局に渡される。福音書でイエスの引き渡しと裁判と処刑を語る部分は、イエスの受難（ラテン語 passiones）に焦点を当てているので、通常、「受難物語」（the passion narratives）として知られている。なぜ、イエスはローマ当局に引き渡されなければならなかったのだろうか？　イエスは、特に彼が自分を「神の子・キリスト」と認めたかどで、瀆神の罪を問われた。ユダヤ教の律法では、瀆神罪の罰は死刑であった。しかし、ひとつの例外を除いて、ローマ当局はサンヘドリン（71人からなるユ

ダヤ教の最高議会で、ユダヤ教の大祭司、長老、律法学者たちからなっていた)から、何者に対しても死刑の判決を下す権限を奪っていた。

それゆえ、イエスはポンティオ・ピラトの前に連行された。ピラトは、紀元26年から36年にかけてユダヤを治めていたローマの総督であり、おそらく彼の気持ちとしては、何かしらの形ばかりの罰を与えて、おしまいにしたかったようである。けれども、民衆は、イエスを十字架につけることを要求した。そこで、もうこの事件とは手を切るとしてピラトは、イエスを鞭打ちと十字架刑へと送ったのである。そして、イエスはローマの兵士たちに茨の冠をかぶらせられ、王の衣装をもじった服装をさせられて恥辱を受ける。

ローマの鞭打ち刑は激しい苦痛を与えるものであり、犠牲者が十字架にかかる前に死に至らされることで知られていた。ユダヤの法では、犠牲者を40回より多く鞭打つことを許しておらず、それも必ず慈悲として39回に減らされた。しかし、ローマの法では、与えられる苦痛には際限がなかった。この目的のために用いられる鞭は通常、革を寄り合わせた何本かの綱の先に小さな鉄か骨片をつけたもので、鞭打たれた者の皮膚を引き裂き、結果として多くの者はこの試練を生き延びることはできなかった。

イエスは明らかにこの鞭打ちでひどく弱り、自分の十字架さえ担ぐことができなかった。そこで、シモンというキレネ人が無理に代わって十字架を担がせられた。とうとう彼らはゴルゴタという刑場に到着した (マタイ27：32-43)。この場所はしばしばカルバリとも呼ばれるが、それはラテン語の *Calvaria* (「されこうべ」という意味で) から来ており、これがゴルゴタの文字どおりの意味である。イエスが十字架につけられると、彼が死にかけているのを見た者は彼を嘲笑し、ローマの兵士たちはくじを引いて彼の服を分け合った。これらの出来事は、旧約聖書の詩編22編の「苦しむ義人」の運命の預言の成就と見ることができる (詩編22：8－9、19参照)。イエスとこ

の苦しむ人との同一性は、十字架の上からのイエスの絶望の叫び「わが神、わが神、なぜわたしをお見捨てになったのですか」（マタイ27：46）によって強められる。これは、この詩編の冒頭の一節（詩編22：1）の引用だからである。イエスが神の不在を感じるのはこのときである。そして、ついにイエスは死ぬ。

　しばしばキリスト教の教会では、聖金曜日の3時間を記念して礼拝する。そのよくある形式は「十字架の3時間」として知られているもので、典型的には、受難物語や祈りや沈黙の時間について黙想が行われる。特によくある形の黙想は、「十字架上の七つの言葉」として知られ、イエスが十字架刑の間に語った言葉に焦点を当て、キリスト教の福音の主要なテーマのいくつかを提示する枠組みを作っている。音楽では、受難物語は特にヨハン・セバスチャン・バッハを連想させ、そのマタイ受難曲とヨハネ受難曲は、マタイとヨハネの受難物語に曲をつけたものと見なしうる。

　今分かるのだが、弟子たちはどこにも見当たらない。マタイは注意深くイエスの死の目撃者の名を何人か挙げている。弟子たちはひとりとして言及されていない。彼らは羊飼いのいない羊のように離散してしまったようである——まさにイエスが予言したように。確認された目撃者のひとりはローマの百人隊長で、彼はイエスが「神の子だった」（マタイ27：54）と宣言している——これは、ユダヤ教の大祭司が、イエス自身と同じユダヤ人を代表する者でありながら、イエスが神の子であることを受け入れようとしなかったことを考えると、きわめて重要な証言である。彼が神の子であるという事実がここでむしろ異邦人の間で受け入れられていることは、異邦人への宣教と、この福音がユダヤ教以外の人々を惹きつける大きな力を持つことになることを先取りしている。その他の目撃者は女性たちであった。マタイが、彼女たちを忘れないように、その名前をどのように記しているかに注意したい（マタイ27：55-56）。最後に、イエス

は、墓を借りて葬られた（マタイ27：57-61）。しかし、新約聖書によれば、話はそれで終わりではない。

復　活

　今や福音書は、キリスト教信仰にとって要となる重要な一連の出来事に向かう。「復活」という言葉は、その一連の出来事を指す。一般的な用語としては「復活」は、死後のイエスに起こった一群の関連し合った出来事全体について言う。それは要約してみれば、

1　金曜日の午後にイエスの死体が置かれた墓が空(から)になっていることが日曜日の朝発見された。空の墓を発見した人々は、自分が発見したことにおびえた。彼女たちの報告を、イエスの近くにいた親しい仲間内の多くの者は信用しなかった。
2　弟子たちは、イエス自身が現れ、出会ったイエスは生きている方であったという経験を報告した。
3　弟子たちはイエスを、過去の教師ではなく生きている主であると教え始めた。

　空の墓の伝承は、ここで非常に重要である。これは、四つの福音書のどれにおいてもひとつの重要な要素であるので（マタイ28：1-10、マルコ16：1-8、ルカ24：1-11、ヨハネ20：1-10）、史実に基づいていると考えるべきである。この物語は福音書のそれぞれにおいて異なった側面から語られ、二次的な細かい点において相違点があるなど、いかにも目撃証言らしい特徴を備えている。興味深いことに、四つの福音書のすべてが、空の墓を発見したのが女性であると記している。四つの福音書記者のすべてが詳細にはっきりと伝えている唯一の復活祭(イースター)の出来事は、女性たちがイエスの墓を訪れたこと

である。けれども、ユダヤ教は、女性の証言や目撃の価値を認めておらず、証言においては男性だけが重要な法的地位を持っていると見なしていた。マルコによる福音書は、それぞれの名前を3回も挙げている。マグダラのマリア、ヤコブの母マリア、サロメである（マルコ15：40、47、16：1）。しかし、そのとき近くにいた男性弟子の名前はひとりも挙げていない。男女の平等を固く信じることに慣れている現代西欧の読者は、この点の重要性を見落としてしまいやすい。当時、その時代のユダヤの厳しい家父長制社会においては、女性の証言は事実上、無価値だった。1世紀のパレスチナでは、女性の証言だというだけでまったく信用されなくなったであろう。もし、一部の人々が示唆するように、空の墓の報告が作りごとだったなら、なぜそのようなでっち上げをした人々が彼らの「発見」の話に、聞き手に信じてもらえなくなるに決まっているような粉飾を施したのか理解しがたい。彼らの話が作りごとなら、なぜこの発見をしたのが男性だということにしなかったのだろうか？

この点でさらに興味深いことが、「墓の崇敬訪問」、つまり、礼拝の場として預言者の墓参りをする習慣に関連してある。この習慣は新約聖書時代にはよく行われていたことが知られており、おそらくマタイによる福音書23：29-30に示唆されている。エルサレムにあ

ピエロ・デラ・フランチェスカ画「キリストの復活」（1460-64年頃）。サンセポルクロ市立絵画館。AKG-Images/Rabatti-Domingie.

るダビデの墓は今日に至るまで多くのユダヤ人に崇敬訪問されている。けれども、イエスの墓が弟子たちにそのような崇敬訪問を受けた記録は何もない。そのようなことは、特別のしかるべき理由がなければ考えられないことである。その理由は、イエスの遺体が単に墓にないという単純な事実だったように思われる。

　イエスの復活が弟子たちにとって驚きだったということは明らかである。指摘しておかねばならないが、ユダヤ教の思考においてこのような種類の復活は前例がなかった。キリスト教は2000年の間教え続けてきた結果、イエスが死人のうちから甦らされたという考えに慣れている。あまりに慣れてしまっているので、その当時それがどれほど驚くべき新奇なことだったのかに対して鈍感になっている。人間の歴史において、人間の復活がある一定の時と場所で起こるという考えは実際、非常に奇妙である。イエスに起こったことは、一般的なユダヤ人の予期した死人の復活に適合するどころか、実際、矛盾していた。当時のキリスト教の立場のまったくの新奇さは、キリスト教の復活理解の2000年の経験によって曇らされている。しかし、当時、これは非常に非正統的で革新的だった。当時の大多数のユダヤ人は死者の復活を信じていたようである。しかし、当時一般に信じられていたのは、終末における未来の死者の復活であった。歴史の終末以前の復活など誰も信じなかった。ファリサイ派の人々はこの点で典型的だと見なせよう。彼らは未来の復活を信じており、男も女も自分たちの行為に見合った報酬や罰を死後に受けると考えていた。けれども、サドカイ派の人々は、いかなる種類の復活もありえないと主張していた。人々には、死後、いかなる未来の生も待っていない（パウロはこの点についてファリサイ派とサドカイ派の違いを利用することができた。使徒言行録26：2－8参照）。

　キリストが歴史の中で——歴史の終わりにではなく——復活したというキリスト教徒の主張は、知られているいかなるユダヤ教の型

第1章　ナザレのイエス

にも適合しなかった。イエスの復活は、未来の出来事として宣言されたのではなく、時空の世界で証人の面前ですでに起こったこととして宣言された。ユダヤ人たちが世の終わりにしか起こりえないと考えていたことが、人間の歴史の中でこの世の終わりの前にすでに起こって、多くの人々に目撃されたと認識されたのである。イエスが死人のうちから甦ったというキリスト教の主張には、何かまったく異なって尋常ではないことがあり、説明がつけにくかった。

　この問題について的を射た言い方で言えば、こうなるだろう。つまり、なぜ最初のキリスト教徒たちは、彼らの時代の基準からしてそれほどに奇妙なことを信じたのだろうか？　彼らがそのように結論せざるをえなくなるような、彼らの既存の考えを問い直させるような何か予期しない衝撃的なことが起こったのではなかったならば、なぜ？　最も簡潔な答えは、彼らはイエスの復活に直面し、その結果、彼らの概念世界をすっかり見直さざるをえなかったということだろう。パウロにとって復活は、証明を求められ、目撃したおよそ500人によって立証された公的な出来事であった（Ⅰコリント15：3-8）。

　ルカは、イエスの復活の予期しない性格を明らかにするひとつの出来事を記録している。これは通常、「エマオへの道」と言われる。その物語でルカは、クレオパともうひとりの弟子が、その日起こった困惑するような出来事について論じながら、エルサレムからエマオに向かう道を歩いていたと語る。彼らが話していると、見知らぬ人がいっしょに歩き始めた。そして、その人が彼らと共にパンを裂いたとき（最後の晩餐をほのめかす重要な行為である）、彼らは初めてそれがイエスであることに気づく。

　けれども、この復活の含意は何であろうか？　そのことについては第6章でもっと詳しく論じることにしよう。この章では、イエスの生涯の経歴を追って十字架と復活も見た。けれども、この生涯の

意味は何なのだろうか？　復活は何を意味するのか？　十字架はイエスについて何を教えてくれるのだろうか？　そうした問いに答えるためには私たちは、イエスが誰であり、どのような意義を持つかについて新約聖書が語ろうとしていることを探ってみる必要がある。

　キリスト教の福音の根拠となる基礎的な出来事を報告するに加えて、新約聖書には、イエスが何であり、どのような意義を持つかについて広範な考察も含まれている。本章では、新約聖書の中に私たちが見つけるおもな考え方の道筋を分析し、イエスを表し描写する最もよい方法についての教会の長年の熟考の結果としてイエスがどのように理解されてきたのかを掘り下げてみよう。この熟考の過程と発展はしばしば植物の成長の過程にたとえられる。

　しかし、イエスの意味についてのキリスト教の理解を掘り下げてみる前に、出来事と意味との間の非常に重要な区別を理解しておかなければならない。

出来事と意味

　イエスの意味を考えるに際して私たちは、彼の生涯とその意味の関係を探ってみなければならない。キリスト教は単にイエスの履歴の暗唱にとどまらない。その生涯の出来事の意味を扱うものであり、特に彼の十字架の死（通常、「十字架刑／磔刑」と言う）の意味を考えている。キリスト教の信仰は確かに、イエスが歴史上実在した人物であること、彼が十字架につけられたことを前提としている。けれどもキリスト教は、単にイエスが実在して十字架につけられたという事実に関するだけではない。パウロの言葉のいくつかはおそらく復活の15年後に書かれたものだが、この点を明らかにする助けになるだろう。

第1章　ナザレのイエス

　兄弟たち、わたしがあなたがたに告げ知らせた福音を、ここでもう一度知らせます。これは、あなたがたが受け入れ、生活のよりどころとしている福音にほかなりません。どんな言葉でわたしが福音を告げ知らせたか、しっかり覚えていれば、あなたがたはこの福音によって救われます。さもないと、あなたがたが信じたこと自体が、無駄になってしまうでしょう。最も大切なこととしてわたしがあなたがたに伝えたのは、わたしも受けたものです。すなわち、キリストが、聖書に書いてあるとおりわたしたちの罪のために死んだこと、葬られたこと、また、聖書に書いてあるとおり三日目に復活したこと、ケファに現れ、その後十二人に現れたことです。　　　　（Ⅰコリント15：1－5）

　この「伝えた」という語の使用は特に興味深い。この言葉は、伝承について言うユダヤ教の術語で、「遺贈する」「譲り渡す」などの意味があり、パウロが、自分が以前譲り渡されたものを読者に譲り渡しているということを意味している。つまり、キリスト教信仰を、キリストの十字架と復活という二つの必須要素の点から要約したのはパウロが初めてではなかったということだ。彼はこれを他の者から習った。この点では彼は、自分自身の記憶によっているのではなく、はるかに大きな人々の集団の集団的記憶によっている。この手紙の前の部分でパウロは、コリントのキリスト教徒に、信仰の基礎として彼が教える内容は、「十字架につけられたキリスト」（Ⅰコリント1：17-18、2：2）だと明示している。

　パウロはここで、キリストの死という出来事と、この出来事の意味とをはっきりと区別している。キリストが死んだというのは、端的に史実の問題である。キリストが私たちの罪のために死んだというのが、福音そのものの核心にある洞察である。この、出来事とその意味とのきわめて重要な区別は、たとえば紀元前49年に起こった

第1章　ナザレのイエス

出来事を例に見ることができる。ローマの指揮官ジュリアス・シーザーが一軍団を率いて小さな川を渡った。この小さな川はルビコン川と言い、イタリアとその北西にある植民地ガリア・キサルピナ（現在のフランスの一部）の境目で、ローマ帝国内のひとつの重要な境界線となっていた。

単に出来事として考えれば、これは特に重要なことではない。ルビコン川はことに印象的な川でもなく、ことに渡りにくいわけでもない。人々は、これよりも広く深い川をそれ以前にもそれ以降にも渡っている。単なる出来事としては目立ったところはない。けれども、この川が重要な理由はほかにある。これが歴史の教科書に場所を保証されているのはその意味のせいであり、その政治的な意味が多大だからである。軍を率いてこの国境を渡ることは、ローマに対する意図的な反逆行為だった。これは、シーザーがポンペイウスとローマ元老院に対して宣戦布告をしたことを示していた。出来事は川渡りであった。その出来事の意味は宣戦布告であった。

多くの点で、キリストの死は、シーザーがルビコン川を渡ったことに類似すると言われる。その意味を知らない者には、出来事自体は別に例外的なものには見えない。当時の記録によって、あの時代には無数の人々が同じような死に方をしていたことが分かっている。十字架で処刑されたのはイエスだけではなかったであろう。実際、福音書は、ほかの犯罪者がふたり、イエスと同じ日に処刑され、イエスの両側にひとりずつ十字架にかけられたことを記録している。出来事としては十字架はほとんど重要ではなく、注目にも値しない。これは、ローマ人が自分たちの帝国の隅々にまで服従を強いるために、残酷で弾圧的な措置を用いたことを立証するものにすぎない。けれども、それだけだろうか？

新約聖書は、ひとつの出来事の意味に気がついた人々は、単なる外的出来事の背後に、それが意味するもの、それが重要である理由

第1章　ナザレのイエス

を見るということを明らかにしている。ポンペイウスも、ローマの元老院も、ジュリアス・シーザーがどのようにルビコン川を渡ったか、その技術的な点には特に興味がなかった。肝心な点はまさに明白だった。同様にパウロも、イエスの十字架刑の詳細には興味がなかった。彼にとってそれは、救済と赦しと、死に対する勝利を意味した。それゆえ、「十字架の言葉」は、イエスが十字架につけられたという単なる史実をはるかに超えている。「十字架の言葉」とは、この史実の意味が人類にとって持つ意味に関わることである。すなわち、イエスが死んだのは私たちが生きるためであったということ、そして、イエスが罪人のひとりに数えられたのは罪人が赦されるためだったということなのである。

　出来事とその意味のつながりのもうひとつの例は、イエスの十字架の死と関連するひとつの出来事に見られる。イエスの死についてのマタイの記述は、だいたい時を同じくして起こったひとつの出来事に注目しているが、その出来事には特別の神学的意味がある。「神殿の垂れ幕が上から下まで真っ二つに裂けた」(マタイ27：51)ことである。どうしてそう裂けたのかは語られていない。けれども、マタイにとってこれは意味の深い出来事だった。では、何を意味するというのか？　「神殿の垂れ幕」は、旧約聖書の幕屋の特別に有用な部分である (出エジプト26：31-35)。これは、天幕の中で最も神聖な場所と考えられている「至聖所」への入場を制限するためにしつらえられた。この垂れ幕は、イスラエルの礼拝においては重要な実際的機能を果たしてきたが、より深い意味を持つようになった。この垂れ幕がふつうの礼拝者を「至聖所」から締め出すという事実が、神と罪深い人間とが離れている度合いをはるかに深く示すように思われるようになったのである。そうして、この垂れ幕は、人間の罪深さによって神と人間との間にできた障壁の象徴になった。

　この垂れ幕が十字架刑のときに裂けたことは、キリストの死に

よってもたらされた最も大きな恩恵とキリスト教が考えるもののひとつの象徴と見られうる。罪のために神と人間との間にできた障壁は取り壊され、今やキリストの死のおかげで、信じる者は自由に神に近づくことができる。このテーマは、さらにローマの信徒への手紙 5 章 1 – 2 節でパウロによって掘り下げられている。

　ここまで私たちはもっぱら、「出来事」と「意味」との間の区別を考えてきた。この区別の重要さをしっかり理解したなら、次に進んで、新約聖書の中に見られるイエスについての解釈をいくつか考察することができるだろう。

新約聖書のイエス理解

　イエスとは誰か？　彼は何を意味しているのか？　これらの問いについて熟考する最も簡単な手始めは、新約聖書、ことに福音書の内部でイエスを呼ぶのに用いられている用語を見てゆくことであろう。それらの言葉はしばしば、新約聖書の「キリスト論的称号」と呼ばれる。そのそれぞれは、イエスの言動や、イエスが人々に及ぼした感化についての考察の過程から生まれたものと考えねばならない。そこで次に、その称号のいくつかを考察し、イエスが何であるかについてのキリスト教理解にそれらが及ぼした影響を考えよう。

メシア

　現代西洋の読者は、「キリスト」をイエスの苗字だと考えやすく、これが本当は「キリストなるイエス」というひとつの称号であることを理解し損ねることがある。「キリスト」とは、ヘブライ語の称号「メシア」（Messiah）のギリシア語訳で、文字どおりには「油注がれた方」――塗油によって聖別された方――という意味である。旧約聖書に見られるこの塗油の儀式は、そこで油を注がれた者が神

によって選び出され、特別の力と権能を持っていると見なされたことを示している。たとえばサムエル記上24章7節は、王を「主が油を注がれた方」と言っている。この語の基本的意味は、「神によって立てられたイスラエルの王」だと言えよう。時代が下ると、この用語は次第に、イスラエルを、ダビデの支配下で味わった黄金時代の状態に復興させてくれる、ダビデの子孫から出るだろう解放者を指すようになった。

イエスの宣教の時期にパレスチナはローマに占領され、統治されていた。当時、激しい国粋主義的感情があり、その感情は、外国の占領軍が駐屯していることによって煽られ、伝統的なメシア待望に新たな力を与えたように見える。多くの人々にとってメシアとは、ローマをイスラエルから追い払う者、イスラエル最大の王で、ダビデ王の血筋を再興する者であった。

重要なことであるが、イエスはその宣教の期間中、「メシア」という称号を受けようとはしなかった。マルコによる福音書を注意深く読めば、その点は分かるはずである。ペトロがイエスをメシアと宣言したとき、つまり「あなたは、メシアです」と言ったとき、イエスは即座に、そのことについては誰にも話さないようにと彼に命じた（マルコ8：29-30）。いわゆる「メシアの秘密」の意味は完全には分からない。非常に多くの人々がイエスをメシアと考えていたときに、イエスは自分がメシアであるとの主張を公然とはしなかったことを、いったいなぜマルコは強調しているのだろうか？

その答えはおそらく、マルコによる福音書の後のほうで、イエスが自分をメシアと公然と認めた唯一の出来事が語られるときに明らかになるだろう。イエスは囚人として大祭司の前に引き出されたとき、自分がメシアであると認めた。政治的暴力が起こりえなくなったそのとき、彼は自分が何であるかを明かすのである。彼は本当に神の民の解放者だった——しかし、いかなる意味でも政治的な意味

での解放者ではなかったようである。解放者という語と結びついた誤解が熱心党員の間などで見られ、そのためにイエスは彼の宣教のメシア的側面を小さく見せているようである。

主

　第2の意味深い称号は「主」である。新約聖書ではこの語は、二つの重要な意味で用いられている。丁寧な敬称として、特に誰かに呼びかけるときに用いられる。マルタがイエスに「主よ」と呼びかけるとき、マルタはたぶん（絶対にではないが）、単にイエスにしかるべき敬意を払っているにすぎないであろう。けれども、この語はもうひとつの意味でも用いられている。

　パウロは明らかに、「イエスは主である」（ローマ10：9、Ⅰコリント12：3）という宣言を福音の核となる本質的要素と考えていた。キリスト教徒は、「主の名を呼び求める」者たち（ローマ10：13、Ⅰコリント1：2）である。けれども、ここに含まれている意味は何なのだろうか？　明らかに1世紀のパレスチナには、「主」（ギリシア語の *kyrios*、アラム語の *mare*）を、敬語や敬称としてだけではなく、神的な存在、あるいは少なくともはっきりと、単なる人間以上である存在を指して用いる用法があった。けれども、特に重要なのは、このギリシア語の *kyrios* を、旧約聖書で神を指して用いられる神聖4文字（しばしば「テトラグラマトン」と呼ばれる。156頁参照）の訳語として用いたことである。

　旧約聖書がヘブライ語からギリシア語に訳されたとき、*kyrios* という語が、通常、神の聖なる名前の訳語として用いられた。ヘブライ語でこの名が用いられた6,823回のうち、ギリシア語の *kyrios*（「主」）は6,156回、その訳語として用いられている。このギリシア語はこのようにして、シナイ山で自己を啓示してイスラエルの民と契約を結んだ神を特に直接に示すときに用いられる公認の語となっ

たのである。ユダヤ人であれば、この語をほかの誰にも何にも用いなかったであろう。そのようなことをするなら、そのように呼ばれた人や物に神の地位があるような含みとなるからである。歴史家ヨセフスは、ユダヤ人たちがローマ皇帝を「主」と呼ぶことを拒んだこと、それは彼らが、この名は神だけのものだと考えていたからであることを告げている。

　新約聖書記者たちは、この聖なる名をすべての含みもろともイエスに用いることを何ら躊躇しなかった。もっぱら神にだけしか用いられなかった名が、それと等しくイエスを指すのにも用いられると考えられた。これは決して、著者たちがその名のユダヤ的背景を知らなかったために起こった知識不足による間違いなどではなかった。結局、最初の弟子たちはユダヤ人だった。パウロなど、イエスを呼ぶのに最も多く「主」という語を用いた最初の新約聖書記者たちは、この語の意味合いを完全によく分かっていた。けれども彼らは、イエスに関する証言、特に死からの彼の復活の証言を聞けばどうしても、イエスという方は「主」なのだと言わざるをえないと考えたのである。これは意図的な、熟考の上の、そして正当化された決断であり、イエスの生涯の光に照らしてみれば、完全に適切な判断であった。彼は栄光と威厳に満ちて復活し、神の右に座している。だから、神と同等の地位を分かち持ち、それにふさわしく呼びかけられるべきである。

　ときに新約聖書は、「主」（つまり「主なる神」）に言及している旧約聖書箇所を取り上げ、意図的にそれを「主・イエス」に移しかえて当てはめている。おそらく、その最も際だった例は、ヨエル書3章1節と使徒言行録2章32節の比較で明らかに見られるだろう。ヨエル書はそこで、神の民の歴史の中で、神の霊がすべての諸国民に注がれるようになる（3：1）時代の到来を書いている。「主の日」（神の日のこと）、「大いなる恐るべき日……主の御名を呼ぶ者は

皆、救われる」（3：4-5）。つまり、神の名を呼ぶ者は皆、救われる、と。

この預言はペンテコステの日のペトロの大いなる説教に引用され、その結びの部分は「主の名を呼び求める者は皆、救われる」（使徒言行録2：21）になっている。そして、次に明らかにされているのは、その「主」とはほかならぬ「ナザレの人イエス」であり、そのイエスを「神は主とし、またメシアとなさった」（使徒言行録2：36）ということである。ペトロが宣言していることは、イエスの復活は、十字架で殺されたのと同じイエスが今やメシアであり主であって、神と同じ地位につく権利を持つと神によって宣言されたということである。

さらに興味深いのは、イザヤ書45章23節が同じ用法でフィリピの信徒への手紙2章10-11節で用いられている例である。イザヤは、「主」（つまり「主なる神」）が彼に対して「すべての膝はかがみ、すべての舌は誓いを立てる」と宣言する日のことを預言している。これは力強い聖句であり、イスラエルの神が唯一の神であり、宇宙全体に対する権威と主権を持つことがしっかりと述べられている（イザヤ45：22-25）。

ひとつの「主」（「主なる神」）からもうひとりの「主」（「主なるイエス」）に転移を行うこの慣例は、当時のユダヤ人たちを激怒させたことが分かっている。2世紀、ユダヤ人トリュフォンと殉教者ユスティノスの対話でトリュフォンは、キリスト教徒たちがイエスを語るために、神を語る聖句を「乗っ取った」と抗議している。もちろん、「主」がふたりいる（つまり、神がふたりいる）というような示唆はどこにもされていない。単に、イエスは少なくとも神に等しい地位を持つと見なされるべきであり、それゆえ、そのように呼びかけられ、礼拝されるべきであると示唆されているだけである。イエスを「主」と呼ぶ用法は、彼が復活によって高く上げられたという認

識の表現と見られる。

救い主

　新約聖書の著者たちにとってイエスは「救い主、主メシア」（ルカ２：11）である。このテーマは新約聖書全体にわたって響き渡っている。たとえば、イエスは自分の民を罪から救う（マタイ１：21）。彼の名においてのみ救いがある（使徒言行録４：12）。彼は「救いの創始者」（ヘブライ２：10）である。そして、これらとその他無数の証言によって、イエスは神の働きをしている、つまり正確に言えば、神にしかできないことをなしていると理解されている。旧約聖書ではイスラエルの民は常に、彼らは自らを救うことはできないし、また、周辺諸国民の偶像によっても救われえないということを思い出させられてきた。救えるのは主であり、主のみである。この点は、預言書のいくつかに特に強調されている。たとえば、イザヤ書45章21-22節である。

　　　示せ。
　　　だれがこのことを昔から知らせ
　　　以前から述べていたかを。
　　　それは主であるわたしではないか。
　　　わたしをおいて神はない。
　　　正しい神、救いを与える神は
　　　わたしのほかにはない。
　　　地の果てのすべての人々よ
　　　わたしを仰いで、救いを得よ。

　このテーマはまた、イエスがどのようにして中風の人を癒やしたか（マルコ２：１-12）にも反映している。イエスは中風の人に「あ

なたの罪は赦される」と言い、見ているユダヤ教の律法学者たちを激怒させ、驚かせた。彼らは不信を表す反応をしている。「神を冒瀆している。神おひとりのほかに、いったいだれが、罪を赦すことができるだろうか」（マルコ２：７）。この抗議の底にあるのは、罪を赦すことができるのは神だけであるという旧約聖書の基本的な信念である。イエスが神でないのなら、彼にはそのような言葉を語る権威などまったくない。彼は勘違いをしているか、神を冒瀆しているかである。しかしイエスは、自分が確かに赦す権威を持っていると宣言し、さらにその人を癒やした（マルコ２：10-11）。イエスの復活は、イエスがこのような振る舞い方をする権利があったことを証明し、遡及して、彼が地上で権威を持っていたことを立証した。

　神だけが罪を赦すことができる、しかし、イエスは罪を赦した。神だけが救うことができる、けれども、イエスもまた救いの業を行った。では、このことはイエスの正体について何を語っているのだろうか？　主なる神だけが救い主であり、神だけが救いを行うことができるということを十分承知していたからこそ、最初のキリスト教徒たちは、イエスが救い主である──イエスは救いを行うことができるのだと断言したのである。これは、旧約聖書の伝統を知らない人々の誤解などではない。これは、彼が救いの業である死と復活を通して成し遂げた出来事に照らして、イエスがこれ以外にはありえないとする確信に満ちた声明である。

　新約聖書で「救い主」という称号をイエスに対して用いていることは、このようにイエスの働きと彼が何であるかについての理解に重要な意味合いを持っている。イエスの働きについては、この称号は、神が自分の民に約束した救いをイエスはもたらすことができるということを断言している。イエスが何であるかという点では、この称号は、イエスを考えるときには、彼の唯一無二の地位を明らかにするような点から考えなければならないということを示している。

もしイエスが神にしかできいことを成し遂げられると分かれば、彼が何であるかについての私たちの理解は、その洞察に沿ったものにならなければならない。伝統的にはキリスト教の神学は、救い主としてのイエスの役割を、彼が神でありまた人であると語られ、また考えられる資格を持つということの重要な裏づけと考えてきた。

神の子

　さらに、新約聖書で用いられているイエスの称号として、「神の子」がある。旧約聖書では「神の子」という言葉はしばしば天の使いのような人や超自然的な人々を指すのに用いられた（たとえばヨブ38：7、ダニエル3：25）。旧約聖書のメシア的テキストは、来るべきメシアを「神の子」と言っている（サムエル下7：12-14、詩編2：7）。この語の新約聖書の用法は、旧約聖書の意味が発展し、その限定性に強調点が置かれるようになったもののようである。

　ひとつのレベルでは、イエスが「神の子」であるという認識は、復活についての熟考の結果とも見なしうる。復活について思い巡らした結果出てきたのは、イエス自身の唯一無二の地位についての認識であった。パウロは、ローマのキリスト教徒たちに宛てた彼の手紙の冒頭で、イエス・キリストについて決定的に重要な声明を述べている。イエスは、「肉によればダビデの子孫から生まれ……死者の中からの復活によって力ある神の子と定められたのです」（ローマ1：3-4）。この短い声明は、イエスが神の子と見られる理由を二つ挙げている。第1に、肉体的なレベルで彼は、ダビデという、神が未来に王座を継ぐ子孫を約束した偉大なイスラエルの王の血筋である。これは、マタイがその福音書の冒頭で強調した点と類似している（マタイ1：1）。第2に、イエスの復活は、神の子としての彼の実体を明確にした。ここでは復活を、イエスが真実のところ「神の子」なのだと論じる決定的証拠としている。

第1章　ナザレのイエス

　ある意味においてはすべての人々が神の子であるが、イエスは、神の「み子」（ひとり子）である。パウロは、本来的に神のみ子であるイエスと、養子としての子どもである信徒たちを区別している。どちらも同じく「神の子」と呼ばれるが、信徒たちの神に対する関係は、イエスの神に対する関係とまったく異なっている。この点について本書では後に、キリストが私たちのために十字架で勝ち取ってくれた恩恵について考えるひとつの方法として、「養子」という考え方を見るときにさらに考えたい。同様に、ヨハネの第1の手紙では、イエスは、「み子」と呼ばれ、信徒たちは「子どもたち」として区別されている。「神の子」という称号に表されているように、神とイエスの関係には何か非常に特殊なものがある。

　神とイエスの関係についての新約聖書の理解は、「御父－み子」という関係でさまざまに表現される。第1に、イエスは、非常に親しい関係で用いられるアラム語の「アッバ」（「父よ」）を用いて、神に直接「父」と呼びかけている（マルコ14：36、また、マタイ6：9、11：25-26、26：42、ルカ23：34、46も参照）。

　第2に、福音書記者たちがイエスを神のみ子と考えていることと、イエスが神を自分の父であるように振る舞っていることは、福音書の中で、はっきりそう述べられていない場合も含めて、多くの箇所で明らかである（マルコ1：11、7：7、12：6、13：32、14：61-62、15：39）。

　第3に、「御父－み子」の関係は、ヨハネによる福音書全体に染み渡っている（特にヨハネ5：16-27、17：1-26参照）。そこでは、御父とみ子の意志と目的が一致していることに顕著な強調が置かれており、イエスと神との関係がどれほどに近いものとしてキリスト教徒に理解されていたかを示している。新約聖書のあらゆるレベルで──イエス自身の言葉に、あるいは最初のキリスト教徒たちの間で作られた印象の中に、イエスは明らかに神と独自の親密な関係にあ

り、そのことを復活は公に示したのである（ローマ1：3-4）。

　近年、イスラム教からイエスの神性に関して寄せられた批評に注目が集まっている。強調しておかなければならないが、キリスト教の、イエスが「神の子である」という教義は、神が身体的な意味でイエスの父親となったと理解されるべきではない。イスラム教徒たちは通常、イエスを「神の子」と呼ぶ言い方を、イエスを身体的に神の子であると見る「（神として）祭った」の異端の例と考えている。これは正しい認識ではない。イエスのこの称号の要点は、基本的に関係性において——つまり、神との関係において、イエスは唯一の地位にあり、だからこそ、神の啓示の担い手として、また、神の救いの業の行為者として、キリスト教の中でイエスは唯一の役割を持つと、断言するところにある。

　イスラム教が、人は神の意志を知ることはできても神の顔を知ることはできないと主張するところを、キリスト教は、神の意志も顔も両方、イエス・キリストにおいて啓示されていると主張する。ムハンマドは、天使ガブリエルに託された啓示を書きとめた人間と見られている。それに対し、イエスは、彼自身が神の明確な啓示である。受肉した神としてイエスは、神を啓示し、救済のために彼自身が死に、復活することで、神への復帰を可能にしてくれた。三位一体の教義に対するイスラム教の批判の根底にあるのは、イエス・キリストの正体に関するより根本的な懸念である。イスラム教徒にとって、イエスはひとりの預言者であり、受肉した神ではない。

人の子

　多くのキリスト教徒にとって「人の子」とは、「神の子」の自然な対応概念である。これは、キリストの人性の肯定であり、ちょうど「神の子」がイエスの神性を肯定しているのと相補関係にあると思われる。けれども、これはそれほど単純ではない。「人の子」と

いう用語（ヘブライ語で *ben-adam* あるいはアラム語で *bar nasha*）は、旧約聖書でおもに三つの文脈で用いられている。

1 預言者エゼキエルへの特別の呼びかけの言葉として。
2 未来の黙示的人物に言及して（ダニエル7：13-14）。この「人の子」の到来は、歴史の終末と神の裁きの到来のしるしと考えられた。
3 人間の性質の低さ、はかなさと、神や天使の高い地位や永続性を比較して（民数記23：19、詩編8：14）。

これらのうち、第3の意味は自然にイエスの人性と結びつき、共観福音書の少なくともいくつかにおける言及の下敷きとなっている。特に、イエスの人性を強調し、イエスが進んで他の人々と共に苦しみを受けたことを強調する箇所がそうである。

けれども、「人の子」という用語が最も注意を促してきたのは、それが来るべき裁き手を表すときである。確かにこれが、旧約聖書のダニエルが見た幻の中でのこの語の意味である。ダニエルは、彼の見た未来の裁きの幻のひとつで見た者を、世界を裁くために来る「人の子」と呼んでいる。また福音書の中で「人の子」という語は、終末に栄光のうちに到来する未来の裁き手を指すこともある。ニカイア信条はイエスに言及して、再び「生ける者と死ねる者とを審かんために来り給わん」方としている。この宣言は、イエスを来るべき裁き手と見る新約聖書の理解を反映している。これは、裁く神の権利を持つ者としてイエスの権威を強調しており、さらに新約聖書でイエスを呼ぶ最終的な称号である「神」によって強固にされる。

神

最後に、イエスをはっきりと「神」と呼んでいる一連のテキスト

第1章　ナザレのイエス

に注目しなければならない。本章で私たちが考えてきた他のすべての資料はこの結論に向けられていると考えられる。イエスが神であると断定する証言は、イエス・キリストという人間を目撃した証言の頂点である。新約聖書の少なくとも10箇所が、イエスをこのように語っているように見える（たとえば、ヨハネ1：1、1：18、20：28、ローマ9：5、テトス2：13、ヘブライ1：8-9、Ⅱペトロ1：1、Ⅰヨハネ5：20）。この向きでの同じ結論を暗示する例もある（たとえば、マタイ1：23、ヨハネ17：3、ガラテヤ2：20、エフェソ5：5、コロサイ2：2、Ⅱテサロニケ1：12、Ⅰテモテ3：16）。次に、これらのいくつかを見てみよう。

　新約聖書の最も注目に値する箇所のひとつは、イエスの復活に関するトマスの懐疑がいかにして晴らされたかを語る箇所である（ヨハネ20：24-29）。トマスは、イエスが真に甦ったということを疑った。けれども、そのような疑いは、甦ったイエスが、十字架で負わされた傷を彼に見せることができたとき、信仰に道をゆずった。トマスはキリストに対する信仰の宣言で答え、彼にこう呼びかけている。「わたしの主、わたしの神よ」（ヨハネ20：28）。この注目に値する言葉は、この福音書が証しするイエスの実体についての証言と完全に首尾一貫している。私たちはすでに、「主」という言葉が神について用いられるということは見てきた。けれども、トマスははっきり、イエスを単に「主」とだけではなく「神」と呼び、ほかでは暗黙のうちに言われたにすぎないことをはっきりと述べている。

　ペトロの第2の手紙は、新約聖書の中では後期に書かれたもののひとつである。この手紙は、「イエス・キリストの僕であり、使徒であるシメオン・ペトロから、わたしたちの神と救い主イエス・キリストの義によって、わたしたちと同じ尊い信仰を受けた人たちへ」という書き出しで始まる。同様の言い回しがテトスへのパウロの手紙にも見られ、イエス・キリストを「わたしたちの救い主であ

る神」（1：3）と呼んでいる。これらのどちらも、ギリシア語の原文は、「神」と「救い主」とが別々の者であるようには訳しえない。そのどちらの称号も、ひとりの同一人物であるイエス・キリストを指している。

　本章では私たちは、新約聖書に表されているイエスの意味のいくつかを掘り下げることに着手した。キリスト教徒たちは、イエスが人類にとって持つ意味をできる限り正確に適切に表現することを非常に重要な問題と考えてきた。その結果としてキリスト教の伝統は、イエスが何であり、私たちにとっていかに重要な意味を持つかということを説明し、弁証する多くのやり方を発展させてきた。そうしたやり方のいくつかは古典的になっている。

　以降の章で、イエスの正体についての古典的な見方のいくつかを掘り下げることにする。──イエスの実体はいったい何なのかについて扱う、キリスト教思想で「キリスト論」と呼ばれる大きな分野である。けれども、キリスト教は強度にイエス中心であり、イエスに焦点を当ててはいるが、ほかの考えも承認している。本書でも、後のひとつの章で、キリスト教信仰のその他の基本的な考えをいくつか考察する。しかし、目下のところ私たちは、聖書という、キリスト教信仰の中心的な経典に注意を向けよう。

第2章　聖書入門

　キリスト教を勉強し始めれば誰でも、キリスト教の信仰生活や思想において聖書の果たしている重要な役割に気づくであろう。キリスト教の礼拝に出れば、その礼拝の必須の要素として公の聖書朗読を聞くだろう。そして、おそらく、読まれた聖書箇所のひとつについてなされる説教を聞くだろう。キリスト教徒が共に学び祈る小さな集まりに出てみれば、「聖書研究」——聖書の短い箇所について、その意味と私たちにとっての関わりを考えること——が、彼らの集まりの時間の重要な部分を占めていることが分かるだろう。何百万人ものキリスト教徒たちが、聖書の短い一節を個人的に学ぶことで1日を始めている。聖書、あるいは、聖書に収められた個々の書について無数の注釈書が書店に出ており、多くの実践的キリスト教徒にとって、知的にも、信仰上も、欠かすことのできない糧となっている。

　その聖書とは何なのだろうか？　なぜ、聖書はそれほど重要なのか？　この入門書のこの箇所では、まず、キリスト教の聖書とは何かということから始めて、キリスト教徒にとって聖書がどのような役割を持っているかを見てゆこう。

「聖書」という語の由来

　「聖書」（the Bible）という語は、キリスト教徒に権威を持つと考えられる書物の集合体を指して用いられる。ほかの呼び方もあり、たとえば英語のキリスト教文献ではずっと Sacred Scripture、Holy

Scripture などとも言われてきた。しかし、一般にこの書物の集合体を指すのに最も適した呼び方とされているのは Bible である。この Bible という珍しい語は説明を要する。現代英語の多くの単語のように、これはギリシア語の原語から派生した。英語にされた元のギリシア語は *ta biblia* であり、文字どおりには「諸書物」である。つまり、ギリシア語ではこの語は複数であり、キリスト教徒が権威とする書物の集合体を指していた。

この聖書（the Bible）は、伝統的に「旧約聖書」「新約聖書」と呼ばれる二つの大きな部分に分かれている。その二つの聖書の内容は以下で概観するが、さらに詳細な分析は第3章と第4章で行うことにしよう。旧約聖書は39書からなり、創世記から始まってマラキ書で終わる。これはほとんどすべて、イスラエルの言語であるヘブライ語で書かれている。しかし、いくつかの短い部分は、古代近東の外交言語として広く用いられていた国際語であるアラム語で書かれている。旧約聖書自体、多数の異なった種類の文書を含んでおり、そのうち最も重要なのは以下のものである。

1　律法の五つの書はしばしば「モーセ五書」と呼ばれる。伝統的に、大部分がモーセによって書かれたと信じられていたためである。より学術的な文献では、これらはしばしば「五書」（*Pentateuch*）と呼ばれる。これは、ギリシア語の「5」と「巻物」（scrolls）からである。この「五書」は、創世記、出エジプト記、レビ記、民数記、申命記である。これらは、世界の創造と、ひとつの民族としてのイスラエルの召命、そしてこの民のエジプトからの脱出（出エジプト）を含む初期の歴史を語っている。五書の物語は、イスラエルの民が約束の地に入るためヨルダン川を渡ってゆこうとしているところで終わる。これらの書の最も重要なテーマのひとつは、モーセへの律法授与と、律

法がイスラエルの民の生活に対して持つ意味合いである。
2 歴史書。ヨシュア記、士師記、ルツ記、サムエル記上下、列王記上下、歴代誌上下、エズラ記、ネヘミヤ記、エステル記。これらの書は、神の民の歴史のさまざまな様相を、彼らが約束の地カナンに入ったところから、バビロンの捕囚の地から帰還するところまで描いている。そこで詳しく記述されているのは、たとえば、カナン征服、イスラエル王朝の成立、ダビデ、ソロモン王の偉大な治世、イスラエル統一国家の二分裂（北王国イスラエルと南王国ユダに）、アッシリアによるイスラエル王国の滅亡と、ユダがバビロニアに敗北し捕囚民とされること、そして、ついに捕囚からの帰還と神殿の再建が行われたことなどである。これらの書は、歴史的な順序に従って配列されている。
3 預言者。この大きな部分は、ある期間に、一連の個人が各々、聖霊に霊感を受けて、神の意志を彼らの同胞の民に知らせようとして記したものを含む。旧約聖書には16の預言書があり、それらは通常、二つの範疇に分類される。第1は四つの「大預言者」で、イザヤ書、エレミヤ書、エゼキエル書、ダニエル書である。続いて12の「小預言者」があり、それらはホセア書、ヨエル書、アモス書、オバデヤ書、ヨナ書、ミカ書、ナホム書、ハバクク書、ゼファニヤ書、ハガイ書、ゼカリヤ書、マラキ書である。預言書を「大」「小」に分ける用語法は、預言者の重要性を比較した判断を示唆するのではない。単にそれらの書の長さからこう呼ばれているのである。預言書は、だいたいのところ、歴史的な順序に従って配列されている。

ほかの種類の書も指摘できる。たとえば、知恵文学である。ヨブ記、箴言、コヘレトの言葉がこれに入る。これらの書は、真の知恵はいかにして見出されるかという問題を扱い、しばしば知恵の実用

的な例を与えている。もうひとつ、旧約聖書の区分の外に分類される書もあり、これらは「聖書外典」と呼ばれる。7書からなる小規模の集合であり（旧約聖書の長さの約15％に当たる）、しばしば「旧約続編」（第2正典）とも呼ばれる。ここには、旧約時代の書で、キリスト教徒の目には情報源とはなるが、権威的重要性を持たない多数の書が含まれる。この部分を含む聖書もあり、含まない聖書もある（89-95頁参照）。

　新約聖書は、キリスト教徒にとって特に重要である。キリスト教の福音の基礎となる出来事や信仰を述べているからである。新約聖書は27文書からなり、旧約聖書よりもかなり短い。すべてギリシア語で書かれている。初めて聖書を読む人は、ぜひ四福音書のどれかから始めるとよい。マタイ、マルコ、ルカ、ヨハネによる福音書のどれかである。「福音」（gospel）という言葉は、もともとは「良い知らせ」という意味である。4人の福音書の著者たち——しばしば「福音書記者」と言われる——は、良い知らせの背後にある基本的な出来事を記している。これらの四つの書は、イエス・キリストの教えと、彼の復活で頂点に達するその生涯を描いている。

　四福音書は、それぞれ異なった特徴を持っている（第4章参照）——たとえばマタイは、イエスの教えを提示することに関心を持っており、それに対してマルコは、それよりもイエスの地上の生涯の最後の1週間に焦点を当てている。四つの福音書を合わせてみれば、イエス・キリストの生涯と死と復活の包括的な記述となる。四福音書は、キリスト教の信仰のおもな素材を供給し、なぜキリスト教徒がイエス・キリストを実際にこの世の主であり救い主であると信じたのかを理解させてくれる。「共観福音書」（Synoptic gospels）という言葉がしばしば、最初の三つの福音書（マタイ、マルコ、ルカ）を合わせて呼ぶのに用いられる。これらが、互いに似た文学的構造を持っていることを指して、そう言うのである。

聖書箇所の参照法

　自分が学んだり語ったりしたい聖句は、どのように識別すればよいのだろうか。それを最も容易にするために、聖書の中の文章を参照するために、一種の省略記号が長年の間に発達した。聖書中の一節の場所を知るためには、三つの要素を知ればよい。それが聖書のどの書にあるか、その書の何章にあるか、その章の何節か、である。このことをよく分かってもらうために、使徒言行録の27章1節を開いてほしい。パウロがユリウスという者に引き渡されたと書かれていなければ、もう一度参照し直すことだ。次に、パウロのローマの信徒への手紙16章5節を開いてみよう。アジアで最初にキリスト教に改宗したのは誰か？　もし答えが「エパイネト」にならなければ、もう一度見直してほしい。

　このやり方はまどろっこしいこともある。たとえば、パウロのローマの信徒への手紙16章5節というようにすべて書いていたのでは、紙面を取りすぎる。そこで、これは省略してロマ16：5というように書かれる。

　基本的な参照法では、次のように表記される。

1　聖書の各書の省略記号。これは通常、その書の最初の1文字か2文字である（たとえば列王記上は「王上」、マタイによる福音書は「マタ」、コリントの信徒への手紙一は、「Ⅰコリ」となる）。
2　その書の章の番号。これに通常、コロン（：）が続く。
3　その章の節の番号。

　聖書の全書のリストとその略号は84頁にある。著者が誰であるか（たとえば、パウロなど）とか、旧約か新約かなどということは示す必要はない。必要なのはただこの三つの規定要素だけである。

　各節を指定する方法に慣れたなら、二つ以上の節からなる部分に言及する方法を見ておかなければならない。これは、実に簡単である。「マタ3：13-17」は、マタイによる福音書の3章13節から17節までを指す。ひとつの書の同じ章の数節を示すには、このように、最初と最後の節を指定すればよいのである。ときに、文章がいくつかの章にわたることもある。「Ⅰテサ4：13-5：11」などと表示されるのがその例である。これは、Ⅰテサ4：13からⅠテサ5：11までということである。

　このような表記法の基本的なことがよく分かったなら、補足的にいくつか細かい点を指摘しておこう。第1に、聖書の書の中には、非常に短く、1章だけからなっているものもある（オバデヤ書、フィレモンへの手紙、ヨハネの手紙二、ヨハネの手紙三、ユダの手紙）。これらの場合、節だけが表記される。たとえば、「フィレ2」はフィレモンへの手紙の2節である。第2に、詩編のそれぞれは、詩編の章のように扱われる。そこで、「詩23：1」が詩編23編1節の表記となる。

　最後に、昔の書物はこの表記法に従っているとは限らない。ローマ数字や上つき数字やあらゆる形の句読点が用いられている。その多様性を少し知ってもらうために、以下はすべてパウロのコリントの信徒への手紙二13章14節を示す表記である。

　2コ13：14　Ⅱコリ xiii.14　2コリ13・14　「Ⅱコリ」13・14

聖書の各書とその省略表記

新共同訳書名	短縮形	略号	新共同訳書名	短縮形	略号
創世記	創		マカバイ記一		Ⅰマカ
出エジプト記	出		マカバイ記二		Ⅱマカ
レビ記	レビ		知恵の書	知	
民数記	民		シラ書〔集会の書〕	シラ	
申命記	申		バルク書	バル	
ヨシュア記	ヨシュ		エレミヤの手紙		エレ・手
士師記	士		ダニエル書補遺		
ルツ記	ルツ		アザルヤの祈りと		
サムエル記上	サム上		3人の若者の賛歌	アザ	
サムエル記下	サム下		スザンナ	スザ	
列王記上	王上		ベルと竜	ベル	
列王記下	王下		エズラ記(ギリシア語)		エズ・ギ
歴代誌上	代上		エズラ記(ラテン語)		エズ・ラ
歴代誌下	代下		マナセの祈り	マナ	
エズラ記	エズ				
ネヘミヤ記	ネヘ		マタイによる福音書	マタ	
エステル記	エス		マルコによる福音書	マコ	
ヨブ記	ヨブ		ルカによる福音書	ルカ	
詩編	詩		ヨハネによる福音書	ヨハ	
箴言	箴		使徒言行録	使	
コヘレトの言葉	コヘ		ローマの信徒への手紙	ロマ	
雅歌	雅		コリントの信徒への手紙一		Ⅰコリ
イザヤ書	イザ		コリントの信徒への手紙二		Ⅱコリ
エレミヤ書	エレ		ガラテヤの信徒への手紙	ガラ	
哀歌	哀		エフェソの信徒への手紙	エフェ	
エゼキエル書	エゼ		フィリピの信徒への手紙	フィリ	
ダニエル書	ダニ		コロサイの信徒への手紙	コロ	
ホセア書	ホセ		テサロニケの信徒への手紙一		Ⅰテサ
ヨエル書	ヨエ		テサロニケの信徒への手紙二		Ⅱテサ
アモス書	アモ		テモテへの手紙一		Ⅰテモ
オバデヤ書	オバ		テモテへの手紙二		Ⅱテモ
ヨナ書	ヨナ		テトスへの手紙	テト	
ミカ書	ミカ		フィレモンへの手紙	フィレ	
ナホム書	ナホ		ヘブライ人への手紙	ヘブ	
ハバクク書	ハバ		ヤコブの手紙	ヤコ	
ゼファニヤ書	ゼファ		ペトロの手紙一		Ⅰペト
ハガイ書	ハガ		ペトロの手紙二		Ⅱペト
ゼカリヤ書	ゼカ		ヨハネの手紙一		Ⅰヨハ
マラキ書	マラ		ヨハネの手紙二		Ⅱヨハ
トビト記	トビ		ヨハネの手紙三		Ⅲヨハ
ユディト記	ユディ		ユダの手紙	ユダ	
エステル記(ギリシア語)		エス・ギ	ヨハネの黙示録	黙示録	

第2章 聖書入門

聖書について用いられる一般的な用語

「モーセ五書」	旧約聖書の最初の五書（創世記、出エジプト記、レビ記、民数記、申命記）
「律法五書」	旧約聖書の最初の五書（創世記、出エジプト記、レビ記、民数記、申命記）
「大預言者」	旧約聖書の預言書のうち最初の四書（イザヤ書、エレミヤ書、エゼキエル書、ダニエル書）
「小預言者」	旧約聖書の預言書のうち残りの12書（ホセア書、ヨエル書、アモス書、オバデヤ書、ヨナ書、ミカ書、ナホム書、ハバクク書、ゼファニヤ書、ハガイ書、ゼカリヤ書、マラキ書）
「共観福音書」	最初の三つの福音書（マタイ、マルコ、ルカ）
「牧会書簡」	テモテへの手紙一、テモテへの手紙二、テトスへの手紙を集合的に呼ぶ言い方。これらが牧会の問題や教会の聖職に特に関わっているため。
「公同書簡」	新約聖書の、特定の個人に宛てて書かれたのではない書簡（ヤコブの手紙、ペトロの手紙一、ペトロの手紙二、ヨハネの手紙一、ヨハネの手紙二、ヨハネの手紙三、ユダの手紙）。昔の書物の中では公会書簡と呼ばれていることもある。

　福音書の後に続くのは、キリスト教が広まってゆく過程の記述である。福音書に描写されている出来事が当時どのように受け取られたのか？　福音はどのようにしてパレスチナからヨーロッパに伝播したのか？　こうした問題が新約聖書の第5の書では扱われている。その書の題は「使徒言行録」（The Acts of the Apostles）であるが、「言行録」「行伝」（英語ではActsと略されることが多い）などとも言われる。ルカによる福音書と使徒言行録は同一人物ルカによって書かれたものと広く認められている。

　新約聖書でその次に来るおもな部分は、数々の手紙である。古い言い方で「書簡」と言われることもある。これらの手紙は、キリスト教徒の信条や振る舞い方について教えており、今日でも、それらが書かれたときに劣らぬ重要さを持っている。教会の歴史の最初の時期に起こった偽りの教えのいくつかは、今もまた再び流布しており、キリスト教信仰の元のままの状態を守るために、これらの手紙が重要な手段となる。

大部分の手紙はパウロによって書かれている。彼はキリスト教信仰に改宗して、福音宣教と教会設立の大きな計画に着手するに至った。彼の手紙の多くは、彼が創設した教会に宛てて書かれ、助言を与えている。ほかに手紙を書いているのは、使徒ではペトロとヨハネがいる。しばしば手紙には、福音のために直面している試練や、福音が手紙の書き手にも受け取り手にももたらしている喜びについて書かれている。それは私たちに、キリスト教が単に信条の問題ではなく生き方の変化の問題なのだと気づかせる。これらの手紙は、第1に、教義の教科書としてではなく、キリスト教の信仰のあらゆる側面についての生きた証言として読まれるべきである。そこに教義の教えも、道徳的指針や霊的励ましとともに含まれているのだ。「牧会書簡」という言葉はしばしば、テモテへの2通の手紙とテトスへの手紙を指すのに用いられる。これらは特に牧会的に重要な問題を扱っている。

そして、新約聖書の最後はヨハネの黙示録である。これは、これだけで別に分類される。この書は、歴史の終わりを見る幻を描いている。そこでは著者は天国をのぞき見ることを許され、信じる者のために用意された新しいエルサレムを垣間見る。

旧約聖書と新約聖書の連続性

キリスト教徒が使う「旧約聖書」「新約聖書」という用語には本来、非常に強い神学的含みがある。旧約聖書の内容は、神がこの世に対して行う業のひとつの時期に属し、その時期は、新約聖書でのキリストの到来により、ある意味でもはや新約聖書に取って代わられ、相対化されたのだ、という考えにこれらのキリスト教用語は基づいている。ほぼ同じ文書集がユダヤ教の著者たちには「律法、預言者、諸書」と呼ばれ、キリスト教徒たちには「旧約聖書」と呼ば

れている。だから、キリスト教徒ではない人は、習慣でこの語を用いる以外には、この文書集を「旧約聖書」と呼ぶ必要を感じる理由は特にないのである。

　この区別につながるキリスト教の神学的枠組みは、「契約」あるいは「摂理」である。キリストの到来は何か新しいものの開始であるというキリスト教の基本的な信条は、旧約聖書に対しても明確な態度になって表れた。それは基本的に次のように要約できよう――宗教的な原理や概念（たとえば、人間の歴史において行為する神の主権の概念など）は取り入れられ、宗教的な慣習（たとえば食物規定や犠牲祭儀など）は捨てられる。

　それでは、旧約聖書と新約聖書は、キリスト教の神学によれば、どのように関係し合っているのだろうか？　ひとつの選択肢は、旧約聖書をキリスト教とは無関係なひとつの宗教の書物として扱うことである。この見方は、特に2世紀に著述活動をしたマルキオンと結びつけて考えられる。マルキオンは144年に異端として破門されているが、彼によれば、キリスト教は愛の宗教であり、律法が入る余地はまったくない。旧約聖書は、新約と異なる神に結びついている。旧約聖書の神は、この世界を創造し、律法の考えに捉えているだけである。しかし、新約聖書の神は、この世界を贖い、愛に関わっている。マルキオンによれば、キリストの目的は、旧約聖書の神を始末して（この神は、グノーシス主義が、世界を造った造物主と考える半神的「デミウルゴス」にかなり似ている）、真の恩寵の神への礼拝を導き開始するところにあった。同様の教えがマニ教にも関連して存在する。キリスト教の大思想家ヒッポのアウグスティヌスは、若い頃、マニ教徒たちに強い影響を受けた。しかし、後に彼は、マニ教の旧約聖書観を的外れとして論駁するに際して、旧約聖書は新約聖書の光に照らして見て初めて、それがキリスト教徒にとって持つ深い意味と重要さが完全に分かると論じている。アウグスティヌスの見方

は、彼の有名な金言に要領よく要約されている。「新約聖書は旧約に隠れており、旧約聖書は新約によって覆いをとられる」。

キリスト教神学での多数の立場は、一方で旧・新両聖書の連続性を強調しながら、同時に、両者の相違にも注目するというものである。それは、新約聖書自体の中に見出される立場でもある。新約聖書の著者たちは、はっきりと自分たちが、旧約聖書で語られている偉大な救済史を受け継いでいると考えている。たとえばマタイによる福音書は、イエスとモーセ、福音と律法、教会とイスラエルの連続性を明らかにしている。パウロの手紙はしばしば、キリスト教の信仰とアブラハムの信仰の連続性に焦点を当てている。ヘブライの信徒への手紙は、キリスト教とユダヤ教を、逐一と言えるほど詳細に比較し、両者の連続性を強調し、いかにキリスト教が旧約聖書のテーマを完成させているかを強く論じている。新約聖書の旧約聖書との連続性を主張するのに取り上げられる要素はいくつかあるが、そのうち特に重要な二つを見ることにしよう。

第1に、旧約・新約の両聖書での、神の行為、目的、正体が連続している。新約聖書の著者たちは、新約聖書が証しする神は、イスラエルの歴史に臨在し、働いている神、旧約聖書で読むことのできる神と同一であるということを強調している。

第2に、両聖書の間に職位が連続していることがある。これは前の要素よりも込み入っていて、多少の説明を要する。16世紀、プロテスタント・キリスト教者の間で旧約・新約両聖書の連続性を際だたせるひとつの方法として、「キリストの三重の職位」と言われるものが非常に重要になった。本書で後に詳しく見るが、旧約聖書では三つの重要な職位の制度がある。預言、祭司職、王制である。イエスが何であったかということとその妥当性は、「預言者、祭司、王」という三重の定式文に要約されうる。イエスの本質の預言者的側面は、彼の教えと奇跡に関連する。彼の本質の祭司的側面は、彼

が十字架上で人類の罪のために献げた犠牲と、甦ったキリストが自分の民のために続けている執り成しに関連する。そして彼の本質の王的な側面は、甦りのキリストが彼の民を支配することに関係する。

　これらの三つのカテゴリーは、イエス・キリストが彼の民を贖うために成し遂げたすべてのことのうまい要約と見ることができる。イエスは預言者であり（マタイ21：11、ルカ7：16）、祭司であり（ヘブライ2：17、3：1）、王である（マタイ21：5、27：11）。そうして、旧約聖書での三つの重要な職位を彼ひとりの人格のうちに併せ持っているのである。イエスはモーセのように、顔と顔を合わせて神と会う預言者である（出エジプト33：11）。彼は、神の民から彼らの罪をぬぐい去る祭司である。彼はダビデのように神の民を建て、支配する（サムエル下7：12-16）。そうして、東方の博士たち（あるいは、賢者たち）がイエスに持ってきた三つの贈り物（マタイ2：12）は、これらの三つの職能を反映していると見なされる。

聖書の内容

　キリスト教の聖書は66の書の集成であり、そのうち39書は旧約聖書に、27書は新約聖書にある。けれども、聖書の内容はどのようにして決定されたのだろうか？　聖書の66書はどのような過程で選ばれたのか？　キリスト教会はその歴史のかなり早い段階で、「聖書」とは実際、何なのかを指定する重要な決定を下した。教父時代はひとつの決断の過程にあり、そこで新約聖書に境界線が設けられた――通常、「正典化」（正典決定）の過程と言われる。

　「正典」という語は、ギリシア語の *kanon*（「規則、参照するための定まった規範」の意）から来ている。「聖書正典」とは、それゆえ、キリスト教の教会内で権威として認められた、一定に限定された一群の文書を指す。「正典の」という用語は、正典と認められた聖典

を指すのに用いられる。たとえば、ルカによる福音書は「正典の」文書であり、トマスによる福音書は「正典外の」（つまり、聖書正典の範囲外にある）文書である。

　新約聖書の著者たちにとって「聖書」とは、第１に旧約聖書の文書を指していた。このことは、パウロの「聖書はすべて神の霊の導きの下に書かれ、人を教え、戒め、誤りを正し、義に導く訓練をするうえに有益です」（Ⅱテモテ３：16）という主張に特に明らかである。これは、旧約聖書に書かれたことの霊感と権威を特に断言しているからである（「聖書はすべて」と訳してある箇所は、「すべての聖書」、あるいは「すべての書」と訳してもよい）。

　けれども、短い期間のうちに初期のキリスト教の著述家たち（殉教者ユスティノスなど）は、（「旧約聖書」と対照させて）「新約聖書」というものに言及するようになり、両聖書が同じ権威を持って扱われるべきであると主張した。２世紀後期にエイレナイオスが執筆活動をする時代までに、一般に四つの正典福音書があると認められており、２世紀後期までに、四つの福音書と使徒言行録と書簡集が霊感を受けた聖書の地位を持つという広い合意ができていた。たとえば、アレクサンドリアのクレメンスは、四福音書、使徒言行録、パウロの14通の手紙（ヘブライ人への手紙もパウロの書簡と見なされていた）、ヨハネの黙示録を認めている。テルトゥリアヌスは２世紀初期に執筆活動をしたが、「律法と預言者」のほかに「福音と使徒的文書」（*evangelicae et apostolicae litterae*）があり、そのどちらも教会内で権威と見なされるべきであると宣言している。

　徐々に、霊感を受けた聖書であると認められる諸書とその配列について合意ができてきた。この受容の過程には、数名の有力な司教や教会の意見を恣意的、権威的に押しつけるようなことはなされなかった。むしろ、熟慮と相談の過程で徐々に合意ができてきたのである。367年、影響力のあったギリシアのキリスト教学者アタナシ

オスが、現在、私たちが知るのと同じ新約聖書27書を正典と確認する書簡を流布させた。アタナシオスはそのときには自分の考えを押しつけることはせず、教会全体としての見解を報告していたにすぎないが、——明らかに彼は、その見解を読者がきわめて真剣に受け止めることを期待していた。キリスト教は常に *consensus fidelium*（「信じる者たちの間の合意」）を重視してきた。そして、正典の形成は、そのような合意ができてくる方向への漸進的な動きの見事な一例である。

　ある文書が「正典」として受け入れられるか否かは、多くの重要な基準によって判断される。いくつかの文書が正典として認められるという主張がなされたとき、その主張を査定するためになされる最も重要な考察は以下の点である。

1　それらの文書が使徒に由来するか、使徒に関係を持っているか？　それらが、第1世代の使徒たち、あるいは、彼らの直接の仲間によってなされた教えか、あるいは、その教えに基づいたものであるか？　明らかに使徒たちの手によるものもある——たとえば、ペトロやパウロの手紙などである。また、ヘブライの信徒への手紙のように、それほど容易に判断されなかったものもある。2世紀には、この基準が主たる重要性を持っていた。当時、教会はさまざまな外部の団体から攻撃を仕掛けられており、それらが各々それ自身、「権威を持った」啓示を受けたと主張してくるのを受けて、自己を防衛しなければならなかったからである。
2　どの程度、それらの文書は、世界中のキリスト教共同体の内で一般に受け入れられているか？　各教会は、どの文書が権威を持つと認められるかについて合意の方向に向かっていた。いくつかの文書について意見が分かれることは不可避であったが、

正典決定の過程はこの合意の「結晶化」と見ることができる。カイサリアのエウセビオスは4世紀の初期に執筆活動をしたが、もはや、2世紀の著述家にとってあれほど重要であった使徒的権威を基準に用いていない。むしろ彼は、この書が先達の正統派教会教父によって引用されているかと問うている。論議は明らかに、使徒的な資格認定から、世界的なキリスト教共同体の内でのその書の受容に移っている。

3 聖書がおもに用いられるのは、ひとつにキリスト教の礼拝においてである。それゆえ、正典性のひとつの重要な基準は、その書がどれほど式文として用いられてきたか——初代キリスト教徒が礼拝のために集まったときに、どれだけ公に朗読されていたかということである。礼拝での朗読は、すでに新約聖書の中で言及されている。「この手紙があなたがたのところで読まれたら、ラオディキアの教会でも読まれるように、取り計らってください。また、ラオディキアから回って来る手紙を、あなたがたも読んでください」(コロサイ4：16)。

新約聖書の正典を定めるこの過程は、必ずしも簡単で容易に判断できるものではなかった。論争をことに集めた書がいくつもあった。西方教会は特に、ヘブライの信徒への手紙を正典に含めることをためらった。これがどの使徒のものともされなかったからである。東方教会は、ヨハネの黙示録(ときに「黙示書」(Apocalypse)と呼ばれる)について消極的な態度をとった。比較的規模の小さい文書では、四つの書簡(Ⅱペトロ、Ⅱヨハネ、Ⅲヨハネ、ユダ)がしばしば初期の新約聖書の目次から抜けている。現在、正典外にあるいくつかの文書には、教会の一部でかつて好まれていたものもある。しかし、結局、普遍的には受け入れられず、正典にはならなかったのである。その例は「クレメンスの第1の手紙」(クレメンスはローマの初

期の司教で、96年頃執筆した）や、「ディダケー」（十二使徒の教訓）という、おそらく２世紀の最初の四半期にさかのぼる、道徳や教会の礼拝実践などに関するキリスト教徒の短い手引書などである。

　資料の配列もかなりの変動を経てきている。福音書が正典のうちでは栄誉ある席を与えられ、使徒言行録がそれに続くということに関しては、初期の段階で合意ができた。東方教会は、七つの「公同書簡」あるいは「公会書簡」（つまり、ヤコブ、Ⅰペトロ、Ⅱペトロ、Ⅰヨハネ、Ⅱヨハネ、Ⅲヨハネ、ユダ）をパウロの14通の手紙（ヘブライの信徒への手紙もパウロの書簡として認められていた）の前に置く傾向があり、西方教会は、パウロの手紙を使徒言行録のすぐ後に置き、その後に公同書簡を置いた。ヨハネの黙示録は、東方でも西方でも正典の最後に置かれたが、その正典性については東方教会ではかなりの間、論議されていた。

　正典の配列にはいかなる基準が用いられたのか？　基本的原則は、権威の押しつけではなく、権威の認識だったように思われる。つまり、これらの書は、キリスト教徒にとってすでに権威のあるものと認識されていたのであり、恣意的に権威を押しつけられたのではないということである。エイレナイオスの考えによると、教会は聖書正典を作るのではない。教会は、すでにその文書自体の中に備わっている権威に基づいて正典聖書を承認し、保存し、受け取るのである。初期のキリスト教徒の中には、使徒が書いたものであるということが決定的な重要性を持つと考えた者もいたようである。その一方で、使徒によって書かれたという信用的裏づけがないように見える書でも受け入れようとする者もいたようである。しかしながら、選択の正確な詳細ははっきりとは分かっていないが、確かに正典は、西方教会においては５世紀の始まりまでには確定し、閉じていた。そして正典の問題は、宗教改革の時代までは再び持ち出されることはなかった。

宗教改革において、ひとつの大きな議論が持ち上がった。中世の教会が正典として受け入れた文書のいくつかが真にその地位に値しないのではないかという議論である。強調しておかなければならないが、議論は旧約聖書に集中した。ヤコブの手紙についてのマルティン・ルターの考えにもかかわらず、新約聖書の正典は一度も真剣に問題視されたことはない。新約聖書の諸書が正典として受け入れられているのに対して——ルターはその四つの書に対して懸念を持ったが、その懸念はほとんど支持を得られなかった——旧約聖書の一連の書に対しては疑惑が持ち上がった。旧約聖書の内容をヘブライ語聖書とギリシア語訳、ラテン語訳（ヴルガータ訳など）の間で比較した結果、ギリシア語訳やラテン語訳には、ヘブライ語の聖書には含まれない書が数多く含まれていることが分かった。ヒエロニムスの例に従って、宗教改革者たちは、聖書正典に属すると見なしうる旧約文書は、もともとヘブライ語聖書に含まれていたものだけであると論じた。

　このようにして「旧約聖書」と「聖書外典」との区別が引かれた。旧約聖書はヘブライ語聖書にある文書からなっており、外典は、ギリシア語訳、ラテン語訳（ヴルガータ訳など）にはあるがヘブライ語聖書にはない文書からなる。宗教改革者の中には、聖書外典からは教訓を読み取ることができると考える者もいたが、全般的な合意として、外典は教義の根拠とはならないと考えられた。けれども、中世の神学者たちはトリエント公会議［またはトレント公会議］に従って、旧約聖書を「ギリシア語とラテン語の聖書に含まれている旧約文書」と定義し、それによって「旧約聖書」と「聖書外典」の区別を一切排除している。

　「聖書」という語が実際に何を意味するかについて、このようにカトリックとプロテスタントの間で根本的な違いが発達してきた。この違いは今日に至るまで続いている。プロテスタント訳の聖

書——その最も重要な二つは、改訂標準訳（RSV）と新インターナショナル訳（NIV）である——とカトリックの聖書、たとえば、エルサレム聖書を比較してみれば、その違いが分かるであろう。しかし、当該の相違は実際にはそれほど重大ではない。

　この議論のひとつの結果として出てきたのは、「聖書の」文書と考えられる書の正式に認可された複数のリストである。トリエント公会議の第4会期（1546年）は、聖書外典を聖書の真性な文書の中に含む詳細なリストを作り上げた。一方、プロテスタントの諸集会は、スイス、フランス、その他の場所で、意図的にそれら外典に言及することを避けるか、あるいは、それらは教義的問題には何ら重要さを持たないと示唆していた。1559年の「ガリア信仰告白」は、この種の仕事の見事な例であり、正典として認められるべき書の詳細なリストを定めている。

聖書の翻訳

　聖書は古典語で書かれている——ヘブライ語、ギリシア語、そして、わずかではあるが、アラム語で書かれた部分もある。では、これらの言語のどれも読むことのできない現代の読者はどうすればよいのだろうか？　イスラム教のコーランの場合なら、伝統的に、原語のアラビア語で読むことを求められているが、キリスト教の多くの教派はそれと異なり、聖書がふつうの人々に理解できる言葉で出版され、読まれるべきであると主張している。この、信仰の「民主化」は、16世紀に新しいレベルの激しさに到達した。マルティン・ルターやジャン・カルヴァンなどのプロテスタントの宗教改革者が、ごく一般のキリスト教徒たちが自分の日常言語で聖書の教えを読んだり聞いたりできるようにすべきだと主張したのである。

　聖書を母国語に翻訳する要請は16世紀に熱狂的になったが、そ

の発端はずっとさかのぼってたどることができる。14世紀に聖書の英訳を最も熱心に推し進めたのは、ジョン・ウィクリフであった。ウィクリフの主張は、英国の人々は、聖職者が聞かせたいと望むものを無理やりラテン語（これは教会の言葉であり、ふつうの人々は理解できなかった）で聞かせられるよりも、聖書を自分の母国語で読む権利がある、ということだった。ウィクリフが指摘したように、既成の教会は、聖書を一般平信徒の手の届かないものにしておくことに既存の利害関係を持っていた。一般の人が聖書を読めるようになれば、司祭やその他の聖職者たちの生活様式と、キリストや使徒たちが推奨し――そして、実践していた！――生活様式との間にははなはだしい相違があることに気づくかもしれない。

　けれども、問題があった。ウィクリフが始めた翻訳は――彼が実際にどれくらいの翻訳をしたのか確かには分かっていない――ギリシア語とヘブライ語の原文に基づくのではなく、中世で標準に用いられていた、広く「ヴルガータ訳」と呼ばれるラテン語訳であった。つまりウィクリフは、ラテン語の訳を英語に翻訳していたのである。けれども、もしヴルガータ訳が不正確だったらどうなるだろうか？　この問いは16世紀にかなり重要になった。ロッテルダムのエラスムスがヴルガータの不正確さを批判したからである。たとえば、ヴルガータはイエスの宣教の最初の言葉を「改悛せよ、天の御国は近いからだ」と訳している。この訳は、天の国の到来が改悛の秘蹟（告解）と直接結びついているような示唆を与える。エラスムスは、ギリシア語の本文は「悔い改めよ、天の御国は近いからだ」と訳すべきであると指摘している。つまり、ヴルガータが外的な儀式的行為（告解の秘蹟）を示しているように見えるのに対し、エラスムスは、指示されているのは内面的な精神的な態度、つまり、「悔い改めている」態度であると主張したのだ。これらは完全に異なる考えである。

第2章 聖書入門

　これらの要求はルターによって再び取り上げられた。ルターは、一般の信徒も自分で聖書を読み解釈する権利を持つと主張した。なぜ、聖書に錠をかけて人々から遠ざけるのか？　特権的なグループしか読めないような死んだ言葉の檻の中に閉じ込めて？　なぜ、教養ある一般信徒が、自分たちの言語で自分たち自身で聖書を読むことを許されてはならないのか？　そして、教会が教え実践していることが、聖書に書かれていることと適合しているかどうか判断することを許されてならないわけがあろうか？　一般信徒が自国語で聖書を手に入れられるようにすれば、彼らは、自分たちがどれほど聖職者にだまされていたか気づくかもしれない。そのような翻訳の必要性に気づいて、ルターは、その務めはほかの誰かに任せられないほど重要だと決断した。彼は自分で、新約聖書を直接、ギリシア語原典からドイツ語の日常語に翻訳した。

　聖書の英訳の物語は、キリスト教史の中でも最も興味深い側面のひとつである。ウィリアム・ティンダルは、ルターの手本に倣い、1526年、新約聖書の最初の英訳を匿名で出版した。ティンダルは、聖書を全部英訳したいと考えていたが、旧約聖書はほんの数書しか訳し終えることができなかった。結局、最初に印刷された聖書全部の英訳は、1535年に出たカヴァデール聖書となり、続いて、より正確なマシューズ聖書（1537年）、グレート・バイブル（1539年）が出版された。1560年に、カルヴァンの都市ジュネーヴを本拠地とする英国からの移住者の一団がことに優れた訳を出したが、それには挿し絵があり、余白には注がつけられていた。これは急速に、英語を話すプロテスタントの好みの聖書となった。

　けれども、世界で最もよく知られている英訳聖書は、17世紀初期にさかのぼる。1604年に、ジェイムズ1世が新しい翻訳を依頼した。50人以上の学者たちがその任務のために集まり、ウェストミンスターやオックスフォードやケンブリッジで作業を進めた。1611年、

彼らの労苦の実はついに出版された。この新しい翻訳は——通常、「欽定訳聖書」、あるいは「ジェイムズ王訳」と呼ばれるが——後に古典の地位を得ることになる。そして、1918年に第1次世界大戦が終わるまで、最も広く用いられた標準の英訳聖書となった。

ジェイムズ王訳聖書は、1611年以降の翻訳の基準に照らしても、際だって優れた訳である。しかし、訳というものは、ついには改訂が必要となる。それは、訳に欠陥がなくても、それらが訳語として用いている言語が時代とともに変化するからである。翻訳は、動いている標的をねらっているようなものであり、その動きは数世紀を追うごとに加速してきている。英語は今日、かつてのどの時代よりも急速に発達している。用いられなくなった語もある。意味が変わった語もある。ジェイムズ王訳の訳者たちが用いた語の多くは、現在、意味が変わっている。1611年の英語は、21世紀の英語ではない。英語の意味が変わってしまっているという単純な理由で、1611年の訳は誤解を生じかねないのである。たとえば、次の文章を考えてほしい。

> 主の言葉に基づいて次のことを伝えます。主が来られる日まで生き残るわたしたちが、眠りについた人たちより先になることは、決してありません。　　　　　　　　　　（Ⅰテサロニケ4：15）

英語でジェイムズ王訳を読む現代の読者は、戸惑いを感じるかもしれない。ここで「先になる」と訳されている語は、ジェイムズ王訳では prevent となっており、現代の意味に適合しない。ジェイムズ王訳の訳者たちはここで、「先になる」（precede、go before）という意味でこの訳語を用いているのであるが、prevent は現代英語では「妨げる」（hinder）という意味に変わっており、「わたしたちが、眠りについた人たちを妨げることは」という意味になる。こ

のように、言語上の変化のために、ジェイムズ王訳が今では誤解や混乱を生む可能性を持っていることが、訳の改訂が必要な明らかな理由となっている。その改訂がどの程度行われるべきかについては議論されているが、改訂の必要性そのものには疑いの余地がない。訳自体が説明を要するようになっては、もう、実用的な訳としては機能しないからである。

問題は単純である。生きた言語はすべてそうであるが、英語も年を経るに従って変化している。言語の発達は、ま

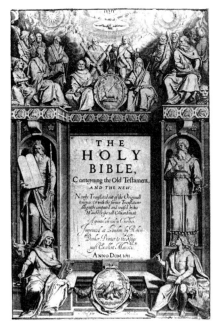

1611年版の「ジェイムズ王訳聖書」の口絵。この訳は、聖書の英訳の中で最も影響力が強かったと広く考えられている。私蔵。www.bridgeman.co.uk.

さにそれが生きているしるしである——つまり、言語が用いられ、新しい状況に適応しているということである。翻訳の務めは続いており、終わりはない。聖書の現代語訳はすべて——英訳であろうと、スワヒリ語訳であろうと、北方中国語訳であろうと——暫定的で、言語が変化発展するのに伴って修正を要するものと理解されなければならない。翻訳は、決して終わることのない務めなのである。

聖書の解釈

すべての文章は、いったん訳された上で、さらに解釈を要する。ある意味で、キリスト教神学の歴史は、聖書解釈（ときに、「理解す

る」という意味のギリシア語の動詞から、hermeneutics（聖書解釈学）と呼ばれる）の歴史とも見ることができる。以下で、キリスト教における聖書との取り組みの長い歴史の中に見出せる聖書解釈の方法のいくつかの例を簡潔に見てゆこう。

可能な聖書解釈法のいくつかを例を挙げて示すために、キリスト教会の形成上、重要であったと広く見なされている教父時代に目を向けよう。聖書解釈のアレクサンドリア学派はエジプトの大都市アレクサンドリアを拠点とし、アレクサンドリアのユダヤ人学者フィロン（紀元前30頃–紀元45頃）が考案した方法論と、それ以前のユダヤ教により、聖書の字義どおりの意味に寓意的解釈による補足を加えることをよしとするものである。けれども、寓意とは何であろうか？　ギリシア人哲学者ヘラクレイトスの定義では、アレゴリーとは、「ひとつのことを言い、言っていることと異なることを意味するもの」である。フィロンは、聖書の表面下にある意味を見ることが、その本文の表面下にあるより深い意味を見分けるためには必要であると論じている。これらの考えは、アレクサンドリアを拠点とする一群の神学者たちに取り上げられた。その中でも最も重要なのは、クレメンス、オリゲネス、盲目のディデュモスなどである。

アレゴリー解釈法の視野は、旧約聖書の鍵となる諸イメージについてのオリゲネスの解釈から分かる。ヨシュアによる約束の地の征服は、アレゴリー的に見れば、キリストによる十字架上での罪の征服を指し、レビ記にある犠牲の規定は、キリスト教徒の霊的犠牲を予示している。これは一見、自分の好き勝手なことを何でも聖書の意味として読んでしまう読み込み（*eisegesis*）に堕している代表的な例ではないかと思われるかもしれない。けれども、ディデュモスの著（第2次世界大戦中、エジプトの弾薬集積場で再発見された）が明らかに示すように、そうとは限らない。アレゴリー解釈される旧約聖書の表象やテキストについては、一般的合意ができているようである。

たとえば、エルサレムは通常、教会のアレゴリーとして見られるようになっている。

　それと対照的に、現代のトルコにある都市アンティオキアを拠点とするアンティオキア学派は、歴史的文脈に照らした聖書解釈を強調した。アンティオキア学派といえば、特にタルソのディオドロス、ヨハネス・クリュソストモス、モプスエスティアのテオドロスなどを思い出すが、彼らは旧約聖書の預言の歴史的位置づけを強調した。これは、オリゲネスやその他のアレクサンドリア学派の伝統の代表者にはないことである。たとえば、テオドロスは旧約聖書の預言を論じ、預言の使信は、それが直接語られた聞き手に関わっただけではなく、キリスト教の読者にとっての発達した意味があると強調している。預言の託宣はどれもみな、ひとつの一貫した歴史的・字義的意味を持つものとして解釈されるべきである。結果としてテオドロスは、旧約聖書の比較的わずかな箇所だけを、直接、キリストを指すものとして解釈する傾向があった。それに対してアレクサンドリア学派は、キリストを、旧約聖書の預言書、歴史書両方の多くの箇所の隠れた内容として見ている。

　西方教会では、いささか異なる方法が発達している。ミラノのアンブロシウスは、聖書の三重の意味の理解を展開した。自然の意味に加えて、釈義者は、道徳的意味と理性的／神学的意味を見分けうる。ヒッポのアウグスティヌスは、多少の修正を施してこの解釈法に従っている。アンブロシウスの考えたテキストの三重の意味の代わりに、アウグスティヌスは二重の意味を論じた——字義どおりの新しい歴史的な見方と、アレゴリー的・神秘的・霊的意味である。ただし彼は、聖書箇所によっては両方の意味を持っていると認めている。「預言者の言葉は、三重の意味を持っていることが分かる。心に地上のエルサレムを念頭に置いている者があり、天国の都を思う者があり、また、両方を指す者もある」。

旧約聖書を純粋に歴史的レベルのみで理解することは許されない。その理解の鍵は、その正しい解釈にある。おもな「霊的」解釈の考え方には次のようなものがある。アダムはキリストを象徴する。エバは教会を象徴する。ノアの箱舟は十字架を象徴する。ノアの箱舟の扉は、槍で刺されたキリストのわき腹を象徴する。エルサレムの都は、天のエルサレムを象徴する。アウグスティヌスは自分の方法論を次のように述べている。

　　キリストにおいて破棄されたのは旧約聖書ではなく、覆い隠すヴェールである。ヴェールが破棄されて、キリストによって旧約聖書が理解されるようになったのである。キリストなしには不鮮明で隠されていたものが、いわば開かれ……解釈によって明るみに出されるべき象徴によって秘密の真実が伝えられている。

　このようにしてアウグスティヌスは、旧約聖書と新約聖書の統一性を強調することができた。両方の聖書は、表現の仕方は異なってはいても、同じ信仰を証ししているのである（この考えは、ジャン・カルヴァンによって発展させられた）。アウグスティヌスはこの考えを、聖書解釈にとっては非常に重要なものとなった文章に書き表している。すなわち、「新約聖書は旧約聖書の中に隠されており、旧約聖書は新約によって理解可能なものとなる」。
　聖書の字義どおりの、あるいは歴史的な意味と、他方の、より深い霊的、あるいはアレゴリー的な意味との区別は、中世初期の教会内で一般に受け入れられるようになった。中世の間の標準的な聖書解釈法は通常、「クワドリガ」、つまり「聖書の四重の意味」と言われている。この方法はもともと、字義どおりの意味と霊的意味との区別から始まった。聖書は、四つの異なった意味を持つ。字義どお

第2章　聖書入門

りの意味に加えて、三つの字義どおりではない意味が区別できる。すなわち、アレゴリー的な意味が、キリスト教徒が信じるべきものを規定する意味としてあり、比喩的、あるいは道徳的意味が、キリスト教徒がなすべきことを規定する意味としてあり、神秘的意味が、キリスト教徒が希望すべきものを規定する意味としてある。そこで、聖書の四つの意味は以下のようになる。

1　聖書の字義どおりの意味。聖書テキストは額面どおりに受け取られる。
2　アレゴリー的意味。聖書の諸箇所を解釈して、教義的な言説で表現される。それら諸箇所は、読者の目には不明瞭か、神学的理由で字義的には受け入れがたく見える傾向がある。
3　比喩的、あるいは道徳的意味。キリスト教徒の行為の道徳的指針を生みだすような箇所を解釈した意味。
4　神秘的意味。諸箇所を解釈して、キリスト教の希望の根拠を示し、未来の新しいエルサレムでの神の約束の成就を指し示す。

アレゴリー的解釈の見事な例は、12世紀のクレルヴォーのベルナルドゥスの、旧約聖書の雅歌の釈義に見出される。ベルナルドゥスは、「レバノン杉が家の梁、糸杉が垂木」［訳注：雅歌1：17］という句にアレゴリー的解釈を施して、当時、別に見込みのなさそうな箇所に教義的意味や霊的意味が「読み込める」やり方を例証している。

　「家」とは、膨大な数のキリスト教徒の集団と理解すべきであり、その人々は、力と尊厳を持つ人々、つまり、教会や国家の支配者に結びついている。その支配者たちが「梁」であり、人々を堅い法によって結びつけている。さもなければ、もし

人々がそれぞれ自分の好き勝手な働きをするならば、壁はたわみ壊れ、家全体が倒れて崩壊してしまうであろう。「垂木」は、梁にしっかりと固定され、家をすばらしく飾っているが、それは、しかるべく学んだ聖職者の秩序ある生活や教会の儀式のしかるべき執行と理解できる。

　ここで潜在的な弱点を避けるために、聖書の字義どおりの意味によって確立していないことは何も、字義どおりではない意味を根拠としては信じる必要はないと強調される。この、聖書の字義どおりの意味の優先の強調は、オリゲネスが用いたアレゴリー的解釈法に対する暗黙の批判に見ることができる。オリゲネスの方法は、実際問題として、聖書釈義をする者が自分の好き放題にどの箇所にも「霊的」解釈を読み込むことを許すようなものだった。ルターが1515年に書いた次のような原則は、そうしたことを批判している。「聖書では、いかなるアレゴリーも、比喩的意味も、神秘的意味も、同じ真実が明らかに字義どおりにほかの箇所で述べられていない限り、妥当ではない。さもなければ、聖書は笑い種になってしまう」。

　クワドリガは、諸大学のスコラ主義神学部での学問的研究の主たる要素のひとつであった。しかし、それは、16世紀の最初の20年間において、聖書解釈の唯一の可能な選択肢であったわけではない。実際、ルターは、このスコラ主義的方法を聖書解釈に多用した唯一の宗教改革者と言ってもよいであろう。宗教改革者や人文学者の間でそれよりもはるかに影響力の強かった解釈法は、ロッテルダムのエラスムスと結びついた解釈法である。それについて見てゆこう。

　エラスムスの『キリスト教徒兵士の手引き』（402頁参照）は、「文字」と「精神」、つまり、聖書の言葉とその真の意味との区別を重視している。特に旧約聖書では、テキストの意味は貝殻のようであり、核となる意味を包むが、意味と同一ではない。テキストの表面

的意味はしばしば、秘められたより深い意味を隠しており、啓蒙された責任感のある釈義者の務めは、その意味を発見することである。聖書解釈は、エラスムスによれば、聖書の文字ではなく、その下に横たわる意味を確立することに関わっている。ここには、先に述べたアレクサンドリア学派との非常な類似がある。

　同様の考えは、宗教改革者の初期指導者のひとりであるスイスのフルドリヒ（ウルリヒ）・ツヴィングリの著にも見ることができる。ツヴィングリの基本的な関心は、エラスムスの考えそのままである。聖書の解釈者は、「聖書の自然の意味」を確立することを求められている——その意味は、必ずしも聖書の字義どおりの意味と同一ではない。ツヴィングリは人文主義的学問という素地を持っていたために、アロイオーシス、濫喩、提喩など、さまざまな比喩表現を見分けることができた。

　ひとつ例を挙げれば、この難しい点が明らかになるだろう。キリストの最後の晩餐の言葉を見てほしいのだが、そこでキリストはパンを裂きながら、「これはわたしの体である」（マタイ26：26）と言っている。この言葉は字義どおりの意味は、「このパンはわたしの肉体である」となるだろうが、自然の意味は、「このパンはわたしの肉体を象徴する」（324-325頁参照）である。

　ツヴィングリが行った聖書の（表面的な構造と比べて）より深い意味の探求は、アブラハムとイサクの物語の例で良く示されている（創世記22章）。物語の細かい史実的描写は、その真の意味だとあまりにも簡単に思われがちである。しかし、ツヴィングリは論じているが、実際はこの物語の真の意味は、それがキリストの物語の預言的な先触れと見なされるときに初めて理解される。ここではアブラハムは神を象徴し、イサクはキリストの比喩（あるいは、専門用語を用いれば「予型」(type)）である。

聖書の信仰的読み──キリスト教の霊性

　聖書は多数の異なった読み方ができるということは十分理解しておかなければならない。聖書は歴史的文献として読むこともできる──たとえば、ソロモン王時代の頃のイスラエルやその周辺諸国の歴史について何か理解したい人は、そう読めるであろう。また、キリスト教の思想についての資料として読むこともできる──たとえば、聖パウロが教会の性質についてどう考えていたかを知りたいと望む人は、そう読めるだろう。けれども、聖書をキリスト教徒は、史的資料や神学的資料をはるかに超えたものとして見てきた。その両方でありながら、しかも、それ以上のものと見てきたのである。キリスト教徒は聖書を、情報を与えてくれるというだけではなくて──適切な読み方をするなら──霊的栄養と元気回復の源となると見てきたのである。だからと言って、この読み方が「正しく」て、ほかの読み方が「誤っている」というわけではない。むしろ聖書は、多面的で豊かにさまざまなものを与えてくれる源であり、多様な読みをすることができる──するべき！──ものなのだということだ。神学的な読みも、倫理的な読みもできる。そして、信仰的な読みもできるのだ。ここで私たちは、いわゆる「霊性」において聖書がどれほど重要な役割を果たしているかを考えよう。それにはまず、この「霊性」という言葉を少し説明しておくことが必要だ。

　「霊性」という言葉は、近年、宗教の信仰的・実践的面や、特に信者の個人的な内面的経験を指すのに好まれる言い方として広く受け入れられるようになった。しばしばこれと対照的とされる宗教的態度は、宗教の主要な信念や実践を同定し列挙するだけで、礼拝者個人個人がどのように自分の信仰を経験し実践しているかを扱わない、純粋に学術的で客観的で公平な取り組みである。

「霊性」という語は、ヘブライ語の *ruach* に由来する。この *ruach* という豊かな語は通常、「霊」と訳されるが、「霊」だけではなくて、「息」や「風」などまで含む意味の広がりを持っている。「霊」について語ることは、誰かに命と活力を与えるものを語ることである。それで、「霊性」とは、信仰の命に関わっている——信仰を促し、動機づけるもの、信仰を支え、発達させるのに役立つと人々が考えるものに関わるのである。霊性は、信徒の生活を生き生きさせ、現在のところ始まったばかりのものを深め、完成させるように促すものに関わっている。

霊性は、人の宗教的信仰の実地訓練である——人が、自分の信じることによって何をやるかということである。キリスト教の霊性にはキリスト教信仰の基本的概念は重要であるが、しかし、霊性は単なる概念ではない。キリスト教の信仰生活がどのように考えられ、実践されるかということに関わる問題である。神の実在（リアリティー）の完全な直感的理解に関わることである。このことの大部分を要約して言うならば、キリスト教の霊性とは、神との関係を成し遂げ支えるキリスト教徒の試みすべてについて深く考えることであり、それは、公の礼拝も、個人的な信仰生活も、それらが実際の信仰生活にもたらす結果をも含む。そして、キリスト教徒にとってこれはしばしば、聖書を信仰的に読むことを意味する。

中世の概念

聖書の正しい読み方についての中世の議論で最も重要な考えのひとつは、カルトゥジオ修道会のグイゴ２世（-1188頃）によって出された。グイゴによれば、聖書本文を読む過程では四つの段階が区別されねばならない。

1　朗読（*lectio*）

2　黙想（*meditatio*）
3　祈り（*oratio*）
4　観想（*contemplatio*）

である。グイゴによれば、私たちは、まず最初に聖書の本文を読むとき、読むことで神の何かと出会うことを十分期待する。そのことで、自分たちが見出したことを黙想することに導かれる——黙想は、私たちの心をすっかり空にするのではなく、私たちの心から外的な思考を排除して、聖書の言葉の意味や表象に集中することである。そこから私たちは、自分たちが出会ったものへの唯一のふさわしい応答として祈りへと導かれる。そして最後に、観想において神の現存へと静かに入ってゆくことに導かれるのである。グイゴは、これらの四つの活動の関係を次のように簡潔な言葉で表現している。

　黙想のない朗読は不毛。
　朗読のない黙想は誤りやすい。
　黙想のない祈りは生ぬるい。
　祈りのない黙想は実を結ばない。
　信心のある祈りは観想を達成する。

　この大綱は中世に広く受け入れられ、聖書の信仰的豊かさを解き放つ枠組みとなった。たとえば、ズトフェンのゲラルドゥス・ゼルボルト（1367-98）は、「新しい道運動」*devotio moderna* の初期の最も重要な熟達者のひとりだが、彼の主著『霊的上昇について』*De spiritualibus ascensionibus* でグイゴの方法の基本的テーマを採用している。
　ゼルボルトの考えでは、聖書の霊的読みによって読者は黙想の準備ができる。黙想は祈りの準備となり、祈りは瞑想の準備となる。

第2章 聖書入門

最初に聖書を読むことなく黙想すれば、思い違いや誤りの危険を冒すことになる。一方、聖書を読んで祈りに向かわないなら、不毛で実を結ばない。この点を明らかにするためにゼルボルトは観想の定義を提案するが、これは、この問題について中世に出来上がっていた意見の合意の統合と見なしうる。

> 黙想とは、何にしろあなたが読んだり聞いたりしたことに心をひたすら傾けて、熱心にそのことについて思い巡らし、あなたの愛情を特別のやり方で燃え立たせ、あるいは、あなたの理解力を啓蒙することを意味する。

それと関連した取り組み方が、イエズス会（442-443頁参照）を創設したイグナチウス・ロヨラ（1491-1556）にも見られる。ロヨラは、感情移入による投影と想像的参与の方法を築き上げるが、これは、聖書を読んだ読者が聖書の語りの中に自分を投影して想像し、内側から見たり経験したりするものである。この考えは彼の独創ではなく、特にザクセンのルドルフスの『キリストの生涯』（1374年）によく展開されており、その著者は「一種の想像的表現によって物事を語り」、読者が「イエスの言動をその場で経験するように」したい意図を述べている。その過程には、想像力を用いて心の中に聖書の情景を鮮やかに現実的に描くことや、また、テキストが読者にしかるべき影響を与えるような、祈りに満ちた参与をすることなどが含まれる。ロヨラは自分の方法の基本的な原則を『第１の訓練』に書き表し、福音書のイエスに関する箇所を読んだ読者がどのようにテキストに向かうべきかを考えている。

> 第１の準備は、目の前にその場を思い描くことである。注意すべきは、観想の対象が何か目に見えるもの（たとえば、地上で

生きていらした間の私たちの主キリストなど)の場合、心象は、心の目で、私たちが観想したいと望んでいるものが存在する物理的な場所を見ることからなるだろう。物理的な場所、とわたしが言う意味は、観想の対象にもよるが、たとえば、イエスや聖母マリアがいた神殿や山のことである。

プロテスタントの霊性

16世紀のプロテスタント宗教改革はしばしば「聖書の再発見」と表現される。そして、疑いもなく、そのおもな主題は、聖書をより近づきやすいものにすること、特に一般信徒が読めるようにすることであったと言える。宗教改革の最も中心的な要請のひとつは、聖書がすべての人に、彼らの理解できる言語で手に入れられるものにすることであった。その結果なされた聖書の訳は、しばしば西ヨーロッパの言語に大きな影響を与えた。たとえば、現代ドイツ語は顕著に、マルティン・ルターの新約聖書の言い回しに形作られているし、同様に現代英語も、聖書のジェイムズ王訳から直接出た成句を多数含んでいる。

宗教改革の霊性にとって聖書が持つ中心性は、宗教改革者によって入手可能になった文献から見ることができる。そのうち三つが特に重要である。

1 聖書の注解は、読者に、神の言葉を熟読し、理解させることを目的とし、難解な句を説明し、重要な点を指摘し、聖書の文章の主眼点や関心に馴染ませる。ジャン・カルヴァン (1509-64) やマルティン・ルター (1483-1546)、フルドリヒ・ツヴィングリ (1484-1531) は、学者と一般信徒の両方を含む多様な読者に向けて注解書を書いた。

2 講解説教は、聖書のテキストとその聞き手との境を取り除くこ

とを目的とし、聖書箇所の根底にある原則を聞き手の状況に当てはめる。ジュネーヴでのカルヴァンの説教がその代表例である。カルヴァンは彼の説教で、連続説教 (lectio continua) の概念を広範に用いた——これは、聖書日課や、説教者が選んだ聖書箇所ではなく、聖書のひとつの書についての連続した説教である。たとえば、1555年3月20日から56年7月15日まで、カルヴァンは、聖書のただひとつの書、申命記について約200回の説教をしたことが知られている。

3 聖書神学の書、たとえば、カルヴァンの『キリスト教綱要』は、聖書の神学的一貫性を十分理解させることを目的とし、神学的に重要な問題に関して、聖書に書かれた言葉をまとめ統合している。そうすることで、読者に首尾一貫した世界観を確立させ、それによって彼らの日常生活を支えようとしている。大方の宗教改革者の例にもれず、カルヴァンにとっても、聖書は教義を作るものであり、その教義が転じて、キリスト教徒の信仰生活の実体を作るものであった。

初期のプロテスタントの霊性にとって聖書がいかに重要であったかは、マルティン・ルターが1535年に著した『やさしい祈り方』に表れている。ルターはこの短い論文を、彼の髪を切っていたペーター・ベスケンドルフのために書いた。そこに書いてあるのは、主の祈り（マタイ6：9-13）や十戒（出エジプト20：1-17）などの聖書箇所を読んで、それに基づいて祈るやり方である。ルターは、聖書の文章と四重の相互作用をすることに基づいた祈り方を示している。十戒の場合をとって、ルターは、自分自身にも役に立った祈り方をこう書いている。

　　わたしは、一部分ずつ取り上げて、祈るために、できるだけほかのことに気が散らないようにします。それから、十戒のひ

とつひとつを四つの部分に分け、いわば4本のより糸で花輪を作ります。つまり、十戒のそれぞれについて、まず、指示（真にそうあるべきこと）を考えます。第2に、それを感謝にします。第3に告白。そして、第4が祈りです。

　ルターは、この枠組みが単に祈りの助けであり、聖霊の邪魔になってはならないことを強調している。けれども、この枠組みはたいへん好まれるようになり、ルター派の中だけにとどまらず、広く取り入れられた。ルターが彼の「賛美の花輪」を作るためにより合わせた四つの基本要素は次のように説明できる。

1　指示。ルターはここで、信徒がすべてのことにおいて神を完全に信頼し、ほかの何にも（たとえば、社会的地位や富など）頼らないことが必要だと思い出すことを期待している。
2　感謝。この点でルターは、自分の注意を、神が自分のためにしてくださったすべてのことについて、それも特に贖いに関することについて、また、神が自分の「慰め、護り主、導き手、そして力」になると約束されたことを思い出しての黙想に向ける。
3　告白。神がしてくださったすべてのことを考え、ルターは、彼自身の欠けや弱さを認めることに進む。
4　祈り。先の三つの要素に照らして、ルターは次に、それらの要素を編み上げて祈りを作り上げる。そこで彼は、自分の信仰と信頼を新たにし、従順で忠実であろうとする決意を強めてくださるように神に願う。

　聖書箇所について黙想することの重要さは、このようにプロテスタントの霊性の伝統に初期からしっかりと確立されていた。この原則は、ほぼすべての時代のプロテスタントの霊性にも例を見ること

第2章　聖書入門

ができる。本書の目的上、ここでは、これがバプテストの説教家チャールズ・ハッドン・スポルジョン（1834-92）にどのように取り入れられ発展させられたかを見てみよう。スポルジョンは19世紀の最も優れた説教家と定評があるが、彼は、過度に技巧的な方法で聖書を読む際の危険は、黙想を重視することで切り抜けられると考えた。

聖霊がわれわれに教えているのは、われわれが望むなら、われわれが伝えなければならない使信を準備する責任をわきに置いて、聖霊の使信を黙想で考えるようにということである。そうするには、ただ神に頼ればよい。けれども、最初にそれについて黙想し、静かにそれについて熟考し、われわれの魂深くにそれを沈んでゆかせなさい。今までにもあなたはしばしば、あたかも黄金の都市に入る門があなたに開かれたかのように聖霊が開かれて、驚き、喜びに我を忘れたことがなかっただろうか？　主の前で数分間の沈黙のうちに開かれた魂はわれわれに、何時間もの学識のある研究よりも多くの真理の宝をもたらしてくれる。

聖書のテーマと表象

キリスト教の霊性で、どのように聖書のテーマと表象が用いられているかを示すために、そのような表象（イメージ）のひとつに焦点を当て、それが何世紀もの間の考察でどのように用いられているかを考えてみよう。光と闇の表象である。創世記の創造物語で、闇は混沌と混乱の概念と結びついている（創世記1：1-3）。神が光を創造したとき、宇宙は根本的に異なる場になった。ときに、神の臨在と力は、「明かりに照らされる」というような言葉で表現される——たとえば、「闇の中を歩む民は、大いなる光を見た」（イザヤ9：1）というよう

に。イエスは、暗闇を克服する「世の光」と描写されている（ヨハネ8：12）。

けれども、神の臨在が「暗闇」と表現されている箇所もある（出エジプト20：21、申命記5：23）。これはおそらく、人間には神の実在を完全に理解することはできないということを表していると考えるのが最も妥当であろう。モーセは、暗闇と雲を通して神に近づいたと言われている。この表象は広く、人間には神を把握する能力がないことを象徴していると考えられている。同様にパウロは、私たちがついには顔と顔とを合わせて神を見ることになるだろうが、それでも「わたしたちは、今は、鏡におぼろに［暗く］映ったものを見ている」（Ⅰコリント13：12）と言っている。

光と闇の表象は力強く、非常に効果的であり、多くの著者がこの表象を発達させたことは驚くに当たらない。霊的照明の強調は、影響力の強かったドイツの霊的神学者マイスター・エックハルト（1260頃-1328頃）の書いたものに見出される。特に、彼が、信徒が人間性の限界を「突破し」、そこであふれる神の善性に浸りきることを論じているものに見出されるのである。エックハルトのこの面の教え「霊的突破」（Der Durchbruch）は理解しにくく、ここではおもに、エックハルトが神の臨在と光の間に見た密接なつながりを示すために見ておくだけにしたい。エックハルトが描写している「霊的突破」の特性は、それが個人を啓蒙することである。

> この誕生のひとつの特性は、それが新たな光とともに来ることである。それはいつも大いなる光を魂にもたらす。存在するところすべてに行き渡ることが善の性質だからである。神はそのように豊かな光において魂に流れ込むので、魂の性質と根底のどちらにもあふれ、あふれ出して、外的な人間の力の中にも氾濫するのである。

けれども、私たちはここでは、私たちのテーマの暗いほうの面に特に焦点を絞り、霊的著者が「暗闇」をどのように用いて人間の状況を照らし、向上や霊的成長につながる行為を促しているかに注目したい。暗闇の表象が用いられる例には以下のようなものがある。

1　懐疑の表象としての暗闇。この場合、暗闇は、適切に見る力の欠如、またそこから、起こっていることを完全に理解する力の欠如と結びつく。「暗闇の中に」いるとは、何が起きているか理解できないことである。懐疑はしばしば、神のこの世での神秘的な行為や臨在を理解できないことに関する懸念から起こる。だから、なぜ暗闇が懐疑と結びつくのかはすぐ分かる。それで、光が、懐疑を捨てることと結びつくのである。
2　罪の象徴としての暗闇。霊的著者の多くにとって人間の罪は、神と人間性の間に置かれる障害の原因となる。神が人間の罪のために知られずにいたり、讃えられなかったりするのである。人間が神を知ることができないことは、人間の罪よりは人間が被造物であることの結果であると示唆する著者もあるが、それよりもむしろ霊的認識力の欠如は罪への隷属と結びついていると強調する者もある。結果として、霊的鍛錬が、霊的照明を得るひとつの手段と見られる。
3　神が知られえないものであることの象徴としての暗闇。このテーマはしばしば、神についての人間の知識の限界を強調する否定神学の伝統で見出される。ニュッサのグレゴリオス（330頃–395頃）やナジアンゾスのグレゴリオスの考えでは、人間である信徒は「神の夜」に沈められる。そこでは神の臨在は疑いえないものではあるが、それでも神は依然知りえない。それはまさに、被造物に課せられた限界のせいで、彼らは自分たちの

創造主を直感で完全に理解することができないからだ。

　この第3の見方は、特に14世紀に書かれた『不可知の雲』に顕著である。この作品の著者が誰かは分かっていないが、ウォルター・ヒルトン（1343頃-96）という説もある。その基本的なテーマは、信徒と神との間には常に「一種の不可知の雲」があり、その結果、神は決して明らかに見ることもできず、心で理解することも、人間の愛情で経験することもできない、ということである。著者が偽ディオニュシオス・アレオパギタの影響を受けていると考えられる十分な根拠はあるが、明らかに著者は重要な点では彼独自の見方をしている。モーセが神を経験するために雲の中に入ったように、信徒もこの世での不可知の雲と内的苦痛の暗い道を通ってゆかなければならない。部分的に一時だけ神を理解できたときに時折感じる喜悦の瞬間はあっても、神を完全に、永遠に所有することができる場は、この世の生を超えたところにある。

　多くの霊的著者は暗闇のイメージを、通常、雅歌と呼ばれる旧約聖書の書から取っている。この雅歌には、恋人たちが闇で会う様子が描かれており、それはアレゴリー的に、信徒の魂と神との「信仰の闇」の中での出会いを表していると解釈されている。たとえば、十字架のヨハネ（1542-91）は、闇の表象を、魂の渇望の対象である神に会うための夜間の逃避の考えを示すものとしている。彼の詩「暗い夜」には、彼が自分の恋人と会う夜の心躍る気持ちを瞑想している姿がある。

　十字架のヨハネの書いた、闇のテーマを掘り下げたもので、おそらく最もよく知られているのは、有名な「魂の暗い夜」に関するものであろう。ヨハネは「魂の暗い夜」という表現を、魂が自己過信と自力本願を捨てて、神とのより近い関係に道を開く道を表現するのに用いている。この「魂の暗い夜」は2通りに理解できる。その

ひとつでは、神が能動的で、もうひとつでは、信徒が能動的である。「夜」の能動的面は、信徒の側の自発的鍛錬と自分からの服従であり、そこではキリスト教徒は、罪を避け、この世の満足や霊的誘惑から離れることを学ぶ。これがほとんどのキリスト教信徒にとっての正常な生き方である。

けれども、ヨハネはまた、神がもうひとつの道を、それに備えができたと思われる者のために開いてくれる可能性を断言している。この場合、信徒は受動的で、神が能動的である。「夜」の受動的面は、キリスト教徒が神に導かれたり指示されたりして、観想を通して新たな深い洞察を得ることを含む。けれどもこれは、馴染みの祈りの仕方を手放すことを含み、その初期の段階では非常に混乱や戸惑いを引き起こしやすい。神に導かれるためには、今まで霊的生活を支えてきた馴染みの日課や洞察を手放すことが必要なのだ。

特にヨハネが論じていることによれば、今まで信徒は信心の手段として頭や想像力に頼って神を思い描いていた。受動的な「魂の暗い夜」は、神に関して把握できたり理解できたりすることはすべて捨て去らねばならないという認識を含む。ヨハネはこの点で否定神学のテーマを広範に用い、神に関する間接的知識の限界を強調している。何も仲介を経ずに直接神を知ることは、太陽によって目をくらまされるようなものであり、太陽がその輝きのために見えないのと同様である。ところどころでヨハネは、「暗い夜」が信徒に引き起こす悲嘆のことを話している。信徒は、孤独で見捨てられ、混乱した気持ちがするかもしれない。ヨハネの霊性のこの面は、より近代になって彼の魅力を増したと思われている。現代世界の不安や両義性と響き合うものがあるからである。

キリスト教霊性の伝統内で多くの実りをもたらしたさらなる表象は、暗い森の表象である。人を完全に迷わせうる暗い森のテーマは、ヨーロッパの多くの民話の主要なテーマだった。たとえばグリム兄

弟は、ドイツの大きな森で道に迷った人を主題にした多くの物語を収集している。14世紀の最初の数十年で書かれたダンテの『神曲』は、この表象を、罪の結果として迷った人間性の象徴として用いている。ダンテの『神曲』は、紀元1300年の聖週間に起こった、地獄から煉獄を通って天国に至る架空の旅路の形を取る。この物語は個人的な贖いの物語とも読めるし、13世紀イタリアの政治（特にフィレンツェの都市に関して）についての注意深く言葉を選んだ注釈とも読める。この詩の冒頭でダンテは、丘のふもとの森で道に迷い、人生の旅路に疲れ果てている。「暗い森」は、罪の世の中での人間の迷い途方にくれた状態を象徴する。彼の旅はこの点から始まり、頂点で神を見るところまで達する。彼が見た神は、「太陽やその他のすべての星を動かす愛」であった。

　聖書についていくつかの一般的な問題を見てきたが、今度は、聖書の内容をより詳細に調べてみよう。その探求を、まず旧約聖書に向かうことから始めよう。

第3章　旧約聖書

「旧約聖書」という用語は、キリスト教の聖書の中で、ユダヤ教でも聖典と見なされていた（そして今でも見なされている）部分を、キリスト教の著者が指して用いている。キリスト教徒にとって旧約聖書は、イエスの到来の背景をなすものと見られ、旧約のおもなテーマや要綱は、イエスによって完成したと考えられる。初期キリスト教徒たちは——イエスや新約聖書記者の多くも含め——現在、旧約聖書と言われているものを呼ぶのに、ただ、「聖書」（Scripture）、あるいはギリシア語では「書」（*graphe*）と言っていた。特に「旧約」というこの呼び名がいつ確立したかははっきりしない。

同じ文書が、もちろんユダヤ教の人々にとっても今日まで聖典であり続けている。そのために、同じ一群の文書が異なる集団によって異なる名称で呼ばれている。そこで、この文書集に名前をつけ直そうといういくつかの提案がなされてきたが、そのどれひとつとして万人に受け入れられるには至っていない。そのうち三つを挙げておこう。

1　ヘブライ語聖書。旧約聖書のこの呼び方は、これがヘブライ語で書かれ、ヘブライ民族の聖典であるという事実を強調している。けれども、これは、キリスト教徒が旧約聖書と新約聖書の間に見ている本質的継続性を正しく評価していない。また、それよりも小さな問題ではあるが、旧約聖書の一部はヘブライ語ではなくアラム語で書かれているという事実もある。

2　第1聖書。この文書集を「旧」と呼ぶことを避けるための言い

方である。「旧」と言うことに、人によっては蔑視的含みを感じ、「古い」というのが「時代後れの」「もはや無効になった」ということだと論じられるからである。旧約聖書を「第1聖書」、新約聖書を「第2聖書」と呼ぶことで、二つの文書集の継続性が強調される。
3 タナク。これは、ヘブライ語の単語で「律法、預言者、諸書」に当たる *torah*、*navi'im*、*ketuvim* の頭文字をとった言葉で、ユダヤ人がキリスト教のいわゆる「旧約聖書」を呼ぶときの標準的表現である。これは、ユダヤ教で用いられるものとしては完璧に妥当だが、イスラエルと教会との特にキリスト教的な理解を反映していない。

目下のところ、伝統的な「旧約聖書」に替わる選択肢として一般的に受け入れられている呼称がないので、本書では「旧約聖書」をずっと用いることにする。けれども読者は、異なる選択肢があること、そして、ほかの選択肢が提唱されるに至った問題を承知しておくべきである。

旧約聖書の形

キリスト教の各集団の間にも、旧約聖書の内容と、その内容の配列の両方に関して、かなりの相違がある。そのような違いは、ひとつには、70人訳聖書（しばしばLXXと略記される）の影響による。これは、紀元前275-100年頃、大都市アレクサンドリアで書かれた旧約聖書のギリシア語訳であり、パレスチナの外の、ギリシア語を話すユダヤ人のために作られた。彼らはもはや原語のヘブライ語で自分たちの聖書を読むことができなくなっていたからである。

伝説によれば、この訳はヘレニスタイ・ユダヤ人——ギリシア語

文化圏の中に生き、その思想や生活様式で生きていたユダヤ人——70人のチームによってなされた（ローマ数字の70に当たる LXX という略語は、ここに由来する）。クムラン文書からの証拠資料により、70人訳の訳者たちは、現在標準で用いられているヘブライ語本文（しばしば「マソラ本文」と呼ばれ、紀元10世紀に編纂されたもの）と異なるヘブライ語原典を用いていたと考えられる。旧約聖書の70人訳は、ギリシア語を話すユダヤ人に広く用いられ、新約聖書にもしばしば引用されている。おそらく、キリスト教が70人訳を広く用いるようになったために、ユダヤ人読者は徐々にこれを捨てて元のヘブライ語本文に戻っていったようである。

　歴史的な詳細は完全には明らかではないが、紀元90年頃のある時点で、ユダヤ教の学者たちが会議を開いて、ヘブライ語聖書の公式な正典を定めたらしい。紀元70年のローマによるエルサレム神殿の崩壊後、ヤムニアのファリサイ派ラビたちの学派が、宗教的思想のひとつの中心になった。選書が行われたのもここである。どの書がヘブライ語聖書の正典に含まれるかについては、四つの基準が用いられたように思われる。本文として、五書に適合すること。年代的には、エズラ（紀元前400年頃）までに書かれたものであること。言語的には、もともとヘブライ語で書かれたこと。そして、地理的には、パレスチナで書かれたものであること、である。

　学者によっては、この正典決定の過程は、キリスト教が発生したために急を要したと示唆する者もある。しかし、正典決定の理由をむしろユダヤ教内部の内輪の相違に見て、聖書のどの書が権威を持ち、どの書が権威とならないかについての合意によって、その問題を解決するためであったと考える者もある。ヤムニア会議の結果、ギリシア語70人訳旧約聖書に含まれていたうちの10書が正典から除外された。5世紀から10世紀にかけて発達したマソラ本文は、ヤムニアのヘブライ語正典を反映している。5世紀初期、ヒエロニ

ムスはギリシア語70人訳聖書をラテン語に訳す際に、量の多いギリシア語70人訳とヤムニアの正典との相違に気づき、70人訳で余計にある部分を「隠された、秘密の書」と呼んだ。それが、「アポクリファ」(外典)の原義である。

　それゆえ70人訳は、二つの重要な点でヘブライ語聖書本文と異なっている。すでに見たように、70人訳は、ヘブライ語聖書の本文にない多数の文書を含んでいる。これらのギリシア語本文のヘブライ語の原文は残っていないが、キリスト教徒たちには「第2正典(旧約続編)」(deuterocanonical)、「外典」(apocryphal)などと見られるようになった。加えて、各書の配列は、標準のヘブライ語聖書の配列と異なっている。キリスト教は70人訳に強い影響を受けているので、このことは、キリスト教徒の用いる聖書に重大な意味を持っている。

　この点を実例で説明するために、以下に旧約聖書内の配列を、ヘブライ語正典とキリスト教聖書との両方で記してみよう。その際、比較しやすくするために、旧約続編・外典を含まないプロテスタントの旧約正典を用いることにする。理解すべき重要な点は文書の配列の相違だが、それについての説明は続いて述べることにする。

ヘブライ語正典 (24書)	キリスト教正典 (39書)
律　法 (Torah) 創世記 出エジプト記 レビ記 民数記 申命記	モーセ五書 創世記 出エジプト記 レビ記 民数記 申命記
預言者 (Nevi'im) ヨシュア記 士師記 サムエル記	歴史書 ヨシュア記 士師記 ルツ記

列王記
イザヤ書
エレミヤ書
哀歌
エゼキエル書
12預言者
　ホセア書
　ヨエル書
　アモス書
　オバデヤ書
　ヨナ書
　ミカ書
　ナホム書
　ハバクク書
　ゼファニヤ書
　ハガイ書
　ゼカリヤ書
　マラキ書

諸　書（Ketuvim）
詩編
箴言
ヨブ記
雅歌
ルツ記
哀歌
コヘレトの言葉
エステル記
ダニエル書
エズラ記
ネヘミヤ記
歴代誌

サムエル記上
サムエル記下
列王記上
列王記下
歴代誌上
歴代誌下
エズラ記
ネヘミヤ記
エステル記

諸　書
ヨブ記
詩編
箴言
コヘレトの言葉
雅歌

預言者
イザヤ書
エレミヤ書
哀歌
エゼキエル書
ダニエル書
ホセア書
ヨエル書
アモス書
オバデヤ書
ヨナ書
ミカ書
ナホム書
ハバクク書
ゼファニヤ書
ハガイ書
ゼカリヤ書
マラキ書

以下の点が興味深く比較できる。

1　70人訳は、大きな書を三つ、二分している。たとえば、ヘブ

ライ語正典では、サムエル記、列王記、歴代誌はそれぞれ一書だが、70人訳では、それぞれ二つの書に分かれている。
2 ヘブライ語正典で「預言者」に分類されている書の中には、実際には、「預言者」よりも「歴史書」に見えるものがある。
3 ダニエル書は、ヘブライ語聖書の順列の中では、預言書とは見なされていない。一方、キリスト教の正典は、この書をしっかりと「小預言者」の分類の中に置いている。
4 ヘブライ語聖書は、12の小預言者をひとつの書として扱っている。キリスト教正典は、それらを別々にして個別の書として扱っている。
5 キリスト教正典は、いくつかの書を、ほかの書と並べて有効と見える箇所に置いている――たとえば、ルツ記（士師記の時代を扱っている）は、その時代を扱っている歴史書のすぐ後に置かれ、哀歌は、それと歴史的に関わるエレミヤ書の後に続く。
6 どちらの正典も、旧約聖書の最初の書（創世記）の本質については合意しているが、最後は非常に異なった調子で終わっている。ヘブライ語正典はユダヤ王朝の歴史的叙述（歴代誌）で終わるが、キリスト教正典は、神が自分の民を贖うために来ることを預言する預言書（マラキ書）で終わり、新約聖書でのキリストの到来と自然につながっている。

それゆえ、キリスト教徒が「旧約聖書」と呼んでいるものには、四つの形状があることが確かめられる。

1 ユダヤ教：マソラ本文の正典と順序。もともとはヤムニアで確立された。
2 ギリシア正教：70人訳の正典と順序。
3 ローマ・カトリック：70人訳の正典と順序。しかし、「続編」

は最後に置かれている。
4　プロテスタント：マソラ本文の正典と、70人訳の順序。

旧約聖書の内容

　旧約聖書は39の正典書からなり、その39書は四つに大分類される——モーセ五書、歴史書、預言者、諸書である（旧約続編が含まれるなら、この数は46書に増える）。この四つの分類を、以下にそれぞれ考えよう。

モーセ五書

　旧約聖書の最初の五つの書は、通常、「モーセ五書」、「律法」、あるいは「五書」（the Pentateuch——ギリシア語の「五つの巻物」という意味の語から）と呼ばれている。五書は、イスラエルの民の起源を語り、特にその民を生みだした神の啓示を述べていると見られる。五書は、神の民としてのイスラエルの固有の召命とアイデンティティーと、「イスラエルの神」の性質と性格との両方についての正しい理解の基礎を与えてくれる。とりわけ、神の民としてのイスラエルの固有のアイデンティティーとエートスを護る特別な形の律法を定めている。そうして、律法の五書は、イスラエルが自分たちの独自の性格を保持しようとした後期の時代に非常に重要になる。多くの点で、五書に記された物語は、聖書の残りの部分の場面設定となっており、残りの部分は、この五つの書で導入されたおもなテーマのいくつかを完成するものと見ることができるだろう。

　五書がいつ書かれたかは明らかではない。五書を理解する最も有益なやり方は、これを一群の文書と見ることである。その中には非常に古い部分もあるが、それらはイスラエルの歴史のある一定のとき、おそらく紀元前6世紀、バビロン捕囚の時代にまとめられた。

第3章　旧約聖書

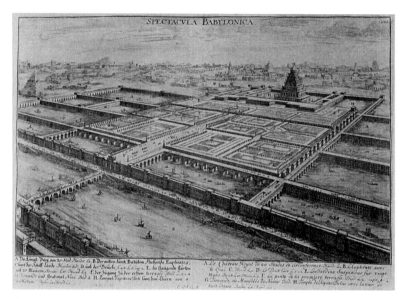

「バビロンの空中庭園」ヨハン・フィッシャー・フォン・エアラッハ模倣（1700年頃）。AKG-Images.

　それは、ユダヤの民にとって特に重要な時期であった。自分たちの祖国から切り離され、捕囚のユダヤ人たちは自分たちのアイデンティティーを保ち護ろうと非常な努力をしていた。そのために彼らは、自分たちの宗教的ルーツを保ち、肯定しようとした。イスラエルの歴史に関する手に入る限りの資料が集められ、可能なら書き記された。ユダヤの故郷が建て直されるときがいつであろうと、神の民の過去の歴史は、将来のときに対する最も支配的な影響を持つと考えられた。けれども、五書の編纂年代に関する私たちの知識は不確実なままであり、おそらく、その編纂の正確な状況は決して分からないかもしれない。

　五書は、創世記の書で始まる。「創世記」という名は、もともとギリシア語の「起源」という意味の語から来ており、この書の特徴的な関心が、世界一般と、特に神の民の起源を説明するところにあ

ることを反映している。古代近東に見出されるほかの創造物語（そこでは、一連の小さな神々や女神たちや英雄たちが世界の創造に関わっている）と異なり、創世記は、ひとりの、ただ唯一の神の業であると断言している。世界の創造については、二つの記述がなされている。それぞれ異なった視野と異なった強調点から語られている。創世記の最初の創造物語（創世記1：1-2：3）は、神が天地を創造したという有名な宣言で始まる。すべてのものはその起源を神に持つ。創造の6日間で、世界の馴染みの部分を占めるあらゆるものが概観され、その存在を至高の神の創造の業に負うと宣言される。

　太陽、月、星々の創造の記述は特に興味深い。多くの古代民族にとって、これらの天体は、神や超自然の力を象徴し、礼拝や迷信の対象になっていた。創世記は、それらをしっかりとしかるべき場に置いている。それらは神の被造物であり、神の権威に従属するものである。それらを礼拝してはならず、恐れる必要もない。神はそれらに対する権威と支配権を持っている。被造界のすべては、創造主なる神の作品であり、神だけが礼拝されるべきなのである。

　人間の創造は特に重要である。最初の創造物語は、人間の創造を神の創造の業の最後に置いている（1：26-27）。これが創造の最高の瞬間であり、ここで神の似姿である唯一の被造物が導入される。今引用した箇所は並外れており、何かファンファーレのようなもの、何か重要なことが起ころうとしているという宣言で始まっている。明らかに、人間は神の創造の業と力の頂点と見られるように書かれている。ここで「人間」（man）と訳したヘブライ語の単語は、「人間」一般を指すと理解するべきであり、特に「男の人」を指すのではない。

　第2の創造物語（創世記2：4-25）は、最初の物語と異なる形をとるが、多くの同じ点を強調している。第2の物語は、人間の創造で始まる（2：7）。人間が創造の最も重要な面だと断言しているの

である。人間の生が神に完全に依存していることが絶対的に明確にされる。神が人間に「命の息」を吹き込んだと語られていることはことに重要であるが、それは、これが、命が神に与えられた起源を持つことを強調し、かつ、聖霊が命を与える重要な役割を持つことを予表しているからである（ヘブライ語の *ruach* は「霊」「風」「息」のどれをも意味し、それらの概念が密接に結びついていることを示す）。神が人間に息を吹き込んで初めて人間は命を得る。

創世記の書をもって、このように世界の歴史の幕は開ける。この書の展開に従って読者は、神がイスラエルを呼び出し、神の民としたことについて知り始める。オペラの序曲が、期待に満ちた聴衆にオペラの主題を提示するように、創世記は、これから聖書を支配する偉大な主題の数々を提示する。私たちは、神によるこの世の創造と、創造者に対するこの世の反抗を知る。神が被造物との交わりを立て直そうとする決心を知り、あるひとつの民族を呼び出し、神に仕え、この良い知らせを世の果てまで伝えるように召したことを知る。つまり創世記は、聖書の主題となる偉大な贖いの劇に舞台を設定するのである。特に注目されているのは、アブラハムという人物である。彼は、カナンの土地を約束の地として受け継いでゆくことになる民族の祖と見られている。創世記の最後までに、イスラエルの民がエジプトに住み着くところまでが描かれる。

物語は次に出エジプト記に続く。この書の名は、ギリシア語の「出口」という語から来ている。ここで語られるのは、イスラエルの民がどのようにエジプトで奴隷の境遇に陥ったか、モーセがどのように彼らの解放者として現れたかである。ことに重要な主題は、神によるモーセの召命と、神の民の解放者としての任命である。出エジプト記は、エジプトの専制君主が捕らわれのイスラエル民族を解放せざるをえなくなった次第を語り、その後、彼が考えを変えて、イスラエルの民を砂漠に追っていったことを語る。イスラエルの民

が紅海を渡ったときの記述は、この劇的物語が最高に盛り上がる瞬間のひとつである。

けれども、出エジプト記は、単にエジプトでの束縛からイスラエルの民が解放されたというだけの話ではない。この書で、神の民としてのイスラエルのアイデンティティーがイスラエルに刻印された次第が語り始められるのである。ここで最も重要なのは、シナイ山での律法の授与、つまり「十戒」の授与である。この法典は、神の民に特有となる固有の生き方を示し、彼らのアイデンティティーとエートスを形作っている。

レビ記は、この側面をさらに発展させている。レビ記には、イスラエルをほかのすべての民族と区別し、神の民としてのアイデンティティーを護るための宗教的実践と信仰内容が順序だてて述べられている。レビ記は、イスラエルが採択するべき礼拝形式について、特に個人や共同体が神の前に清浄となるために献げる犠牲についての細かな指示を与えている。特に重要なのは、大贖罪日に関する規定であり、これは、神の民から罪を取り除くために毎年一度行われるように規定された（159-160頁参照）。

民数記は、イスラエルの民が砂漠を放浪していたときの物語であり、彼らがエジプトを出て約束の地カナンの地境に行き着くまでを描く。この書の終わりでイスラエルの民はヨルダン川の東岸に立ちどまり、約束の地に入るのを待っている。

五書の最後の書は、申命記である。英語では Deuteronomy というが、それはギリシア語の「第2の律法」、あるいは、おそらく「律法の写し」という意味の語から来ている。この題はこの書の固有の特質を表しており、それは、この書で、イスラエルの民が約束の地に入る前に律法のおもな論点を繰り返すことが記されているからである。申命記は、神の民としてのイスラエルの特別なアイデンティティーを強調し、その独自のアイデンティティーと役割を護

るために律法が決定的に重要な役割を持っていることを強調する。いったんカナンに定着すれば、イスラエルの民は主の律法を守らねばならず、カナン人の風習に従ってはならない。そうすることによってのみ、イスラエルのアイデンティティーと使命は保てるのである。後の歴史書から明らかになるように、約束の地に入った後のイスラエルの特色で最も目立つことのひとつは、イスラエル独自の宗教的概念や礼拝実践を損なう妥協である。カナンの信仰や祭儀への同化は、イスラエルにとって恒常的な脅威であった。

しかし、これらのことはすべて未来のことである。五書はモーセの死で終わる。モーセは、カナンが見えるところまでイスラエルの民を導いたが、彼自身はそこに入ることを許されなかった。イスラエルの歴史の新しい時代が幕を開けようとしていた。

歴史書

旧約聖書は、歴史における神の業の重要性を強く強調している。エジプトの捕らわれの状態からのイスラエルの民の解放を、旧約聖書の著者たちはしばしば、神の力と信実の例として語っている。歴史書は、旧約聖書に関してひとつの大きな目的を果たしている。歴史的語りと神学的注釈を与え、読者に、イスラエルの民に対する神の意図を理解させるのである。

申命記は、イスラエルの民が約束の地へと渡ろうとして待っているところで終わった。イスラエルの物語はここでヨシュア記に引き継がれる。「ヨシュア記」という題は、イスラエルの民の統率者としてモーセの後を継いだヨシュアの名から来ている。カナンの征服を扱った書である。特に興味深いのは、カナン征服の年代決定の問題である。征服が行われた年代については、考古学的な証拠や、聖書の中に記してある内的な証拠などについての多様な考察から諸説が提唱されている。ある要素は、この出来事が早い時期、おそら

く紀元前1400年頃に起こったと示している。また、ほかの要素は、それよりも遅い、おそらく紀元前1250-1200年頃を指し示している。けれども、その正確な日時は、この出来事の神学的・文化的重要性を理解する上で決定的な重要さを持たない。

　ヨルダン川を渡った後、カナンの中央の地域、南部の地域、北部の地域を的として、征服のために三つの大きな軍事的戦いがなされたことが書き記されている。最初の戦いは、エルサレムの北方に住む一群の民族ギブオン人（ヨシュア9：1-27）に対してなされた。第2の戦いは、エルサレムやヘブロンを含むカナン南部の地方の諸王の連合を相手にしてなされた（ヨシュア10：1-43）。最後にヨシュアは、カナン北部の都市国家の同盟軍を相手にした（ヨシュア11：1-23）。ガリラヤの山地の国から来た軍隊が、メロムという場所に集まった。ガリラヤ湖の北西約12キロメートルのところだと考えられている。ヨシュアはこの軍を破り、彼らを北方に追って、さらに南方に引き返して、重要な都市ハツォルを占領し、破壊した。最後にヨシュアはアナク人を破り、この地方を完全に支配下に収める。それとともに軍事的な戦いは終わり、「この地方の戦いは、こうして終わった」（ヨシュア11：23）。ヨシュアは、イスラエルの民族の間で土地を分けることができた。この行為は、アブラハムに与えられた約束の成就と理解され、神がイスラエルと交わした契約の裏づけと考えられた。

　カナンでのイスラエルの歴史は、さらに士師記に進む。この書は、この地方でイスラエルの存在が強化されてゆく過程である。士師記が扱うのは、まだ中央集権的な政治形態（たとえば王朝など）がこの地になかった、ヨシュアの死からサムエルの出現までの時代である。ヨシュアの死後、この地で宗教的信仰と従順が衰退し、特に偶像崇拝と異郷の風習へと堕落していった歴史が語られている。ヨシュア記と士師記の最も顕著な違いのひとつは、イスラエルが直面した状

況に関するものである。ヨシュア記ではイスラエルは、カナンの地に住んでいるさまざまな民族からの脅威に立ち向かいつつ、カナンを占領し支配下に収めていかねばならない。イスラエルの民は、カナンの内部からやって来る脅威に対して共に行為し働くように描かれている。けれども士師記では、おもな脅威はカナンの外からやって来る——ヨルダンの東岸、アンモン人、ミディアン人、モアブ人などである。カナン内部から真の脅威が来たことが書かれているのは、ただ1回である。イスラエルはもはや、ひとつの中央集権的な民族集団ではなく、カナンのさまざまな地方に定住した部族の集まりとなっていた。彼らは同じ宗教と同じ物語を共有していたが、自分たちのアイデンティティーをますます自らの部族の観点から見るようになり、イスラエルの構成員であることとは考えなくなっていた。たとえばイスラエルは、民族としての常駐軍を持たなかった。民族的危機が起こるたびに、その危機を乗り切るために地元の義勇兵を募らなければならなかった。この書の全般的な主題は、イスラエルの諸部族が民族的アイデンティティーを失い、利己主義の集団の集まりになってゆく内的堕落である。民族の指導者が必要なことは明らかだった。

　「士師」という語は少し説明を要する。この時期、デボラやサムエルなど、数多くの個人が士師と呼ばれている。現代では士師という語は、「法的争議の公平な調停者」あるいは「判断力を有する人」を意味するように考えられるであろう。しかし、士師記ではこの語は非常に異なった意味で用いられている。この語の基本的な意味は、「イスラエルを危険から解放するために神によって立てられたカリスマ的な指導者」である。強調点は、公平な法的支配よりもむしろ危険からの解放にある。士師は実際のところ、裁き手ではなく解放者である。ルツ記はこのことを背景にして、当時の問題や関心を例示する恋愛物語を記録している。

士師記は、民族的アイデンティティーの喪失によるイスラエル内部の腐敗を描いている。ヨシュア記の黄金時代後の政治的・宗教的・道徳的腐敗の過程を、絵を見るように生き生きと描いている。そうして起こるべきことは何であろうか？　士師記の終わりの数章は、頻繁に「そのころ、イスラエルには王がいなかった」（士師17：6、19：1、21：25など）と繰り返している。君主制の確立が考えられていることは明らかである。けれども、王制はいかにして確立するだろうか？　私たちが今、サムエル記上、下として読む2巻の書は、もともとはひとつの大部の書であった。翻訳者が半分で分けたのである。分けたことはあまり役に立たず、作品の流れを妨げる。上下巻は両方合わせて、最終的にイスラエルの最初の王としてサウルが認められるに至るまでと、その後、サウルが死に、ダビデによって取って代わられるまでの王制の発達を記録している。ダビデはイスラエルで最も重要で成功した王であるが、サムエル記は彼の性格や業績について、共感的ではあるが現実的な評価を下している。

　この物語において特記すべきひとつの発展は、もともとのカナン地方の北部と南部をそれぞれ「イスラエル」「ユダヤ」とする呼び方が出現したことである。カナン地方を指しては、サウル王の治世の間までは、「イスラエル」という言葉が用いられていた。しかし、サウルの死後、国内の北側のサウルの支持者と南側のダビデの支持者の間に公然と戦いが起こった。ダビデはユダ族のひとりだったので、おそらく当然予想されるように、「ユダ」という言葉が、サウル家に対してダビデを支持する南部のシメオン族とユダ族の（ヨシュア19：1–9）の両方を表すようになった。

　サウル王家は、自分たちが依然としてイスラエル全土の支配者だと考え、自分たちの影響の及ぶ範囲が国土の北部だけになった今も、そこを「イスラエル」と呼んでいた。ダビデは最初、南の都市ヘブ

ロンで王位につき、軍事的戦いによって初めてイスラエル全土の王となる。サウルの死までは、北の民族と南の民族を分ける非イスラエルの細長い地帯があった。この地帯は、エブス人が持っていた都市エルサレムと、エジプトの支配下にあった都市ゲゼルを含んでいた。ダビデがエルサレムを征服したことでイスラエルの南北はつながり、その過程は、エジプトのファラオが結婚の祝いとしてゲゼルをソロモンに贈ったとき、最終的に完成した。ソロモンの死（紀元前930年）の後、統一国家が分裂したとき、自然なこととして北王国は「イスラエル」の名を保持し、エルサレムを中心とする南王国は「ユダ」の名を保持した。

サムエル記上、下と同様に、列王記の2巻も元は一冊の長い書であり、翻訳者の便宜上二つに分けられた。列王記の2巻はサムエル記の2巻にすぐ続き、結果としてこの4書がひとまとまりで、イスラエル王国（および後のイスラエルとユダ）の発展と歴史を、その君主制の成立からバビロン捕囚まで途切れることなく記述している。この連続性は、旧約聖書のギリシア語訳（いわゆる70人訳）でこの書に与えられた題名により明らかに示されている。そこではサムエル記上、下が王国1、2となっており、列王記上、下が王国3、4とされている。

列王記上はイスラエル王制を、ダビデ王治下からソロモン王（紀元前970-930年）治下に至る黄金期から描き始める。神殿建築は明らかに、ダビデとソロモンがイスラエルを軍事的・政治的・宗教的独立国家として確立した偉大な業績の頂点と見られている。しかし、ソロモン王が異教に手を出していることが記録され、それが国家生命に関わることが暗示されている。ソロモンの死後まもなく、イスラエル国家は北の地域（「イスラエル」と言われるが、領土は激減している）と南王国ユダとに分かれる。南王国の首都がエルサレムである。

続く衰退の物語は、歴史記述の語りと神学的注釈を結びつけてい

る。紀元前722年のアッシリアによる北王国の滅亡は明らかに、歴代の王がこの地方に持ち込んだ異教によって神の不興を買っているしるしと解釈された。これらの異教の習慣の中でも、カナンの豊穣神崇拝は繰り返し現れている。南王国は北王国の滅亡後も残ったが、南が倒れるのもまた時間の問題であった。紀元前587年、エルサレムは、侵入してきたバビロニア軍に敗れ、都の住人の多くはバビロンに捕囚民として移送された。

　この出来事は、旧約聖書の重要な分岐点となっている。これは広く、エルサレムの罪に対する神の罰と解釈され、エルサレムが悔い改め、神の民としての自分のアイデンティティーを新たにするために捕囚の期間が与えられていると考えられた。最終的には共同体はエルサレムに取り戻されるであろう、そして、捕囚前のイスラエルの信仰としきたりを新たにすることができるだろう。それは償いと刷新の重要な過程を含むことになるであろうが、そのことはエズラ記とネヘミヤ記に記されている。

　歴代誌2巻は明らかに、この帰還した共同体の要請を念頭に置いて書かれた。これらは過去と現在の連続性を示し、エルサレムの民に神が与えた約束の契約が依然として有効であることを読者に請け合うことに関心を持っている。多くの点で歴代誌は、サムエル記と列王記に散っている資料をまとめているようにも見える。けれども多くの場合、それに付け加えられた資料があり、それはおそらく公文書記録にあったものであろう。付加された資料の中には、ずっとさかのぼった時代のイスラエルの歴史もある。それを含めたことで、神の臨在と約束が神の民の歴史を通じて切れることなく続いていることを強調しているのである。

　もうひとつ注目できるのは、歴代誌がダビデとソロモンをサムエル記や列王記よりもずっと好意的に描いていることである。ダビデの弱い面（たとえば、バト・シェバとの姦淫など）は語らずに済まされ

ている。同様に、ソロモンも非常に良く見えるように書かれている。彼の外国人妻や、その妻たちが助長した異教の礼拝や異教信仰については触れられていない。

　明らかに歴代誌の目的のひとつは、ダビデとソロモンの重要性を強調し、バビロン捕囚から帰還した共同体に手本を示し、彼らを勇気づけることにあった。また、イスラエルの理想的な王であるメシアの到来を予示することでもあった。そして、そのメシアとは、ダビデとソロモンが達成しようとしたすべてのことを最終的に完成するものだと考えられたのである。歴代誌は、イスラエルの民を、彼らがしばしば悲運に陥っているときに勇気づけ、鼓舞し、ダビデやソロモンと契約を結んだイスラエルの神が今このときも変わらずその契約に信実であり続けていると請け合うことを目的としていた。神殿はイスラエルの希望と信仰のおもな中心であったので、歴代誌を通じて神殿には特別な注意が向けられている。たとえば、ソロモンの治世についての記述の大きな部分が神殿建築で占められ、神殿建築が、ソロモンが自分の民の幸福のためになしたおもな貢献として見られている。

　エズラ記とネヘミヤ記は、紀元前538年にバビロニア帝国がペルシアの王キュロスに倒された結果起こった出来事を記録している。キュロスはユダヤの捕囚民をバビロンから解放し、彼らがエルサレムに帰って神殿を再建する許可を与えた。これらの書は、人々がエルサレムに再定住する際のさまざまな面を記録している。ゆっくりと進む神殿再建、戻ってきた捕囚民が出会う数々の問題。非常に重要となる主題は、イスラエルの信仰生活の刷新であり、捕囚民たちが自分たちの文化的・宗教的アイデンティティーを保つことが必要であり、そのためには特にこの地方に住むほかの民族との結婚を拒否しなくてはならないことを述べている。最後にエステル記は、後期ペルシア帝国のユダヤ教共同体が絶滅から逃れられた次第を記録

している。

諸　書

　旧約聖書の最も重要なテーマのひとつは、「知恵」である。旧約聖書の書の多くがこのテーマに焦点を当て、知恵がどのようにして神についての知識と結びつくかに注目している。旧約の諸書のおもな4書のうち3書が、「知恵文学」と言われるこの特別な分類に入る。4番目の詩編は、もともと神殿でのイスラエルの礼拝を背景としている。5番目として通常「知恵文学」に分類される書がもう1書あり、それは雅歌（一般に「ソロモンの歌」としても知られている）という恋愛詩である。

　「知恵」のテーマは、旧約聖書ではかなり重要である。「知恵」という語は、人間の一種の行動様式に注目した一種の常識を指すこともありうる。けれども、それより根本的に「知恵」とは、究極的には神による人生の神秘についての深い理解を指す。これは、イスラエルで最も賢い王と広く見なされているソロモンの人生によって例証される。彼は、自分に知恵を与えてくれるように神に祈った。この願いは、彼がその治世の間、神に忠実であり続けることを条件にかなえられた（列王記上3：2-5）。このように、ソロモンの名高い知恵は、生まれつきの資質ではなく、神の賜物と見られている。その知恵はすぐに示されるのだが、それが、ふたりの女性が同じ赤ん坊について自分が母親であると主張した件を裁いたあの裁判である（3：16-28）。後に、その知恵のためにソロモンは世界中の支配者から尋ね求められる（4：29-34）。旧約聖書の読者にとっての基本的な教訓は明らかである。真の知恵は神からの賜物であり、そのほかのところからは決して与えられない。

　ヨブ記は、旧約聖書の諸書の中でも最もすばらしいもののひとつである。その中心テーマは、常に関心を引く重要な問題、すなわち、

「なぜ神は苦難を許すのか？」という問いである。あるいは、もっと正確に言えば、「誰かが苦しんでいるということは、その人が神の愛顧を失ったということを意味するのか？」、「苦難は、罪を犯したことの直接の結果なのか？」という問題である。

　ヨブ記は独特の構成からなっており、この書をよく理解するためにはその構成を知っておくことが必要である。この書の冒頭にはヨブの苦難の舞台設定がなされ、読者は、ヨブ自身が自分の状況をどう理解しているかを脇で聞くことができる。次に、彼の善意の友人エリファズ、ビルダド、ツォファルが紹介される。「ヨブの慰め手」というよく知られた言い回しが示唆するように、彼らは結局、ヨブを最初よりもさらに惨めで混乱した気持ちにさせてしまう。彼らは基本的に、ヨブの苦難は罪の結果であると前提している。ヨブ記の読者は、冒頭の章で与えられた情報から、この前提が誤っていると分かっている。この書の最初の部分は、慰め手たちの演説と、それに対するヨブの答えの3往復のやりとりからなる。それに続いて、それまで傍観者のようにしていたが、ここで議論に加わりたいと考えたエリフのコメントがある。そして、最後に神が答え、彼らの神学的にまとまりのない議論で生じていた混乱を一掃してしまう。

　詩編は一連の賛歌からなり、おそらく紀元前3世紀にこの最終的な順番にまとめられた。私たちが今手にしている詩編は、いくつかの小さな詩編群を含む。たとえば、アサフの詩編（詩編73-83編）、コラの詩編（詩編84-85編）、ダビデの詩編（詩編138-145編）である。詩編の書にまとめられたこれらの詩編集は5巻に配列されている。

　1巻　詩編1-41編
　2巻　詩編42-72編
　3巻　詩編73-89編
　4巻　詩編90-106編

5巻　詩編107–150編

　これらが詩編の書の最終的な形にまとめられたのはおそらく紀元前3世紀だが、まとめられた詩の大部分は、それよりはるかにさかのぼった時代に書かれ、だいたいは紀元前1000年–500年のものである。個々の詩の年代決定は困難だが、中には、書かれた年代がかなりの確実さで分かるものもある。

　多くの詩編には題名がついている。たとえば詩編30編は「賛歌。神殿奉献の歌。ダビデの詩」と題されている。これは、この詩が歴代誌上21章1節–22章6節に記されている神殿建築の資材の奉献に際してダビデによって書かれたものであることを自然と示唆する。それぞれの詩編の題の信頼性はしばしば問題視されているが、それらがもともとの真正な題であると信じる理由は十分にある。たとえば、詩編以外のところにある賛歌（たとえばサムエル記下22：1、イザヤ書38：9、ハバクク書3：1などにある歌）もたいてい題がついている。さらに、題名に残されている歴史的情報が当該の詩編の内容と適合している。

　箴言はおもに短い格言を集めたもので、知恵で名高いソロモンの言葉とされている。ここで「箴言」とされているヘブライ語の言葉は、英語では「格言集」(proverbs) と訳されているが、ヘブライ語ではずっと広い意味合いを持っており、「たとえ」「神託」（どちらも、人間の知恵の収集には神が関与していることを示唆している）などの意味もある。聖書の言い伝えでは、ソロモンは約3,000の格言を「語った」とされ（列王記上5：12）、この書の本文に集められた格言はその7分の1にも満たない。こうしたことから、「箴言」の大部分は、紀元前10世紀、比較的平和で安定しており、文学作品を生みだすのに適していた時代に書かれたと示唆される。けれども、箴言に集められた資料の中には、直接ソロモンの手によるのではないものも

あると示す要素もある。この書は紀元前10世紀に書かれたと示す十分な示唆がされているが、それでも本文そのものの中に、最終的な形でまとめられたのがヒゼキヤ王の治世の間のいつかであったと示すしるしがある。

コヘレトの言葉は、おそらく旧約聖書で最も悲観的な書であろう。箴言やヨブ記のように、これも知恵文学の部類に属する。この書は、長短さまざまな格言や所見の形をとる。この書は、神のない生き方の無意味さと、聖書の信仰の欠如から必然的に起こる完全な絶望と皮肉な見方についての注釈と理解するのが最もよいだろう。これは、神のない人間の生き方の惨めさと不毛さ、そして、神を完全には発見することのできない人間の無能さをありありと描く。

この書の著者は、自分を「師」（旧約聖書のギリシア語訳 *Ekklesiastes* にちなんで）と呼び、「エルサレムの王、ダビデの子」と言っているので、伝統的にソロモンとされてきた。けれども、「ダビデの子」という言い方はダビデの子孫の誰にでも用いうる。この書はところどころで、支配者よりも支配を受けている側の者によって書かれたと暗示する部分があり、用いられたヘブライ語の文体は、ソロモン王の時代よりも後に書かれたことを示唆する。この書の執筆年代については一般的な合意はなく、この本がいつ書かれたかについては決して分かることはないかもしれない。

最後に、一連の諸書は短い書で終わるが、その書は雅歌（ソロモンの歌）と呼ばれる。これは一般的には非常に優れた恋愛詩と見なされる。この書はまた「歌の中の歌」と言われるが、それは「歌の中でも最も優れた歌」という意味である。伝統的にソロモン王によって書かれたと考えられてきたが、書の本文自体の中には、それを確かに裏づける十分な証拠はない。この書はだいたい、恋人たちの5回の逢瀬と、その間の、ふたりが離れていなくてはならない時間とで構成されている。

第3章　旧約聖書

預言者

　旧約聖書では、預言が重要なテーマになっている（162-163頁参照）。預言者たちは、神に霊感を受け、神の代わりにイスラエルに語る個人と理解されている。預言は歴史書にも見られ、歴史書ではエリヤやエリシャの経歴や預言が語られている。けれども、旧約聖書の大きな部分が個々の預言者の預言にあてられている。旧約聖書は、預言者がしばしば既成の体制に対して批判的であるように書いている。諸書にしばしば繰り返されるテーマのひとつは、民族的・個人的な立ち返りの必要、つまり、異教的な信仰や習慣から離れることと、軍事的・政治的な力に頼るのをやめることの必要性である。エレミヤは特に嫌われていたようである。しかし、この不人気にもかかわらず、預言者たちは、神とイスラエルの決定的に重要なつながりを保つ者と見なされている。預言者たちが活動している間は、神はイスラエルに語り続けている。預言が絶えたとき、多くの者の目には、神はこの民と意思の疎通を絶ってしまったと映った。

　預言者イザヤの書は、4書ある「大預言者」の最初の書である（あとの3書は、エレミヤ書、エゼキエル書、ダニエル書である）。イザヤは、紀元前8世紀の後半にエルサレムで活動した。彼は預言者の召命を紀元前750年、ウジヤ王が死んだ年に受け、少なくとも紀元前701年にイスラエル北王国がアッシリアに倒されるまでは預言を行っていたことが分かっている。この段階でユダとイスラエルは共に、比較的長い平和と繁栄の時代を過ぎて、不安で危険な時代に移っていた。アッシリアはこの地域を侵略しつつあり、イスラエルやユダやシリアはその脅威にどのように対処するか迷っていた。このような政治的・軍事的不安定さを背景に、イザヤの使命は与えられた。けれどもイザヤの預言は、エルサレムの歴史のこの時期に関するものだけに限らなかった。この書の後の部分は、バビロン捕囚民

[163-166頁参照。バビロンはバビロニアの首都] に希望と帰還の預言を与えている。預言の最初の部分は、紀元前722年のイスラエル北王国の滅亡から、紀元前702年にユダ王国がアッシリアから受けた大きな危機までの時期に当たる。この書のひとつの重要な部分は、この脅威をユダが乗り切る（36-39章）ことについてである。続いて後半の主要な部分では（40-55章）、ユダが後にバビロン捕囚に遭うが、最後には捕囚から解放されることが預言される。この書の最終的な視野は、ユダの近い将来を超えて、「新しい天と新しい地」の間に置かれた栄光のエルサレムを見るものとなっている。

　エレミヤ書の預言は、聖書すべての中でも最も長い書となっている。エレミヤは、紀元前626年にエルサレムの預言者となるように召命を受けた。そして彼の使命は、ヨシヤ王の治世（ヨシヤは紀元前609年にエジプトとの戦いで戦死する）から、ヨアハズ（609年）、ヨヤキム（609-598年）、ヨヤキン（598-597年）、ゼデキヤ（597-586年）の治世まで続く。動乱の時代であった。エレミヤが預言をしていた時代のおもな出来事は、次のように要約できる。ヨシヤは、ユダの信仰生活を浄化し改善しようとする一連の宗教改革を始めたが、609年に、弱っているアッシリア軍を助けようとして、エジプトが上ってくるのを迎え撃とうとして戦死する。アッシリアはまもなく、バビロニアとその同盟国メディアの絶え間ない攻撃によって倒されようとしており、アッシリアの首都ニネベは612年に陥落した。バビロニアがこの地方の最強になるのは時間の問題であった。ヨシヤの死は、エレミヤ個人にとっても悲劇的な出来事であった。王は明らかに、エレミヤと、主［なる神］からのエレミヤの使信の両方に好意的だったからである。ヨシヤの後継者は、一貫してエレミヤに敵対的であり、しばしば表立って彼の預言の使信に侮蔑的だった。605年、ヨヤキム王の時代に、バビロニアはエルサレムを包囲し、しばらくの間、占領下に置いた。その後、市内で不穏な動きがあり、紀

元前598–597年、バビロニアは再びエルサレムを攻撃する。当時、王位を継いでいたのは、ヨヤキムと似た名のヨヤキンであったが、このヨヤキンが［バビロンに］連れ去られる。紀元前588年、バビロニアは再びエルサレムを攻撃し、2年後にはこの都を完全に占拠した。ゲダルヤが知事に選ばれた。この知事は、エレミヤに味方する立場をとっていたが、そのゲダルヤもその後、暗殺されてしまい、エレミヤは愛顧を失う。エレミヤはエジプトに亡命し、そこで死んだと考えられている。

エレミヤの預言のおもなテーマは、エルサレムが隣国との軍事同盟に頼るよりも、神に忠実であり続けることの必要性であった。このテーマは、この危険な時代の預言の多くに見られる。エレミヤの名と結びつけられた短い書が、この預言のすぐ後に続く。それは哀歌［訳注：「エレミヤの哀歌」とも言われる］で、紀元前586年のバビロニアによるエルサレムの破壊を嘆く5編の詩、あるいは哀歌からなる。古い言い伝えでは、これらはエレミヤ自身によって書かれたとされている。そのとおりであるかは証明できないが、この書は確かに紀元前586年と538年の間に書かれたらしい。この書がエルサレム崩壊を非常にありありと描き出していることから、資料のほとんどは、紀元前586年のエルサレム崩壊の直後で、それらを生きて体験した人たちの記憶にこの出来事がまだ鮮明であったときに書かれたと示唆される。

エゼキエル書は、背教と罪と捕囚という大きな問題を中心とする。これらの問題は、イザヤ書とエレミヤ書でも中心的であった。エゼキエルは、捕囚のおそれが現実的で切迫したものになってきた時期のユダの歴史を扱う。カルケミシュの戦い（紀元前605年）でバビロニアがエジプトを破った後は、バビロニアが、ユダを含むこの地方全体を支配するようになることは明らかであった。この展開は、捕囚の危険を告げるエレミヤの預言のいくつかの背景でもある。この

脅威は紀元前586年には完全に現実のものとなり、エルサレムを包囲していたバビロニア軍がとうとうこの都を征服し、住んでいたエルサレムの人々を捕囚として連れ去った。けれども、捕囚は紀元前597年にもすでに行われており、ヨヤキンと1万人ほどの人々が移送されていた。この1万人ほどの中にエゼキエルはいた。

それゆえ、エゼキエルは、バビロン近くの捕囚地から事態を預言していた。エゼキエル自身がバビロンを去ったことがあったという証拠は何もない。捕囚民たちは、バビロンの「ケバル川」（エゼキエル1：1）、と言っても実際は川ではなく灌漑用の水路だが、この河畔に住んだ。分かっていることは、エゼキエルが祭司の家に生まれ、通常ならエルサレムの神殿に仕えるはずだったことである。593年、通常なら彼が神殿での祭司の務めを始めるはずのときに、エゼキエルは捕囚民への預言者になるように召命を受ける。この預言の使命はすべてバビロンで果たされ、紀元前593–573年にわたる。

「大預言者」の4番目はダニエル書である。このまれな書は、預言書というよりも黙示書と表現したほうがよいかもしれない。この書では、終末の幻が重要だからである（先に見たように、ユダヤ教の旧約の書の配列では、ダニエル書は「預言書」ではなく「諸書」として扱われている）。ダニエル書は、たとえ困難な状況であっても神に忠実であり続けることの重要性を強調し、それを、バビロンでのダニエルとその3人の仲間たちの例で示している。この書の後半は、来るべき審判と復讐のさまざまな幻でなり、そこにはしばしば諸民族や諸国家の象徴が出てくるが、強調されるのは神の至高の支配力であり、また、現在では優勢に見えるかもしれない諸勢力に対して神が究極的には勝利することである。

これに続くのが12の小預言者であり、通常は彼らの活動年代に従って配列されている。その預言者の中には、アモスやホセアのように、紀元前722年にアッシリアに滅ぼされる前のイスラエル北王

国で活動した者もある。しかしほとんどは、イザヤやミカのようにユダの南王国で預言し、特にその首都エルサレムで預言活動をしている。

ホセア書は、紀元前8世紀の中頃に書かれた。明らかに、ホセアはアモスと同様、イスラエル北王国の出身であり、北王国がアッシリアに滅ぼされ、住民たちが捕囚民として連れ去られるまでの最後の日々にこの北王国で預言していた。しかし、それにもかかわらずこの書は、南王国ユダで書かれたようであり、ホセアがイスラエル滅亡後、安全にこの地方に逃れたことを示唆している。ホセアは、神に対するイスラエルの不誠実さに焦点を当てている。

ヨエルに関しては、ほとんど知られていない。ヨエル書に含まれている預言は、年代決定が難しい。暫定的にさえも、この書の年代決定に役立つような歴史的出来事が何もはっきりと示されていないからである。この書が紀元前9世紀にまでさかのぼると示唆する者もあるが、これが書かれたのはおそらく捕囚からの帰還後であるとして、より遅い年代を示す者もある。この書の中心的なテーマは、「主の日」の到来である。暗黒の日が迫っており、その日にはシオンに破滅がやって来るであろう。言及されているのはおもに、雲のようなイナゴの大群の到来であるが、明らかにヨエルはこの破局に神の裁きを見ている。この災厄は、自己満足に陥った人々を悔い改めに導くためのものである。ヨエルは、「主の霊」が神の民の上に注がれる日を待ち望む――キリスト教徒は、この預言がペンテコステに成就したと考えている。

アモス書は、イスラエル北王国の罪の数々に焦点を当てている。アモスは南王国ユダに生まれたが、おもに活動したのは北王国イスラエルであり、それは、ユダの王がウジヤ（紀元前792-740年）、イスラエルの王がヤロブアム2世（紀元前793-753年）の時代であった。アモスについては確実なことはほとんど何も分かっていないが、彼

の活動の大部分は、おそらく紀元前767年から753年の間の一時期にベテルの聖所を中心になされた。預言は、異教の諸国民とイスラエルとの両方に対する審判の形をとる。イスラエルは周辺諸国と比べて何ら優れていない。実際、イスラエルは神の選んだ民なのだから、より責任は重い。預言の中のさまざまな言及から、これが国家的には繁栄の時期だったことが明らかである。紀元前722年から721年にイスラエルがアッシリアの手によって被ることになる災厄は、北王国の滅亡に至るものであるが、その災厄についての暗示はほとんどない。預言は特にイスラエルの社会的正義の欠如を訴え、イスラエルが神との契約を忠実に守っていないことについて抗議している。

オバデヤ書は、旧約聖書でも最も短い書のひとつであり、年代決定は困難である。ヨナ書もまた年代が決定しにくいが、紀元前8世紀のある時点で、ひとりの預言者がニネベに遣わされる旅を描いている。ヨナ書にはいくつか独特な点があるが、特にこの書では言葉ではなくむしろ行為に重点が置かれているということが言えよう。この書には、有名な「ヨナとくじら」の話がある。

ミカは、南王国ユダで紀元前750-686年の間のある時期に預言を行った。ミカ書は、南北二つの王国の大都市での腐敗した生活に対する力強い猛烈な批判である。ミカは、ユダとイスラエルはどちらも、赦されない一連の罪を犯していると考えた。強者が弱者を虐げ、有力な土地所有者が人々から土地を奪い取り、寄るべのない子どもたちを奴隷にしている。そして、こうした出来事に対して声を上げるべき祭司や預言者たちは黙っている。そうした傾向に対してミカはさまざまに強い批判をなし、ユダのベツレヘムからひとりの王が到来してすべてを正すことを待ち望んだ。キリスト教徒は、この預言が、イエスがベツレヘムで生まれたときに成就したと見ている。

ナホム書とハバクク書については、比較的わずかなことしか知ら

れていない。ナホムとハバククはどちらも南王国ユダで活動した。ゼファニヤはヨシヤ王の治世（紀元前640-609年）の間に預言したが、この時代は、ユダの宗教改革という最も重要な時代のひとつである。「律法の書」の再発見は大きな宗教改革につながり、それまでの君主たちのもとで栄えていた異教崇拝によって破られていた主ヤハウェとの契約を、イスラエル共同体は更新したのである。ゼファニヤの預言は、この宗教改革の前になされたようである。ゼファニヤ書全体の調子から、実に明らかに、ユダの信仰生活はかつてなくひどい状態に堕し、王と国民を何らかの改革や刷新に導くためには、迫り来る神の審判の脅威が必要と思われた。ユダの滅亡を預言する強い警告（ゼファニヤ１：２-13）は、バアル崇拝信仰の名残、星辰崇拝、マルカム神への信心（この神は、その名との連想から、おもに幼児の犠牲祭儀で知られる）を語っている。ゼファニヤは、これらの習慣を断つことを要求している。

　ハガイ書とゼカリヤ書の預言はどちらも、バビロンに捕囚民として移送されていた人々が都と神殿を再建するためにエルサレムに帰還した時期のものとされる。ハガイの召命は紀元前520年の８月と算定できる。ゼカリヤの召命はそれより数ヵ月後、同年の10月か11月に起こった。ハガイの預言は、神に礼を尽くして神殿を再建すべきことに集約する。彼は問う。なぜ、エルサレムの人々は自分たちの神のためには家を建てることもしないでおきながら、自分たちのために高価な家を建てているのだ？　自分たちの神にそのような仕打ちをしているのだから、エルサレムの人々が惨めな状態にいるのは当たり前ではないだろうか？　神殿が再建されるまではエルサレムは荒れ地のままであろう。明らかにこの使信は、望んだ効果を上げた。神殿再建はゼルバベルのもとで始められた（ハガイ１：12）。ハガイのように、ゼカリヤは、エルサレムの人々の神殿再建を励ますことを望んでいる。これらの励ましと、怠惰に対する叱責と並ん

で、一連の強いメシア的預言があることも見出される。その中には有名な、ダビデの子孫が勝利して、ロバに乗ってエルサレムの都に入ってくるという偉大なメシア的王の預言（ゼカリヤ9：9-13）が含まれる。キリスト教徒にとっては、この預言の究極的な成就が、イエス・キリストのエルサレムへの勝利の入城なのである（マタイ21：1-11）。

　一般的にはマラキ書（「マラキ」とは、文字どおりには「私の使者」という意味である）は、旧約聖書時代の最後の書だと考えられている。もしそうであれば、この書は、旧約から新約への重要な転換点を代表することになる。ハガイやゼカリヤと同様、マラキも捕囚後の、バビロンからエルサレムに捕囚民が帰還してまもなくの時期に預言活動を行ったようである。このことは多くの考察によって裏づけられるのだが、たとえば、この書で弾劾されている罪と、ネヘミヤが取り上げて弾劾している罪とが非常に似ている点などがある。けれども、赦しと帰還の約束は未確定のままである。マラキは、将来、「主の日」（マラキ3：19）が来ることを宣言している。

　けれども、その大いなる日が来るのはいつのことだろうか？　いつ神は来るのか？　マラキは、神は預言者エリヤをその日の前に遣わして、神の道を整えさせると宣言している（マラキ3：23-24）。旧約聖書と新約聖書の関係においてこれがいかに重要かは見落としてはならない。洗礼者ヨハネが、エリヤのまとっていたような毛衣を着てヨルダン川の河岸に現れたとき、人々は非常に喜び騒ぎ始めた。洗礼者ヨハネは、自分はただ、自分よりも偉大な方の道を備えに来ただけだと宣言した——それがイエス・キリストである。明らかに新約聖書は、旧約聖書が終えたところで話を取り上げ、イスラエルとこの世との神の関わりの同じ物語を続けているのである。

第3章　旧約聖書

旧約聖書のおもなテーマ

　旧約聖書は非常に複雑であり、本書で概観できるよりずっと詳しく勉強する価値がある。もし、旧約聖書をさらに学ぶ時間がある方は、現在入手可能な優れた入門書が、本書の巻末の「さらに学びたい方へ」の欄に挙げてあるので、ぜひその中から1冊でも活用していただきたい。以下に述べることは、旧約聖書のテーマのいくつかについての非常に初歩的な入門にすぎず、情報を与えるというよりも、むしろじれったく不満に思われるかもしれない。けれども、少なくともいくつかおもなテーマについて、多少でもその概念をここで述べておくことは必要であろう。

　キリスト教徒の立場からは、「旧約聖書」として知られているものは、イエス・キリストの到来の準備に神がなした行為の歴史のことである。キリスト教徒は新約聖書を、旧約聖書で宣言されていた神の行為と臨在の同じ形態の延長と考えている。それゆえ新約聖書は、イスラエルの神の言葉と行為の続きであり、また延長でもある。キリスト教徒にとって旧約聖書は、キリストの到来が旧約の預言者の希望と期待を成就するものであるという根拠を証言するものであり、そういう意味でキリスト教徒は旧約を、イエス・キリストの福音のひとつの準備と見る。新約聖書記者が旧約聖書の預言を用いている方法は、この点で特に興味深い。旧約聖書はイスラエルの民の歴史を描いているが、それはキリスト教徒の視点から見れば、キリスト教会の前触れである。旧約聖書の内容はすでに示し、おもな書は確かめた。そこで以下では、旧約聖書のおもなテーマを非常に簡単にではあるが説明し、それらが新約聖書とどのようにつながっているかを示したい。

創　造

　旧約聖書は、「神がこの世を創造された」という断言で始まる。創世記の冒頭の章で断言される根源的なテーマは、神がこの世のすべてのものの創始者であるということだ。いかなる被造物も神とは比較にならない。この点には特に重要な意味があった。というのも、古代近東のほかの宗教が、たとえば星辰礼拝を重要視していたからである。旧約聖書の考えでは、神はいかなる被造物よりも優れている。神の被造物で最も優れているのは人間だと宣言され、人間だけが神の像と神の似姿に造られている。人間は神の創造の管理人（所有者ではない！）と理解され、その世話を任されている。

　創造の物語に続いて、罪の性質と起源が物語られる。創世記3章での基本的な要点のひとつは、罪が神の意図に反してこの世に入ることである。罪は、神と被造物との親密な関係を途切れさせ、人間が神に反抗し、自己の自立性を主張するように仕向ける。このテーマは聖書を通じて繰り返される。たとえば、バベルの塔の物語（創世記11：1-9）は基本的に、神の前で人間が自己主張しようとする試みについての物語である。罪に対する神の敵意は多様に描かれているが、アダムとエバのエデンの園からの追放とノアの洪水もその例である。

　創造のテーマは、旧約聖書の読者が正典を最初から読んでいけば出会う最初のテーマである。けれども、創造のテーマは旧約聖書にとってどれほど重要だろうか？　20世紀に偉大な旧約聖書学者ゲルハルト・フォン・ラートが論じているが、旧約聖書の最も特徴的な洞察は、神がその歴史の主権者であり、特にイスラエルの歴史の主権者だということである。旧約聖書では、神への信仰はおもに、宇宙的規模での人間の歴史の中で働き、その主権者たる神への信仰である。フォン・ラートが注意深く強調するように、イスラエルの信仰は創造への言及を含むが、強調点は、イスラエルをエジプトか

らカナンへと導き出した彼らの神に置かれている。創造の教義は、歴史への神の主権を断言するためのある背景を提供する二次的な位置にある。モーセ五書は、神の創造の業と権威に関する言説で幕を開けるが、フォン・ラートは、これらの歴史書の本質的な神学的使信は申命記26章5－9節の次の信条にあると論じている。

> わたしの先祖は、滅びゆく一アラム人であり、わずかな人を伴ってエジプトに下り、そこに寄留しました。しかしそこで、強くて数の多い、大いなる国民になりました。エジプト人はこのわたしたちを虐げ、苦しめ、重労働を課しました。わたしたちが先祖の神、主に助けを求めると、主はわたしたちの声を聞き、わたしたちの受けた苦しみと労苦と虐げを御覧になり、力ある御手と御腕を伸ばし、大いなる恐るべきこととしるしと奇跡をもってわたしたちをエジプトから導き出し、この所に導き入れて乳と蜜の流れるこの土地を与えられました。

創造のテーマは補助的で二次的な教えであり、それよりも根源的な、神がイスラエルをエジプトから導き出したという信仰の背景となっている。

旧約聖書が――神の原初的な創造の業よりもむしろ――歴史的な神の救済の業を強調する点は、おそらくカナンの自然宗教に対する論争と結びついている。明らかに、カナン征服の頃、古代イスラエルの信仰と振る舞いを支配していた最も根源的な動機のひとつは、カナン人の宗教の信仰や習慣から自らを離し、違いをはっきりさせることであった。カナンの宗教についてはまだ分かっていないことが多いが、明らかにカナン宗教が、創造神である「エル」(*El*) を、大地の肥沃さをつかさどる神として重視していたために、イスラエルは、創造の教義に決定的な重要性を持たせにくかったのであろ

う。そこで、ホセアや申命記の歴史家がカナンの宗教と大地の肥沃さについて論じ合ったとき、その議論は、創造主としての主（そして、そこから大地の肥沃さを護る者）に訴えることではなく、贖い主である主、イスラエルをこの地に導いた主であり、それゆえ、この地の実りを保証する神に訴えることによってなされたのである（申命記8：7－9、ホセア2：9-10）。イスラエルの独自性は、神の創造などという概念よりもむしろ、イスラエルが導かれ形成された歴史上の行為を繰り返し語ることによって保たれる。神が創造主であるというようなことは、近隣諸民族と共通した概念であり、宗教混交の基になりうる。イスラエルがその神を表す言語は、周辺諸国の主張する神の名との混同を避けようとするように意図されているが、同様に、イスラエルが原初の創造の業よりもむしろ神の歴史上の贖いの業を強調したことは、イスラエルの宗教的独自性を保ち保持するために意図されたことであった。

アブラハム――召命と契約

　アブラハムの召命は、ひとつの国民として、また神の民としてのイスラエルの出現にとって根源的に重要な出来事と考えられる。神によるアブラハムの召命（創世記12：1－4）の中心的なテーマは、神がひとりの人を選び、その子孫がカナンの地を所有して大いなる国民になるだろうということである。この約束の成就というテーマは、モーセ五書を通じて非常に重要である。これは新約聖書のパウロにとっても重要で、彼は、アブラハムが進んで神の約束を信じ信頼したことに、キリスト教徒の信仰の原型を見ている。

　ここで、神がアブラハムとその子孫との間に結んだ「契約」の概念が持ち込まれる。割礼の儀式は、神の契約の民に属することの外的なしるしと見られている。パウロにとって特に重要なことは、アブラハムに対する神の約束がこの契約の外的なしるしに先立つとい

うことである。パウロによれば、このことは、約束がしるしに優先するということを暗示する。結果として、異邦人（つまり、民族的にユダヤ人ではない者たち）がキリスト教に改宗するとき、割礼を受ける必要はない。

　創世記は、アブラハムとその子孫の運命をたどり、神とアブラハムの間の契約がどのように実現しているかを見せている。この書は、アブラハムの子孫がエジプトの地に定住する次第を描き、旧約聖書の次の大きなテーマの舞台を設定するところで終わる。

出エジプトと律法の授与

　今現れる重要なテーマは、束縛と解放のテーマである。出エジプト（Exodus ——これはギリシア語の単語で、文字どおりには「出口」という意味である）の物語はよく知られている。エジプトで新しい支配者が出て（「ファラオ」と呼ばれている）、アブラハムの子孫たちを潜在的な脅威と見なすようになる。このファラオが誰であったかは分かっていないが、十分な根拠からラムセス２世であったのではないかと推測される（ラムセス２世の統治は紀元前1279-12年であった）。彼はヘブライ人たちを酷使して、彼らの数と影響力に歯止めをかけようとした。出エジプト記は、モーセがイスラエルをエジプトの地の束縛から解放させるように神の召命を受けたことを物語る。

　旧約聖書で最も重要な祭りのひとつは、エジプトからの脱出と結びついている。「過越の祭り」は、出エジプトの前の出来事に起源を持つ。この祭りの起源と目的は、出エジプト記11章１節–12章30節に描かれている。これは、エジプトに対する神の審判の行為を祝う祭りである。祭りの祝い方はかなり厳密に規定されている。それぞれの家、あるいは、何軒かの家が一組になって、完全な小羊か山羊を犠牲に献げ、その血を家の戸口の両側の柱と鴨居に塗る。これが、彼らが神自身の民であるしるしとなり、彼らをエジプトの抑圧

第3章　旧約聖書

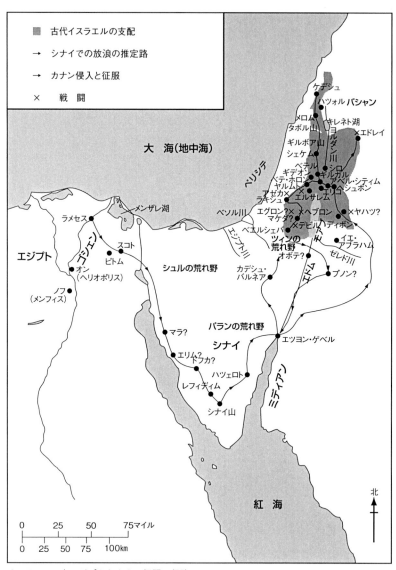

イスラエルの出エジプトとカナン征服の行路

者から区別する。彼らは次に、エジプトの時代を覚えて食事をとる。その食事で出されるもののひとつは「苦菜」であり、これは彼らの束縛の苦さを象徴する。もうひとつ、この食事のおもなものは「酵母を入れないパン」であり、これは、人々がエジプトを去るときに、酵母を用いてパン種をふくらませるだけの時間がないほど急いで準備したことを表している。この祭りは「主の過越」と呼ばれている。神はエジプト人の初子をすべて殺して復讐したが、そのとき、神自身の民の家は「過ぎ越し」たからである。この解放の業を記念するために、過越は「不変の定め」として祝われることになっている。その祝い方についての規定はさらに後に記されている（出エジプト12：43-49）。

　過越の祭りは、このように神による解放と深いつながりを持っている。イエスの「最後の晩餐」が過越の食事だったことは、決して偶然ではない。過去に神がなした大いなる解放の業を祝うことで、イエスは、彼の十字架の死を通して行われるだろう大いなる解放の業の準備をしたのである。

　解放のテーマは、出エジプト記で最も重要となる。この解放がどのように成し遂げられたかについては細かい点にまでかなりの注意が向けられているが（特に重要なのは、10の災いと紅海の横断の記述である）、最も重要な点は、神がイスラエルを束縛から贖う行為をするということである。この「解放者なる神」のテーマは、後の旧約聖書の諸書の中でしばしば取り上げられ、たとえば詩編では、エジプトからの大いなる解放の業を、神の力と信実の保証として思い出している。

　先に私たちは、割礼がどのように神とイスラエルとの身体的・外的なしるしと考えられていたかを見た。神とイスラエルの契約というテーマは、出エジプト記で著しく発展している。特に二つの点を特記すべきである。第1に、ひとつの特別な名が神を呼ぶために用

いられるようになる。それが「主」という語である。この「主」という語（英語でLord）は、このように神を名指すのに用いられる4文字の暗号の訳である。この4文字からなる組文字は、しばしば「神聖4文字」（テトラグラマトン、ギリシア語の「4」と「文字」から）と呼ばれ、ときに「ヤハウェ」（Yahweh）、あるいは「エホバ」（Jehovah）と表記される。ヘブライ語では、ほかの語を用いて一般的に神々を表すこともできる。そこで、この特別な「主」という名は、「アブラハムの神、イサクの神、ヤコブの神」を指すためだけに用いられる。ほかの「神」を表すヘブライ語の単語と異なり、これは、ほかのいかなる神や天使にも用いられない。ほかの語は普通名詞として、一般に「神」や「神々」を指すことができ、イスラエル自身の神を指しても、ほかの神々（たとえば、ほかの国民の異教の神々）を指しても用いられうる。しかし、神聖4文字（テトラグラマトン）は、イスラエルが知り礼拝している特別の神にしか用いられない。第2に、神の契約の民であるためにイスラエルに課されている義務が明確にされる。これは、モーセがシナイ山で与えられた一連の絶対命令で、現在、通常、「十戒」と呼ばれている。この十戒は、ユダヤ教でもキリスト教でもずっと同じく重要である。

約束の地に入る

　創世記の中心的なテーマのひとつは、アブラハムの子孫がカナンの地に移住し、住むようになるという約束である。イスラエルの民が荒れ野をさまよう物語と、カナンの地への最終的な入植が、モーセ五書の残りの部分を占める。イスラエルが荒れ野をさまよった40年間は、浄化の期間と見なされる。その間に、彼らがエジプトで受けた異教の影響はすべて取り除かれなければならなかった。エジプトを脱出した人々のうち、40年の後に生き残っているのはただモーセとヨシュアのふたりだけである。モーセ自身は、ヨルダン川の対

岸のはるかな山頂からカナンの約束の地を眺めることだけは許されたが、そこに入る前に死を迎える。

　だいたいのところ「カナン」と呼ばれる地域は、ヨルダン川の西岸の、北はガリラヤ湖から南は死海を含む領域である。カナン征服はヨシュア記にかなり詳しく記述されている。ヨルダン川を渡ってカナンに入る最初の渡河は明らかに、エジプトからの脱出での紅海横断に対応している。ヨシュア記には3回の大きな軍事的戦闘の記録がまとめて述べられているが、それらは、異なった部族の集団によってカナンの北部、中部、南部でなされた戦いであった。カナン征服の年代を幾分かでも確定することは非常に困難であるが、その出来事についての聖書の記述と、この領域で紀元前1450-1350年に起こった出来事として知られていることとの間には強い類似がある。

　けれども、この問題については、史的側面よりもむしろ宗教的側面のほうが重要だと考えられている。カナン征服は、イスラエルの独自なアイデンティティーを固めるものであったと考えられる。特に、カナン征服によって主なる神に対する礼拝が確立し、その主とイスラエルの間に立てられた契約への従順が、民族のアイデンティティーと繁栄にとって中心的な重要性を持つものとして確立された。ヨシュア記は、主への礼拝がいかなる点でもカナンの土着宗教とは妥協できないことをはっきりとさせるために講じられた念入りな策を記述している。カナンの宗教は豊穣の問題に重点を置く傾向が強い——たとえば、土地や動物や人間の多産性などである。カナンのおもな神々——バアル、アシュタロテなどは、続く数世紀の間、繰り返し、聖書に記述されるイスラエルの歴史に現れる。明らかにこの後かなりの間、カナンの宗教はイスラエルの民を惹きつけ続けた。

王制の確立

　初期の時代にイスラエルには王はいなかった。カナン征服に続く

時期には、この地方は、「士師」と呼ばれる一連のカリスマ的な宗教的・政治的指導者に統治されていた。士師記には、当時、イスラエルの統一を危うくした深刻な脅威（内的な分裂もあれば、外的な脅威もある）と、ギデオン、サムソン、サムエルなど、「士師」たちの役割が記録されている。最後の士師サムエルのもとでさまざまな動きがあった結果、王制が立てられる。最初の王はサウルで、おそらく紀元前1020-1000年の間治めた。サウルの統治は不和を生じたものとして悲劇的に描かれている。内部では、彼の最大の敵はダビデであった。ペリシテ人との戦いでサウルが死んだ後、ダビデは軍事的戦いを開始し、やがてイスラエルの統一を取り戻し、領土の拡張にも成功する。ダビデへの反感は彼の治世の間絶えることなく残り、特にサウル派などは彼に敵対していたが、それでもダビデは彼の治世の最後の年月まで国民に対する支配力を保った。

ダビデの治世（紀元前1000頃-961年）には、イスラエルの宗教は重要な発展を遂げた。ダビデがエルサレムの都を征服したことで、エルサレムがイスラエルの宗教生活の中心となった。その展開はソロモンの治世に固められることになる。王の役割は宗教的に重要になり、王が神の子と見られるようになる。刷新された神の民を統治することになるダビデの跡継ぎというテーマはイスラエル内部のメシア的希望の重要な要素となるが、新約聖書のさまざまな箇所で「ダビデ」のテーマが重要になっているのはそのためである。新約聖書の著者たち（特にマタイとパウロ）の考えでは、ナザレのイエスをイスラエルの王としてのダビデの後継者と見るべきである。特に詩編作者など多くの旧約聖書著者は、王と神殿とエルサレムの都（しばしばシオンと表されている）の偉大さを讃えている。この三つはすべて、イスラエルに対する神の愛顧の証拠と見られている。

ダビデの王位を継いだのはソロモンであり、ソロモンは紀元前961-922年の間王位にある。その治世に、主を礼拝するための恒久

的な場として神殿が建築される。強度に中央集権化された体制が敷かれ、近隣諸国との広範な貿易条約が結ばれる。ソロモンの大きな後宮は、彼の妻の何人かの異教信仰のために、一部の者に不安を抱かせた。ソロモンはその知恵で名高く、旧約聖書の格言集のいくつかはソロモンの言葉とされている。

　ソロモンの死とともにイスラエルの国は不安定になり、ついに、各々王を持つ二つの国家に分裂した。北王国はイスラエルと言われることになるが、やがて紀元前8世紀にアッシリアの侵攻を受けて消滅する。南王国ユダは首都をエルサレムとして保持し、紀元前6世紀にバビロニアが侵攻してくるまで続き、そこで王制は終わる。復興を望むユダヤ人の希望はますます、王制の復興とダビデのような人物の出現への希望に集約するようになる。キリスト教徒の視点から見れば、こうした期待は直接ナザレのイエスの到来に結びつく。

祭司職

　宗教はイスラエルのアイデンティティーの中心であったために、宗教的伝統の守り手は特に重要な役割を担っていた。祭司職の出現は、それ自体、ひとつの大きなテーマである。祭司職の最も重要な職能は、イスラエルの礼拝の清浄さに関わる。この清浄さは、さまざまな汚染によって汚される（しばしば「清くなくされる」と表現される）可能性があった。祭司たちには、人々の清さを確かにしておく責任があった。清さは、主をしかるべく礼拝するために決定的に重要と考えられていたからである。

　それよりさらに重要なことは、祭司たちが犠牲奉献の制度を保持する責任者だったことである。特に重要なのは大贖罪日の祭儀であり、そこでは人々の罪のために犠牲が献げられた。「不浄」（自然の肉体的な機能に起因する）と「罪」（強く倫理的な意味合いを持つ）とは区別されなければならない。罪は、イスラエルと神との間を隔てる障

壁を作るものと考えられた。意味深いことに、旧約聖書で罪を表す表象やたとえのほとんどは、離別の表象を用いている。主とイスラエルの間に続く関係を守るために、祭司たちは、罪を贖う正しい犠牲が献げられることを確実にしておく責任がある。

　旧約聖書の規定でひとつ、イスラエルの祭司職の役割を理解する上でも、また、キリスト教の中でのイエス・キリストの死の意味にとっても特に重要なものがある。それは、レビ記16章1–34節に詳細に述べられている大贖罪日であり、これは、神の民から罪を取り除くために年ごとに行われるように定められている。この祭儀の全体は複雑で、大祭司が儀式的に自分を清め、次いで、雄牛を自分とほかの祭司たちのために犠牲に屠る。その後、2匹の雄山羊が連れてこられる。くじで1匹が犠牲にされるために選ばれ、もう一頭は贖いのための身代わりの山羊にされる。最初の山羊は、民の罪のために犠牲に献げられる。死んだ雄牛と雄山羊は、後で宿営の外に運ばれて燃やされる。次に大祭司は、第2の雄山羊の頭に両手を置いて、民のすべての罪をこの不運な動物の上に移す。そして、身代わりの雄山羊はイスラエルの罪と咎のすべてを背負って荒れ野に追いやられる。

　大贖罪日は、キリストの死を理解するための背景として非常に重要であり、そのことはヘブライ人への手紙で特に明らかに論じられている。キリストは完全な大祭司と見られ、（大贖罪日のように毎年の祭儀ではなく）「ただ一度」完全ないけにえを成し遂げたと言われている。彼が献げたのは彼自身であり、彼の死によって彼の民の罪は彼の上に移され、彼の民から取り除かれた。ここで特に注目すべきことは、イエスがエルサレムの町の城壁の外で殺されたことであり、それはちょうど、雄牛や雄羊がイスラエルの人々の宿営の外で焼かれるのと同様である。新約聖書から見れば、レビ記の祭儀は、後に来るべきより偉大で完全な犠牲の舞台を設定している。その完全な

犠牲は、旧約聖書のいけにえがただ指し示しはするが達成できないことを成し遂げるのである。

多くのユダヤ人が、神とのより親密な関係を持つ新しい祭司を待望していたという証拠は十分にある。この希望の証拠としてひとつ挙げられる例として、おそらく紀元前108年頃に書かれた『レビの遺訓』の文がある。

> そのときには、主は新しい祭司を立てられるだろう。そして、彼に主の言葉はすべて啓示されるだろう。天は開かれ、アブラハムがイサクに語るように、栄光の神殿から彼の上に父なる神の声が下り、彼は聖別される。そして、いと高き神の栄光が彼の上で語られ、理解の霊が彼の上に留まるだろう。

ナザレのイエスの洗礼の記述は（たとえば、マルコ1：10-11）、明らかにこのような期待が彼において成就したと考えられていることを示している。

それと関連したテーマが神殿である。イスラエルはその歴史の初期の時代には、移動式の天幕、あるいは幕屋を宗教的な祭儀に用いていた。けれども、ダビデがエブス人の都市エルサレムを占拠し、それを自分の首都にしたとき、彼は、主のために恒久的な礼拝の場を建てる意図を公にした。建築が実際に行われたのは、彼の後継者であるソロモンの指揮下である。その建物の壮大さは、旧約聖書の中でこの時期に書かれたものにしばしば現れるテーマである。神殿は紀元前586年にバビロニア人たちによって破壊され、捕囚後、再建された。この「第2神殿」（捕囚からの帰還民によって建てられた神殿をこう呼ぶ）は、壮大さにおいては幾分劣っていたらしい。けれども、王制の終わりとともに、神殿はますます国事に関する重要性を増していった。神殿の権威筋が宗教と国事の両方の責任者となったから

である。

　これよりもさらに壮大な神殿がヘロデのもとで建築された。この事業が始まったのは、キリストが生まれる直前の10年の間だったらしいが、完成したのはやっと紀元64年であった。そして、紀元70年に、ローマに対するユダヤ人の反乱の鎮圧で破壊され、二度と再建されることはなかった。神殿の西側の壁はだいたい残っている。これは今では広く「嘆きの壁」と呼ばれ、今日に至るまでユダヤ人の重要な祈りの場となっている。

預　言

　「預言者」（英語の prophet）は一般にヘブライ語の単語 *nabi* の訳として用いられるが、この *nabi* はおそらく、「ほかの人の代わりに語る者」「代弁者」と理解するのが最もふさわしい。預言の現象は古代近東では広く行われており、「主の預言者たち」に限らない。旧約聖書は多数のバアルの預言者に言及しているが、彼らは、カナンの神バアルの代わりに行為したり語ったりしていると称するカリスマ的な人々であった。初期の重要な預言者としてはエリヤとエリシャがおり、彼らはどちらも紀元前9世紀に活動した。けれども、預言者の活動期として最も重要なのは、紀元前8世紀から6世紀であり、当時、アッシリアとバビロニアが力を増し、政治的に大きく揺れていた時代に、イスラエルに対する神の意志が預言された。エレミヤなどの預言者たちは捕囚期の到来を預言したが、捕囚は、民の過去の罪に対する罰であると同時に、彼らの宗教的実践と信仰を刷新するための機会であると言った。バビロン捕囚の後、ハガイやマラキなど、捕囚期後の預言者たちは、帰還の捕囚民がエルサレムとその神殿の復興を試みる際に重要となったいくつかの問題に取り組んでいる。

　イスラエルの預言者たちは、主がイスラエルの民に深く関与し続

けており、彼らのうちに臨在していることを確約する存在と見られていた。けれども、預言の古典時代が終わると、聖霊はその活動を止めたように感じられた。神は遠く離れた存在として見られるようになる。神は過去には積極的に動いてくれていた。未来にもまた積極的に動いてくださるであろう。けれども、目下のところ、神の臨在や力はまったく実感できない。預言現象の終焉とともに、ユダヤ教の内部に問いの時代が始まった。イスラエルの中ではもはや「神の声」は聞かれない。最も年長のラビ（ユダヤ教の「教師」）でさえも、神の声のこだまを聴くのがせいぜいと思われた——この考えは、専門語で「バト・コル」（*bath qol*、文字どおりには「神の声の娘」の意）を聞くと表現されている。洗礼者ヨハネとイエスに対する非常な興味は、一部にはこの関心を反映している。このふたりの人物の到来は、預言の刷新とイスラエルの復興のしるしではないだろうか？　イエスの洗礼の記述（マルコ1：10-11）は、イエスの出現が、神の活動と臨在が新たにされた時代の幕開けのしるしであることを明らかに示している。

捕　囚

　旧約聖書で語られている最も重要な出来事のひとつは、紀元前586年のエルサレムの民のバビロン捕囚である。エルサレムは、北の隣国イスラエルが先に被った運命を共にしたのである。南王国ユダの捕囚に至る出来事は列王記下に述べられている。紀元前740年に、ペカがイスラエルの王座に上る。彼の時代に、アッシリアの王ティグラト・ピレセルが北王国の領域の一部に侵攻し、その住民をアッシリアに強制的に移送した。この移送の政策は、彼らを故郷から離れたところに住まわせることによって、征服された民が反乱を起こす危険を最小限にするためだった。ペカはホシェアに暗殺され、紀元前732年、ホシェアがペカの代わりに王座につく。紀元前725年、

シャルマナサルがティグラト・ピレセルの後を継いだ。シャルマナサルはサマリア地方を侵略し、725年から3年間、サマリアを包囲した。戦いが終わったときには、その地方の住民の大部分がアッシリア帝国の内部に移送されてしまっていた。独立国家としてのイスラエルはもはや存在しなかった。

　そのようにして、国家としてのイスラエルは紀元前722年に消滅した。けれども、南王国ユダはどうなっただろうか？　明らかに紀元前729年のヒゼキヤの治世とともにユダの歴史の新しい時代が始まる。ヒゼキヤは最初、父のアハズと共に統治を行っていたが、紀元前715年に全権を握る。ヒゼキヤは宗教改革の大計画に着手したが、これは、640年に王座についたヨシヤ王によって続けられる。神殿で何かの作業中に、「律法の書」と言われる書が再発見された。これは申命記のことを指しているか、あるいは申命記の中心となる数章であったと考えられる。その書が朗読されるのを聞いたヨシヤは、改革の計画を進めた。その改革の中に契約更新も含まれていた——王と民が、自分たちが主の律法に忠実であり続けることを宣言するのである。士師の時代から行われていなかった過越の祭りも、元のとおりエルサレムで祝われた。

　ヨシヤの戦死の後、彼の後をヨアハズとヨヤキムが継いだ。ヨヤキムの時代に、後のユダの滅亡の前兆となる不吉な出来事が起こる。紀元前605年、バビロニアの王ネブカドネツァルがカルケミシュでエジプトの大軍を破り、バビロンがこの地方の主要な軍事的・政治的権力として確立されたのである。おそらく紀元前604年、この地方の多くのほかの地域とともに、ユダの地もバビロニアの支配下に入る。

　ヨヤキムはバビロンに反旗を翻す決意をする。彼がこのような行動に出たのは、紀元前601年にエジプトがバビロンに反撃して成功したのを見て勇気づけられたからかもしれない。これが、バビロン

の力が衰えてきていることを示すと思えたからかもしれない。しかし、それはひどい判断の誤りであった。ユダはバビロニア軍に侵略され、それは当時の著者たちによって、明らかに神が自分の不信仰な民と王に約束した裁きを下したと解釈された。一時はユダの希望であったエジプトも敗北し、軍事力としては中立的となった（この同じ出来事はエレミヤによっても鮮やかに描写され、分析されている。エレミヤの預言の後のほうの章は、この歴史的な物語に照らして読むとよい）。

　ヨヤキムの後を継いだのはヨヤキンで（この二つの名前が非常に似ているので、常に読者が混乱する原因となる）、それは紀元前598年、バビロニア人がついに都を包囲する間際であった。翌年の早期に、王と王の家族と王の顧問たちは包囲軍に降伏した。彼らは何千人もの捕虜と共にバビロンに移送される。バビロニア人たちは、ヨヤキンの親族であるゼデキヤを彼らの配下で王位につけ、当面、事態に満足していたらしい。しかし、ゼデキヤはバビロニアに対して反逆を試みる。それに対するバビロニアの応答は大規模かつ決定的であった。紀元前588年の1月、バビロニア軍は都を包囲する。586年1月、彼らは都の壁を突破して都を占拠した。防衛軍は逃げようとして総崩れになった。翌月、バビロニアの高官がエルサレムに到着し、彼の指示で都の防御とおもな建物は破壊され、住民は拉致された。神殿の備品は剥ぎ取られ、戦利品としてバビロニアの都バビロンに持ち去られた。捕囚がすぐに終わるという希望はまもなく消え去った。反乱を指揮したり政府の責任者になったりする力を持つ者は捕らえられ、処刑された。バビロニア王によって立てられた総督ゲダルヤがイシュマエルに暗殺されたことは、都に残っていた住民に衝撃を与えた。バビロニア人の報復を恐れて、多くの者はエジプトに逃げた。

　新約聖書にとって特に興味深いのは、これらの出来事についての解釈である。捕囚の期間は、第1に、異教の信仰と習慣に堕したこ

とに対するユダへの裁きであり、第2に、国家的な悔い改めと刷新の時期であり、復帰した神の民の復興に至るものである。この章の最後では、このテーマについて考えよう。

復　興

　バビロニア帝国はついに倒れた。ペルシアのキュロス大王（紀元前559-530年）が紀元前539年にバビロンを征服する。宗教的寛容政策の一環としてキュロスは、ユダからの捕囚民に自分の祖国への帰還を許す。拉致されていたエルサレムの住民が何十年もの捕囚の後に祖国に帰還できたことは、旧約聖書の著者たちには主の信実の証明であり、神の民の悔い改めが認められたことでもあると見えた。

　復興を扱った最も重要な旧約聖書の書としては、歴史書のエズラ記とネヘミヤ記、預言者のハガイ書がある。捕囚されていた間のエルサレムの人々に起こった出来事についてはほとんど語られていないが、彼らが直面した数々の困難や、彼らが帰郷を切望する気持ちは少なくともいくらか理解できる。ネヘミヤ記は、紀元前539年にバビロンを破り捕囚民を解放したキュロスの布告を公表することから始まる（エズラ1：1－4参照）。この布告は紀元前538年になされ、イスラエルの宗教に対する寛大さと寛容の精神を見せている。これは、バビロニア人にはまったく見られなかった寛容さである。

　その結果、エルサレムとユダの人々の多くは、エルサレム神殿から奪い取られてきた宝を持って帰国する準備をした。紀元前537年の9月か10月までに帰還した捕囚民は、故郷の町に落ち着いて、昔ながらのやり方の礼拝を再開し始めていた。ユダのほかの町も、帰還の捕囚民を受け入れた。仮庵の祭りには、特にこの祭りのために祭壇がしつらえられ、この地方で彼らのまわりに住む民族との関係を悪化する危険を冒しても、仮庵の祭りはこの特別の祭壇で祝われた。エルサレムにはまだ神殿がなかった。けれども、主に献げるひ

とつの祭壇を建てることで、帰還の捕囚民たちは、礼拝を捕囚前の姿に戻す一歩を始めることができたのである。

　けれども、遅かれ早かれ神殿は再建されねばならなかった。バビロニア人に倒されたソロモンの神殿の残骸は、新しい建物の基礎として用いられるだろう。この時期にエルサレムで自然と指導者になっていたゼルバベルの指揮のもとで、紀元前536年の春には神殿再建の準備がなされた。その基礎が据えられたとき、多くの者たちは狂喜したが、年配の人々は（ソロモンによって建てられた偉大な殿堂を覚えていたので）がっかりした。新しい神殿は、前のものと同じだけの規模にはならないことが明らかだった。

　紀元前516年の3月12日、神殿はついに完成して奉献された。新しい建物で祝われる最初の大祭は過越の祭りであり、これは束縛からの解放と強く結びつき、主の信実を記念するものであった。この「第2神殿」は、ソロモンの殿堂の物理的な荘厳さには欠けていたが、それにもかかわらず非常に重要なものであった。これは、新しく復興した神の民にとって、宗教的な問題が中心的であることを示すものであった。エルサレムで外国の宗教の影響を阻止するためにエズラがとった手段は（たとえば、民族間結婚の全面禁止など）、帰還の民にとってこれがいかに深刻な問題だったかを示す。旧約聖書の捕囚後の部分では、民族的・宗教的純粋さを保つ必要を強調し、国家行事として宗教的祭りを重視していることが顕著である。エルサレムには王はいなかった。神殿とその祭司たちは、徐々に、王制のほとんどの役割を帯びるようになり、告示に関する責任も持つようになった。

　ここで指摘しておく価値のあるひとつの点は、帰還した捕囚民に関して「ユダヤ人」という語を用いるようになったことである（たとえば、エズラ4：23、5：1など）。この時期まで神の民は「イスラエル人」あるいは「ユダ人」と呼ばれていた。「ユダヤ人」という

用語は、神の民を指して捕囚期後に用いられるようになり、その後書かれるものの中では常にその意味で用いられるようになった。

さて、それでは、旧約聖書のこれら大きなテーマがどのように新約聖書で発展していったかに注意を向けよう。

第4章　新約聖書

　新約聖書は27書からなり、その27書はいくつかの異なった種類に分類される——福音書、書簡などである。それらに共通するテーマは、イエスが何であるかということと、彼の持つ重要な意味であり、彼に従うことの実際的・倫理的意味合いも含まれる。キリスト教徒たちは、イエスの死のほとんど直後から、彼の言葉と行為を宣べ伝えていた。東地中海沿岸では、ほんの数年の間にキリスト教の教会がいくつも建てられるようになっている。新約聖書の文献のうち最も古いものは、おもだったキリスト教徒たちから、これらの教会に宛てられた書簡という形式をとっている。そして、いつでもその背景にはイエスの言葉と行為による教えがあった。イエスの言動が文書にされたのは後の段階で、おそらく60年代に、現在、福音書として知られている形にまとめられたときである。ここで、これらの文書を検討してゆこう。

福音書

　新約聖書の最初の四つの文書は、集合的に「福音書」と呼ばれる。これらは、イエスを異なった視点から多様な資料によって描いたイエスの四つの肖像と理解するのが最も適切である。最初の三つは共通点が多く、初期キリスト教界に流布していたいくつかの共通資料によっていると一般に考えられている。福音書のそれぞれには特色的な性格があり、それを理解しておく必要がある。次の項の目的は、福音書それぞれに特有の特色を掘り下げて見ることである。しかし、

その前に、福音書の一般的な特色を理解しておくことが重要である。

「福音書」（英語で gospel）という語は、ギリシア語の *evangelion* の訳「良い知らせ」（古英語 *godspel*）から来ている。英語の gospel は、キリスト教の中で二つの異なった意味で用いられている。第1に、これは、ナザレのイエスの到来と、それが人間にもたらすものすべてを含めて告げる「良い知らせ」である。また、この語は、第2の派生的な意味で、ナザレのイエスの生涯と死と復活に焦点を当てた新約聖書の四つの書を指して用いられる。厳密にはこれらの書は、マタイによる福音書、ルカによる福音書などと呼ばれるべきである。そうすれば、四福音書の編纂者によって文体や視点は異なるが、語られているのは同じ福音であるということが明確になる。

ギリシア語の *evangelion*（これも「良い知らせ」という意味である）と関連した二つの語も見ておきたい。「福音伝道」（evangelism）は、良い知らせを人々に伝えることを言う。それと関連した evangelist はもともと、良い知らせを人々に伝える人「福音伝道家・宣教者」（たとえば、ビリー・グラハム）のことを指す。けれども、派生的な意味で、四福音書の各編纂者を指すこともある。たとえば、マルコによる福音書の注釈では、マルコは「福音書記者」と呼ばれるが、それはこの evangelist という語を用いる。

口伝の時代

福音書記者は、私たちの基準で言えば、伝記記者でも歴史家でさえもない。彼らは、イエスの言動のすべてを記そうともしていない。たとえば、ときに彼らにとっては、あるひとつのたとえをイエスが語ったのが正確には彼の宣教のいつのことだったのかさえ問題ではないように見える。重要なのは、彼がそのたとえを語ったということ、そして、そのたとえが初代教会の教えに関わる意味を持っていると認識されたということである。そして、福音書記者たちは、彼

らに伝えられたイエスの生涯と死と復活の物語を精いっぱい忠実に描こうとしているようである。

　まったく疑いなく、イエスに関する福音書の記事は確かな歴史的情報に基づいている。ただし、その情報についての解釈に結びついてもいる。伝記と神学がもはや分離することができないほど強度に結びついている。初期のキリスト教徒たちは、イエスがメシアであり、神の子であり、彼らの救い主であることを確信した。そして、自然とそうした結論を、理解を助ける伝記的な詳細とともに読者に伝えなくてはならないと感じたのである。そうしたわけで、事実と解釈は福音書ではこれほど完全に混ざり合っているのである。最初のキリスト教徒たちは、イエスについての自分たちの神学的解釈が正しく、それゆえ、彼らが書く「伝記」に入れられるべきであると確信していた。イエスの物語を語るということは、彼が誰であり、なぜ彼がこれほど重要であるのかを説明することを含んでいた。だから、イエスの意義についての解釈が、この結論に導く資料とともに見出されるのである。

　今述べたことから明らかであろうが、新約聖書の文書は、特に福音書はそうであるが、その主題と強く結びついている。それらは、イエスの生涯の偏見のない記述を提供しているのではなく、彼を「主」であり救い主として語っている。たとえば、ヨハネによる福音書の最後のほうを読むと、福音書の記者が次のように、イエスに関する膨大な資料のうち、いくらかを省かざるをえなかったことを謝罪している（ヨハネ20：30-31）。

　　このほかにも、イエスは弟子たちの前で、多くのしるしをなさったが、それはこの書物に書かれていない。これらのことが書かれたのは、あなたがたが、イエスは神の子メシアであると信じるためであり、また、信じてイエスの名により命を受ける

ためである。

　このことは、深刻な問題を生じるように見えるかもしれない。もっともな指摘として、福音書記者はイエスに傾倒している当事者なので、そのために偏った見方をしており、イエスについて客観的なイエス像を描くことができないのではないだろうかと言われる。
　いかなる歴史資料にも潜在的に偏見があるということは重要な問題で、無視することはできない。当時のキリスト教資料は、キリスト教に友好的な偏見を持っている可能性が高く、同様に、ユダヤ教の資料は、キリスト教に敵対的であることが予期される。存在しうる偏見が分かっていることは、異なった資料に異なった重みを持たせるように査定をする上で重要である。けれども、ひとつの資料が当事者に深く関わっており、しかも、同時に正しいことがありうるということは強調しておくべきである。ひとつの例がこのことをはっきりさせるだろう。第2次世界大戦中、ナチス・ドイツ総統アドルフ・ヒトラーは、ナチス占領下のヨーロッパ地域でユダヤ人その他に対して絶滅計画を始めた。大量殺人の計画が実行され始めた。徐々にこの大量殺戮運動（しばしば「ホロコースト」と言われる）の知らせは外部世界にも漏れ聞かれ、特にアメリカ合衆国に知られるようになった。
　けれども、ナチスの絶滅収容所で起こっていることの最初の報告はユダヤ人たちから来た。彼らはこの問題の利害関係者と見なされ、彼らの報告は「偏見がある」として無視された。結果として、ホロコーストの恐ろしい事実についてのアメリカ合衆国の認識は遅れてしまった。この出来事に捕らわれ、巻き込まれた、深い関わりを持った者の証言が、その関わり方にもかかわらず、信頼のできる証言でありうるということが理解されなかったのである。特に恐ろしかったりヒヤッとしたりするような出来事の証言は必ず、その人が

見たことによって影響を受ける。けれども、だからと言って、起こった出来事についてのその人の証言の基本的な信頼性が減るわけではない。新約聖書に書かれていることについても、まさに同じことが言える。それらは確かに信仰の視点から書かれており、読者を信仰に導く目的を持っている。しかし、それだからと言って信用できないということにはならない。

　福音書は、書かれた年代順には置かれていない。この先で見るように、マルコによる福音書が最初に書かれたと考えられる理由がいくつもあり、マタイによる福音書は少し後に書かれたと考えられる。学者たちは、新約聖書正典でマタイがマルコよりも先に置かれている理由は、初代教会が教えの資料としてマタイによる福音書を重視したからだろうと示唆している。しかし、十分に理解しておかなければならないことは、福音書に組み込まれた資料は、初期の教会が教えのために用いていたイエスの言動の一連の回想録だったということである。それがやがて福音書で文書化されたのである。「口伝」の時期は、イエスの言動が弟子たちの記憶にゆだねられていた時期であるが、おそらく30年頃から65年頃であろう。

　このように、福音書がイエス自身によって書かれたのではなく、イエスの生きていた時代に書かれたのでもないことを十分理解しておくことは重要である。一般にイエスは30-33年頃、十字架刑に処せられたと考えられている。そして、最も早い福音書（おそらくマルコ）が書かれたのが65年頃だと思われる。おそらく、福音書で述べられている出来事が起こってから福音書の形で記されるまでには、およそ30年間の開きがある。古典の基準からすれば、これは信じられないほど短い時間である。たとえば、仏陀はイエスと同じく、自分自身は何も書き残していない。けれども、彼の語録の確定版（三蔵）は彼の死後4世紀も後のものとされ、イエスの死と最初の福音書の間隔よりも10倍も離れている。

第4章　新約聖書

　いずれにしろ、キリスト教徒たちは、マルコによる福音書が書かれるずっと前から、彼らが理解していたイエスの重要さを書き記していた。新約聖書の手紙は（今でも、ときに「書簡」と呼ばれるが）、おもに49年から69年の時期のものとされ、この形成期にイエスの重要性とイエスについての解釈を確定している。今や明らかになってきたことは、パウロの手紙がイエスの教えについて多くの言及を含み、書簡と福音書との重要な橋渡しとなっていることである。

　けれども、このような解説をしても、読者によっては、この30年間の開きに頭を悩ませるかもしれない。なぜこれらのことはすぐに記されなかったのであろうか？　人々は、イエスの言動や、十字架や復活で起こった出来事を忘れなかったであろうか？　けれどもこの問いは、キリスト教徒たちがイエスの福音を、彼の復活後数週間のうちに、すでにこれらの資料をすべて用いて教えていたという事実を見過ごしている。イエスのことを忘れる危険性はまったくなかった。彼の言葉と行いは、常にキリスト教の説教者や宣教者によって思い起こされていた。

　この過程はルカによってほのめかされている。ルカはイエスの幼少時代の事柄を、母のマリアを中心的な証言者として語ったのち、「母はこれらの事をみな心に留めていた」（2：51、口語訳）と一言入れている。ルカは、イエスの生涯のこの部分を、マリアを情報源として書いたとほのめかしているのだろうか？　それは決して分からないだろう。けれども、明らかにイエスの言動はまわりの者に記憶されていた。たとえば、イエスがひとつのたとえを1回しか話さなかったと考える理由は何もない。たとえは、おそらく少しずつ異なった形で何度も繰り返し語られたであろう。

　現代の読者は、情報が書き記されたり視覚的な形で記録されたりするのに慣れているので、古代の世界では情報伝達が口承でなされたことをなかなか十分に評価できない。物語が見事な正確さで世代

から世代へと受け継がれてきた良い例は、ホメロスの大叙事詩である。現代の西洋人が失った能力があるとすれば、それは、話や物語を語られたとおりに記憶し、後に他者に伝える能力である。

　原始的な文化を次から次へと研究してゆくと分かることだが、物語を世代から世代へと継承することは、新約聖書時代を含む前 – 近代の文化の特徴である。実際、初期の教育制度は丸暗記を基礎としていたと論じる十分な根拠がある。今日の西洋では、ほんの短い話や物語でさえも記憶できる人はほとんどいないので、西洋人は先入観を抱いて、誰かほかの人がそのようなことができるとは信じられないのである。けれども、明らかにそうしたことはなされていたのであり、しかも、見事になされていたのである。しかし、この能力は完全に失われてしまっているわけではない。「テチグラフィー」tachygraphy（文字どおりには「高速書記」speed writing）と言われる一種の書き方が1世紀に用いられていた証拠がある。この書き方は現代の速記とだいたい対応しているが、イエスの人生や教えの数々の側面を初期の段階で書き記すことを可能にしたのかもしれない。けれども、そうしたことが実際にあったという証拠は何もないのではあるが。

　イエスの死と最初の福音書の間の時期は、通常、「口伝の時代」と呼ばれる。イエスの誕生や生涯や死が、彼の教えとともに、見事な正確さで世代から世代へと語り伝えられていた時代という意味である。この時代には、イエスの言葉のいくつかや彼の生涯のある側面、とりわけ彼の死と復活が特に重要なこととして取り上げられ、最初のキリスト教徒から後の者たちへと伝えられていった。ほかの事柄は伝えられず、永遠に失われた。初期のキリスト教徒たちは、イエスの言葉や行いや運命の中で肝心なこととそれほど重要ではないこととを見分け、肝心なことのみを伝えたようである。

　この口伝の過程の優れた例が、パウロのコリントの信徒への手紙

一にある。これは、ほとんど間違いなく口伝の時代にさかのぼる手紙である。

> わたしがあなたがたに伝えたことは、わたし自身、主から受けたものです。すなわち、主イエスは、引き渡される夜、パンを取り、感謝の祈りをささげてそれを裂き、「これは、あなたがたのためのわたしの体である。わたしの記念としてこのように行いなさい」と言われました。また、食事の後で、杯も同じようにして、「この杯は、わたしの血によって立てられる新しい契約である。飲む度に、わたしの記念としてこのように行いなさい」と言われました。 （Ⅰコリント11：23-25）

パウロはここでおそらく、口伝えで自分に伝えられた何かをコリントのキリスト教徒たちに伝えている。この数節を共観福音書の対応箇所と比較してみると興味深い（マタイ26：26-28、マルコ14：22-24、ルカ22：17-19）。

このように「口伝の時代」は、最初のキリスト教徒たちが後の者たちに伝えるべきものを査定した「篩い分け」の時代と見ることができよう。そうして、イエスの言葉は、そのもともとの文脈から引き離され、おそらく、ときには新しい文脈に置かれたことさえあったと思われる。それは単に、最初のキリスト教徒がそれらの言葉を用いるときに、キリスト教の初期の信仰共同体の外にいる者には福音を宣べ伝え、中にいる者には信仰を深め教育するためにそれを用いたせいである。

マタイ

最初に置かれた福音書は、伝統的にマタイが書いたとされている。すべてを置いてイエスに従った徴税人のマタイである（マタイ9：9

-13)。同じ人物が、マルコとルカによる福音書では「レビ」と呼ばれている。マタイによる福音書は、福音書の中でもおそらく最もユダヤ的で、イエスとユダヤ民族やユダヤ教の律法や指示との関係に特に関心を持っている。マタイにとっては、イエスが旧約聖書の偉大な預言の数々を成就していることが特に重要である。マタイは、イエスが偉大な英雄王ダビデの直系であり、ダビデの都ベツレヘムで生まれたことを特に重視している。マタイの提示する福音には、「これは、主が預言者を通して言われていたことが実現するためであった」という表現がしばしば繰り返されており、マタイは、イエスの宣教のさまざまな面が、旧約聖書の大いなる期待を成就するものであるということを指摘している（最初の2章でこの表現が頻繁に出てくるのを見てほしい。イエスの誕生を扱った箇所である。マタイ1：22-23、2：15、2：17-18、2：23）。同様にマタイは、イエスが旧約聖書の律法や預言者を廃するためにではなく、それを正しく成就するために来たということを強調している（マタイ5：17）。

マタイは明らかに、イエスとイスラエルの連続性を強調している。「山上の説教」（マタイ5－7章にある一連の教えは伝統的にこう呼ばれている）を注意深く読む者は誰でも、イエスが新しいモーセとして、新しい律法を新しいイスラエルに新しい山で言い渡しているように描かれていることに気がつくであろう。同様にマタイは、シナゴーグと教会の連続性も見せてくれている。その代表的な例が、イスラエル12部族と、12弟子、あるいは、12使徒との連続性である。ユダヤ教とキリスト教との連続性はこのように明らかにされている。

マタイによる福音書がいつ書かれたのかは明らかではない。先に示したように、マタイが彼の福音書を編集するときに用いた資料は30年代にさかのぼる。マタイは彼の資料群をまとめ、70年代に文書化したのかもしれない。ひとつには、マタイによる福音書の年代決定は、マタイとマルコの関係をどう理解するかにかかっている

(181-185頁参照)。マタイによる福音書が正確にはいつ書かれたのかは、この後も決して分からないかもしれない。

マルコ

マルコによる福音書は四つの福音書の中で最初に書かれたと広く考えられている。この福音書は一般に、ペトロ（Ⅰペトロ5：13）とパウロ（使徒言行録12：12、25）に付き従った「マルコと呼ばれるヨハネ」によって書かれたとされる。この福音書に特有の鮮やかな細部描写（たとえば4：38にある、特に「枕」にまで言及する描写）や、ときに弟子たちを批判的に描く記述（たとえば8：12-21）などは、もしペトロが当該の話の出所であるなら、最もよく理解できる。これらのことやその他の理由から、学者たちは、マルコによる福音書が福音書の中で最も早くにキリスト教共同体の中で流布し、マタイとルカが、マルコの書いたイエスの生涯を、ほかの入手可能な資料を根拠に拡張したと考えている。ペトロは64-67年のネロによるキリスト教徒迫害の間に処刑された。そして、ペトロの死に刺激されて、マルコが、福音書が書かれる必要性を確信したということはありえるだろう。そこで、この福音書の作成時期は60年代前半と推定される。

リンディスファーン福音書の写本の挿絵（698-700年頃）。大英博物館蔵。AKG-Images.

この福音書は、大部分

をペトロの記憶に頼って（たとえば、15：16の総督官邸への言及を参照）、ローマで書かれたと考えられている。マルコは、イエスを「神の子」（15：39）と明言したローマの百人隊長の証言にも読者の注意を引いている――異邦人から発せられた決定的に重要な証言である。このローマの将校の証言は、マルコが想定していたローマの読者にとって特別に重要であったろう。この点では、「鶏が鳴くまでに」という言及も重要である。ローマ人は夜を四つの「見張り番」の交代時間で分けた。「夕刻」（6：00-9：00）、「真夜中」（9：00-深夜12：00）、「鶏が鳴く刻」（深夜12：00-午前3：00）、そして、「夜明け」（3：00-6：00）である。「鶏が鳴く」とは、実際は、夜の第3の「見張り番」の当番が終わるしるしに吹かれるトランペットの音を指すのかもしれない。マルコの写本の中には、鶏が鳴くのが二度のように書かれているものもあるが、多くの早期の写本では、鶏が鳴くのはただ一度である。

　この福音書の最も注目すべき特色は、イエスの教えよりもむしろイエスの行為を強調していることである。マルコがイエスの教えよりも十字架に焦点を当てていることは、マルコによる福音書に特有の強調点となっている。それにもかかわらず、マルコは、イエスの重要なたとえや言葉を伝えている。マタイは、マルコにないいくつかの重要な教えの箇所（たとえば「山上の説教」）を含む。これは、マタイが、マルコが用いなかった資料（彼がそれを手に入れていなかったからか、彼がそれを自分の目的に関わるものと考えなかったからか）を手に入れたためと思われている。

ルカ

　ルカによる福音書は、3番目の共観福音書である。ルカによる福音書は、実際は2部からなる書の第1部であり、使徒言行録がその第2部である。両方合わせると、これらは新約聖書中最も大きな書

となる。どちらも、テオフィロという名の人物に献呈されているが、彼はローマの裕福で影響力の強いキリスト教支持者だったと思われる。ルカ自身はおそらく異邦人の生まれで、ギリシア語を見事に駆使した。彼は医者であり、いろいろな機会にパウロの旅に同伴している。

ルカによる福音書は明らかに、ユダヤ人以外の読者のために、彼らにとって必要なことは何かを意識して書かれている。また明らかに、「良い知らせ」が、貧しい人々、虐げられた人々、困窮している人々に関わるものなのだということを特に示そうとしている。彼は「救い主」という語（すでにギリシア語を話す読者には馴染みの語であった）を用いることで、イエスが何であったかということとイエスの意義についての読者の理解を助けようとしており、マタイほどにはイエスのメシア性を強調しなかった。彼の福音書は、イエスのたとえの中で最も愛されている二つのたとえを含んでいる。「善いサマリア人のたとえ」（10：30-37）と「放蕩息子のたとえ」（15：11-32）である。

ルカによる福音書がいつ書かれたのかは明らかではない。パウロの突然の釈放の記述は、

ダンテ・ガブリエル・ロゼッティ画「マリアに、彼女が救い主を産むことを告げるガブリエル」（1850年）。この出来事は、ルカによる福音書の最初のほうで語られている。ロンドン、テート・ギャラリー蔵。AKG-Images/Erich Lessing.

この2部作がたとえば59-63年頃の早い時期に書かれたことを示唆する。けれども、多くの学者は、ルカがマルコによる福音書を細かな点まで利用しているので、第3福音書は第2福音書よりも後、おそらく70年代に書かれたと考えられると論じている。

ヨハネ

　ヨハネによる福音書は、最初の三つの福音書とはかなり異なっている。これはしばしば「第4福音書」と呼ばれ、この違いを示している。この福音書に特有な特徴のひとつに、イエスの深い意味が明かされる「私は……」と始まるイエスの言葉がある。

　この福音書を書いたのは誰であろうか？　福音書自体が示すところによれば、本文中の「イエスが愛した弟子」(13：23-26、21：24-25) が著者である。福音書の本文自体ははっきりと言ってはいないが、これは伝承によって使徒ヨハネとされてきた。さまざまな根拠から、この福音書は、特にエフェソの地方にあった諸教会にとって必要なことを念頭に書かれていると考えられる。この福音書の執筆年代は明らかではない。福音書本文が示していることからすると、当時、ペトロと「愛された弟子」の両方がすでに死んでいる (21：19、22-23参照)。それゆえ、これが書かれたのは、70年よりも後のいつかであろう。これは、ほかの要素からも示唆されることである。ほとんどの学者たちは、執筆されたときを1世紀の末近く (おそらく85年頃) と示唆している。ただし、それより早い時期の可能性もまだ否定できない。

共観福音書問題

　最初の三つの福音書は、多くの素材を共通に持っている。ひとつの素材がマルコとマタイと、ときにはルカでも、異なった場所に置かれていることがある。同じ物語が、福音書ごとに異なる視点から

語られている。ときに、ひとつの物語がひとつの福音書ではほかよりも長い形で語られている。多くの者は、これが、三つの福音書すべてがいくつかの共通資料を用いており、たとえば、非常に初期の段階で記憶に託された同じイエスの語録集などを用いているためであると考えている。ルカによる福音書の冒頭（ルカ1：1-4）から明らかなように、初期の段階で、イエスの生涯や言葉についての記述が多数流布していた。またルカは、目撃者から聞いた報告に基づいて彼のイエス伝を書くとも示唆している。それらの素材の中には三つの福音書すべてに共通なものもあり、マタイとルカだけに共通なものもある（この二つの福音書はマルコよりずっと長い）。そして、マタイ、あるいはルカにしかないものもある。そのいずれの場合にも、福音書記者（福音書を書いた著者のこと）は、自分自身が持っている歴史資料を参照して、キリスト教信仰の中心人物についての詳細を読者に知らせようとしている。最初の三つの福音書の重複は、それらがときに「共観福音書」（英語では、ギリシア語の*synopsis*（要約）から、synoptic gospels）と呼ばれることに反映している。

　「資料批評」（source criticism）という学問分野は、各福音書の基礎となっている資料源を明らかにしようとする試みである。大筋を言えば、三つの共観福音書は共通資料を用いており、しばしば同じ出来事や同じ教えをまさに同じ言葉で報告している。マルコによる福音書の多くは、ほかの共観福音書にも見出される。マタイとルカも互いに共通する素材を含み、彼らの片方にしかない素材もある。特に重要なことは、見てみると、三つの福音書すべてに共通する素材は同じ順番で出てくることである。このことによって学者たちがすべて合意していることは、共観福音書が相互依存関係にあるということである。けれども、その依存関係はどのように説明できるだろうか？

　新約聖書学界での大多数の見解によれば、共観福音書には四つの

第4章 新約聖書

ジョット・ディ・ボンドーネ画「ラザロの蘇生」(1303–05年)。フレスコ。この出来事はヨハネによる福音書に記され、イエスの第6の「私は……である」という発言と関係している。パデュア、スクロベーニ礼拝堂。AKG-Images. カメラ撮影。

資料が識別される。

1 マルコによる福音書。これは、これ自体、マタイとルカによって資料として用いられている。たとえば、マルコによる福音書の内容の90パーセントがマタイにも含まれ、マルコの53パーセントがルカにも見出される。マルコの素材の文体は、マタイやルカの並行箇所に見出される文体と比べてマルコのほうが古いことを示す、多くのセム語的言い回しを用いている。このような観察を説明するには、マタイとルカがマルコに基づいており、マルコの文体を「整えた」という仮説に立つ以外は難しいだろう。

2 マタイとルカに共通の資料。この資料に属する部分は、長さにして約200節ほどあり、しばしば「Q資料」と呼ばれている。

Q 資料がそれ自体、完結した福音書だったという証拠はなく、独立した文書資料として存在したという証拠もない。
3　マタイだけに見出される資料。通常「M 資料」と言われる。
4　ルカだけに見出される資料。通常「L 資料」と言われる。

　このことについて目下最も広く受け入れられている説明は、20世紀初めの10年間にオックスフォード大学で現在の詳細な形にまとめられた。その最も有名な言説は、B・H・ストリータの『四つの福音書』(1924年) と W・サンデイの『共観福音書問題研究』(1911年) にある。ストリータの著は、15年間にわたって 9 回行われたオックスフォード福音書セミナーの成果を反映する論文集である。この学説はときに「オックスフォード仮説」と呼ばれるが、より一般的には「2 資料説」と呼ばれる。その基本的な特質は、次のようにまとめられる。

　マルコによる福音書が最初に書き記された。これがマタイとルカの手に入り、彼らはそれを資料に用い、言語の文体は適切に修正したが、素材の順番はマルコのままにした。マタイによる福音書はマルコの後に書かれたが、ルカよりは先である。マタイとルカはどちらも、「Q」として知られる資料を用いることができた。加えて、マタイは、「M」と呼ばれる別の資料も用いることができ、ルカは、それと異なる「L」と呼ばれる資料を用いることができた。この学説は四つの資料を認めているが (マルコ、Q、M、L)、2 資料説と呼ばれる。マルコと Q を特に重要なものとして取り扱うからである。

　この説は近・現代新約聖書学界で最も広く受け入れられている。ほかの見方も存在するが、広く支持されてはいない。たとえば、ヒッポのアウグスティヌスは、マタイが最初に書かれ、マルコがマタイを省略したと論じた。J・J・グリースバッハが展開した仮説は影響力があったが、それによれば、マタイが最初に書かれ、次にル

カが（マタイを用いて）書かれ、最後に、マタイとルカを両方用いてマルコが書かれた。

　強調しておくべきことは、「共観福音書問題」は、イエスに関する口伝がどのようにして私たちのところまで伝えられたかについて私たちの理解に関わる問題だということである。共観福音書問題は、福音書伝承の歴史的正確さや神学的信憑性を疑わせるのではなく、イエスの言葉や行いが受け継がれていた30年頃から60年頃の福音書伝承の形成期についてのより深い理解を与えてくれるものである。

使徒言行録

　使徒言行録は、キリスト教会の起源についてのルカの記述の第2部に当たり、彼が書いたとされる福音書（179-181頁参照）に続く。ルカが書いた福音書と初代教会の歴史は両方合わせると、新約聖書で最も長いひとつの文書になる。福音書でルカは、ある「テオフィロ」という（おそらくローマの高官で、キリスト教に興味を持った）人物に、イエスの生涯と死と復活の基本的な詳細を知らせている。けれども、ルカが執筆活動をした時代までにキリスト教はローマ帝国で一大勢力になりつつあった。では、キリスト教はパレスチナの慎ましい発端からどのようにローマ帝国の中心まで進んできたのだろうか？　どのようにしてキリスト教は、これほどの短期間にこのような影響力をふるうようになったのか？　ルカの課題は、こうした発展を彼の（おそらくローマの）読者に説明し、特に、ローマは何もキリスト教を恐れる必要はないということを示すことにあった。

　ルカは、キリスト教がローマ帝国全土に急速に広まってゆく次第を書き示そうとしている。最初の12章はペトロに焦点を当て、キリスト教がエルサレムと周辺地域にしっかりと根づくに至る一連の出来事を書いている。パレスチナに福音が根をおろした次第を示し

た後、ルカは、それが徐々にローマ帝国の多くの土地で確立してきた次第の記述へと移る。

　この書の残りの部分はパウロに焦点を当てている。パウロは新約聖書の読者には馴染みの人物で、最初は律法に忠実なユダヤ人で、「サウロ」という名だった。ルカはパウロの経歴を説明し、彼が最初どのようにキリスト教徒になったか、そして次に、どのように「異教徒への使徒」となったかを示している。ルカは、キリスト教会がパレスチナから今日のトルコやギリシアの地域にまで拡大するのに、パウロが与えた影響を鮮やかに描いている。ルカは、パウロが東地中海地方で行った3回の伝道旅行を詳細に語り、彼が囚人としてローマそのものへと移送された最後の旅の描写で終えている。数箇所でルカは、出来事を語る際に「わたしたち」という言葉を用いている（使徒言行録16：10、20：5 -21：18、27：1 -28：16）。このことは明らかに、ルカがこれらの場面に立ち会った目撃者として書いていることを暗示している。

　この書がいつ書かれたのかは明らかではない。この書に書かれた最後の出来事は、ローマで64年に起こったキリスト教徒の大迫害の直前である。64年にネロのもとで起こったローマの火災や、それに続いて64年に始まり断続的に続いたキリスト教共同体への弾圧には何も言及されていない。ローマ軍によるエルサレムの崩壊もほのめかされてさえいない。これらの出来事はどちらも、ルカの物語に関わる重要な意味を持っていたであろう。それがどちらも言及されていないことは、この著がそれ以前に書かれたことを強く示唆する。

手　紙

　新約聖書には、初代教会の指導者たちから個人や教会に宛てて書

かれた一連の手紙が含まれている。これらの手紙はしばしば、キリスト教の教義や習慣の重要点を明らかにし、ほかの宗教団体や世俗の権威から受ける敵意に直面しているキリスト教徒を励ましている。たとえば、キリスト教はその存在の最初の数十年、ユダヤ教からさまざまな形で嫌がらせを受けたことが明らかである。覚えておくべきであるが、1世紀にはキリスト教徒は非常な少数派で、地元のローマ当局を恐れて、しばしば秘密で集会を開かざるをえなかった。特にネロとドミティアヌスの治世には、増大してゆくキリスト教会を根絶しようとする断固とした試みがなされた。新約聖書のいくつかの文書は、このような状況を前にして書かれている。

パウロの手紙

　新約聖書の中で群を抜いて大きな部分を占める書簡集が、パウロの名で書かれている。その伝道活動の間にパウロは、小アジアやマケドニアやギリシアに多くの小さなキリスト教の集団を確立した。彼はそれらのいくつかと後まで手紙で連絡を取り合っていた。それらの手紙がすべて残っているわけではない。パウロは、コリントの教会に宛てた手紙がほかにも数通あることや、ラオディキアへの1通の手紙にも言及している。「教会」という言葉は、誤解を生じさせる可能性がある。初期のキリスト教徒たちは、「教会」として建てられた建物で集会をしていたのではなく、密かに少人数で集まっていたからである。「教会」という語は、この意味では「会衆」や「集会」と訳すほうがよいかもしれない。パウロの初期の手紙はしばしば教義の問題を扱い、特にキリストの再来や、ユダヤ人と異邦人との関係について書かれている。後の手紙は、キリスト教が東地中海地方に恒久的に定着してゆくに従って教会の職制や組織の重要性が増してきたことを反映している。

　パウロの手紙は正確な年代決定が難しいが、最も早い年代として、

第4章　新約聖書

キリストの死から15年から20年後を考えるのが一般的である。以下に彼の手紙を「正典の順で」考えることにするが、それはつまり、新約聖書に出てくる順番でということである。けれどもそれは、これらが書かれた順番とは限らないということは十分理解しておかなければならない。一般的に言って、新約聖書は、手紙を長さの順で配列し、同じ教会や人物に宛てた手紙をひとかたまりにしている。

最初にあるのは、ローマの信徒への手紙である。パウロはこの手紙をローマのキリスト教共同体に向けて書いているが、それはおそらく57年の早春、彼の第3回目の伝道旅行（361-362頁参照）の途中、コリントにいたときである。それ以前にローマを訪れた使徒はいなかった。そこで、この手紙は、ローマの教会にキリスト教の教えの基本的な要素を教えている。パウロの手紙はほとんどみな、彼が自分で設立し教えた教会に宛てて書かれているが、ローマの信徒への手紙はその例外である。

この手紙は多くの点で決定的に重要である。これは、イスラエルとキリスト教会の関係についてのパウロの理解を明らかに表明している。特に、人は律法の業ではなく信仰によって義とされるのだというパウロの信仰義認論が明示されている。この教えによれば、ユダヤ人も異邦人も、信仰によって義とされる（「義とされる」とは、「神と和解する」「神との正しい関係に置かれる」と言い換えると分かりやすいであろう）。割礼を受けてユダヤ人になったり、旧約聖書の律法を守ったりする必要はない。重要なのは神への信仰である。この手紙は歴史的にも興味深い。ローマでキリスト教会が成長していたことの証拠となるからである。

次にあるのは、コリントの信徒への手紙2通である。コリントはギリシアの最も重要な都市のひとつで、50万人以上の人口があったと見積もられることもしばしばある。コリントは代表的な海港で、商業の中心地だった。パウロは第3回伝道旅行の際にここに伝道し

た。この手紙は、エフェソという小アジアの主要都市から書かれ、執筆時はおそらく紀元55年のペンテコステの祭りの前である。この教会への2通目の手紙は、同じ年の後期、冬が本格的に始まる前に書かれたとされる。この第2の手紙は、ローマのアカイア州（コリントとアテネはどちらもこの州にある）の北の地方マケドニアから書かれた。

　2通のうち最初の手紙は、多数の問いに答えて書かれている。明らかに、キリスト教徒が自分たちの置かれた異教の環境とどのように関係してゆくかという問題は特に重要であった。キリスト教徒は、異教の偶像に供えられた肉を食べるべきだろうか？　加えて、コリントの教会は、礼拝に関して多くの点で論争が起こり、もめていた。ある会員は、ほかの会員よりも重要だろうか？　霊的賜物の役割は何か？　どうやらコリントのキリスト教徒たちは、現代で言えば、一種のカリスマ運動のようなものを経験していたようであり、その現象をどうすればよいか知りたがっていたようである。それとともにパウロは神学的なことも論じており、復活の性質などについて重要な議論もしている。

　第2の手紙は、目立って暗い調子である。パウロは、計画していたコリント訪問を取り消さざるをえず、そのことで非常に憤慨していた。この手紙は、彼の批判者に面と向かって、奉仕者として、また使徒としての彼の資格を明示している。そして、そのように奉仕する自分の務めを断言すると同時に、彼は神の憐れみと恵みを強調している。

　パウロのガラテヤの信徒への手紙は、一般に53年頃書かれたと考えられている。また、もうひとつの可能性としては、エルサレム会議（使徒言行録15章）の直後に書かれたかもしれない。この会議で持ち上がった問題が、この手紙でパウロが扱っている問題と非常に似ているからである。そうであれば、この手紙は53年よりも前、

おそらく49年頃書かれたことになる。この手紙のおもなテーマは、旧約聖書の律法を字義どおりに守ることからのキリスト教徒の自由である。パウロによれば、キリスト教徒は律法の行いによらず信仰によって義とされる。だから、キリスト教徒が割礼を受ける理由は何もない。どうやらガラテヤには「ユダヤ教化主義者」(つまり、キリスト教徒が旧約聖書の律法に忠実であり続けるように望んでいる人々)がいたようである。

エフェソの信徒への手紙は、いくらかの困難を呈する。エフェソは小アジアの主要都市で、パウロが行った伝道活動の場として最も困難な地のひとつであった。パウロの手紙には、通例、特定の相手に宛てた挨拶の言葉が書かれているが、この手紙にはそれがなく、そのことから、この手紙がひとつの特定の会衆に宛てられたのではなく、その地方の諸教会に回覧されることを意図して書かれているのではないかと考える学者もいる。特にエフェソに言及した(エフェソ1:1)箇所さえも、多くの写本で省略されている。この手紙は、特定の誤った教えについて直接に論じているのでもない。そのことからもまた、この手紙が、あるひとつの会衆の特定の問題に焦点を絞っているのではなく、小アジアの諸教会全体に回覧されるように意図されたと考えられる。この手紙の執筆年代を正確に特定することは難しい。

フィリピの信徒への手紙は、都市フィリピのキリスト教徒に宛てて書かれている。フィリピはマケドニア州の重要なローマの植民都市であり、パウロは第2回伝道旅行でここに伝道した(使徒言行録16:11-40)。ヨーロッパでパウロが福音を宣べ伝えた最初の都市である。この地方にはユダヤ人はほとんどいなかったため、シナゴーグは存在しなかった(使徒言行録16:16は、シナゴーグではなく、ただ「祈りの場所」に言及している)。このことは、パウロがこの手紙で1箇所も旧約聖書を引用していないことや、この手紙にほとんど何

も論争がないことの説明になるであろう。パウロがフィリピの教会に宛てた手紙は一般に、おそらくローマで彼が投獄されていた61年頃に書かれたと考えられている。この手紙の状況は、使徒言行録28章14-31節に記されているような、パウロが軟禁状態にあり、訪問者を歓迎し、ある程度の自由を享受していた状況と合致している。

コロサイの信徒への手紙は、年代決定が困難であるが、後期の手紙であると推定できる示唆がある。コロサイの都市（Colossae、Colosseともつづる）は小アジアのリュクス川沿いにあり、パウロ自身はこの都市には伝道旅行に訪れたことはない。けれども、パウロがエフェソで伝道したときに改宗した（使徒言行録19：10）エパフラスという人がこの都市に来て、福音を宣べ伝えたのである。

この手紙は、特にこの若い教会の中に起こってきた偽りの教えについて論じている。この偽りの教えはどこにも特定されていないが、その基本的な特徴として、何か謎の神秘的な知識（グノーシス主義として知られ、特に２世紀には強い影響力を持つことになる大きな運動に関連する）を重要視する点があったようである。何を食べたり飲んだりするのが正しいか、また、それに関連して禁欲主義の問題、イエス・キリストの重要性を軽視する傾向、天使崇拝なども特徴的に見られたようである。多くの点でこれらの考えは、ユダヤ教とギリシア思想の混合を示すように見える。パウロは、神や神の目的について知るべきことはすべて、イエス・キリストによって最高に、比類なく、また十分に啓示されていると強調することで、そうした教えに反論している。

テサロニケの信徒への手紙２通は、おそらくパウロの手紙の中で最も早く書かれた。すでに述べたように、ガラテヤの信徒への手紙は49年にまでさかのぼる可能性があるが、大多数の学者は、テサロニケへの手紙がパウロの最古の手紙であろうと考えている。パウロがテサロニケのキリスト教徒に宛てた最初の手紙は、おそらく51

年頃、コリントで書かれたが、正確な年月日は決定できない。テサロニケはマケドニア州最大の都市で、パウロは第2回伝道旅行の際にここに伝道した（使徒言行録17：1-14）。パウロがここに滞在できたのはほんのわずかな期間で、彼は、この市から近くのベレアに逃れることを余儀なくされ、そこからアテネへ、さらにコリントへと移動した。コリントにいる間にパウロは、テサロニケのキリスト教会に手紙を書き、励ましと指針を送った。この地方への第2の手紙は、おそらく最初の手紙の6ヵ月ほど後に書かれた。どちらの手紙も、キリストの再来と、キリスト教徒たちがいつも注意して待つ必要性に焦点を当てている。これらの手紙は、非常に早い時期の教会の人々が、キリストの再来前に死んだキリスト教徒の運命を心配していたことを示している。

　パウロのテモテへの手紙2通とテトスへの手紙は、特に1組にされる。これらは教会にではなく個人に宛てて書かれていることと、その非常に牧会的な調子でほかと区別される。牧会的な調子は、教会運営やキリスト教の実践的な信仰生活についての問題に見ることができる。こうした理由で、これら3通の手紙は集合的に「牧会書簡」と呼ばれている。牧会書簡は、使徒言行録28章で述べられている出来事の後に書かれている。そう考える最も明らかな理由は、パウロはローマでの軟禁状態から紀元63年頃に解放され、これらの手紙は彼の解放後に書かれているからである。

　それらの手紙の最初の2通の受け手であるテモテは、パウロの伝道活動で重要な役割を果たしており（特にアカイアとマケドニアで。使徒言行録17：14-15、18：5参照）、パウロの手紙のいくつかで非常にあたたかい愛情をもって言及されている。加えて、少なくとも6通の手紙でパウロは冒頭の挨拶で彼の名を出している（Ⅱコリント、フィリピ、コロサイ、Ⅰテサロニケ、Ⅱテサロニケ、フィレモン）。テトスは、パウロが改宗させた多くの異邦人のひとりで、パウロの伝道活動の

いくつかのおもな段階でパウロに忠実によく仕えたことで知られている。ルカは使徒言行録ではどこにも彼のことを書いていないが、新約聖書のほかの箇所には彼についての言及が頻繁にあり、初期の諸教会にとって彼が重要であったことを示している。

これらの手紙は、パウロの初期の手紙と多くの点で異なっている。これらは、諸教会にではなく個人に宛てて書かれている。教義や行為の問題ではなく、教会の問題をおもに扱っている。これら3通の手紙はどれも、ガラテヤやローマの信徒に宛てた初期の手紙と文体や語彙が異なっている、などである。これらの所見から、これらがパウロによって書かれたものではないと結論する者もある。けれども、パウロが60年代に展開してきた状況に答えているだけであると論じる者もある。

これらの書簡集に分類されるべき最後の手紙は、フィレモンへの手紙である。この短い手紙は、パウロがローマから書いたもので、おそらく彼が軟禁状態にあった時期であろう（60年頃）。これは非常にまれな手紙である。それは、これが神学的問題ではなく、純粋に実際的な問題——ひとりの逃亡奴隷の運命を扱っているからである。

ペトロの手紙

新約聖書には、一般にイエスの一番弟子と見られる使徒ペトロが書いたとされる手紙が2通入っている。最初の手紙は、小アジア一帯にわたって散らばっているキリスト教徒に向けられている。それらのキリスト教徒は迫害の脅威にさらされており、迫害はまだ始まっていなかったが、ペトロが手紙を書いている相手にとって明らかに大きな脅威となっている。この手紙が前提としている状況は、キリスト教徒がネロの治世（紀元54-68年）に直面した難局と合致する。ペトロは、自分が「バビロン」でこの手紙を書いていると示している（Ⅰペトロ5：13）。この手紙は、苦難と迫害に直面してい

るキリスト教徒を励まし、キリストが彼らのために受難したことを彼らに覚えておかせようとしている。この書き手にとって苦しみは、敵意に満ちた環境の中でキリスト教徒であることの不可避な一部である。ペトロは、シルワノに手紙を書くのを助けてもらった感謝を表している（5：12）。シルワノがただペトロの言葉を口述筆記する以上のことをした可能性は高い。秘書たちはしばしば、著者の考えを著者自身ができるよりも良いギリシア語で表す役目を課せられた。手紙は見事なギリシア語で書かれており——それは、かつてのガリラヤの漁師が書くとは思えない非常な見事さである！——、それと対照的に第2の手紙は、ずっと下手なギリシア語で書かれ（シルワノへの言及はない！）、初代教会の歴史の中で後の段階に起こった状況を目前にして書いている。

ヨハネの手紙

　ヨハネの三つの手紙は、内容も文体も非常に似ている。著者は同じで、第4福音書の著者と考えられている使徒ヨハネである。これらは文体や語彙が非常に似ており、特にヨハネによる福音書とヨハネの第1の手紙の場合にそれが明らかである。一般にこの手紙は1世紀の終わり頃書かれたと考えられており、おそらく85-90年頃、都市エフェソから書かれた。最初の2通の手紙の読者が誰であったかは明らかではない。これらは信徒一般に向けて書かれており、巡回伝道者が回覧用に用いることを意図して書かれたのかもしれない。第3の手紙は特に「ガイオ」という人に向けて書かれているが、ガイオという人物が誰であったかは分かっていない。

　明らかに一種のグノーシス主義による危機が重大に見られている。何かグノーシス主義的な考えが、ヨハネが書いている共同体の中に入り込んでいる。第1の手紙は明らかに、少なくとも二つのグノーシス主義的教えを問題にしている——イエスの人間としての性質が

真のものではなく見かけだけのものにすぎないという考えと、「霊的」なものと「物質的」なものとの間には根本的な相違があるという考えの教えである。この第2の考えは結果として、誰かが肉体的に犯した罪は、その人の霊的な性質には悪影響を及ぼさないという考えに通じた。第1の手紙は、キリストの人性が真のものであることを強調し、キリスト教徒は罪を犯してはならないと断言している。

ほかの手紙

　ヘブライの信徒への手紙は、新約聖書でも最も魅力的な手紙のひとつで、イエス・キリストがいかに旧約聖書の犠牲の制度を成就しているかを強調している。手紙の著者は分かっていない。昔の訳の中には、著者がパウロであるように示唆している訳もある。けれども、手紙の本文には何もそのようなことは主張されていない。いずれにしろ、文体がパウロのものとは非常に異なっている。この手紙の書き手として最も可能性の高いふたりの人物は、バルナバとアポロである。このふたりはどちらも使徒言行録で高く評価されている。どちらも旧約聖書に精通しており、この手紙のような卓越したギリシア語を駆使する能力があったと思われる。この手紙が意図した読者が誰であったかは明らかではない。最もふさわしい読者は、キリスト教に改宗したギリシア語を話すユダヤ人で、彼らの新しい信仰と古いユダヤ教の習慣と考え方との関係を知りたがっていた人々だと思われる。この手紙が書かれた時と意図された受け取り手が誰であったかは明らかではない。

　ヤコブの手紙は、ときに「公同書簡」、あるいは「公会書簡」と呼ばれる一群の手紙の最初のものである。こう呼ばれるのは、これらの手紙が、特定の個人や特定の教会に宛てられたのではなく、広い範囲の人々に読まれることを意図して書かれているように見えるからである（「公同」（catholic）は、基本的には「普遍的な」「万人にわ

たる」という意味である)。ヤコブの手紙はおそらく、使徒ヤコブではなく、エルサレム会議で重要な役割を果たしたイエスの兄弟ヤコブ(使徒言行録15:13)によって書かれた。この会議では特に、キリスト教の信徒たちがモーセ律法を尊重する義務を負うか、中でも、男性に割礼を受けることを要求する律法を守らなくてはならないかという問題が論議された。最終的に会議は、割礼は必ずしも必要とされないと決断した(348-349頁参照)。けれども、ヤコブの手紙にはこの論争について何も書かれていない。この論争について何も書かれていないということから、この手紙がそれよりも早い時期に書かれたことが示唆される。一方、ヤコブは、パウロの信仰義認論の誤解の可能性を正そうとしており、そこから、この手紙が書かれたのが50年代後期か60年代の初期ではないかと思われる。

ユダの手紙は、新約聖書の中で最も短い書のひとつである。この手紙の著者が誰であったのか正確なところは分かっていない。この手紙のおもな関心は、当時広がりつつあったらしいある偽りの教えを論駁することにある。問題の教えは、ペトロの手紙二で指摘された教えに似ていたらしく、一種のグノーシス主義にユダヤの民衆の迷信が混じったものだったと思われる。

ヨハネの黙示録

ヨハネの黙示録は新約聖書の最後の書で、伝統的に使徒ヨハネによって書かれたと考えられている。ヨハネによる福音書と、彼の名をつけられた3通の手紙の著者とされるヨハネである。この書は後の年代に書かれたようであり、おそらくローマ皇帝ドミティアヌスの治世(81-96年)の後期に書かれた。ローマ当局が帝国内のいくつかの地域でキリスト教弾圧を試みていた時期である。その弾圧は特に小アジアで激しかった。

第4章　新約聖書

　この書は形の上では黙示的であり、旧約聖書ダニエル書の後半に似ている。主として幻の形を取り、象徴と高度に比喩的な言語を用いている。いくつかの箇所では、象徴が何を表しているかが明らかに分かる。暗に都ローマやローマ帝国やローマ皇帝を指していることが明白な箇所が数箇所ある。けれども、多くの場合、幻の解釈は困難で、推測の域を出ない。この書の明らかな目的は、悪と弾圧は結局克服され、苦難と痛みは新しいエルサレムからは排除されるだろうという知識のもとに、キリスト教徒を今現在の苦しみの中で励ますことである。

　この章では、新約聖書の内容のさまざまな側面を見てきた。けれども、ひとつのテーマが新約聖書を支配していると言えるだろう――イエス・キリストである。マルティン・ルターはこの点以下のように要約している――「イエス・キリストは、聖書における数学の核心だ。ちょうど聖書が、キリストのうぶ着と、キリストが寝かされていた飼い葉桶であるのと同様に」。私たちは、イエスが何であるかということと彼の意義についてのキリスト教の理解は、すでに考察してきた。しかし、言うべきことはまだたくさんある。また、キリスト教の信仰は、イエスについての考えにとどまらない。そこで、これから続く数章で、キリスト教の教義の基本的なテーマを考えることに進もう。まずキリスト教の教義の出所と基準の問題から始めることにする。

第5章　キリスト教の信仰内容の背景

　キリスト教徒は、ただイエスや神を信じているだけではない。彼らは、イエスや神についてかなり明確な一定の事柄を信じているのである。本書の第1章で、キリスト教徒がイエスについて信じていることのいくつかの面は見た。けれども、明らかにキリスト教徒が信じていることを——単にイエス・キリストについてだけではなく！——もっと十分に説明することが必要であろう。この章は、次章以下でより広範にキリスト教の信仰内容を論じる前に、その背景となる問題をいくつか掘り下げてみよう。

　個々の信仰内容——たとえば、キリスト教徒が神やイエス・キリストについて何を信じているのか、など——を正しく理解するためにはまず、それらの信仰内容の背景を調べてみなければならない。たとえば、「信じる」とはどういう意味か？　そして、キリスト教の考えはどこから来たのか？　キリスト教の信仰内容の出所と規範は何か？　つかみどころのない「神学」という語——しばしばキリスト教の信仰内容の組織的な研究を表すのに用いられる——は、実際のところ何を意味するのか？

　この探求の過程を始めるために、キリスト教徒が信仰について話すとき、彼らが何を意味しているのかを考えてみよう。

信仰とは何か？

　「信仰」という語の聖書学的意味は、多数の側面を持っている。聖書のひとつのテーマが特別の重要性を持っている——神に信頼す

る、という考えである。これは、旧約聖書の有名なアブラハムの召命の物語と結びついている（創世記15：1-6）。神がアブラハムに、夜空の星の数ほど多い無数の子孫を約束した次第を語る箇所である。アブラハムは神を信じた——つまり、彼に与えられた約束に信頼した。同様に、イエスのまわりの群衆は、しばしば「信仰」を持っていると描かれる——この意味は、彼らが、イエスが何か特別の地位と正体と権威を持っていて、彼らの病を癒やし、彼らの問題に対処してくれる（たとえばルカ5：20、17：19）と信じていたという意味である。ここでもまた、基本的な概念は信頼であり、この場合、イエスにはそのような信頼の態度に値するものがあるという認識を伴った信頼である。

　マルティン・ルター（1483-1546）は、信仰は基本的に信頼であると強調した多くの著者のひとりである。信仰とは、頼ることができる約束をしてくれる神に対する信頼なのである。重要な小論「教会のバビロン捕囚」（1520年）でルターは、信仰のこの面を強調している。

> 　約束をする神の言葉があるところには必ず、それらの約束を受け入れる人間の信仰がある。明らかに、われわれの救済の初めは、約束をしてくれる神の言葉にしがみつく信仰である。神は、われわれの側の努力がまったくないところに、われわれに先んじて無償で、われわれには受ける権利のないほどの憐れみをもって、われわれに約束の言葉をくださった。

　ルターは、信用するに値しない誰かを信用するのは、どれほど一生懸命信用しようとしても、やはり無意味であると強調している。完全に信用できる誰かを少しでも信じることができれば、そのほうがはるかに好ましい。けれども、信頼とは、時折の態度の問題では

第5章　キリスト教の信仰内容の背景

ない。ルターにとって信頼とは、逸れることのない人生観であり、神の約束の信頼性を常に確信し続けることである。カール・バルトはおそらく20世紀で最も重要なプロテスタント神学者であるが、このように言っている。「信じられるのは神だけである。信仰とは、私たちが神に頼ってもよいという信頼であり、神の約束と神の導きに頼ってよいのだという信頼である。神に頼るということは、神が私たちのために存在するという事実に信頼し、その確かさの中で生きることである」。

カール・バルト（1957年）。AKG-Images/ullstein bild.

信仰を実践的に定義しようとするルターの試みは、ジャン・カルヴァン（1509-64）によって展開された。彼の『キリスト教綱要』は初版が1536年に出版され、版を重ねて1559年の確定版に至る。そこでカルヴァンは、非常に厳密で論理的であり、しかも、いつも非常に読みやすく理解しやすい神学者であるとの評判どおり、このような簡潔な定義を与えてくれている。

> 信仰とは、われわれに対する神の慈愛を揺るぎなく確かに知っている知識であり、キリストにおける神の恵み深い約束の真実に基づいており、聖霊によってわれわれの頭に啓示され、心に封印されていることだと言うならば、それは、信仰の正しい定義であろう。

この定義の最初の部分でカルヴァンは、信仰とは「われわれに対する神の慈愛を揺るぎなく確かに知っている知識」だと述べている。カルヴァンはここで、神に対する信頼を表す言葉を用い、神は確かに信頼できる方であることを強調している。信仰は「知識」と定義されているが、ある非常に特別な種類の知識であることが分かる。単なる一般的な「知識」ではない。実際、「神の知識」ですらない。「われわれに対する神の慈愛の知識」なのである。カルヴァンはルターに従って、信仰とは究極的に神の善性に根拠と基礎を持つと論じている。これは、単に神が存在するということを受け入れることではなく、私たちに対する神の親切さに出会うことに関わることなのである。

　キリスト教の批判者の中には、信仰は単に批判的な思考を逃げているだけだと考える人もある。「神を信じる」という考えを嘲笑する理性主義者もあり、彼らは、神の存在が証明されるまでは、この仮定的に信じられた神にはわずかな注意も払う理由がない。世界中で最も著名な無神論者のひとりであるリチャード・ドーキンスはこの路線をとっている。ドーキンスが主張するところでは、信仰とは「証拠もなしに、あるいは、証拠に反してさえも信じる無分別な信頼を意味する」。この見方は1976年に初めて明示されたが、宗教に対するドーキンスの態度を決定する「核となる信念」のひとつを表現している。彼の考えの核にある交渉の余地もないこの確信は、1992年に再び浮上した。この年、ドーキンスはエディンバラ国際科学祭で講演し、そこで、信仰と証拠の関係についての彼の見解を述べている。ドーキンスはまたもや信仰の知的無責任を酷評している。

　　　信仰とは、偉大なる責任回避であり、証拠を考え評価する必

第5章 キリスト教の信仰内容の背景

要を回避する偉大なる言い訳である。信仰とは、証拠の欠如にもかかわらず、あるいは、おそらく証拠が欠如するからこそ信じることである。……信仰は、議論によっては自らを正当化することを許されていない。

　自然科学者としてドーキンスは、人間の思考におけるすべての側面において、証拠と証明にはしかるべき場があると主張する。彼は、信仰においてはなぜそれが当てはまらないのかと問う。「証拠もなしに、あるいは、証拠に反してさえも信じる無分別な信頼」として信用を失った時代後れの、「信仰」などという概念を、なぜ真剣に受け取ることのできる人がいるのだろうか？
　ここで鍵となるのは、ドーキンスが出している定義が、まったくキリスト教の信仰の概念とは異なるということである。ドーキンスは、この定義については何も擁護していない。しかし、この定義は、この語の宗教的な意味とは（あるいは、どんな意味とも）ほとんど関係がない。この定義を支持する何の権威も引用されていない。私は、このような信仰の概念は受け入れられないし、これを真剣に受け取っている神学者にはまだひとりも会ったことがない。キリスト教のどの教派からの信仰の公式声明に対しても擁護することはできない見方である。
　ドーキンスの批判の弱点は、著名な英国国教会の神学者だったW・H・グリフィス＝トマス（1861-1924）の定義を見れば分かるであろう。グリフィス＝トマスが『神学の原理』（1930年）で出した定義は、ほとんどすべてのキリスト教著者に典型的に見られる見方である。

　　［信仰は］人間の性質全体に影響を及ぼす。十分な証拠に基づいて頭で確信することで始まり、確信に基づく心や情緒の信

頼において続く。そして、最後を飾るのが意志の同意であり、その同意によって確信と信頼は行動に表現されるのだ。

これは、キリスト教徒に典型的な信仰理解の核をなす要素を統合していて、優れて信頼のできる定義である。そして、この信仰は「十分な証拠に基づいて、頭で確信することで始まる」。

神の存在証明

それでは、キリスト教徒は、神の存在やそのほか信仰の何かの面のことを絶対的確実性をもって自分たちが証明できると信じているということだろうか？　いや、そうではない。神学者や宗教哲学者の基本的な態度は、次のように要約できる。つまり、物事には実際に証明できることもあるが、ことの本性上、証明を超えたものもある。神はそのひとつである。神の存在証明を試みるにしても、キリスト教は基本的に、神の存在は理性が決定的な答えを出せるようなものではないという姿勢をとっている。けれども、神の存在が理性の及ばぬものであるからといって、少しも神の存在が理性に反するということにはならない。多くの著者が論じてきたように、神という概念は理にかなっているし、私たちのまわりの世界を非常に理にかなったものとしてくれる。神が存在すると示唆するいくつかの立派な理由が提示できるだろう。しかしこれは、「厳密な論理的立証」とか「決定的な科学的実験」という意味の「証拠」ではない。

このことを、トマス・アクィナス（1225頃-74）の著書を考えることで見てみよう。アクィナスはおそらく中世で最も有名で影響力の強かった神学者であり、イタリアで生まれ、パリ大学とその他の北部の大学で教え、名声を得た。その名声はおもに、彼が晩年に執筆し、その死によって一部未完となった『神学大全』によっている。

第5章 キリスト教の信仰内容の背景

けれども、彼はそのほかにも多くの重要な書物を著しており、中でも『対異教徒大全』は、キリスト教信仰の合理性についての代表的な叙述であり、特に神の存在に関しては代表的な議論をなしている。アクィナスは、この世の一般的人間経験から推論して、神の存在を指し示す指標を識別することはまさに適切であると考えた。彼の「五つの道」は、神の存在を裏づける5通りの議論であり、各々の道はこの世界の何らかの側面を取り上げ、それが世界の創造主の存在を「指し示す」ことから論じている。

では、アクィナスはどのような指標を識別したのだろうか？　アクィナスの考え方の基本的な筋道は、世界がその創造主である神を映しているということ——この考えは、彼の「存在の類比」（analogy of being）理論でさらに整った形に表現されている。芸術家が自分の作品に署名をして、それが自分の作品であると印するように、神も被造物に神の「署名」を刻印している。われわれが世界で見るものは——たとえば、その秩序のしるしは、もし神がその創造主であるなら説明がつく。もし神がこの世を存在させ、神の像と似姿をその上に刻印したのだとしたら、神の性質のいくらかは被造物から知ることができる。

被造界のどこを見れば、神の存在は知ることができるのだろうか？　アクィナスは、世界の秩序は神の存在と知恵の最も説得力のある証拠だと論じている。この基本的な前提は「五つの道」のどれにも下敷きとしてあり、中でも「設計からの理論」（argument from design）、あるいは、「目的論的論証」（teleological argument）と呼ばれる議論の場合には重要である。これらの「道」のうち、例として、最初と最後の「道」を考えることにしよう。

第1の道は、世界のものは動きや変化のうちにあるという観察から始まる。世界は静止していない。動いている。その例を挙げるのは簡単である。雨は空から降る。石は谷に転がり落ちる。地球は太

第5章　キリスト教の信仰内容の背景

陽のまわりを回っている（ちなみに、この事実はアクィナスには知られていなかった）。これがアクィナスの議論の第1の理論で、通常、「運動からの理論」と呼ばれている。けれども、明らかにここでの「運動」は実際はより広く理解されており、むしろ「変化」と訳したほうがふさわしい場合もある。

それでは、なぜ自然界は動き始めたのだろうか？　なぜ静止していないのだろうか？　アクィナスは、動いているものはすべて何かによって動かされているのだと論じている。あらゆる動きには原因がある。ものはただ動くことはない。何かほかのものによって動かされるのである。しかし、動きの原因となったものにも、それ自体を動かした原因がある。そして、その原因にもまた原因がある。そうしてアクィナスは論じるのだが、その連鎖の源にただひとつの原因があるに違いない。動きのこの最初の原因から、究極的にほかのすべての動きが派生している。これが、世界の振る舞い方に反映して見える偉大な因果関係の連鎖の源である。事物が動いている事実から、アクィナスはこのように、すべての動きの唯一の第1原因があると論じている。そして、この第1原因は神にほかならないとアクィナスは主張する。

より最近では、この理論は、この宇宙を存在させた神という観点から論じ直されている。そのためこれは、しばしば「宇宙論的」（cosmological）論証理論（ギリシア語で「宇宙」を表す *kosmos* から）と言われる。この論証法の最もよく見る形は、以下の道筋をとっている。

1　宇宙のあらゆるものは、その存在をほかの何かに負っている。
2　その個々の部分に当てはまることは、宇宙自体にも当てはまる。
3　それゆえ、宇宙は今まで存在し、これからも存在する限り、その存在を何かに負っている。
4　宇宙は、それゆえ、その存在を神に負っている。

第5章　キリスト教の信仰内容の背景

　この理論は基本的に、宇宙の存在は説明を要するものであるという前提に立っている。この論法が、近代の宇宙理論での、特に宇宙の起源についての「ビック・バン」理論などの研究と直接に関係していることは明らかであろう。

　第5の最後の道は、「目的論的」（teleological）論証理論と言われているが、これは、ギリシア語で「目的」「目標」という意味の *telos* から来ている。アクィナスは、世界が明らかに知的設計の痕跡を示していると指摘している。自然の過程や事物は、心に描かれた何かはっきりした目的に沿っているように思われる。目的があるように思われるのだ。設計されているように見えるのである。けれども、事物は自分自身を設計するわけではない。ほかの誰か、あるいは何かによって起因され、設計されるのである。この観察から始めて、アクィナスは、この自然界の秩序の源は神と認められると結論した。

　この理論はウィリアム・ペイリー（1743-1805）によって発展させられた。ペイリーによれば、この世界は時計のようである。世界は、知的設計に基づき、目的を持って創造された証拠を示している。もし時計があれば、時計職人もいる。ペイリーは特に人間の眼の仕組みに感銘を受け、眼がこれほどまでに複雑で高度に発達しているのは、知的な設計と組み立ての結果以外にはありえないと論じた。

　ペイリーの理論は19世紀の英国で非常に影響力があった。けれども、その信憑性はチャールズ・ダーウィン（1809-82）の進化論で弱められた。進化論は、なぜこのような複雑さが起こるかということについて、これに代わる説明を提供したからである。ダーウィンは『種の起源』（1859年）で、そうしたことは知的な神的設計者なしにも純粋に自然現象として説明できると論じた。それにもかかわらず、「設計からの論証理論」はやはり魅力的な考えで、人々を魅了

し続けている。

　明らかにアクィナスのいくつかの論証理論は構造的に似ている。どれも、因果性の連鎖をその唯一の起源にまでさかのぼり、それを神と同定することによっている。それゆえ、これらは、厳密な意味での「証明」ではない。すでに神の存在を前提としているからである！　アクィナスの取り組みは、実際はいくらか異なった方向からなされている。彼が論じているのは、もし神がこの世界を造ったと前提すれば、世界を理にかなったものと理解し、それによって多くの出来事も理にかなった意味があると考えられるということなのである。つまりアクィナスは、キリスト教徒の視点から見れば、神の存在は、世界に見られることとよく共鳴するということである。だからこれは、神の存在証明ではなく、神の存在の確認なのである。

　けれども、そのような「証明」を懐疑的に見ている神学者もいる。フランスの偉大な数学者であり哲学者でもあったブレーズ・パスカル（1623-62）は、アクィナスの取り組み方に二つの点で批判的であった。第1に、そのような議論から出てくる抽象的な哲学的「神」は、新旧約聖書の生きた神とはかけ離れたように思える。パスカルは『パンセ』でそのことをこう言っている。「神の存在の形而上学的証明は、人間の論理的思考からあまりに離れ、あまりに複雑で、ほとんど訴えかける力がない」。

　けれども、第2にパスカルは、これらの「証拠」は、神がおもに理性によって知られると前提していると論じている。パスカルにとって人間の心は、神を信じる（あるいは信じない）理由を持っている。「われわれは、理性によってではなく、心によって真理を知る」のである。人間の状況に対する神の訴えは、私たちの知っている世界とキリスト教信仰のさまざまな概念との共鳴をはるかに超えたところまで及んでいる。これは、心の深くに存在する神への渇望を含むほどに及んでいる。そしてパスカルは、この渇望を、神と最

終的な意味への人間の長い終わることのない探求において決定的に重要なものと考えるのである。

パスカルによれば、最終的には誰も議論で神の国に入ることはできない。神の存在は証明できるものではない。しかし同様に、神が存在しないことも証明できはしない。見落としやすいことだが、無神論もひとつの信仰なのである。無神論者は、神がいないと信じている。けれども、その信仰は、神が実際にいると信じるキリスト教の信仰と同じくらい、証明するのが難しいのである。

キリスト教信仰の源

長い歴史を通じてキリスト教神学は、三つの基本的な資料源に訴えてきた。それは、聖書と伝統と理性である。それらの重要性を考えて、最初の論題に入る前に、これらをそれぞれ少し詳しく考察しておくことにしよう。

聖　書

本書ではすでに、キリスト教の聖書の特色についてはいくらか考察し、その重要さは見てきた。「聖書」（英語では Bible と Scripture の2語は、派生語の形容詞 biblical、scriptural とともに、実際上、同義である）は、キリスト教の思想で権威と認められた一群の書を指している（ただし、その権威の性質と程度は、論議し続けられている問題であるが）。キリスト教内部では広い合意ができているが、キリスト教が信じていることの根拠づけと判断において、聖書は特別に重要な地位にある。プロテスタントの信仰告白はすべて、聖書の中心性を強調している。比較的最近では、第2ヴァチカン公会議（1962-65年）がカトリックの神学と教えにおける聖書の重要性を再確認した。聖書の権威は、「霊感」という考えと結びついていると見られている。——

つまり、聖書の言葉は何らかの形で神の言葉を伝えているという考えである。これは、ほとんどのプロテスタント信仰告白に明らかに述べられており、たとえば、「ガリア信仰告白」（1559年）には次のような声明が含まれている。

　われらは信じる。これらの書に含まれるみ言葉は、神から出て、人間からではなく神のみからその権威を受ける。

『カトリック教会信仰問答書』（1992年）は、同様の立場を以下のように述べている。

　神が聖書の作者です。「聖書に含まれ、かつ、示されている神の啓示は、聖霊の霊感によって書かれたものです」。
　「尊き母なる教会は、旧約および新約の全部の書を、そのすべての部分を含めて、使徒的信仰に基づき、聖なるもの、聖典であるとしています。なぜなら、それらの書は、聖霊の霊感によって書かれ、神を作者とし、またそのようなものとして教会に伝えられているからです」。

これらの引用から明らかなように、聖書はキリスト教徒にとって、信仰内容や倫理の問題に関して権威を持っている。「霊感」という考えはしばしば、聖書がキリスト教徒にとって持つ特別の権威を説明するのに用いられている。キリスト教神学における聖書の特別な地位が、聖書が神から来ていることによっているのだという考えは、いかにうっすらとほのめかされているだけだとしても、新約聖書自体にも、また新約聖書についての後の考察においても見出される。この点でしばしば引用される古典的な文章はテモテへの手紙二3章16-17節で、聖書を「神の霊感を受けて」（*theopneustos*）［新共同訳で

は「神の霊の導きの下に」]いると語っている。この考えは初期のキリスト教思想に共通しており、異論があることとも見なされなかった。ギリシア語を話すユダヤ人哲学者アレクサンドリアのフィロン（紀元前30頃－紀元45頃）は、聖書を完全に霊感によるものと見なし、神が聖書の著者を、神の意志を伝える受動的な道具として用いたと論じている。

キリスト教徒はしばしば聖書を「主のみ言葉」「神のみ言葉」と呼ぶ。これは公同の礼拝で特に明らかに見られ、そこでは、聖書朗読の後、しばしば次のような応答がなされる。

　　朗読者「以上、主のみ言葉です」。
　　会　衆「神に感謝いたします」。

これは、どういう意味だろうか？

最初に述べておかなければならない点は、「言葉」とは行動と意思伝達の両方を含むということである。人の性格と意志がその人の用いる言葉によって表されるのと同様に、聖書は（特に旧約聖書がそうであるが）、神が人々に語りかけ、そのことで神が彼らに対してどういう意図と意志を持っているかを知らせると理解されている。だから、「神の言葉」という表現は、行為と、啓示と、伝達の意味を含んでいるのである。伝統的にキリスト教神学は、この啓示の過程がイエス・キリストと聖書に凝縮していると考えてきた。キリストと聖書の相互関係は、キリスト教神学の重要なテーマである。

「神の言葉」という考えは複雑で、そこには非常に微妙にさまざまな考えが結び合わされている。明らかに関連した三つの大きな意味が、キリスト教の伝統と聖書自体の中に見分けられる。

1　この語は、受肉した神の言葉としてのイエス・キリストを指す

のに用いられる（ヨハネ1：14）。これは、この語の用法としては、新約聖書の中で最も高度に発達したものである。キリストを「受肉した神の言葉」と語る際に、キリスト教神学は、神の意志と目的と性質は歴史においてイエス・キリストを通じて知らされるという考えを表現しようとしている。神の性質と目的を知らせるのは、イエス・キリストの行為と性質と神学的正体であり、彼が語った言葉だけではない。

2　この語はまた、「キリストの福音」や「イエスについての使信や告知」を指すのにも用いられる。この意味ではこの語は、イエスの生と死と復活によって神が成し遂げ、知らせたことを指している。

3　この語は、一般的な意味で聖書全体を指すのに用いられる。聖書は、キリストの出現の場面設定をし、彼の到来を物語り、信徒にとって彼の生と死と復活が持つ意味合いを探求する。

　カール・バルトが「神の言葉」という表現を用いるとき、その背景にはこのような考察がなされている。バルトは「神のみ言葉の三重の形」説で、三重の動きを区別している。キリストにおける神の言葉から、聖書におけるこの言葉の証言へ、そして最後に、信仰共同体の教えにおけるこの言葉の宣教へと。このように、教会の教えとイエス・キリストという人物との間には直接で有機的なつながりがある。

伝　統

　初代教会の一連の論争は、「伝統」の概念の重要性を痛切に感じさせた。「伝統」という語は、「引き渡す」「伝える」「手渡す」などを意味するラテン語の *traditio* から来ている。これはまったく聖書的な概念であり、聖パウロは読者に、自分はキリスト教信仰の核

第5章 キリスト教の信仰内容の背景

となる教えを伝えるが、それは彼自身がほかの人々から受け継いだものだと断っている（Ⅰコリント15：1－4）。この語は、教えをほかの人々に伝える動作（これは、パウロが、教会内で行うことを命じたことである）と、このようにして伝えられた教えの全体を指す。だから、伝統とは教えの内容全体と教えの過程の両方であると理解できる。牧会書簡（キリスト教の教えの連続性と正統性の保持を確実にするために、教会の体制の問題の重要さに特に関わる新約聖書の3通の手紙。テモテへの手紙一、テモテへの手紙二、テトスへの手紙）は特に、「あなたにゆだねられている良いものを、わたしたちの内に住まわれる聖霊によって守りなさい」（Ⅱテモテ1：14）と強調している。新約聖書は「伝統」の概念を否定的な意味でも用いていて、神から権威を与えられていない人間の概念や習慣をも意味する。そこでイエス・キリストは、ユダヤ教の中の人間の伝統のいくつかを公然と批判している（たとえば、マタイ15：1－6、マルコ7：13）。

　伝統の概念の重要性は、2世紀に起こった論争において最初に明らかになった。グノーシス主義論争では、救済はどのように達成されるかなどをはじめ、多くの問題が議論された。キリスト教の著者は、非常に珍しく独創的な聖書解釈に対処しなければならなかった。これらをどう扱えばよいのだろうか？　もし聖書が権威と見なされるなら、聖書の解釈はすべて同等の価値と見るべきなのだろうか？

　リヨンのエイレナイオスは偉大な教会教父のひとりだが、そうは思わなかった。聖書がどのように解釈されるかという問題は、最重要問題であった。彼によれば、異端者は自分たちの好みに従って聖書を解釈している。それと対照的に、正統的な信徒は、聖書を書いた使徒たちが承認するような解釈の仕方をする。教会を通して使徒から伝えられたものは、聖書の本文だけに限らない。それらの本文を読み、それを理解するあるやり方も伝えられているのだと彼は論じている。

真理を知りたいと望む人はだれでも、世界中のすべての教会に知られている使徒的伝承を考慮しなければならない。私たちは、使徒たちに指名された主教と、今日に至るまで教会で彼らを継承してきた主教の数を数えることができるが、彼らは、こうした異端者たちが考えるようなことは何も知らない。

エイレナイオスの論点は、キリスト教の教えや生活や解釈の連続した流れは、使徒の時代から彼の時代までたどることができるということである。教会は、教会の教えを保ってきた人や、キリスト教の信仰内容のおもな道筋を定める基準となる公的な信条を示すことができる。伝統は、もともとの使徒的教えに対する忠実さを保証するものであり、グノーシス主義者の誤った革新的聖書解釈に対する自己防衛である。

この展開は、「信条」——つまり、聖書に基づき、ひとりよがりな解釈を避けた、キリスト教信仰の基本点の公的で権威ある声明——の出現の背景となり、重要である。この論点は、5世紀の初期にレランスのヴィンケンティウスによって発展させられている。彼は、ある種の革新的教義が正当な理由もなく入り込んでいることを心配した。そのような教義を判断する公的な基準が必要であった。では、教会がそのような誤りから自己を守るためにどのような基準が手に入るだろうか？　ヴィンケンティウスにとって答えは明らかであった——伝統である。伝統とは、「普遍的な教会の基準によって導かれるように、預言者や使徒たちを解釈する基準」である。

信　条

信条の重要さに注目したところで、どのように現在の形の信条ができたのかを見てみよう。信条の出現は、特別に重要な二つの要素

第5章　キリスト教の信仰内容の背景

によって促された。

1 信仰を教える際に用いることができ、また、誤った教え方に対してキリスト教の信仰を守るために、信仰内容の公の声明が必要とされた。
2 洗礼の際の個人的な「信仰告白」が必要になった。

1についてはすでに触れた。2については、もう少し詳しく見ることが必要だろう。初期キリスト教会が新しい加入者の洗礼を特に重要視していたことは知られている。3世紀と4世紀に、教えと洗礼の明確な様式が整ってきた。新しく教会に加わった人々は、四旬節［訳注：レントとも言う。イースター前の日曜日を除く40日間］の間、キリスト教信仰の基礎について指導を受け、復活祭〔イースター〕の日に洗礼を受ける。この新しい教会員たちは、キリスト教の信仰内容の鍵となるいくつかの主張に同意することで、彼らの信仰が確かなことを立証する。

3世紀初期のヒッポリュトスの『使徒伝承』によれば、洗礼志願者のそれぞれに三つの問いがなされた。「あなたは、全能の父なる神を信じますか？　私たちの救い主、イエス・キリストを信じますか？　聖霊と、聖なる教会、罪の赦しを信じますか？」

時が経つにつれ、これらの問いは徐々にひとつの信仰声明文にまとめられ、志願者はそれを承認することが求められるようになった。

これらいわゆる「洗礼の信条」からできた最も重要な信条は「使徒信条」で、今日のキリスト教の礼拝で広く用いられている。この信条は12の文からなり、伝承では、その12の文はそれぞれ12弟子のひとりに帰せられている。今では、この信条が使徒自身によって書かれたのではないことは定説として知られているが、これは、教会が使徒たちから受け継いだキリスト教信仰のおもな考えを含んで

いるという点でやはり「使徒的」である。「使徒信条」の現在の形は18世紀にさかのぼることができ、現在は以下のようになっている。

　　我は天地の造り主、全能の父なる神を信ず。
　　我はその独り子、我らの主、イエス・キリストを信ず。主は聖霊によってやどり、処女(おとめ)マリヤから生れ、ポンテオ・ピラトのもとに苦しみを受け、十字架につけられ、死にて葬られ、陰府(よみ)にくだり、三日目に死人のうちよりよみがえり、天に昇り、全能の父なる神の右に座したまえり。かしこより来りて生ける者と死にたる者とを審きたまわん。
　　我は聖霊を信ず。聖なる公同の教会、聖徒の交わり、罪の赦し、身体(からだ)のよみがえり、永遠(とこしえ)の生命(いのち)を信ず。アーメン。

　見てのとおり、この信条は三つの部分に分かれており、それぞれ、かつて３世紀の洗礼志願者が問われたとヒッポリュトスが報告した三つの問いに対応している。各々の問いは、より長く詳しく扱われているが、基本的な構造は同じだということが分かる。
　もう少し長い形のものに、通常、「ニカイア信条」［またはニケヤ信条］と呼ばれるものがある。これは、イエスの本性(ほんせい)に関して４世紀に起こった論争に答えて、彼の本性についての信仰告白文を含めている。「ニカイア信条」は、キリスト教がどのようにイエスを理解しているかについて次のように宣言し、「使徒信条」の簡潔な声明文をかなり詳しく広げている。

　　私たちは、ただひとりの神、すべてを支配される父、
　　　天と地と見えるものと見えないもののすべての造り主を信じます。
　　またただひとりの主イエス・キリストを信じます。

第5章　キリスト教の信仰内容の背景

　　主は神のみ子、御ひとり子であって、
　　世々に先立って父から生まれ、光からの光、
　　まことの神からのまことの神、
　　造られたのでなくて生まれ、
　　父と同質であって、
　　すべてのものは主によって造られました。
　　主は人間である私たちのため、私たちの救いのために、
　　天からくだり、
　　聖霊によりおとめマリアによって受肉し、人となり、
　　私たちのためにポンティオ・ピラトのもとで十字架につけられ、
　　苦しみを受け、葬られ、聖書にあるとおり三日目に復活し、天にのぼられました。
　　そして父の右に座しておられます。
　　また生きている者と死んだ者をさばくために、栄光のうちに再び来られます。
　　そのみ国は終わることがありません。
　また聖霊を信じます。
　　聖霊は主、いのちの与え主であり、
　　父（と子）から出て、父と子と共に礼拝され、共に栄光を帰せられます。
　　そして預言者によって語られました。
　　私たちは、ひとつの聖なる公同の使徒的な教会を信じます。
　　罪のゆるしのためのひとつのバプテスマを認めます。
　　死者の復活と、来たるべき世のいのちを待ち望みます。
　　アーメン　　　　　　　　　　（日本キリスト教協議会共同訳）

信条は、今日のキリスト教でも非常に重要なものであり続けてい

る。ほとんどの公同礼拝［訳注：日曜日などに行われる教会での公の礼拝］では、信条が定期的に朗唱されている。それぞれの地区の教会や小教区での講座や連続説教の多くは、信条の説明という形をとっている。キリスト教の聖職者はしばしば聖職につく前に、信条への同意を公に宣言することを求められている。

理　性

　最後に、キリスト教神学における理性の重要性を見るべきである。キリスト教神学は伝統的に理性を、啓示を助ける従属的な役割を果たすものと見てきた。トマス・アクィナスは、超自然的な真理は私たちに啓示されなければならないと論じた。人間は、理性だけでは神の神秘を知ることは望みえない。けれども人間の理性は、神の神秘が啓示されれば、それについて考察することはできる。これが、ほとんどのキリスト教神学者のとってきた立場である。理性は、啓示を考察することを可能にする。

　しかしこの判断は、西洋の偉大な「理性の時代」——ほとんどの歴史家は1750年から1950年の200年がこの時代に当たると示唆する——に異議を唱えられた。理性は、神について知る必要のあることをすべて演繹して知ることができると論じられたのである。神の啓示を持ち出す必要はない。その代わりわれわれは、理性に全面的に頼ることができる。この立場は一般に「理性主義」と言われ、今でも一部にはこの立場をとる人々がいる。

　より最近では、西洋文化は、このような理性偏重への反動を経験してきた。ポストモダニズムの起こりは、人間理性の限界や理性の濫用がますます強く認識されてきたことと結びついて起こった。ポストモダニズムの著述家たちは、すべての人類に対して権威を持つような「ひとつの」理性などというものはないと強調してきた。

　もちろん今日でも、神学における理性の役割は重要である。その

最も明らかなしるしは、絶えることのない数々の「神の存在証明論」をめぐる議論である。そうした論証理論がそもそも大した証明になっていないのではないか、ましてや、キリスト教の神の存在を証明することなどできないのではないかという疑問はあるが、それでも、こうした証明論にこれほどの関心が持たれているという事実は、神学論争においては絶えることなく理性の役割があることを示している。

そこで、ここで、信仰と理性の関係の最も興味深い側面のひとつを考えることにしよう。──神学の「伴侶」、あるいは「話し相手」、つまり、ラテン語で文字どおりには「神学の召し使い」という意味の *ancilla theologiae* を用いることについてである。

「召し使い」──神学と文化の対話

キリスト教神学では、キリスト教の伝統外にある知的資源によって神学的視野を広げてゆこうとする伝統がある。この取り組み方は、通常、「神学の召し使い」（*ancilla theologiae*）という表現を用いて呼ばれるが、哲学的体系は神学的展開を鼓舞する有用な道であるという基本的な考えに基づき、キリスト教思想家と彼らの文化的環境の間の対話を可能にしてきた。この最も重要な歴史的例は、プラトン哲学やアリストテレス哲学との対話である。

プラトン哲学との対話は、とりわけギリシア語を話す東地中海世界において、キリスト教会の最初の5世紀で重要であった。キリスト教は東地中海沿岸に広がっていったとき、競合する世界観と出会ったが、その中でも最も重要なのがプラトン哲学である。そのような世界観は肯定的にも否定的にも見ることができた。対話と知的成長の機会でもあったし、キリスト教の存続を脅かすものでもあった。殉教者ユスティノスやアレクサンドリアのクレメンスが直面し

た務めは、プラトン哲学の知的長所をどのように活用して、しかもキリスト教の完全性を損なうような妥協をすることなく、キリスト教の世界観をどう構築するかであった。

　新しい論争は、13世紀のスコラ哲学全盛期に起こった。中世の著者がアリストテレス哲学を再発見したことによって、物理学、哲学、倫理学など、あらゆる知的活動の分野を助ける新しい資源が与えられたように思われた。必然的に神学者たちも、アリストテレス哲学の考えや方法をどのように用いてひとつの組織神学を構築できるかを見てみたいと考えた。――たとえば、トマス・アクィナスの膨大な『神学大全』は、そうした組織神学で、かつて書かれた最大の神学書のひとつと広く考えられている。

　これらのどちらの場合にも、もうひとつの知的学問を「神学の召し使い」として用いることは、好機と危険を同程度に提供するものであった。その好機と危険がどのようなものであったかを理解しておくことは、明らかに重要である。もうひとつの別の学問を批判的に適用することによって神学に与えられる二つのおもな好機は、次のように要約される。

1　これは、それ以外に可能であったものよりもずっと厳密に諸概念を研究することを可能にする。キリスト教神学が自己の概念を展開しようとして出会う問題と類似した問題が、しばしばほかの学問にもある。たとえば、トマス・アクィナスはアリストテレス哲学の「不動の動者」の概念を、神の存在を擁護する根拠を示す際に有用と考えた。
2　キリスト教神学がほかの世界観と対話することを可能にした――この対話は、キリスト教が世俗社会で行う証言のひとつの主要な要素である。2世紀の殉教者ユスティノスは明らかに、多くのプラトン哲学者が、プラトン哲学とキリスト教との類似

に深い感銘を受けて改宗を考えるだろうと信じていた。同様に、パウロは「アレオパゴスの説教」（使徒言行録17：22-31）で、アテネの文化にキリスト教の使信を伝えようとして、ストア派の哲学で言われているいくつかの事柄に訴えている。

けれども、こうした関わりのこれらの積極的な側面と並んで、明らかな危険も示しておくべきである。──キリスト教特有の考えではない考えが、キリスト教神学で非常に重要な（ときには規範となる）役割を果たすようになる危険である。たとえば、論理的推論の正しい方法に関するアリストテレス哲学の考えや、あらゆる知的学問の正しい出発点についてのデカルトの考えが、キリスト教神学に入り込んでいるかもしれない。ときには、これは結局、良くも悪くもない発展となるかもしれない。しかし、本来のキリスト教の完全性を損ない、究極的にキリスト教を歪曲するような否定的な意味合いを持つことが分かる場合もある。ドイツの偉大な宗教改革家マルティン・ルターは、中世の神学は中世のアリストテレス哲学の概念を過度に、ときには無批判に受け入れすぎたために、そのような歪曲が多数起こることを許してしまったと論じている。

　これらの懸念にもかかわらず、この取り組みは広く用いられ続けている。19世紀、多くのドイツ神学者はG・W・F・ヘーゲルやイマヌエル・カントを有益な対話相手と考えた。20世紀には、ルドルフ・ブルトマンとパウル・ティリッヒのふたりとも、実存主義との対話は神学的に実り多いものと考えた。

神学とは何か

　最後に、キリスト教界で信仰の組織的研究を指していつも使われる「神学」という語の意味を考えてもよいだろう。「神学」とは何

か？　なぜ人々は「神学」をするのか？　「神学」（theology）という語は容易にギリシア語の二つの語 theos（神）と logos（言葉）に分解できる。生物学（biology）が生命（ギリシア語 bios）についての論述であることと同様である。もし、唯一の神が存在し、その神がたまたま（２世紀の著者テルトゥリアヌスの言葉を借りて言えば）「キリスト教の神」であるならば、神学の性質と範囲は比較的よく定められるであろう。つまり神学とは、キリスト教徒が礼拝し賛美する神についての深い考察であるということになる。

　神学はこのように、神の性質や目的や活動についての組織的分析と理解される。その中心には、それが、人間とは異なった神的な存在についてどれほど不十分であろうとも語ろうとする試みであるという信念がある。「神学」はもともと「神についての教義」を意味したが、この語は、12、13世紀にパリ大学が発展し始めるに従って、微妙に新しい意味合いを帯びてくる。大学レベルでのキリスト教信仰の組織的研究を指す名称を見つける必要ができた。ペトルス・アベラルドゥスやジルベール・デ・ラ・ポレーのようなパリの著者の影響で、ラテン語の theologia が、神についての教義だけではなく、キリスト教教義の全体を含む「聖なる学問分野」を指すようになった。

　「神学」という語は聖書にはないが、少なくともいくらかのキリスト教信仰の側面を指すのに、初期教父時代にしばしば用いられるようになった。たとえば、アレクサンドリアのクレメンスは２世紀後期に書いているが、キリスト教の「神学」（theologia）を異教の著者の「神話」（mythologia）と対比させ、明らかに「神学」を「神に関するキリスト教の真理の主張」と理解し、異教神話の怪しげな話と比較しうるものと考えている。教父時代のほかの著者、たとえば、カイサリアのエウセビオスはこの語を「キリスト教の神理解」というような意味で用いている。けれども、この語は、キリスト教思想

第5章　キリスト教の信仰内容の背景

の全体についてではなく、直接、神に関する面だけに関して用いられている。

　おそらく、学問の一分野としての神学の歴史の中で最も重要な瞬間は、12世紀、西ヨーロッパでの数々の大学の創立であろう。中世の大学——たとえば、パリ大学、ボローニャ大学、オックスフォード大学など——には通常、教養学、医学、法学、神学の四つの学部があった。教養学部は初級レベルと見なされ、三つの「上級学部」でなされているより進んだ学問に進むために必要なことを学生に身につけさせるためのものであった。この一般的な型は16世紀まで続き、当時の指導的神学者ふたりの経歴にも見て取れる。マルティン・ルターはもともとエアフルト大学の教養学部で学び、その後、上級の神学部に進んで学んだ。ジャン・カルヴァンはパリ大学で大学生活を始め、オルレアン大学に進学して法学を学んだ。このような展開の結果、神学は、ヨーロッパの高等教育の重要な構成要素となった。西ヨーロッパでますます多くの大学が創設されるに従って、学問的神学研究がますます広がっていった。

　もともと西ヨーロッパにおけるキリスト教の勉強は、司教座大聖堂や修道院に付属する学校に限られた。神学は一般に、理論的な問題というよりむしろ、たとえば祈りや霊性に関する実践的問題と考えられていた。けれども、諸大学の創設とともに、キリスト教信仰の学問的研究が修道院や聖堂から公共の領域に出ていった。「神学」という言葉は、13世紀のパリ大学で、単に神についての信仰だけではなく、キリスト教の信仰内容一般についての組織的な議論を指すように広範に用いられるようになった。この意味でのこの語の用法は、限られた範囲では、それ以前の著書にも見られ、ペトルス・アベラルドゥスなどもこの意味で用いている。けれども、この語を一般に用いられる語として確立した決定的に重要な書は13世紀に現れた——トマス・アクィナスの『神学大全』である。神学は、

全面的にではないが、ますます実践的というよりむしろ理論的な学問と見なされるようになった。アレクサンデル・ハレシウスなど13世紀初期の神学者たちは、神学の実践的な側面を軽視するような含みを懸念した。けれども、トマス・アクィナスの「神学とは思索的・理論的学問である」という主張が徐々に神学者の間で好まれるようになった。このことは、多くの中世神秘主義思想家に危機感を与えた。たとえば、トマス・ア・ケンピスは、これは神に従うよりも神について思索することを助長すると感じた。宗教改革の時代には、マルティン・ルターのような著者は、神学の実践的な側面を再発見しようとした。1559年にカルヴァンが創設したジュネーヴ・アカデミーはもともと、牧会者に神学教育を施すためのものだったが、教会の牧会上の実際的な必要に合わせて方向づけられていた。このように、キリスト教の牧会的問題に関わるものとして神学を扱う伝統は、プロテスタントの多数の神学校や大学で続くことになる。けれども、大学界で活動する後代のプロテスタント著述家の多くは、たとえ神学が霊性や倫理的な分野ではっきりとした実際的な影響を持つと明言しているとしても、一般的に神学を理論的学問と理解する中世の見方に戻っている。

　神学の古典的な時代には、神学の主題は一般に「使徒信条」や「ニカイア信条」に沿って組織され、最初に神についての教義が来て、終末論で終わっていた。古典的な神学の組織化のモデルは多くの著書に見出される。西洋の神学で最初の重要な教科書は、12世紀、おそらく1155-58年にパリ大学で編纂されたペトルス・ロンバルドゥスの『命題集』である。本質的にこの本は教父一般からの引用（命題）の集成で、ことにアウグスティヌスからの引用が多い。これらの引用はテーマ別に配列されていた。4巻のうち第1巻は三位一体を論じ、第2巻は創造と罪、第3巻は受肉とキリスト教生活、そして最後の第4巻は秘蹟と終末のことについて論じている。これ

らの引用文に注釈を加えることが、トマス・アクィナス、ボナヴェントゥーラ、ドゥンス・スコトゥスら中世の神学者が行う標準的な作業となった。トマス・アクィナスの『神学大全』はその1世紀後のものだが、ペトルス・ロンバルドゥスと似た方法をとり、キリスト教神学の全体を三部に分けて概観している。ただし、違いとして、アクィナスは、哲学的問題（特にアリストテレスによって提起された問題）と、教父たちの間で異なった意見を調和させることにより大きな重点を置いている。

　宗教改革の時代に、二つの異なるモデルが出された。ルターの側では、フィリップ・メランヒトンが1521年に『神学綱要』*Loci Communes* を出した。この本は、キリスト教神学のおもな諸相をテーマ別に配列して概観している。ジャン・カルヴァンの『キリスト教綱要』は、プロテスタント神学で最も強い影響力を持つ書物と広く考えられている。この著書は初版が1536年に出て、1559年に確定版が出版された。4巻にまとめられ、第1巻が神についての教義、第2巻が神と人間の仲介者としてのキリスト、第3巻は贖いの充当、そして最後の書は教会生活を扱っている。同様の路線で書かれた組織神学の書でさらに重要なものに、カール・バルトの大著『教会教義学』がある。

　キリスト教信仰の源泉と基準の問題のいくつかを考えたので、次章では、信仰の基本的なテーマを見ることができるであろう。

第6章　キリスト教信仰の核──概要

　宗教でも哲学でも世界観でも、その概念を考えることなしに学ぶことは決してできない。キリスト教でも、それに代わる世俗的な宗教でも──仏教からイスラム教まで、そして、マルクス主義からフロイトの精神分析理論に至るまで、その運動を理解できるかどうかは、その基本原理を理解できるかどうかにかかっている。すでに見たように、キリスト教神学は、ひとつのレベルでは、キリスト教信仰の行為や内容やその及ぼしうる影響についての知的考察と考えることもできる。キリスト教の伝統では長年、この「知的鍛錬」は、霊的成長の過程の一部と考えられてきた。信仰において成長するとは、その概念をより深く理解することであり、それらの概念が自分の生き方により大きな影響を与えるようにすることである。

　キリスト教は、霊的成長はただ、その信仰内容をより深く知るという形をとるだけだという考えに常に抗してきた。この点は絶えず、トマス・ア・ケンピス（1380頃-1471）などの霊的な著述家たちに繰り返されている。彼の著名な霊性の本『キリストにならいて』でケンピスは、キリスト教信仰への非常に実践的な取り組みを提示し、知的空想の飛翔を楽しむよりもむしろキリストに従うことが必要なことを強調している。彼は、三位一体についての思索を例として取り上げて、読者にそのような思索を避けるようにと強く説いている。

　　もし、あなたたちが三位一体について高尚な議論をしたとしても、謙遜を欠いて三位一体の不興を買うならば、あなたたちにとって何の益があろうか？　神に対してあなたたちを正しい

者、聖なる者、いとしい者とするのは、高尚な言葉ではなく、有徳な生き方である。私なら、悔い改めについて定義できるよりも、悔い改めを経験するほうがずっといい。もし、あなたが聖書を全部暗記して、哲学者たちがなした定義もすべて覚えていたとしても、恩寵と愛がなければ何になろう？「なんという空しさ、なんという空しさ、すべては空しい」（コヘレト1：2）――つまり、神を愛し、神だけに仕えるのでなければ、すべては空しいのだ。

　ケンピスが、キリスト教信仰についての知識には限られた価値しかないと強調していることは重要である。この種の知識は必ずしも良いものとは限らない。神から気を逸らし、人を傲慢にする誘惑にもなりうる。

　しかしそれでも、ほとんどの霊的著者は、キリスト教信仰についての深められた知識は、それと密接に結びついて、その真価のより深い理解を伴い、生活のあらゆるレベルにおいてさらに深い影響を与えることにつながりうるし、実際につながるべきだと考えている。その良い例はトマス・マートン（1915-68）に見られる。彼はトラピスト修道院の修道士で、現代西洋の霊性に決定的な影響を与えた。マートンは、キリスト教信仰について知ること（神学）と神を愛すること（観想）の間には深いつながりがあり、両者のつながりに気づき認めることが、そのどちらのためにも必要なのだと主張した。

> 　観想は、神学と対立するどころか、実際、神学の正常な完成である。われわれは、神によって啓示された真理についての知的研究と、その真理の観想的な経験とを、これらが互いにまったく無関係であるかのように分離してはならない。正反対に、これらは、同一のものの二つの側面にすぎない。……これらが

第6章 キリスト教信仰の核──概要

結びついていなければ、神学には熱も生命も霊的価値もなく、また観想生活には何も内実や意味や確かな方向づけがなくなる。

マートンはこのように、この二つの分野を結びつけ、これらを人為的に分離することが両方を貧しいものにすると示している。

この章に書くことは、キリスト教信仰の要約と考えてよいだろう。包括的にではなく、むしろキリスト教信仰の中核的信仰内容と、それと関連したいくつかの論争を示そうと思う。たとえば、教会の性質について、キリスト教の中でも重要な意見の相違がある。教会は信徒と非信徒とからなる「混合体」だと考える人たちもいる。また、信徒だけからなる「純粋な一体」と考える人たちもいる。そのほかにも、例は容易に挙げることができる。こうした異なる見方はどこから来たのだろうか？　それらの長所は何か？　どのような影響を及ぼす意味を持っているのか？　キリスト教徒の生活にどのような違いをもたらすのだろうか？

キリスト教の教義を学ぶ重要な点は、なぜキリスト教の教会が、一見複雑で、多少ありえなさそうなことを信仰するようになったのかを理解しようとすることにある。いったいなぜキリスト教徒は、イエス・キリストが「真に神にして真に人である」と信じるのか？　「イエス・キリストは真に人間である」と言うほうがずっと簡単ではないか？　あるいは、もうひとつの馴染みの例をとれば、なぜ神が三位一体──「ひとりの神、三つの位格」だなどと信じたがる人がいるのか？　これでは、ただ「神を信じる」のよりずっと複雑に見えるのに？

キリスト教信仰についてもっと詳しく見たいと考える理由は多々ある。キリスト教徒でない人たちは、キリスト教徒が信じていることが何か、なぜ信じているのかに興味があるだろう。神学は、キリスト教の信仰を説明し、なぜキリスト教徒が重要ないくつかの点で

異なる意見を持っているのかを解明する。少なくとも、キリスト教神学の基本的な理解は、西洋の文化史や文学や芸術を学ぶ上で計り知れないほど貴重であろう。

一方、キリスト教徒にとっても、自分たちの宗教の核となる信仰内容についての要約はありがたいかもしれない。そうした信仰の核についての考察は、自分を豊かにし、自分たちの信仰をより深く把握することにつながるであろう。偉大なキリスト教神学者であるヒッポのアウグスティヌスは、神と格闘することにはわくわくするような知的な刺激があると考えた。彼は「精神の渇望」と言うが、神の性質や神のやり方をよりよく理解したいと思う憧れの気持ちが人の生き方を変容させる影響を持つと彼は語っている。ほかのキリスト教著述家の中には、神学の実践的な重要性を強調し、神学が教会での牧会に欠かせないと指摘する人たちもいる。説教も霊性も牧会も神学に基づいていると論じる人は多い。この「神について考える」ことは多くのレベルでなされている──教会での勉強会で、聖書研究会で、説教を通して、また大学の演習で、などである。

それでは、どこから始めようか？ 概観するべき題材をどのような順序で見てゆこうか？ 以下では、信条に基づいた伝統的なキリスト教信仰の提示順序に従ってゆこう。驚くまでもないが、それは、キリスト教の神理解を考えることから始めるということである。

神

神はキリスト教神学の中心に存在する。けれども、それはどの神だろうか？ その神はどのようなものだろうか？ 明らかにこの「神」という短い語は膨大な注を要する。自分たちの神が何であるかについてイスラエルの民がなした考察は──「イスラエルの主なる神」という言い方で表現されるが、多神教を背景にしている。そ

第6章　キリスト教信仰の核——概要

の地方の民族はそれぞれ自分たちの神を持っていた。各々、異なる機能や影響範囲を持つ多くの神々を認めて、高度に発達した神話的な多神教の体系（パンテオン）を持つ民族も多かった。だから、ただ「神」と語るだけでは、ことに特別な情報にもならなかった。ただそう言うだけでは、「それらの神々のうち、どの神のことを言っているのか？」が問われた。キリスト教神学のひとつの課題は、キリスト教が信じる神とは何かをはっきりと識別することであった。

この識別の過程は、旧約と新約の両方の聖書に見ることができる。旧約聖書の預言者たちは、イスラエルの民は、自分たちをエジプトから導き出し、約束の地に導いてくれた神を知り、礼拝していると考えていた。新約聖書では、この考えが取り上げられ、さらに発展させられている。キリスト教徒は、アブラハムと同じ神を信じている。しかし、この神は、イエス・キリストにおいて最終的に完全に啓示されている。たとえばパウロは、「主イエス・キリストの父である神」（Ⅱコリント１：３）と言っている。

新約聖書を通して私たちが出会う基本的な考えは、キリスト教徒たちはイスラエルの民と同じ神を礼拝し、知っているという考えである。それにもかかわらず、キリスト教徒は、この神がキリストにおいて最高度に最終的に啓示されたと考えている。そこで、たとえばヘブライの信徒への手紙は冒頭で、かつて預言者たちによって「多くのかたちで、また多くのしかたで」イスラエルに語った神が、今や「み子によってわたしたちに語った」、そして、このみ子は「神の本質の完全な現れ」であると宣言している（ヘブライ１：１－３）。この点は非常に重要であり、キリスト教の神理解がどのようにキリストという人物と結びついているかを例証している。キリストを知ることは、神を知ることである。あるいは、ある２世紀のキリスト教著述家が書いているように、「私たちは神を考えるようにイエスを考えることを学ばなければならない」（クレメンスの手紙一

1：1）。

　それでは、キリスト教徒たちはこの神について何を信じているのだろうか？　使徒信条の冒頭の言葉は、それを考える良い出発点になるだろう。キリスト教徒は、「天地の造り主、全能の父なる神」を信じている。この創造という非常に豊かで力強いテーマについてはこの章で後ほど考えるので、まず最初に「全能の父なる神」という概念を見ることにしよう。この概念は二つの部分に分けることができ、その各々が実際は１章費やすに値する。けれども、紙面の都合上、どちらも簡潔に見てゆかなければならないので、最初に、神を「父」と呼ぶことの意味を考えることにしよう。

父なる神
　聖書の神の描写で最も目立つ興味深いことは、広範な表象が用いられていることである。神は、羊飼いや、王や、岩や、父にたとえられる。神を「父」と呼ぶことの意味を考え始める前に、神学で比喩を用いることの一般的な問題を見ておくことが役に立つであろう。
　聖書は神を語るのに多くの類推的比喩表現を用いている。神学で比喩を用いることから起こるいくつかの問題を考えるために、聖書の中でも最もよく知られた箇所のひとつ、「主は羊飼い」（詩編23：1）という一節を見てみよう。神を羊飼いにたとえるこの表象は、旧約聖書でしばしば見かける（たとえば、詩編80：2、イザヤ40：11、エゼキエル34：12）。さらにこれは新約聖書では、イエスについて言及する際に用いられ、イエスは「良い羊飼い」（ヨハネ10：11）と言われている。
　「羊飼いなる神」を語ることは、「神は羊飼いに似ている」と言うことである。つまり、羊飼いのイメージは神の性質を考える助けになり、神の性質についての洞察を与えてくれるということである。これは、神が人間の羊飼いと同一であるという意味ではない。むし

ろ、人間の羊飼いのいくつかの側面が、神についてより効果的に考える助けとなるという意味である。

けれども、人間の比喩のすべての面を神に当てはめてもよいのだろうか？　どのような比喩でも、どこかの点で行き詰まる。この比喩はどの程度まで信頼できるのだろうか？　この問題を考えるために、羊飼いに当てはまるいくつかの点をざっと一覧にしてみることができるだろう。

1　羊飼いは羊の世話をする。
2　羊飼いは危険から自分の羊を守る。
3　羊飼いは自分の羊を食べ物と水に導く。
4　羊飼いは人間である。

すぐに明らかに分かるが、この類比の最初の三つの面は、私たちが考える神にもよく当てはまる。神は、世話をし、守り、導く。これらの点のすべてにおいて、羊飼いの比喩は有効であり、神の性質を例証する。

けれども、羊飼いは結局、人間である。類比のこの点は当てはまるだろうか？　実に明らかなことに、私たちは神を人間と考えるべきではないだろう。神は人間ではないのだが、人間のある特定の集団の振る舞いが、確かに、神の性質をよりよく理解するのに役立つということなのである。だから、人間という面はこの類比ではあまり強調すべきではない。

神学での一般的な類推的比喩の用法を見たところで、信条にある、神を父にたとえるあの類比に向かおう。このように神を語ることにはどのような意味があるのだろうか？　父なる神という表象はキリスト教信仰に深く根づいているが、その大きな理由のひとつは、キリストが弟子に教えた祈りである。それは今、「主の祈り」として

知られているが、欧米の人なら誰でも知っている「天にまします我らの父よ」という言葉で始まっている。もしイエス・キリストがこのように神を父と呼ぶのならば、これはキリスト教信仰にとって明らかに非常に重要なことである。けれども、私たちはこの表象をどのように理解したらよいのだろうか？

　繰り返すが、私たちは類比を用いている。では、この類比が伝えているのはどのような概念なのだろうか？　次のような概念が心に浮かぶのだが、それを簡潔に考えてみよう。

1　父親は人間である。
2　父親は自分の子どもを存在させる。
3　父親は自分の子どもの世話をする。
4　父親は男性である。

　これらのうち最初の特色は明らかに、私たちの考える神の概念には持ち込むべきではない。羊飼いの類比の場合に見たように、これは、被造世界から採ってきた言語を用いて創造主を表そうとすることの不可避の結果である。

　第2は、明らかに重要である。神は私たちの造り主である。神なしには、私たちは今、存在していないだろう。旧約聖書も新約聖書も、初めから終わりまで、私たちが神に完全に依存することを強調している。疑いもなく、父なる神という類比は、世話の概念も伝えている。旧約聖書は特に、神とその民の関係を父親とその若い息子の関係にたとえている。息子がまだ幼いときには、息子はすべてのことにおいて父親に全面的に依存し、両者の関係は非常に近い。けれども、息子が育つにつれ、彼は徐々に自立して、いろいろなことを行うようになり、父親から離れてゆき、両者の関係は離れてゆく。預言者ホセアは、イスラエルが自分を存在させてくれた神と事実上

第6章　キリスト教信仰の核──概要

他人のようになってしまったことを次のように描いて表している。

> まだ幼かったイスラエルをわたしは愛した。エジプトから彼を呼び出し、わが子とした。わたしが彼らを呼び出したのに、彼らはわたしから去って行き、バアルに犠牲をささげ、偶像に香をたいた。エフライムの腕を支えて、歩くことを教えたのは、わたしだ。しかし、わたしが彼らをいやしたことを、彼らは知らなかった。わたしは人間の綱、愛のきずなで彼らを導いた。
>
> （ホセア11：1-4）

　イエス・キリストが山上の説教（マタイ7：9-11）で指摘したように、人間の父でさえ、自分の子どもたちには良いものを与えたいと望む。それならば、私たちの天の父なる神は、どれほどそれにもまして良いものを祈り求める者たちに与えたいと望まないだろうか？

　最も多くの論争を生んできたのは、この類比の第4の側面であり、これについてはさらに論じることが必要である。旧約聖書も新約聖書も、神を男性形の言葉で表している。ギリシア語で「神」に当たる語 theos は、疑いもなく男性形であり、聖書で用いられている神を表す類比──父、羊飼い、王などのほとんどが男性である。これは、神が男性だという意味だろうか？

　けれども、大切なことだが、聖書は、人間に対する神の愛を表すのに女性のイメージも使っている。母親が決して自分の子どもを忘れたり、子どもに敵対したりしないように、神も自分の民を忘れたり、彼らに敵対したりすることはない（イザヤ49：15）。神とその子どもたちとの間には自然の愛情と思いやりがある。それはただ、神が彼らを存在させたからというそれだけの理由による。神は、私たちが神を愛するずっと以前から私たちを愛していた（Ⅰヨハネ4：

10、19)。詩編51編3節には、神の「深い憐れみ」が語られている。興味深いことだが、ヘブライ語で「憐れみ」を表す語 *rachmin* は、*rechmen*「子宮」という語から派生している。神が自分の民に対して持っている憐れみは、子を思う母の憐れみの気持ちなのだ（イザヤ66：12-13参照）。憐れみは子宮から生じるのである。

では、神は男性なのか？　神を「父」と呼ぶことは、キリスト教が男性神を信じているという意味なのだろうか？　すでに見たように、神学的言語は類比的性質を持っている。個々の人々や社会的役割が、大部分は古代近東の田舎の世界から取り出されて、神の行いや性質を表すモデルにされる。そのような類比のひとつが羊飼いであった。もうひとつが父親の類比なのである。

けれども、「古代イスラエル社会の父親は、神を表すのにふさわしい類比である」と言うことは、「神は男性である」というのと等しくはない。神を父と言うことは、古代イスラエルでの父親の役割が私たちに神の性質についての洞察を与えてくれるということである。神が実際に男性の人間だと言うことではない。けれども、旧約聖書は明確にしているが、母親もまた、イスラエルに対する神の愛の諸相を表す類比である。母親よりも父親の役割類型のほうが確かにずっと多いが、明らかに聖書で神を表す類比では、父親と母親両方が役割を果たしている。

ここで十分理解しておくべき重要な点は、男性と女性のどちらの性別も神には帰すことができないということである。なぜなら、性別は被造界の生物の属性であり、創造主である神の中のそのような両極性に直接対応するものだと考えることはできない。実際、旧約聖書は、神に性的な機能を帰することを完全に避けている。そうした連想が異教的な含みを持つからである。カナン地方の豊穣祭儀は、男性神と女性神の両方の性的機能を強調した。それに対し、旧約聖書は、社会的にしろ生物学的にしろ、神の性別が重要であるという

考えを退けたのである。

　神を「羊飼い」や「父」と語ることは、キリスト教神を考えるときのもうひとつの重要なテーマである人格神の概念につながる。

人格神

　時代を通じて神学者もふつうのキリスト教信徒も、躊躇なく神を人格的なものとして語ってきた。たとえば、キリスト教は神に、愛、信頼性、目的など、非常に人格的な連想を感じさせる一連の属性を帰してきた。多くの著者は、キリスト教の祈りの習慣は子どもと親の関係をモデルにしているようだと指摘している。祈りは、恵みに満ちた関係を表しており、その関係とは、「その人の私たちに対する態度から信頼できると分かっている人に対する信頼にほかならない」（ジョン・オーマン）。同様に、キリストが人間にもたらす変化を表すパウロのおもなイメージ──和解のイメージは、人間の人格的な関係をモデルにしている。これは、信仰によって神と罪深い人間の関係にもたらされた変化が、疎外関係にあった夫と妻のようなふたりの人間の和解と似ていると暗示している。

　初期のキリスト教の著述家にとって「人格」とは、言葉や行いに表れる人間の個性の表現であった。とりわけ、これは、社会的関係の概念であることが強調された。「個性」は社会的関係の含みを持たないが、「人格」とは、個人が関係性の網の中で果たし、ほかの人がその人の特徴を見分ける特徴となる役割に関係するものであった。「人格神」という概念によって表現されるのは基本的に、私たちは神との関係において、私たちがほかの人間と結びうるような関係性と類似した関係性を持って生きてゆくことができるということなのである。

　「非人格的な神」と言えば、どのような感じがするか考えてみると分かりやすい。「非人格神」という言い方は、超然と離れて、人

間に対する関わり方も（もしその神が私たちと関わるならばだが）、人間ひとりひとりの個性などまったく考慮しない、一般的なやり方でしかない、そのような神を示唆する。愛などの人格的な関係概念は、神と私たちとの関係の相互的な性質を示唆している。この概念は人格神という考えには含まれているが、非人格的な神の性質の概念には含まれていないのである。「非人格的」という概念には非常に否定的な感じがあり、それが神の性質を考えるとき、キリスト教にも伝わっている。

　もうひとつ十分理解しておくことが重要なのは、人格的関係が、「愛」「信頼」「忠実さ」などという聖書のキーワードが意味を持つ枠組みを作っていることである。旧約聖書も新約聖書も、「神の愛」「神の信頼性」「神の信実」に関して述べる言葉であふれている。「愛」とは、まず第1に、人格関係で用いられる言葉である。さらに、聖書の大きなテーマである約束と成就も、究極的には人格関係に基づく。神があるはっきりとしたひとつのこと（たとえば、永遠の命と赦しなど）をある一定の個人に約束するということだからである。特に旧約聖書を支配する偉大なテーマのひとつは、神と神の民との間の契約のテーマであり、この契約によって神と民とは互いに結びついている。「わたしは彼らの神となり、彼らはわたしの民となる」（エレミヤ31：33）と神は言う。この背景にある基本的な考えは、神が神の民に、神の民は自分たちの神に人格的に深く関わっているということである。

　「人格」ということの意味に関するある20世紀の哲学的分析もまた、人格神について語ることの意味を明らかにするのに役立つ。ユダヤ教の思想家マルティン・ブーバー（1878-1965）はその主著『我と汝』で、2種類の関係性を根本的に区別して見せた。すなわち、人格的な「私－あなた」の関係と、非人格的な「私－それ」の関係である。そこでまず、この基本的な違いを簡潔に見て、その神学的

第6章 キリスト教信仰の核——概要

な重要性を考えることにしよう。

- 「私－それ」関係。ブーバーは、主体と客体の関係がこの種類に入るとしている。たとえば、人間と鉛筆の関係である。人間は能動的であり、鉛筆は受動的である。この区別は、より哲学的な言語では「主体－客体関係」と言われ、能動的主体（この場合なら人間）が非能動的客体（この場合なら鉛筆）に関係する。ブーバーによれば、主体が「私」として働き、客体が「それ」として作用する。人間と鉛筆の関係は、このように「私－それ」の関係で表現できる。
- 「私－あなた」関係。この点がブーバー哲学の中心である。「私－あなた」関係は、二つの能動的な主体——二つの人格の間に存在する。両者を結びつけているのは、何か相互的・互恵的なものである。この考えが、ブーバーの「私－あなた」関係の中心にある。

それでは、ブーバーの哲学はどのように、人格としての神という概念を理解したり探求したりするのに役立つだろうか？ 多くの重要な概念が表れてくるが、そのすべてが重要で有益な形で神学的に応用できる。さらに、ブーバー自身が先駆けていくらか神学的応用を行っている。『我と汝』の最終章で彼は、神（あるいは、彼の好む表現を用いれば「絶対的な汝」）について考え語る際に、彼の見方が持つ意味を考察している。

第1に、ブーバーの見方は、神がひとつの概念や何かこぎれいな概念的定式には還元できないということを断言する。ブーバーによれば、そのように扱えるのは「それ」だけである。ブーバーにとって神は、「本性上、決して〈それ〉にはなりえない〈あなた〉である。つまり、神は、あらゆる客体化の試みを逃れ、あらゆる表現を

超越する存在なのである」。神学は、神の臨在を認め、それと取り組むことを学ばなければならない。そうして、この臨在の中身をこぎれいに包装することなどできないことにも気づいていなければならない。

第2に、この見方は、啓示の概念について貴重な洞察を与えてくれる。キリスト教神学にとって神の啓示とは、単に神についての事実を知らせるだけのものではない。神の自己啓示なのだ。神についての概念の啓示は、人格としての神の啓示で補われなければならない。神の臨在が、内容と同じほどに重要なのである。このことの意味は、啓示が「それ」と「あなた」の両方を含むと言うと理解できるであろう。私たちは、神についての事柄を知るようになる。けれどもまた、神を知るようにもなるのである。同様に、「神についての知識」は、「それ」としての神についての知識と、「あなた」としての神についての知識の両方を含む。「神を知る」ということは、決して単に神についてのデータの集成ではない。人格的関係なのである。

第3に、ブーバーの「対話的人格主義」もまた、神を対象物と見る考え方を避ける。そうした考えは、おそらく19世紀の自由主義プロテスタント神学の一部の最も弱く、また最も激しく批判された側面であった。19世紀の典型的な非包括的表現「男の（man's）神探求」は、この見方の基本的前提を要約している。すなわち、神は受動的な対象物、「それ」であり、（男性）神学者によって発見されるのを待っている。そして、神学者たちのほうが能動的主体と見られているのである。弁証主義学派の思想家たちは、神は能動的主体である「あなた」として見られなくてはならないと論じた。その代表的な例がエーミル・ブルンナーの『出会いとしての真理』である。そのような主体として神は自己を啓示し、進んで歴史の中で人間の形をとって、つまりイエス・キリストにおいて自らを知らしめるこ

とによって、人間から主導権を取り上げることができたのである。神学はこのようにして、人間の神探求ではなく、神の自己開示に対する人間の応答となるだろう。

全能の神

　使徒信条は次に、神の「全能」を語る。このように神が「全能」だと言うとき、それはどういう意味であろうか？　一見して、これは聞くまでもないことのように見える。「全能」という語の意味は、日常語では完全に明白で、「何でもできる」ということである。そして、神が実際に全能と信じていることは、ただ、神は何でもできると言うことなのだ。これでこの話は終わりに見える。これ以上何を言うことがあろうか？

　しかし、神学の務めのひとつは、言語を批判的に用いるように促すことである――私たちが神について話すとき、私たちは実際にどういう意味のことを言っているのかということを私たちに考えさせることである。これは本当にそれほど簡単なことだろうか？　「全能」という言葉は、神について言われるときには、人間について言われるときと微妙な違いがあるのではないか？　このことを掘り下げてみるために、次のような簡単な命題を考えてみよう。

　　　　神は全能であるということは、神が何でもできるという意味である。

　最初、この定義は単純明快に見える。けれども、すぐにいくつかの困難に突き当たる。次のような問いを考えてみよう。神は四つの辺を持つ三角形を描けるだろうか？　さほど考えるまでもなく、「描けない」と答えなければならないと分かるであろう。三角の辺は三つである。四つの辺で描くなら、三角形でなくて、四角形を描

くことになる。

　けれども、さらに考えてみると、この問いは、必ずしもキリスト教の神理解にとって問題となるとは言えない。四つの辺の三角形は存在しないし、存在しえない。神がそのような三角形を作ることができないのは深刻な問題ではない。ただ私たちは、先の単純な命題をもっと複雑に言い直す必要がある。「神は全能である、ということは、神は論理的矛盾のないことはすべてできる、という意味である」。あるいは、トマス・アクィナスが言ったように、神はそのようなことができないというのではなく、単にそのようなことはありえないということなのだと言ってもよい。

　けれども、神学はそのような論理的謎解きよりももっと大切なことに関わっている。本当の問題は、神の性質そのものに関わる。この重要な問題に取り組む手始めに、オッカムのウィリアムなどの中世の哲学者を悩ませた問いを考えよう。

　　　　　神は、神を愛する人に、神を憎ませることができるか？

　一見して、この問いは少し奇妙に見える。なぜ神が自分に対する誰かの愛を憎しみに変えるなどということがありえるだろうか？けれども、少しよく考えてみると、この問いは意味をなしてくる。ひとつのレベルでは問題は何もない。「神が全能であるということは、神は論理的矛盾のないことはすべてできるという意味である」。ここには何もそのような論理的矛盾はない。神には、誰かの愛を憎しみに変える能力があるに違いない。けれども、明らかに神の性質に関わるもっと深い問題がある。神がこのようなことを望むなど、私たちは想像できるだろうか？

　この重要な点をより明らかにするために、もうひとつ質問しよう。神は約束を破れるだろうか？　約束を破るということには何も論理

的矛盾はない。常に起こっていることである。嘆かわしいことではあるが、理論的には問題はない。もし神が論理的に矛盾のないことなら何でもできるなら、神は確かに約束を破ることができる。

けれども、キリスト教徒にとっては、このような示唆はとんでもないことである。私たちが知り、愛している神は、約束したことに誠実であり続ける神である。もし神を信用できないなら、いったい誰のことを信用できるのか？　神が約束を破るかもしれないという示唆は、神の性質の決定的に重要な側面と矛盾する──つまり、神の誠実さと真実である。旧約聖書と新約聖書に共通する偉大なテーマは、神の完全な信頼性と確実性である。人間は裏切るかもしれない。けれども、神は常に誠実である。聖書に次のような言葉がある。

> あなたは知らねばならない。あなたの神、主が神であり、信頼すべき神であることを。この方は、御自分を愛し、その戒めを守る者には千代にわたって契約を守り、慈しみを注がれる。
>
> （申命記7：9）
>
> 主は、すべての約束を忠実に果たされる。　　（詩編145：13）

ここでの要点は、力と信頼の緊張である。全能の詐欺師は、信頼できない約束をすることができる。けれども、キリスト教信仰の最も大きな洞察は、私たちの知っている神は、しようとすればどのようなことでもできる──しかし、神は私たちを贖うことを選んだのだ、ということである。神はイスラエルの民と契約を結ぶ必要はなかった。しかし、神はそうすることを選んだ。そして、契約を交わしたからには、その約束に忠実であり続けるのである。ここには、神が自己限定をするという重要な考え方があることが分かる──神が自由に何らかのやり方で振る舞うことを選び、選んだからには、神としての行為に限界を定めるという考えである。神を責めて、そ

の行為が勝手や気まぐれだと言うことはできない。それどころか、神の行為は信頼でき、確実である。

　そこで、私たちは最初の問いに戻る。神は「何でも」できるのか？　常識的な答えは単純明快であろう。もし神が全能なら、神は何でもできる力があるに違いない。けれども、キリスト教神学は、神の全能は神の性質——つまり、約束が信頼できる正義と誠実の神という神の性質の文脈の中に置いて見なければならないと主張している。

三位一体の教義

　多くの人々にとって、三位一体の教義は、キリスト教神学の中でも最も難しい分野のひとつであろう。神を「三つの位格」と考えるなど、どうしてできるのだろうか？　きっとこれは単に神学者たちが自分たちの学問を外部の者たちの手の届かないものにしようとしているだけだと疑う者も多い。第３代アメリカ合衆国大統領トマス・ジェファーソンはこれを酷評して、「三位一体などという不可解でわけの分からない算術法」と言った。なぜ神をこのような難解な当惑させるようなやり方で語る必要があるのだろうか？

　この教義を理解する最も良い方法は、これが、神の言葉や業に関する聖書の証言との持続的な取り組みから出た、神について考える不可避の合法的なやり方だろうと示唆することである。三位一体の教義は、聖書に啓示された神の行為の様式についての長い批判的な考察の過程の結果、出てきたものと理解できる。ただし、そうは言っても、聖書に三位一体の教義が書かれているというわけではない。むしろ、聖書は、三位一体という形で理解されることを要求する神を証言しているということなのである。

　一見したところでは、三位一体の解釈を許す聖句は二つしかない。マタイによる福音書28章19節と、コリントの信徒への手紙二

第6章　キリスト教信仰の核——概要

13章13節である。マタイのほうは、弟子たちに、「父と子と聖霊の名によって」洗礼を授けるように命じている。コリントの信徒への手紙のほうは、馴染みの「祝福の祈り」の中で、「父と子と聖霊」を語っている。これらの聖書箇所はどちらも、キリスト教徒の意識の中に深く根づいている。最初の箇所は、その洗礼との連想によって、後者は、キリスト教の祈りや礼拝で通常使われる定式によってである。けれども、これらの二つの箇所は、両方いっしょにしても、個々にとっても、三位一体の教義を構成しているとは考えられない。

三位一体の教義の究極的な根拠は、これらの聖書箇所だけに求められるべきではない。むしろ、この教義の根拠は、新約聖書が証ししている神の行動の様式の中に見出される。父なる神は、キリストのうちに、聖霊を通して啓示される。新約聖書のさまざまな書で、父と子と聖霊の間にこの上なく緊密な関係がある。繰り返し新約聖書のさまざまな箇所が、これらの三つの要素をひとつの大きな全体に結びつけている。神の救いの臨在と力とは、これらの三つの要素をすべて含んでこそ表現できるように思われるだろう（たとえば、Ⅰコリント12：4－6、Ⅱコリント1：21-22、ガラテヤ2：13-14、エフェソ2：20-22、Ⅱテサロニケ2：13-14、テトス3：4－6、Ⅰペトロ1：2を見るとよい）。

三位一体の教義の発達は、キリスト教の発達と直接に結びついていると見るのが最もよい。教会は、キリストは神であると強く強調するようになればなるほど、キリストがどのように神と関係しているのかをはっきりさせることを迫られた。三位一体の教義の発展は三段階で起こり、本質的には４世紀の末までには完成した。

第１段階：イエス・キリストの完全な神性の認識。
第２段階：聖霊の完全な神性の認識。
第３段階：三位一体の教義の最終的な定式化。中心的洞察を組み込

第6章 キリスト教信仰の核──概要

み、明確化し、それらの相互関係を決定する。

三位一体の教義のこの順次的発展は、ナジアンゾスのグレゴリオスによって認められた。彼は、時が経つに従って神の啓示の神秘の明確化と理解が徐々に進む過程を示した。

三位一体についてのキリスト教の考察の出発点は、キリストにおいて、また、聖霊を通しての神の臨在や行為を証しする新約聖書の証言である。2世紀にリヨンのエイレナイオスは、救済の全過程は父と子と聖霊の働きを証言していると書いている。エイレナイオスは、将来、三位一体を論じる議論で非常に重要な役割を果たすことになるひとつの言葉を用いている──「救済の経綸」である。この「経綸」(economy) という語の用法は多少説明を要する。ギリシア語の単語 *oikonomia* は、基本的に「自分に関係する事柄を管理する仕方」(現代語の「経済」(economy) との関係は明らかである) を意味する。エイレナイオスの言う「救済の経綸」とは、「神が歴史の中で人間の救済を管理する仕方」のことである。

当時、エイレナイオスはグノーシス主義の批判を受け、それに答えるように迫られていた。グノーシス主義者は、創造主である神が救い主である神とまったく異なる(劣っている)と論じた。マルキオンは、旧約聖書の神は単に創造主であり、贖い主である新約聖書の神とはまったく異

三位一体を描く試みの最も有名な例のひとつ。──アンドレイ・ルブリョフのイコン(1411年)。アブラハムと3人の天使を描く。これは広く、三位一体のアナロジーと考えられている。モスクワ、トレチャコフ美術館蔵。AKG-Images.

第6章 キリスト教信仰の核——概要

なる、だから、キリスト教徒は旧約聖書を避け、新約聖書のみに注意を集中すべきであると論じた。エイレナイオスはこの考えを激しく退けている。彼は、救済の過程の全体は、創造の最初の瞬間から歴史の最後の瞬間まで、ひとりの同じ神の業であると主張した。救済の経綸はただひとつであり、創造主であり贖い主でもあるただひとりの神が創造を贖う働きをしている。

エイレナイオスは『使徒的宣教の証明』で、救済の経綸の中で父と子と聖霊のそれぞれが果たす別個の、しかし、相互に関連した役割を強調した。彼は次のように自分の信仰を確認し、断言している。

> 造られたのではない父なる神は、何にも含まれず、見えない、ひとりの神であり、宇宙の創造主である。これが、われわれの信仰の最初の項目である。……そして、神の言葉である神のみ子、われわれの主、イエス・キリストは、……時が満ちてすべてのものを自分のもとに集めるために、人間の間で、目に見え触れることのできる人間になった。死を滅ぼし、命をもたらし、神と人間の間に交わりを取り戻すために。そして、聖霊は……神の面前でこの世界全体を新たにするために、時が満ちて、われわれ人間の性質に新たなやり方で注ぎ込まれた。

この文は、それぞれの位格が救済の経綸のひとつの側面に責任を持つ神の概念を明確に打ち出している。あまり意味のない神学的思索どころか、三位一体の教義は、キリストにおける贖いという人間の複雑な経験に直接根拠を持ち、この経験を説明しようとしているものなのである。

ほとんどの人たちにとって三位一体は、視覚的に考えようとすると本当に難しい。そのような複雑で抽象的な概念をどのように理解したらよいのだろうか？　アイルランドの守護聖人である聖パト

リックは、三つ葉の草を用いて、1枚の葉が三つの異なる要素を持ちうるかを示して見せたと言い伝えられている。ニュッサのグレゴリオスは手紙で、三位一体の真実性を読者に理解させる助けとして一連の類推を用いている。それらは、

1　わき水、泉、水の流れとの類推。ひとつは、別のものから流れ出し、同じ実質——水を共有している。水の流れの異なる様相は区別できるが、分離することはできない。
2　鎖との類推。鎖は、多くの輪がつながっている。しかし、ひとつの輪につながっていることは、すべての輪につながっていることである。同様に、聖霊と出会う人は、父と子にも出会うのであるとグレゴリオスは論じている。
3　虹との類推。キリストは「光からの光」であるというニカイア信条の命題に従って、グレゴリオスは、虹はわれわれに太陽の光線の異なる色を識別させ、理解させてくれるという。光線はひとつだが、異なる色が継ぎ目なく互いに混ざり合っている。

　より最近では、現代アメリカ神学者ロバート・ジェンソンが、三位一体の定式はひとつの固有名詞と考えられる——私たちが語る神とは何かを正確に識別するための速記のようなものだと論じた。三位一体の教義は、キリスト教の神がイスラエルと教会に対してどのように振る舞ってきたのかを物語る物語のひとつの要約である。これは、どのように神が人間を創造し、贖ったかを物語り、それが最初から最後までひとつの同じ神であることを断言する。ジェンソンはこの見方を新しい有益な方向に展開し、三位一体の伝統的な教義を創造的に言い直している。彼は、「父と子と聖霊」は、キリスト教徒がイエス・キリストを通して知る神の固有名詞であると論じている。神はどうしても固有名詞を持たなければならない。つまり、

第6章 キリスト教信仰の核——概要

私たちが祈りで神に語りかけたり、礼拝で呼びかけたりするときに用いる名前が必要である。そこで、「父と子と聖霊」が、神を名指ししたり呼びかけたりするときに用いるように言われたひとつの固有名詞なのである。

「識別の言語学的手段——固有名詞、識別の描写、あるいは、その両者は、宗教に欠かせない。祈りも、ほかの要求や賛美と同様、誰かに向けて語られなければならない」。

ジェンソンはまた、古代イスラエルは多神教を背景にしていたことも指摘する。そこでは、「神」という語は、大した情報にはならなかった。この神を名指すことが必要だった。新約聖書の著者たちも同様の状況に直面しており、彼らは、自分たちの信仰の中心にいる神がいかなる神であるかを識別しなければならず、周辺地域、特に小アジアで礼拝され認められている多くのほかの神々からこの神を区別しなければならなかった。

三位一体の教義は、このように、キリスト教の神の実体を示し、名指す——しかし、その示し方や名指し方は聖書の証言と一貫している。これは、私たちが選んだ名ではなく、私たちのために選ばれた名であり、私たちは、それを用いる認可を与えられている。三位一体はこのように神学的正確さのための道具であり、議論されている神について明確に語ることを余儀なくさせる。キリスト教徒は、一般的な神を信じているのではなく、歴史における一連の行為において、そして、それらの行為を通して知られている非常に特別な神を信じているのである。

三位一体の教義は、現代キリスト教の礼拝と霊性と神学に大きな役割を果たしている。これは、啓示と救済の軌道を説明する。神はイエス・キリストを通して啓示され、その啓示が聖霊によって解釈される。神はイエス・キリストを通して人間を贖い、その救済が聖霊の働きを通して人間に適用される。これは、神についての知識と、

神との交わりへの道のひとつの説明である。キリスト教徒は、聖霊の力によって、キリストを通して、神と出会うことで救われると信じている。

ひとつのレベルでは、この教義は、神の圧倒的な巨大さを強調している。堕ちた、限界のある人間の頭脳では、神の全体性を包括的に理解するようになることはまったく不可能である。もうひとつのレベルでは、キリスト教の礼拝の意味を理解させ、その質を深めるための枠組みを与えてくれる。キリスト教徒は、父に向かって、み子を通して、聖霊において祈る。つまり、この軌跡は次のように識別されている。キリスト教徒の祈りの目標は神である。祈りが伝えられる媒体、あるいは手段は復活のキリストである。そして、これらの働きを鼓舞し引き起こすのは聖霊である。

過去には、キリスト教の神学者たちはおもに、三位一体を不可解なたわごとと考える合理的批判を反駁することに関わっていた。けれども、合理主義の影響は衰えつつあり、20世紀には、この教義への信頼が回復される大きな動きが見られた。その先駆けとなったのが、カール・バルトやカール・ラーナーの神学書である。しかし、合理主義の衰退は、特に現在の時点では、キリスト教神学への新しい批評が重要さを増していることを考慮して考えなければならない。近年、三位一体の教義に対するイスラム教の側からの批判がますます注目されている。世界の三大唯一神教であるキリスト教、ユダヤ教、イスラム教は、宇宙の主であり創造主である唯一の至高の存在を信じている。「聞け、イスラエルよ。我らの神、主は唯一の主である」（申命記6：4）。けれども、イスラム教のキリスト教批判者は常に、キリスト教がこの神の唯一性（これはしばしばアラビア語の言葉で「タウヒード」tawhid と言われている）の強調から逸れていると批判する。イスラム教の著者たちは、この教義は、神の唯一性の概念を歪曲する後世の創作であり、最終的には3人の神がいると教えるこ

とに通じると論じている。

　キリスト教の信仰の内容についてコーランが教えていることは、期待されるほどは明らかではなく、イスラム教を解釈しているキリスト教徒の中には、キリスト教徒が、神とイエスとマリアからなる三位一体を礼拝しているとコーランでは信じているのではないかと（コーラン5：116）示唆する者もいる。ムハンマドがアラビアで、非正統的な三位一体説を含む異端的な形

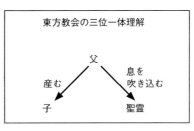

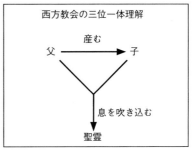

のキリスト教信仰に出会っていた可能性を考える理由はいくつもあるが、むしろこの教義が単に誤解されて、キリスト教徒が3人の神を礼拝しているか、三つの構成要素からなるひとりの神を礼拝していることを示唆する教義と考えられている可能性が高いように思われる。こうしたイスラム教の三位一体論批判に答えて、キリスト教徒は、そのような批判がなされるのは、キリスト教徒が神の統一性を強調していることや、キリスト教徒が神をこのような定式で表現するように至った、神のこの世への複雑な関わり方についてのキリスト教徒の経験を十分に理解していないからだと論じている。

　最後に、三位一体について、ひとつ重要な論争のことを語らなければならない。これは、しばしば「フィリオクエ」（filioque）論争と呼ばれる論争で、この点がまず説明を要する。上の図で見るように、東方教会と西方教会では三位一体理解が異なり、父と聖霊の関係を異なって理解している。ニカイア信条は、聖霊が「父から出て」いると言っているが、これは東方教会の理解を反映している。しかし

西方教会はアウグスティヌスの理解を好み、聖霊は父と子の両方から出ていると表現する傾向がある。

しかし、9世紀までには、西方教会はこの句を定式的に集成し、聖霊が「父と子から出て」いると言うようになった。「……と子から」という意味のラテン語 *filioque* が、それ以来、この付加部分に用いられ、今では西方教会の規範となっており、これが表す神学をも指すようになった。この聖霊の「二重発出」の思想は、ギリシアの著述家を非常に不快にさせた。これは彼らにとって神学上の難問となったし、不可侵のはずの信条をむやみに変更しているからである。学者たちの多くは、この悪感情が東方教会と西方教会の緊張を高めたひとつの原因であろうと考えているが、結局、東西教会は1054年に分裂した。この「フィリオクエ」問題は今日に至ってもまだ神学者の間で論じられている。

創　造

キリスト教の信条はすべて、神が世界の創造主だということを強調している。たとえば使徒信条は、「天地の造り主」である神を信じると断言するところから始まる。このテーマは、キリスト教の聖書の最初から最後まであらゆるところに見出される。実際、これが、聖書を正典の配列に従って最初から読んだときに――つまり、創世記（「創世」（Genesis）とは、ギリシア語では文字どおりには「最初」「生まれ」という意味だが）から読んだときに出会うテーマである。けれども、このテーマが旧約聖書の知恵文学や黙示文学に深く埋め込まれていることはよく理解しておかなければならない。たとえば、ヨブ記38章1節-42章6節は明らかに、旧約聖書でも最も包括的に神を創造主と理解し、世界を創造し支えている神の役割を強調している。

第6章 キリスト教信仰の核――概要

創造のモデル

「創造主なる神」という概念は、二つの異なった文脈で見られる。第1に、イスラエルの個人あるいは共同体が礼拝で神を賛美することを反映した文脈で、第2に、世界を創造した神が、イスラエルを束縛から解放した神でもあり、今日に至るまでこの民を支え続けている神であると強調する文脈である。

本書の目的にとって特に重要なのは、旧約聖書の「秩序としての創造」のテーマであり、また、このきわめて重要な「秩序」のテーマがどのように宇宙論的な根拠に基づき、またそれに関連して確立しているかである。旧約聖書がどのように創造を、混沌の力に対する戦いと勝利という観点から描いているかは、しばしば指摘される。この「秩序の確立」は、一般的には二つの異なったやり方で表現される。

1 創造は、形のない混沌に秩序をつけることである。このモデルはことに、陶器職人が粘土を、見分けのつく整った形に作り上げるイメージで考えられる（たとえば、創世記2：7、イザヤ29：16、44：21、エレミヤ18：1－6）。
2 創造は、一連の混沌の力との闘争に関わる。混沌の諸力はしばしば、征服されるべき竜やその他の怪物の形で描かれる（「ベ

ウィリアム・ブレイク「日の老いたる者、神の宇宙創造」（1821年頃）。水彩。ケンブリッジ大学フィッツウィリアム博物館蔵。www.bridgeman.co.uk.

ヘモット」「レビヤタン」「ナーハール」「ラハブ」「ヤム」など、さまざまな名で呼ばれている）（ヨブ3：8、7：12、9：13、40：15-32、詩編74：13-15、139：10-11、イザヤ27：1）。

　明らかに、神が混沌の諸力と戦ったという旧約聖書の記述は、ウガリットやカナンの神話など、古代近東のほかの宗教の文献に見られる記述と似ている。しかしそれでも重要ないくつかの点で相違があり、特に旧約聖書は、混沌の諸力は神々ではないと強調している点が重要である。創造は、単に宇宙の形成と理解すべきではなく、神が混沌を支配し、世界を秩序づけたという観点で理解すべきである。

　おそらく、旧約聖書が断言している最も重要なことのひとつは、自然は神ではないということである。創世記の創造物語は、神が月と太陽と星々を造ったと強調する。この点の重要さはあまりにも容易に見逃しがちである。これらの天体はどれも、古代には神として礼拝されていた。これらが神によって造られたと宣言することによって、旧約聖書は、それらが神に従属し、本来、神の性質は持たないと主張しているのである。

　創造の教義でも最も重要な発展のひとつは、2世紀のグノーシス論争への応答として起こった。グノーシス主義の重要な形態のほとんどは、人間を世界から贖う神と、それよりもいくらか劣る、最初にこの世を創造した神（しばしば「デミウルゴス」と呼ばれる）とを区別する。グノーシス主義者から見れば、新約聖書は贖い主である神を扱っているのに対して、旧約聖書はこの劣った神を扱っていた。そのようにして、創造主としての神と旧約聖書の権威が初期の段階で結びつけられるようになった。この問題を論じている初期の著述家の中でも、リヨンのエイレナイオスは特に重要である。

　明らかな論争が、「無からの（*ex nihilo*）創造」の問題を焦点として交わされた。覚えておかなければならないが、キリスト教は最初、

第6章 キリスト教信仰の核──概要

　1世紀から2世紀の古代地中海世界に根をおろし、広がっていった。当時、その地方には多様なギリシア哲学が圧倒的に栄えていたが、世界の起源についての一般的なギリシア的理解は、要約してみれば、次のように言えるだろう。神が世界を創造したとは考えるべきではない。むしろ神は、建築家のように、元からあった素材を秩序づけたと考えられるべきである。素材はすでに宇宙に存在しており、創造される必要はなかった。明確な形と構造を与えられる必要があっただけである。だから神は、このすでに存在した素材から世界を形作った者と考えられる。たとえば、プラトンは彼の対話編のひとつ（『ティマイオス』）で、世界はすでに存在していた素材から造られ、世界の現在の形に形成されたという考えを展開している。

　この考えは、ほとんどのグノーシス主義著述家に取り入れられ、さらに個々のキリスト教神学者がそれに従った。アンティオキアのテオフィロスや殉教者ユスティノスなどである。彼らは、先在した素材から創造の行為によって世界が形作られたと信じていることを表明している。つまり、創造は「無から」ではなかったということである。むしろ創造は、手もとにあった素材をもとにした建築作業のように考えられるべきであり、雪でイグルー［訳注：エスキモーの住居］を造ったり、石で家を建てたりするようなものである。そこで、世界に悪があることは、この先在した素材の扱いにくさを根拠に説明できる。世界を創造する際に、神の選択肢は、手に入る素材の質の悪さによって制限されていた。だから、世界に悪や欠点が存在することは神のせいではなく、世界が造られた素材の欠陥によるのである。

　けれども、グノーシス主義との戦いによって、この問題は再考を余儀なくされた。ひとつには、すでにあった素材からの創造という考えは、グノーシス主義の連想によって誤りとされた。もうひとつには、この考えは、旧約聖書の創造物語の読みがますます精巧にな

るにつれて疑問視されるようになった。2-3世紀の指導的なキリスト教著述家の中には、プラトン哲学の世界観に反対して、すべてのものは神に造られたはずだと論じる者もいた。先在する素材などはなかった。すべては無から造りだされなければならなかった。エイレナイオスは、キリスト教の創造の教義は、創造に本来備わった善性を肯定しており、それは、物質世界が悪であるというグノーシス主義の考えに真っ向から対立すると論じた。

テルトゥリアヌスは、神が世界を創造した決断を強調する。世界の存在はそれ自体、神の自由と善性によるのであって、決して物事の性質から起こる何かの内在的必然性によるのではない。世界が存在するかどうかは神次第なのである。これはアリストテレス哲学の見方と正反対である。アリストテレス哲学は、世界は何にも依存せずに存在し、世界の特別の構造は本質的に必然的だと考えているからである。けれども、キリスト教が出現したこの初期の段階では、すべてのキリスト教神学者がこの立場をとったわけではない。オリゲネスはおそらく、あらゆるキリスト教思想家の中でも最もプラトン哲学的なひとりであるが、明らかに、先在する素材からの創造という教義にはいくらかの長所があると考えていた。

キリスト教神学の最初の時期に論じられなければならなかった、創造の教義と関連した中心的な問題は、このように二元論の問題であった。このことの古典的な例は、グノーシス主義のいくつかの形態に見られる、あのエイレナイオスが激しく反論した、ふたりの神が存在すると見る立場である。この見方は、不可視の霊的世界の源である至高の神と、物質世界を造った劣った神を考え、霊的領域（これは善いと見られている）と物質の領域（これは悪と見られている）との間に根本的な緊張関係を設定する点で、非常に二元論的である。それに対し、創造の教義は、物質世界は後には罪によって汚されたけれども、神によって造られたときには善であったと断言している。

第6章 キリスト教信仰の核——概要

同様の二元論的見方が、マニ教という、アウグスティヌスが若い頃惹かれていた一種のグノーシス的な世界観にも結びついている。

4世紀末までにほとんどのキリスト教神学者は、プラトン哲学的な見方を退けていた。オリゲネスを連想させる、神が霊的世界と物質世界の両方の創造主であると論じる立場でさえも退けられた。ニカイア信条はまず最初に、「天地の造り主」である神への信仰を宣言する。こうして、霊的領域と物質的領域の両方が神に創造されたことを断言しているのである。中世の間に、二元論の諸形態が再び出現した。特にカタリ派とアルビ派は、物質は悪で、悪魔によって無から創造されたと教えた。こうした見方に対して、第4回ラテラノ公会議（1215年）とフィレンツェ公会議（1442年）は、神は無から善なる創造をなしたとはっきりと教えている。

創造の教義が含む意味

神が私たちの創造主であると信じることは、私たちのこの世の生き方に影響を与える。これは決して、単に私たちが物事を見る見方に概念的な調整を加えるだけで、日常生活にはほとんど何も違いを及ぼさないというわけではない。むしろこれは、私たちがこの世界で、ことに神との関係において占める場所の「大きな絵」を与えてくれるものである。マルティン・ルター（1483-1546）は、キリスト教信仰を実践的に適用することの重要性を知っており、教理問答書を作って、ふつうの人々を教育して、彼らの信仰が含む意味について教えた。『小教理問答書』（1529年）でルターは、創造主なる神を信じるということの内容をこう説明している。

> 神が私を、すべてのものとともに造ったことを私は信じる。神が私に、体と魂、目と耳と両手両足、理性とすべての感覚を与えてくれたことと、今も保ってくれていることを私は信じる。

> さらに神は、衣服と靴、食物と飲み物、家と屋敷、妻と子、田畑と家畜とすべての財産とを、体と生活のために必要なすべてのものとともに、毎日豊かに与え、あらゆる危害から保護し、またすべての悪から守り、防衛してくれることを信じる。そして、これらすべては、まったく、私の功績や値打ちによるのではなく、純粋に父としての神の慈悲と憐れみによる。

創造主なる神という教義は、いくつかの重要な含みを持っている。そのうち、ここでは四つ見ておいてよいだろう。

第1に、神と被造物ははっきりと異なるということ。初期の頃からキリスト教神学の主要なテーマのひとつは、創造主と被造物を混同したいという誘惑に抵抗することだった。このテーマは、パウロのローマの信徒への手紙に明らかに述べられている。この手紙の最初の章では、神を世界のレベルに引きおろす傾向が批判されている。パウロによれば、人間には罪の結果、「造り主の代わりに造られた物」（ローマ1：25）に仕える自然の傾向がある。キリスト教神学のひとつの中心的な務めは、神を被造物と区別し、それと同時に、それが神の創造したものであると断言することなのである。

この過程は、アウグスティヌスが書いた書に見ることができる。これは、カルヴァンなどの宗教改革者の書にかなり重要であった。トマス・ア・ケンピスの『キリストにならいて』には「俗世蔑視」が典型的に強調されており、こうした著書に見られる厭世的な傾向は修道者に一般的であったが、そうした傾向に対してカルヴァンは、世俗肯定的な霊性を鍛えようとしていた。カルヴァンの思想には、神自身が創造したものとしての世界と、堕ちた被造物としての世界との間の弁証法がある。神の被造物であるという点においては、世界は敬意を払われ、尊重され、肯定されるべきである。それが、堕ちた被造物であるという点では、批判され、贖おうとしなければな

らない。これら二つの洞察は、カルヴァンの世俗肯定の霊性の楕円の二つの中心となっている。同じような型がカルヴァンの人間性の説にもあり、彼は、堕ちた人間の罪深い性質を強調しているにもかかわらず、決して、人間が神の被造物であるということを見失うことはない。罪に汚染されてはいるが、神に創造され、所有されていることには変わりはなく、それだから尊重されなければならない。このように、創造の教義は、決定的に重要な世俗肯定的霊性につながる。その霊性においては、世界を神であるかのように扱うわなに落ちることなく、世界が肯定されるのである。

　第2に、創造は、世界に対する神の権威を意味する。聖書で典型的に強調されることは、創造主は被造物に対して権威を持つということである。たとえば、人間は被造界の一部であり、被造界の中で特別の機能を持つと考えられる。創造の教義は、人間が被造界の管理人であるという考えに通じる。これは、世俗的な、人間は世界の所有者であるという考え方と対照的である。被造界は私たちの所有物ではない。神から託されているだけなのである。人間は神の被造物の管理人になるように意図されており、その管理人としての職権の行使の仕方には責任がある。この洞察は、生態学的問題や環境問題に関わり、非常に重要である。これは、人間がこの惑星に対して責任を果たすべき神学的基礎となるからである。

　第3に、神が創造主であるという教義には、被造界は善であるという含みがある。最初の創造物語には、終始、肯定がある。「神はこれを見て、良しとされた」（創世記1：10、18、21、25、31）。（ちなみに、「良くない」とされた唯一のことは、アダムがひとりでいることだった。人間は社会的存在として造られ、ほかの人々との関係性で生きてゆくようにできている）。キリスト教神学の中には、グノーシス主義や二元論のような、世界を本来悪しき場所と見るような考えの入る余地はない。別のところで考察することになるが、世界はたとえ罪によって堕ち

たとしても、依然として神の善なる創造物であり、贖われることができるのである。

　こう言ったからといって、現在、被造界が完全であるというわけではない。キリスト教の罪の教義の本質的な要素は、世界が、神の創造の業において用意された軌道から逸れて出てしまっているという認識である。世界は、歩むべき道から逸れている。創造されたときの栄光から堕ちてしまっている。私たちが見る世界は、もともと意図された姿ではない。人間の罪や悪や死の存在自体が、被造界がもともと意図されたあり方から逸れているしるしである。このために、贖いについてのほとんどのキリスト教の考察は、神が被造界に意図したことが完成するように、被造界の最初の無傷の姿を何らかの形で復興するという考えを含んでいる。被造界の善を肯定することは、悪の責任が神にあるという、ほとんどのキリスト教神学者にとって受け入れられない示唆を避けることでもある。創造の善性を聖書が常に強調していることは、罪の破壊的な力がこの世界に存在するのは神の計画や許可によるのではない、ということを思い出させる。

　第4に、創造の教義は、人間が神の似姿に創造された（創世記1：26-27）ことを断言する。この洞察は、人間性についてのキリスト教の教義すべての中心にあるが、創造の教義それ自体の重要な側面でもある。「あなたは私たちをあなた自身に向けてお造りになり、私たちの心はあなたの中に憩うまで、安らぐことがありません」（ヒッポのアウグスティヌス）。このような言葉で、人間の経験や性質や運命についての正しい理解に対する創造の教義の重要性がはっきりと示される。

創造主なる神を表すモデル

　神が創造主として働くやり方については、キリスト教の伝統の中

第6章 キリスト教信仰の核——概要

で激しく論議されてきた。神がどのようにして世界を創造したかを思い描けるように多数のモデルが考え出されてきた。そして、それらはどれも、「創造」という概念の複雑で豊かなキリスト教理解がどのようなものかを、いくらか分かりやすくしてくれる。

1 流出。この用語は、初期キリスト教思想家が、神と世界との関係を明らかにするために広く用いた。この語はプラトンやプロティノスが用いたわけではないが、さまざまな形のプラトン哲学に共感した多くの教父たちは、これが、プラトン哲学的な洞察を表現する便利で適したやり方だと考えた。この見方を支配するイメージは、光や熱が、太陽、あるいは人間が起こした火などから発散するイメージである。この創造のイメージは（ニカイア信条の「光よりの光」という表現にほのめかされているが）、世界の創造は神の創造のエネルギーがあふれ出たものであると見なされることを示唆している。光が太陽から発生して、その性質を反映して見せるように、被造界も神から発生し、神の性質を表している。このモデルによれば、神と被造物の間に、自然の、あるいは有機体的なつながりがある。

けれども、このモデルには弱点があり、その二つを挙げておこう。第1に、光を発している太陽や、熱を発している火のイメージは、意識的な創造の決意よりも非自発的な流出を意味する。キリスト教の伝統は、創造の行為は、神がまず創造する決断をしたことによると強調する。しかし、このモデルではそのことは十分に表現できない。

このことは、おのずと第2の弱点につながる。それは、このモデルの非人格的性質から来る弱点である。人格的神という概念は、創造の業と、それに続く創造自体における人格を表すものであるが、これはこのイメージでは伝わりにくい。それにも

かかわらず、このモデルは明らかに、創造主と被造界との密接なつながりを表現し、創造主の本性と性格の何かが被造界に見出せることを期待させる。そこで、神の美しさ（これは、中世初期神学で重要であり、スイス神学者ハンス・ウルス・フォン・バルタザールの後期の著に再び重要なものとして現れるテーマである）が被造界の性質に反映していると期待される。

2　建築。多くの聖書箇所が神を、意図的に世界を建築する優れた建築家として描いている（たとえば詩編127：1など）。このイメージは、目的と、計画と、よく考えられた意図的な創造という概念を伝え、力強い。また、このイメージは、創造主と被造物の両方に注目させる点で重要である。創造主の技術をはっきりと表すだけでなく、結果として出来上がった被造界の美と秩序を、それ自体としても、また、それが創造主の創造性と配慮を示す証しであるという理由からも、よいものと理解させてくれるからである。

　けれども、このイメージには欠点があり、それは、先にプラトンの対話編『ティマイオス』との関連で見た点と関係がある。『ティマイオス』は創造を、元からあった先在した素材を用いたものとして描いている。ここでは創造は、すでにあった何かに形を与えたというように理解されている。この概念は、「無からの創造」の教義と多少緊張を生じる。建築家としての神のイメージは、すでに手もとにあった素材から世界を組み立てたような含みを感じさせ、その点は明らかな欠点である。

　しかしこの難点にもかかわらず、このモデルでは、創造主の性質が何らかの仕方で自然界に表されており、それはちょうど、芸術家の性質がその作品で伝えられたり表現されたりするのと同じであるという洞察がある。特に、「秩序づける」という概念――つまり、問題の素材に一貫性や構造を与えたり課したり

することが、このモデルには明らかに主張されている。キリスト教の文脈で「創造」の複雑な概念は、ほかの何を意味するにしろ、確かに、秩序を与えるという基本的なテーマを含む——これは、旧約聖書の創造物語で特に重要な概念である。

3 芸術表現。教会史の多くの時代の多くのキリスト教著述家が、創造を「神の手仕事」と語り、被造界を、それ自体で美しく、しかもそれを造った者の人格を表現している芸術作品にたとえてきた。創造主なる神の「芸術表現」というこの創造モデルは、18世紀北米の神学者ジョナサン・エドワーズの著に特によく表現されており、それについては少し先で見ることにしよう。

　このイメージは、上で挙げたモデルの欠点だった非人格的な性質を補うのにことに役に立つ。芸術家としての神のイメージは、何か美しいものを創造する際の人格的な表現の概念を伝える。ただし、ここでもまた潜在的な弱点を指摘しておかなければならない。たとえば、このモデルは、すでにあった素材からの創造という概念を導きやすい。彫刻家が、すでにある石の塊から彫刻を作る場合がそうだからである。けれども、このモデルは少なくとも、無からの創造について考える可能性は与えてくれる。小説を書く作家や、旋律や和音を作りだす作曲家の場合がそうだからである。またこれは、創造における神の自己表現を探すことを私たちに促し、自然神学の神学的信憑性を増す。また当然、「芸術表現」としての創造と、非常に大切な意味のある「美」の概念とを結びつけるものでもある。

創造と自然神学

　それでは、もし神が世界を創造したのならば、神について世界から何を知りうるだろうか？　創造主について被造界から何を知りうるだろうか？　この問いは、キリスト教神学で何世紀にもわたっ

て論じられてきた。「天は神の栄光を物語り、大空は御手の業を示す」（詩編19：1）。このよく知られた一節は、キリスト教聖書の一般的なテーマを代表的に表していると見られる——世界を造った神の知恵は、何かしら創造された世界を通して知られうるということである。そして、このテーマの探求は、神学でも最も実り多い分野となった。

多くの重要なキリスト教神学者たちが、世界について観想したときに起こった美の感覚に基づいて自然神学を展開してきた。ハンス・ウルス・フォン・バルタザールとジョナサン・エドワーズは、そのような取り組みをそれぞれ20世紀と18世紀に行った。バルタザールはローマ・カトリックの視点に立ち、エドワーズはプロテスタントの視点に立っている。17世紀の物理学者であり化学者でもあったロバート・ボイルは、自然を神殿にたとえ、自然科学者を祭司にたとえるイメージを展開し、自然の研究で喚起される驚異の感覚に注意を促している。

ヒッポのアウグスティヌスは、世界の美しいものは、それらを造った方の美しさを反映しており、それら美しいものを賛美することからその創造主を賛美することに進むのは自然なことであると論じた。中世の偉大な神学者トマス・アクィナスは、世界の秩序から神の実在を帰納的に推論する「五つの道」理論を提示した。その第4の道は、世界の完全さを観察することに基づいている。アクィナスはこの時点では、「美」がそれらの完全性のひとつであるとはっきり言っていないが、明らかに美が完全性のひとつであるとすることには困難はなく、アクィナスのほかの著ではそう言われている。この一般的な論理の道筋は、20世紀の初期に著名な哲学的神学者F・R・テナントによって発展され、彼は、神の存在を主張する累積的根拠のひとつは、世界のうちに美が観察されることであると論じている。

第6章 キリスト教信仰の核——概要

　プロテスタントの伝統内では、神学的テーマとして「美」を認識することの重要性は、カルヴァンの著書に見出される。けれども、プロテスタントで最も強くこれを提示したのは、18世紀のアメリカの神学者ジョナサン・エドワーズであると定評がある。エドワーズは、神の美は、派生した被造界の美の中に期待でき、またしかるべく見出されると論じている。

　　神の作品の中に神の声があり、神を見る者を導き、神の神秘や神自身や神の霊的王国により直接に近く存在するものを描き見せることは、無限に賢い神に適し、似つかわしい。神の業は、神に関わることについて知性のある存在を導く神の声、あるいは言葉にほかならない。

　「美」についての今世紀で最も神学的に支持された精巧な探求は、スイスのローマ・カトリック神学者ハンス・ウルス・フォン・バルタザール（1905-88）の著に見出される。「神学的美学の最も根本的な原理は、……このキリスト教の啓示が、絶対的な真理で善であると同様に、また、絶対的な美でもあるということである」。バルタザールはこのように彼の仕事を、「キリスト教神学を第3の超越的要素に照らして発展させようとすること、つまり、真理と善の洞察を美の洞察で補うこと」と言っている。

人間性

　「人間は何ものなのでしょう。人の子は何ものなのでしょう、あなたが顧みてくださるとは」（詩編8：5）。歴史の最初から人間は、より大きな物事の体系の中で自分たちの占める位置は何なのだろうかと考えてきた。なぜ私たちはここにいるのか？　私たちの運命は

何なのか？　人間存在の意味は何か？　創造の教義は、答えの初めを与えてくれる。私たちが置かれた世界について、私たちの理解を深め、真価を分からせてくれる。

　キリスト教の創造理解は、人間が神の創造の一部であり、その被造界の秩序の中で自分の場所を学び、受け入れなければならないと考える。けれども、キリスト教信仰で人間が被造界の一部であるということは、私たちがほかの被造物と区別がないものだという意味ではない。私たちは天使たちよりも少し低いところに置かれているが、「栄光と威光を冠として」（詩編8：6）いただいている。男も女も、「神にかたどって」（創世記1：27）、神の像に創造された。以下で、この考え方をさらに深く見てゆこう。

人間と「神の像」

　この「神の像」という、短いが深い意味を持った表現は、人間の

ミケランジェロ画「アダムの創造」（1511–12年）。フレスコ。システィナ礼拝堂の天井画。ローマ、ヴァチカン、システィナ礼拝堂。AKG-Images/Erich Lessing.

第6章 キリスト教信仰の核——概要

性質や被造界の中での人間の総合的な位置についての正しい理解に道を開く。人間は神ではないが、ほかの被造物とは異なる関係で神と結ばれている。人間は神の形なのである。このことを、人間が被造界で特権的な地位を持つと解釈する人もいる。けれども、ほとんどのキリスト教神学者たちはこれを、人間は自分たちが生きている世界での責任と、自分たちの行為についての釈明義務を持つことを請け合っているのだと考える。

では、私たちは、この神との関係をどのように理解すればよいのだろうか？　どのように思い描けばよいのだろうか？　「神にかたどられて造られた存在」というのはどういう意味か？　キリスト教神学の中で多くのモデルが発達してきたが、そのうち三つを示しておこう。

第1に、「神の像」は、人間に対する神の権威を思い起こさせるものと見られる。古代近東で君主たちはしばしば自分たちの像を飾って、その地方に対する自分の統治権力を誇示した（たとえば、ダニエル書3：1-7に描写されているネブカドネツァルの黄金の像である）。「神の像」に造られるということは、そこでは、神によって所有されていること、あるいは、言葉を換えて言えば、神に対して自分の行いを釈明できる義務を負うということと理解される。

この重要な点が、イエス・キリストの宣教のひとつの出来事の背景にある（ルカ20：22）。イエスは、ユダヤ人がローマの皇帝に税金を払うのは正しいかどうかと挑戦的な問いかけを受け、1枚の貨幣を持ってくるように言う。彼は問う。「そこには、だれの肖像と銘があるか」。彼のまわりにいた者たちは、「皇帝のものです」と答えた。そこでキリストは群衆に、「皇帝のものは皇帝に、神のものは神に返せ」と言っている。これは、問いを言い逃れているだけだと思われるかもしれないが、まったくそのようなことはない。これは、神の像を刻まれたもの——つまり、人間は、自分自身を神にささげ

なければならない、ということを思い起こさせているのである。

　第2に、「神の像」の概念は、人間の理性と創造主なる神の合理性とが何か対応していると示す。このように物事を理解すれば、世界の構造と人間理性による推論の間には本来共鳴し合う調和がある。この見方は、アウグスティヌスの主要な神学書である『三位一体論』に特にはっきりと書かれている。

> 　創造主の像は、人間の理性的あるいは知的魂に見出される。……［人間の魂は］神の像に従って創造された。それは、理性と知性を用いて、神を知り、神を見るためである。

　アウグスティヌスは、人間は知的資質を持って造られ、それによって創造について熟考し、神を見出す道を歩み始めることができると考えた。

　さらに最近では、この点の重要性を、物理学者から転向して神学者になったケンブリッジ大学の元理論物理学教授ジョン・ポーキングホーンが掘り下げている。ポーキングホーンは、数学者が考え出した最も美しい模様のいくつかは、私たちのまわりの物理的世界の構造の中に実際に起こっていると指摘している。内なる理性（私たちの精神の合理性——この場合ならば数学）と外なる理性（私たちの周囲の物理世界の合理的秩序と構造）の間には何か深く根づいた関係がある。

　ポーキングホーンは、世界の秩序と、人間がそれを認識し表現する能力の間には一種の「共鳴」または「調和化」があると論じている。「もし、私たちの精神の中に存在する合理性と、世界に存在する合理性との深く根づいた一致を真に説明できるなら、その説明は確かに、この両者の共通の土台である何かより深い理性のうちに見出されるはずである。そのような理性は、創造主の理性であろう」。このように「神の像」は、人間と宇宙とが同じ神の理性によって形

第6章 キリスト教信仰の核――概要

作られた――そして、人間がこの合理的性質を分かち持っているので、この被造界の秩序を理解することができるのだということを請け合っているのである。

　第3の見方は、「神の像」とは、神と関係を持つことのできる能力のことだと示唆する。「神の像」に創造されるということは、神と関わり合う潜在的能力を持つことである。ここで「像」というのは、神が人間を特別の目的――つまり、神と関係を持つために造ったのだという考えを表す。私たちは、私たちの創造主であり贖い主でもある方との関係において生きてゆくように意図されている。オックスフォード大学の文学批評家であり著述家でもあったC・S・ルイスは、もし私たちがそのように生きないなら、神の臨在があるはずのところに欠如を見出すことになるだけだと論じている。ブレーズ・パスカルに従って彼は、私たちの内には神の形をした隙間があり、それを埋めることができるのは神だけであると示唆している。そして、神がいないところでは、私たちは強い憧れの気持ちを経験する――それは、本当は神に対する憧れであるが、堕ちた罪深い人間はそれを読み間違えて、偶然にしろ、意図的にしろ、この世界の中の事物への憧れと誤解する。けれども、そうしたものは、決して満足を与えることはできない。もし私たちが神に向けて、神だけに向けて造られたのだとしたら、神以外に満足を与えることはできない。ルイスが常に指摘しているように、この神に与えられた渇望の気持ちは、人類が格闘してきた大きな諸問題に答える鍵となった。

　けれども、人間性についてのキリスト教の理解は、神の像に造られたという概念によって完全に決定されるわけではない。この概念は重要ではあるが、これは堕罪の考え、特に罪という考えによって補わなければならない。

第6章 キリスト教信仰の核——概要

人間性、堕罪、罪

　キリスト教の考えでは、人間は罪深い——それは、神から疎外され、そうして自分たちのアイデンティティーの根源的な分裂により、社会からも、ほかの人々からも、自分たちの環境からも疎外されているということである。人間の窮状の本質は、私たちの心に深く根づいた、神と共にいたいと願う憧れの気持ちであると、多くの神学者たちが考えている。人間は被造界で被造物として存在しており、被造界の主として存在しているのではない。人間であるために課せられた限界を受け入れようとせず、人間たちは、事物の秩序の中での自分たちの地位に抵抗することを選んだ。人間の性質に潜在するのは、この秩序やその中での自分たちの地位を受け入れたくないという気持ちである。人間は永遠の反逆者であり、より多くのものを求め、常に限界に挑み続ける。休むことなくあらゆる限界を克服しようとする欲求は、人間であることの一部であると論じる人もあるだろう。

　創世記の二つの出来事が、人間の性質の中にある深い矛盾についての見事な注釈を提供すると広く見られている——「善悪の知識の木」の実を食べることと、バベルの塔の建設である。創世記には、アダムとエバが楽園に置かれ、すべての木の実を食べてよい——ただし、1本の木を除いて——という自由を与えられた次第が書いてある（創世記2：15-17）。彼らの自由に課せられたこの限界は、彼らにとってあまりに大きかったことが判明する。もし彼らがこの「善悪の知識の木」の実を食べるなら、彼らは神自身のようになり、何が善で何が悪かを定めるようになるだろう（創世記3：1-5）。私たちは自立性を求める。私たちは誰に対しても、自分たちの行動を釈明するような責任は負いたくない。偉大なロシアの小説家フョードル・ドストエフスキーが小説『悪霊』（1871-72年）で指摘するように、もし神がいないなら、私たちは何でも好きなことができる。これは、

第6章　キリスト教信仰の核——概要

「無神論の黄金時代」の大きなテーマのひとつだった。その「無神論の黄金時代」は、1789年のフランス革命とともに始まり、1989年にベルリンの壁の崩壊とともに終わった。そうして、それとともに、この神への偉大な反逆も終わったのである。

　ほとんど同じテーマが、バベルの塔の物語にも見出される（創世記11：1-9）。これはピーテル・ブリューゲル（父）のすばらしい絵に印象的に描かれ、そこでは塔は天まで届くような巨大な建築物として表現されている。20世紀最大の神学者のひとりカール・バルトはこの建築に、人間の罪深い性質のもうひとつの側面を見た——神に面と向かって人間の権威と力を主張したいという欲望である。バルトは、バベルの塔とは、人間が自分たちの条件で神についての知識を得たがる欲求の象徴であると示唆している。神自身が選んだ条件で神が自己啓示するのを待つ代わりに、人間は、自分たちが物事を自由に管理でき、好きなように天を覗くことができると考えた。けれども、人間の支配へのこの欲望は、内在的に自己否定の種を宿している。人間は支配権を握ると、物事をめちゃくちゃにしてしまうようである。

　キリスト教神学者は長年、この当惑させる人間の窮状について、理解を助けるような２種類のイメージを発展させてきた。逸脱と背信である。２世紀にリヨンのエイレナイオスは、人間はその真の道から罪によって逸れてしまっていると書いた。人間は自分たちの道を見失い、助けてもらって正しい道に戻る必要がある。エイレナイオスは、人間を弱く、容易に誤った道に導かれると考える向きにある。私たちは成熟した大人としてではなく子どもとして造られ、学び成長しなければならない。なぜ神は人間を、すでに完全性を授けられたものとして造らなかったのかという問いに対して、エイレナイオスは、人間は完全性を扱う備えができていなかったからにすぎないと答えた。母親は子どもに食べ物を与えることができるが、子

どもはまだその歳にふさわしくない食べ物は受け取ることができない。

　アウグスティヌスは、人間がその真の使命に反したと考えた。人間は、神に与えられた自由を、神を愛するために用いる代わりに、自分たちの関心事を行うために用いた。私たちは今、自分たちの作ったわなに落ち込んでいる。アウグスティヌスは、私たちは罪に捕らわれており、そこから自分で自由になることはできないと論じている。パウロが言うように、私たちは自分の中にある罪に捕らわれていて、自分が望む善を行うことができず、自分たちが望まない悪いことをしている（ローマ7：17-25）。私たちのただひとつの希望は、神自身によって自由にしてもらうことだけなのだ。神を愛する自由は、神との親しい交わりに導いてくれるはずだった——アダムとエバがエデンの園で神と共に歩んだように。それなのに、その自由は、自己愛に至り、神を捨てて、より低い価値のものに向かってしまった。

　アウグスティヌスは一連のイメージを用いて、私たちがこのように罪に捕らわれてしまった過程を説明している。これは、自分たちが罹ってしまって、自分では治すことができない病気のようなものだ。深い穴に落ちて、出ることができないようなものだ。彼が示したかったいちばん大切な点は、罪が（彼は罪を、私たちの人生に働く能動的な力と考えていた）いったん私たちを捕らえてしまえば、私たちはその手から自由になることはできないということである。現代の類推を用いれば、ヘロイン中毒になってしまって、その習慣を断ち切ることができないようなものだということである。

　キリスト教の理解の仕方では、人間の性質は神の創造の最高のものとなるように意図されていたのに、破滅的な状態になっている。抜本的な改造か内的な刷新が必要なのだ。かつては王にふさわしい大宮殿のようだったのに、絶望と腐朽に落ち込んでしまっている。

第6章 キリスト教信仰の核——概要

けれども、状況は贖うことができる。神自身が人間性の中に宿ったことが、罪と死の中で今惨めさにあえぐ人々の刷新と復興とをもたらし、彼らを最初の状態に戻すだろう。もし神が人間の状態に入るようなことがあれば、人間の状況は内側から変容されうるだろう。これが受肉の教義のあらすじである——神が私たちのひとりとして私たちの世界と歴史の中に入った、それは、私たちを天国に連れてゆくためなのだという考えである。

こうして私たちは、キリスト教の中心的なテーマに行き着く——堕ちた人間の救い主・贖い主としてのイエス・キリストの実体と意味である。

イエス

第1章では、イエスが何であるかということと彼の意義について、聖書の理解のいくつかの面を見た。キリスト教の教義は、これらの聖書の考えについて広範に考察を進め、ひとつの一貫した全体に編み上げた結果出てきたものと見ることができる。キリスト教神学の務めのひとつは、イエスが何であり、いかなる意義を持つかについて、聖書の証言のさまざまな要素をひとつに編み上げることである。こうして統合されるべき聖書のおもな要素には次のようなものがある。

1 新約聖書がイエスに言及するときに用いる用語。
2 イエスがなしたと考えられていること。これは、彼が何であるかに直接関わると考えられる。キリストという人物とキリストの業との間には密接なつながりがある。つまり、キリストが何であるかを論じることは、キリストの業績を論じることと相互に絡み合っている。この問題は、本章で後に救済を考えるとき、さらに考えよう。

3 イエスが彼の宣教の間に人々に与えた衝撃――たとえば、彼の癒やしを通して。
4 彼の復活。これを新約聖書の著者たちは、神との関係におけるイエスの高挙された地位の保証であり有効化であると解釈している。たとえばパウロは、イエスが復活によって「公に神の御子として示された」（ローマ1：3-4、新改訳）と書いている。

　ここでは、キリスト教の神学がどのように、キリストという人物についてのこれらのさまざまな洞察を一貫した理解にまとめ上げたかを考えよう。
　けれども、この考察の前に、今日の世界で特に重要な位置を占める、イエスに対する特別に重要な反応を見ておいてもよいだろう――つまり、イスラムの反応である。

イエスが何であるかについてのイスラム教の見方

　イスラム教が世界規模で重要さを増してゆくにつれ、イスラム教徒がどのようにイエスを見ているかがキリスト教にとってもますます重要になってきている。イスラム教は、イエスが預言者であり神の使者であることを認めている。「イエス」（アラビア語の *isa*）という名はコーランで25回用いられている。たいてい彼の名は「マリアの息子」（*ibn Mariam*）という称号と結びつけられているが、モーセとはそれほど結びつけられていない。新約聖書は「イエス」という名が「神は救う」（マタイ1：21）という意味であることを明らかに示しているが、コーランは *isa* という名については何も説明をしていない。関連した「メシア」（*al masih*）もまたコーランで用いられている。けれども、この語の旧約聖書の意味「神に油注がれた者」から来る豊かな連想については何も記されていないし、また、理解もされていない。なぜコーランがイエスを「マリアの息子」と呼ん

第6章　キリスト教信仰の核――概要

だかも明らかではない。この称号は、新約聖書ではほんのまれにしか（マルコ6：3）用いられていない。しかも、重要な人物が、父親ではなく母親の名前によって呼ばれることは、セム系民族の世界では珍しい（まったくなかったわけではないが）ことであった。コーランは、イエスを呼ぶのに、非常に高い評価を表す言葉を用いている。たとえば、イエスを「神の言葉」とか「神の霊」と呼び、コーランに記されているムハンマドの啓示で最終的な頂点に達する啓示の進行過程についてのイスラム教理解の中で、イエスに栄誉ある地位を与えている。

　イエスの死と復活についてのイスラム教の見方はいく分複雑である。コーランがキリストの死について、それが神の意志にかなったものであったというように示唆している箇所はいくつかあるが、彼の死が正確にはどのようであったか、また、その意義は何かという点は明確にはされていない。あるひとつの箇所は、イエスはユダヤ人によって殺されたのでも、敵によって十字架につけられたのでもない、「ただ、彼らにはそう見えたけれども」（shubbiha la-hum）と教えているように見える。むしろ、イエスは天国に移され、誰か無名の人が彼の代わりに十字架につけられていたのだ。「彼らにはそう見えた」という表現は、だから、「ユダヤ人は、イエスが十字架の上で死んだと思った」という意味にも、「ユダヤ人は、十字架の上の人物がイエスだと思った」という意味にもとれる。主流のスンニ派の立場は、このように、復活によるにしろ、昇天によるにしろ、イエスが神によって何か高挙されたことを認めている。コーラン自体は、イエスが歴史の終末の最後の裁判でこの世に戻ってくるという希望については何も言っていないが、そのような考えは、イスラムの少なくともいくらかの大衆書には見られる。この考えが、コーランが書かれた後に発達したのではないかと考えられる理由はいくつかあるが、おそらくキリスト教の終末観がよく知られるように

なった結果であろう。

　おそらく最も重要なことに、受肉の概念はイスラム教では完全に退けられている。キリストは神の子であるというキリスト教の信仰を多くのイスラム教の著者は誤解して、神に肉体的な意味での子どもがいるという意味だと考えている。イスラム教は、これが受け入れがたい異教的な考えだと見ている。ここに誤解がある。イエスを「神の子」と言うキリスト教の伝統的な教義は、決して、神が肉体的な意味でイエスの父親であるという意味に理解されたことはない。イエスを指すこの称号の重点は、根本的に関係性の問題であり、肉体的なことではない。受肉の教義は、神との関係におけるイエスの独自の地位を肯定し、そこから、神の啓示の担い手として、また、神の救済の業の行為者としてのイエスの独自の役割を肯定する。

　受肉の教義についてのキリスト教理解についてはまもなくさらに掘り下げて考える。カルケドン公会議（451年）の確定的な声明の背景として、それ以前のキリスト教伝統の中で行われた新約聖書についての考察の過程のいくつかの側面を考えよう。

初期キリスト教のキリスト論

　イエス・キリストについての新約聖書での見解の分析から見たように、最初のキリスト教徒たちは、イエスの生涯と死と復活において、何か非常にわくわくするような新しいことと出会いを表現するために、あらゆる表象や用語や概念を用いなければならなかった。彼らがイエスから受けた印象や体験の豊かさや深遠さを一言ですべてとらえきれるような表現など何もなかった。彼らは、イエスについての自分たちの理解の異なった側面を明らかにするように、あらゆる多様な表現を用いざるをえなかった。それらの表現は、全部いっしょになってキリストの総合的なキリスト像を作っているのである。

第6章　キリスト教信仰の核——概要

　ときに彼らは、その像を作るために、究極的には異教から発した考えや概念に頼ったかもしれない。たとえば、ヨハネによる福音書の冒頭（ヨハネ1：1-8）は、「言葉」（ギリシア語のロゴス Logos）を際だって強調することで、イエスがキリスト教の世界観においては、世俗のギリシア哲学でロゴスが占めているのと同じ場所を占めていることを示そうとしている。けれどもこれは、キリスト教徒たちがたまたまストア派の哲学の教科書を数冊読んだために、イエスの意義についての彼らの理解を発明したという意味ではない。むしろ彼らは、そこに類推か相似があることに気づき、自分たちがすでに知っていた何かを表現するのにそれを利用することが明らかに有効であると見たのである。それは、教養あるギリシアの聴衆がキリスト教を理解する助けにもなった。キリスト教伝統のこの初期の段階にも、福音を教会外の人々に対しても理解可能で近づきやすいものにしようとするしっかりした決意があった。福音はこのように、その中心的なテーマを明らかにして、非信徒にも分かるようにするのに役立つ考えや概念を用いて表現された。

　新約聖書の中に見出されるこの過程の見事な例は、パウロの「アレオパゴスの説教」（使徒言行録17：16-34）である。この説教は、パウロの聴衆にとってすでによく知られた概念や用語を用いて、福音に耳を傾けさせることを目指していた。ルカによる福音書は、もうひとつの適切な例である。ルカは明らかに、非ユダヤ教徒（ふつう、「異邦人」と呼ばれている）を含む聴衆に向けて書いている。そうした読者にとっては、「メシア」という語はほとんど意味がなかったであろう。彼らは、この語の含蓄や微妙な意味合いをよく分かっていなかったからだ。けれども、多くのギリシア宗教は、すでに、「救い主」とか「贖い主」という言葉は用いていた。そのような語を用いることによって、それも常に厳密にキリスト教的なやり方で用いることによって、ルカは、彼の読者にとって理解可能な用語でイエ

ス・キリストの意義を表すことができた。

　キリスト論の発達の最初の段階で問題とされたのは、イエスの神性だった。イエスが人間であったことは、ほとんどの初期教父著述家にとって自明だったようである。イエスについて説明が必要だったのは、彼がほかの人間とどのように似ていたかよりも、むしろどのように異なるかであった。

　初期の二つの見解が即座に異端として退けられた。エビオン主義はもともとはユダヤ教の一派で、キリスト教暦の最初の1世紀初期に栄え、イエスはごくふつうの人間、マリアとヨセフの息子という人間だったと考えた。この縮小版キリスト論は、その反対者からはまったく不完全であると思われ、すぐに忘れ去られた。それよりも重要なのは、正反対の見方で、仮現論（Docetism）として知られ、この呼び名はギリシア語の動詞 *dokein*（「……と思われる」「のように見える」）から来ている。これはおそらく、はっきりしたひとつの神学的立場というよりもむしろ神学のひとつの傾向と見るのが最も正しく、キリストは完全に神的で、彼の人性は単に見かけだけのものにすぎなかったと論じる。キリストの苦難は、こうして見かけだけのものであり、真の苦しみではなかった。仮現論は2世紀にグノーシス主義の著者たちに特に好まれたが、それはちょうどグノーシス主義が全盛期を迎えた時期でもあった。けれども、このときまでに、ほかの見解も出現してきており、それらの新しい見解がこの仮現論の傾向をしのぎ、仮現論は衰退した。新たな見方は受肉のカルケドン教義で頂点に達したが、それは、この教義がカルケドン公会議で明確な公式を与えられたからである——それをここで見ておこう。

受肉の概念

　イエス・キリストという人物についてのキリスト教の教義は、しばしば「受肉」という用語で論じられる。「受肉」とは、難解だが

第6章 キリスト教信仰の核——概要

重要な語で、ラテン語の「肉」という語から派生し、イエス・キリストが神であると同時に人間であるというキリスト教の基本的な信仰内容を要約し、また肯定している。受肉の概念は、キリストの神秘についてのキリスト教の考察の頂点である——ここで認識されたのは、イエス・キリストは神を啓示する、彼は神を代弁する、神として神に代わって語る、彼は神である、ということである。だから私たちは、1世紀の著者の言葉を用いて言えば、「神について考えるようにイエスについて考えることを」(第2クレメンスの手紙1：1-2)学ばなければならないということだ。私たちはこのようにして、受肉について考えるあらゆるキリスト教的思考の基盤にある決定的に重要な一歩を踏み出す位置にいる——つまり、イエス・キリストはあらゆる重要な状況で、神として、神の代わりに行為するのだか

イエス・キリストを描いたビザンチン教会のモザイク画。イスタンブール、聖ソフィア教会 (1260年頃)。AKG-Images/Erich Lessing.

第6章　キリスト教信仰の核——概要

ら、私たちはどの点から見ても彼は神だと結論できるのである。

　こういうわけで古典的なキリスト教の立場は、「両性説」という教義に要約できる——つまり、イエスは完全に神であり、完全に人間である。この見方は、カルケドン公会議によってはっきりと言明されている。これは、古典的なキリスト論の支配的な原理を据え、これがそれ以来ずっと正統派のキリスト教神学で最終的に決定した見方として受け入れられている。この原理は次のように要約できる。イエス・キリストが真に神であり、しかも真に人間であるということが理解されれば、このことをどのように表現するか、探索するかは根本的には重大ではない。

　カルケドンは、新約聖書に関するキリスト教の考察が最初の5世紀にすでに確立してきたことをただ明確に述べたにすぎない。これは、私たちの出発点を定義している——キリストの面前で私たちが見るのは、神ご自身にほかならない。それが出発点であり、終わりではない。けれども私たちは、自分たちの出発点、自分たちが始めたところを確信していなければ、その結果も信頼できるものとはならない。カルケドンは、そのような出発点を確立したと主張し、その仰々しい言葉や時代後れの表現がどのように難しく見えても、これが据えた基本的な考えは明白で決定的であり、明らかにイエス・キリストについての新約聖書の証言の正当な解釈である。

　カルケドンは、イエスの本性(ほんせい)を説明するのに際して、どれかひとつの哲学体系や見方に肩入れすることはなかった。そのようなことをしようとしていたならば、何世紀か経つうちに時代後れとなって捨てられ、その後はずっと教会にとっての戸惑いの種になっていただろう。しかしむしろカルケドン公会議は、本質的な事実を守ろうとした。その事実は、説明によってその一部なりとも否定したり説明し尽くしたりしない限り、歴史のどの時点においても意味をなすような哲学的な考えや概念の形に解釈されうる。結果として、キリ

第6章 キリスト教信仰の核——概要

スト教の神学者や弁証家は、キリスト教の歴史を通じてずっと、異なる聴衆に向けてこの中心的なキリスト教教義を擁護し、説明するために、かなりの程度の自由を享受してきた。

イエス・キリストの人物や業についての説明はすべて、最終的な分析において不十分であると認識されるのだが、カルケドン公会議は非常な明確さを持って、ただ説明と解釈を要する本質的な事実は何であるかを述べている——イエスが真に神であると同時に人であるということを。この点を絶対的に明らかにするために、公会議は、その当時までにしっかり確立していた専門用語を用いている。それはギリシア語からの用語「ホモウーシオス」(*homoousios*) で、通常、「本質をひとつにする」、あるいは「同一本体の」(of one being) と訳される。イエスは私たちと「本質をひとつにする」のとまったく同じに、神と「本質をひとつにする」のだ。つまり、イエスは神と同じなのだ。私たちがイエスにおいて出会うのは、本当に神自身であって、神が遣わした使者などではない。この語は、これ自体は聖書にはないが、完全に聖書的な洞察を表すものと広く見なされている。

けれども、重要な少数派の見解も書いておかなければならないだろう。カルケドン公会議は、キリスト教世界全体に認められた共通の見解を打ち立てるのに成功したわけではなかった。6世紀にひとつの少数意見が固まったが、それは、現在一般に(ギリシア語の *monos*「唯一の」と *physis*「本質」から)「単性論」(*Monophysitism*)と呼ばれている——これは、キリストには「本性がひとつ」しかないという見解である。この見方の入り組んだ複雑さは本書の範囲を超えるが、これが東地中海世界の諸教会では今でも規範となっていることは知っておいたほうがよいだろう。たとえば、コプト教会、アルメニア教会、シリア教会、エチオピア教会などがその例である。

仲介者としてのイエス

　受肉の教義は、イエスは完全に人間であり完全に神であると考えるべきであることをはっきりと定めた。この概念は重要ではあるが、視覚的に理解することは難しい。そこで、どのようなモデルや類推が、神と人間の可能性の地図上にイエスの場所を思い描こうとするときに役立つだろうか？　ここでは私たちは、新約聖書でキリストを呼ぶのに用いられ、キリスト教神学者たちが詳しく掘り下げてきたひとつの称号「仲介者」を考えよう——これは、イエス・キリストはいくつかの点において神と人間性の「仲介者」であるという考えによる（ヘブライ9：15、Ⅰテモテ2：5）。キリストはここで、超越的な神と堕ちた人間との間の仲介者と理解されている。

　それでは、仲介されるのは何であろうか？　新約聖書と、キリスト教神学の聖書との長い取り組みの結果与えられている答えは二つある。啓示と救いである。キリストは、神についての知識と、神との親しい交わりを仲介する。

　殉教者ユスティノスやその他の初期教父たちの著書にあるいわゆる「ロゴス-キリスト論」は、神についての知識がキリストによって仲介されると考える見事な例である。ロゴスは、超越的な神と神の被造物との落差を埋める仲介的原理と理解される。ロゴスは、旧約聖書の預言者たちにつかの間存在していたが、キリストにおいて受肉して、神と人間との間の仲介点となった。これと関連した見方が、エーミル・ブルンナーの『仲介者』（1927年）と、より考察を進めた形で『出会いとしての真理』にも見出される。『出会いとしての真理』でブルンナーは、信仰とは第1に、イエス・キリストにおいて人格的に私たちが神と出会うことだと論じている。

　仲介という考えは、ドロシー・L・セイヤーズの神学的著作にも展開されている。彼女はおそらく、ピーター・ウィムジィ卿を貴族の素人探偵として登場させる探偵小説で最もよく知られている。け

第6章 キリスト教信仰の核——概要

れども、彼女は、キリスト教神学にもかなりの興味を抱いており、そのことは著書『創造者の心』『なぜ教理と混沌のいずれかを選ばなければならないか』などに明らかである。『なぜ教理と混沌のいずれかを選ばなければならないか』でセイヤーズは、もしイエスの考えを否応なく真剣に受け取らせるような何か独特のものがイエスにはあると主張するしっかりした理由がないのならば、イエスが何か役に立つ考えを持った良い教師であったと同意しても、あまり良くないと言い、重大なキリスト論の諸問題は避けられず、この問題に向かわないではいられないと論じている。この本は、第2次世界大戦（1939-45年）の最中に出版され、セイヤーズは自分の論点をはっきりさせるために、アドルフ・ヒトラーをたとえに用いている。

　　キリストが誰で、何であったか、あるいは何の権威で彼がそれらのことをしたのかは問題ではないとか、もし彼が単なる人間だったとしても、彼は非常に良い人間だったから、私たちは彼の主義に沿って生きてゆくべきだなどと言うことは、まったく無益である。なぜなら、それは単なるヒューマニズムにすぎず、もしドイツの「ふつうの人」が、ヒトラーはそれよりもっと良い人間であり、もっと魅力的な主義主張を持っていると考えることを選ぶなら、キリスト教ヒューマニストは、それに答える言葉を持たない。

　この点を論じて、彼女は次に仲介の問題を考えることに向かう。神と人間の間の仲介はどのような条件で可能であろうか？　そして、イエスはどのように仲介者として行為する力を持っていたのか？　彼女の答えは、「二つの本性」——つまり、イエスが真に人間であり真に神であったという教義がこの考えを擁護する、というものである。

第6章 キリスト教信仰の核——概要

　イエスがわれわれに関わる意味を持つかどうかは、受肉の中心的な教義にかかっている。もしキリストが単なる人間だったなら、彼は、神についてのどんな考えにもまったく無関係である。もし彼が神でしかなかったら、彼は、生きた人間のいかなる経験ともまったく無関係である。

　ほかの著者たちは、救済を仲介する者としてのキリストの重要性を強調している。この見方はジャン・カルヴァンの『キリスト教綱要』（1559年）に見られる。ここでキリストは、神の贖いの業が向けられ、人間の手の届くものとされる通り道となる唯一の水路、あるいは焦点と見られている。人間は最初に神に造られたときには、あらゆる点で善であった。堕罪のために、人間本来の才能や機能は徹底的に損なわれてしまっている。結果として、人間の理性や人間の意思は罪によって汚染されている。そこで、不信仰は、理性の行いであると同時に意思の行為と見ることができる。単に被造界に働く神の手を見分けられないでいるというだけではなく、むしろ神の働きを見分けたくない、神に従いたくないという意図的な決断の問題なのである。カルヴァンはこの結果を、二つの異なるが明らかに関連したレベルで展開している。啓示的なレベルでは、人間は、被造界の中で神を見分けるのに必要な理性的・自発的資質を欠いている。ここには、殉教者ユスティノスのロゴス‐キリスト論と明らかな類似がある。救済論的なレベルでは、人間は、救われるために必要なものが欠けている。人間は救われたいと望んでいない（罪のせいで精神や意志が弱くなっているから）。そして、彼らは自分で自分を救うことはできない（救いは神に従うことを前提とするが、罪のためにそれができないから）。それゆえ、神についての真の知識と救済は、人間の状況の外側から来なければならない。このようにカルヴァンは、イエ

第6章 キリスト教信仰の核——概要

ス・キリストの仲介者の役割についての彼の教義を基礎づけている。

　神と人間の罪についての知識へのカルヴァンの分析は、彼のキリスト論の基礎となっている。イエス・キリストは神と人間の仲介者である。そのような仲介者として働くために、イエス・キリストは神と人間の両方でなくてはならなかった。私たちが神のところに上ることは不可能なので、神が私たちのほうに下ってくることを選んでくれた。イエス・キリストが人間でなかったならば、ほかの人間は彼の存在や行為によって益を受けることはできなかった。「神のみ子は人の子になり、私たちのものを受けてくれた。そうして、本来彼のものであったものを恵みによって私たちのものとすることで、彼のものを私たちに移してくれたのである」。

　カルヴァンはキリストにおける神の仲介的臨在を強調したが、そのことは、キリストという人物とキリストの業との間の密接なつながりを強調することにもつながった。カイサリアのエウセビオス（260頃–340頃）にさかのぼる伝統に従って、カルヴァンは、キリストの業は三つの職あるいは職位（キリストの三重の職位）に要約できると論じている——預言者と祭司と王の職である。基本的な論点は、イエス・キリストは旧約聖書の大きな仲介的職務をまとめてひとりで担っているということである。預言職においては、キリストは神の恵みの先触れであり、証言者でもある。彼は神の知恵と権威を授けられた教師である。彼の祭司職で、キリストは自分自身の死を私たちの罪の贖いのための献げものとし、私たちに神の愛顧を取り戻す。最後に、彼の王職において、キリストは王としての支配を始めるのだが、その支配はこの世のものではなく天のものである。この王的支配は聖霊の働きによって信徒たちの上に及ぶ。これらの点すべてにおいてキリストは、古い契約の仲介の職務を成就し、そうしてそれらが彼の仲介職において完成されるとき、それらが新しくより明確に見えることを可能にする。

第6章　キリスト教信仰の核──概要

救　済

　使徒信条は、イエスが真に歴史上で生きて死んだ人物であったことを強調する。イエスは１世紀のユダヤ人で、皇帝ティベリウスの時代に総督ピラトのもとで十字架につけられた。ローマの歴史家タキトゥスはキリスト教徒について触れ、彼らの呼び名が「キリストという、ティベリウスの治世に行政長官ピラト総督の手で処刑された者」に由来していると書いている。キリスト教は確かに、イエスが歴史上の実在の人物であり、十字架で処刑されたことを信じている。けれども、キリスト教は断じて、イエスが存在し、十字架につけられたという事実に関するだけのものではない。すでに見たように、彼の生涯と死についての解釈が決定的に重要である。以下で、キリストの死についてのいくつかの解釈を見よう。それらはときに「贖罪論」と呼ばれる。そのどれも、キリスト教では広い影響を持ち、キリスト教の礼拝に大きな影響を及ぼしてきたものである。

勝利者キリスト──死と罪の征服

　「わたしたちの主イエス・キリストによってわたしたちに勝利を賜る神に、感謝しよう」（Ⅰコリント15：57）。初代教会は、キリストが人間の敵に勝利したと断言することに関心があり、その勝利がどのようにして起こったかを思索することには、それほどの関心を持たなかった。キリストが復活して勝利のうちに信徒たちに天国の扉を開いたことは、宣言され祝われるべきものであり、神学的分析によって無味乾燥にされるべき対象とは思われなかった。

　ローマの文化的背景によって、キリストの勝利というテーマは、古代ローマでなされたような凱旋行進にたとえられるようになった。古代ローマの古典的な凱旋行進は、凱旋者を立ててカンプス・マル

第6章 キリスト教信仰の核──概要

ティウス練兵場から出発し、ローマ市内を通って、最終的にはカピトリーノの丘にあるジュピターの神殿に至った。行進は将軍の兵を先頭に、しばしば将軍の人物や業績を説明する標語を書いた掲示を掲げ（たとえば、ジュリアス・シーザーの軍は「来た、見た、勝った」と書いた掲示を掲げていた）、あるいは、彼が征服した領土の地図を示しながら進んだ。ほかの兵は、ローマの宝物庫に入れられることになる分捕り品を入れた荷車を運んでいた。行進の一部には、鎖につながれた捕虜が含まれ、それはしばしば、敗北した都市や国の指導者だった。

キリスト教の著者たちがこのイメージを、凱旋者キリストの典礼的な表現に変えるのは容易だった。この力強い象徴表現は、新約聖書にしっかりとした根拠を持っている。聖書には、勝利のキリスト

紀元70年の、ユダヤ人に対するティトゥスの勝利を祝うローマ凱旋軍。ティトゥス帝の凱旋門に彫られている。勝利者キリストのイメージは、このモデルを用いて発達した。AKG-Images/Erich Lessing.

が「捕らわれ人を連れて」（エフェソ4：8）行ったことが書かれているからである。このテーマは、キリスト教の初期の時代には絵画にも見られるが、その最も劇的な影響は賛美歌に及ぼされた。この時代に書かれたキリスト教会の最も偉大な賛美歌のひとつは、キリストの勝利に満ちた行進を描き、彼が敵を打ち負かしたことを讃えている。

　ヴェナンティウス・ホノリウス・クレメンティアヌス・フォルトゥナトゥス（530頃-610頃）は、北イタリアのトレヴィソ近く、チェネダに生まれ、若くしてキリスト教徒になり、ラヴェンナとミラノで学んだ。彼は、詩と修辞学で優れた名声を得て、599年にポワティエの司教に選ばれた。そして、おもに彼の詩「王は旗ひるがえす」（*Vexilla regis prodeunt*）によって今も記憶されている。よく知られた伝説では、569年に聖ラデグンデが南ゴールのポワティエの町にキリストの十字架の本物の断片を寄付したという。ラデグンデはこの断片を皇帝ユスティノス2世から得たのである。フォルトゥナトゥスは、それがポワティエの町に到着したときに受け取る役に選ばれた。この聖なる断片を運んでいる者たちが町から約2マイルのところにいたとき、フォルトゥナトゥスは、信徒や熱狂者たちの大群衆と共に（中には、旗や十字架やその他の聖なるしるしを掲げていた者もいた）彼らを出迎えた。彼らは進んで行きながら、フォルトゥナトゥスがこの機会のために作曲した賛美歌を歌った。それがこれで、この歌はすぐに西方教会の受難節の礼拝に取り入れられ、今でも西欧のキリスト教で聖週間を記念するのに広く用いられている。英訳は、ヴィクトリア朝時代の優れた賛美歌作詞家で、中世の賛美歌の研究家でもあったジョン・メイソン・ニール（1818-66）が訳した『中世の賛美歌と聖歌』（1851年）にある。

　　　王の旗は進み行く。

第6章　キリスト教信仰の核──概要

神秘の光に十字架は輝く。あの上で、
私たちの体を造った、あの方が肉体をもって、
私たちの判決を受け、私たちを贖ってくださった。

十字架にかけられた主のわき腹は
兵士の槍に引き裂かれた。
彼の血と混ざった高貴な水の流れで
私たちを清めるために。

ダビデが告げられたことが今、成就した。
神が異教徒の王となる、
神は木の上から支配するからと
いにしえの、まことの預言の歌にあることが。

おお、栄光の木よ、この上なく美しい、
あの聖なる手足を担うように、定められた木、
紫の衣を着て、なんと輝かしく立っていることか！
あれは救い主の血の紫！

十字架の両腕は真の天秤のよう。その上にかけ、
彼は、罪人たちにふさわしい値を測った。
その値を払うことができたのは、彼だけだ。
そうして彼は、犠牲者を破壊する者たちを破壊した。

永遠の三位一体のあなたに、
すべての者の賛辞をささげたい。
十字架によってあなたは私たちを取り戻し、
この先ずっと、治め導いてくださるから。

地獄下りのキリスト——復興としての贖罪

「勝利者キリスト」のテーマはさらに発展して、キリストが十字架と復活の勝利を地下の国まで広げたとされるようになった。中世の「地獄下り」の考えは、キリストが十字架で死んだ後、地獄に下り、捕らわれている人々を解放するためにその門を破ってくれたというものである。この考えの根拠は、新約聖書中のペトロの手紙一3章18-22節にある、キリストが「捕らわれていた霊たちのところへ行って宣教されました」という言葉である（ただしこれは、あまりしっかりとした根拠とは言えないが）。けれども、この考えの発達を促す最も重要な刺激となったのは、外典のニコデモの福音書である。この福音書が最終的に出来上がったのは5世紀と考えられているが、「地獄下り」を扱った部分はおそらく2世紀にまでさかのぼる。

シャルトルのフルベール（970頃-1028）が書いた「あなたたち、新しいエルサレムの聖歌隊よ」には、2節にわたって、「ユダの獅子」であるキリスト（黙示録5：5）が蛇であるサタン（創世記3：15）を打ち負かすという形でこのテーマが表されている。

> なぜなら、ユダの獅子が、彼をつないだ
> 鎖を切って、蛇のかしらを砕いてしまい、
> 死者の国中響き渡る大きな声で
> 捕らわれた死者を目覚めさせるから。
>
> 地獄の深みを呑み込んで、その餌食になった者たちを
> 彼の指示で甦らせる。
> 贖われた彼の群れは進み行く
> イエスがかつて行った道を。

第6章 キリスト教信仰の核——概要

　この思想は、すぐに中世イングランドの大衆文学に根をおろした。この時期のキリスト教文学で最も重要なもののひとつは『農夫ピアズの夢』である。これは伝統的にウィリアム・ラングランドの作とされている詩で、語り手が眠り込んでしまって見た夢の中で、キリストが地獄の門を開け放ち、次のようにサタンに告げた次第を語る。

　　これが、すべての罪深い霊を買い戻す、ふさわしい者たちを贖うための私の魂だ。彼らは私のもので、私から来ている。だから、私のほうが彼らに対して権利がある。……お前は、偽りと罪により、あらゆる正義に反して、私が自分の領土で持っていたものを取って行った。私はほかのどのようなやり方にもよらず、身請け金を払って公正に彼らを取り戻す。お前が腹黒いやり方で得たものを、恵みによって取り戻す。……そして、1本の木がアダムと人類すべてに死をもたらしたように、私の十字架は彼らを命に引き戻す。

　キリストが死と地獄の門を開け放ち、囚人の群れを逃れさせ、天国の喜びに入らせたやり方のこの非常に劇的な理解は、明らかに『農夫ピアズの夢』の読者の心に強く訴えた。

　このイメージは非常に強い

「キリストの地獄下り」。ジャン・デ・ベリー公の『時禱書』の挿絵（14世紀）。パリ、フランス国立図書館蔵。

力を持っており、後の世の文学にまで残り、ときに気づかれないまま表れていることさえある。その特に力強い例はＣ・Ｓ・ルイスの童話『ライオンと魔女』だろう。４人の子どもが洋服ダンスの中に偶然に見つけたナルニアという国の物語である。この物語には、ナルニアの国を永遠の冬の雪の下に閉じ込めている白い魔女が登場する。読んでいくと分かるが、彼女はナルニアを正当な権利で支配しているのではなく、偽りの王座についている。真の支配者は国を留守にしていて、留守の間に魔女は国を圧制で支配していた。この冬の国の中心には魔女の城があり、その中にナルニアの住人の多くが石の像に変えられて捕らわれている。

　物語が進むに従って、読者は、正当な支配者がアスランというライオンであることを知る。アスランがナルニアの国に入ってくると、冬が春に道をゆずり、雪解けが始まる。魔女は自分の力が弱まってきたのを感じ、アスランによる脅威を取り除こうとする。アスランは自分を悪の力に引き渡し、彼らが自分に対して最悪の行為をするがままにさせる――けれども、そうすることで、実は彼らの力を奪い取ってしまう。アスランの復活を描くルイスの描写は彼の作品でも最も優しく、新約聖書で語られる、キリストの埋葬でのあれほど明らかな深い悲しみと、復活が事実と分かったときのあの喜びを喚起する。ルイスはさらに、アスラン（自分をつなぐ鎖を断ち切ったユダの獅子である）が魔女の城を破り、中の石像たちに息を吹きかけて生き返らせる様子を描く。アスランはその後、解放した軍勢を引き連れて、かつて大きな要塞だった城の破られた門を出ていき、彼らを自由へと導く。地獄下りがなされ、その住人たちは暗い影の国から解放されたのである。

贖い主キリスト――償罪としての贖罪

　ルネサンス時代にかなり影響が強かった十字架理解は、おそらく

11世紀にまでさかのぼれる。カンタベリーのアンセルムスは、十字架と復活を論理的にも道徳的にも説得力のある仕方で説明を試み、当時の法的な習慣を用いて考えた。受肉の目的は、赦しを与え、しかも、神自身の厳格な正義を傷つけることのないように償いができるためだった。罪とは神に対する犯罪であって、それを償うための支払いが何か必要だとアンセルムスは論じる（彼はこの考えを、中世の社会で罪を犯した小作人が自分たちの領主に対して要求されることか、あるいは単に当時の教会のざんげの習慣から得たのかもしれない）。人間は、この賠償を自分で払うことはできない。要求されている値は、命そのものだからである。「罪が支払う報酬は死」（ローマ6：23）だからである。しかし、神-人としてのキリストは、負債を払って贖いをする神の能力と人間の義務の両方を備えているのである。

　アンセルムスは、十字架上のキリストの死は、人間の罪のために神に払われる賠償と解釈できると考えた。差し出される賠償の値は、人間の罪の重さと釣り合うだけの価値がなくてはならない。アンセルムスが論じたところによれば、神のみ子が肉体を持った人間になったのは、キリストが神-人として、賠償金を払う義務と、贖いに必要なだけの膨大な賠償金を払えるだけの能力の両方を持つためだった。この考えは、19世紀、セシル・F・アレクサンダー夫人の有名な賛美歌「遠くに緑の丘がある」に忠実に用いられている。

　　　罪の値を支払えるほど良いものは
　　　ほかには何もありませんでした。
　　　彼だけが天の門の鍵をあけ
　　　私たちを入れてくれることができたのです。

　ほとんど同じテーマが、何世紀も前に宗教詩人ジョージ・ハーバートによって展開されている。ハーバートは晩年を、ソールスベ

第6章　キリスト教信仰の核──概要

リの近く、ファグルストンとベマートンの教区牧師として過ごした。ベマートンでのジョージ・ハーバートは、教区の牧者として模範的な働きをしたと定評がある。彼は私費で教区の教会を建て直し、貧しい人々を訪問し、病気の人々を慰め、死にゆく人々の枕元に座って看取った。1633年の3月1日に彼が結核で死ぬ3年近く前に、この地方の人々の間では「聖なるハーバート氏」が話題にされるようになっていた。

　死の床でハーバートは、1冊の詩集の原稿を友人のニコラス・フェラーに送り、出版を託した。その結果できた、今『寺院』と名のついている詩集は、ハーバートが死んだ年のうちに出版された。そして、一般読者層に非常な賞賛をもって迎えられ、1640年までには7版を重ねた。「贖罪」という詩は、旧約聖書の「土地の贖い」の概念の連想を掘り下げたものとして特に重要である。ハーバートはここでキリストの死を、神が大切な土地を正当に所有するために支払った代価と見る考えを展開している。同時に、十字架の恥と屈辱のテーマも掘り下げながら、ハーバートは、贖いの法的・財政的側面を引き出すことに成功している。

> 長い間、裕福な主の間借り人でいた私は、
> 金持ちになることもなく、あえて彼に
> 請願する決心をした。新しく、安い家賃で
> 契約をして、古いほうを取り消せますようにと。
> 天国の彼の荘園で、私は彼を探したが、
> 彼らはそこで私に告げた。主人は最近どこかの地に
> 行っておられると。その地は、ご自分のものとするために
> 高価な値で主人が昔、地上に買ったものなのだと。
> 私はすぐに引き返した。主人の偉大な誕生を知っていたから。
> そして、偉大な場所を探し回った──

都市を、劇場を、園を、庭園を、そして宮廷を。
ついに私は、盗人や人殺したちの叫びや笑いの
耳障りな声を聞き、そこに彼を見つけたのだ。
すぐに彼は「あなたの願いは聞き届けられた」と言って死んだ。

　ここにある中心的なイメージは「賃貸し契約」——つまり、ある場所に住む権利である。ハーバートは、新しい住居を借りて、古い契約を破棄することが「できるように」願った。今のままでの高い家賃を払うことはとてもできなかったからだ。この移行は、物理的な意味だけではなく、神学的な意味もある。ハーバートは、地上にとどまらず、天国に住むことを望んでいる。けれども、その移転には莫大な費用がかかる。ハーバートが明確に述べているこの詩の基本的な主題は、贖いの代価の高さである——つまり、信者の天国への入場料は神のみ子の死であったということなのだ。

愛の人キリスト——贖罪と愛を燃え立たせること

　キリストの死についての新約聖書の理解の中心テーマのひとつは、この死が神の人間に対する愛を実証し、その応答としてそれに見合う愛を引き出すものだということである。このテーマは、キリスト教神学の中では、神が身を低くして被造界に入り、キリストに受肉したという形で展開された。傷ついた人類に対する神の愛は、このように、天の栄光を捨て去って被造世界の貧困と苦しみの中に入り、最後には十字架上の死を受ける神の謙虚さに集約される。

　そのような考えは、キリスト教の想像力をかき立てる強い力を見せている。英国詩人ジョン・ダンの「聖なるソネット15」は、神の愛についての最も重要な詩的考察のひとつと定評がある。

　　君は、神が君を愛しているほど神を愛しているか？

第6章　キリスト教信仰の核──概要

　　では、私の魂よ
　　この有益な瞑想をよく理解したまえ。
　　天で天使に仕えられている霊なる神が、
　　いかに君の胸の中に彼の神殿を建てたのか？
　　父なる神は、最も祝福されたみ子を生み
　　今でも生んでいる（彼は、始まりがないのだから）のだが、
　　君を養子に選んでくださった。
　　彼の栄光の共同法定相続人、そして安息日の終わりなき休息。
　　そして、ものを奪われた人が、それを探して見つけたが、
　　それが売られてしまっていたために、
　　もう失うか買い戻すしかないように、
　　栄光のみ子は降りてきて殺されたのだ。
　　彼が造り、サタンが盗んだわれわれを解放するために。
　　人がかつて神の形に造られたことは、たいへんなことだった。
　　けれども、神が人間の形にされたことは、
　　もっとずっとたいへんなことなのだ。

　この詩は、受肉と贖罪の全過程を扱い、どれほどの代価を払っても構わずに人間を贖おうとする神の決心に焦点を絞っている。これは、人間が不正にもサタンの力と権威の下に入っているという考えを展開し、神は私たちをこのサタンの束縛から解放するために正義を行わねばならないとしている。「栄光のみ子」は天から降りてきて、この罪と死の世に入るだけではなく、私たちのために、私たちの自由を確保するために「殺された」のだ。
　神の愛を掘り下げた文学作品として最も名高い例に、先に見たジョージ・ハーバートの詩集『寺院』の3番目の「愛」という題の詩がある。この見事な詩集の最後の詩は、キリストはいったいどうして罪人を愛することができたのか、どうして彼らを天国の祝宴に

第6章 キリスト教信仰の核——概要

迎えることができたのかについての深い瞑想と見ることができる。

> 愛は私に歓迎の言葉をかけたが、私の魂は身を引いた
> 灰と罪にまみれた自分を意識して。
> けれども目ざとい愛は、初めての私がぐずぐずして
> 入るのをためらっているのを見ると
> 私に近づき、優しく尋ねた
> 何か足りないものでもあるのですか、と。
>
> 「ここにふさわしい客がいないのです」と私は答えた。
> 愛は言った。「あなたが客になるのです」。
> 「私が？　不親切で恩知らずの？　ああ、あなた、
> 私はあなたをまともに見られません」。
> 愛は私の手をとって、微笑んで答えた。
> 「その目を造ったのは、私ではないですか」。
>
> 「確かに、主よ。でも私は、この目を損なってしまいました。
> ふさわしいだけの恥を私は受けましょう」。
> 「それではあなたは知らないのですか」と愛は言った。「誰が
> とがめを負ったかを？」
> 「ああ、それが分かったら、私はお仕えいたします」。
> 「あなたは座って」と愛は言った。「私の肉を味わいなさい」。
> そして私は座って食べた。

　詩全体を通してキリスト自身が「愛」を具現している。詩の最初の一連は、読者自身がキリストに惹かれながら同時に自分の弱さと落ち度を意識しつつそのキリストに近づいていることを想像するように促している。そのようなキリストがどうして、「灰と罪にまみ

第6章　キリスト教信仰の核──概要

れた」者を受け入れようと思うだろうか？　まして、歓迎するなどということがどうしてありえよう？　どうして創造主が身を低くして被造物を迎えに出たり、救い主が罪人を抱くことなどがあるのか？　けれども、ハーバートは、キリストが私たちの躊躇に気づき、すばやく私たちを迎えに来て、安心させてくれると想像するように言っている。

　「何か望むことがありますか？」愛の問いに対するハーバートの答えは単純だが意味が深い。彼は、小羊の結婚を祝う天の晩餐の宴で、愛の客としてふさわしい者になりたいのだ。しかし、その要求の実現はまったく彼の手の届かないものに感じられた。こんなにちっぽけで罪深い者が、いったいどうして栄光にあふれた神のみ子の前に迎え入れられることができるだろうか？　ハーバートは、自分が彼の前に迎え入れられるどころか、キリストを遠くから見つめることさえ許されないほどに無価値に思われた。けれども、愛はもう一度彼に大丈夫だと示す──それも今度は、彼の手をとって。ここで用いられている言葉は、すぐに福音書の中の一連のイメージを呼び起こす──イエスが目の見えない人を癒やしたり、死んだ少女を甦らせた光景など。ハーバートがよく知っていたジェイムズ王の欽定訳聖書には、同じ言葉を用いてこのように書かれている。「イエスは盲人の手を取って、村の外に連れ出し、その目に唾をつけ、両手をその人の上に置いて、『何か見えるか』とお尋ねになった」（マルコ8：23）。「そして、子供の手を取って、『タリタ、クム』と言われた。これは、『少女よ、わたしはあなたに言う。起きなさい』という意味である」（マルコ5：41）。キリストは進んでこうした不幸な人たちに触れ、手を取ったが、まったくそれと同じように、ハーバートの手も取ってくださる。キリストは、彼の罪の「とがめを負って」くれたので、罪はもう、罪人と救い主を隔てる障害にはならない。そして、彼の手を取ってキリストは彼を導き、自分と共

に食卓につかせる――客として。

　この詩の3連は、ハーバートが自分の無価値さについて非常に深く考えていることを感じさせる。彼は、キリストが自分を愛してくれていて、彼の罪を負うことを厭わずにいてくれることを知ってはいても、自分が神のみ前に迎え入れられるのは召し使い（キリストに仕える者）としてなのだと信じている。けれどもこの詩は、ためらいがちな信徒ハーバートが、召し使いとしてではなく、礼を尽くされた客として新しいエルサレムの門の中に迎え入れられる見事な描写で終わる。

　この初期の時代に論じられた重要なもうひとつの問題は、救済の年代についてだった。救済は信徒にすでに起こっているものと理解されるべきだろうか？　あるいは、現在起こりつつあるものなのだろうか？　あるいは、それには終末的な面があって――つまり、何かこれから起こることだというのだろうか？　そのような問いに対し、新約聖書に基づいて与えられる唯一の答えは、救済とは過去と現在と未来に関わるものだということである。救済はきわめて複雑な概念で、未来の出来事だけではなく、すでに過去に起こったこと（ローマ8：24、Ⅰコリント15：2）や今現在起こっていること（Ⅰコリント1：18）も含む。このようにキリスト教の救済理解は、信徒に対して、何かがすでに起こり、今現在も起こっており、そしてさらにやがて起こるだろうということを前提としている。この点については、キリスト教信仰信条が教える永遠の命と天国への希望について考えるときにまた見ることにしよう。

恵　み

　聖書の中心的なテーマのひとつは、神が民族や個々の人々を選ぶ選択は、人々の功績によるのではなく、神の愛と神の意志によるの

だということである。これは特に、神がイスラエルをご自分の民として選んだ決断に見られる。旧約聖書が常に断言していることだが、イスラエルが選ばれたのは、この民が何か神にささげるものを持っていたからではなく、ただひとえに神の恵みと、主権を持つ神の選択による（申命記7：7、イザヤ41：8-9、エゼキエル20：5）。もちろん、だからと言って、イスラエルが神の民としての務めを果たす責任がなくなるわけではない。旧約聖書の預言者の多くが、イスラエルの民が選民であることに条件を見ている。イスラエルが神の選民としてのアイデンティティーと召命にふさわしい振る舞いをしていなければ、その地位は取り去られるであろう。

そこで本書ではここで、神の選択が功績や業績によるのではないという考えに注目しよう——しばしば「恵み」の概念を用いて表現される考えである。この「恵み」という語は、新約聖書でしばしば用いられている。パウロによれば、キリスト教徒は、行いの業によってではなく恵みによって救われる（エフェソ2：1-10）——つまり、彼らの救いはその業績によって決まるのではなく、神の寛大さと恵み深さによるのである。恵みは、救済を自分で確保するような長所や生来の能力を持たない者たちが救われることを可能にし、救いの道を開くことで、神のまったくの寛大さと善を裏書きする。

こうした考えは、キリスト教の教会内での長い聖書との取り組みの過程で発展し、明確化された。この考察の過程は、最初はキリストの位格と三位一体の教義を中心にしていた。「恵み深い神」とはどのような意味かという問いが最初に詳細に論じられたのは、3世紀の後期から4世紀の初期だった。ことに重要なひとつの論争が、恵みについての新約聖書の教えを体系化する最も良い方法へのキリスト教徒の洞察を明確化するのに役立った——5世紀初期のペラギウス論争である。

この論争の中心人物は、ヒッポのアウグスティヌスだった。アウ

第6章 キリスト教信仰の核——概要

グスティヌスは、人生の意味についての一連の問い（悪の起源、人はどのようにしたら実際によく生きることができるかなど）との長い格闘の末、キリスト教に改宗した。アウグスティヌスが好んだ聖書の箇所のひとつに、ヨハネによる福音書15章5節でキリストが「わたしを離れては、あなたがたは何もできない」と言う言葉がある。アウグスティヌスの見方によれば、私たちは自分の救いについて、生涯の最初から最後まで、完全に神に依存している。アウグスティヌスは、人間に生まれつき与えられた自然な機能と、それに加えて与えられた恵みによる賜物とを区別した。神は私たちを自然の状態のまま、つまり、罪によって力を失い、自分を贖うことのできないような状態のまま放っておかず、私たちが癒やされ、赦され、回復させてもらえるように恵みを与えてくれるのである。アウグスティヌスの考えでは、人間とは、生来もろく、弱く、迷っており、回復させてもらって新たにされるためには、神の助けと配慮を必要とするものである。アウグスティヌスによれば、恵みは、この癒やしの過程を始める、人間に対する神の寛大でまったく不相応な配慮である。人間性は、このように豊かに与えられる神の恵みによって変容させられる必要がある。ここで彼の考えの肝心な点として、「原罪」の考えがある——つまり、私たちはこの世に入ってきた瞬間から罪に汚染されているという考えである。

アウグスティヌスの考えでは、人間は堕罪の結果、普遍的に罪に汚染されている。人間の心は罪によって暗くされ、弱くされている。罪は、罪人が明確に考えることを不可能にし、特に、より高い次元の霊的真理や概念を理解することを不可能にする。同様に、すでに見たように、人間の意志は罪によって弱くされている（しかし、取り除かれてはいない）。アウグスティヌスによれば、私たちが罪人であるという単純な事実が、私たちが非常に深刻な病の状態にあって、自分自身の病気を診断することさえできないということを意味する。

第6章 キリスト教信仰の核——概要

キリストを医者にたとえる福音書の類推を用いて、アウグスティヌスは、キリストは私たちの状態（罪）を診断し、私たちが自分で確保することのできない癒やしを与えてくれる（恵み）と言う。

　それではこのことは、私たちが人間性を理解する上でどのような意味があるだろうか？　アウグスティヌスによれば、人間は現在不完全である。傷ついており、恵みを奪われている。神は人間を完全に造ったかもしれない。けれども、堕罪の結果、人類は今、罪深く、癒やされる必要がある。アウグスティヌスが詳細に論じる罪の兆候のひとつは、人間の自由意志が捕らわれていることである。アウグスティヌスは、私たちの自由意志は罪によって危うくされていると見ている。私たちの欲望や憧れは神に向けられるべきなのに、方向を誤ってこの世の物事に向けられている。アウグスティヌスは神への祈りに書いているが、「私たちはあなたに幸福を求めず、あなたがお造りになったものに求めている」。人間の自由意志は、このように罪によって弱められ、無能になっている——けれども、除去されたり破壊されたりしてはいない。その自由意志が回復され、癒やされるためには、神の恵みによる手術が必要なのだ。自由意志は、実際、存在はしている。けれども、罪によって歪曲されているのだ。

　この点を説明するためにアウグスティヌスは、日常よく用いられる類推を使っている。2枚の皿のついた天秤を考えてほしい。片方の皿は善を表し、もう片方は悪を表す。もし天秤が適切に釣り合っていれば、善を行うのを好む論拠と、悪を行うのを好む論拠を秤にかけて、適切な結論が出せるであろう。人間の自由意志との類似点は明らかである。私たちは、善をなそうとする理由と悪をなそうとする理由を秤にかけて、それに従って行動する。けれども、アウグスティヌスは問うのだが、もし天秤の皿におもりが載っていたら、どうなるだろうか？　もし誰かが悪のほうの皿にいくつかの重いおもりを載せたら？　秤はやはり働くだろうが、悪い判断を下すよう

に深刻に偏っている。アウグスティヌスは、これがまさに、罪を通して人類に起こったことだと論じている。人間の自由意志は悪に偏向している。自由意志は実際に存在し、実際に判断もできる——おもりを載せられた秤でもやはり働くように。けれども、公平な判断を下す代わりに、悪のほうに向かう深刻な傾向がある。

アウグスティヌスの最も重要な論点は、私たちが自分の罪性を自分でまったく自由にできないことである。罪は私たちの人生を生まれたときから汚染しており、それ以来ずっと支配している。罪とは、私たちが何も決定的な支配をできないひとつの状態である。アウグスティヌスの理解では、人間とは、人間性の一部として罪深い性分を持って生まれており、罪を犯すように生来の偏向性を持っている。アウグスティヌスはこの論点を、三つの重要な類推を用いて展開させた。原罪を「病気」「力」「罪責」にたとえたのである。

最初の類推は、罪を、世代から世代へと伝わる遺伝性の病気のように扱っている。すでに見たように、この病気は人類を弱め、人間の手によっては癒やすことができない。そこで、神であるキリストが医者として、「彼の受けた傷によって、わたしたちはいやされた」（イザヤ53：5）のである。そして、救済は本質的に、鎮静剤や医学の用語を用いて理解される。私たちの精神が神を認識し、私たちの意志が、恵みを差し出す神の申し出に応えられるように、私たちは神の恵みによって癒やされる。

第2の類推は、罪を、私たちを捕らえている力として考え、その力に握られて、私たちは自分でそこから身を解き放つことができないと見る。人間の自由意志は罪の力の虜になっており、恵みによって解放されるしかない。キリストはこうして、罪の力を破る恵みの源である解放者と見られる。

第3の類推は、罪を、本質的に法的あるいは法医学的な概念——世代から世代へと伝えられる罪責として扱う。後期ローマ帝国のよ

うに、法律を非常に重視する社会にあって、これは罪を理解する特に有益な仕方だった。そして、キリストは赦しと赦免をもたらしに来るのである。

　この論争でアウグスティヌスの論敵は、ペラギウスであった。彼は英国人キリスト教徒で、4世紀後期にローマに移住してきた。ペラギウスは、ローマのキリスト教徒たちの道徳的放埓さを不快として、アウグスティヌスの恩恵論に対し激しく反論した。それは道徳的放埓を助長し、キリスト教徒が積極的に完成を求める必要を強調し損ねていると彼は主張した。ペラギウスは、人間性には何も悪いところはないと考えていた。もし神が人々に完全になれと言うなら、人は完全になる力を持っている。アウグスティヌスが、善になって善をなしたいという人間の欲求を罪性が挫くと考えたのに対し、ペラギウスは、真の問題は単なる怠惰にすぎないと論じた。

　413年にペラギウスは、高貴な生まれのあるローマ婦人に長い手紙を書いた。彼女はデメトリアスと言い、その頃、修道女になるために、富に背を向ける決意をしたところだった。ペラギウスは、人間性と自由意志についての彼の見解の結果を明らかにしている。神は人間を造り、人間ができることを正確にご存知である。だから、私たちが命じられたことはすべて、従うことのできることであり、従うべきである。人間は弱いのでそのような命令を成就することができないなどという弁解はできない。神は人間性を造ったのだから、人間性ができる範囲のことしか要求しない。

　　［神の命令を特権と考える代わりに］われわれは神に向かって叫んで言う。「これは厳しすぎます！　難しすぎます！　こんなことはできません！　私たちは単なる人間にすぎません。そして、肉の弱さに邪魔されるのです！」と。なんという無分別な思い違いだろうか！　なんと目に余るずうずうしさだろうか！　こ

のようにしてわれわれは知識の神を、二重の無知の咎で責めるのである——神自身の被造物を知らず、また神自身の命令も知らないと責めるのである。これではまるで、神が人間の弱さを忘れて（人間は結局、神自身が造ったものなのにだ）、われわれが耐えられないほどの命令を課したようではないか。

ペラギウスは、「完全になることは人間に可能なので、義務でもある」と、妥協ない主張をしている。しかし、結局のところ、この立場の道徳的な厳しさと、人間性についての非現実的な見方は、アウグスティヌスがそれに対立する見方として、優しく親切な神が傷ついた人間性を癒やそうとしているという理解を展開する手を強める助けをしただけだった。

アウグスティヌスとペラギウスのおそらく最も際だった相違は、救済の基礎に関わる。私たちは救われるためには何をしなければならないのか？　このふたりは非常に異なった答えをしている。それを短く要約すれば、アウグスティヌスは、神の約束を信じ、約束したものを受け取ることを強調した。それに対し、ペラギウスは、善良な生活をして、道徳的な高潔さと善行によって救済を確保することを主張した。この論争は非常に重要なので、さらに詳しく考えよう。

アウグスティヌスは、人間は恵みの行為として義とされると考えた。人間の善行でさえも、堕ちた人間性の中で神が働いている結果である。救済に通じるすべてのことは、私たちには分不相応な神の自由な賜物であり、罪人に対する神の愛から出たものである。イエス・キリストの死と復活を通して、神は堕ちた人類を、このようにすばらしい寛容なやり方で扱うことができるようになり、私たちが値しないもの（救済）を与え、私たちが値するもの（有罪宣告）を与えないでいられるようになったのである。

「ぶどう園の労働者のたとえ」（マタイ20：1-10）についてのアウグスティヌスの釈義は、この点で非常に重要である。これから見るように、ペラギウスは、神は各々の人に、厳密にその功績によって褒美を与えたと論じた。しかし、アウグスティヌスによれば、このたとえが示しているのは、個人に与えられる褒賞の基礎は、その人に与えられた約束だということである。アウグスティヌスは、労働者たちがぶどう園で働いた時間は同じ長さではなかったが、同じだけの賃金（1デナリオン）がそれぞれに払われたことを強調する。ぶどう園の主人はそれぞれの人に、雇われた時間から日没まで働けば1デナリオン支払うと約束した――たとえそれが、ある者は1日中働き、ほかの者は1時間しか働かないという意味でも。

アウグスティヌスはこうして、私たちが義とされるのは、私たちに約束された神の恵みに基づくという重要な結論を下した。神はその約束に対して誠実であり、そうして罪人を義とするのだ。1日の非常に遅い時間になって働き始めた労働者が、1日分の賃金を要求する権利をまったく持たず、ただぶどう園の持ち主の寛大な約束によってその賃金を得たのと同様に、罪人たちも、義とされることや永遠の命を、要求する権利はまったくないのに、ただ神の恵み深い約束によって、信仰を通して受け取ることができるのである。

しかし、ペラギウスの考えでは、人間は功徳によって義とされる。人間の善い行いは、人間が神に与えられた義務を果たそうとする完全に自律的な自由意志の結果である。この義務を果たさないなら、その人は永遠の裁きを受ける恐れがある。イエス・キリストは救済に携わっているが、それは、彼が行いと教えによって、神がまさに何を個人に求めているかを啓示する点においてまでである。もしペラギウスが「キリストにおける救い」ということを語ることができるなら、それは、「キリストの手本を真似ることを通じての救い」という意味でしかない。

第6章 キリスト教信仰の核──概要

　最終的に西方教会はアウグスティヌスの見方のほうを選んだ。ただし、彼をより熱心に支持する者たちが主張したような結論のすべてまでは彼の見方には従わず、特に予定説に関しては意見を違えていた。多くの歴史家は、ペラギウス論争の基本的な問題は、教会史を通じて常に繰り返し論じられていると示唆している。16世紀の宗教改革は、ペラギウス論争の基本的な考えを取り上げたものであるというのが定説である。違いはただ、「恵みによる救い」ではなく「信仰による義」という言葉がつかわれたことである。それ以前のキリスト教神学者たちは（たとえば、アウグスティヌスのように）「恵みによる救い」という新約聖書にある言葉を優先した（エフェソ2：5）。けれども、マルティン・ルターは、神はどのようにして罪人を受け入れることができるのかという問題と格闘するうちに、パウロが「信仰によって義とされる」（たとえば、ローマ5：1-2）ことをいちばん大切なこととして語っている箇所に注目することとなった。どちらの文脈でも基本的な要点は同じだが、それを表すのに用いられている言葉が異なっている。宗教改革の最も重要な影響のひとつは、「恵みによる救い」に代わって「信仰による義」を用いることになったことである。

　義認の教義は、個人が救われるためには何をするべきかという問題に関わると見られるようになった。当時の資料が示すように、この問題は16世紀の初めにはますます頻繁に問われるようになった。人文主義運動の高まりとともに、個人の意識が新たに重視され、人間の個性についての新たな意識が起こってきた。この個人意識のあけぼのに、義認の教義にも新たな関心が持たれるようになった──人間が個人としてどのように神との関係に入れるかという問いである。ひとりの罪人がどのようにそうしたことを望めるだろうか？

　こうした問いがマルティン・ルターの神学的関心の中心にあり、宗教改革の最初の段階を支配していた。ルターの考えでは、神は恵

みにより罪人を受け入れ、彼らに賜物として義を与え、神の前に立つことを可能にする。信徒たちは罪人であり続けるが、今ではキリストの義を身にまとった罪人であり、その義は恵みにより無償で与えられる。ルターは、この重要な考えを明らかにするために多くの概念を展開しているが、彼の有名な標語「義人にして同時に罪人」(simul iustus et peccator) もそのひとつである。これは、神が罪人を受け入れるためには、罪人が前もって道徳的に変化している必要はないという決定的に重要な考えを表している。ルターによれば、私たちは神に受け入れられるためには善である必要はない。むしろ、神に受け入れられていることによって私たちは善くなれるのである。

教　会

　使徒信条は、キリスト教徒が教会を信じるという項目を含んでいる。これはどういう意味だろうか？　教会はどのように定義されるのか？　教会の目的は何なのか？　神学のこの分野は、伝統的に「教会論」(ecclesiology) と呼ばれている（ギリシア語の ekklesia（教会）から）。新約聖書は実際には「教会」という言葉を、二つの少し違った意味で用いている。多くの場合、「教会」は、個々のキリスト教徒の集まりを指している――近くに住むキリスト教徒たちの目に見える集まりのことである。たとえば、パウロはコリントやフィリピの都市の教会に手紙を書いている。ヨハネの黙示録は「アジアの七つの教会」に言及しているが、これはおそらく、小アジア地域（現在のトルコ）の地元の七つのキリスト教共同体のことであろう。しかし、ほかの文脈ではこの語は、より広いより一般的な意味で、「キリスト教信徒の総体」を指して用いられていることが分かる。「教会」という語の局地的な意味と普遍的な意味との違いはかなり重要なので、注意深く吟味する必要がある。どのようにして両

方の面を保持できるのだろうか？

教会の統一性

　伝統的にこの緊張は、ひとつの普遍的な教会が局地的な共同体として存在すると論じることで解決されている。この見方によれば、すべてのキリスト教信徒からなるひとつの公同の教会があり、それぞれの地域での個々の教会という形をとっている。この考え方で影響力が強いのはカルヴァンによるもので、彼は見える教会と見えない教会を区別した。ひとつのレベルでは、教会はキリスト教信徒たちの共同体であり、目に見える集団である。けれども、これはまた聖徒の交わりであり、選ばれた者の集まりでもあり、それは目に見えない実体である。目に見えない側面では、教会は、選ばれた者たちの目に見えない集まりであり、神にのみ知られている。目に見える側面では、これは、地上での信徒の共同体である。前者は、選ばれた者のみで構成され、後者は善い者も悪い者も、選ばれた者も神に見捨てられた者も含む。前者は、信仰と希望の対象であり、後者は、現在の経験の対象である。両者の区別は終末的である（つまり、終末のときと関わる）。つまり、目に見えない教会は、神が人間に最後の審判を下す終末に存在するようになる教会なのである。

　この考え方や、これと似た考え方の重要性は、次のような問いを考えてみれば最もよく分かる。「キリスト教にはこれほど多くの教派があるのに、どうして『ひとつの』教会などと言えるのか？」理論的な「ひとつの教会」と、目に見える教会の複数性という現実との一見した緊張関係に面して、キリスト教思想家たちは、目に見える複数の教会の現実を理論的なひとつの教会の枠組みに組み入れる多くの試みを展開した。

　ある者は基本的にはプラトン哲学的な見方を取り入れ、経験上の教会（つまり、見える歴史上の現実としての教会）と観念的な教会を区別

した。ほかの者たちは終末論的な見方を好んだ。この理解では、現実の教会の不統一は最後の日には撤廃される。現在の状況は一時的なものにすぎず、最後の審判の日には解決されるだろう。この見方は、先に見たカルヴァンの「見える」教会と「見えない」教会の区別の背景をなしている。

　聖書的な取り組みが役に立つと考えた者もいる。彼らは、教会の歴史的な発展を1本の木の枝の成長にたとえた。このイメージは、18世紀ドイツの敬虔主義者ニコラウス・フォン・ツィンツェンドルフが考えたもので、19世紀の英国国教会の思想家たちに熱心に受け入れられた。この見方では、経験上、複数の異なる教会が（たとえば、ローマ・カトリック、ギリシア正教、英国国教会などだが）、制度的には異なっていても、有機的な単一性を持っていると見ることが可能である。このように、さまざまな教会は、同じ根を持つ枝であり、その多様性にもかかわらず、基本的にはひとつだと見られる。

教会の公同性

　キリスト教の信条は、教会を「万人の」あるいは「公同の」（catholic）と形容する。この語は、ギリシア語の *kath' holou*（全体に関する）から来ている。このギリシア語は、後にラテン語に入って *catholicus* となり、「万人の」「全般の」という意味を持つようになる。この意味が、英語ではたとえば「偏らない好み」（catholic taste）というような表現に残っており、これは「広い範囲に及ぶ好み」という意味であって、「ローマ・カトリックのものを好む嗜好」のことではない。英語聖書の昔の訳は、しばしば新約聖書のいくつかの手紙を（たとえば、ヤコブやヨハネの手紙であるが）「公会書簡」（カトリック）と呼んだ。これは、これらの手紙がすべてのキリスト教徒に宛てられているという意味である（パウロの手紙が、ローマやコリントなどのある特定の教会の要請や状況に向けて書かれていたのとは異なる）。現在

第6章 キリスト教信仰の核——概要

では「万人の」(universal)という言葉が「公同の」(catholic)という言葉の代わりに広く用いられている。

この語の発達した意味は、4世紀、エルサレムのキリルが書いた教理問答におそらく最もよく表れている。この教理問答の第18講でキリルは、「カトリック」という語の多数の意味を探り出している。

> 教会はこのように、人の住む全世界の端から端まで広がっているので「カトリック」と呼ばれ、人々が知るべき、見えるものと見えないものとに関わる教義をすべて、全体性（*katholikos*）のまま、何も余すところなく教えるので、「カトリック」と呼ばれる。また、これは、あらゆる種類の人々を——支配者もその臣下も、教養のある者もない者も、すべて従わせるので、「カトリック」と呼ばれる。これはまた、万人の（*katholikos*）救済とあらゆる種類の罪の癒やしを可能にもする。

キリルが「カトリック」という語を四つの意味で用いていることは明らかだろう。そのそれぞれは、少しさらに説明を加える価値がある。

1 カトリックは、「人の住む全世界中に広がる」ものと理解される。ここでキリルは、この語の地理的な意味を指摘している。「全体性」あるいは「万人性」の概念はこのように、教会が世界のあらゆる地域に広がることを要求する。
2 カトリックは、「何も余すところない」ことを意味する。この一言でキリルは、教会の「カトリック」性が、キリスト教信仰の完全な使信と説明を含むことを強調している。これは、福音が確かに丸ごとすべて説かれ教えられるように勧めている。

3　カトリックは、教会がその伝道と奉仕の務めを「あらゆる種類の人々」に及ぶまで行うことを意味する。キリルはここで、本質的に社会的な要点を述べている。福音と教会はあらゆる種類の人間たちのためであり、人種、性別、社会的地位によって違いはない。ここには、聖パウロの有名な声明、「もはや、ユダヤ人もギリシア人もなく、奴隷も自由な身分の者もなく、男も女もありません。あなたがたは皆、キリスト・イエスにおいて一つだからです」（ガラテヤ3：28）の響きがある。

4　カトリックは、教会が「万人の（katholikos）救済とあらゆる種類の罪の癒やし」を提供することを意味する。ここでキリルは、救済論的な声明を出している。福音と、福音を宣べ伝える教会は、人間のあらゆる必要と困窮に対処することができる。いかなる罪があろうとも、教会は、それに対抗する手段を提供することができるということである。

「カトリック」という語のさまざまな意味は、トマス・アクィナスによっても出されている。使徒信条の教会論を扱う箇所を論じている際に、アクィナスは分析して、「カトリック性」に三つの本質的な側面があることを見分けている。

　　教会は、カトリック、つまり万人のものである。それは第1に、場所に関してそうであり、それは、ドナトゥス派の主張に反して、世界中の隅々まで（per totum mundum）ということである。ローマの信徒への手紙1章8節「あなたがたの信仰が全世界に言い伝えられている」や、マルコによる福音書16章15節「全世界に行って、すべての造られたものに福音を宣べ伝えなさい」にあるとおりである。……第2に、教会は、人々の状況に関しても万人のものである。主人も奴隷も、男も女も、誰も

拒否されないからである。「男も女もありません」(ガラテヤ3：28)。第3に、教会は、時間的にも万人のものである。誰かが、教会はある時点まで存続すると言ったが、それは誤りである。なぜなら、この教会はアベルのときから始まり、世界の終わりまで続くであろうから。マタイによる福音書28章20節の「わたしは世の終わりまで、いつもあなたがたと共にいる」を見るがよい。そして、この世の終わりの後は、天国で存続するだろう。

ここでは公同性（カトリック）が、地理的・文化的・時間的な万人性と理解されていることが分かる。

教会の聖性

教会論の最も興味深い論争は、教会員は「聖なるもの」でなくてはならないかという問題に関わる。この論争は、4世紀のドナトゥス派論争に最も激しい形で見られたが、これは、教会の指導者たちは道徳的に純潔でなければならないかについての議論だった。ローマ皇帝ディオクレティアヌスのもとで教会はさまざまな形の迫害を受けていた。迫害は303年に始まり、最終的にはコンスタンティヌス帝の改宗と313年のミラノ勅令で終わった。303年の勅令で、キリスト教の書物は燃やされ、教会は破壊された。燃やすために本を手渡したキリスト教の指導者たちは「背教徒」(traditor「譲渡者」というのが文字どおりの意味)と呼ばれた。現代語の「裏切り者」(traitor)は同じ語源から来ている。そのような背教者のひとりはアプチュンガのフェリックスで、彼は後の311年に北アフリカの大都市カルタゴでカエキリアヌスを司教に任命した。

当地のキリスト教徒の多くは、そのような人物を司教任命に関わらせたことに激怒し、結果として、カエキリアヌスの権威を認める

ことはできないと宣言した。この新司教の権威は、彼を任命した司教が迫害下の重圧に屈していたという事実のために損なわれている。だから、このようなことがなされた結果、カトリック教会の聖職位階制は傷がついてしまった。教会がこのような人々を含むことは許されないと論じられた。

　ドナトゥス派の人々（ドナティスト）は、カトリック教会の秘蹟の体系全体が、その上位聖職者の背信行為のせいで腐敗してしまっていると信じた。このように汚点のついた人々によって行われた秘蹟が効力を持てるわけがあろうか？　そこで、これらの人々に代えて、より適格な、迫害下でしっかりと信仰を保持した者を指導者にすることが必要だ。背信行為を犯した者たちから洗礼を受けた者や叙任された者の洗礼や叙任をやり直すことが必要だ。不可避にも、これは、ひとつの派が形成され、分離することにつながった。アウグスティヌスが（彼はその後、この論争の中心人物になる）388年にローマから戻ってくる頃には、この分派はすでにこの地方の指導的キリスト教共同体として確立しており、地元アフリカの住民から特に強い支持を受けていた。

　アウグスティヌスは、ドナトゥス派の教えよりもしっかりと新約聖書に根拠を持つ理論を提示することで応えた。特にアウグスティヌスは、キリスト教徒の罪深さを強調した。教会は本来、聖人の集まりの「純粋な集団」ではなく、聖人と罪人との「混合集団」(*corpus permixtum*) であるものだ。アウグスティヌスはこのイメージを、聖書の二つのたとえに見ている。それは、たくさんの魚を捕らえる網のたとえと、麦と毒麦（あるいは、訳によっては「麦と雑草」）のたとえである。特に重要なのはこの「毒麦のたとえ」であり、これはさらに詳しく見る必要がある。

　このたとえは、種を蒔いて、育った作物の中に麦と毒麦が混ざっていると気づいた農夫の話である。こんなとき、どうしたらよいだ

ろうか？　麦と毒麦を、これらが両方とも育っているうちに分けようとするなら、おそらく毒麦を抜こうとして麦まで傷つけ、全部だめにしてしまうかもしれない。けれども、収穫のときに、すべての作物は、麦も毒麦も刈り取られ、分けられる。そうすれば、麦を傷つけることもない。善い人々と悪い人々との分離は、歴史の中においてではなく、終末に行われるだろう。

　アウグスティヌスの考えでは、このたとえはこの世の教会を表している。教会は、自分たちのうちには聖人と罪人の両方がいるものと考えていなければならない。この世のうちに分離を試みることは早まったことで、ふさわしくない。その分離は、神自身のときに、歴史の終わりに行われるであろう。人間は誰も、神の代わりにそのような判断や分離を行うことはできない。

　それでは、教会が「聖なる」教会と言われるのはどのような意味か？　アウグスティヌスは、この聖性は、教会員の聖性ではなく、キリストの聖性だと考えた。教会員はこの世では聖人の集まりにはなれない。教会員たちは原罪に汚染されているからである。けれども、教会はキリストによって聖別され、聖なるものとされている——この聖性は最後の審判のときに最終的に現実のものとなる。この神学的分析に加えて、アウグスティヌスは、ドナトゥス派は自分たちの高い道徳的基準に従っていないと、実際的な所見も述べている。ドナトゥス派の人々も、カトリック教徒にまったく劣らず、酔っ払ったり他人をひどく殴ったりすることができる。

　けれども、「純粋な集団」というドナトゥス派の理想は、多くの人々にとっていまだ魅力的である。神学的論争ではよくあることだが、決して片方の側だけが正しいと証明されたわけではない。教会が「純粋な集団」であるという考えは今もあり、特にしばしば「アナバプティスト」（再洗礼派）と呼ばれるプロテスタント宗教革命の比較的急進派にさかのぼる諸派で強く主張され続けている。急進

的宗教改革は教会を、16世紀の主流の文化のうちにある「代替社会」として考えた。メノー・シモンズにとって教会は、社会と相容れない「義人の集まり」であり、アウグスティヌスが論じたような「混合集団」ではない。

> 実際、単にキリストの名を誇るだけの者たちは、真のキリストの会衆ではない。真のキリストの会衆とは、真に回心し、上なる神より生まれ、神のみ言葉を聴くことによって、聖霊の働きによって生まれ変わった精神を持ち、神の子となった者たちである。

これがドナトゥス派の人々の教会観と非常に似ていることは明らかだろう。ドナトゥス派は、教会を聖なる純粋な集団であり、腐敗を及ぼす世間の諸影響から孤立し、何でも必要と分かった修練の手段を用いてその純粋性と個別性を保持しようとするものと考えていたからである。

「聖」という用語が、しばしば「道徳性」「清浄さ」「純潔」など、堕ちた人間の振る舞いとほとんど関係のないように思われる語と同義語で用いられることを指摘する者もある。けれども、新約聖書の「聖性」の概念の下敷きにあるヘブライ語の *kadad* にはいく分異なる意味があり、「切り離された」「分離した」という意味を持つ。ここには非常に強く「奉献」の含みがある。「聖」なるものであることは、神に仕えるために分離され、献げられることなのである。

旧約聖書の聖性の概念のひとつの基本的な要素——実際、おそらく唯一の基本的な要素は、「神がほかから取り分けてある何かか誰か」である。新約聖書はこの概念をほぼ完全に人間の聖性に限っている。個人について用いるが、「聖なる場所」とか「聖なる物」という考え方をすることは避けている。人々が「聖」であるのは、彼

らが神に献げられて、神から召命を受けたことで、この世から区別されているからである。「教会」（ギリシア語では「教会」に当たる語は、文字どおりには「呼び出された者」という意味を持つ）と「聖」（つまり、神に呼ばれたことによって世間から区別されている者たち）とが関連し合っていると考える神学者は多い。

　「聖なる教会」と語ることは、このように、その教会と会衆を召し出した者が聖であると語ることなのである。教会は、神の恵みと救済を証言するためにこの世から分離されている。この意味で、「聖」という語は、教会やその会員の召命と、教会がいつの日か神の命と栄光にあずかる希望を確認しているのである。

教会の使徒性

　第4に最後に、教会は「使徒的」と宣言される。これはどういう意味であろうか？　この語のもともとの主要な意味は、「使徒たちに発した」「使徒たちと直接つながっている」という意味である。これは、教会が使徒の目撃と証言によって創設されたことを思い出させている。新約聖書では、「使徒」という語には、二つの関連した意味がある。

1　神の国の福音を宣べ伝える務めをキリストに委託され、あるいは課せられている者。
2　復活したキリストの目撃者、あるいは、キリストが自分の復活したことを啓示した人。

　教会が「使徒的」であると宣言することにおいて、使徒信条は、福音が歴史上に根を持つこと、教会とキリストの間に、キリストの指名した使徒たちを通じ、また、教会の持続的な伝道と宣教の務めによって継続性があることを強調している。

第6章 キリスト教信仰の核──概要

　そこで、教会は、三つの意味で「使徒的」と考えられる。そのそれぞれは、教会の異なった側面、つまり、教会の歴史、召命、機能に強調点を置いている。

1　歴史的には、教会の起源は使徒にさかのぼることができる。新約聖書には、特に使徒言行録でこの歴史的発展のことが伝えられているが、そこには、使徒たちがキリストの指名した代表者として教会の拡張の上で果たす決定的に重要な役割が示されている。
2　神学的には、教会は、使徒たちの教えを保持し伝えているという点で「使徒的」である。先に見たように、最初のキリスト教徒たちは、新約聖書の内容について合意をする際に、使徒によって書かれたものであるということを非常に重視した。新約聖書は、使徒の教えの宝庫と考えられる。教会が「使徒的」であると宣言することで、信条は、教会の本質的な務めと、教会が自らを「キリストの」と呼ぶ権利の前提条件は、使徒的伝承への忠実さであるということを主張している。このテーマは、新約聖書の中でも後期に書かれた書のいくつかに見られ、そこでは、キリスト教の忠実な信仰を使徒時代の後も保持し続けていくことに関心が向けられている。たとえばパウロは、自分の後継者であるテモテに、自分の教えられたことに忠実であるように、そしてそれを自分の後継者に伝えるように要求している。

　　キリスト・イエスによって与えられる信仰と愛をもって、わたしから聞いた健全な言葉を手本としなさい。あなたにゆだねられている良いものを、わたしたちの内に住まわれる聖霊によって守りなさい。
　　　　　　　　　　　　　　　　　　　（Ⅱテモテ1：13-14）

3 　教会は、それが、使徒的宣教の継承を続けてゆく責任を負っている点で「使徒的」である。新約聖書に見出される宣教の様式は、まだ発展段階の形ではあるが（たとえば、奉仕者、長老（「年長者」）、監督など）、今でもキリスト教で規範的である。

　このように教会に伝えられた務めの中には、キリストに命じられた特別なことがある。それは、彼の生涯と死と復活を記念するためと、教会の内に彼が存在し続けることを祝い宣べ伝えるためになすべきことである。これらの「サクラメント」は教会にとって非常に重要なので、少し詳しく考察してもよいだろう。

サクラメント——秘蹟・聖礼典・機密

　英語の「サクラメント」（sacrament）は、キリスト教の信仰生活を保持し発展させるために特別に重要と理解されるいくつかの礼拝行為を指して用いられている。この語は、ラテン語の *sacramentum* から来ており、これはもともと「軍隊での誓い」を指していた。3世紀の神学者テルトゥリアヌスは、ここに見られる類似点を、キリスト教の誓約と教会内での誠実さに関係して、秘蹟の持つ重要さを表すひとつの手段として用いた。

　キリスト教の共同体の内部で、「サクラメント」とは何か、また、その機能は何か、そして、それをどう呼ぶかに関して、かなりの議論がなされてきた。パンとぶどう酒を用いて最後の晩餐を想起する基本的なキリスト教の礼拝実践は、異なるキリスト教集団ごとに異なる名で呼ばれてきた。最もよく見られる呼び方は、ミサ、聖体拝領、主の晩餐、聖餐などである［訳注：日本語では、サクラメントの呼び方も異なり、プロテスタントは「聖礼典」、ローマ・カトリックは「秘蹟」、ギリシア正教は「機密」、聖公会は「聖奠（せいてん）」と呼ぶ］。一般的には、プロテ

スタントは、洗礼と聖餐の二つのサクラメントしか認めず、ローマ・カトリックとギリシア正教は七つ認めている。ローマ・カトリックは通常、七つの秘蹟を三つの範疇にまとめ、入信の秘蹟（洗礼、堅信、聖体）、癒やし（和解あるいは告解、病者の塗油）、奉仕（結婚、叙階）としている。ギリシア正教もやはり七つのサクラメント（機密）を認めているが、「堅信」(confirmation)の代わりに「傅膏（ふこう）」(chrismation)と言うなどの違いがある。

サクラメントとは何か？

　初期のキリスト教著述家はしばしばサクラメントについて言及しているが、あることがサクラメントであるかないかを決める基準についての考察を書いたものはあまり残っていない。サクラメントという語は、この語の含蓄を神学的に明確にしようと試みられることもなく、いく分無批判に用いられている。ヒッポのアウグスティヌスが、サクラメントの定義に関する一般原則を定めたと一般に考えられている。彼が基準にした原則は次のようである。

　　　まず第1にサクラメントは、根本的に、しるしである。「神に関する事柄を表すとき、しるしはサクラメントと呼ばれる」。第2に、このしるしは、それが示しているものと何か関係がなくてはならない。「もし、サクラメントが、それがサクラメントとして示す対象と何も類似点を持たないならば、それらはまったくサクラメントではなくなる」。

　これらの定義は役には立つが、まだ不正確で不十分である。たとえば、あらゆる「聖なるもののしるし」はサクラメントと見なされるのだろうか？　実際には、アウグスティヌスは、現在ではもはやサクラメントと見なされない性質のものも多く「サクラメント」と

第6章　キリスト教信仰の核——概要

して理解していた——たとえば、信条や主の祈りなどである。時が経つにつれ、単に「聖なるもののしるし」ではサクラメントの定義として不十分なことが明らかになってきた。そこで、中世の初期にはさらに明確化がなされた。

12世紀後期、ペトルス・ロンバルドゥスは、アウグスティヌスの定義を発展させて、さらに新たな明確さと正確さを加えた。ペトルスの定義は次のような形をとる。

> サクラメントは、それがしるしである事物の似姿である。「なぜなら、それがサクラメントとして示す対象と何も類似点を持たないならば、それらはまったくサクラメントではなくなるからである」（アウグスティヌス）。……何かが、神の恵みのしるしであり、見えない恵みの形であるなら、そして、そのことによって神の恵の似姿であり、その作動原因として存在するのならば、それはふさわしくサクラメントと呼ばれうる。サクラメントは、それゆえ、意味を指し示すためだけではなく、聖別するためにも制定されたのである。……意味を指し示すためだけに制定されたものは、しるしにすぎず、サクラメントではない。旧約律法での物質的な犠牲奉献や礼典儀式の場合がそうで、これらは、それらを行う者を義とすることができないので、サクラメントではない。

この定義は、先に述べた七つの伝統的なサクラメントすべてに当てはまり、信条や受肉などを除外する。この定義は、広く用いられた権威ある神学の教科書であるペトルスの『命題集』に含まれていたので、後の中世の神学で一般的に用いられるようになり、ほぼまったく異議を唱えられることなく、宗教改革の時代に至った。

マルティン・ルターは、サクラメントに関するこの考え方に抗議

し、サクラメントには三つの基本的な要素があると主張した。物質的なしるしと、約束と、この物質的なしるしがこのように用いられることを命じたキリストの明確な命令である。ルターのより徹底した定義は、サクラメントを洗礼と聖餐に限った。

　以下で、これらのサクラメントのそれぞれに関して、キリスト教の内部で論争と論議が続いているいくつかの問題を掘り下げて見よう。

洗　礼

　子どもたちは洗礼を授けられるべきだろうか？　マタイによる福音書には、イエス・キリストが自分の弟子たちに、「行って、弟子を作りなさい。そして、洗礼を授けなさい」と命じたことが記録されている（マタイ28：17-20）。けれども、子どもたちについてはどうだろうか？　この命令は、ただ大人だけに関することなのか、それとも、子どもも含めるものなのか？　新約聖書には、幼児の洗礼については特に何も書かれていない。けれども、幼児洗礼が明確に禁じられているわけでもなく、むしろ、これを大目に見るように解釈される多くの箇所がある――たとえば、家族全員が洗礼を受けたことを示す記述があるが、そこにはおそらく幼児も含まれていたであろう（使徒言行録16：15、33、Ⅰコリント1：16）。パウロは洗礼を霊による割礼と見なしたが（コロサイ2：11-12）、それなら、割礼に対応するものとして洗礼が幼児にも与えられることが示唆される。

　ほとんどの主流のキリスト教会は、幼児洗礼は使徒時代にさかのぼるものであり、有効であると認めている。マルティン・ルターとジャン・カルヴァンは多くの教義や実践の点でカトリック教会に非常に激しく批判的であったが、幼児洗礼は真正な聖書的習慣であると考えた。幼児洗礼に賛成する根拠はさまざまである。ヒッポのアウグスティヌスは、キリストはすべての人々の救い主なのだから、

第6章　キリスト教信仰の核——概要

すべての人は救いを必要とする。洗礼は、人間が救いを必要とすることと、救いを与えようとする神の恵み深い意志との両方を認識することなのだから、すべての人は洗礼を受けるべきであると論じた。彼は言うが、結局、子どもたちも大人と同じだけ救いを必要としているのだ。

　幼児洗礼を擁護するもうひとつの筋道は、旧約聖書に見出される。つまり、イスラエルに生まれた男の幼児には、神の民である外的なしるしをつけなくてはならないと定められていることである。ここで言う外的なしるしとは、割礼のことだった——つまり、包皮を取り除くことである。そこで、幼児洗礼は割礼に類似するものと見られる——契約の民の共同体に属するというしるしである。フルドリヒ・ツヴィングリのような著者は、キリスト教のより包括的で寛大な性格は、幼児洗礼によって確認されると論じた。そして、さらに包括的な性格は、男児にも女児にも両方に洗礼を授けることで確認される。それに対し、ユダヤ教では、男児だけがしるしを受けたからである。そして、福音のより寛大な性質は、このサクラメントに痛みや流血がないことによって公に示される。キリストは、彼の民がこのように苦しまなくて済むように、十字架の上の死に加えて、自分自身は割礼も受けて苦しんでくれたのだ。

　けれども、幼児洗礼に賛成する議論に納得していない人々もいる。多くのバプテストの著述家は、幼児に洗礼を授ける伝統的習慣を退けている。洗礼は、個人が恵みや改悛、あるいは信仰のしるしを示したときに初めて授けられるべきである。幼児洗礼の習慣は、聖書には根拠がないと考えるべきである。これは使徒時代の後に規範になったかもしれないが、新約聖書時代にはそうではなかった。さらに、幼児洗礼の習慣は、人は洗礼の結果としてキリスト教徒になるのだというような混乱させる考えにつながるものであり、洗礼とキリスト教徒の使徒性との関係を弱めることになると論じられた。

第6章 キリスト教信仰の核——概要

聖　餐

　最後の晩餐のとき、イエスは弟子たちに命じて、パンとぶどう酒によって彼を記念するように言った。明らかにこれは最初期の時代から行われていた。新約聖書自体に、最初のキリスト教徒たちが、自分をこのように記念するようにというイエス・キリストの命令に従っていたことが言及されている（Ⅰコリント11：20-27）。この祝いと記念の行為は、キリスト教の諸教会でさまざまに呼ばれている。たとえば、ミサ、聖体拝領、主の晩餐、聖餐などである（英語では eucharist とも言うが、これはギリシア語の「感謝の奉献」を表す語から来ている）。

　キリスト教の内部での重要な論争は、キリストが主の晩餐に現存するのか、もし現存するとすれば、どのようにするのかであった。これはしばしば、最後の晩餐でキリストが語った言葉と結びつけられる。パンを取って、彼は弟子たちに、「これはわたしの体である」（マタイ26：26）と言った。これはどのような意味だろうか？現在、世界中のキリスト教の大多数の意見では、キリストの言葉は、主の晩餐のパンの中に何らかの意味で現存しているということを言っているにすぎないと考えられている。1215年に公式教義とされた実体変化説は、パンの外見は変わらないが、その内側の実体は変容していると論じた。つまり、パンは見た目も味も香りも感触もパンのままのようだが、その最も根本的なレベルでは変化しているということである。同様の理論で、ぶどう酒もキリストの血に変わっていると考えられた。この立場は、しばしばアリストテレスの「実体」（内側の本質を与えるもの）と「遇有性」（単なる外見）の考えを用いて述べられた。この見方では、パンとぶどう酒の実体は変化しているが、それらの遇有的な性質は変わっていない。

　この立場は特にローマ・カトリック教会と結びついているが、そ

第6章　キリスト教信仰の核——概要

れと関連した見解が東方正教会にも見られる。マルティン・ルターはわずかに異なる考えを展開したが、それはしばしば「共在説」と呼ばれ、パンはパンのままだが、それに加えて、キリストの体になると考える。ルターはこの考えを説明するために、一片の鉄が熱い火の中に入れられると真っ赤になる例を挙げた。鉄は鉄のままであるが、それに加えて、熱を持つようになる。同様に、主の晩餐のパンも、パンのままで、それに加えて、キリストの体を含むか、伝えるものとなる。

　すべてのキリスト教徒がこの立場をとっているわけではない。ジャン・カルヴァンに従って、このパンは「有効なしるし」であると論じる人々もいる。つまり、パンはキリストの体そのものではないが、キリストの体を効果的に伝えるような仕方で表しているというのである。また、スイスの宗教改革者フルドリヒ・ツヴィングリの見方をとる人々もいる。ツヴィングリは、パンがキリストの体を象徴していると論じた。主の晩餐のパンとぶどう酒は、カルバリの出来事を信徒に思い出させる助けとなり、教会や神や信徒同士の関わりを改めて強くするように彼らを促す。ツヴィングリの見方はしばしば「想起説」と呼ばれる。これは、パンにもぶどう酒にも何も客観的な変化はないと考える。起こる変化はすべて、見ている者の心の中に起こる主観的なものであり、その人が今、パンをキリストの体のしるしとして、そして、キリストの十字架の犠牲の記念として「見る」のである。

　これらはもちろん、キリスト教徒たちが擁護してきた立場のほんのいくつかでしかない。けれども、これらは、最後の晩餐についての聖書の証言と、キリストが自分の「記念」（ギリシア語では「想起」 anamnesis）として行うように命じた行為を繰り返してきた長いキリスト教の歴史の両方に関する最良の解釈について続けられてきた論争を示す例であろう。

325

キリスト教とほかの宗教

　キリスト教は、ほかの宗教伝統との関係をどのように理解しているのだろうか？　キリスト教徒たちは、ほかの宗教の立場についてどう信じているのだろうか？　この問いは、決して近代に起こったものではない。キリスト教の歴史を通じて常に問われてきた問いである。最初は、この問いはもっぱら、キリスト教とユダヤ教との関係に向けられていた。キリスト教が紀元30-60年頃、ユダヤ教を母体として生まれたからである（346-351頁参照）。けれども、キリスト教は広まってゆくと、ギリシア・ローマの異教信仰など、ほかの宗教の信仰や祭儀、習慣などに出会うようになった。使徒言行録はしばしば、キリスト教とギリシア・ローマの異教的文化との緊張を例示する出来事を語っている。5世紀になり、キリスト教はインドにも定着するが、そこでは多様なインド土着の文化活動と出会う。それら多様な思想を西洋の学者たちはひとまとめにして「ヒンドゥー教」と言うが、それは誤解を招く言い方である。アラブのキリスト教は東地中海地方で昔から、イスラム教と共存することを覚えている。

　最近では、この問いは、特に西洋キリスト教の中で重要になってきた。今までキリスト教国だった中に、イスラム教徒、ヒンドゥー教徒、仏教徒が圧倒的に多い地方からの移民を受け入れた結果、ほかの宗教が存在するようになったからである。けれども、この問いは、キリスト教の長い考察の期間、終始論じられてきたのであり、西洋の外のキリスト教徒たちにとっては長年の重要な問いだった。彼らはしばしば、より積極的なほかの宗教伝統の中で少数派宗教の信徒として生きているからである。

第6章　キリスト教信仰の核——概要

ほかの宗教に対する常識的な見方

　素朴で常識的な見方では、宗教とはおそらく、ある至高の存在を信じ礼拝するような人生観とでも言えるかもしれない。このような見方は、理神論や啓蒙主義的合理主義に特徴的であるが、すぐに不十分だと分かる。仏教は、ほとんどの人によれば、宗教の部類に入る。けれども、仏教には、至高の存在に対する信仰がないことは明らかである。同じような問題が、「宗教」をどのように定義してもつきまとう。諸宗教に共通する、曖昧さを残さぬ特徴は、信仰の点でも礼拝や習慣の点でもまったく見つからない。偉大な仏教学者エドワード・コンゼは次のように回想している。「あるとき、ローマ・カトリックの聖人たちの伝記を集めたものを最初から最後まで全部読んでみたのだが、そのうちひとりとして、仏教徒から完全にほめられるような人はいなかった。……彼らは良いキリスト教徒かもしれないが、仏教徒としては良くない」。

　最近20年間、ますます意見の一致を見ていることは、世界のさまざまな宗教伝統をひとつのテーマの変奏のように見ることは誤解を招くということである。「この多様性すべてに見られる単一の本質や、解放の唯一のなされ方などは、決してない」（デイヴィット・トレイシー）。ジョン・B・カブ・Jr. もまた、「宗教の本質」が何かひとつあると論じようとする者は多大な困難に突き当たると指摘している。「宗教とは本当は何か、という議論は無意味である。宗教などというものはない。あるのは、人々が宗教という言葉で意味するものとの連想が与えられる特徴を持つような伝統や、運動や、共同体や、人々や、信仰や、習慣だけである」。

　カブはまた、宗教はひとつの本質を持つという前提が、世界の宗教間の関係についての最近の議論を深刻に誤らせてきたと強調する。たとえば、彼が指摘するのは、仏教も儒教も「宗教的」な要素を持つ——しかし、だからと言って、それらが「宗教」と分類されると

は限らない。多くの「宗教」は、宗教的要素を持つ文化的運動と理解したほうがよいと彼は論じる。

　何か普遍的な宗教があり、個々の宗教はその部分集合であるというような考えは、啓蒙主義の時代に現れたようである。生物学の類比を用いるなら、宗教の属がひとつあって、個々の宗教はそこに属す種であるというのは西洋の考えで、西洋文化の外では、これに値するものはない——ただ、西洋で教育を受け、西洋的前提を無批判に吸収する者だけがそう考えるだけである。

　それでは、キリスト教とほかの宗教的伝統の間の関係を、キリスト教徒はどのように理解すればよいのだろうか？　イエス・キリストを通して啓示された、万人を救う神の意志を信じるキリスト教の信仰の文脈において、そのようなほかの伝統はどのように理解できるのだろうか？　強調すべきことは、キリスト教の神学は、キリスト教自体の視野に立ってほかの宗教を評価しようとしているということである。そのような考察は、ほかの宗教伝統の構成員や、それらの宗教の世俗の信徒に向けて語られているのではないし、そうした人たちからの賛同を得るつもりもない。

　二つのおもな見方が識別できる。特殊主義。これは、キリスト教の福音を聞き、それに応えた者だけが救われるという見方である。そして、包括主義。これは、キリスト教は規範的な神の啓示を表すが、救済は、ほかの宗教に属する人々にとっても可能であるという見方である。通常、「多元論」と呼ばれる第3の見方は、人間のすべての宗教的伝統は、宗教的リアリティーの同一の核に向かう同等に有効な道であると考える。この立場は、歴史的なキリスト教ではあまり典型的とは言えず、しばしば西洋の多元論的文化に文化的に順応した応答であり、すでに深刻な欠陥があると認識された「常識的な」宗教モデルを採択していると見なされる。この多元論的な見方を簡潔に見ておくことにする。

第6章 キリスト教信仰の核——概要

宗教多元論の見方

　宗教的諸伝統への多元論的立場の最も重要な唱道者はジョン・ヒックである（1922-）。『神と諸宗教の世界』*God and the Universe of Faiths*（1973年）でヒックは、キリスト中心の見方から神中心の見方への転換を提唱した。この転換を「コペルニクス的革命」と呼び、ヒックは、「キリスト教が中心であるというドグマ」から離れ、「中心にいるのは神であり、すべての宗教は、……われわれの宗教を含めてみな、その神に仕え、神のまわりを回っているのだという認識」に移ることが必要だと断言した。この見方を発展させて、ヒックは、神の性格について、ほかの諸宗教の問題で最も重要な面は、万人を救おうとする神の意志であると示唆する。もし、すべての人が救われることを神が望むなら、ほんの一握りの人間だけが救われるようなやり方で神が啓示されることは考えられない。そして、そこからヒックは（これは実際には、私たちがこれから見るように、特殊主義や包括主義にとっては必然的な局面ではないが）、すべての宗教が同じ神に至ると認識することが必要だと結論する。キリスト教徒は、神に近づく特別の道を持っているわけではない。神は、あらゆる宗教伝統を通じて万人に開かれている。

　この提案は、それ自体の問題がないわけではない。たとえば、明らかに世界の宗教的諸伝統は、その信仰内容や宗教的慣行において徹底的に異なっている。ヒックはこの点を論じて、そのような相違は「あれか-これか」ではなく、むしろ「あれも-これも」というふうに解釈すべきであると示唆している。そうした違いは、ひとつの神のリアリティーへの洞察として矛盾するというよりむしろ相補完的なものと理解すればよい。このリアリティーはすべての宗教の中心部にある。けれども、「そのリアリティーの異なる経験が、異なる文化の異なる思考形態と相互作用して、ますます分化し、差異

第6章 キリスト教信仰の核──概要

を示す精巧さを増していった」(この考えと非常に似ているのが、理神論の著述家たちに提唱された「普遍的な合理的自然宗教」であるが、これは時を経て衰退してしまった)。同様にヒックは、不二一元ヒンドゥー教や上座部仏教のような、神の場を持たない非神論的宗教についても困難にぶつかるであろう。

　それらの困難さは、諸宗教伝統で実際に観察される特徴と関係する。非神論的宗教の信仰は、それらがみな同じ神を語っていると認めることを困難にする。けれども、それよりももっと基本的な神学的懸念が残る──ヒックはそもそもキリスト教の神のことを語っているのだろうか？　キリスト教の中心的な確信は、神がイエス・キリストにおいて限定的に啓示されているというものだが、ヒックの論を通すためには、それを脇によけさせなければならない。ヒックは、自分はただキリスト中心の見方ではなく、むしろ神中心の見方をとっているだけだと言う。けれども、神がキリストを通じて規範的に知られるというキリスト教の主張は、神についてのキリスト教の真正な知識はキリストを通じて得られることを意味する。多くの批評家にとって、ヒックが基準点としてのキリストを捨てたことは、キリスト教の視野に立って語る権利をすべて捨てたことを意味する。

　伝統的なキリスト教には、宗教多元論者の同質化政策に強い抵抗がある。その大きな理由は、伝統的キリスト教の「高いキリスト論」〔訳注：キリストの神性を強調するキリスト論〕である。すべての宗教が多かれ少なかれ漠然と同じ「神」について語っていると示唆することは、本質的にキリスト教的な概念と折り合わない。特に受肉の教義(278-281頁参照)や三位一体の教義(244-252頁参照)と両立しないのである。たとえば、キリストの神性の教義が妥協なく断言しているように、もし神がキリストと似ているのなら、史的人物としてのイエスは、聖書における彼についての証言とともに、キリスト教にとって土台となる重要性を持つことになろう。多元論者の多く

第6章　キリスト教信仰の核——概要

は結局、このように、キリスト教の中心にある一連の教え——イエスの神性や復活、三位一体の教義などを否定している。このキリスト教への非常に強い還元主義的な見方を嫌うキリスト教徒は多い。すべての宗教は同じことを言っているという概念に合わせるように、自分たちの信仰が勝手に変えられているように感じるからである。

それでは次に、キリスト教伝統の中に見られる、ほかの宗教との関係についての二つのおもな見方を考察しよう。

特殊主義の見方

おそらくこの立場が最も影響力の強い形で述べられているのは、ヘンドリック・クレーマー（1888-1965）の著書で、その代表的な書が『非キリスト教世界でのキリスト教の使信』（1938年）である。クレーマーは、「神は、イエス・キリストにおいて、これが道であり、真理であり、命であると示したのであり、それが世界中に知られることが神の意志である」と言う。この啓示は絶対的に独特のものであり、それ自体の範疇で存在し、ほかの宗教伝統で見られる啓示の概念と並べてみることはできない。

この点で、この見方の内部でも、いくらか意見に幅が見られる。クレーマー自身は、キリストの外にも神についての真の知識はあると示唆しているように見える。彼は、神の輝きが「損なわれ、乱れた形で、理性や自然や歴史の中に」射し照らされていると語っているからだ。問題は、そのような知識がキリストを通してしか得られないのか、それとも、キリストはただ枠組みを提供しているだけで、その枠組みを用いれば、そのような知識はほかのところでも見分けられ、解釈できるのかである。

特殊主義者の中には、カール・バルトのように、キリストを離れては神の知識はまったく得られないという立場をとる人々もいる。また、クレーマーのように、神は多くの方法と場所で自己を啓示す

ると認め、ただその啓示は、キリストにおける神のはっきりとした啓示の光を通してだけ正しく解釈され、ありのままに知ることができると主張している人々もいる。

それでは、キリストの福音を聞いたことのない人はどうなのか？　彼らはどうなるのだろうか？　特殊主義者たちは、キリストのことを聞いたことのない人たちの救いを否定するのか？　または、キリストのことを聞いた上で彼を認めないと選んだ人たちは救われないというのか？　このような批判が特殊主義に対して、その批判者、特に宗教多元論的立場の者たちからしばしばなされている。たとえば、ジョン・ヒックは、救済がキリストを通してしかありえないという教義は、万人の救いを望む神の意志を信じることと矛盾すると示唆している。しかし、実際はこれが矛盾しないことは、20世紀で最も綿密に特殊主義を擁護したひとりであるカール・バルトの見方を考えれば、すぐに示すことができる。

バルトは、救済はキリストを通してしかありえないと断言している。しかし、それにもかかわらず、彼は、終末、つまり、歴史の終わりには、究極的に恵みが不信に勝利することを主張する。究極的には、神の恵みが完全に勝ち、すべての人々がキリストを信じるようになるだろう。これが救いへのただひとつの道である——けれども、これは、神の恵みにより、すべての人に対して有効な道なのだ。バルトにとって、キリストを通して与えられた神の啓示の特殊性は、救済の万人性と矛盾しない。

特殊主義についてのこの短い議論を閉じる前にひとつ言っておかなければならない。1980年代に出版された書の多くは、この型の見方を「排他主義」と言っている。この言い方は現在では徐々に使われなくなっている。それはおもに、「排他主義」と言うと論争的に思われるからである。この見方は今では一般に「特殊主義」と呼ばれる。キリスト教信仰の特殊で特有な特徴を確認するからである。

第6章 キリスト教信仰の核──概要

包括主義の見方

この型の最も重要な代弁者は、指導的なイエズス会士思想家カール・ラーナー（1904-84）である。彼の『神学著作集』の第5巻で彼は四つの命題を展開するが、そこで、キリスト教以外の個人も救われるだけではなく、一般にキリスト教以外の宗教伝統も、キリストにおける神の救いの恵みに通じる道でありうるという見方を打ち出している。

1　キリスト教は、キリストにおける神の自己啓示という唯一無二の出来事に基づいた絶対的な宗教である。けれども、この啓示は、歴史上のある特別の一点で起こった。この点の前に生まれた人々や、この出来事についてまだ聞いていない人々は、救済から除かれるように見えるかもしれない──しかし、そのような排除は、神の救済の意志に反することである。
2　それゆえ、キリスト教以外の宗教伝統は、誤りと不足があるにもかかわらず、神の救いの恵みの仲介をすることができる。ただし、それは、福音がその構成員に知らされるまでである。そのようなキリスト教以外の宗教伝統の信奉者に福音が宣べ伝えられた後は、それらの宗教は、キリスト教神学の立場から見れば、もはや正当ではなくなる。
3　キリスト教以外の宗教伝統の誠実な信奉者は、そこで「無名のキリスト教徒」と見なされる。
4　ほかの宗教的伝統はキリスト教に取って代わられることはない。宗教の多元性は、人間存在の特徴であり続けるだろう。

これらの命題のうち、第1の命題をさらに詳しく考えよう。明らかにラーナーは、キリスト教の伝統によって解釈されたイエスを通

第6章 キリスト教信仰の核——概要

じてのみ救済が得られるという原則を強く肯定している。「キリスト教は自己を絶対的な宗教、すべての者のための宗教と理解し、自分以外のどの宗教も同等の権威を持つとは認められないと考えている」。けれどもラーナーはこれを補って、万人を救う神の意志を強調する。すべての人がキリストを知っているわけではないが、神はすべての人々が救われることを望む。「すべての人が何らかの形で教会の一員になることができるに違いない」。そうしたわけでラーナーは、救いの恵みは教会の外でも——つまり、ほかの宗教伝統のうちでも得られるはずだと論じる。彼は、ひとつの宗教は神から来ているか、あるいは偽りで単なる人間の作りごとにすぎないかのどちらかだとするような割り切りすぎた答えをする人々に激しく反対する。クレーマーが、キリスト教以外の宗教的伝統はほとんど人間の自己正当化のための作りごとにすぎないと論じるところで、ラーナーは、そのような伝統も真理の要素を含むかもしれないと論じる。

　ラーナーはこの示唆を、旧約聖書と新約聖書の関係を考えることによって正当化している。旧約聖書は、厳密に言えば、キリスト教以外の宗教（ユダヤ教）の見方を表しているが、キリスト教徒はそれを読んで、そこにまだ有効であり続けている要素を見分けることができる。旧約聖書は新約聖書の光に照らして評価され、その結果、いくつかの習慣（たとえば、食物規定など）は受け入れがたいものとして廃棄され、ほかのものは保持されている（たとえば、道徳律など）。ラーナーは、ほかの宗教の場合でも同じ取り組み方ができるだろうし、そうすべきだと論じている。

　このように、キリスト教以外の宗教的伝統には欠点があるが、それにもかかわらず、神の救いの恵みはそれらの宗教を通しても得られる。そうして、それらの宗教の信奉者は神の恵みを受け入れているのであるが、ただ、それが何なのかを完全には理解していないだけなのである。こうした理由でラーナーは「匿名のキリスト教徒」

第6章　キリスト教信仰の核——概要

という言葉を作って、ときには自分でも知らないうちに神の恵みを経験している人たちをそう呼んだ。この語は激しく批判された。たとえば、ジョン・ヒックは、それが温情主義的で、「名誉の地位を、それを望んでいない人々に一方的に」差し出しているだけだと示唆している。それにもかかわらず、ラーナーの意図は、神の恵みの真の効果が、キリスト教以外の伝統に属する人の人生にも及ぼされることを認めることにあった。（キリスト教伝統で考えられている）神についての真理の道を完全に与えられていることは、神の救いの恵みを得るための必要前提条件ではない。

ラーナーは、キリスト教とその他の宗教的伝統が同等に扱われることを認めてもいないし、それぞれが、神とのひとつの共通の出会いの特殊な場合であるとも言っていない。ラーナーにとってキリスト教とキリストは、ほかの宗教には与えられていない唯一の地位を持っている。問題は、ほかの宗教的伝統は、キリスト教に与えられているのと同じような救いの恵みへの道を与えることができるだろうかということである。ラーナーの見方は、キリスト教以外の宗教的伝統は必ずしも正しくないと示唆しながらも、それにもかかわらず、それらは、それらが喚起する生き方によって——つまり、たとえば隣人に対する無私の愛によって、神の恵みを仲介するものになりうると示唆することを許している。

多少異なる見方が、第2ヴァチカン公会議（ヴァチカンⅡ）と結びついて見られる。ほかの信仰に対する勅令（*Nostra Aetate*、1965年、10月28日）で、公会議は、ラーナーに従って、神の真理の光は実際、ほかの宗教にも見出せると認めている。けれども、ラーナーがほかの信仰にも救済的潜在力を認めているのに対し、公会議は、この点ではキリスト教信仰の独自性を固持している。

> カトリック教会は、これらの諸宗教の中に見出される真実で

尊いものを何も排斥しない。これらの諸宗教の行動と生活の様式、戒律と教義を、まじめな尊敬の念をもって考察する。それらは、教会が保持し、提示するものとは多くの点で異なっているが、すべての人を照らす真理の光線を示すこともまれではない。しかし、教会はキリストを告げているし、また絶えず告げなければならない。「道、真理、生命」（ヨハネ14：6）であるキリストにおいて、人は宗教生活の充満を見出し、キリストにおいて神は万物を自分と和解させた（Ⅱコリント5：18-19）。

　ラーナーとヴァチカン公会議の違いは、いくつかの神学的専門用語を用いて以下のように要約できる。ラーナーは、啓示的にも救済論的にも包括主義である。第2ヴァチカン公会議は、啓示的には包括主義的であるが、救済論的には特殊主義である。これをふつうの言葉で言えば、ラーナーの考えでは、キリスト教の到来の前は、どの宗教でも神の知識や救済を与えることができる。一方、第2ヴァチカン公会議は、ほかの宗教でも神の知識をいくらか与えることはできるが、救いは教会を通してのみ可能であると考えている。
　この論争はいまだに続いている。しかも、より重要になっている。キリスト教が、かつてほかの宗教が支配的だった世界の地域に広がってゆくに従って、そしてまた、ほかの宗教が移民によって西洋社会の一部になるに従って、キリスト教徒たちに問いは依然として突きつけられている。これらほかの信仰はどのように理解されるべきだろうか？　この論争の今の短い要約は、この後かなりの間重要であり続けるだろうと思われる現在のおもな見方の概略である。

天　国――終末のこと

　最後に来るのは、キリスト教の希望のテーマ――「終末の事柄」

第6章　キリスト教信仰の核——概要

（ギリシア語の *ta eschata*。ここから eschatology（終末論）という言葉が派生した）である。この章の最後の部分では、その「終末の事柄」の中でも最も重要な、天国に関するキリスト教の信仰に焦点を当てよう。

　「天国」という言葉は伝統的に、永遠に神のみ前に住まうことになる希望を指して使われる。「天国」は、まるでひとつの国や世界のひとつの地方のように、地理的・空間的な場所だとは考えられていない。「天国」という言葉は、何よりもまず、関係を表す——つまり、神と共に住む状態を指し、その住まいの正確な所在地について特に何か知ることとは無関係である。次に見るように、キリスト教が思い描く天国の像は、二つの支配的なイメージ、あるいは、テーマに形作られている——「新しいエルサレム」と、創造の回復のイメージだ。万物の徹底的な変容があり、その結果、新しい秩序が生まれ、人間やこの世に罪が及ぼした壊滅的な影響を逆転するだろう。復活のイメージは、徹底的な変化と継続性の両方の概念を伝える。つまり、物事の新しい秩序は、私たちが現在知っていて経験しているものとはまったく異なるが、それにもかかわらず、現在の秩序との連続性を示す。現在の時代は変容され、新たにされる。それは、一粒の種が生きた植物になるときに完全に変容するようなものだ。

　けれども、私たちはどのようにこの未来の復活の希望を理解すればよいのだろうか？　私たちのこの世の体と天国の体はどのような関係になるのだろう？　新約聖書は、このことについてはわずかなことしか言っていない。そのようなことは神秘としてほのめかすだけで、事実として明らかにしてはいないのだ。パウロがコリントの信徒への手紙一の15章で用いている種のイメージ［訳注：「自然の命の体が蒔かれて、霊の体が復活する」44節］を、多くの著者は、この世の体と天国の体の間には連続があることを意味すると理解している。ニュッサのグレゴリオスはそのように考えた良い例である。

第6章 キリスト教信仰の核――概要

　　　復活は、われわれの性質を、それが無垢だった状態に作り直
　　すことにすぎない。なぜなら、聖書には、最初の創造の業でこ
　　の地は最初に緑の植物を生みだしたと書いてある。次に種がこ
　　の植物から造られた。そして、この種が地に蒔かれたとき、最
　　初の植物と同じものが芽を出した。さて、霊感を受けた使徒が
　　言っているが、これがまさに復活のときに起こることなのだ。
　　そうして、われわれは、人間性がはるかに高貴な状態に変わる
　　だけではなく、人間性がその原初の状態に戻ることを希望でき
　　るのだということを彼から学ぶことができる。

　初期のキリスト教徒の中には、新しいエルサレムの街には、肉体を離れた魂が住んでいると想像するのがいちばんだと考えた人もある。このモデルでは、人間は肉体と霊魂の二つの実体からなっている。死は、物質的な肉体から魂を解放する。この見方は、新約聖書時代のヘレニズム文化圏内で一般的だった。けれども、初期キリスト教神学者の大多数は、これに激しく反対した。この点で最も重要な少数派の声はオリゲネスのものである。彼は非常にプラトン哲学的な傾向を持ったきわめて創造的な神学者であり、復活の体は純粋に霊的なものだと考えた。この見方に対して大多数のキリスト教著作家は異議を唱え、「死者の復活」とは、信徒の肉体と魂の両方が永久に復活することと理解するべきだと主張したのである。
　けれども、天国の住民はどのように見えるのだろうか？　多くの初期キリスト教著者たちは、「天国の住民」は裸で、楽園の状態を回復しているであろうと論じた。ただし、今度は裸は恥も性的欲望も起こさず、ただ人間の自然で無垢な状態として受け入れられるだろうと考えた。しかし、その意見に反対して、新しいエルサレムの住人は晴れ着を着て、神に選ばれた都の市民としての地位を示す装

第6章 キリスト教信仰の核——概要

いをしているだろうと論じた人たちもいた。

しかし、この変容の過程はどのようにして起こるのだろうか？ 現在の低められた死すべき状態と、未来の栄光の状態はどうつながるのか？ オリンポスのメソディウスはたとえでこの復元の過程を説明し、そのたとえはこの問題に関して非常に大きな影響力を持つことになった。復活は、人間を構成していた要素の一種の「再構成」と考えることができると彼は論じた。これは、溶かされた像が同じ素材で塑像し直されるのに似ており、ただそれが、欠点や傷がすべて取り除かれるような仕方でなされるのである。

> それは、誰か熟練した職人が金などを鋳造して、あらゆる面で美しく均衡の取れた高貴な像を作ったのに似ている。しかし、職人は突然、誰かねたみ深い者がその美しさに我慢できず、自分の嫉妬を満足させるという意味のない楽しみのためにその像を台無しにしようとして傷をつけてしまっていることに気づいた。そこで職人は、この高貴な像を鋳造し直す決心をする。……そこで、塑像の溶解は人間の死と分解に当たり、再塑像は死後の復活に相当する。

ひとつの類似した議論が、12世紀の偉大な神学者ペトルス・ロンバルドゥスの名著『命題集』に見られる。この本は、ほとんどすべての中世神学者の主要な教科書として用いられたが、復活の体は基本的には再構成された人間で、ただすべての欠点が除去されているのだと考えている。

> 人間が造られた素材となった肉体の構成要素は何も失われないであろう。むしろ、以前散らされていたすべての粒子が集められ、体の本来の構成要素が再統合されるであろう。聖徒たち

の体はそうして、すべての醜さを削り取られて欠点なしに甦り、太陽のように輝くだろう。

　最後に、キリスト教神学者を非常に悩ませたもうひとつの問題は、甦った人の年齢だった。60歳で死んだら、その人は新しいエルサレムの街に老人の姿で現れるのだろうか？　そして、10歳で死んだら、子どもの姿で現れるのだろうか？　この問題は、特に中世に盛んに議論された。そして、13世紀の終わりまでにだいたい一致した意見が出来上がってきたと見られる。人はそれぞれ30歳頃に完成の頂点に達するので、甦るときにはだいたいそれくらいの年齢の姿で甦るであろう（たとえ、その年齢になるまで生きていなかったとしても）と考えられたのである。その点についてのペトルス・ロンバルドゥスの議論は、当時の典型的なものだった。「生まれてすぐ死んだ男の子は、仮に30歳まで生きていたとしたらそうなったはずの姿で甦るであろう」。新しいエルサレムに住んでいる人たちは、男も女もこのように、彼らが30歳のときの姿をしており（これはもちろん、キリストが十字架にかけられた年齢だ）――ただ、すべての欠点だけは取り除かれていることだろう。

　復活の体の形について、さらに20世紀に特に重要になった問題がある。埋葬にかかる費用が法外に高くなるなどの理由から、キリスト教諸国で火葬が一般的になってきたときに、火葬は復活信仰と矛盾するかどうかが問われたのである。私たちの永遠の命への復活は、そのまま埋葬されることにかかっているのだろうか？　この問題は以前にも論じられていた。たとえば、2世紀に南フランスで起こったキリスト教弾圧の際には、異教の迫害者たちは、殉教させたキリスト教徒たちの死体をすぐに燃やし、その灰をローヌ川に投げ捨てた。そうして、甦る肉体をなくしてしまうことで、この殉教者たちの復活を防げると思ったからである。キリスト教の神学者たち

第6章 キリスト教信仰の核——概要

はそれに応えて、神は、この破壊の過程で肉体が失ったものをすべて元に戻すことができると論じた。

ローマ・カトリック教会では何世紀も、火葬ははっきりと禁じられていた。それにはしばしば二つの理由が挙げられた。第1に、火葬は、復活の教義を否定する異教の習慣だと見られていた。第2に、体は聖霊の宮と考えられていたということである。けれども、20世紀には、ローマ・カトリックのやり方に重大な変化が起こった。1963年、ヴァチカンは、カトリックに対して火葬の禁止を解いた。けれども、火葬された遺骨について祈りや礼拝の式を行うことは認められなかった。つまり、葬式の礼拝はすべて遺体があるところで行われ、火葬はその後で行われるということである。1997年にヴァチカンは、火葬された遺骨を教会の中に持ち込んで埋葬の礼拝をすることを許可した。しかしそれでも、教会は公式に、葬式の一連の礼拝はすべて遺体のあるところで行われ、火葬はその後でなされるのが好ましいとしている。

プロテスタントの間で、この問いに対して最も影響力の強い答えは、アメリカの有名な福音伝道家ビリー・グラハムから出された。彼は全国紙のコラムに次のように書いている。

> 火葬を心配するキリスト教徒たちがいるのは、体が完全に消滅すると考えるからだ。私たちはここで正しい視野に立って考える必要がある。肉体は墓の中でも火葬と同じく完全に消滅している。私たちの祖先の墓はもはや存在しないし、彼らが埋められた土はとうの昔に別の場所に移されている。だから私たちは、死体や墓に何が起こるかは、復活に関する限り、重要ではないことを受け入れなくてはならない。パウロはコリントの信徒への手紙二の5章で、倒して片づけられる一時的な住まいである幕屋に住むことと、ずっと続く永住の家に住むこととを対

比した。私たちの肉体は仮の幕屋にすぎない。甦りの体が私たちの永住の家なのだ。その家は、見かけは似ているが、実質が異なる。だから、火葬は復活には何の妨げにもならない。

　グラハムの論点は明らかである。キリスト教の復活の希望は、神の約束の確かさに根拠を置くのであって、ある人がどのような手順で葬られたかという個々の状況によるのではないということだ。
　これらの考えは多くの点で重要であるが、特にキリスト教の葬式にとって重要である。そこで、このことはまた後の章で考えよう。しかし、その前にここで、キリスト教の歴史をひとわたり見渡し、キリスト教が世界に広がっていく際に起こったいくつかの画期的な出来事を概観しておこう。

第7章　キリスト教の歴史──略史

　歴史は何か退屈でつまらないものだと考えている人は多い。歴史というのは、せいぜい、もっと興味深い事柄を勉強するための、たとえば、今現在起こっていることを勉強するための下準備にすぎない。けれども、私たちはしばしば、今現在起こっていることを理解するために、どうしても現在の背景を知らなければならないことがある。アドルフ・ヒトラーの隆盛は、ワイマール共和国やヴェルサイユ条約から生じた緊張を知らなければ理解できない。北アイルランドの「問題」が分かるためには、アイルランドの歴史についての基本的知識が必要で、特に、16世紀後期にできたプロテスタント「植民地」について知らなければならない。現在の中東、イラクやサハラ以南のアフリカの政治的緊張は、それらの地域への西洋の介入の歴史と切り離しては理解できない。そして、それとまさに同様に、キリスト教の今日の世界的な状況は、その歴史と発展についての知識がなければ理解できないのである。

　本章では、キリスト教の歴史を短く概観する。分析的に歴史を見ながら、キリスト教史におけるいくつかの画期的な出来事を吟味する──ローマ皇帝コンスタンティヌスの改宗、スコラ主義の始まり、宗教改革の幕開け、18世紀のアメリカ独立戦争とフランス革命、20世紀のロシア革命と中国の文化大革命などである。パレスチナで生まれたひとつの宗教がどのようにして徐々にヨーロッパに根をおろし、そこからアメリカやサハラ以南のアフリカ、アジア諸地域に広がっていったかを見よう。

　これから述べる歴史は、この世界最大の宗教の出現を詳しく理解

第7章　キリスト教の歴史——略史

したいと望む人のためには、嘆かわしいほど不十分な概要にすぎない。この章のほとんどすべての段落が、それぞれ1冊の長さの本で扱うにふさわしい内容を含んでおり、それぞれ、本書での限られた紙面ではとても適切に論じられないような難しく、ときに論争を引き起こす問題をはらんでいる。しかし、本書は、それより目的を比較的慎ましく限定しているので、今日の世界で経験できるキリスト教を読者に理解してもらえればよいとしよう。それは、次の章での主題となるので、この章はその長い序文のようなものである。

けれども、本章の概説が、教会史を非常に詳しく勉強したいと望む人にとっても役立ち、興味深いものになるようにしたい。私が長く教師をしていた経験から学んだことだが、広範で複雑な内容を持つ事柄を教える手始めとして最上の方法はしばしば、それについて大まかに概説することである——これは、いく分、ある地域の基本的な地図を描くのに似ている。それによって、皆が後からそれぞれの目的にふさわしいだけ細かく詳細を埋めてゆけるようにするのである。

この概説の章は、教会史のごく当たり前の区分法に従って、四つに分かれている。まず最初に、教父の時代を考察するが、この時代は、キリスト教が地中海世界に出現し、その地方でその存在を確立し、思想的にも固まった時代である。この時代はしばしば、政治的にはローマ帝国の滅亡とともに終わり、神学的には、カルケドン公会議（451年）とともに終わったと考えられている。けれども、そのような区切りは指標としては有用だが、究極的には恣意的である。

第2のおもな相は、一部の歴史家がかつて「暗黒の時代」と呼んでいた中世の西洋文化の大復興期に至る時期を含む。この時代には、キリスト教は、西ヨーロッパのまとまりと継続の非常に重要な力のひとつになり（多くの学者は、最も重要な力になったと考えている）、東欧に影響力を増し、東南ヨーロッパのビザンチン大帝国の中にも存在

し続けた。ここでも、この時代の終わりを画す出来事は恣意的である。けれども、1453年のイスラム軍によるコンスタンティノポリスの陥落は、疑いなく決定的な重要性を持つ。

　第3のおもな相は、西欧でのルネサンスの開花と宗教改革の始まりである。16世紀のこの二つの動きは、世界規模のキリスト教の輪郭を描いたと言える。これらが西洋のキリスト教の内部に分裂を起こし、その分裂がその後、アメリカへの移民や、18、19、20世紀の伝道団の運動によって、世界のほかの地方の大部分に持ち出されたからである。これは比較的短い期間ではあるが、現代のキリスト教を理解するためには非常に重要なので、いくらか詳しく考察するに値する。

　最後に、近代を考える。この時代は、通常、18世紀に始まったと考えられており、キリスト教の形を作るのに非常に重要であった。この時代に特徴的なのは、西洋の多くの地域でキリスト教の運命が目立って衰退する向きに転じた一方で、特にアフリカやアジアなどをはじめとする世界のほかの地域の多くで拡大し、堅固になってきたことである。これは複雑で魅力的な話であり、21世紀の初めのキリスト教の多面的な構成や性質や運命を理解するのに役立つ。

　最初に、キリスト教の歴史の初期の教父時代の考察に取りかかるとしよう。

初代教会

　キリスト教の最初の二つのおもな時代は、通常、新約聖書それ自体の時代（通常、「使徒の時代」（the apostolic era）と呼ばれる）と、新約聖書時代の終わり（100年頃）と451年のカルケドン公会議の間の時代と考えられている。キリスト教特有の形が現れてきた時代である。ここでは、この最初の時代に起こった、キリスト教が世界に広まっ

てゆく上で重要な出来事や問題を取り上げて考えよう。最初に見るのは、新約聖書の内部で非常に重要であり、今日でも依然として重要な問題——キリスト教とユダヤ教の関係である。

キリスト教とユダヤ教

　ある意味でキリスト教はイエス・キリストの到来とともに始まったとも言える。けれども、キリスト教徒自身はいつでも、キリスト教がユダヤ教と連続していることを明らかに知っていた。「アブラハムの神、イサクの神、ヤコブの神」は、「イエス・キリストの神」と同一である。初期キリスト教はユダヤ教の内部で出現し、キリスト教への最初の改宗者のほとんどはユダヤ人だった。新約聖書

紀元70年8月30日の、ティトゥスによるエルサレムのユダヤ教神殿の破壊。AKG-Images/Peter Connolly

第7章　キリスト教の歴史——略史

にはしばしば、キリスト教徒が地元のシナゴーグで教えていたことが言及されている。ユダヤ教とキリスト教は非常に似ていたので、それを外から見ているローマの官憲などの人々は、キリスト教を、固有の性質を持つ新しい運動と見ず、むしろユダヤ教の中のひとつの分派として扱う傾向があった。

　この関係は通常、二つの「契約」という用語で表現される。この用語法は新約聖書にあり、特にヘブライの信徒への手紙では顕著に用いられており、続く何世紀もの間、キリスト教思想で規範的になった。「古い契約」は、イスラエルの民に対する神の扱いのことを言い、ユダヤ教に表されている。「新しい契約」は、人類全体に対する神の扱いのことを言い、イエス・キリストに表されている。キリストの到来が何か新しいものの始まりとなったというキリスト教の信念は、それ自体、旧約聖書に対する独特の態度の表現であり、その態度は基本的に次のように要約できる。つまり、宗教的な原理や観念（たとえば、歴史において働く至高の神という概念）は適用され、宗教的習慣（たとえば、食物規定や犠牲祭儀）は捨てられる、ということである。

　だいたいの人々がすでに完全に否定したひとつの見方は、旧約聖書を新約聖書とは何の関係もない宗教の書物として扱う見方である。この見方は特に2世紀のマルキオンの書に強い。マルキオンは144年に異端として破門されたが、彼によれば、キリスト教は愛の宗教で、律法の入る余地はない。旧約聖書は新約聖書とは異なる神と結びついており、旧約の神は世界を造っただけで、律法の概念に取りつかれている。しかし新約聖書の神は、世界を贖った愛の神である。マルキオンによれば、キリストの目的は、旧約聖書の神を廃して（この神は、グノーシス主義の「デミウルゴス」という、世界を形作った神とかなり似ている）、真の恵みの神の礼拝を始めることだった。

　キリスト教とユダヤ教の連続性を強調することで、初期のキリス

ト教徒にとっては多くの深刻な問題が起こった。第1に、キリスト教の信仰生活においてユダヤ教の律法が果たす役割は何かという問題があった。キリスト教の教会では、ユダヤ教の伝統的な儀式や習慣は続けられるだろうか？　この問題が40年代と50年代に非常に重要だったことを示す証拠がある。当時、ユダヤ教以外の者たちがキリスト教に改宗し、ユダヤ人キリスト教徒から、そのような儀式や習慣を守るように圧力をかけられていた。割礼の問題は特に微妙で、異邦人改宗者はしばしば、律法に従って割礼を受けるように迫られた。この論争は使徒言行録に記され、40年代後期に、男性キリスト教徒は割礼を受けるべきだと主張する声が教会の一部にあった様子が示されている。そう主張した人々は、事実上、キリスト教のことを、当時のユダヤ教のすべての側面を肯定し、ただそれに加えてひとつ、イエスがメシアであるということを信じているだけだと考えていたように見える。男性は、割礼を受けていなければ救われることはできない（使徒言行録15：1）。

　この問題を解決するために、パウロとバルナバはアンティオキアを発ち、エルサレムに向かった。ルカは、キリスト教の最初の教会公会議について記録している。これはエルサレム会議と呼ばれ、49年に行われた（使徒言行録15：2-29）。議論では最初、割礼を含めて、モーセ律法を守る必要を主張するファリサイ派からの改宗者が圧倒的に優勢だった。しかし、異邦人の間でキリストの福音がますます重要になっているとのパウロの説明で、そのように割礼を強要するやり方は賢いだろうかと疑問が持たれるようになった。もし、そのように多くの異邦人がキリスト教徒になっているのならば、何にしろ不必要な障害を置く必要があるだろうか？　パウロは譲歩して、偶像に供えられた食物を避ける必要は認めた――これは、彼がほかの箇所で手紙に大きく取り上げている問題である（Iコリント8：7-13）。けれども、割礼を施す必要はまったくないと決定された。こ

の立場は広い範囲で支持を得、1通の手紙に簡潔にまとめられて、アンティオキアで回覧された（使徒言行録15：30-35）。

　けれども、この問題は理論的なレベルでは解決されたが、その後、多くの教会で依然、問題として議論され続けた。パレスチナのエルサレム会議でこの問題に答えを得ると、パウロはこの決定を、ガラテヤ地方に自分が建てた諸教会に確かに知らせる決心をした。パウロがおそらく53年頃に書いたガラテヤの信徒への手紙ははっきりとこの問題を扱っており、この地方では明らかにこの問題が論議の的となっていた。パウロはガラテヤ地方に一群のユダヤ化主義者が出現したことに気づいた。つまり、教会の中に、割礼の必要を含めて、すべての面でモーセ律法を守るべきだと主張するグループが現れていたのである。パウロによれば、このグループの背後にいる統率者はヤコブだった——これは、44年に死んだ使徒ヤコブではなく、イエス・キリストの兄弟ヤコブで、エルサレム会議を招集する際にも力を持ち、新約聖書のヤコブの手紙を書いたのは彼である。

　パウロの目から見れば、この傾向は非常に危険であった。もしキリスト教徒が律法の遵守によってしか救われないのだとしたら、キリストの死はどのような目的に役立っているのだろうか？　救いの基礎はキリストに対する信仰であり、モーセ律法を几帳面に儀礼的に守ることではない。誰も律法を守ることによっては義とされない（つまり、神との正しい関係に入れてもらうことはできない）。私たちの救済を左右する正しさは、律法によって得られるのではなく、キリストへの信仰によってのみ得られる。この問題の重要性と微妙さに気づいて、パウロは、この問題をいく分詳しく掘り下げている（ガラテヤ3：1-23参照）。ガラテヤの人々は、救済は律法の行いや人間の業による業績によって得られると信じるわなに落ち込んでいた。それでは信仰はどうなるのか？　律法を守ったからといって聖霊が下ったことがあったか？　パウロは、アブラハムの例に訴えて、こ

う主張している。アブラハムは、彼の信仰によって義とされた（つまり、神との正しい関係に入れられた。ガラテヤ2：6-18）。この偉大な父祖は、割礼によって神との正しい関係に入れられたのではない。その神との関係は、アブラハムが神に与えられた約束を信じたことによって結ばれたのである（創世記15：6）。割礼は単に、その信仰の外面的なしるしにすぎない。割礼は信仰を確かにしたのではなく、ただ、すでにあったものを確認しただけである。律法も、律法のいかなる側面も、神がすでに与えた約束を廃することはない。律法が導入された後でもやはり、アブラハムとその子孫への約束は有効であり、その子孫には、ユダヤ教徒だけではなく、キリスト教徒も含まれる。

　このように、基本的な点として、神がアブラハムにした約束は、割礼やモーセの律法の授与よりも前になされた。そこで、アブラハムの信仰を分かち持つ者はすべてアブラハムの子である。異邦人も、神の約束を信じるアブラハムの信仰と、その信仰から生じるすべての益を分かち合うことが可能である——割礼を受けたり、モーセ律法の細かい点に縛られたりする必要なしに。私たちと神との関係の究極的な土台となるのは、キリストの死と復活であり、律法の外的遵守ではない。

　この論争は、いくつかの理由で重要である。これは、初代教会の内部の緊張を理解する助けとなる。ユダヤ人キリスト教徒が、異邦人キリスト教徒との関係において、特別の権利や地位を持っていたかどうかという問いを起こす。この論争の最終的な結論は、次のようなものであった。つまり、ユダヤ人と異邦人は、教会の中で等しい地位を与えられ、等しく受け入れられる。イスラエルが教会よりも年代的に先立っていることは、キリスト教共同体の中で、ユダヤ人が異邦人に対して特権を持つということを意味しない。旧約聖書の神学的・倫理的教えはキリスト教徒にも尊ばれ、受け入れられる

が、キリスト教徒は、律法の儀式的な面には従う義務を持たず、割礼を受けたり、犠牲をささげる必要もない。割礼も、犠牲も、イエス・キリストの到来によって成就され、もはや不要になっているからである。初期のキリスト教徒の多くは、イエスが割礼を受けたことによって、彼らが同じつらい過程を経験する必要が取り除かれたと考えた。

けれども、論議されたのは、教会におけるユダヤ人と異邦人との関係だけではなかった。男性と女性との関係についてはどうだったのだろうか？

キリスト教と女性たち

初期キリスト教の歴史について私たちが持っている最も重要な資料は使徒言行録である。これは、第3福音書を編集したのと同じルカによって書かれた。使徒言行録は、リディアという女性など、女性の改宗者の中には、自分たちの住まいを家の教会や宣教者の拠点として開放し、ヨーロッパに教会を確立する上で非常に重要な働きをした人たちがいたことを記し、宣教者を受け入れ歓待する女性たちのきわめて重要な役割を強調している。ルカは、初期のキリスト教会が女性たちに、ユダヤ教よりもはるかに大きな社会的役割を与え、初期教会の宣教的・牧会的伝道活動全般においてかなりの責任ある地位を提供したために、文化的に秀でたかなりの数の女性たちを惹きつけたことを明らかに示そうとしていたように見える。

特にルカは、プリスキラとアキラという夫婦がふたり1組で伝道と教えの務めに携わっていたこと、それも、特にアポロという雄弁家に対してさえ教えたことを取り上げている（使徒言行録18：1-3、24-26）。興味深いことに、妻の名前のほうが先に記されている。古代を研究する学者の多くが指摘するように、女性の名前が夫の名前よりも先に書かれることは、ふつうなかった。おそらく、プリスキ

ラは夫よりも社会的地位が高かったか、キリスト教徒の間でより重要な人物だったのだろう。プリスキラが優先されていることは、明らかに、この夫婦によって行われている宣教活動で彼女がアキラよりも上に立っているとルカが見ていたことを示している。例はほかにも多数挙げられる。パウロはローマの教会に、「ケンクレアイの教会の奉仕者でもある、わたしたちの姉妹フェベ」(ローマ16：1) を紹介して、彼女がどれほど彼にとって助けとなったかを述べている。テモテへの手紙一3章11節と5章9-10節にも明らかに、教会の中で認められ、権威を与えられて伝道活動をしていた、牧師の役割を持つひとりの女性について書かれている。

「そこではもはや、ユダヤ人もギリシア人もなく、奴隷も自由な身分の者もなく、男も女もありません。あなたがたは皆、キリスト・イエスにおいて一つだからです」(ガラテヤ3：28)。この一節は、性や階級や民族の違いに対するパウロの姿勢の根本である。パウロは、「キリストにおいて」存在することが、すべての社会的・民族的・性的障壁を乗り越えていると断言している。おそらく、この力強く明快な宣言は、ガラテヤの地域的状況によって喚起されたのであろう。当地では、ユダヤ化主義者(つまり、キリスト教徒がユダヤ教の伝統を保持することを望む人々)がそのような差別を助長し、あるいは正当化するような習慣や信念を保持しようとしていた。パウロは、改宗したからといって、人々がもはやユダヤ人やギリシア人ではなくなるとか、男女でなくなるなどとは言っていない。彼の言う意味は、それらの違いが存在し続けていても、救いには何も重要ではなくなるということである。そうした違いは、この世の目から見れば重要かもしれない。けれども、神の目から見れば、そしてキリスト教共同体の中では、それらは、キリストと信徒との結びつきによって凌駕されている。パウロの断言は、二つの重要な結果を生じる。第1に、福音には、性別、民族、社会的地位による障壁はないとい

うことである。福音の対象はすべての人である。第2に、明らかにキリスト教信仰は個人の存在の個別性を廃することはないが、その個性は、私たちが置かれたいかなる状況でも神の栄光のために用いられるということである。

キリスト教はこのように、女性や奴隷たちに対する伝統的な態度を、二つのレベルで根本から覆す基礎となった。

1 これは、ユダヤ人も異邦人も、男も女も、主人も奴隷も、すべての人はキリストにおいてひとつであると主張した。民族、性別、社会的地位での違いは、甦りのキリストとの同じ関係を共有するすべての信徒の間では何の障害にもならないと宣言された。
2 これは、すべての人は、ユダヤ人も異邦人も、男も女も、主人も奴隷も、同じキリストを信じる仲間であり、礼拝を共にすると強調する。社会はこれらのグループの各々に異なる振る舞いを強いるかもしれない。けれども、キリスト教共同体の中では、すべての人はキリストにおける兄弟姉妹と見なされる。

これらの展開は、女性に対しても奴隷に対しても、現存する態度をすぐに変えはしなかった。理論は常に実践に先立つように見える。実践はさまざまな要因に影響され、問題の発展が文化的に受け入れられるかということ自体も問われるからである。けれども、これは、理論の時限爆弾を仕掛けたのと同じことであった。これらの伝統的な差別が根底から侵食され、もはや保持できなくなるのは時間の問題であった。ローマ史家ハロルド・マッティングレーがかつて指摘したように、「キリスト教は、奴隷制を一撃で廃する試みはしなかったが、奴隷をその主人たちと同じ宗教的仲間として迎え入れることによって、奴隷制の基礎を崩したのである」。

このように現れてきた一般原則は、次のようである。新約聖書は、キリスト教徒の間に理論的平等があることを明らかにしている。人種的出自や性別や階級の違いは、復活のキリストを信じることで生じるこのキリストとの新しい関係によって相対化され、廃棄される。けれども、これらの展開が実際に実践されることは長期的な問題と見られる。さまざまな文化的態度が、こうした急進的な理論的信念に影響を及ぼすからである。すべての信徒が理論的に平等であるということは、ある種の文化的背景では受け入れがたい。結果として理論は、ある文化的背景では実践に移されることができず、ほかの文化的背景ではそれが可能だということもある。

　明らかにパウロの見方はきわめて解放的で、女性たちにとっては新しい自由を意味した。パウロは、霊的賜物は性別や人種や階級を基準にして与えられるものではないと主張した。神が与える賜物は何であれ、認識され、活用されるべきである。けれども、パウロは明らかに、このような普遍化が教会生活やキリスト教徒の家族の中での問題に実際に適用されたときに問題を生じるだろうということに気づいていた。そのために彼の手紙は、多くの微妙な問題についての議論を含んでいる。それをこれから見てゆこうと思うのだが、問題の箇所はどちらも、パウロがコリントに宛てた手紙から引いたものである。

　強調しておかなければならないのだが、コリントの状況はことに難しかったようであり、個人の自由の問題が非常に重要なものとして持ち上がっていた。パウロは、教会が無秩序に陥るのを防ぐためか、あるいは、神学的な理由からではなく文化的な理由で人々をつまずかせて福音の伝播の妨げになることのないように、キリスト教徒の自由に制限を設けることを強いられた。

　この問題に関して論じるためにしばしば選ばれる一節は、コリントの信徒への手紙一の11章2－16節で、女性が公の礼拝のときに頭

にかぶり物をすべきかどうかという問題を持ち出している。問題の箇所は悪名高く、解釈が困難であり、その大きな理由は、私たちがコリントの教会やコリントの地元の文化を十分に知らないために、パウロの要点が理解できたと確信が持てないからである。男たちは礼拝のときには頭に何もかぶらず、女性は何かをかぶることが当たり前だとなぜパウロが考えているのか、現代の学者たちからは何も説明がされないようである。ひとつなされた示唆は、頭に何もかぶっていない女の人は娼婦と間違えられる可能性があったからだというものである。コリントがひとつには港町だったこともあって、売春の中心地として有名だったことを考えれば、この説明でパウロの勧めが理解できるということもありうる。けれども、この主張を裏づける十分な証拠はない。さらに、なぜパウロが、男性は当然、女性よりも短く髪を切るべきだと考えているのかもあまり明らかではない。

　髪の毛の長さの問題は、通常、異教の宗教的信仰や習慣と関係すると考えられており、そうした信仰や習慣は、パウロならば自分の会衆には禁じたかったであろう。たとえば、多くの学者が指摘していることだが、当時のコリントの文化では、髪型や髪の毛の長さは性的・宗教的習慣を表すしるしだった。男性の長髪はホモセクシュアルを示すものでありえたし、女性の短髪はレズビアンを示すものでありえた。同様に、女性の乱れた髪は、しばしばイシス崇拝の狂乱的祭儀のような恍惚的な密儀宗教と結びつけられた。もし、これが当てはまるならば、私たちが論じているパウロの勧めは当時のコリントの特殊な状況に基づいているので、あらゆる時代のキリスト教徒に拘束力を持つものと考える必要はない。パウロの勧めは、コリントの地域的な状況に関するものにすぎず、もはや当てはまらないように見えるだろう。

　今述べたことに基づいて、キリスト教の福音は明らかに、それま

でユダヤ教の周辺に追いやられていた他の人々（たとえば異邦人や奴隷）と同様に、女性たちに新しい地位を与えた。けれども、すでに見たように、こうした新しい態度や価値観と、1世紀の一般的には父権制的だった家族や社会の制度とは真の緊張があった。新約聖書は革命的ではなかったが、それは、物事の既存の秩序を過激な暴力で転覆させようとしなかったという点においてである。むしろ新約聖書は、もし一般に受け入れられるならば社会を変容させるような新しい行動様式の基礎を築いたのである。

　けれども、教会はどのようにしてそうした価値観を、明らかにそれを受け入れる備えができていない社会に受け入れさせることができたのだろうか？　社会にキリスト教の価値観や態度を受け入れさせるためには、社会がまずキリスト教社会にならなければならない。それは、福音伝道がまず優先的に考えられることを意味する。けれども、福音伝道は、当時も今と同様、教会の外の人々に対して、教会が不必要には醜聞を抱えていないということを保証しなければならない。福音を受け入れてもらうことが、福音を具現する新しい諸価値を受け入れてもらうことに先立つ。結果として、すべての人々が平等であるという神学的な断言と、護教的レベルで相違や多様性を認識することの間に緊張が生じるのである。

　多くの学者は、最初の2世紀間に、教養あるローマ人やギリシア人にキリスト教がどれほど侮蔑的に扱われたかを指摘している。福音の良い知らせを少しでも聞いてもらうためには、少なくともある程度は文化的に順応する必要があった。初期のキリスト教徒たちは、福音の使信を薄めることはするまいと決めた。そして、キリスト教が社会的に受け入れられるものであることを示そうとした。不可避的にこのことは、女性に対するキリスト教の態度をより広い社会の一般的な態度に近づけることを意味した。4世紀の終わりまでには、そのような社会的圧力は、女性の教会内での牧者としての役割を無

第7章　キリスト教の歴史——略史

視するか、あるいはおそらく抑圧さえすることにもつながっていた。けれどもこれは、すべてのキリスト教徒を恒久的に拘束するようなものではなく、むしろ教会の発達の初期の時代に遭遇した一連の特殊な歴史的状況に応えるためのものだったと見なければならない。

福音の広がり——パウロ

　福音はその起源をパレスチナ（広大なローマ帝国の後進地域である）に持つ。けれども、そうしたいく分見込みのなさそうな背景にもかかわらず、急速にローマ帝国中に広まったのであった。この発達に貢献した最も重要な働き手は、かつて「タルソスのサウロ」と呼ばれていたユダヤ人の指導者で、現在「パウロ」として知られている。パウロの生涯については、私たちには二つの重要な資料がある。パウロ自身が書いた何通かの手紙と、ルカの編集による使徒言行録である。これら二つの資料は顕著に異なっている。手紙でのパウロのおもな関心は、彼自身の使徒としての信用を確立することにある。神がユダヤ人と異邦人の両方を平等の仲間としてキリスト教信仰へと招いたと断言することにおいて、パウロはしばしば、自分のユダヤの血統と、特にファリサイ派のひとりとしての高い名声を強調することが適切だと考えている。たとえば、キリスト教徒は割礼を受ける義務をまったく負わないという見解を擁護するために、パウロは、自分が以前、ユダヤ教の伝統的慣習の熱狂的な擁護者だったことに訴えている。彼は、そうした伝統の価値や重要性を知っていた。彼はそれでも、それらが、キリストを通じて与えられた新しい啓示によって凌駕されてしまったと確信していたのである。

　パウロはことに、回心の結果として彼が経験した価値観や見方の徹底的な変化に注意を促している。しかし、この回心がどのようにして起こったかについては、ほとんど詳しい史実は述べていない。けれども、ルカの記述は、ナザレのイエスの十字架刑と復活の後、

20年か30年間のキリスト教の全般的な発達という視点から書かれている。ルカは、パウロの回心あるいは召命と異邦人への伝道の起源の間にどのように密接な関係があるかを示し、回心そのものについても史的詳細を述べている。

新約聖書には、パウロのこの「回心」あるいは「召命」について、明らかな言及が5箇所ある（使徒言行録9：1-19、22：1-21、26：2-23、ガラテヤ1：11-17、フィリピ3：3-7）。使徒言行録の3箇所の記述のうち、二つは、パウロ自身が自分の活動を弁護する陳述という形をとっており、そこでは彼が批判者に向けて自分の個人的な物語を語っている（片方はユダヤ人の聴衆に、もう片方はアグリッパ王に）。どちらの陳述もパウロのユダヤ的背景を強調し、明らかにユダヤ的感性に訴えようとしている。最初の叙述は歴史物語のような形で、ダマスコに向かう道で起こった出来事を語り、この出来事はキリスト教の思想に最も大きな影響を与えてきた。

この物語は、パウロが最初、「サウロ」という名であった次第を語る。彼は、パレスチナの教会が最初に成長し始めた時期に、熱心な教会迫害者として名を馳せていた（パウロはほかの箇所で、自分がファリサイ派で、ユダヤ教の律法の教師として認められていることに触れている）。彼がダマスコの都市に向かったのは、キリスト教の迫害をその地方にまで広げるためだった。その途上で彼はナザレのイエスの姿を見るという体験をするのである。次に、この体験がダマスコのキリスト教徒アナニアによって解釈され、異邦人への使徒となるために神から召命を受けたのだと理解される。重要な点は、この語りが「回心」よりも「召し」ということを強調していることである。パウロの個人的経験と、これが彼の宣教に持つ意味は明らかにつながっているが、この経験の影響力は、彼の個人的な経験の面より、それがパウロの宣教にとって持つ意味と関連している。

さて、次に物語は、異邦人への使徒としてのこの召命の実現へ

第7章 キリスト教の歴史——略史

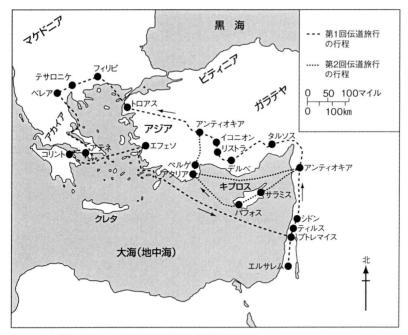

ガラテヤとギリシアへの、パウロの第１回と第２回伝道旅行

と移る。使徒言行録は、後にパウロの三つの大伝道旅行を記録し、四つ目もほのめかしている。パウロの最初の伝道旅行（使徒言行録13：4-15：35に記述されている）は、おそらく西暦46-48年頃なされた。この頃、パウロはおそらく44歳ぐらいになっていた。彼の回心から14年ほど経っており、その間、彼はおもにシリア地方で伝道活動をしていた。パウロとバルナバにヨハネ・マルコ（通常、マルコと呼ばれ、一般にはマルコによる福音書の著者と考えられている）が加わる。46年にこの３人は小アジアの南岸（現代のトルコに当たる地中海北東部の沿岸地域）に向かって旅立った。この旅で彼らはまずキプロス島に、そして後にイコニオンとリカオニア州のリストラとデルベの町に行くことになる。パウロはその地方でいくつかの小さなキリスト教共同体を設立し、その後、アンティオキアに戻る途上、かつて創設し

た共同体を再訪問した。

パウロの第2回伝道旅行（使徒言行録15：36-18：22）は、エルサレム会議で、ユダヤ人と異邦人が教会の中で同等の地位を認められた後、この会議の決定を受けてなされた。この旅行の最初の行程で、彼らは陸路でガラテヤに向かい、そこでテモテが加わる。このテモテは、後にパウロが最も信頼した協力者になる人である。そこから彼らは、古代都市トロイの場所に近い、小アジアの西北端にあるトロアスに向かう。そこでルカ自身が彼らに加わる。このルカが、伝道旅行のこの部分について多くの記述を残した第1次資料の著者と考えられている（この箇所の報告の多くで、「われわれ」という表現が用いられていることに注目できる）。彼らはエーゲ海を渡ってマケドニアに上陸した。そして、そこでローマの重要な植民都市フィリピにしばらく滞在した。

フィリピ訪問は、その象徴的役割のために特に重要である。キリスト教の福音が初めてヨーロッパ大陸で宣べ伝えられたのである。パウロはこの都市に教会を設立したあと（この教会には後に手紙を書いている）、同行の仲間たちと共にさらに南下してテサロニケの地方へと向かった。ここでパウロはしばらくの間、伝道活動をする一方で、生計のために天幕作りとして雇われていた可能性がある。地元のシナゴーグで教えた結果（17：1-9）、ひとつの教会ができた（その教会に宛てて後にパウロはいちばん最初の2通の手紙、テサロニケの信徒への手紙一と二を書くことになる）。

そこから彼らはアテネに進んだ（使徒言行録17：15-34）。当時、アテネはまだ古代世界の知的中心と見なされており、最新の考えや知的流行が長続きしないことでも有名だったが、パウロに何か刺激的な新しい思想があると見たようである。パウロの有名なアレオパゴスの丘（「アレス神の丘」という意味）の説教があったのはここである。パウロは、キリスト教は、古代の哲学がその存在に気づいていた神

第7章 キリスト教の歴史──略史

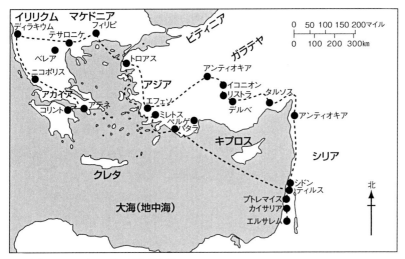

エーゲ海への、パウロの第3回伝道旅行

に名前をつけたのだと論じた。パウロからアテネの人々に宛てた手紙はないので、この都市には教会はひとつもできなかったようである。けれども、さらに南下したコリントの港湾都市では、パウロははるかに多くの共感的な聴衆を得た（使徒言行録18：1-28）。コリントは港町で、地元のユダヤ人共同体の中にも、それよりはるかに多い異邦人の中にも、福音を受け入れる者たちが多かった。パウロはここに18カ月滞在した。それは明らかに彼の伝道において重要な時期であった。マケドニア地方で教会が成長しているとの報告に勇気づけられて、パウロは、彼の2通の手紙をテサロニケの諸教会に宛てて書いた。

　西暦53年のいつ頃か、パウロはコリントを発って第3回伝道旅行に出た。この旅行は使徒言行録18章23節-21章17節に描かれている。エフェソの都市への彼の訪問は特に重要である。彼がここを訪れた頃、この都市は、女神ダイアナを中心にした異教の迷信の砦になっていた。けれども、パウロの訪問の結果、この都市にひとつの

教会が設立され、その教会が後年、この地方の福音伝道で決定的に強力な働きをしたようである。

　パウロの手紙は多くの点で非常に魅力的である。それらは、初期キリスト教の基本的な考えや、それらの考えがキリスト教共同体にとって持つ重要さを理解させてくれるだけではなく、パウロが知人について言う個人的な所見やちょっとした挨拶が、福音がどのように発達し広がっていったかについての重要な洞察を与えてくれる。パウロが女性に言及している箇所は特に興味深い。たとえば彼は、プリスカやユニアス、ユリア、ネレウスの姉妹などに挨拶を送っているが、彼女たちは夫や兄弟とふたり１組になって伝道者として働いていた（ローマ16：3、7、15）。ユニアスは伝道活動のために投獄されたが、パウロは彼女を秀でた使徒として讃えている。マリアとペルシスはその労苦のゆえに賞賛され（ローマ16：6、12）、エボディアとシンティケは福音のための協力者と呼ばれている（フィリピ4：2-3）。

　私たちはまた、初期キリスト教共同体がどのように礼拝をしていたか、また、彼らがどのように組織されていたかについても洞察を得ることができる。パウロの手紙の最も興味をそそる側面のひとつは、当時あちらこちらにできつつあった家の教会で女性がリーダーシップをとっていたことを示す言葉である。女性主導型は、新約聖書のほかの箇所に見出される歴史的資料にもすでに明らかに見られる――たとえば、ティアティラのリディアなどである（使徒言行録16：15）。パウロの手紙には、アフィア（フィレモン2）、プリスカ（Ⅰコリント16：19）、ラオディキヤのニンファ（コロサイ4：15）など、ほかにもそのような指導的な地位の女性がいたことが書かれている。

福音の広がり――ローマ

　ローマは、地中海地方をすべて含む帝国の行政の中心だった。実

第7章 キリスト教の歴史——略史

際、ローマ人たちはよく地中海のことを Mare Nostrum、つまり「私たちの海」と呼んでいた。ユダヤは、この広大な帝国の一部であった——しかも、あまり重要ではない一部だった。帝国のこの地方で話される言語はアラム語（ヘブライ語と非常に近い言語である）とギリシア語だったが、行政にはラテン語が用いられた。ヨハネによる福音書にはイエスの罪状書きについて書かれてあるが、それは、イエスが自分を「ユダヤ人の王」と主張したという趣旨で、三つの言語すべてで書かれていた（ヨハネ19：19-20）。十字架刑を描いた多くの絵や表現では、これは、刻まれた4文字で示される。それは INRI であり、ラテン語の *Iesus Nazarenus Rex Iudaeorum*（「ナザレのイエス、ユダヤ人の王」）の頭文字である。

明らかに初期のキリスト教徒たちの第1言語はギリシア語だった。新約聖書がすべて、日常使われる形のギリシア語（通常、「コイネ」と呼ばれる）で書かれたのは、まったく偶然ではない。けれども、キリスト教はまもなくローマに進出した。マルコによる福音書が64年頃、ネロのキリスト教迫害がローマの都市で始まる前夜に書かれたことを示す証拠がある（マルコ12：42は、銅貨2枚が1クァドランスと解説しているが、クァドランス硬貨はローマ帝国の東部では流通していなかった。同様にマルコ15：16は、ギリシア語のある単語がラテン語の「総督官邸」のことであると説明している）。パウロのローマの信徒への手紙はだいたい57年頃に書かれたものだが、多くのラテン語の名前の人々に言及している。たとえば、ウルバノ、アキラ、ルフォス、ユリアなどである。けれども、手紙はギリシア語で書かれている！では、ギリシア語を話す運動が、ラテン語を話す都市でなぜこのように受け入れられたのだろうか？

答えは実に単純である。ローマ人の多くはギリシア語を知っていた。ギリシア語を話す膨大な数の移民がローマで家庭を持ち、土着のローマ人を苛立たせるほどだった。セネカは、彼の都市に多大な

数の移民がいて、文化的な分裂をもたらしていることに不平を述べているひとりである。ギリシア語を話すことは、多くのローマ人の目から見れば、移民であるしるしで、それゆえ、社会的地位が低いしるしでもあった。

けれども、状況はそれほど単純ではなかった。多くの教養あるローマ人は、ギリシアの哲学や詩に興味を持ったために、ギリシア語の力を磨いた。哲学者や詩人たちの洗練されたギリシア語を話せるようになることは（大衆がふつう用いるギリシア語とは異なり）、文化的な完成度のしるしだった。ローマから多数のユダヤ人を（いくらかのユダヤ人キリスト教も）追放したクラウディウス帝は、ラテン語とギリシア語の両方が話せた。実際、彼は、ラテン語のアルファベットに修正を施して、もともとギリシア語にあった新しい3文字を加えようとしたほどである。

それゆえ、ギリシア語を話すキリスト教徒にとって、ローマで聴衆を得ることは比較的容易だった。証拠によると、キリスト教の運動は1世紀の終わりにはかなりの信奉者を得ていた。ただし、ラテン語で書かれた重要なキリスト教文献が出始めるのは2世紀になってからである。

キリスト教の強化

すでに見たように、キリスト教の起源はパレスチナにある——より正確に言えば、ユダヤ地方の特に都市エルサレムにある。キリスト教は自らを、ユダヤ教の継続で、ユダヤ教を発展させたものだと考えていた。キリスト教が最初に花開いたのは、ユダヤ教が伝統的に結びついていた地域で、圧倒的にパレスチナだった。けれども、キリスト教は急速に近隣の地方に広まった。それはひとつには、タルソスのパウロのような初期キリスト教伝道者の努力による。1世紀の終わりまでには、キリスト教は地中海世界の東部全体に根をお

第7章 キリスト教の歴史――略史

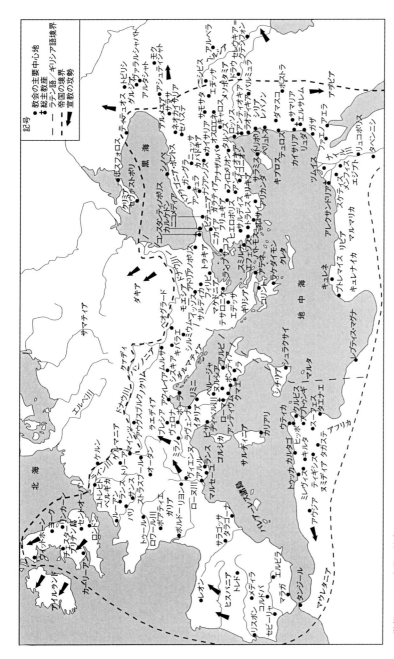

4世紀のローマ帝国と教会

ろしたようであり、ローマ帝国の首都である都市ローマにまでもかなり進出していたようである。ローマの教会がますます力を増すに従って、キリスト教の中で、ローマの指導者たちとコンスタンティノポリスの指導者たちの間に緊張が起こった。これは、後にこの二つの権力を中心とした西方と東方の教会が分裂する前兆であった。

　この拡張の過程で、多くの地域が神学的論争の中心地として現れてくる。特に重要な地域としては、三つ挙げられるだろう。最初の二つはギリシア語圏であり、3番目はラテン語圏である。

1　都市アレクサンドリア。現在のエジプトにあり、キリスト教神学教育の中心地として現れた。この都市のプラトン哲学の長い伝統を反映したひとつの明確な形の神学が、アレクサンドリア学派の神学として考えられるようになった。この国際都市は政治的にも非常に重要だったので、キリスト教の宣教と教育の中心地として大きな意味を持っていた。

2　現在のトルコにある都市アンティオキアとその周辺のカパドキアの地域。この地中海の北西部の地域には、早い時期からキリスト教が力を伸ばしていた。すでに見たように、パウロの伝道旅行はしばしば、この地域に教会を創設することに関わっていた。使徒言行録に記録されているように、アンティオキアは、教会史の非常に初期の段階で重要な役割を果たしている。そして、アンティオキアという都市自体が、まもなくキリスト教思想のひとつの指導的中心地になった。

3　北西アフリカの、特に現在のアルジェリアに当たる地域。ギリシア・ローマ時代の後期には、ここには一時、この地方でローマと政治的な力を競うほどの主要な地中海都市だったカルタゴが存在した。キリスト教がこの地方に広がった時期には、ここはローマの植民地だった。この地方で活動した主要なキリスト

第7章　キリスト教の歴史——略史

教思想家には、テルトゥリアヌス、カルタゴのキプリアヌス、ヒッポのアウグスティヌスがいる。

　しかし、これは、地中海のほかの都市が重要ではなかったということではない。ローマやコンスタンティノポリスやミラノやエルサレムはどれも、互いと比べて特に秀でた重要な成果を上げはしなかったが、すべてキリスト教の神学的考察の中心地だった。
　キリスト教が地中海地方で最も有力な宗教として確立した時代は、通常、「教父の時代」と言われる。この「教父の」という言葉はラテン語の「父」(*pater*)から来ており、これが教会教父の時代であるということと、この時期に発展した明確な諸概念を指す両方の意味がある。「教父の」という語は、あまり明確には定義されていないが、通常、新約聖書文書が書かれた時代の終わり（100年頃）から、カルケドン公会議（451年）で決定がなされるまでとされる。けれども、多くの学者は、この語がより広い意味で用いられるべきだと主張し、750年あたりまでの発展を含める。文献でしばしば見かける第3の語は「教父学」であるが、これは、「教父たち」の学問を扱う神学研究のひとつの分野である。
　教父時代は、キリスト教の信仰生活や思想において最も心躍る創造的な時代のひとつである。そのことだけでも、この時代は確かに、これから長年、研究の対象になるであろう。この時代はまた、神学的理由からも重要である。すべての主流のキリスト教団体は（英国国教会も東方正教会もルター派も改革派もローマ・カトリックも）、教父時代をキリスト教教義の分水嶺と考えている。それぞれの教会は、自分たちがこの初代教会教父たちの見解を継承し、延長し、必要な箇所は批判しているのだと考えている。たとえば、17世紀の指導的英国国教会の思想家ランスロット・アンドリューズ（1555-1626）は、正統派のキリスト教は、二つの契約と、三つの信条と、四つの福音

第7章 キリスト教の歴史——略史

書と、最初の5世紀間のキリスト教史に基づいていると断言している。

この時代は、多くの問題を明らかにした点できわめて重要である。最初に重要となった課題は、キリスト教とユダヤ教の関係を解決することだった。新約聖書のパウロの手紙を読むと、この問題が1世紀のキリスト教の歴史でどれほど重要だったかが分かる。当時、一連の教義学的・実践的問題が表面化してきていた。異邦人（つまり、非ユダヤ教徒）は割礼を受ける義務があるか？　旧約聖書の正しい解釈の仕方は？　などである。

けれども、まもなくほかの問題が現れてきた。2世紀に特に重要だったのは、弁証論の問題だった。弁証論とは、キリスト教信仰をその批判者に対して合理的に擁護し、正当性を主張する議論である。キリスト教史の最初の時代には、キリスト教はしばしば国家の迫害を受けた。教会の論じるべき議題は、いかに生存するかだった。キリスト教の教会の存在自体が当然と見なされるようにならない限り、神学的論争などしている余地はあまりなかった。このように見ると、なぜ初代教会で弁証論があれほど重要になったか、なぜあれほど殉教者ユスティノス（100頃–165頃）などの著者が敵対的な異教の社会に対してキリスト教の信仰や習慣を説明し、擁護しなければならなかったかが分かる。この初期の時代は何人かの特出した神学者を生みだしたが（西ではリヨンのエイレナイオス（130頃–200頃）、東ではオリゲネス（185頃–254頃））、神学論争が真剣に始まったのは、教会に対する迫害が止んでからである。

これらの迫害はしばしば極度に暴力的に行われた。177年の8月、多くのキリスト教徒が南ガリアの都市リヨンで殉教した。彼らの体は焼かれてローヌ川に投げ捨てられた。そのようにして、彼らが死者のうちから甦ることを防げると考えられたのである。その中のひとりに、ブランディナという奴隷の少女がいた。202年の3月には、

第7章 キリスト教の歴史——略史

ふたりの女性がカルタゴで殉教した。ペルペトゥアとフェリキタスは、皇帝に犠牲をささげることを拒んだために殉教させられたのであるが、ペルペトゥアには生まれたばかりの息子があり、フェリキタスのほうは妊娠していた。

　これらの中で最も激しい迫害は、デキウス帝によって北アフリカでなされた。デキウス帝の迫害は、彼が軍事遠征で殺された251年の6月に終わった。この迫害によって、信仰を否定する振る舞いをしたり、あるいは信仰を捨てたキリスト教徒は多かった。そこで、たちまち、そうした人々をどのように扱うべきかについて教会の中で意見が分かれた。そのように棄教したことは、彼らの信仰が終わったと見なすべきだろうか？　あるいは、彼らは改悛によって教会と和解できるのだろうか？　意見は鋭く対立し、深刻な意見の相違や緊張が生じた。カルタゴのキプリアヌスとノヴァティアヌスの間で非常に異なった意見が出された。このふたりはどちらも、254-258年にウァレリアヌス帝によって扇動された迫害の間に殉教した。

　最も過酷な迫害は、303年の2月、ディオクレティアヌス治下に起こった。すべてのキリスト教の礼拝所の破壊と彼らの書物すべての引き渡しと焼却を命じる勅令が出た。キリスト教徒の公務員はすべての身分や地位の特権を失い、奴隷の地位に落とされた。おもなキリスト教徒は、ローマの伝統的な習慣に従って犠牲をささげることを強いられた。ディオクレティアヌスの妻と娘はキリスト教徒だったと知られているが、彼はこのふたりにも勅令に従うことを強いた。これは、どれほどキリスト教が影響力を持つようになっていたかを示す。迫害は、続く何人もの皇帝の治下にも続き、その皇帝のひとりに、帝国の東部の支配を手にしたガレリウスがいた。

　311年にガレリウスは、今まで続けていた迫害の中止を命じた。迫害は失敗であり、キリスト教徒たちをかえって頑なにして、古代

ローマの異教の強要に抵抗する決意を強めただけだった。ガレリウスは勅令を出して、キリスト教徒が再びふつうの生活をすることや、「彼らが社会秩序を乱すようなことをしない限り、彼らが集会を開くことを」許した。この勅令は明らかに、キリスト教をひとつの宗教と認め、法律で完全な保護を与えている。キリスト教の法的地位はこの時点まで曖昧だったが、ここで解決された。もはやキリスト教徒は常におびえながら存在することはなくなった。

　キリスト教は今や、法的に認められた宗教になった。けれども、ほかの多くの公認宗教のひとつにすぎなかった。そうした状況を決定的に変え、キリスト教の境遇をローマ帝国の隅々に至るまで完全に変容させたのは、コンスタンティヌス皇帝の改宗だった。コンスタンティヌスは285年に異教徒を両親として生まれた（彼の母親は後にキリスト教徒になるが、それは息子の影響と見られる）。彼は若い頃にはキリスト教には特に魅力を感じなかったらしいが、宗教的寛容は確かに必要な徳だと考えていたようである。マクセンティウスがイタリアと北アフリカで力を握ると、コンスタンティヌスはその地での権力を奪うために西ヨーロッパから軍を進めた。決定的な戦闘は312年の10月、ローマの北方ミルウィウス橋のところで起こった。コンスタンティヌスはマクセンティウスを打ち破り、皇帝に任じられた。その後まもなく彼は、自分はキリスト教徒であると公に宣言したのである。

　この点は、キリスト教と異教の両方の著述家によって確認されている。正確に明らかでないのは、なぜ、そしていつ、この回心が起こったかである。キリスト教著述家の中には（ラクタンティウスやエウセビオスのように）、回心が起こったのは、あの決定的な戦闘の前で、コンスタンティヌスが天からの啓示を受け、自分の兵士の盾に十字架のしるしをつけるようにと命じる幻を見たときであると示唆している者もある。回心の理由が何であれ、また、それがミルウィ

第7章　キリスト教の歴史——略史

ウス橋の戦いの前だったにしろ後だったにしろ、この回心が事実であったこととと、その結果については疑いがない。徐々にローマはキリスト教化されたのである。皇帝自身の命令で市の大広場に建てられた皇帝の像は、コンスタンティヌスが十字架をつけている姿を表し、その十字架が「救いをもたらした苦難のしるし」であるとの刻銘がコンスタンティヌスによってつけられた。321年にコンスタンティヌスは、日曜日を公の休日にするとの勅令を出した。キリスト教の象徴がローマの貨幣にも見られるようになった。キリスト教は今や、単に合法的なだけではなく、帝国の国家宗教になる道を歩み始めていた。

最初のキリスト教徒ローマ皇帝、コンスタンティヌス。AKG-Images/Nimatallah.

　結果として、建設的な神学論争が公的な問題となった。背教者ユリアヌスの短い統治（361-363年）の間を除いて、教会は今や、国家の支持を当てにすることができた。そこで神学は、秘密の教会集会の隠れた世界から出て、ローマ帝国中の公の興味と関心を引く話題になったのである。ますます教義的問題は、政治と神学の両方で重要な問題となってきた。コンスタンティヌスは、彼の帝国の全域で統一された教会を持つことを望み、教義的な相違を論じ解決することを最重要課題と考えていた。

後期教父時代（310年頃から451年頃まで）は、キリスト教神学の歴史の頂点と見ることができる。神学者は今や、迫害の脅威にさらされずに自由に活動でき、諸教会の間でできつつあった神学的な意見の合意を強固にするために、一連の重要な問題に取り組むことができた。この意見の一致には広範な議論を要し、その過程で教会は、さまざまな意見の相違や持続する緊張との折り合いをつけていかねばならないというつらい認識も強いられた。けれども、それにもかかわらず、この形成期において、ついには全教会的信条にまとめられる、かなりの程度の意見の一致ができてきたことが見分けられる。

初期キリスト教の神学論争

教父時代には、教会の中で多くの重要な論争が発展してきた。中でも、キリスト教神学の発達において特に重要な三つの論争が挙げられる。それは、

1　ドナトゥス派論争。これはローマ領北アフリカのカルタゴを中心に起こった。この地方のキリスト教徒は、ディオクレティアヌスの迫害の時期には、ことに過酷にその対象とされた。迫害があまりに激しかったために、迫害の嵐が去り、平常の生活を取り戻せるようにとの望みから、教会の重要な人々も含む多くのキリスト教徒がローマ当局に協力した。しかし、迫害に激しく抵抗した人々もいた。結果として、迫害の間に妥協して信念を曲げた人々をどう扱うかについて教会内で論争が起こった。ドナトゥスという人を中心としたひとつのグループは強硬路線をとった。いかなる妥協も許されない。迫害の間にどんな形でもローマに協力した聖職者を再び教会に迎え入れることはできない。この論争は４世紀に特に重要になったのだが、これは西方教会に対して、二つの領域のキリスト教教義——教会に

ついての教義（308-319頁参照）とサクラメントについての教義（319-325頁参照）を注意深く考えることを強いた。

2　アレイオス論争。この論争は4世紀に東方の教会で起こった。これは、アレクサンドリアのアレイオスを中心とする論争である。アレイオスは、イエスが完全に神であるとは言えないと論じる。むしろイエスは、神の被造物の中での最高の存在と考えるべきである。アレイオスは、さまざまな反論者からの強固な抵抗を受けるが、特にアタナシオスの反論は強かった。結果として起こった論争は、ローマ帝国の統一さえも脅かすほどに深刻なものだった。結局、コンスタンティヌス皇帝は、220年、小アジアの都市ニカイアで司教会議を招集し、彼らに問題の解決を命じた。ニカイア公会議は、アレイオスに反対する決議をなし、イエス・キリストが神と「本質をひとつにする」と断言した——つまり、イエスは人間と神との両方なのである。この教義は通常、「両性論」（279-285頁参照）と呼ばれ、キリスト教思想の中で特に重要である。

3　ペラギウス論争。この論争は4世紀の末に起こり、5世紀の最初の20年間続いた。これは、神と人間がそれぞれ救済において果たす役割についての論争である。主導権を持つのは神か？　それとも私たちか？　救済は、神が私たちに与えてくれるものなのか？　それとも、私たちが何か善い行いをして得るか、それにふさわしくなるものなのか？　そのような問いが、当時の教会の中でかなりの分裂を引き起こし、16世紀に再び論争の的にされることになる（299-308頁参照）。

修道院制の始まり

　教父時代の最も重要な発展のひとつは、修道院制の発達だった。この運動の発端は、通常、エジプトやシリア東部の人里離れた山地

第7章　キリスト教の歴史——略史

だと考えられている。かなりの数のキリスト教徒が、人口の密集した地域を離れて、気を散じる誘惑から逃れるために、そうした地方に住むようになった。そのようなひとりがエジプトのアントニオスであった。彼は273年に両親の家を去って、修行と孤独の生活を求めて砂漠に出た。

　罪深く、気を散らすこの世からの隠遁は、これらの共同体にとって最も重要になる。個人的にひとりで孤独な生活をする必要を主張する隠修士もいたが、この世から孤立して共同体生活を営む考え方のほうが優勢になった。初期の修道院として重要なひとつは、パコミウスによって320-325年に創設された。この修道院は、後の修道院制で規範となる特質を発展させた。共同体の一員は皆、規則に従って統制された共同生活に自分たちをささげることに合意した。修道院の建築構造は深い意味を持っていた。建物は壁に囲まれ、この世からの分離と隠遁を強調していた。ギリシア語の koin_ōnia（しばしば「交わり」と訳される）は新約聖書でしばしば用いられるが、ここでは、共通の衣服、共通の食事、同じ造りの小部屋（よく知られている修道士たちの部屋のように）、共同体のための共通の手作業などを特徴とする

サンドロ・ボッティチェッリ画「修道院の私室でのヒッポのアウグスティヌス」（1495年頃）。AKG-Images/Rabatti-Domingie.

第7章 キリスト教の歴史——略史

モンテ・カッシーノ修道院。AKG-Images/Pirozzi.

共同体生活という概念となった。

　修道院の理想は多くの人々を惹きつけることとなった。4世紀までに修道院はキリスト教の東方世界、特にシリアと小アジアの多くの地域で確立した。西方の教会も修道院制を取り上げるまでに長くはかからなかった。5世紀には修道生活共同体がイタリア（特にその西部海岸沿い）、スペイン、ガリアにもできていた。ヒッポのアウグスティヌスはこの時代の西方教会の指導的人物のひとりだが、彼は400-425年頃に北アフリカに二つの修道院を創設している。アウグスティヌスにとって共同の生活は（現在、ラテン語の vita communis という言葉で示されているが）、キリスト教の愛の理想のために必要不可欠だった。彼は共同体生活をこのように強調するだけではなく、それを補う知的活動や霊的学びの重要さもよく理解していた。

　6世紀に、この地域の修道院の数はかなりの数増えた。最も包括的な修道会の「宗規」のひとつ、「ベネディクト会宗規」ができたのはこの時期である。525年頃、ヌルシアのベネディクトが、モンテ・カッシーノに自らの修道院を設立した。ベネディクト会の共同

体は、無条件にキリストに倣うという考えに貫かれ、共同体全体と個人の規則的な祈りと聖書朗読によって支えられた。ベネディクトの妹スコラスティカも、修道院運動に積極的な貢献をした。

ケルトでのキリスト教の高まり

　ヨーロッパのケルト地方——より正確に言えば、アイルランド、スコットランド、コーンウォール、ブリタニア、ウェールズ地方でキリスト教が盛んになってきたことはかなり興味深い。それは特に、この形のキリスト教は、イングランドで急速に優位を占めた比較的ローマ化されたキリスト教と対立したからである。ケルトのキリスト教の起源はウェールズにあるように見えるが、5－6世紀に卓越した伝道の中心として確立したのはアイルランドだった。この時代には、ケルトの影響圏にあった伝道活動の中心地はほかにもあったことが知られている。特に、5世紀にニニアン司教が建てたカンディーダ・カーサ（現在のスコットランドのギャロウェイ地方、ウィットホーン）などである。この伝道の拠点の意義は、これがローマ領ブリタニアの圏外にあり、当時、ローマ型のキリスト教と結びついていた数々の制限を受けずに活動することができたことである。

　伝統的に伝えられている話では、アイルランドの伝道をしたのはひとりのローマ系ブリテン人で、名前はマゴヌス・スカトゥス・パトリキウスと言い、通常、ケルト語の名前のパトリック（390頃-460頃）のほうで知られている。パトリックは裕福な家に生まれ、16歳で海賊に捕らえられ、アイルランドのおそらくコンノート地方に奴隷として売られた。彼は後に家族のもとに帰るのだが、その前にここでキリスト教信仰の基礎を発見したらしい。彼が捕らえられていたのは6年間だった。そこから逃げ出して宣教師としてアイルランドに戻るまでに何が起こったかは、正確には分かっていない。7－8世紀にさかのぼる伝説によれば、パトリックは、アイルランド

に戻る前にしばらくガリアで過ごしたという。パトリックが南フランスのいくつかの地域の修道院制を直接知っていて、彼の教会組織や構成についての見方のいくらかにそのことが反映されている可能性はある。この頃、アイルランドとロワール地方の間に交易関係があったというしっかりとした史的な証拠があるからである。

　いずれにしろ、パトリックはアイルランドに戻り、その地にキリスト教を確立した。明らかに何らかの形のキリスト教はすでに存在していた。パトリックの改宗物語が前提とするように、当地のほかの人々も福音については知っていた。早くは、429年の記録にすでに、アイルランドの司教としてパラディウスという人のことが記載され、何らかの初歩的な教会形態がこの地方にも存在していたことを示している。アイルランドの代表がアルル会議（314年）に出席していたことも知られている。パトリックの業績は、最初にキリスト教をもたらしたことではなく、むしろキリスト教を確立し、促進したことにあると考えるのが正しいであろう。

　修道院制の理念は急速にアイルランドに定着した。歴史資料が示すところによれば、アイルランドはこの時期、大方、遊牧生活の部族社会であり、特に重要な定住地を持たなかった。孤独と隔離された生活を求める修道院制は、アイルランドの生活様式に理想的に適していた。西ヨーロッパ全体として見ると、修道院制は教会生活の中で周辺的な地位にあったが、アイルランドではその支配的な形式となった。ここでは司教よりも大修道院長のほうが秀でた存在と見られ、アイルランドの教会は修道院制であると言っても誇張ではない。

　ケルトのキリスト教に現れた権威の組織は、当時のローマ領英国の教会で支配的だった組織とは異なっている。ローマでは、教会の運営はしっかりと司教たちの手に握られていたが、アイルランドの修道院制の様式は、ローマの司教区の様式を脅かすものと見られる

ようになった。アイオナ［訳注：スコットランドの地名。初期ケルト・キリスト教の中心地のひとつ］の修道院長は、司教たちが自分たちを公式に叙任することを許さず、そのような「公的な」認可の必要は認めなかった。アイルランドでは、古い司教区のいくつか（アルマーなど）は修道院制によって組織し直され、修道院に吸収された司教区もあった。修道院は、周辺地域の教会の牧会活動の責任を負った。こうしてローマの司教区は重要さを失っていった。ケルトの教会指導者たちは、この世の富に対して公に批判的で、馬での移動や、いかなる種類の贅沢もよしとしなかった。神学的には、ケルトのキリスト教は、神を知る手段としての自然界の重要性も強調した。これは、伝統的にパトリックの作とされ、「聖パトリックの胸当て」として知られる古いアイルランドの賛美歌に明らかである。「胸当て」のテーマは、ケルトのキリスト教の霊性によく見られる。これは、パウロの「神の武具」（エフェソ6：10-18）への言及に基づき、神や神と結びついたあらゆる力によって信徒が守られているというテーマを発展させた。これは構造的には非常に三位一体的ではあるが、神を知る手段としての自然界の魅力を示している。世界を造った神は、キリスト教徒たちをすべての危険から守ってくれる神でもある。

　アイルランドの修道院は、伝道活動の中心として働き、しばしば海の水路をキリスト教伝播の経路として用いた。ブレンダーヌス（-580頃）とコロンバ（-597頃）はこの型の伝道者の優れた例である。「聖ブレンダーヌスの航海記」（1050年頃）という詩では、ブレンダーヌスは「北西諸島」（通説では、スコットランド沖のオークニー諸島とヘブリデス諸島と思われている）に旅をしたことで讃えられ、コロンバは、アイルランド北部からスコットランドの西諸島にキリスト教をもたらし、海外宣教の拠点としてアイオナ修道院を設立した。そこから、キリスト教は南方と東方に広がった。アイダン（-651）は、その働

第7章 キリスト教の歴史──略史

きをしたアイオナ出身のすばらしい修道士のひとりである。彼はノーサンブリア地方の王に招かれて、イングランド北部の東岸沖のリンデスファーン島に宣教のための修道院を設立した。ケルトのキリスト教はフランスに浸透し始め、その地方で重要さを増していった。

ケルトのキリスト教と、その競争相手であるローマとの緊張は無視できない。ケルトのキリスト教は司教制を覆す脅威となり、ローマの権力を弱め、キリスト教を文化的に受け入れやすいものにすることを困難にし、修道院制をキリスト教生活の規範とした。597年までにケルト教会の見方の優勢は不可避に見えた。しかし、6世紀に起こった一連の出来事によって、アイルランドの中心地域以外でのケルトのキリスト教は徐々に衰えてゆくことになった。

歴史の偶然により、この衰退に至る出来事は、コロンバが死んだまさにその年に起こった。597年、アウグスティヌス［訳注：ヒッポの教父アウグスティヌスとは別人］が教皇グレゴリウスによってイングランドの宣教に派遣されてきた。イングランドでローマ型のキリスト教が確立してゆくに従って、イングランド内部で、ケルト型伝統を守る北部のキリスト教徒と、ローマ型のキリスト教を奉じる南部のキリスト教徒の間で緊張

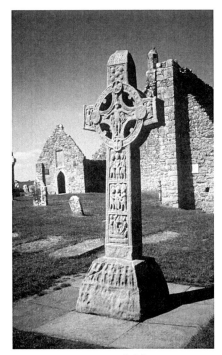

アイルランドのケルトの十字架。AKG-Images/Juergen Sorges.

が起こった。

　イングランド北東部シュトリーナシャルチという町（後のウィットビーである）は、657年にこの地に大修道院と女子修道院を設立した貴族の女性ヒルド（614-680）の功績によって名高い。ウィットビー会議（664年）は一般に、イングランドでローマ・カトリックを支配的にした決定的な会議と見られている。この会議の中心議題は、イースターがいつ祝われるべきかであったが（これについてケルトとローマの伝統は異なっていた）、真の論争点は、カンタベリー司教区の影響力の増大であった。前世紀にサクソン民族がイングランドを侵略した結果、イングランドで大きな文化的変化が起こり、不可避的にケルト文化も、ケルト独特のキリスト教理解も含めて、徐々に侵食されていったのである。

　700年は、ケルトのキリスト教の成長の終焉であり、また、この話をしばらく中断するのにちょうどよい点と見てもよいだろう。今、「中世」として知られている時代が幕を開けようとしており、文化的・知的強化の時代が前方にあった。ここで、この展開を見ることによって歴史の話を再開しよう。

中　世

　5世紀までにキリスト教は地中海地方にしっかりと根をおろした。その地域には五つの大きな中心地が出現し、諸教会の中核区としての役割を果たしていた。アレクサンドリア、アンティオキア、コンスタンティノポリス、エルサレム、ローマである。これらの五つの中心は通常、総大司教区と呼ばれ、教会全体の中で同等の協力者とされていた。しかし実際は、これらの間にはかなりの競争関係があり、キリスト教信仰の中心地の地位をめぐってしばしば争っていた。ローマ教会の力が増大したことは、四つの東方総司教区にとって、

第7章 キリスト教の歴史——略史

ことに特別な問題の種であった。

不安定——不確かさの時代の教会

　教会の歴史にとって根本的な問題となる重要な出来事がこの時期に起こった。多くの理由から、コンスタンティノポリスを拠点とする東方教会と、ローマを拠点とする西方教会との関係は、9世紀と10世紀にますます緊張を深めていった。ニカイア信条の言葉づかいについての意見の相違も、このますます悪化してゆく空気に拍車をかけた重要な問題であった。けれども、それ以外にもさまざまな要因があり、それは、ラテン語圏のローマとギリシア語圏のコンスタンティノポリスの間の政治的な対抗や、ローマ教皇がますます強く権威を主張するようになったことなどである。西方カトリックと東方正教会との分裂は通常、1054年とされるが、この日付は多少恣意的である。

　教父時代は、地中海世界や、ローマやコンスタンティノポリスなどの権力の中心地を中心にしていた。この時代には、こうした地方が広く不安定になった。この不安定な状況で、以下の展開がことに重要である。

1　ローマの滅亡。ローマ帝国の北の国境は、多かれ少なかれ、ライン川によって定まっていた。404年にこの国境は「異教徒たち」によって破られた。ローマ帝国の広大な地域が、今やフランク族やゴート族やヴァンダル族の支配下に入った。ローマ自体は2回略奪に遭い、ゴート族の王アラリックの軍隊によって410年に受けた略奪は激しかった。476年までに西ローマ帝国は崩壊していた。この地の政治的安定は損なわれており、その結果、キリスト教もかなりの不安定さの時代に向かうことになった。

2　アラブ人による侵略。イスラム教は、7世紀にアラブ民族の間で重要な宗教運動となった。アラブの軍隊は計画に沿って侵略を始め、ついに750年頃までには北アフリカの沿岸地帯すべての支配権を握った。イスラムの軍隊は北方にも進み、コンスタンティノポリスまでをも深刻に脅かした。711-778年、撤退を余儀なくされるまでの間、アラブ軍はこの都市を包囲したのである。聖地で彼らに征服された地域では、イスラム教が強要されたことから、西方教会では非常な憂慮が起こり、それが1095年から1204年にかけての十字軍の要因のひとつになった。

　11世紀までにこの地域の政情はある程度安定したが、そのときまでに、かつてローマ帝国だった場所には、三つの大きな権力集団が出現していた。

1　ビザンチウム。都市コンスタンティノポリス（現在のトルコのイスタンブール）を中心とする。この地域で支配的だったキリスト教の形は、ギリシア語を用い、アタナシオス、カパドキア教父、ダマスコのヨアンネスなどの東地中海地方の教父の文書に深く根ざしていた。
2　西ヨーロッパ。フランス、ドイツ、スコットランド東南部の低地地方、北イタリアなどを中心にする地域。この地域で支配的になったキリスト教の形は、都市ローマと、その司教である、「教皇」として知られる人物を中心にしていた（ただし、「教会大分裂」と呼ばれる期間には、いくらか混乱があった。それは、教皇の地位を主張する者がふたりいて、それぞれローマと南フランスの都市アヴィニョンで立ったからである）。ここでは神学は、パリその他の大聖堂や大学の学派を中心に行われ、おもにアウグスティヌス、アンブロシウス、ポワティエのヒラリウスなどのラテン語の著書

に基づいていた。
3　カリフ。地中海の東端部と南部の大部分を含む。イスラムは拡大し続け、コンスタンティノポリスの陥落（1453年）は、ヨーロッパのほとんど全土に衝撃を与えた。15世紀の終わりまでにはイスラム教は、スペイン、南イタリアの何箇所かやバルカン半島など、ヨーロッパのいくつかの地域にかなり進出していた。この進出は最終的に、15世紀の最後の10年間にムーア人がスペインで敗れ、1523年にイスラム教徒の陸軍がウィーンの外で敗れたことで止められた。

それにもかかわらず、ヨーロッパへのイスラム教の進出は、トルコ帝国によって堅固にされた。トルコ帝国によって、ヨーロッパ東南部のキリスト教圏の中に、バルカン諸国など、イスラム教徒の居住地域ができた。20世紀のヨーロッパの歴史は、この重要な歴史的発展の影響が続いていることを見せている。

コンスタンティノポリス陥落までの東方キリスト教

　東ローマ帝国で栄えた特別の形のキリスト教は、通常、「ビザンチン」型と呼ばれている。コンスタンティヌスが330年に彼の新しい首都として選んだギリシアの都市ビザンチウムにちなんだ呼称である。首都にされたとき、この都市は「コンスタンティノポリス」（コンスタンティヌスの都市）と改名されたが、昔の町の名は残り、1453年にコンスタンティノポリスがイスラム軍の侵略に倒れるまでこの地域に栄えた独特な形のキリスト教を表すようになった。地中海東部には、コンスタンティノポリスのほかにもキリスト教思想の中心はあった。エジプトやシリアも、しばらくの間、神学的考察の中心地であった。けれども、政治的権力がますます皇帝の都市に集中するに従って、この都市の神学的中心地としての地位も上がっ

ていった。

　コンスタンティノポリスはまもなく伝道の中核となった。860年頃のある時点で、モラビア王ラスティスラフがビザンチン皇帝に対して、中央ヨーロッパの彼の民に宣教師を送ってほしいと頼んだ。ギリシア人の兄弟キリルとメトディオスのふたりがこの要請に応えて派遣された。この発展は、東ヨーロッパの文化の形成の上でことに重要であった。これは、東ヨーロッパの地域でやがて正教会が支配的になることに通じたのみでなく、この地方で用いられるアルファベットに大きな影響を与えた。キリルは、スラブ語を書き記すのに適したアルファベットを考案した。これが近代のキリル・アルファベットの基礎となったので、このアルファベットは、彼ら「スラブの使徒」の弟のほうの名でこう呼ばれている。モラビアの改宗に続いて、同じ世紀のうちにブルガリアとセルビアの改宗があった。さらに続いて988年頃にはロシアが、ひとつにはウクライナの偉大な王ウラジーミルの未亡人キエフのオルガ（-969）の影響で改宗した。

　東方教会と西方教会がますます互いに離れてゆくに従い（この過程は、1054年の最終的な教会分裂のずっと以前から起こっていた）、ビザンチンの思想家はしばしば、西方の神学との彼らの相違点を強調した（たとえば、「フィリオクエ」節に関して。252頁参照）。そうして、彼ら独特の点を論争的著述でさらに強めていった。たとえば、ビザンチンの著述家たちは、救済を法的あるいは関係論的範疇で理解する西方とは異なり、むしろ神化という概念で理解する。中世の間に、東方と西方のキリスト教のある程度の再統合を図る試みは、このように政治的・歴史的・神学的要因の複雑な絡み合いによってこじれた状態になってしまった。コンスタンティノポリスの陥落のときまでに、東方と西方との違いはかつてなく大きくなった。ビザンチウムの陥落とともに、正教会の知的・政治的指導者たちはロシアに移る傾向

第7章　キリスト教の歴史——略史

があった。ロシア人たちは10世紀にビザンチンの宣教師たちによって改宗していたので、教会分裂のときにはギリシア側についた。14世紀末までには、モスクワとキエフが総大司教区としてしっかりと確立していた。この二つの都市はそれぞれ、正教会のキリスト教の独自の形を持ち、それは今日でも重要な意味を持っている。この時期に正教会に改宗した地域にはセルビアとブルガリアがある。

　明らかに、中世にロシアで東方正教会が栄えたことは、モスクワ大公国ロシアの形成の上でかなり重要なことだった。14、15、16世紀の間に、250以上の修道院と女子修道院がこの地方に設立されたと見られている。ラドネジの聖セルギウス（-1392）などに指導された修道院復興運動は、ロシア教会の伝道活動をさらに促した。

　1453年のコンスタンティノポリス陥落は、ロシア正教会の中に大きな発展をもたらした。伝統的にロシア教会の新しい大司教区はみな、コンスタンティノポリスの大主教によって設置され、（コンスタンティノポリスにいる）ビザンチン皇帝に政治的指導を仰いだ。ロシア教会は、ビザンチン教会のまさに娘だったのである。けれども、コンスタンティノポリスの陥落によって、この伝統的なやり方は過去のものとなった。その代わりになるのは何であろうか？　実際には、モスクワの東方正教会が完全自立独立の状態となった。その結果、ロシア教会と国家との政治的・文化的結びつきが深められた。1523年までには、教会と国家の関係は非常に密接になり、モスクワのことを、ローマやコンスタンティノポリスと同等の敬意を持って扱われるべき「第3のローマ」と呼ぶようになった著者たちも出てきた。プスコフのフィロテウスは、ローマとビザンチウムが滅びた今、キリスト教世界の中心はすでにモスクワに移っていると宣言した。「二つのローマは倒れた。第3のものは立っており、第4はもうありえない」。

　この時代、東方キリスト教の中では二つの論争が特に重要だった。

その第 1 は、725-842年に起こったもので、通常、「聖画像破壊論争」と呼ばれる。これは、レオ 3 世 (717-742) が、偶像はユダヤ人やイスラム人の改宗を妨げる障害になるとしてイコンの破壊を決定したことから噴出した。この論争はおもに政治的なものであったが、神学的にも非常に重要な問題であった。特にこれは、受肉の教義はどの程度まで神を造型的形象で表現することを正しいとするか (620-623頁参照) がかかっていたからである。第 2 に、14世紀に起こった、ヘジカズム (静寂主義)(ギリシア語 *hesychia* = 沈黙から) という、信者が肉体的な運動を通して自分自身の目で「神の光」を見ることができるようになる一種の瞑想の問題についての論争がある。ヘジカズムは、神を心の内面でじかに見ることができるための「内的静寂」をかなり重要視した。これは特に、新神学者シメオンやグレゴリオス・パラマス (1296頃-1359) が提唱した。パラマスは1347年にテサロニケの大主教に選ばれた人である。その反対者は、このやり方は神と被造物との違いを最小化する傾向があると論じ、特に、神を「見る」ことができるという示唆は危険だと考えた。

西方キリスト教の刷新

5世紀後期に西ローマ帝国が崩壊した後、キリスト教は再構成の時代を経験しなければならなかった。コンスタンティヌス帝の改宗以来、教会は多かれ少なかれ、皇帝の庇護を期待できた。西ローマ帝国の滅亡によって、教会は突然、不確定性と不安定性にさらされることとなった。キリスト教は、文化的にも、見解の面でも、かなりローマ的になっていた。それが今、ローマの理念や価値観念がほとんど重要性を持たない新しい環境に適応しなければならなくなった。さらに、キリスト教は、一度も帝国の辺境の地域に根をおろしたことはなかった。それらの地域での未来は、非常に不確かに思われた。

けれども、強化と拡張の計画は進行し始めた。教皇大グレゴリウスは、帝国の遠隔地に伝道することを奨励した。すでに見たように、アイルランドはパトリックとパラディウスによって5世紀に改宗しており、まもなくウェールズとイングランドへの伝道活動のひとつの中核地となった。それを補ったのは、教皇の支持を受けたアウグスティヌスがなした伝道活動だった。その結果、7世紀までにイングランドには二つの異なった形のキリスト教が確立することになる。ケルト型とローマ型である。ここから緊張が生じた——たとえば、イースターの日付をめぐって。これらの緊張は大部分、このイースターの問題に決着をつけたシノド会議（664年）で解決された。

イングランドの改宗によって、北ヨーロッパのほかの国々への宣教の拠点が確立した。イングランドからの宣教者たちは、ドイツで活発な活動を始めた。シャルルマーニュの治世（742頃-814年）には、キリスト教は新しく制度的・社会的安定性を与えられる。西ヨーロッパのキリスト教の教化においてシャルルマーニュが果たす重要な役割は教皇に公式に認められ、800年のクリスマスの日、教皇は彼に最初の「神聖ローマ皇帝」の冠を与えた。この戴冠は、東方教会と西方教会の緊張をさらに強めはしたが、それでもこれはヨーロッパ西部でキリスト教に新しい権威を与えた。ボニフェスや、ハイデンハイムの修道院、女子修道院長ワルブルガなどの宣教者がドイツでかなりの伝道活動を行った。キリスト教の最初の1000年間の終わるまでに、キリスト教は、多かれ少なかれ、この地方の支配的宗教となっていた。さらなる強化と刷新の舞台は整っていた。

スコラ主義神学の始まり

この時期のキリスト教ルネサンスの重要な側面のひとつは、キリスト教神学への新しい興味が花開いたことである。1050-1350年の期間には、キリスト教思想が知的レベルでめざましく強固になった。

第7章 キリスト教の歴史──略史

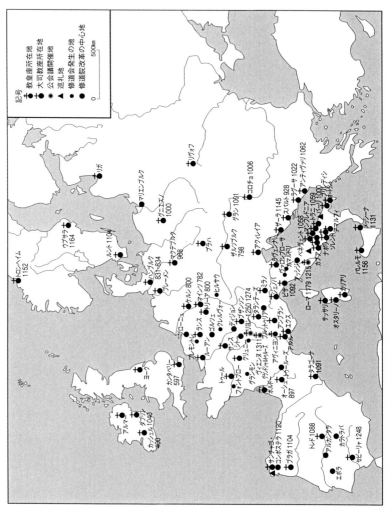

中世の西ヨーロッパにおける教会の活動のおもな中心地

第7章 キリスト教の歴史——略史

　暗黒時代がついに西ヨーロッパから去り、中世の誕生を迎えると、あらゆる学問分野で復興の舞台が整った。11世紀後期にフランスである程度、政治的安定が取り戻されたことで、パリ大学の再建が促され、この大学は急速にヨーロッパの知的中心地として認められた。セーヌ川の左岸やシテ島の新しく建てられたパリのノートルダム大聖堂の保護を受けて、多くの神学の「学派」ができた。

　そのような学派のひとつがソルボンヌ大学であり、これが非常に有名になったので、「ソルボンヌ」というのがパリ大学を表す略称のように用いられるようになった。16世紀にさえ、パリは、神学と哲学の指導的中心地と広く認められていた。ロッテルダムのエラスムスやジャン・カルヴァンも、ここの学者の中に名を連ねている。このような学問の中心地は、まもなくヨーロッパのほかの地域にも確立した。キリスト教会の知的・法的・霊的側面を強化するために、神学の発展の新しい計画が始まった。

　中世の初期を支配していたのは、フランスでの発展だった。いくつかの修道院が、傑出したキリスト教の著述家や思索家を生みだした。たとえば、ノルマンディーのル・ベック修道院は、ランフランク（1010頃-89）やアンセルムス（1033頃-1109）のような著者を出した。この時代の最も高名な人物は、ドイツの修道女で女子修道院長でもあったビンゲンのヒルデガルト（1098-1179）で、彼女は、音楽や芸術や医学や博物学や霊性や神学について書いている。彼女が作曲した音楽は、今日でもまだ演奏されている。

　パリ大学はまもなく、神学的思索の目立った中心地として確立し、ペトルス・アベラルドゥス（1079-1142）、アルベルトゥス・マグヌス（1200頃-80）、トマス・アクィナス（1225頃-74）、ボナヴェントゥーラ（1217頃-74）などの指導的な著者を生みだした。14世紀と15世紀には、西ヨーロッパで大学の部門が広げられ、ドイツその他で主要な大学が創設された。

第7章 キリスト教の歴史——略史

　神学に対する中世の新しい興味の源も、パリと関係がある。1140年の少し前、ペトルス・ロンバルドゥスがパリ大学に教えに来た。彼のおもな目的のひとつは、学生に神学の困難な問題と取り組ませることだった。彼の貢献は、ひとつの教科書（おそらく、これまでに書かれた中で最も退屈な本のひとつ）だった。『命題集』は、聖書と教父の著からの引用を集め、項目別に配列したものである。ペトルスが学生に課した課題は単純だった。引用の意味を理解しなさいということである。この書は、アウグスティヌスの伝統を発展させる上で非常に重要なものとなった。なぜなら、学生たちはアウグスティヌスの諸概念と取り組み、一見矛盾するテキストを調和させるために、その矛盾を解く適切な神学的説明を考え出さなければならなかったからである。1215年までにこの著は、当時の最も重要な教科書として揺るがぬ地位を得た。この書に注釈をつけることが神学者の務めとなった。その結果書かれた『命題集注解』の数々は、中世で最も馴染みの神学ジャンルのひとつだった。その特に優れた例は、トマス・アクィナスやボナヴェントゥーラ、ドゥンス・スコトゥスの注解である。

　おそらくこの時期で最も重大な知的発展は、ス

トマス・アクィナス。ウルビノ、ドゥカレ宮殿の著名な画家たちによる一連の肖像のうちの1枚。ユストゥス・ファン・ゲント（1460-80年活動）画。パリ、ルーブル美術館蔵。AKG-Images/Erich Lessing.

コラ主義神学の始まりであろう。スコラ主義神学とは、中世の1200-1500年に栄えた運動で、宗教的信仰内容の合理的正当性の証明と、それら信仰内容の体系立った提示を中心としていると見るのが最もよい。だから、「スコラ主義神学」は、特別な信仰体系を指すのではなく、神学を組織立てる特別のやり方（詳細な違いを明確にし、神学を包括的に見渡すことを試みた、高度に発展した方法）なのである。なぜスコラ主義神学を批判する人文主義者の目には、これが単なる論理的あら捜しに堕していると思われたのかは理解できるだろう。けれども、スコラ哲学は、特に神学における理性や論理の重要性に関する問題で、キリスト教神学の多くの核心的な分野で非常に貴重な貢献をした。トマス・アクィナス、ドゥンス・スコトゥス、オッカムのウィリアムの著はしばしば、あらゆるスコラ哲学者の中で最も強い影響力を持った３人として取り上げられる――彼らは、この分野の神学に膨大な貢献をして、以来、この画期的時代を代表する際だった役割を果たしている。

信仰共同体の発生

　この時代に刷新されたのは、知的・精神的な面での信仰生活だけではない。西方教会は、1073年に教皇に選ばれたグレゴリウス７世（1021頃-95）のもとで持続的に改革された。この「グレゴリウスの改革」は当時、非常な物議をかもしたが、近代的な学者たちはだいたい、これが教会史上危機的なこの時代に教会の刷新につながるということに同意した。特にグレゴリウスは、教会と国家の既存の関係を覆して見せた。それまでは、当然、教会が国家に従属するものと思われていたが、グレゴリウスは、少なくともいくらかの領域では、教会が国家に対して権威を持つという原則を打ち立てることに成功したのである。

　そうして、中世後期にさらに教皇の権威が強固になる準備が整っ

た。その段階でひとつのきわめて重大なことは、1197年に皇帝ハインリヒ6世が死んだ後の帝国の弱体化である。ハインリヒの前の皇帝フリードリヒ1世（バルバロッサとも言われる）は、1152-90年の間、統治した。彼は北イタリアの大部分に権威を認めさせ、ハインリヒがこの統治権を固めた。しかし、1197年にハインリヒが死ぬと、帝国はその3歳の息子に残された。混乱が生じ、帝国は弱体化し、分割された。おりから翌年、強い教皇が選出され、その機に乗じて教皇の権威を回復した。インノケンティウス3世（1198-1216年末まで教皇だった）のもとで教皇制は、西ヨーロッパ全土で前例のないレベルの力を持った。インノケンティウスは、「キリストの代理人」という称号を名乗った。インノケンティウスの考えでは、「いかなる王も、キリストの代理人に仕えることなく正しい統治を行うことはできない」。

　しかし、ほかの展開がこの強化の過程を弱めていた。特に重要なのは、1378-1417年にアヴィニョンに教皇庁ができたことである。この事態は、政治的な理由で1307-77年の間、教皇の地位が一時的にローマからアヴィニョンに移された結果生じた。この結果起こった分裂は、ピサの会議（1409年）とコンスタンツ公会議（1417年）で最終的に解決した。

　この時代は、ほかの点でも非常に重要である。いくつかの新しい信仰共同体がこの地域に創設された。1097年には、サオーヌ川沿岸の未開の田園地帯に囲まれたシトーに、シトー派の修道会が創設された。この修道院は、学問よりも手仕事を重視し、集団よりも個人的な祈りを重視した。このシトー派修道院は、事実上、生活のあらゆる快適さを否定する厳しい戒律で有名である。たとえば、火は1年に1回、クリスマスの日にしか許されない。最も有名なシトー派修道院の指導者のひとりは、クレルヴォーのベルナルドゥス（1090-1153）である。14世紀の幕開けまでに、約600のシトー派修道

院や女子修道院ができたと見積もられている。

　ほかの二つの重要な修道会は、それよりも1世紀以上遅れて創設された──フランシスコ会とドミニコ会である。フランシスコ会は、アッシジのフランシスコ（1181頃-1226）によって創設された。彼は裕福な生活を捨てて、祈りと貧困の生活を生きた。彼に加わったのが、アッシジのクララという元貴族の女性で、「貧しきクララ会」を創設した。フランシスコ会修道士はしばしば「灰色修道士」と呼ばれるが、これは、彼らが灰色の衣を着ているところから来る。この修道会の特色は、個人的にも共同体としても貧しさを重視することである。また、しばしば反知性的とも見られる。それにもかかわらず、ボナヴェントゥーラなど、この時代の最も優れた神学者の何人かはこの修道会の会士である。

　ドミニコ会（しばしば「黒い修道士」と呼ばれる。白い衣の上に黒の上衣を着ているためである）は、スペイン人ドミニク・デ・グスマン（1170-1221）によって創設され、教育を特に重視する。中世末までにドミニコ会はヨーロッパのほとんどの主要な都市に家を持ち、教会の知的生活に重要な貢献をしてきた。中世でおそらく最大の神学者トマス・アクィナスは、この修道会の会士であった。

西洋文化の再生──ルネサンス

　フランス語の Renaissance（ルネサンス）は、今では、14、15世紀イタリアの文芸芸術復興を指すのに普遍的に用いられる。1546年にパオロ・ジョヴィオは、14世紀をこの発展の先触れとして、「ローマ古典が再生したと考えられる幸福な世紀」と呼んでいる。ヤーコプ・ブルクハルトなど歴史家の中には、ルネサンスが近代を生みだしたと論じた。ブルクハルトによると、人間が最初に自分たちを「個人」と考えるようになったのはこの時代である。多くの点でルネサンスを純粋に個人主義的な観点から見るブルクハルトの定義は非常に疑問がある。

第7章 キリスト教の歴史──略史

しかし、ある意味でブルクハルトは疑いもなく正しい──何か新しい心躍るようなことがルネサンスのイタリアで起こり、それは何世代にもわたって思想家を魅了する力を持ったのである。

なぜ、観念史におけるこの輝かしい時代がイタリアを発祥の地として起こったのかは、完全には明らかではない。この問題にいくらか関係がある多くの要因が指摘されてきた。

1 スコラ主義神学（中世の時代のおもな知的力）は決して、特にイタリアで影響力が強かったわけではない。多くのイタリア人が神学者として名を成していたが（トマス・アクィナス、リミニのグレゴリウスなど）、彼らはたいてい北ヨーロッパで活動していた。そのため、14世紀にはイタリアは知的真空状態だった。真空は埋められる傾向がある──そして、特にこの隙間を埋めたのがルネサンスの人文主義だった。

2 イタリアには古代の遺物が、目に見え、手で触れられる形であふれていた。古代ローマの建物や記念碑の遺跡がこの地には散在しており、ルネサンスの時代には、古代ローマの文明に対する興味を喚起し、文化的に無味乾燥で不毛な時代には、古典ローマ文化の活力を復活させたいという望みを思想家たちに喚起した。

3 ビザンチウムが崩壊し始めると（コンスタンティノポリスは1454年についにイスラムの侵略者によって陥落する）、ギリシア語を話す知識人たちが大量に西方に移った。イタリアはちょうど都合よくコンスタンティノポリスに近く、そのような出国者たちの多くがイタリアの都市に定住した。不可避的にギリシア語が復活し、それとともにギリシア語古典に対する興味も復活した。

明らかにイタリア・ルネサンスの世界観の中心的な要素は、古代

第7章 キリスト教の歴史──略史

の文化的栄光への帰還と、中世の知的成果の軽視であった。

　ルネサンスの著者たちは、ほとんど中世に敬意を払わず、中世は、それよりも大きな古代の業績には劣るものと考えた。文化一般について言えることは、神学にも当てはまった。ルネサンスの思想家は、後期古典時代が内容的にも文体的にも中世の神学的著書を完全に上回るものと考えた。実際、ルネサンスは一部には、北ヨーロッパの諸大学の人文学部や神学部でますます強くなっていた型の研究法への反動と見ることもできる。スコラ主義神学の専門的な言葉づかいや論争法に苛立ちを感じたルネサンスの著者たちは、スコラ主義神学をすっかり無視する道をとった。キリスト教神学の場合には、未来への鍵は、聖書や教父時代の書にじかに取り組むことにある。

　ルネサンスの知的な力は、一般に「人文主義」と呼ばれる。文化・教育運動としての人文主義はおもに、そのさまざま形での雄弁さを促進することを目指していた。道徳や哲学や政治学への興味は、二次的な重要性しか持たなかった。人文学者であるということは、第1に、最も重要なこととして、雄弁であることに関わっていた。人文主義は本質的に、古典古代を修辞学の手本として見る文化的な運動であった。書かれたり話されたりした言語と同様、芸術や建築においても、古代は文化的資源と見られ、ルネサンスに取り入れられた。このように人文主義は、思想の実際の内容より、それらの思想がどのようにして得られ、表現されるかのほうに関心があった。人文学者は、プラトン哲学者でもアリストテレス哲学者でもよかった。けれども、いずれにしろ、問題の思想は古代から派生したものだった。人文主義者は、懐疑論者でも信者でもよかった──しかし、どちらの立場も、古代によって擁護されうるものだった。

　キリスト教にとってことに重要となる「人文主義」の形は、おもに北ヨーロッパの人文主義だった。そこで、ここでは、この北ヨーロッパの人文主義がどのような形をとったかを考えなければならな

い。ますます明らかになってきていることだが、北ヨーロッパの人文主義は、その発展のすべての段階において、イタリアの人文主義に決定的な影響を受けている。イタリア・ルネサンスの方法や理想が北ヨーロッパに流布した三つのルートが分かっている。

1 　北ヨーロッパの学者が、おそらくイタリアの大学で勉強するか、外交的な務めで南方のイタリアに行って、母国に戻るときに、ルネサンス精神を持ち帰った。
2 　イタリアの人文学者との外国からの文通によって。人文学者は、修辞的に優れた書き方をすることを目指しており、手紙を書くことは、ルネサンスの理念を具体化し、広める手段と見なされていた。イタリアの人文学者が外国と交わした文通はかなりあり、北ヨーロッパのほとんどの地域にわたっている。
3 　印刷された書物によって。これらは、もともとベネチアのアルドゥス出版社などから出版され、スイスのバーゼルなどをはじめとする北ヨーロッパの出版社で再版された。イタリアの人文主義者たちはしばしば、自分たちの著書を北ヨーロッパの後援者に献呈し、そのことによって、影響力のありそうな人々の間でそれらが確かに注目されるようにした。

　北ヨーロッパの人文主義の間でも大きく異なる面はあったが、運動を通して二つの理念が広く受け入れられるようになったらしい。第1に、イタリアの宗教改革に見られるように、古典時代の流儀に従った著述と弁舌の両方における雄弁さへの関心である。第2に、キリスト教会全体の再生に向かう信仰運動である。ラテン語の標語「再び生まれるキリスト教」（*Christianismus renascens*）はこの運動の目的を要約し、ルネサンスに関係した著書の「再生」とのつながりを示す。

第7章　キリスト教の歴史――略史

　人文主義者の綱領の中心は、古典ローマとアテネの西ヨーロッパの文化の源に戻ることだった。神学でこの綱領に対応するのは、キリスト教神学の根源的な源、とりわけ新約聖書に戻ることだった。この綱領は、以下に見るように、中心的な重要さを持つことになった。聖書への興味が深まるにつれ、ますます明らかになってきたのは、この資料の現存するラテン語訳が不十分だということだった。最高のラテン語訳は「ヴルガータ」で、聖書のこのラテン語訳は中世の間、広い影響力を持っていた。旧約聖書はヘブライ語で書かれ（ただし、少しだがアラム語で書かれた部分もある）、新約聖書はギリシア語で書かれていた。ヴルガータ訳は、ラテン語を知っているが、ヘブライ語もギリシア語も知らない人々のために、聖書の本文をラテン語訳したものだった。しかし、この翻訳の信頼性がまもなく疑問視されるようになった。

　人文主義者の研究が盛んになってくると、ヴルガータ訳と、それが訳したとされる原文との間に、がっかりするほどの相違があることが明らかになった――そして、結果として教義上の改革への道も開かれることになる。このため人文主義は、中世の神学を発展させる上で決定的な重要性を持っていた。これは、聖書のヴルガータ訳の不確かさを指摘して見せ――そのことによって、ヴルガータに基づく神学の不確かさをも示したように見えた。人文主義がヴルガータの誤訳を次から次へと明らかにしてゆくに従って、スコラ主義神学の聖書学的基礎は崩壊してゆくように見えた。

　人文主義の文学的・文化的運動は、「原典に帰れ」（*ad fontes*）という標語に要約される。中世の注釈の「フィルター」は、法律上の文書についても、聖書についても、原文のテキストに直接に取り組むために捨てられる。「原典に帰れ」という標語は、キリスト教の教会に適用されれば、キリスト教をキリスト教たらしめるものに直接に戻ることを意味した――つまり、教会教父たちの著作や聖書を原

語で研究することに戻ることだった。このことから、新約聖書のギリシア語テキストが直接手に入ることが必要になった。

　ギリシア語の新約聖書の最初の印刷は、1516年にロッテルダムのエラスムスによって出された。エラスムスのテキストは、しかるべき信頼性を備えていなかった。エラスムスは、新約聖書のほとんどの部分について、四つの写本しか参照できず、最後のヨハネの黙示録については、ひとつの写本しか手にしていなかったからである。しかも、その黙示録の写本にはたまたま5節脱落があり、その部分は、エラスムス自身がラテン語のヴルガータからギリシア語に翻訳しなければならなかったからである。しかし、それでも、これは文献学的には画期的なこととなった。神学者は初めて、新約聖書のギリシア語原文と、後のヴルガータ・ラテン語訳を比較することができるようになった。

　イタリアの人文主義者ロレンツォ・ヴァラの先行研究に基づいて、エラスムスは、新約聖書の本文の多くの箇所でヴルガータ訳が正しいとは言えないことを示して見せた。中世の教会の習慣や信仰内容の多くは、そうしたヴルガータ訳本文に基づいていたために、エラスムスの申し立ては多くの保守的なカトリック教徒に驚愕の目で見られた（彼らは、自分たちの習慣や信仰内容を保持したかったからであ

ロッテルダムのエラスムス（1525/30年頃）。クウェンティン・マセイス（1465/66-1530）作（1517年）の模倣。ローマ、ベルベリーニ宮国立美術館蔵。AKG-Images/Pirozzi.

る)。そして、同じくらい熱烈な喜びをもって宗教改革者に迎えられた(彼らは、そうした習慣や信仰内容を除去したかったからである)。たとえば、ヴルガータは、イエスの宣教の最初の言葉(マタイ4:17)を「悔い改めの告解をせよ。天の王国は近いからだ」と訳している。この訳は、天の王国の到来は悔い改めの秘蹟と直接関連しているような示唆を与える。エラスムスはここでもヴァラに従って、ギリシア語は「悔い改めよ。天の王国は近いからである」と訳すべきだと指摘した。つまり、ヴルガータが外的な実践(告解の秘蹟)を言っているように見えるところで、エラスムスは、言われているのは内面の心的態度——「悔い改めている」態度であると主張したのである。

　このような事態は、ヴルガータの信頼性を覆し、聖書の本文のより良い理解に立って神学を改定する道を開いた。また、神学との関係で、聖書学の持つ重要さも示した。神学は、誤訳に基づいてなされるようなことがあってはならない！　キリスト教神学にとって聖書学が決定的に重要な役割を果たすという認識は、このように16世紀の最初の20年間からのものである。これはまた宗教改革の神学的な関心にもつながったが、そのことについては本章の後のほうでまた扱おう。

中世後期の西方キリスト教

　西ヨーロッパで1350–1500年の時期に栄えたキリスト教は、大きな力と、それに見合った大きな弱点を持っていたと広く考えられている。歴史家たちは、弱点のみを強調する傾向があったが、それはひとつには、宗教改革が進行した16世紀の情勢を彼らが理解するための必要からである。これらの弱点を理解することは大切だが、かなりの長所もあったことを理解することは必要である。

　明らかに15世紀は、民衆的なキリスト教が非常に大きくなった時

代である。実際、この「民衆のキリスト教」はしばしば、教会の公式な教えとはほとんど関係がない。たとえば、福音はしばしば、病気や作物の不作、私的なロマンスや個人的な繁栄などの一連の大衆的な関心と結びつけられた。多くの人たちが聖遺物崇拝――つまり、信仰の偉人たちや、おそらくイエス自身の個人的な持ち物やゆかりのものに対する崇拝に惹きつけられた。たとえば、商人たちが危険そうな行商に出るときに「十字架の破片」を持っていたことが知られており、同様に、兵士たちが敵から身を守るために聖人の遺物を身につけていたことも知られている。そのような無数のことによって、キリスト教は中世の終わりまでには民衆の意識の中に深く根づいていた。

　このことの特に顕著な例は、巡礼の風習である。イングランドでは、カンタベリー大聖堂に巡礼をする習慣が発達し、これはチョーサーの有名な『カンタベリー物語』で描かれている。おもだった重要な巡礼地としては、使徒ペトロと使徒パウロが両方埋葬されている地として尊ばれているローマや、スペインのサンチャゴ・コンポステラ大聖堂がある。

　15世紀後期と16世紀初期には、教会に対する不満を羅列した文書が増大し、かつてはこれらを、当時、宗教の影響力が衰えたことを示すものと考えた学者もいたが、今ではこれは、一般の信徒が教会を批判し、それを改革しようとする力と意志が増したことを示していると考えられている。たとえば、1450-1520年の期間には、ドイツの民衆信仰が非常に盛んになった。考えられるほとんどすべての客観的判断基準（ささげられたミサの数、宗教共同体を結成する流行、宗教的慈善活動への寄付など）が、民衆の宗教的関心がめざましく増したことを示している。これはしばしば深いマリア崇拝と結びつき、ロザリオの祈り、つまり、数珠をひとつひとつ繰って数えながら15の祈りを唱える祈りもなされた。

第7章　キリスト教の歴史──略史

　より学究的な人々の間では、キリスト教の信仰が活力を取り戻すためには改革と刷新が必要だとの認識とともに、キリスト教信仰への興味も新たになり、その動きは15世紀の最後の10年間以降、目に見えて明らかになってきた。1490年代にまったく突然、そして、いまだ大部分説明もついていない状況で発展したスペインの神秘思想は、シスネロスの改革に統御されており、スペインでは、宗教職の復活と宗教教育への新たな関心が起こった。アルカラ大学とコンプルテンシア・ポリグロト（多言語対訳聖書）はおそらく、これらの改革の最も明らかな成果であろう。

　教会はおそらく、この時期の芸術の最も重要な後援者であり、ミケランジェロのシスティナ礼拝堂の天井画など、今日でも依然として文化の最高峰と見なされる一連の重要な作品を委託し、製作させた。また、霊性の領域でも重要な前進が見られた。トマス・ア・ケンピス［(1380頃–1471)］の『キリストにならいて』のような著書は古典と見なされるようになった。同様の重要な著が多数書かれ、この時期に教会が信徒の牧会や霊的配慮に熱心に取り組んでいたことを示している。

　人文主義が盛んになってくると、キリスト教の信仰を個人の私的な経験と結びつけようとする新たな関心が起こった。キリスト教の自己理解の最も微妙で意義深い発展が起こってきた。自己を外的な形象で表現し、定義することに慣れていた宗教が、内的意識に訴えかける力を再発見し始めたのだ。ルネサンスのキリスト教著者は、福音を、私的に、また内面的に適用することのできるものとして、個人の経験世界にしっかりと植えつけることの必要を認識した。古来、パウロやアウグスティヌスに見られた、個人の内面の良心に訴える思想は、これらの思想家たちに伝わり、新たな興味を持って再び、ペトラルカのソネットやルネサンスの神学者や説教者や聖書注解者などの宗教書に取り入れられた。

やがて、ひとつの世代の思想家たちが、宗教改革の前夜、挑戦を受けて立った。パリでは、ルフェーブル・デタープルが、パウロの信仰理解が個人にとってどのような意味を持つかを掘り下げた。オックスフォードでは、ジョン・コレットが、キリスト教の信仰生活における甦りのキリストとの私的な出会いの重要さを強調した。イタリアでは、しばしば「カトリック福音主義」と言われる、個人の救いの問題を強調する運動が教会の中でしっかりと根をおろし、まったく異端視されることなく、教会の聖職者たちの中に深く浸透さえしていった。

低地地方［オランダ、ベルギー、ルクセンブルク］では、エラスムスが1503年に出版した『エンキリディオン──キリスト教徒兵士の手引き』に概説した改革の綱領で、教養あるエリートたちの心と知性を惹きつけた。この書が注目に値するのは、個人的に同化させた内面の信仰を強調している点であり、エラスムスはその内的信仰を、制度的教会で特徴的な外的事柄と厳しく対比させている。この書は1509年に再版され、1515年には第3版となった。このとき以来、これは一世を風靡し、続く6年の間に23版を重ねたようである。西ヨーロッパ中の教養ある一般信徒は、これを夢中で読んだのである。この本は、革新的で（一般信徒の目には）魅力的な考え、すなわち、教会は一般信徒によって改革され、刷新されうるという考えを展開していた。聖職者は、一般信徒が信仰を理解する助けができるかもしれないが、何も優れた地位にあるわけではない。宗教は内的な霊的問題であり、個々の信徒が聖書を読むことによってより深く神を知ろうとするのである。重大なことに、『エンキリディオン』は、個々の信徒の重要性を強調することによって制度的教会の役割を低めたのである。

キリスト教の既存の形式には明らかな力があるが、それにもかかわらず、西ヨーロッパでは、これら既存の形態に対する真剣な批判

第7章 キリスト教の歴史――略史

が見られ、それは、当時の中世後期の教会の内部でますます改革の要請が増していたことと関連がある。以下に、それらのうち、西洋キリスト教の発達に大きな影響を及ぼした三つを考察しよう。

成人の識字率の増大

　16世紀の初めまでには、印刷技術の発達や製紙産業の成長、人文主義運動の魅力の増大などによって、成人が識字力を持つことはますます一般的になった。中世初期には、読み書きができたのは聖職者だけだった。著書のたぐいは、骨の折れる手作業で書き写された写本になっており、希少だったために、通常は修道院の図書館に所蔵してあり、持ち出されることはなかった。貴重な羊皮紙を倹約するために単語は短縮形にされたので、写本の解読は難しかった。けれども、人文主義によって、成人の識字力は社会で意味を持つ力となり、社会的に洗練され、昇進するための道を開く技能となった。新たに出現した専門職の階級が都市で力を得て、徐々に古い貴族の家柄の人々から支配権を奪うようになると、彼らは、自分たちが世俗的な職業で用いているのと同じほど明敏な批判的洞察力や専門意識をキリスト教信仰の実践や解釈にも用いるようになった。聖職者による読み書きの独占は、こうして決定的に破られた。この状況は、聖職者の能力に対して一般信徒がますます批判的に評価をするようになると同時に、一般信徒が宗教的な事柄についてますます自信を持つようになる道を開いた。

反聖職権主義の波

　宗教改革の背景を理解する上でかなり重要な要素として、ますます博識になり、意見をはっきり述べるようになった一般信徒から聖職者たちが新たに軽蔑の目で見られるようになったことがある。反聖職権主義の現象は広範に及び、ヨーロッパのひとつの地域に限定

されなかった。一部には、この現象は、下級聖職者たちの質の低劣さを反映している。ルネサンスのイタリアでは、小教区の司祭が事実上、何も訓練を受けていないことがよくあった。わずかに彼らが知っていることは、彼らが見たり、手伝いをしたり、真似たりしながら少しずつ学んだことだった。教区監督の訪問はいつも、無学だったり祈禱書を永久に置き忘れたりしてしまったように見える司祭がいることを明らかにした。教区司祭の質の低さは、彼らの社会的地位の低さを反映していた。16世紀のミラノでは、礼拝堂付きの司祭は、手に職のない労働者よりも収入が低かった。多くの者が、馬や牛の商いでやりくりしていた。同じ時期のフランスの田舎では、聖職者は浮浪者とほぼ同じ程度の社会的地位しかなかった。彼らは納税義務や強制兵役などから免除され、民事法廷での訴訟を受けることもなかったが、それを除けば、当時渡り歩いていた物乞いと事実上区別がつかなかった。

　聖職者たちが享受していた税上の特権は、特に財政の窮乏した時代には、特別に癪にさわるものと見られた。フランスのモーの教区はやがて1521-46年の改革活動の中心になるのだが、ここでは聖職者たちはあらゆる形の税を免除され、軍隊の食糧の供給や駐屯のための税も払わずにいた——そして、このことは、地元の人々の大きな怒りの種となった。ルーアンの教区では、窮乏の時代に教会が穀類を売ることによって棚ぼた式に利益を得たことで、民衆の抗議の声が上がった。聖職者が民事裁判所に告訴されないことが、聖職者と民衆をさらに引き離した。

　フランスでは、1520年代の、生存を脅かすほどの危機的窮乏が、反聖職的姿勢を強める大きな役割を果たした。ル・ロワ・ラデュリはその『ラングドック地方の農民』の有名な研究で、1520年代には、100年戦争以後、2世代に特徴的だった拡張と復興の過程が逆転したと指摘している。それ以来、情勢は危機に向かい、その危機

は、ペスト、飢饉、田舎の貧しい人々が食物や雇用を求めて都市に移住する動きなどとして表れた。同じような形のことが、この時代にはロワールの北のフランスのほとんどの地域で見られた。この生存の危機は、階級の低い人々と貴族や聖職者階級の運命の差のあまりの開きに民衆の注意を集中させた。

　中世の終わりまでには、ヨーロッパの多くの地域で地元の住民が聖職者に対してかなり敵意を持つようになっていた。その形は画一的ではなく、地方によってかなり異なっていた。この敵意は都市部で最も強く、田舎で最も弱かったように見える。反聖職権主義が、15世紀後期にますます強くなった教会改革要請の叫びを大きくしたおもな要因のひとつであったことは広く合意されている。

教義的多元論の起こり
　すでに定説になっていることであるが、14、15世紀に教義学的問題で教会内に起こった混乱は、宗教的正統主義の強制を困難にした。実際、16世紀の宗教改革の発端に関して、教義学的不明確さが重要だったということもさらに論じることができる。教会を代弁する権威を持っているのは誰かということは、ますます不明確になっていた。新奇な神学的意見が出てきた場合、それが教会の教えと一貫性を持っているかを判断するのは誰か？　そして、新しい意見は、中世後期の教会には決して不足することはなかった。その理由を理解するのは難しいことではない。

　大学の領域が西ヨーロッパ全土で14世紀後期から15世紀にかけて急速に拡大したことによって、神学部の数が増え、それに伴って、出される神学論文の数も増した。そのときも今と同じく、神学者たちは自己の存在を正当化するために何かをしなければならなかった。これらの論文は、しばしば新しい考えを模索した。けれども、そうした新しい考えの地位はどのようなものであろうか？　神学的意見

と教会の教えの区別や、私的意見と共同体としての教義の区別が一般に曖昧だったために、かなりの混乱が起こった。単なる意見と教会の教えは、誰が区別するべきか？　教皇だろうか？　教会統一運動委員会だろうか？　神学教授だろうか？　そのような決定的に重要な問いに明確に答えることができなかったことは、中世後期の教会の権威を危機に追い込む大きな原因となった。西ヨーロッパの多くの中心地で、歴史家リュシアン・フェーヴルの言い方を用いるなら、「見事な宗教的無政府主義の長い期間」が始まったのである。

　教会の公式の教えに関する混乱は、ルターがドイツで宗教改革を始める大きな要因となった。ルターにとって中心的な重要性を持っていたのは、義認の教義――つまり、個人がどのようにすれば神との関係を得られるかという問題であった。この教義に関して教会のなした権威ある宣言で、それ以前に知られていたものは、最も新しくても418年にさかのぼり、それは宗教改革より1000年以上も前のことだった。そして、その混乱した時代後れの述べ方は、1100年後の1518年にこの問題についての教会の立場を明らかにするのにはほとんど役立たなかった。ルターの目には、彼の時代の教会は、個人がどのようにすれば神との交わりに入れるかについての誤った理解であるペラギウス主義に落ち込んでいるように見えた。個人が自分の個人的な業績や地位によって神の目に好意を得たり、神に受け入れられたりすると教会が教えており、それによって恩恵の考えを完全に否定していると彼は考えた。ルターはこの懸念においては誤っていたかもしれない――しかし、彼の時代の教会はあまりに混乱しており、誰も彼に、この問題についての教会の権威ある立場を教えることはできなかった。

　それゆえ、次に、今日に至るまで決定的な重要性を持ち続けている大きな諸分裂が西方教会に起こった波乱の16世紀を考えよう。

第7章　キリスト教の歴史——略史

宗教改革

　16世紀は、現在、西方キリスト教と結びつけられている多くの特徴が発達する場を備えた、際だって重要な時代となった。この時代とその影響下にさかのぼることのできるひとつの特に重要な特徴は、教派の出現である——つまり、英国国教徒、バプテスト、ルター派、メソジストなど、異なった独特の形のキリスト教徒が分かれたことである。この時代は、漠然と「プロテスタント」と呼ばれるものが起こっただけではなく、神学的・霊的に刷新されたカトリック信仰が生まれた時代でもある。この時代は、近代西洋のキリスト教の出現に非常に重要なので、注意深く見るに値する。キリスト教史においてさまざまな時代に言及する用語は、誤解を生んだり、論争の余地を残したりすることもあるが、この時代の出来事を集合的に「宗教改革」と呼ぶ広い傾向がある。

　「宗教改革」という用語は、歴史家や神学者たちに使われるときはおもに、西ヨーロッパのマルティン・ルターやフルドリヒ・ツヴィングリやジャン・カルヴァンなどといった個々の人々を中心とする、その地方のキリスト教会の道徳的・神学的・制度的改革を目指す運動を指す。1525年までは宗教改革は、マルティン・ルターと、現在の北東ドイツにあるヴィッテンベルク大学に集中していると考えられていた。けれども、運動は1520年代には、スイスの都市チューリッヒでも力を得た。複雑な発展の過程を経て、チューリッヒの宗教改革は一連の政治的・神学的変化を被り、ついには、おもに都市ジュネーヴ（現在はスイスの一部だが、当時は独立した都市国家だった）とジャン・カルヴァンに結びつけられる運動となった。もともとはドイツやスイスなどの地方が中心だったが、宗教改革は16世紀にヨーロッパのほとんど全土に大きな影響を及ぼし、運動の少な

くともひとつの側面に対する肯定的な反応や（たとえば、イングランド、オランダ、スカンジナビアなど）、この運動への反動としてカトリックの強化（たとえば、スペインやフランスなど）を引き起こした。

　宗教改革運動は複雑で雑多であり、教会の教義の改革に限らない広い範囲の事項に関わっていた。これは、この本で細かく論じるにはあまりに複雑な社会的・政治的・経済的な基本的問題と取り組んでいたのである。宗教改革が解決しようとした問題は国ごとに異なり、神学的な問題が重要な役割を果たした国もあり（たとえばドイツなどである）、あまり影響を及ぼさなかったところもある（たとえばイングランドなど）。宗教改革に応えて、カトリック教会は自分の家の中を整える動きを始めた。フランスとドイツの緊張関係から来る政治的不安定さのために、当時の教皇はなかなか公会議を開けなかったが、ついに1545年にトリエント公会議を招集することができた。この公会議が掲げた目的は、カトリックの思想と実践を、その論敵である福音主義［プロテスタントのこと］に対して明らかにし、擁護することであった。

　「宗教改革」という用語は多くの意味で用いられるので、それらを区別することは助けになる。どれも、この語の完全に妥当な用法である。以下では、この複雑な運動のおもな様相を掘り下げ、その後、この波乱の時代に、カトリックとプロテスタントがますます離れていった様相を検討しよう。

ルターの宗教改革

　ルターの宗教改革は、特にドイツの諸領邦と、マルティン・ルターというひとりのカリスマ的人物の広い影響と結びついている。ルターは特に義認の教義に関心を持っており、この教義が彼の宗教思想の中心点である。ルター派の改革はもともと学術的な運動として始まり、ヴィッテンベルク大学の神学教育の改革を目的としてい

た。ヴィッテンベルクは重要な大学ではなかったので、ルターや彼の同僚が神学部の内部で始めた改革はあまり注意を引かなかった。大きな関心を引き、ヴィッテンベルクで出まわっている考えをより広い聴衆に伝えることになったのは、ルター個人の行動（たとえば、有名な「95か条の提題」（1517年10月31日）を張りだしたことなど）によるものだった。

厳密に言えば、ルターの宗教改革は、1522年にルターがヴァルトブルク城にこもって出られなかった状

マルティン・ルターの肖像（1528年）。ルーカス・クラナッハ（父）（1472-1553）のアトリエから。ヴィッテンベルク、ルター・ホール蔵。AKG-images.

態から解放されてヴィッテンベルクに戻ってきたときから始まった。ルターはヴォルムスの帝国議会で弾劾され、ルターの命を案じたある貴族のルター支持者が、危険が去るまで、「ヴァルトブルク」と呼ばれる城に彼を密かにかくまった。ルターがいない間、ヴィッテンベルクの彼の同僚のひとりアンドレアス・ボーデンシュタイン・フォン・カールシュタットがヴィッテンベルクで改革計画を進め、まったくの混乱状態に悪化させてしまったようである。ルターは、カールシュタットの愚かなやり方で改革がつぶされないためには自分が必要であると確信し、安全な場所を出てヴィッテンベルクに戻ってきた。このとき以降、ルターの大学改革計画は、教会と社会の改革計画に変化した。もはや、ルターの討論の場は大学や概念

の世界ではなくなった。彼は今や、宗教的・社会的・政治的改革運動の統率者と見なされており、見ている同世代の人々の中には、この運動がヨーロッパに新しい社会的・宗教的秩序への道を開くように感じた者もある。実際はルターの改革計画は、フルドリヒ・ツヴィングリなど、ほかの宗教改革者と結びついた改革よりもはるかに保守的だった。さらに、一部の人々が期待していたよりもはるかに成功度が低かった。この運動は執拗にドイツの領邦に結びついており（スカンジナビアを除いて）、決して外国に拠点を持つことはなかった。海外にも、まるで熟れたりんごのように、触れればすぐに手に入りそうな土地が数多くあったにもかかわらずである。ルターの「神に権威を授けられた君主」の役割理解は（王が教会を支配する権利を事実上、保証するものであったが）、期待されそうなほどは魅力を持たなかった。そして、特にカルヴァンのような改革思想家の、概して共和制寄りの感情には合わなかったのである。

　ルターの宗教改革の肝要な部分のひとつは、女性も含めた一般信徒に新しい役割を与えたことだった。ルターの「万人祭司」説は、すべてのキリスト教徒が、性別や社会的地位にかかわらず、神の目には祭司であると主張した。ルターは、キリスト教徒が世間から分離して生きることに反対し、修道院や女子修道院は、キリスト教徒が世間で果たすべき召命に生きることを妨げると論じた。ルターの最も興味深い偉業は1523年に起こった。マリエントロン女子修道院の生活から12人の尼僧を解放する手配をしたのである。彼女らは、友人の商人から手に入れたニシンの樽に入って密かに運び出された。ルターは1525年に、そのひとりカタリーナ・フォン・ボラと結婚した。このときまでは男女が分離されていたために、女性は修道院関係の場でしか宗教的指導者の役割を務められない傾向があった。家庭内の主婦としてのカタリーナの役割は、長年の間、ルター派の女性たちの手本となり、閉ざされた修道院生活の外での女性たちに

第7章 キリスト教の歴史——略史

重要な社会的役割を提供するものとなった。

カルヴァンの宗教改革

改革派の諸教会（長老派教会など）を生みだしたカルヴァンの宗教改革の起源は、スイス連邦の中の状況によるものだった。ルターの宗教改革の発端が大学を背景としているのに対して、改革派は、教会の道徳や礼拝（しかし、必ずしもその教義ではなく）をより聖書に倣ったものに改革しようとする一連の試みを発端としている。この宗教改革にはっきりとした形を与えたのはカルヴァンだったが、その起源は、スイスの主要な都市チューリッヒを拠点とするフルドリヒ・ツヴィングリやハインリヒ・ブリンガーのような、より以前の改革者にさかのぼるということは強調しておかなければならない。

ジャン・カルヴァンの肖像。ロッテルダム。ボイマンス・ファン・ベーニゲン博物館蔵。AKG-images.

初期の改革派神学者のほとんどは大学出身者であったが、彼らの改革は学問的性質のものではなかった。むしろ、彼らが見たチューリッヒやベルンやバーゼルに向けられたものであった。ルターが義認の教義を彼の社会改革や宗教改革の中心となる重要なものと確信していたのに対し、初期の改革派思想家たちは、教義には比較的あまり興味を持たず、まして、ひとつの特別な教義には関心がなかった。彼らの宗教改革の綱領は制度的・社会的・倫理的であり、多くの点で、人文主義運動から発生した改革の要請と似ていた。

改革派教会の強化は、ツヴィングリが戦死した（1531年）後に、彼の後継者ハインリヒ・ブリンガーのもとでのチューリッヒ宗教改革の安定とともに始まり、1550年代に、その力の拠点であるジュネーヴと、その指導的代弁者であるジャン・カルヴァンが登場したときに終わったと考えられる。改革派教会の中での力の中心の移動は（まずチューリッヒからベルンへ、そしてやがてベルンからジュネーヴへ）、1520年から50年代までの時期にかけて徐々に起こり、ついにはジュネーヴを、その政治体制（共和制）と宗教思想家（最初はカルヴァンで、その死後はテオドール・ベーズ）をもって、改革派教会の中で支配的な存在として確立した。この展開は、改革派牧師を養成するジュネーヴ・アカデミーの創設（1559年）でより強められた。

　「カルヴァン主義」という用語はしばしば、改革派教会の宗教的概念を指して用いられる。この習慣は、宗教改革関係の文献ではまだ広く見られるが、今では一般にあまり奨励されていない。16世紀後期の改革派の神学は、カルヴァン自身の考え以外の資料によっていることがはっきりとしてきたからである。16世紀後期から17世紀の改革派の思想を「カルヴァン主義」と呼ぶことは、それが本質的にはカルヴァンの思想であったような含みを持つ――しかし、今一般に認められているところでは、カルヴァンの考えは彼の後継者によって微妙に修正を加えられているのである。「改革派の」という用語のほうが今は、それらの教会（おもにスイスやスコットランドやドイツの）を指すのにも、カルヴァンの著名な宗教書『キリスト教綱要』や、それに基づいた教会文書（有名な「ハイデルベルク信仰問答」など）によった宗教思想家（テオドール・ベーズ、ウィリアム・パーキンス、ジョン・オーウェンなど）を指すのにも好まれている。

　ルター派、改革派（あるいはカルヴァン派）、アナバプティスト（再洗礼派）という、プロテスタント宗教改革を構成する三つの主要な要素のうちで、英語圏で特に重要なのは、改革派である。ピューリ

タン主義は、17世紀のイングランド史で非常に目立った動きであり、17世紀以降の米国ニューイングランドの宗教観や政治観にとって根本的に重要なものであったが、これは改革派キリスト教のひとつの特別な形である。ニューイングランドの宗教史や政治史、あるいはジョナサン・エドワーズなどの著者の考えを理解するためには、彼らの社会的・政治的姿勢の根底をなすピューリタン主義の神学的洞察や宗教的見方をいくらかは把握しておくことが必要である。

急進的改革派──アナバプティスト（再洗礼派）

「アナバプティスト」という用語は、ツヴィングリから来ている（この語は文字どおりには「再び洗礼をする人たち」という意味で、おそらく最もアナバプティストに特有な習慣──公に自分で信仰を告白した者だけが洗礼を受けるべきであるという主張を指し示している）。アナバプティストは最初、1520年代にツヴィングリの改革が都市チューリッヒの内部で行われた影響を受けて、この都市のあたりで起こったようである。その中心になったのは、ツヴィングリが自らの改革の方針に誠実に従っていないと論じる一団の人々（その中にはコンラッド・グレベルもいた）であった。ツヴィングリは教えていることに実践が伴っていないというのは、彼が「聖書のみ」（*sola scriptura*）の原理に誠実だと言いながら、聖書で認められも定められもしていない多くの習慣を続けているからだ（たとえば、幼児洗礼や、教会と行政の親密な結びつきや、キリスト教徒の参戦などである）とグレベルは論じた。このように論じる急進的な思想家の手によって、「聖書のみ」の原則は急進化された。改革派のキリスト教徒ならば、聖書に明確に教えられていることだけを信じ、実践するだろうということだ。ツヴィングリは、このような状況は、教会がキリスト教の過去の伝統に持っていた自己の歴史的根源や継続性からチューリッヒの改革派教会を断ち切り、不安定にする展開だと見て、危機を感じた。

多くの共通要素が、多様な脈絡の運動のうちに見分けられる。外的権威に対する一般的な不信、大人になってからの洗礼を好み、幼児洗礼を否定すること、平和主義と無抵抗主義などである。これらの点のひとつを挙げると、1527年にチューリッヒとベルンとザンクトガレンの政府は、アナバプティストが、「真のキリスト教徒は誰も、元金の額に対して利子を払ったり、受け取って儲けたりしてはならない、この世の財産はすべて無償で共有され、誰でもそれらの全所有権を持っている」と信じていると弾劾した。こうした理由から、「アナバプティスト」の主張はしばしば「宗教改革の左翼」（ローランド・H・ベイントン）とか「急進的宗教改革」（ジョージ・ハンストン・ウィリアムズ）と呼ばれる。ウィリアムズは、「急進的宗教改革」は「行政的宗教改革」と対比されるべきものと考えているが、この「行政的宗教改革」と彼が言うのは、おおよそルター派や改革派の運動のことである。これらの用語は宗教改革学者の間でますます受け入れられてきており、宗教改革の運動に関する最近の研究書を読めば出てくるかもしれない。

カトリック宗教改革

　この用語はしばしば、トリエント公会議の開始（1545年）以降の時期のローマ・カトリックの中での復興運動を指すのに用いられる。昔の学術書にはこの運動はしばしば「反宗教改革」と書かれていた。この語が示唆するように、ローマ・カトリック教会はプロテスタント宗教改革を打倒する方法を発展させ、その影響を抑えようとした。けれども、ますます明らかになってきていることだが、ローマ・カトリック教会は宗教改革に対抗するために、自らの内側からの改革も行い、プロテスタントからの批判の原因を取り除こうとした。この意味でこの運動は、プロテスタント宗教改革への反動であるだけでなく、ローマ・カトリックの改革でもあった。

第7章 キリスト教の歴史——略史

　北ヨーロッパでプロテスタント宗教改革のもととなった問題意識は、カトリック教会の刷新にもつながり、そのことは特にスペインやイタリアで見られた。カトリック宗教改革の先頭に立つ働きをしたトリエント公会議は、混乱の原因となっている多数の問題についてカトリックの教えを明確にし、聖職者の振る舞いや教会規則、宗教教育、伝道活動に関して、切実に必要とされる改革を行った。教会内での改革の動きは、古くからの修道会の多くの改革や、新しい修道会の創設（イエズス会など）によって非常に強く促された。カトリック宗教改革のより特別に神学的な側面は、聖書や伝統、信仰義認、そして、サクラメントに関するカトリックの教えに関するものだった。カトリック宗教改革の結果、そもそも改革が要求されるに至った（その要求は、人文主義者からのものにしろ、プロテスタントからのものにしろ）悪習の多くが取り除かれた。

　最も広い意味では、「改革」（Reformation）という語は、上で述べた四つの動きのすべてに当てはまる。しかし、より狭い意味では、カトリック宗教改革を除く「プロテスタント宗教改革」だけを指すこともある。この意味ではこれは、上に挙げた三つのプロテスタント宗教改革運動を指す。けれども、多くの学術書では「宗教改革」は、ときに「制度的宗教改革」とか「主流の宗教改革」と呼ばれるもの——つまり、ルター派と改革派諸教会（英国国教会を含む）を指して用いられ、アナバプティストを含んでいない。

プロテスタンティズムの勃興

　「プロテスタント」という語は広く、16世紀に中世キリスト教への反動として起こった西ヨーロッパのキリスト教の諸形態を指す。この語は特に役立つものではなく、いくらかの説明を要する。この語の由来は、シュパイエル帝国議会（1529年2月）で、ドイツにおけるルター派に対する寛容を打ち切る決議がなされたことを受けて、

同年4月に、6人のドイツ領主と14の都市が良心の自由と宗教的少数派の権利を擁護し、この圧制的な措置に抗議したことにある。「プロテスタント」という語は、この抗議（プロテスト）に由来する。だから、この「プロテスタント」という語を1529年4月以前の人々に当てはめたり、それ以前の出来事が「プロテスタント宗教改革」の一部であるように語ることは、厳密な意味では正しくない。文書ではしばしば「福音主義」という語が、ヴィッテンベルクその他（たとえばフランスやスイスなど）の改革派を指すのに用いられる。「プロテスタント」という語は、より早いヴィッテンベルクなどの時代にも用いられるが、これは厳密に言えば時代錯誤である。「福音主義」のほうが一般により正確で役に立つ。

プロテスタンティズムの起こりは非常に複雑で、社会的・政治的・経済的・神学的問題に関わる。たとえば、プロテスタンティズムは、力を増してきた中流階級の人々を惹きつけたが、それは、貴族階級が力を握っていた伝統的な社会では彼らの手の届かなかった地位を得る機会をプロテスタンティズムが提供したからである。同様に、イングランドのヘンリー8世がプロテスタンティズムのひとつの形態を採択したのは、ひとつには、ローマの介入を受けない国家教会を設立したかったからである。

このように、プロテスタンティズムの源は純粋に宗教的なものだったと言うのは誤っているが、それでもやはり宗教的な問題が宗教改革の出現には主要な事項だったことは理解しておくことが大切である。

プロテスタンティズムの発端を検討するためにおそらく最も有益なのは、この運動の3人の代表者、マルティン・ルター（1483-1546）、フルドリヒ・ツヴィングリ（1484-1531）、ジャン・カルヴァン（1509-64）を見ることだ。彼らはそれぞれに、この運動が起こる推進力となったからである。

第7章　キリスト教の歴史——略史

　マルティン・ルターは最初、法律の研究を志し、スコラ学で有名なエアフルト大学に学んだ。しかし、激しい雷雨の中でのある経験に非常な衝撃を受けたらしく、その後、エアフルトのアウグスティヌス会修道院に入り、修道士になる修行を始めた。神学を学びながら修道会のさまざまな奉仕をする時期を経て、ルターは、創設されてまだ新しいヴィッテンベルク大学で教え始めた。聖書学の教授として、彼は、詩編、ローマの信徒への手紙、ガラテヤの信徒への手紙、ヘブライの信徒への手紙など、聖書の多くの書についての講座を担当した。そして、これらの講義をする過程で、彼は何らかの神学的回心を体験したようである。

　この回心の性質は非常に複雑である。しかし、一般に考えられていることでは、これは義認の教義、つまり、人間はいかにして神との正しい関係に入ることができるのかということを中心としていた。ルターは最初、この正しい関係は人間の業績によって得られると考えていたらしい。つまり、人々は自分たちの努力によって、ある非常に明確な何かを行うことができる。その結果、神との正しい関係に入れられるのだと考えていたようである。しかしルターは、この理解には深刻な欠陥があると見るようになった。1515年頃のある時点で（正確な日付はまだ論議されているが）、ルターは、この関係は神の側からしか成り立たせることはできないと判断したようである。これは人間の業績ではなく、神からの贈り物と理解するべきである。人間がいかにして神との正しい関係に入れられるかについてのこの理解の変化に基づいて（299-308頁参照）、ルターは教会内での改革の計画に取り組み始めた。

　おそらくこの改革の最も有名な側面は、1517年の10月31日に彼が張りだした「95か条の提題」だろう。免罪符の販売に関する95か条の指摘は激しい議論を呼び、ルターの名を広く知らしめた。これに続いて1519年にはライプツィヒ討論があるが、これは、ルター

第7章　キリスト教の歴史——略史

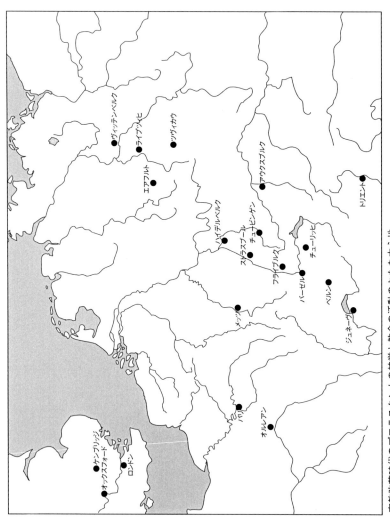

宗教改革時代のプロテスタントの神学と教会の活動のおもな中心地

第7章 キリスト教の歴史——略史

とヨハン・エックの間でなされた、教皇の権威に関してなど、いくつもの重要な問題についての公開討論である。その翌年、ルターは宗教改革の三つの主要な著書を出版し、改革と、教会とその神学の刷新の課題を示した。『ドイツのキリスト者貴族に与える書』『教会のバビロン捕囚』『キリスト者の自由』である。これらは、ドイツをはじめとする教会当局に対して、教会の現行の習慣や信仰内容を改革するように促す圧力をますます強めることとなった。

ルターの考えが西ヨーロッパで広く論じられ議論されるようになるまでに長くはかからなかった。イングランドの大学町ケンブリッジでは、ルターの著書について定期的に議論する会ができた。彼らが好んで集まった居酒屋の名にちなんで『白馬』として知られるこの会には、1530年代のイングランドの改革の展開に重要な影響を及ぼすことになる何人かの人々も入っていた。

けれども、改革の運動はヨーロッパのほかの地域でも起こっており、スイスもそのひとつだった。スイスの宗教改革者フルドリヒ・ツヴィングリは、ウィーン大学とバーゼル大学で学び、その後、東スイスで教区司祭になった。明らかに彼は、エラスムスの著書をはじめキリスト教人文主義が提示する課題に強い関心を持ち、当時の教会には改革が必要であるとの確信を持つようになった。1519年に彼は、チューリッヒで司祭の地位についた。彼は、この市でいちばん大きなグロス・ミュンスター教会の教団を用いて改革計画を宣伝した。最初はこの計画は、おもに教会の道徳改革に関するものだった。けれども、まもなく、当時の教会の神学に対する批判、特にサクラメントの神学についての批判を含むようになった。「ツヴィングリ主義者」という言葉は特に、ツヴィングリが考えたように、キリストは聖餐には現存せず、聖餐はキリストの死を覚えるための記念と見るべきであると信じる考えと結びついている。

宗教改革の最初の波が去ると、新しい問題提起がなされた。ジャ

ン・カルヴァンは宗教改革の第2世代に属し、むしろ宗教改革の理念や実践を強化することに関心を持っていた。彼は1509年に、パリの北西にあるノワイヨンで生まれた。スコラ主義全盛のパリ大学で学び、その後、より人文主義的なオルレアン大学に移って、そこで市民法を学んだ。彼は最初、学者を志していたが、20代半ばで回心を経験し、その結果、パリでの改革運動と関係を深めていった。そして、やがてパリから離れてバーゼルに行くことを余儀なくされる。

　宗教改革の第2世代は、第1世代よりもはるかに組織神学の書の必要性を強く意識していた。第2世代の宗教改革者の代表的存在であったカルヴァンは、福音主義の神学を明確に述べ、カトリックの批判に対してその立場を擁護する書物の必要性を理解していた。1536年に彼は、『キリスト教綱要』と題する小冊子を出版した。6章だけの短いものである。その後の4分の1世紀で彼はこの本に手を加え続け、何章も加筆し、内容の配列も変えている。その最終版（1559年）までにこの書は80章となり、4編に分けられた。第1編は、創造主なる神と、被造物に対する神の主権について論じている。第2編は、人間が贖いを必要とすることと、その贖いが仲介者キリストによってどのようになされたかに関する。第3編は、どのようにすれば人間はこの贖いに参与することができるかを論じ、第4編は、教会と、教会と社会の関係について扱っている。カルヴァンの体系の中心は予定説であるとしばしば示唆されるが、それは正しくない。カルヴァンの神学体系を貫く唯一の原則は、それが聖書に忠実であって、しかも最高度の明確さをもって表現されているようにということである。

　1536年、カルヴァンはノワイヨンで個人的な事柄を整理した後、大都市シュトラスブルクに落ち着いて書斎生活をすることにした。あいにく、ノワイヨンからシュトラスブルクにまっすぐ向かう道は、

第7章 キリスト教の歴史——略史

フランス王フランソワ1世と皇帝カール5世の戦争が起こったために通れなかった。カルヴァンは回り道をして、ジュネーヴの都市を通らねばならなかった。ジュネーヴは、近隣のサヴォア公国から独立を勝ち取ったばかりであったが、当時は、司教を追放し、フランス人ギョーム・ファレルとピエール・ヴィレの指導のもとで改革計画を進め始めた混乱期にあった。ふたりは、カルヴァンがジュネーヴに来ていると聞いて、ぜひ留まって改革を助けてくれるようにと頼んだ。

カルヴァンはジュネーヴ教会に、教義と教会規則の堅い基盤を築こうとしたが、その試みは激しい抵抗を受けた。一連の口論の後、1538年のイースターに事態は最悪となり、カルヴァンはジュネーヴを追放されてシュトラスブルクに亡命した。シュトラスブルクに、最初考えていたよりも2年遅れて到着した彼は、失った時を埋め合わせ始めた。彼は矢継ぎ早に一連の主要な神学書を出版した。カルヴァンは、市のフランス語を話す会衆のための牧師として、改革派の牧師が直面する実際的な問題を経験することができた。シュトラスブルクの宗教改革者マルティン・ブツァーとの親交を通して、彼は、都市と教会についての自分の考えを発展させることができた。

1541年9月、カルヴァンはジュネーヴに戻るように求められた。彼の不在中に、宗教的・政治的状況が悪化していた。市は彼に、戻って秩序と自信を回復してくれるように懇願した。ジュネーヴに戻ったカルヴァンは、ずっと賢明で経験豊かな若者になっており、待ち受ける課題に対して、3年前よりもはるかによく備えができていた。シュトラスブルクでの経験によって、彼は、教会の性質に関する理論をまとめる際に、新たな現実主義を取り込み、それは、この領域での彼の後の著作にも反映されている。1564年の彼の死までにジュネーヴは、カルヴァンの名によって呼ばれる国際的な運動の中心になった。カルヴァン主義は今でも、人間の歴史の中で最も

力強く、意義の深い、知的な運動のひとつである。

イングランドの宗教改革

　イングランドの宗教改革は、大陸といささか異なった方向をとった。教会内にもある程度は国民からの改革の要請はあったが、改革を指揮したのは、1509年に王位についたヘンリー8世であった。1527年にヘンリーは、アラゴンのキャサリンとの離婚の最初の手続きをとった。この決断は、ヘンリーの、イングランドの王位継承者を確保したいという望みから出たものであった。この結婚から生まれた唯一の子メアリー・チューダーは女児であった。ヘンリーは男子の跡継ぎがほしかった。教皇はこの結婚を解くことも無効にすることも拒否した。

　イングランドの宗教改革が、教皇がヘンリーの離婚を認めなかった結果起こったと示唆することはまったく適切ではない。けれども、これはひとつの要因であった。ヘンリーは徐々に、イングランドでの教皇の権威に代わって、自分が権威を持つような政策に移っていったようである。英国国教会を創設することは、この計画の一部だった。ヘンリーは、教義や神学の問題には特に興味がなかったらしく、宗教的・政治的権力の実際的な点に集中することを好んだ。彼がトマス・クランマー（1489-1556）をカンタベリー

ヘンリー8世（1540年）。ハンス・ホルバイン（子）（1497-1543）画。ローマ、ベルベリーニ宮国立美術館蔵。AKG-Images/Nimatallah.

第7章　キリスト教の歴史──略史

大司教に任命したことは、少なくともいくらか、プロテスタントの影響が英国国教会に及ぼされることにつながった。

　ヘンリーが1547年に死ぬと、息子のエドワード6世が跡を継いだ。エドワードは未成年で王位についたので、結果として実権は彼の顧問官たちが握った。彼らはだいたい、非常にプロテスタント寄りの者たちだった。クランマーはエドワードの治世の間ずっと大司教だったが、顕著にプロテスタント的な公同礼拝を導入することに成功し、プロテスタント思想家、たとえば、マルティン・ブツァーやピエトロ・マルチル・ヴェルミーリなど、指導的なプロテスタントがイングランドに住み、宗教改革に神学的方向づけをするように促した。けれども、エドワードは1553年に死亡し、国は宗教的に流動的な状態で残された。

　エドワードの跡を継いだのはメアリー・チューダーで、彼女は強くカトリックに共感していた。彼女はプロテスタントを迫害し、カトリックを復興させるための一連の政策を始めた。その政策の中には一般に好まれないものもあり、特に1556年にトマス・クランマーをオックスフォードで公開火刑にしたことなどは、非常に評判が悪かった。クランマーの後にカンタベリー大司教に任命されたのは、穏健なカトリックのレジナルド・プールだった。1558年のメアリーの死までには、カトリックはまだ完全に復興していなかった。エリザベス1世が王位を継いで即位したときには、まだ彼女がどちらの方向で宗教的政策をとるかはあまり明らかではなかった。結局、彼女は複雑な政策をとったが、それは、プロテスタントとカトリックの両方に譲歩しながら、しかも女王が宗教上の事柄の最高権威を持つことを目指すものに見える。いわゆる「エリザベスの宗教解決」(1558-59年)は、監督制度をとる改革派の教会として、信仰的にはだいたいプロテスタントの条項をとり、礼拝形式はカトリックに近いイングランドの国教会を確立するものだった。これは広く妥協策

と見られ、この結果に完全に満足する者はいなかった。けれども、これによってイングランドは宗教的緊張の時代から抜け出し、当時、ヨーロッパのほかの地域で荒れ狂っていた深刻な宗教的争いを避けることができたのである。

プロテスタンティズムの主要な特色

　プロテスタンティズムは、すでに見たように、顕著に多様な運動であった。けれども、プロテスタント教会の習慣や中核的文書——たとえば、「アウグスブルク信仰告白」（ルター派、1530年）、「ハイデルベルク信仰問答」（改革派、1562年）、「39か条」（英国国教会、1563年）などは、この運動には多くの中心的なテーマがあるということを示している。それは、以下のような点である。

1　教皇の権威の否定。プロテスタントは、教皇の権威を、正当化しえない一連の発展の上に立つものと考え、新約聖書に見られるような、より単純な教会指導の様式に戻ろうとした。結果として、プロテスタント教会の中には、教会運営の形として監督制をとり、それが、教会内で信仰と職制を保つ合法的で聖書的な手段だと考えているものもある。

2　聖書の第一義的な重要性が特に強調される。宗教改革は、通常、「聖書主義」と言われるものを導入した。つまり、「キリスト教思想の究極的な土台と基準は聖書である」という主張を導入したのである。これは、プロテスタントの著者たちが思索するときに、理性や伝統の有効性を否定したということではない。これはただ、彼らが、理性や伝統は聖書に対して従属的な役割を果たしていると考えているということにすぎない。イングランドの著者ウィリアム・チリングワース（1602-44）は、彼の有名な宣言で、この信仰を表す非常に独特な言い方をしている。

第7章　キリスト教の歴史——略史

「聖書だけが、プロテスタントの宗教である」。

3　プロテスタント教会は、中世のサクラメントの体系を否定した。中世にはサクラメントは七つ認められたが、プロテスタント教会は「聖書のサクラメント」は二つしかないと断言した——洗礼と、もうひとつは、聖餐、主の晩餐、ミサ、記念などとさまざまに呼ばれるサクラメントである。

4　カトリックとプロテスタントの最もはっきりと目に見える区別は、上に挙げた2番目のサクラメントに関連する。カトリック教会は、「一種陪餐」を行っていた——つまり、一般信徒には聖餐ではパンだけが与えられた（司祭は、パンとぶどう酒の両方を受けることが許された）。この習慣は、どのように始まったかは明らかではないが、中世の西方教会では広く広まっていた。これに対してプロテスタント教会は「二種陪餐」、つまり、一般信徒もパンとぶどう酒の両方を与えられる方式をとった。

5　中世のカトリックの教会では、司祭と一般信徒との間にはっきり区別が設けられていた。叙階のサクラメントは、司祭に何かはっきりとした消えない性質を与え、彼らを一般信徒とは異なるものにすると理解された。聖職者と一般信徒との間の違いは、通常、プロテスタントでも保持されているが、その違いはいくぶん異なって理解されている。「万人祭司」説の教義は、指導的なプロテスタント思想家の間で広く受け入れられているが、すべての信徒は少なくとも何らかの意味で祭司と見なされるべきであると認めている。その結果、専門の牧師たちはただ、教会の中で特別の機能を果たしているという意味において一般信徒と異なるにすぎないということになる。

6　プロテスタントは、カトリックが信じる煉獄についての一連の事柄を、聖書に基礎がないと論じて否定した。それと関連して、死者のための祈りの習慣も捨てられた。

7 プロテスタントは通常、マリアに対しては懐疑的な態度をとり、彼女にはキリスト者としての手本を見ると同時に、偶像崇拝の対象となる危険をも見ている。プロテスタントの中ではマリア崇拝は否定され、それと同時に、生きている者のためにも死者のためにも聖人が執り成しの力を持つという一連の信仰も否定された。

カトリックとプロテスタントの間の相違の例は、挙げようと思えば、まだほかにも多々挙げられる。興味のある読者は、509-531頁の分析を参照していただければ、今日のキリスト教の諸形態をさらに論じてある。けれども、カトリックとプロテスタントの間にかなりの合意が成り立っている領域もあることを十分理解しておくことが必要である。それらは、明らかな相違の陰で見落とされてしまいがちだからである。

「信仰告白」の形成──プロテスタント正統主義

すでに見たように、プロテスタンティズムが生まれて最初の期間は非常に劇的であった。1520年から60年の間は、運動は、新たな領土を獲得し、進歩することに関心を持っていた。しかし、1560年代のある時点で、おそらく1564年のカルヴァンの死のあたりを境に、様相が変化したようである。運動は、自己の擁護に関心を抱くようになった。何か包囲でもされているような強迫観念が起こってきたようである。このような変化は、二つの大きな事態によって促進されたように見える。

第1に、トリエント公会議の後の期間に、カトリックは劇的に自信を新たにした。プロテスタントは、国々が次から次へとプロテスタンティズムを受け入れるようになるという展望が非現実的であることに気づかざるをえなかった。カトリックは、一時は宗教改革に

第7章　キリスト教の歴史——略史

共感していた領土を奪回し始めており、ずっとカトリックに忠実であった領土では、その支配をより堅固にしていた。プロテスタンティズムが直面した課題は今や、現在の地位を保持することだった。防衛手段のひとつは、自己のアイデンティティーを規定する厳密な神学的基準を形成して、プロテスタントが自己をカトリックから区別できるようにすることだった。教義的純粋さ、つまり「神学的正しさ」がきわめて重要な鍵となった。ますますプロテスタント神学者は、神学的正統主義を形成し擁護することに注意を向けるようになった。

　第2に、ヨーロッパ本土で、二つの主要な形のプロテスタンティズム、つまりルター派と改革派（カルヴァン主義）の間でますます緊張の度が増していった。一般にドイツのプロテスタントの地域はルター派だったと思われていた。けれども、1560年代にカルヴァン主義がかなりドイツに食い込んできたために、この地方でルター派と改革派の緊張が増したのである。ルター派の神学者たちは今や、二つの前線で戦っていた——一方ではカトリックと、他方ではカルヴァン主義者とである。その結果、この二つの型のプロテスタンティズムを区別することがますます重要になっていった。そのため、両者の間で、厳密な神学的・教義的違いを明確にする意識的試みがなされた。その結果、「正しい教義」への関心が決定的な重要性を持つようになった。そうしたわけで、「プロテスタント正統主義」がこの時代のプロテスタンティズムを指して用いられるようになったのである。

　「信条主義」あるいは「第2の宗教改革」という用語が、この時期のプロテスタント教会に非常に典型的な、教義の正確さを強調するようになったこの過程を指して用いられる。1560年代以降のドイツの宗教的・政治的緊張の高まりは、「ルター派」と「改革派」と呼ばれるようになった、宗教改革の中で育った二つの大きな教派

の間の違いをますますはっきりとさせることになった。宗教改革の初期の時代には、宗教改革者は自分たちを、ひとつの共通の、神学教育や改革のプログラムに携わる福音主義者と考えていた。けれども、その世紀の後半には、その運動の中に二分化が起こっていることが明らかになった（実際は、最初から二分化されていたのかもしれないが）。この亀裂の政治的根は、失敗に終わったマールブルク会議（1529年）にさかのぼれるだろうが、知的根はさらに以前からあった。

　1550年代までに、この政治的二分化は多かれ少なかれ完了していた。運動の一方の部分はだいたいドイツをその領域とするが、ルターとその教理問答書と「アウグスブルク信仰告白」を神学的権威と見なし、それに対し、ラインランドやスイスの都市は、その競争相手のカルヴァンと『キリスト教綱要』と「ハイデルベルク信仰問答」を権威と認めた。明らかにこの二つの運動はまだ自分たちを、ひとつの共通の伝統の後継者と思っていたが、政治的・教会的展開、特に信条主義の起こりは、かつて宗教改革で基本的と考えられた問題での合致よりも、むしろ両者の違いを強調する方向に至った。さまざまなプロテスタント学派の間の論争が、ローマ・カトリックとの論争と同じくらい重要になった。

　この決定的な移行は、中世の教会で発達したスコラ主義の諸形態と多くの点で似た「プロテスタント・スコラ主義」の起こりと結びついている。強調点は、鍵となる重要な教義の合理的正当化と擁護に置かれるようになり、それらの教義が転じて、特に当該のプロテスタンティズムの完全性を、一方ではほかの形のプロテスタンティズムに対し、また一方ではカトリックに対して、正当化し擁護するのに用いられた。多くの観察者の目には、このタイプのキリスト教は、あまりにも頭で考える問題に重点を置きすぎ、心の問題を十分に考えていないと思われた。そう考えられたことが、敬虔主義の起こった背景である。その敬虔主義についてはまもなく見ることに

なるが、その前にまず、「ピューリタン主義」として通常知られる、特にイングランドで17世紀に大きな文化的・政治的影響を及ぼしたプロテスタント正統主義を考えることにしよう。

英語圏のプロテスタンティズム——ピューリタン主義

「ピューリタン」（清教徒）という語は、もともとは誹謗の言葉だった。エリザベス１世の治世に、英国国教会内で、急進的なプロテスタントの信仰内容と習慣（たとえば、司教の廃止など）を採択しようとする一群の人々に烙印を押す呼び名だった。ケンブリッジ大学は、ピューリタンの活動の重要な中心であり、エマヌエル・コレッジが、ピューリタンの神学と牧会の思想をはぐくむ重要な苗床として創設された。この動きに対する当局の敵意は、小さな分離派の信徒集団の形成につながり、彼らは、国教会が自己の改革を完全に実行できないでいることに抗議して、国教会から「撤退」した。この分離派のグループでも最も重要なものは、ロバート・ブラウン（1550頃-1633）の名を取って「ブラウン主義者」と呼ばれた。

公的な嫌がらせを受けて、分離主義者たちは最初、オランダに避難した。けれども、後にそこからイングランドに戻り、そこで信徒団を形成した者たちもいた。それらのグループは近代のバプテストの先駆者と考えられているが、ピューリタン共和制の時代に特に栄え、当時のイングランドには300ものそのような教会があった。チャールズ２世の王政復古の後、バプテストは再び当局の敵意に向かうことになった。彼らがかなりの程度受け入れられ、安定したのは、18世紀の後期になってからだった。

特に興味深いひとつのグループについて述べておかなければならない。1606年に、ノッティンガム州のスクルービーに、ジョン・ロビンソン（1575頃-1625）を牧師として、ひとつの分離派の信徒集団が結成された。1609年に、当局の敵意が激しくなったために、

この信徒団はオランダのライデンに移住せざるをえなくなった。しかし、オランダの状況はまだ理想的とは言えなかった。そこで、この信徒団は、当時まだヨーロッパからの移住民に門戸を開いていたアメリカを目指したのである。1620年の9月6日、102人の会衆がメイフラワー号に乗ってアメリカへと航海を始めた。その結果できたマサチューセッツの植民地は、この後、地元の宗教生活の制限に不満を持つ多くのヨーロッパ人の手本になる。

ピューリタン主義は、イングランドの国教会の中で影響力を増していったが、それでも17世紀の初期にはまだ教会と国家の両方から非常な敵意を受けた。けれども、当時の君主に対する庶民の不満が募るにつれ、ピューリタン主義は民主主義の諸力と同一視されるようになった。王と国会の緊張が増すに従って、ピューリタン主義は、国会の権威の強い支持者と見られるようになった。結果として起こった清教徒革命(ピューリタン)は、チャールズ1世の処刑と、オリバー・クロムウェルのもとでの1650年代のイングランド共和国の設立に至った。けれども、チャールズ2世の王政復古で、ピューリタン主義のイングランドでの政治的・社会的力はかなり衰えた。

けれどもピューリタン主義は、ほかの地域で決定的な影響を及ぼし始めた。イングランドでの宗教的状況に不満を持ったイングランドのピューリタンたちがアメリカに移住し、その信仰をアメリカに持ち込んだ。マサチューセッツ湾岸は、ピューリタン主義のひとつの中心となった。多くの学者の意見では、アメリカの歴史へのこの展開の影響は決定的で、強い宗教的アイデンティティーを持った国家としてのアメリカ合衆国の出現の基礎となった。

ここで見ておく価値のあるピューリタンの詩人が、アン・ブラッドストリート（1612-72）である。彼女は、比較的快適で文化的な生活と引き換えに、マサチューセッツのむしろ荒地に近い地を選んで、アーベラ号でニューイングランドに渡った。彼女の詩は今でも読ま

れるが、特に新しい環境での困難や危険の最中で信仰と生活を結びつけようとする彼女の試みを反映している。彼女の最も心を打つ詩のひとつは、1666年の6月に彼女の家が火事で焼失したときに書かれたものである。その詩で彼女は、この世の自分の家の弱さとはかなさを、天国の決して破壊されない家の希望と対比させている。

> あなたは高きところに家を建ててくださった。
> あの力強い建築士によって形を造り
> 栄光で豊かに飾ってくださった。
> これが消え去っても、永久に建っている家を。
> あの家をあの方が買ってくださり、ご自身、
> 苦しんで、支払いもしてくださった。

プロテスタントの心の宗教──敬虔主義

　主流のプロテスタントの中で正統主義がますます影響力を強めていくに従って、その欠点も明らかになった。正統主義は、よくてせいぜい、キリスト教の真理の主張の理性的擁護と教義学的正確さの問題に関わるだけのものである。しかし、これはしばしば、神学を日常生活の問題に結びつけることよりも、論理的な細かい点に学問的にこだわっているにすぎないような印象を与えた。「敬虔主義」という言葉は、ラテン語の *pietas*（「敬虔」とか「信心深い」と訳すとよい）から派生しており、もともとは、この運動が、日常生活のためのキリスト教の教義の重要性を強調していることに対して、反対者が誹謗して言った言葉だった。

　この運動は通常、フィリップ・ヤーコプ・シュペーナーの『敬虔なる願望』 *Pia Desideria*（1675年）の出版とともに始まったと考えられている。この著でシュペーナーは、30年戦争（1616-48年）後のドイツのルター派教会の状況を嘆き、当時の教会の活性化のための提

案をした。その提案の主たるものは、個人が聖書を学ぶことを新たに重視することだった。これらの提案は、学問的神学者からはあざけりを受けた。けれども、ドイツの教会の集まりには影響力を示し、そのことは、30年戦争の間のひどい社会状況に対して無力な正統派にますます幻滅と苛立ちが増してきたことを反映していた。敬虔主義から見れば、教義の改革は常に生活の改革を伴っていなければならなかった。

敬虔主義は、ことにイングランドとドイツで多くの異なった方向に発展した。ドイツでは、この運動は18世紀前半に影響力を持った。ニコラウス・ルートヴィヒ・フォン・ツィンツェンドルフ（1700-60）は、通常、ヘルンフート村の名にちなんで「ヘルンフート」と呼ばれる敬虔主義者の共同体を設立した。彼の目に当時の合理主義は無味乾燥で、正統主義は不毛に見えた。彼はそうしたものから離れ、信徒とキリストの親密な人格的交わりに基づいた「心の宗教」の重要性を強調した。新たな強調点が、理性や教義的正統主義と反対に、キリスト教信仰生活の中での「感情」の役割に置かれ、これは後のドイツの宗教思想におけるロマン主義の基礎になったと考えられるであろう。ツィンツェンドルフは、個人的に自分のものとされた信仰の重要性を強調したが、それは、プロテスタントの名目的正統主義と対比して、「生きた信仰」といったスローガンに表されている。

これらの考えの多くは、イングランドでは、英国国教会の中でのメソジスト運動の創始者であり初期の指導者でもあるジョン・ウェスレー（1703-91）の影響で根をおろした。この運動から、後にひとつの独立した教派であるメソジスト派が生まれたのである。ウェスレーは、自分には「唯一の救いの道である信仰が欠けている」と確信して、ヘルンフートを訪ね、そこで見たものに強い感銘を受けた。敬虔主義は、「生きた信仰」と、キリスト教の信仰生活における経

第7章 キリスト教の歴史——略史

験の役割とを強調したが、そのことが、1738年5月にウェスレーが体験した、アルダスゲート街の会合で心が「奇妙に温まる」のを感じた回心の経験につながる。ウェスレーがキリスト教信仰の経験的側面を強調したことは、当時のイングランドの理神論の退屈さと非常に対照的で、イングランドの少数派の宗教復興につながった。ハンティンドン伯爵夫人セリーナ（1707-91）は、復興運動の指導的な説教者が交代で奉仕するための説教壇をイングランド中に作り、この信仰復興運動に特別の重要な役割を果たした。

ジョン・ウェスレー。19世紀の版画。個人蔵。
www.bridgeman.co.uk.

　イングランドの敬虔主義の中で特に恩恵の問題をめぐって緊張が起こった。ウェスレー兄弟は、ジョンも弟のチャールズもどちらもアルミニウス主義者であり、彼らの同僚ジョージ・ホイットフィールドはカルヴァン主義者だった。けれども、その違いにもかかわらず、敬虔主義のさまざまな派が、キリスト教の信仰を、ふつうの信徒たちの経験する世界に関わる意味を持つものにした。フランス革命が非常に反宗教的な調子を帯びたのは、その地方には真に敬虔主義に当たるようなものがなかったせいもあるということを言っておくのは、いく分重要であろう。この運動は、教義的正統主義への一方的な強調に対する反動として、人間の性質の最も深い側面に結びついた信仰を支持したと見ることができる。

大覚醒――アメリカのプロテスタンティズム

　キリスト教は、当時、ヨーロッパで起こりつつあった宗教的迫害を逃れようとして来た難民によって北アメリカにもたらされた。その結果、北アメリカの最初の入植者たちは通常、自分のキリスト教信仰に深く打ち込んでいた。多くの初期の入植者は英語を話すプロテスタントであり、特にジェイムズ１世とチャールズ１世の治世のときに迫害を逃れてイングランドからやって来た者たちだった。地元の原住アメリカ部族との関係は特別の問題だった。ジョン・エリオットは1631年にマサチューセッツに到着したが、ボストン湾岸地方に住む原住アメリカ人たちの文化や言語に興味を持ち、ナティック語（この地域的異型であるアルゴンキン語が知られている）を常に勉強し、学ぶようにしていた。彼はこの言語で説教するようになり、この地方で宣教活動をすることへの支持を得ることができた。そして、ついには1649年、ニューイングランドで宣教団（英国国教会福音宣布協会）を結成する国会からの許可を得るところまでこぎ着けた。

　キリスト教とアメリカ先住民の文化の最も有名な出会いと言えば、おそらくインディアンの王女ポカホンタス（1595-1617）を連想させるであろう。ポカホンタスは、ヴァージニア州の海岸地帯のアルゴンキン・インディアンの有力な酋長パウハタンの娘であった。彼女のキリスト教への改宗やジョン・スミス大佐との関係には多くの伝説が付け加えられているが、それらがしっかりした歴史上の核に基づいていることは疑いがない。彼女のジョン・ロルフとの結婚は、入植者と先住アメリカ人たちとの意味深い平和の時代をもたらした。ポカホンタスは洗礼を受け、レベッカという洗礼名を受けた。彼女は、ヴァージニア会社の仕事を促進するためにイングランドに旅した後、死去した。

　この地域に移住した人々の中には英国国教徒もいたが、証拠資料

によれば、多くの者はピューリタンであり、彼らの目には抑圧的と映ったイングランドを逃れ、新世界の宗教的寛容を求めて来たのであった。アメリカは彼らの約束の地になるはずで、大西洋は紅海、そして、チャールズ1世とウィリアム・ロード大司教は新しいエジプトだった。神の民の出エジプトと、神が彼らに用意した新しい土地への移民という偉大な聖書の物語との共鳴は、見逃しようがないほど明らかだった。

　1620年、ピルグリム・ファーザーズがプリマスから画期的な航海を始める。1627年から40年の間に、約4,000人の人々が危険な大西洋横断をなし、マサチューセッツ湾岸沿いに定住した。彼らにとってアメリカは約束の地であり、彼らは選ばれた民であった。彼らはエジプトから残酷なファラオによって追放され、乳と蜜の流れる地に移住した。彼らは、この見知らぬ土地の丘の上に新しいエルサレム——ひとつの都を建てようとしたのである。彼らは、生まれた土地からはるか遠くにいるかもしれないが、神には近かった。ピューリタンの共同体が、自分たちは神から召命を受けているのだという強い意識を持って、強固に密着した社会的・政治的集団として出現した。

　けれども、18世紀の最初の四半期が終わるまでには、多くの者の目には、キリスト教が新世界で道を見失ってしまったと見えた。17世紀の初期には、ニューイングランドの教会は、回心の個人的な経験を証言できる者しか正会員の資格を認めなかった。けれども、17世紀も下ってゆくにつれて、そのような経験を証言できる人の数は減っていった。けれども、ほとんどの人々は教会と何らかのつながりを求めた——たとえば、自分の子どもたちに洗礼を受けさせるとか、キリスト教の埋葬式を行うなどのことをしたいと考えたのである。1660年頃以降、「半会員」が認められた。誰でも、キリスト教の真理と教会の道徳規律を受け入れようとする者は、自分の子

どもに洗礼を受けさせることができることになったのである。

このことの結果は不可避だった。18世紀の初めまでに、教会の会員の大部分が「名目上の」あるいは「半」会員になった。彼らは教会に出席し、神の言葉を語る説教から学べたかもしれない。子どもたちには洗礼を受けさせたかもしれない。キリスト教を真理と認め、道徳的には役立つと思ったかもしれない。けれども、彼らは結局のところ改宗しなかった。キリスト教と教会員であることは、ただ、アメリカ社会のもうひとつの部分にすぎないと見られた。洗礼を受け、教会に通うことは、良い市民であることの二つの側面だった。

物質的繁栄の度が増すとともに、信仰への関心が失われた。信仰はまもなく単なる道徳になってしまった。新世界でのキリスト教の将来は危ぶまれた。当時のキリスト教の著述の多くには、倦怠と失望感が表れている。北アメリカの初期の世代の生活や著書にあふれていた目的感は消え始めた。年配のキリスト教徒たちは非常に懐古的になり、自分たちが若い頃の昔を懐かしんだ。

しかし1734年に、アメリカの植民地の宗教的情勢は激しく変化した。「大覚醒」が起こったのである。これは特に、マサチューセッツ州ノーサンプトンでのジョナサン・エドワーズの説教に応えたものだった。エドワーズはノーサンプトンの出来事を記述して『神の驚くべきみ業の忠実な報告』という本で出版したが、これは覚醒運動に国際的な注目を集めた。ニューイングランドで宗教復興運動が続くうちに、イングランドから到着したジョージ・ホイットフィールド（1714-70）によって新しい方向づけがなされた。

この宗教復興運動は、アメリカのキリスト教に消えない影響を残した。この運動は、特定の教会に所属しない巡回説教者の役割を確立した。また、既成の教会の聖職者の権威を覆し、それら聖職者は、一般の人々の宗教への関心によって自分たちの地位がひどく脅かさ

れていると感じた。キリスト教が、既成の社会秩序を保存しようとするエリート聖職者の保護領域ではなく、大衆に直接訴えかける大衆の運動であるような大衆文化の基礎が敷かれたのである。既成の聖職者たちは、自分たちの教会ではホイットフィールドに説教をさせなかった。ホイットフィールドはそれに応えて、町のまわりの野原で説教し、彼が閉め出された教会の中になどは収まりきらないほどの多くの聴衆を集めた。このような情勢で最も深刻に脅かされたのは、英国国教会の植民地司祭（既成の社会秩序の守護者）であった。アメリカ独立戦争の根が、新しいアメリカの大衆宗教とイングランドの既成の宗教とが離れていったことにあると言っても誇張ではない。大覚醒が起こったその世代のうちに、植民地は植民支配の力に対して反旗を翻したのである。

ローマ・カトリックの復活

　証拠資料によると、カトリック教会は、宗教改革の挑戦にしっかり応じる構えができていなかったように見える。結果として、宗教改革側の新しい考えが、競争相手のカトリック側に対してかなり優位に立った。たとえば、日常語のフランス語やドイツ語で書く力を持ち、書こうとするカトリックの神学者は比較的少数だった。ルターやカルヴァンは、（学者の好むラテン語ではなく）聴衆自身の言語でじかに語りかけ、競争相手を出し抜くことができた。

　ヨーロッパの主要な言語で書かれた伝道の著書の重要な例として、1543年にイタリア語で出版された匿名の著者による『キリストの益』がある。著者はまだ誰であったか分かっていないが、この本の影響は劇的だった。当時のある資料によれば、この書の第2版はベネチアで出版されたが、6年間で4万部売れた。おそらく最も重要なことは、聖書がヨーロッパの日常語に翻訳されたことである。最も影響力の強かった翻訳はマルティン・ルターの『ドイツ語聖書』

であり、これはドイツ語の形成に多大な影響を及ぼした。ウィリアム・ティンダル（1494頃-1536）は1526年に新約聖書の英訳を出版し、これも同じような影響を英語に与えた。そのようなことが起こっている間、カトリックは依然としてヴルガータのラテン語訳に頼らなければならなかった——そして、この訳はますます、重要ないくもの箇所で不正確で頼りにならないと思われてきていた。

　第2の点は、初代教会の思想についてのカトリックの知識である。フィリップ・メランヒトンなどの初期の福音主義著述家は、宗教改革が初代教会の考えや習慣への回帰を代弁していると論じることができた。それに対するカトリックの人々は、宗教改革者の姿勢と渡り合うだけの初代教会時代の知識を十分持っていなかった。この点を示す見事な例は、1536年10月のローザンヌ論争で、そこでは、福音主義者は教父たち（つまり、最初の5世紀のキリスト教著述家たち）を軽視して、教父に教義上の権威を認めていないという指摘を受けてカルヴァンが答弁している。カルヴァンは、それはまったくのでたらめだと公言して、福音主義者は相手のカトリックよりも教父たちを尊敬しているだけではなく、教父のことをよりよく知ってもいると論じた。カルヴァンは次から次へと教父の著作に言及し、その箇所がどこかも示して（それも、明らかに記憶からである）、ほとんど完全に論敵の信用をつぶしてしまった。キプリアヌスは書簡から引用され（「彼の書簡集の2巻の3番目の手紙に」）、クリュソストモスはさらにより正確に（「21番目の説教の真ん中あたりに」）示された。このように論争を打ち切った勝利の効果は、たいへんなものだった。けれども、カルヴァンの引用をより詳しく見てみれば、教父たちはしばしば文脈を外れて引用されており、しばしば欠けている箇所もあり、その箇所が示す解釈が、カルヴァンの示唆する解釈と異なることもある。けれども、ローザンヌでの彼のカトリックの論敵は（そして、時が経つにつれて分かることだが、ほかの場所でも）、彼を論駁する力が

なかった。

　第3の困難は、カトリック教会が、宗教改革の教育法に後れをとっていることに気がついたことである。宗教改革は最初の段階で、問答式の教材の重要さに気づいた——つまり、宗教改革の考えをできる限り近づきやすく理解しやすくするための教材である。これの古典的な例は、ルターが自分の考えを単純明快な形で表した『小教理問答書』（1529年）である。カトリックがこれに匹敵するものを出すまでには長い時間がかかった。

　カトリックがプロテスタントの隆盛を抑えることをさらに困難にしたのは、1530年代から44年にかけて延々と続いたハプスブルク家とヴァロア家の争いだった。これは、カトリックの2大勢力圏が互いに争っていることを意味した。これは、さまざまな形のプロテスタンティズムが自分たちの影響をドイツやその他の地方で広げ、固めるための機会を与えた。「シュマルカルデン同盟」（1531年2月）は、神聖ローマ皇帝カール5世の軍事的脅威に対してルター派と改革派の軍事力を結びつけ、当面、プロテスタンティズムの安全を確保した。

　けれども、結局はこれらのことはすべて、一時的な困難であったことが明らかになった。まもなく質の高いカトリックの文書がヨーロッパの日常語で書かれるようになった。カトリックの人々は、教父時代を学ぶことに時間を費やせば費やすほど、初代教会と自分たちの時代との連続性を強く確信するようになった。カトリックの教理問答書も現れ始めた。そして、1644年にハプスブルク家とヴァロア家の争いが解決したことで、カール5世の軍隊はルター派打倒へと注意を向けた。1544年の末までには、シュマルカルデン同盟は完敗していた。1555年にアウグスブルクの宗教和議が結ばれ、やがて *cuius regio, eius religio*（これは大まかに訳せば、「地域によって宗教が決まる」ということである）と広く知られる原則が打ち立てられた。

このことによって、多かれ少なかれ、中央ヨーロッパにおけるルター派と改革派とカトリックの境界線が定まった。

　しかし、この時期の最も重要なカトリック教会の業績は、宗教改革に対するトリエント公会議の権威ある応答である。これによって教会は、自身をより堅固にする強力な立場に身を置くことにもなった。この展開は非常に重要なので、より詳細に見てもよいであろう。

トリエント公会議

　学者たちは、トリエント公会議（トレント公会議）［訳注：トリエントは現在、イタリアのトレント］の招集は16世紀の宗教の歴史を分かつ決定的な出来事だったと同意している。この公会議は1545年に議論を始め、しばしば中断された。1547年には伝染病の発生によりボローニャに移転を余儀なくされ、さらに1551年まで中断された。さらに、ドイツ諸侯が皇帝の権威に抵抗した戦争のために、また1552年に中断された（この戦いは結局、上で述べたアウグスブルク宗教和議で終結した）。公会議が再び開催されたのは1562年になってからであり、その翌年にこの公会議の課題は終わった。

　なぜトリエント公会議はそれより早く持たれなかったのだろうか？　最も重要な理由は、上で述べた、当時、ヨーロッパで荒れ狂っていた戦争と関係がある。カール5世はフランス王との戦争で手一杯だった。戦争が起こっている間は、フランスとドイツの司教たちが同じ会議の席に座ることは不可能だった。1537年にマンチュアで改革のための公会議を招集する試みがなされたが、戦争のために中止された。1542年にももう一度開催の試みがなされたが、またもや失敗に終わった。けれども、1544年にクレピーの和議でフランス人とドイツ人との敵対関係は終わった。2カ月後、教皇パウロ3世がトリエント公会議を招集する勅書を出した。そこに示された公会議の目的は、神学論争の解決、教会改革、そして、トルコ人

第7章　キリスト教の歴史——略史

侵略者からのキリスト教徒の解放であった。公会議はさまざまな理由から遅れたが、1545年の3月に始まることとなった。

　16世紀の残りとそれ以降のカトリックの発展への公会議の影響は大きかった。これは広く、ニカイア公会議（325年）と第2ヴァチカン公会議（1962-65年）の間で最も重要な会議と考えられている。その主要な功績は、以下のように要約できる。

1　カトリックの教えの明確化。先に述べたように、カトリックの中では、「何が教会の公的な教えであるか」、そして、「何が単なる私的な個人的意見であるか」について、かなりの混乱があった。これは、義認の教義に関して特に重要だった（307-308頁参照）。さかのぼって、1510年代の後期にルターの宗教改革運動の核にあったのが、この義認の教義の問題であった。カトリックの多くの教義や習慣の多くがはっきりと承認された。その中には、一種陪餐、聖書のヴルガタ訳の権威（ただし、訳の改訂が1546年に命じられ、1549年に完了した）、七つのサクラメントの必要性などがある。

2　教会内での職権濫用の撲滅。中世後期の教会は、一連の職権濫用が横行し、一般の人々の中での教会の評判を落としていた。司祭や司教は自分たちの教区や司教区を常に留守にして、その世話を下級の部下に任せ、自分たちはほかの場所で別の仕事をしていることが知られていた。ときには、司祭が複数のいくつかの教区を掛け持ちすることで収入を増やし、それに応える必要な牧会をしていないこともあった。トリエント公会議は、そのような職権濫用を取り除くために、司教や司祭に厳密な指針を与えた。

　この時期に起こった重要な発展は、「イエズス会」（ジェスイットと

第7章 キリスト教の歴史――略史

しても知られる）の発展である。

イエズス会

イエズス会は、イグナチウス・ロヨラ（1491頃-1556）によって創設された。ロヨラは職業軍人であったが、足に傷を負ったため、軍隊での務めができなくなった。回復期に彼は聖人たちの伝記を読み、軍隊を手本にした厳しい規律のある信仰生活の必要性を確信した。規律の重要性は、キリスト教の霊性の分野でのロヨラの最も重要な貢献である『精神修行』に明らかに見られる。この著は1522年から23年にかけて書かれた（以下を見よ）。書かれているのは、4週間の祈りと黙想と観想のプログラムであり、読者がより深くキリストとの関わりの中で生きるようにするためのものであった。この書は、将来、霊の戦いで戦うことになる者のための訓練の手引きと見ることもできる。

イエズス会の最初の核はロヨラと6人の同僚が組織し、1534年にパリで正式に創設され、1540年に教皇パウロ3世の承認を受けた。そのときからこの会は急速に広がった。この修道会の規約は通常、伝統的に修道院で行われる三つの誓約に加えて、四つ目の誓約があり、その点でふつうとは異なっていた。清貧、純潔、従順のほかに、イエズス会士は、教皇に対する絶

イエズス会創設者、イグナチウス・ロヨラ（1556年）。Jacopino デル・コンテ（1510-1598）画。ローマ、Curia Generalizia of the Society of Jesus. General（長）の書斎。

対的な服従を誓うことを要求された。事実上、イエズス会士は霊的エリートとなり、教皇に対して個人的に直接に責任を負い、教皇は、キリスト教の信仰やキリスト教会の擁護のために自分がよいと思えば、どのようにでも彼らを用いることができた。イエズス会は、宗教改革の時期の宗教論争を念頭に創設されたのではなかったが、明らかにまもなく、プロテスタンティズムを打倒することがイエズス会の主目的のひとつになり、トリエント公会議の最終会期後には、ことにその動きは強くなった。

　ロヨラが亡くなる1556年までに、イエズス会士の数は1,000人以上になり、イタリア、スペイン、ポルトガルに大きく進出した。彼らの影響は特に宣教活動と教育に感じられた。イエズス会の宣教活動は、16世紀、ブラジル、中国、日本、マレーシアなど、多様な地域で地歩を固めた。教育の面ではイエズス会は、修道会が確実に高度な知的レベルを保持するために、厳しい勉学プログラムを立てた。1599年に出された「学事規定」（*Ratio Studiorum*）は、文学、哲学、神学に重点を置き、当時の神学的・文化的論争におけるイエズス会士の卓越性を確立する方向に大きく前進した。この教育開発の遺産は、特にアメリカ合衆国などで今でも見ることができる。

カトリックの霊性の刷新

　広く認められていることであるが、16世紀のカトリック教会での重要な発展のひとつは、特にスペインで起こった霊性の刷新と関係がある。この時期の最もよく知られている人物のひとりは、十字架のヨハネ（1542-91）である。彼はカルメル会修道士で、アビラの町と縁があり、そこで1572-77年の間働いていた。『魂の暗い夜』や『カルメル山登攀』などの一連の著書でヨハネは、信徒が神との一体化を遂げる必要を強調した。「魂の暗い夜」という考えは、霊的な試練に遭っている人々に非常な助けとなった。そして、霊性へ

の彼の最も優れた恒久的な貢献と見られている。

　この霊性復興期でしばしばおもな人物として語られるのは、アビラのテレサ（1515-82）である。彼女は比較的若い娘時代に霊性に興味を持った。初期の段階で、彼女はカルメル修道女会に入る決心をした。1535年のことである。この段階では、この女子修道会はその会員に特に厳しい要求はしていなかった。テレサは祈りの生活を、無味乾燥で難しく報いがないと感じ、もう少しですっかり捨ててしまおうとも思った。けれども、1554年に彼女は強い宗教的回心の体験をした。そして、自分が今まではむしろ自らの努力に頼っていて、神が自分を新たにし、「甘美さと栄光」のうちに作り変えてくださることを許していなかったことに気がついた。彼女は、新しく神を経験した体験に心を奪われた。その熱心な気持ちは、最初に相談した信仰上の指導者に、それは何か悪魔的なものだろうと告げられて挫かれるが、ディエゴ・デ・セティナは、彼女の体験はきっと確かなものだったろうと示唆し、テレサに、キリストの受難についての思いに集中するように勧めた。

　テレサにとって霊性の刷新と組織的な刷新は密接につながっていた。彼女は1562年にカルメル会の中で改革プログラムを始め、ほかよりもかなり厳しい規律を持った最初の「裸足の」（つまり、靴を履いていない）女子修道会を設立した。この改革は勢いを得て、1568年にカルメル会男子修道会にも及んだ。男性の最初の裸足の修道士は、十字架のヨハネ（本名ファン・デ・イエペス）だった。後半生、彼女は次々と、そして、ときには激しく、「靴を履いた」カルメル会士たちからの反対を受けた。彼らは、彼女のより厳格な信仰生活理解に異議を申し立てたのである。彼女の書は、最初は禁書の目録に載せられていた。けれども、彼女の霊的・文学的長所が認められるのも時間の問題だった。彼女は1622年に列聖された。1970年7月18日、教皇パウロ6世はアビラのテレサに、女性として最初の教

会学博士の称号を与えた。

　テレサの著書の中で最も重要な3冊は、『自叙伝』と『完徳の道』と『霊魂の城』である。彼女の『自叙伝』は、二つの目的のために書かれていた。彼女の霊的発展の記述をするためと、物議をかもしていた彼女の霊的体験の数々と祈禱法を説明するためだった（これより後に書かれた『完徳の道』は、それらの体験と祈禱法に焦点を当て、それらをより広く知らせることを目的としていた）。『自叙伝』の第1草稿は1562年の6月までに完成していた。そして、1563-65年の間に、助言者たちの批評に応えて修正された。特に重要な付加は、現在11章から22章として入っている部分で、トレドのガルシアの強い勧めで、テレサが祈りについての自分の理解を体系的に述べた箇所である。最初、反応は一般的にはよかった。けれども、テレサには敵があり、1574年には原稿が異端審問所に押収された。この著が復活し、さらに広く読まれるようになったのは、すでにテレサの死んだ後であった。

　しかし、多くの者たちはイグナチウス・ロヨラ（イエズス会創設者）を、16世紀のスペイン霊性復興運動で最も重要な人物と考えている。最初、ロヨラは、彼の時代のごく典型的な人生を歩んでいた。カスティーリア王国の財務官の家でしばらく働いた後、ナジェラ公爵の軍隊に加わった。しかし、パンプローナの包囲（1521年5月）で傷を負い、将来の出世の希望が絶たれたかのように思われた。彼が受けた足の傷は、家での長期の療養を要し、彼はロヨラ家の城に戻った。彼は、強いられたこの休養期間に小説でも読んで気を紛らわそうと思った。けれども、家の図書室にはあまり本は揃っていなかった。結局、ロヨラが読んだのは、ザクセンのルドルフスの『キリストの生涯』（1374年）だった。読者が聖書の語りに想像力で自己を投影するという考えを展開している書であった。

　ロヨラはこの書に没頭した結果、生活の改革を決意し、財産を

売ってエルサレムに巡礼に行こうとした。しかし、このエルサレム巡礼は結局、実現しなかった。彼は、（1522年の３月から23年の２月まで）エルサレムへの旅行を続ける前に、マンレサの町で10カ月間、待機を余儀なくされた。その期間に彼は、現在、『精神修行』という本に著されている霊性への一般的取り組み法を開発した。この本はもともと、こもって精神修養をする人たちのために書かれており、それ以外の読者は想定していなかった。けれども、予想をはるかに超えて広い読者に読まれたのである。

「精神修行」の最も特徴的な面は、次のように要約できる。

1 想像力を働かせて行われる聖書朗読と祈禱。修行を行う人（しばしば修行者と呼ばれる）は、祈りと黙想の助けになる心象を描く。
2 観想と黙想の系統だった段階的プログラム。これは、順を追って、キリスト教信仰生活の大きなテーマをたどって進められる。４週間の特別な修行は、罪とその結果、キリストの生涯、キリストの死、復活に焦点を絞る。
3 修養合宿（リトリート）の指導者がいること。指導者は修行者たちを修行の間、指導し、神や自己についての観想を促し、自己改革と刷新への決断に導く。

イグナチウスの修養会（リトリート）は、キリスト教信仰生活においてまもなく定着した。始まりは16世紀だが、イグナチウスの祈禱法は21世紀にも、認識や知識に重点を置いた霊性への取り組みが無味乾燥で役に立たないと感じる多くの人に好まれている。

宗教戦争

プロテスタンティズムの勃興とカトリックの刷新は、不可避的にヨーロッパ全土に政治的・社会的緊張を引き起こした。神聖ローマ

第7章 キリスト教の歴史――略史

　皇帝カール5世はこの緊張の力を感じ、やがて1555年のアウグスブルク宗教和議で危うい休戦状態を確立することまでを余儀なくされた。この和議は、ルター派の諸侯とカトリックの皇帝との間の長期にわたる争いを終わらせた。けれども、まもなく別のところで争いはまた起こった。

　直接、宗教的な問題が原因であると示せるヨーロッパでの最初の大きな戦争は、フランスで起こった。この場合、特に緊張はカトリック教徒とカルヴァン主義者（後者を当地では「ユグノー教徒」と呼んでいた）との間に起こった。先に述べたように、カルヴァンはフランス人だった。カルヴァンは、自分の人生の使命のひとつは、ジュネーヴを基地として自分の母国を改革派の信仰に改宗させることだと考えていたようである。1555年の4月に、カルヴァン主義にとって肥沃な土壌になりそうなフランスの各地に向けてジュネーヴから数名の使者が派遣されたことが、ジュネーヴの記録で証明されている。ほかの使者もそれに続き、フランスのカルヴァン主義会衆からの援助の要請に応えて速やかに派遣された。

　すべてのことは密かに行われた。活動全体を通して、ジュネーヴ側でもフランス側でも秘密が必要だった。隠れ場所を備えた安全な家が、1日分の旅程の間隔ごとに建てられた。第2次世界大戦中のフランスのレジスタンス運動のときと似た地下組織の網が張られ、ジュネーヴの者たちは察知されずにフランスに送り込まれていった。1560年までには、カルヴァン主義はフランスの主要な都市の多くにしっかりと根をおろしており、影響力の強い改宗者を得つつあった。カルヴァン主義の会衆とその影響は爆発的に増した。フランスの完全な改革はまさにありえると見えた。おそらく貴族の3分の1は、カルヴァンの宗教上の考えを受け入れるしるしを見せていた。

　1562年3月にコリニー提督のために用意されたリストによると、この時点ではフランスに2,150のユグノー教徒の教会があった。こ

の数字の正しさを証明することは困難である。しかし、おそらくそのような教会は少なくとも1,250はあり、2,000万人の国民のうち200万人以上がユグノー教徒だったと見積もるのが妥当であろう。緊張が起こった。1562年には戦争が始まった。そして、問題が解決されたのは、やっとナントの勅令（1598年）が出たときであり、これによってフランスのプロテスタントの地位が保証された。けれども、この勅令は後のフランス君主らに広く無視され、ついにルイ14世によって撤回された。その結果、プロテスタント教徒がこの国を出るという大規模な集団移民が起こった。

　この地方には、ほかにも宗教紛争が起こった。オランダ独立戦争（1560-1618年）は非常に宗教的な側面を持っていた。ますます増加するカルヴァン派のオランダ人たちは、スペインの植民支配から自由になりたいと願った。イングランドでは、チャールズ1世と国会との戦争（1642-49年）が明らかに宗教的側面を持っており、政府のあり方と英国国教会の教義について、王党派とピューリタンの間の深い意見の相違を反映していた。

　何と言っても最も重要な宗教的争いは、1618年から48年まで延々と続いた30年戦争だった。この戦争が起こった背景は、1555年のアウグスブルク宗教和議の後の緊張だった。カルヴァン派は1560年来、この地方に大きく進出していたが、この宗教和議はカルヴァン主義を考慮に入れていなかった。結果としてカルヴァン主義は、ルター主義やカトリックとは対照的に、何も公的な保護を受けられなかった。カルヴァン主義が広まるにつれて緊張が増した。争いの引き金になったのは、フェルディナント2世の精力的なカトリック主義も反映したボヘミアの反プロテスタント暴動であった。ボヘミアの貴族は、その情勢に対して皇帝に抗議の声を上げた。しかし、自分たちの安全に対する満足な保証を得られなかったため、彼らは反乱を起こし、当地のカルヴァン主義君主による支配を求めた。

この反乱はより広い争いを誘発し、周囲の国や公国を巻き込んだ。ドイツ経済に対するその影響は壊滅的だった。ウェストファリア条約（1648年）で戦争がついに解決するまでには、宗教戦争への熱意はもはや名残さえもなくなっていた。人々はもう戦争にはうんざりしていた。平和への願いが、新たに宗教的寛容を重視することにつながり、宗教論争はますます我慢ならないものと見られるようになった。宗教は国家政策の問題ではなく個人的信念の問題であるという啓蒙主義の主張への舞台が整った。そこでここで、18世紀に優勢となった、理性主義と復興と革命を融合した奇妙に面白い文化的風潮に注意を向けよう。

現　代

　15世紀の後半に、キリスト教はますますヨーロッパの宗教になっていった。イスラム教は、すでに何世紀も前にキリスト教に対して聖戦を仕掛けてきていた。1450年頃までに、その軍事的征服の直接の結果として、イスラム教はヨーロッパの南西部と南東部にしっかりと確立していた。キリスト教共同体はヨーロッパの外にも存在したが（特に、エジプト、エチオピア、インド、シリアなど）、キリスト教は地理的に限定されてきていた。その未来は危ぶまれた。

　過去の２、３世紀の劇的な展開は、この危機からのキリスト教の回復であった。20世紀までにキリスト教は、アメリカ大陸、オーストラリア、南アフリカ、南太平洋の多くの島国全体にわたって最大の宗教として定着した。けれども、ヨーロッパの外でのこの劇的な拡張にもかかわらず、キリスト教はヨーロッパでは、その内部で一連の交代も経験した。この箇所では、この前進と後退、強化と弱化の複雑な歴史を見てゆこう。そこで、まず注意して見たいのは、ヨーロッパの宗教戦争に対する最も重要な反応のひとつ——宗教に

対する無関心が起こったことである。

ヨーロッパにおける宗教的無関心の起こり

　ヨーロッパで宗教戦争が終わると、大陸にはある程度の安定が訪れた。宗教論争は断続的に続いていたが、一般的にはヨーロッパのある地域はルター派であり、ある地域はカトリックであり、ある地域は正教会であり、ある地域は改革派であるというように、だいたい合意ができてきた。宗教戦争に疲れた気持ちから、宗教的寛容に対して新たな興味が持たれるようになった。宗教的問題に関する多様性への寛容を主張する古典的な議論は、ジョン・ロックの『寛容に関する書簡』に見ることができる。

　ロックは次のように、三つの一般的な考察を根拠にして宗教的寛容を主張する。第1に、競合する複数の宗教的真理の主張に国家が裁定を下すのは不可能である。ロックは、いかなる世俗の裁判官を引き出してきても、この問題に決着をつけることはできないと指摘している。それゆえ、宗教的多様性は寛容に認められるべきである。第2に、ロックは、たとえひとつの宗教がほかのすべての宗教に勝るとしても、この宗教を法で強制することは、その宗教の望む目的を遂げることにはつながらないであろうと論じた。第3に、ロックは、実利的な理由として、宗教的統一を押しつけようとすることの結果は、多様性が存続し続けることよりもはるかに悪い。宗教の強要は内的不調和をもたらし、内戦さえも引き起こす。近代初期のヨーロッパでは、寛容だけが宗教的多様性に対処する道であると論じた。

　ロックの分析は、宗教とは公的なものには無関心な私的問題であるという見方につながると見えるかもしれない。つまり、個人が何を信じるかは私的問題であり、公の領域には何の関わりも持たないという見方である。この見方は、宗教的寛容を是認すると同時に、

宗教は純粋に私的問題であると示した。この認識は、啓蒙主義が盛んになることで、さらに強められた。啓蒙主義は諸宗教を、同じ究極的な真理（リアリティー）の異なった表現であり、その真理（リアリティー）は理性によって知ることができると考えたからである。

　寛容についてのロックの考えは、自分たちの宗教をあまりに深刻に考えすぎてヨーロッパの平和や繁栄を脅かしている人々への敵意が増してきたことに対するひとつの応答である。もうひとつの応答は、合理主義の起こりだった。もし宗教がそのような激怒やののしりや不寛容の原因になるのなら、なぜ完全に覆してしまわないのか？　啓蒙主義は、神よりもむしろ理性を、すべての善と真実な信念の源と考えた。そのことを次に見てゆこう。

啓蒙主義——理性主義の勃興

　現在一般に「啓蒙主義」として知られている運動は、ヨーロッパと北アメリカのキリスト教にとっては、かなり不確かな時代をもたらした。ヨーロッパ大陸では、宗教改革とその結果起こった宗教戦争の心の傷がまだ完全に癒えないうちに、新しく、より根本的な挑戦がキリスト教に対して起こったのである。16世紀の宗教改革が、教会に挑戦して、その外的な形や、教会がその信仰内容を表現するやり方を考え直すように訴えたものだとしたら、啓蒙主義は、キリスト教信仰のどれか特別な形ではなく、キリスト教そのものの知的信憑性に多方面から挑戦したのである。宗教の合理的源を明らかにする必要がますます強く叫ばれるようになったことは、キリスト教にとってはマイナスの意味合いを持ち、そのことが後の経過で明らかになる。

　伝統的なキリスト教に対する啓蒙主義の批判は、人間の理性が万能であるという原則に基づいていた。この信念の発達には多数の段階が見分けられる。第1に、キリスト教の信仰内容は合理性的であ

り、批判的吟味に耐えることができると論じられた。このような見方は、ジョン・ロックの『キリスト教の合理性』(1695年)とドイツの初期ヴォルフ学派に見られる。キリスト教は自然宗教の合理的補完物であると考えられた。そこでは、神の啓示という概念は保持されていた。

第2に、キリスト教の基本的な概念は合理的であるから、理性そのものから出たものでありうると論じられた。神の啓示などというものを持ち出す必要はない。この考えがジョン・トーランドの『神秘でないキリスト教』(1696年)やマシュー・ティンダルの『世界と同じくらい古いキリスト教』(1730年)によって発展されると、キリスト教は本質的に自然宗教の焼き直しにすぎなくなった。これは自然宗教を超えるものではなく、単にその一例にすぎなくなったのである。いわゆる「啓示宗教」はすべて、自然についての合理的考察によって知られうることの確認にすぎないということである。「啓示」は単に、啓蒙された理性で知りうる道徳的真理の再確認でしかない。

第3に、啓示を判断する理性の能力が肯定された。批判的理性は万能であるから、キリスト教の信仰内容や習慣を判断するにふさわしい力を最高度に備えており、非合理的な要素や迷信的な要素をすべて排除することができる。この見方は、理性をしっかりと啓示の上に位置づけており、フランス革命後、パリのノートルダム寺院で理性の女神をあがめる祭典が行われたことに象徴的に表れている。

啓蒙主義はおもにヨーロッパとアメリカの現象であり、数的に最も重要な形の宗教がキリスト教である文化の中で起こった。この歴史的観察は重要である。宗教一般に対する啓蒙主義の批判はしばしば、特にキリスト教一般に対する批判となった。かつてない激しさで批判的に査定されたのはキリスト教の教義だった。文献学的にも歴史的にも前例のない綿密な批判的吟味を受けたのは、イスラム教

第7章 キリスト教の歴史——略史

やヒンドゥー教ではなく、キリスト教の聖典だった。聖書は、「ほかのすべての本と同じであるかのように」（ベンジャミン・ジョウェット）扱われた。ナザレのイエス（ムハンマドや仏陀ではない）の生涯が批判的に再構成された。

　宗教に対する啓蒙主義の態度は、異なった特殊な状況を持つ地方的要因を反映して、地方によってかなりの差がある。それらの要因のうち最も重要なのは、イングランドやアメリカのメソジストの形で最もよく知られている敬虔主義である。すでに見たように、この運動は宗教の経験的側面をかなり重視していた（たとえば、ジョン・ウェスレーの「実験的宗教」を見てほしい）。この宗教的体験への関心は、キリスト教を、大衆の経験的状況に関わり、理解しやすいものとするのに役立った。そして、たとえばルター派正統主義などの知性主義が大衆とは無関係に感じられたのと対照的だった。敬虔主義は、キリスト教信仰と経験の強いつながりを生みだし、キリスト教を知的問題であるだけではなく心の問題にもしたのである。

　すでに見たように、敬虔主義は17世紀末までにはドイツにしっかりと根をおろしたが、イングランドでは18世紀になってからやっと発展し、フランスではまったく発達しなかった。そこで、イングランドでは啓蒙主義よりも敬虔主義が後に起こり、結果として18世紀の大きな伝道復興運動が、宗教に対する理性主義の影響をかなり鈍らせた。けれども、ドイツでは啓蒙主義が敬虔主義の後から起こったために、啓蒙主義がやがて、信仰から受け取った形式や考えに深刻な挑戦を突きつけることになるとしても、やはり宗教的信仰によってかなり形作られた土壌で発達したのである（興味深いことに、イングランドの理神論がドイツで影響力を持ち始めるのは、だいたい、ドイツの敬虔主義がイングランドで影響を持ち始めるのと同じ時期である）。ドイツの啓蒙主義の最も重要な知的力は、このようにキリスト教信仰の（拒否や破壊ではなく）再形成に向けられた。

しかし、フランスではキリスト教は広く、抑圧的で、自分たちとは無関係なものと見られていた。その結果、フランスの啓蒙主義著述家はキリスト教を、時代後れで信憑性を失った信仰体系として完全に拒絶する声を代弁することができた。ドニ・ディドロは『寛容論』で、イングランドの理神論は宗教を完全に根絶すべきところでまだ宗教を生かしておく点で妥協していると論じた。偶然にもこれと非常に似たことが、1789年、フランス革命中にも起こっている。しかし、それより早い1776年に起こり、多くの点でフランスの革命主義者の手本となったアメリカ独立戦争はどうだろうか？

アメリカ独立戦争におけるキリスト教

アメリカ独立戦争の原因は複雑で、関連し合った多くの問題を含んでいる。おそらく最も大きな要素は、イングランドの影響から自由になりたいという願いであったろう。イングランドはますます温情主義的干渉を行い、抑圧的で搾取的に見えてきていたからである。この自由への渇望は、政治的・経済的・宗教的諸領域で現れていた。英国国教会はますます、英国植民政策の宗教的側面と見られるようになった。

1760年代にアメリカのプロテスタントたちによって、英国国教会の権威がその地方に広がることに抵抗する激しい試みがなされた。英国国教会は法律によってすべての南部植民地に確立し、その影響は必然的にさらに広がるように思われた。1774年のケベック条約は、カナダのフランス語圏にカトリックを定着させたが、これは特に挑発的に思われた。英国がカナダの国教を決めることができたなら、今度はアメリカではどうするだろうか？　懐疑と敵意はとどまることなく広がっていった。

印紙税を課す法（1764年）の制定は、「代表なくして税なし」の叫びを生んだ。1773年に英国議会が東インド会社に北アメリカでの

第7章 キリスト教の歴史――略史

紅茶専売権を与えたことは、「ボストン茶会」事件と、マサチューセッツでの広い政情不安につながった。英国の軍隊が秩序の回復のために派遣された。しかし、この行軍は植民地側からは戦闘行為ととられた。1775年に一連の戦闘があり、1776年7月4日には独立宣言がなされた。大規模な独立戦争が続き、そこでは、教会の説教壇がしばしば独立戦線側の活動のための集合場所になった。事実上、独立戦争は、キリスト教のほぼすべての教派の集団をより大きなひとつの目的のために結びつけた。

　アメリカの独立戦争の闘士は自分たちを、アメリカでの英国国教会の霊的・この世的力を断ち切るために召命を受けた者と見ていた。彼らは、英国市民革命時の祖先のように、この争いを浄化のとき、ひとつの国民の心のアイデンティティーが形成されるときと考えた。戦闘は、キリスト教と無神論との戦いではなく、妥協した国家教会と真の福音の教会との戦いだった。アメリカの魂のための戦いだった。独立派の中には、政治や経済上の目的を持っている者もいたが、宗教的な目的の者もいた――その目的とは、宗教の浄化であって、宗教の排除ではなかった。政治的共和制は無神論とは限らない。カルヴァンのジュネーヴ自体、すべての人が見て真似るように、丘の上に立っている神の都市だが、共和国ではないか？　共和制と真の宗教は、イングランドでは対立していると見られているが、このようにひとつに結ばれることがあるのではないか？

　教会と国家が憲法で分離されていることは、英国国教会のようなやり方で、特にひとつの形のキリスト教が国の宗教を決定するようなことがないようにという願いに基づいている。アメリカの共和党員の間では広く、英国国教会は腐敗して堕落していると考えられていたのである。アメリカ合衆国憲法修正条項の1は、「合衆国議会は、国教を樹立、または宗教上の行為を自由に行うことを禁止する法律を制定してはならない」と定めている。憲法はこのように、い

かなる公式の国家宗教も阻止している。つまり、どのようなキリスト教会も、英国国教会のように国家によって有利な法的地位を与えられることはないということを意味している。現代の憲法理論家の中には、これは、宗教をアメリカの公的生活から取り除く意図だったとか、そうした今日の習慣を正当化すると論じる者もあるが、明らかにこの憲法の意図はただ、ひとつのキリスト教集団だけを特に法的・社会的に優遇することを避けるところにあるにすぎない。

アメリカの独立戦争はこのように、アメリカ合衆国の中でのキリスト教の強化につながった。けれども、ヨーロッパ大陸ではもうひとつの革命が起ころうとしていた。この場合、その影響ははるかに高範囲に及び、否定的だった。

神に対する偉大なる反抗──西洋の無神論の諸起源

西洋の無神論の黄金時代の幕開けの前兆となる出来事があるとすれば、それは1789年のフランス革命である。王と教会に対する何世代にも積もった人民の憤慨と知的敵意は、もはや抑えきれなくなった。その年の7月14日のバスティーユ監獄襲撃は、迷信と抑圧に基づいた古い秩序の一掃を表す解放の象徴ととられている。すばらしい新世界が前方に開けていた。その世界は、自然と理性にしっかりと根ざし、それと同様に、「圧政」と「迷信」からの人類の解放についてまさに真剣だった。当時の知恵は力強く、同様に単純だった。神を排除しろ、そうすれば新しい未来が開けるだろう。これが、全ヨーロッパの多くの人々を感動で震わせた未来図であり、かつては禁じられていた世界への幕を引き、その世界が今や現実になりつつあると感じさせていた。

明らかに、フランス社会の二つの柱、君主と教会は、どちらも改革を必要としていた。1789年という重要な年の夏の終わり頃になっても一般の人々は、フランスの君主が封建主義を廃止し、教会の権

第7章　キリスト教の歴史——略史

力と特権に対して一般の人々が感じていた嘆きのいくらかを取り除く方向への一連の政策を認めたと感じていた。11月2日に、すべての教会の土地は国有化され、その代わり、司祭の最低賃金が定められ、国家によって保証されるとの合意がなされた。聖職者民事基本法（1790年7月）は、教皇の権威を否定し、司教管区と大聖堂の聖職者を削減した。この政策は革新的ではあったが、反キリスト教的ではなかった。聖職者は、ローマへの忠誠を保つことを望む者と、新しい市民階級の権威に従うことを望む者との2派に分かれた。

　まもなく、すべてのことが変わった。より過激な革命派の一派がロベスピエールに率いられて権力を握り、有名な「恐怖政治」を始めた。ルイ16世は1793年1月21日、公衆の面前で断頭刑に処せられた。1793-94年の間には、非キリスト教化の計画が実行された。理性の女神崇拝は公に認められた。従来のカレンダーの代わりに共和国のカレンダーが用いられ、そこには日曜日とキリスト教の祝祭日がなく、世俗的な休みに換えられていた。司祭たちは、信仰を捨てるように圧力をかけられた。教会閉鎖の計画が始められた。これらの政策の影響はだいたい都市部で感じられたが、フランス中の教会に混乱と苦難をもたらした。

　フランス革命の宗教政策はまもなく隣接地域にも広げられた。1793年11月にフランスの革命軍は、隣地域を征服するための軍事活動を始めた。1799年までに、オランダ、スイス、北イタリアの諸地方、ラインランドの諸地域を含む地域に、六つの衛星共和国が設立された。1798年の2月には教皇領が占領され、教皇はフランスに移送され、6ヵ月後にそこで死んだ。フランス革命は多くの人の目に、フランスの教会だけでなく教皇制までも破壊したかのように見えた。

　19世紀前夜にはこのように、ヨーロッパのキリスト教の未来は非常に危うく感じられた。多くの人々はキリスト教を、過ぎ去った

時代の政治と結びつけて、進歩と自由への障害と見た。その信仰と制度は、引き返しようのない衰退の道をたどっているように思われた。しかし、これは実際は誤った認識であることが分かることになる。世俗国家への革命派の実験は結局、立ち消えになってしまう。ナポレオンのもとで教皇との関係が回復された。ただし、その関係は革命前とは非常に異なっていた。ブルボン王朝が再建された。1814年にはルイ18世がフランスの王位を要求し、カトリックを再建するために戻ってきた。情勢は決して穏やかではなく、19世紀のほとんど全期間を通じて、教会と国家との緊張はやわらぐことがなかった。けれども、教会は少なくとも、失った影響力と威信と聖職者のいくらかは取り戻すことができた。1815年から48年までの期間には、ヨーロッパのフランス語圏に、一連の民衆的キリスト教再興運動（通常、「覚醒」le Réveil と呼ばれている）が起こった。

けれども、無神論の実験は、どれほど短期間だったとしても、ヨーロッパ全体に多大な興味を引き起こし、宗教と政治の両方で過激派を刺激した。無神論は、特にドイツでは、きわめて魅力的な選択肢に見えた。無神論は、19世紀と20世紀の西ヨーロッパのキリスト教の将来にとって非常に重要であったので、この状況をさらに詳しく考察しよう。

カール・マルクスと無神論の強化

マルクス主義は、現代に出現した最も重要な世界観のひとつであるが、20世紀にキリスト教に大きな影響を与えた。「マルクス主義」は通常、ドイツの思想家カール・マルクス（1818-83）に結びいた思想を指すと理解されている。1989年頃まではこの語は、キリスト教その他の宗教を反動的と考え、宗教を排除する抑圧的政策をとった東ヨーロッパの多数の国などの国家イデオロギーを指すのにも用いられた。

第7章　キリスト教の歴史——略史

　マルクス主義の基礎にあるのは唯物主義である。これは、世界が物質だけでできているという形而上学的あるいは哲学的な教義ではない。むしろ、人間についての正しい理解は物質的成果から始めなければならないという主張である。人間が物質的要求にいかに応えるかが、ほかのすべてを決定する。概念は、宗教的概念を含めて、物質的現実への応答にすぎない。それらは社会的・経済的下部構造の上に建てられた。つまり、概念や信仰体系は、非常にはっきりとした社会経済的条件へのひとつの応答である。もしこれらが根本的に変えられるなら（たとえば革命などで）、前の条件が生み支えていた信仰体系は、それとともに消え去るであろう。

　この最初の考えは、ごく自然に第2の、人間の疎外という考えにつながる。多くの要素が物質的プロセスのうちで疎外を引き起こす。中でも最も重要なのは、労働の分離と私有財産の存在である。前者は、労働者をその生産物から疎外し、後者は、個人の利益がもはや社会全体の利益と一致しない状況を生みだしている。生産力はごく少数の人々に所有されているので、必然的に社会は階級ごとに分割され、政治的・経済的権力は支配階級の手に集中する。

　もしこの分析が正しいなら第3の結論がおのずと続くとマルクスは信じた。資本主義（今述べた経済的秩序のことである）は、生産力側から起こる緊張のために本質的に不適切である。これらの内的矛盾の結果として、資本主義は崩壊するであろう。マルクス主義のいくつかの型は、この崩壊が何の手助けの必要もなく起こるであろうと示している。ほかの型は、それは、労働階級に率いられた社会革命の結果起こるとしている。『共産党宣言』（1848年）の結びの言葉は、この後の形を示唆しているように思われる。「労働者たちは自分の鎖以外には何も失うものはない。彼らには得るべき世界がある。世界の労働者たちよ、団結せよ！」

　それでは、これらの考えはどのようにキリスト教神学と関係す

るのだろうか？　1844年にマルクスは政治と経済に関する原稿で、宗教一般は（彼は個々の宗教を区別していない）社会的・経済的状況への直接の応答であるという考えを展開している。宗教はまったく独立した存在ではない。物質的世界の反映であり、経済的・社会的下部構造の上に建てられた精神的上部構造にすぎない。「宗教世界は現実世界の映像にすぎない」。マルクスはこのように、「宗教は単なる想像上の太陽であり、人の目には、そのまわりを公転しているように見えるが、気づいてみれば、人がそれ自身の回転の中心なのである」。つまり、神は単に人間の関心の投影にすぎないということである。人間は「架空の天の真理に超人を求めるが、そこには自分たち自身の映ししか見つけられない」ということだ。

　けれども、なぜそもそも宗教が存在するのか？　もしマルクスが正しいなら、いったいなぜ人々はそのように幼稚な幻想を信じ続けるのか？　マルクスの答えは、疎外の概念に集約する。「人間が宗教を作るのであって、宗教が人間を作るのではない」。「宗教は社会的・経済的疎外の産物である。それは、その疎外から起こり、同時に、大衆が自分たちの状況を認識してそれに対処する力を奪う一種の霊的酩酊によってその疎外を助長する。宗教は慰めであり、人々が自らの経済的疎外に耐えられるようにする。もしそのような疎外がなければ、宗教の必要はない。労働の分離と私有財産の存在が、経済的・社会的秩序に疎外と疎遠さをもたらしたのである」。

　唯物主義は、物質界の出来事が、それに対応する知的世界での変化を生みだすと断じる。それゆえ宗教は、ある一連の社会的・経済的条件の結果である。そうした条件を変えてみよ、そうすれば経済的疎外は取り除かれ、宗教は存在しなくなるだろう。宗教はもう役立つ機能を失うだろう。不正な社会状況が宗教を生みだし、さらに今度は宗教によって支えられている。「それゆえ、宗教に対する闘争は、間接的に、宗教が霊的芳香剤であるような世界に対する闘争

第7章　キリスト教の歴史──略史

なのである」。

マルクスはこのように、宗教は、疎外された人々の要求を果たす限り存在すると論じた。「真の世界の宗教的映像は、日常生活の実際的諸関係が、自分の同僚や自然に対して完全に理解可能で合理的な関係を人々に提供するときに初めて消滅することができる」。つまり、現実世界での大改造が、宗教を駆逐するために必要なのである。マルクスはこのように、非疎外的な経済的・社会的状況が共産主義によってもたらされれば、宗教を生みだした要求は消滅すると論じた。そして、そうした物質的要求の排除とともに、霊的渇望も消え去ると論じたのである。

実際にはマルクス主義は、第1次世界大戦の時期（1914-18年）まではほとんど何の影響も及ぼさなかった。それは、ひとつには内的な問題もあるが、ひとつには、政治的拡張への真の機会がなかったことにもよる。内的問題はことに興味深い。労働者階級が自己をその抑圧から解放し、政治的革命を起こすことができるという示唆は、まもなく幻想だと分かった。急速に明らかになったことに、マルクス主義者たちは、政治的意識の強い労働者階級から選ばれた者ではなく、実際は、がっかりさせられるほど中産階級であった（マルクス自身もそうであったように）。ウラジーミル・イリイチ・レーニンはこの問題に気づいて、「前衛党」の考えを発展させた。労働者はあまりに政治の世界を知らなすぎるので、専門の革命家の指導が必要である。専門の革命家だけが、世界革命を実現し支えるに必要な包括的視野と実践的な指針を与えることができるからである。

ロシア革命は、マルクス主義に必要な幸運を与えた。けれども、マルクス主義は修正された形で（マルクス＝レーニン主義）ソビエト連邦に定着したが、ほかの場所では不成功に終わった。第2次世界大戦（1939-45年）後の東ヨーロッパでの成功はおもに軍事力と政治的動揺のためであった。アフリカでのその成功はおもに、レーニン

が注意深く仕組んだ「帝国主義」の概念の誘惑的魅力による。この概念は、アフリカやアジアのいくつかの国の疎外された人々が、自分たちの後進性を、自分たち固有の欠陥ではなく、むしろ西洋資本主義の外的行為者による仮借ない体系的搾取のせいにすることを許した。

　そのような国々が1970、80年代にマルクス主義の実験をしたときに結果として出てきた経済的失敗と政治的停滞は、まもなくこの新しい哲学に対する失望を生んだ。ヨーロッパではマルクス主義は、衰退の悪循環に落ち込んだ。そのおもな支持者はますます、労働者階級の根から離れ、事実上、何も政治的経験を持たない抽象的な理論家となった。社会主義者の革命という考えは、だんだんとその魅力も信憑性も失っていった。アメリカ合衆国とカナダではマルクス主義は、まったくとは言えなくても、まず第１に、ほとんど社会的魅力を持たなかった。ただし、学術界ではそれよりは目に見える影響があった。1968年のソビエトのチェコスロバキア侵攻は、西洋知識層の間で、目に見えてマルクス主義への熱を冷ます結果となった。けれども、マルクスの考えは適切に修正されて現代のキリスト教神学に入り込んでいる。ラテンアメリカの解放の神学は（490-494頁参照）、その運動自体、結果として本当には「マルクス主義」とは表現できないが、それでも目に見えてマルクス主義の洞察によっている。

キリスト教のグローバル化──伝道の時代

　伝道の仕事はいつも教会によってなされてきたが、イングランドがキリスト教伝播に特に重要な役割を果たした18世紀に新しい宣教の時代が始まったということは広く合意がある。20世紀は、一部の19世紀評論家によると、キリスト教の世紀になると見られた。19世紀後期の一連の勝利主義的集会や文書が、次世代のうちに世

界が改宗することの不可避性を宣言している。学生ボランティア運動の最初の世界大会がクリーブランドで1891年に開かれ、その標語として「この世代における世界の福音伝道」というスローガンを掲げた。これは、当時集まった最大の学生大会であり、この時代に典型的な熱狂的確信によって鼓舞されていた。以下で、1914年の第１次世界大戦の勃発で終わるこの「偉大な伝道の時代」を概観しよう。

　ひとつの文化的関心に最初から気づかされる。英国の経済政策と帝国主義の野心と宗教的問題は常に複雑に絡まり合っていると認められてきた。疑いもなく、多くの宣教師が（すべてのイングランド人がというわけではないが）、西洋文化を取り入れさせることがキリスト教信仰の伝播に相伴うと考えていた。不可避的にこれは、キリスト教が本質的に西洋の宗教であるという認識につながった。

　これは特に、インド、中国など、アジアでは微妙な問題だった。インドへの最初の大きなプロテスタント伝道は、マドラスの南約200キロにあるコロマンデル海岸トランケバールを拠点としていた。特記すべきドイツのルター派宣教師には、バルトロメーウス・ツィーゲンバルク（宣教をその創始の1706年から19年まで指揮した）とクリスチャン・フレデリック・シュヴァルツ（1750年から87年までの指導者）がいた。けれども、ますます強くなる当地の英国の政治的権力は、必然的に英国の宣教師の活動を好み、最初の英国宣教師（バプテストのウィリアム・ケアリ）が1793年にベンガルで活動を始める。この活動は、教皇クレメンス14世がイエズス会を弾圧する決断をしたことで大いに助けられた。強力な「ドミヌス・アク・レデンプトール」（1773年７月21日）の勅令は、イエズス会の「すべての機能と使命」を正式に停止した。インドその他でのイエズス会の宣教活動は、このようにして止めさせられた。けれども、少なくとも50人のイエズス会士が、自分たちの修道会が弾圧されるようになった

後も、彼らを強制送還しようとするポルトガル人の努力にもかかわらず、インドで宣教活動を続けていた。

　英国の宣教団や、個人での英国人は、このように、ほかのヨーロッパの機関から何も大きな反対を受けることなく活動することができた。それにもかかわらず彼らは、英国の権威からは何も援助を受けることができなかった。たとえば、東インド会社は彼らの活動に反対した。宣教活動によってインドの原住民の反感を買い、会社がよりどころとする取引を脅かすことを恐れたからである。けれども、特許法（1813年7月13日に英国議会で可決した）は、東インド会社が活動を許される条件を修正した。新しい特許は、英国宣教師たちの地位を保護し、インド亜大陸で宣教活動を行うある程度までの自由を与えた。その結果は不可避的だった。「1813年以来、キリスト教宣教師は、政府への不当な依存の汚名から完全に自由になったことはない」（スティーヴン・チャールズ・ネイル）。新しい特許はまた、カルカッタに英国国教会の主教区を置くことを規定した。レジナルド・ヘーバー（1783-1826、カルカッタ主教1823-26年）のもとで伝道活動は大幅に拡大し、しかも英国国教会に限定された（ルター派の宣教師たちは、この地方で活動を続けるためには、英国国教会の叙任を受け直さねばならなかった）。1833年には東インド会社の特許が再度改定され、伝道活動にそれまで課せられていた制限のいくつかが取り除かれた。

　宗教的緊張が起こることは必然だった。明らかにベンガルの干渉的な西洋化への反動として、ダルマ・サバーが結成された。1857年の暴動（通常、当時のイングランドの著者たちに「インド兵の反抗」と呼ばれている）はしばしば、この西洋化に対して積もる怒りが増大した結果と見られている。

　中国での西洋の宣教の努力もまた、限られた成果しか得られなかった。1840年代のアヘン戦争は多大な影響を残したが、そのひとつが、この「中華王国」を少なくともいくらかの西洋的な態度に

対して開かせることだった。中国は、19世紀になって商業的な利害が増したために、西洋の宣教師たちがその地に入ることを許すようになるまでは、西洋に対して孤立した立場を選んでいた。けれども、キリスト教は依然として何か西洋的なものと見られ、それゆえ、伝統的な中国の価値観と対立すると考えられていた。中国の国家主義がますます重要な政治的権力になるに従って、西洋に対する敵意が深まった。キリスト教は広く、西洋の影響であり、中国からは駆逐するべきものと見られた。1899年から1900年にかけての義和団の乱は、海外の投資や宗教的活動に対して熱狂的に敵対し、中国のキリスト教会にとって特に困難な状況を生んだ。キリスト教に対する抵抗は、毛沢東のもとでのイデオロギー的理由で、特に宗教を排除しようとする「文化大革命」（1966-76年）の間にさらに強くなった。けれども、中国では、非公式にキリスト教を受け入れる人々は増えてきている。

　アジアでの宣教活動の成功が限られたものであったとしても、それは、特にアフリカやオーストラリアなど、ほかの場所での成功で埋め合わされた。アフリカでは18世紀後期、特に奴隷売買の残酷さへの反動として、宣教に対する関心が強まった。18世紀後期から19世紀にかけてアフリカで活躍したおもな英国宣教協会は、たとえば、バプテスト宣教会（BMS、1792年創設。最初は「福音宣教のための特別バプテスト協会」と呼ばれていた）、ロンドン宣教会（LMS、1795年創設。最初は「宣教会」と呼ばれていた）、英国国教会宣教協会（CMS、1799年創設。最初は「アフリカと東洋への教会宣教協会」と呼ばれていた）である。これらはそれぞれ、特定の地域で集中的に活動した。BMSはコンゴ川流域に、LMSはアフリカの東部と西部に宣教し、これらの宣教協会はすべてプロテスタントで、概して非常に福音的な考えを持っていた。カトリックの宣教団がこの地方に真剣に取り組み始めるのは19世紀の半ばになってからだった。フランス革命（1789

年)とその余波が残した傷は、カトリック教会をひどく動揺させた。ウィーン会議(1815年)がヨーロッパの未来図を落ち着かせてからやっと、カトリック教会はその注意を宣教に向けることができたのだった。

　19世紀、サハラ砂漠以南のアフリカで圧倒的な特色は、植民地政策がますます重要になってきたことである。ベルギー、英国、フランス、ドイツはみな、この時代にこの地域に植民地を建てた。これらのヨーロッパ諸国に支配的なキリスト教の形は多様であり、結果としてアフリカではかなり多様な教会が設立された。聖公会、カトリック、ルター派はすべて、この19世紀の終わりまでにしっかりと根づいていた。南アフリカでは、ヨーロッパからの移民の間では、改革派教会が特に強い影響力を持っていた。けれども、強調しなければならないのは、非常に異なった背景を持つほかの宣教師たちもこの地では活動していたことである。たとえば、少なくとも115人の黒人宣教師たちが1875-99年のアフリカで活動していたことが知られている。

　オーストラリアの発見を含む18世紀のクック大佐の航海記は、それまでは知られていなかったこの地への宣教の興味を新たにした。1795年にロンドン宣教会は、「南の海の諸島」に宣教師を送ることを主目的として創設された。最初の大きな宣教旅行は1796年の8月に出発し、30人の宣教師がタヒチに向かって出航した。この宣教はかなりの困難に遭ったが(中でも大きな問題は、イングランドとタヒチの性的道徳観が異なっていたことに関係する)、キリスト教をその地方に根づかせるための持続的な努力の始まりを画すと考えられている。

　その地方の地理的性質は、最も頼りになる宣教手段である宣教本部の設置を不可能にした。島々の人口はしばしば、そのような施設を建てて保持するのにふさわしいほどの数ではなかった。とりうる最もうまくいく方策は、宣教船を用いることであり、それによって

ヨーロッパの宣教師たちは、原住民の宣教師や牧師や教師の活動を指揮し、監督することができた。

　この地方で最も重要なキリスト教の宣教団はオーストラリアとニュージーランドに位置し、それが後にこの地方のほとんどの伝道活動の拠点になる。キリスト教は1788年にオーストラリアに渡来した。それが到着した状況は必ずしも幸せなものではなかった。ニュー・サウス・ウェールズに到着した船団は、そこに造られた流刑植民地に囚人を移送してきていた。最後の瞬間にウィリアム・ウィルバーフォースが英国の海軍当局を説得し、その船団に教戒牧師を同行させる許可を得た。翌世紀にこの地への英国からの移民の数が劇的に増えるに伴って、1897年にはブッシュ兄弟団が形成され、オーストラリア大陸の内部の宣教の基礎を築いた。

　ニュージーランドに最初の宣教師たちが到着したのは1814年であった。この地方のキリスト教の強化は大部分、1841年にニュージーランドの宣教主教に任命されたジョージ・セルウィン主教の功績である。この地にいる間に彼は、特に教育において、キリスト教の発展への影響を与えた。彼は1867年にイングランドに帰国している。

　この「偉大なる伝道の時代」の概観は、どのようにキリスト教がヨーロッパの背景から自由になって世界宗教になったかを説明する助けになる。16世紀のイスラム勢力の拡大の結果、キリスト教はヨーロッパに封じ込められたように見えたが、西ヨーロッパ諸国の航海の野心が、キリスト教を世界中に散らすこととなった——ただし、しばしば決定的に西洋化された形で。この西洋の影響の遺産は、さまざまな出来事が示したように、幸と不幸が混ざったものだった。20世紀と21世紀初期のキリスト教の最も顕著な発展は、土着化の過程である。この過程で、ラテンアメリカやアジアやアフリカの多くの土地のキリスト教が、その西洋の源から自由になり、その土地

ごとの固有の文化的遺産に適合した形で発展してきている。

ローマ・カトリックの運命の推移

　フランス革命の傷のあと、カトリックは、かつて知っていた自信のいくらかを取り戻し始めた。ロマン主義の起こりは、特にドイツとフランスで、カトリックへの興味を再び目覚めさせる大きな影響を及ぼした。シャトーブリアンの『キリスト教の精髄』は1802年に出版され、キリスト教信仰へのこの新しい興味の発展に大いに寄与したが、これは19世紀の文化の多くの面を反映していると見ることができる。カトリックの擁護でロマン主義に依拠しているほかの著者は、たとえば、イタリアのアレッサンドロ・マンツォーニ（1785-1873）や、ドイツのフリードリヒ・フォン・シュトルベルク（1750-1819）であった。合理主義は広く、過去の悲劇につながったものと見られた。キリスト教が芸術の霊感や文化的卓越性の主要な源であるという見方に対する新しい共感があった。

　疑いもなくカトリックは、フランス革命とその影響下の荒廃の後、自らを刷新する必要があった。1814年にナポレオン時代が終わった後のカトリックの広がりを考えてみることは役に立つ。カトリック宣教の結果、南アメリカ、日本、インドなどにカトリックの共同体が創設されたが、カトリックはこの段階ではだいたいヨーロッパの宗教であり、北西は新しい国家ベルギー、南西はスペイン、北西はオーストリア、南西はイタリアまでがその範囲だった。1億人のヨーロッパ・カトリック教徒のほとんどが、ハプスブルク帝国、イタリア、フランスにいた。教会を刷新することが、1814年にローマに帰還した後のピウス7世の任務だった。この務めはとてつもないものに思われた。それにもかかわらず、彼は、その実行にたえる能力の持ち主であることを証明した。その試みの実現の土台は、国務長官であったコンサルヴィ枢機卿がなした。彼は、ウィーン会議

第7章　キリスト教の歴史——略史

（1815年）で一連の国家との政教条約の交渉をした人である。1814年には、全ヨーロッパにカトリックを再建する目的で、臨時の教会問題高位聖職者委員会が置かれた。これらの政策の成功は、伝統的に強くプロテスタント教国だったイングランドなどで1850年にカトリックの聖職が復活したことに表れている。

　この時代には、カトリックは合衆国で大きな影響力を持つようになる。独立戦争時のアメリカはプロテスタンティズムが支配的だったが、19世紀が進むと、アイルランドとイタリアからの移民の波が宗教的力の均衡関係を決定的に変えた。ジョン・キャロル大司教（1735-1815）は、カトリック教徒が急激に増加した時期に、カトリック信仰の社会的受容を促すことに大きく貢献した。1840年代には2,500万人のアイルランド・カトリック教徒が合衆国の東海岸に移住したと見積もられ、ボストンやニューヨークのような東部の都市に劇的な統計上の変化を及ぼした。国の重要な勢力としてアメリカのカトリックが出現したことは、ひとつには、カトリックを自分たちのアイデンティティーの中核的側面と考えたその信者の民族的忠誠による。アメリカに移住した彼らがヨーロッパ出身だったことは、このような形で、国家の歴史のこの重要な時代に彼らの宗教観を形成するのに働いた。1842年創設のノートルダム大学のような主要な大学の設立は、この国の人々の重要な知的勢力としてカトリックが現れてくる基礎を築いた。

　19世紀に教皇が再びカトリック内での主要な人物になったことは、少なくとも一部にはナポレオン戦争の余波の結果と見なしうる。フランス革命に先立つ数十年の間、教皇は、カトリックに忠実な者にさえも疎遠な存在と見られ、大方は無視されてきた。けれども、ナポレオンが教皇を非常にひどく扱ったことが、かえって信仰深い者の目にも、ヨーロッパの諸政府の目にも、彼の権威を増すことになった。教会は国家によって統制されるべきであるという運動

の中心地であるフランスでさえも、教皇に対して新たな敬意が払われるようになった。カトリックの内部でも、その外でも、指導的な制度として教皇制を復活させるための舞台が整っていた。教皇の権威を擁護する運動は「教皇至上主義」(ultramontanism) と呼ばれたが、これはこれ自体として考察するに値する——というのも、ひとつにはこれが第1ヴァチカン公会議へとつながる運動だったからである。

第1ヴァチカン公会議

「教皇至上主義」(ultramontanism) の原語は、「山脈を越えた」という意味の2語のラテン語からなる言葉から出ている。その山脈とはアルプスのことで、要点は、教皇は「山脈を越えて」権威を持っている——つまり、イタリアを越えてヨーロッパ自体に権威を持つということである。1820年代には、ジョゼフ・ド・メーストル (1754-1821) が1819年に出版した『教皇論』などの影響で、この見方にかなりの共感者がいた。1840年代の後期には、フランスやイタリアやドイツに反動的な運動が起こり、カトリック教国の政治的安定や、特に教皇の地位についてさえも懸念が高まった。教皇の政治的権力は着実に減少してゆき、ついに1870年、教皇ピウス9世 (在位1846-78年) は、以前持っていた土地の多くから立ち退きを強いられた。そうした事態に面して、ピウス9世は教会内での彼の霊的権威を確立することに専心した。

このプログラムの最も重要な側面は第1ヴァチカン公会議の開催であるということが広く認められている。この公会議は、リベラル・カトリック主義者［訳注：伝承よりもむしろ聖書を重んじる］と教皇至上主義者との決定的な対決であった。この論争の明確な問題点は、教会内での最高権威がどこに存するかということであった。最高権威は教会の大公会議に存するのか、それとも教皇権そのものに存するのか？　ついに出た結論は、教皇至上主義者たちの決定

第7章　キリスト教の歴史――略史

的な勝利であった。これは、1870年7月13日に発布された有名な教皇無謬性の教義によって公式に言明された。これは、教皇は司教座から（つまり、信仰の教師、擁護者としての彼の公式な職能において）語るときには決して誤らないと断言している。

この教義は、特にドイツでかなりの懸念を呼んだ。オットー・フォン・ビスマルク（1815-98）は1864年に

ヴァチカン。AKG-Images/Joseph Martin.

プロイセンの首相に任命された。彼はドイツ統合の政策に着手し、その政策は1871年の普仏戦争の終結後までますます熱心に続けられた。ビスマルクは教皇無謬性の教義を、ドイツ・プロテスタント教徒に対する侮辱であり、ドイツ国家として現れつつある権威への潜在的脅威であると見た。その結果が、1870年代にビスマルクが行ったドイツ・カトリック教徒に対する差別政策である。この「文化闘争」（*Kulturkampf*）はやがて1886年には立ち消えて失敗に終わるが、ヨーロッパのほかの地域では反宗教的感情が増大していった。特にフランスでは、1901年の結社法と05年の政教分離法が、事実上、教育を含む公的な場から宗教を排除してしまった。

イタリアでは、ヴィクトール・エマニュエル（1820-78）が権力の座についた後、教皇の立場が難しくなった。エマニュエルはヴァチカンとラテラノ宮殿とカステル・ランドルフォを除き、事実上、教皇の領土をすべて剝ぎ取った。教皇保証法は教皇の独立と安全を保

証したが、それでも教皇の権利には制限が加えられた。これはやがて1929年のラテラノ条約で置き換えられるが、こちらのほうが教皇に対しては好意的であった。

ヴィクトリア朝の信仰の危機

　A・N・ウィルソンはその重要な書『神の葬式』で、ヴィクトリア朝の英国での無神論の高まりを分析している。この書の最も興味深い点のひとつは、イングランドが自己の信仰の喪失に関して感じた両義性を、彼が注意深く資料で示していることである。熱狂的に始まった世俗主義の企ては、世紀末までにかなりの成功を収めていた。第1次世界大戦後までは、政治的にも社会的にも、国民の生活においてキリスト教は依然として非常に重要だった。けれども、キリスト教の諸概念は、イングランドの小説家や詩人や芸術家の目には、ますます信用ができず、魅力がなく、時代後れに見えていた。キリスト教は想像力の領域でも理性的段階でも試され、吟味され、どちらにおいても不十分だと判断された。信仰からのこの偉大な後退は喜びと祝いをもって歓迎されたであろうと考えられるかもしれないが、ウィルソンは、神を容赦なく排除した結果、残された説明のつかない喪失感と混迷を明らかにしている。この信仰の危機を例証したり、その原因となったただひとりの人を示すのは困難である。けれども、詩人アルジャーノン・スウィンバーンは重要である。スウィンバーンは、キリスト教が西洋の想像力を鈍らせ、今や西洋文化の想像力をとらえることができなかったために消滅しようとしていると考えた。スウィンバーンの重要さの鍵は、彼の最高傑作と定評のある詩のひとつ「ペルセポネにささげる賛歌」の一行である。

　　お前は征服した、おお青ざめたガリラヤ人よ。世界はお前の息で灰色になってしまった。

第7章　キリスト教の歴史──略史

　この言葉は、彼が知り徹底的に嫌っているキリスト教は想像力が欠如しているという、スウィンバーンの根本的な確信を示している。宗教は太陽を取り除き、その代わりに単なる星を差し出した。神は人間の魂の偉大な抑圧者だった。民衆信仰の青白いキリストに、彼の当時の想像力を豊かにできる何があったろうか？　ヴィクトリア朝のキリストは、世界を柔和で優しいものにするかもしれない。しかし、美や喜びの魅力で世界の忠誠をとらえるのではないだろう。キリスト教は文化を貧しくし、人間の喜び自体を小さくすることで勝利した。けれども、おそらく最も重要なことは、キリストと超越世界の間に何もつながりがないということである──イエス・キリストの人格との出会いと格闘において、人は神秘の敷居を踏み越え、何か（あるいは誰か）美や喜びを感じさせずにはおかない存在へと導かれると考える理由は何もなくなる。

　作家ジョージ・エリオットもまた常に、宗教的信仰への懐疑と敵意の出現の重要な人物と考えられている。キリスト教についてのエリオットの懸念の多くは、これ自体の教義に一見、道徳の問題への関心が欠けていることにあった。なぜキリスト教は、神への賛美に向けられた愛以外は、人間の愛の価値を低く見るのか？　ここには、ヴィクトリア朝の信仰の危機の重要なテーマが見られる──キリスト教の主要な諸概念を理由にしたキリスト教に対する道徳的反抗である。J・A・フロード、マシュー・アーノルド、F・W・ニューマンらは、原罪や予定説や身代わりの贖い説などの教義が非道徳的であるとますます強く感じられるようになったことから信仰を捨てた。より以前のプロテスタント著者たちが誇りとしていたスローガンや標語は、今や容認できない戸惑いの種となった。ピューリタンたちは、至高の神は被造物を好きなようにどうにでもできるし、そのやり方に何も釈明の義務を負わないという考えに心を高揚させたが、

第7章　キリスト教の歴史——略史

ヴィクトリア朝の多くの人々にとっては、この考えは人を非常に不安にさせるものであり、彼らのますます強くなる道徳観や正義観と真っ向から対立して見えた。

　エリオットは、ほかの多くの人々と同様、このかなり暗く陰鬱な神概念の代わりに、「人間同士の同情の宗教」に向きを変えた。因習的宗教からの離反の同様の型が、『アダム・ビード』から『ミドル・マーチ』に至る彼女の小説のすべてに見られる。信仰の道徳的側面は、キリスト教の形而上学的根拠なしにも保つことができる。私たちは神なしでも善くあれる。実際、キリスト教の神は、「個人の幸せの成就にも、社会の幸せの達成にも弊害になることがある」。こうした見方は、この時代には賢明さとして一般に受け入れられ、人間が自己の運命を形作る力を持つと考える後期ヴィクトリア朝に一致して見られる意見の出現につながった。人間が神なしに道徳を構築する力については、エリオットよりも悲観的な者もいたが（たとえばトマス・ハーディーが思い出される）、そうした者たちはこの点でははっきりと少数派だった。

　ヴィクトリア朝は1890年から1900年の間に大きな変化を経験し、その変化はついに初期の時代の価値観や信念を覆したと広く考えられている。この時期の多くの著者は新しい時代の敷居に立っていることを意識していたが、その新しい時代が何をもたらすかについては確信が持てず、それでいて、古い考え方のほうは消え去りつつあることを感じ取っていた。マシュー・アーノルドは、この頃に書いた「グラン・シャルトルーズにて」で、二つの世界の間に捕らわれている状況を語っている。

　　　ひとつは死に、もうひとつは
　　　生まれる力を持たない、二つの世界の間で、
　　　私には枕する場所がない。

第7章　キリスト教の歴史——略史

　アルプスを抜けるアーノルドの旅は、彼が特に自分の文化の中で、そして、おそらく彼自身のうちでも信仰が侵食されてゆく所在なさの感覚を掘り下げて見た背景となっている。かつては健全だった彼の信仰は、彼が少なからず切なげに言うに、今では「死んだ時代の論破された夢にすぎない」。アーノルドは、彼の国民が信仰の喪失に感じた悲しみと哀愁を、ドーヴァー海峡の引き潮に感傷的に投影して見て、こう表している。

　　信仰の海は
　　かつて、満ち満ちて、陸の岸をめぐって
　　何層にも巻かれた輝く帯のようだった。
　　けれども今では、私に聞こえるのはただ、
　　世界のさらに暗い岸辺と裸の河原を吹く
　　夜風に乗った、この悲しげな
　　引き潮の長いとどろきだけ。

　この潮は今や引いてゆき、アーノルドは、決してそれが戻ってくることを期待しなかった。彼の詩「ドーヴァー海峡」を、同胞の人々がその信仰の魂を進んで捨てたことに対する彼の痛みと戸惑いをいくらかでも垣間見ることなしには読むことはできない。
　けれども、アーノルドの悲しさは、この国の信仰の喪失をより肯定的に見ているはずの人々にさえも共通して見られる。トマス・ハーディーは信仰の時代の終わりを記しているが、そこにはほとんど優しささえ感じられる。彼は、神の葬送行列をこのように思い描いている。

　　私は忘れなかった。

私が弔っているものを、私も長いこと讃えていたことを。

　フランス革命のより急進的な人々は、今日ではいく分誤ったように感じられる情熱と深さで、神を排除することは人々の喜びと臆病な従属の終末につながると信じた。しかし結局は、神がゆっくりとではあるが不可避の日没のように消えていったときに生じたのは、それ以前の世代にはおそらく理解しがたかった喪失感と死別感だった。西洋文化の中では突然、「神の死」を語ることが意味のあることになった——そして、このテーマは、1917年のロシア革命の余波にはますます重要になる。

1915年のアルメニア大虐殺

　20世紀のキリスト教の歴史は、東地中海地域のキリスト教徒たちの心に深い傷を残し、後にこの世紀に起こる出来事の不吉なきざしとなる悲劇で幕を開けた。トルコはイスラム教が支配的な国で、第1次世界大戦に参戦した。この地域にはアルメニア人キリスト教徒を含むかなりの数の非イスラム教徒が住んでいた。アルメニア人は301年にキリスト教を採択し、自分たちがこの地域最古のキリスト教国家であることを誇りとしていた。1915年の出来事は、決して、まったく予期されていなかったわけではない。1895年には、24箇所の主要な地で一連の大虐殺が起こっていた。これは、今では一般に、1915年に行われるはるかに広範で組織だった殺戮の小規模の予行練習であったと見られている。これら1895年の大虐殺は、特にキリスト教徒に対するものではなく、非イスラム教徒一般に向けられたものだったようである。

　1895年の出来事は、20年後に起こった、若いトルコ人たちが特にアルメニア・キリスト教徒に向けた大規模の攻撃に比べればまだ些細なことにさえ見える。これらの出来事はオスマン帝国の奥深く

第7章 キリスト教の歴史──略史

で起こり、しかも、情報伝達や干渉が事実上不可能な戦時下であった。それでも、起こったことを隠しておくことはできなかった。1カ月後、フランス、英国、ロシアの政府がこの大虐殺を「人類と文明に対する犯罪」と弾劾する声明を出し、その責任はトルコ政府全体にあるとした。「人類に対する犯罪」という語句がこの早期に用いられたことは非常に重要である。なぜなら、これは、そのような犯罪的な出来事の再発を防止しようとする現代的関心を予示しているからである。

「セーブル条約」として知られるトルコとの和平条約（1920年8月10日）は、トルコ政府が、戦争中にトルコ領土で起こった大量虐殺に責任のある人々を同盟軍に引き渡すという特記条項を含んでいた。けれども、セーブル条約は正式には批准されず、結局、施行されなかった。これはローザンヌ条約（1923年7月24日）で置き換えられ、そこには何も戦争犯罪の罰についての特別の条項は含まれていなかった。その代わり、そこには、1914年8月1日から22年11月20日までの間になされたすべての犯罪行為に対して「恩赦宣言」がなされ──それは、アルメニア大虐殺にも当てはまった。トルコに対しては何の処置もとられなかった。そして、このことは多くの者たちに、国際社会は大量虐殺などの行為をたやすく容認するのだと結論させることになったのである。道徳的憤慨は表明されるであろう。けれども、決定的な制裁措置はとられない。少なくともそれが、アドルフ・ヒトラーがやはり戦時中になす自分の大量虐殺計画を考えたときの結論であった。実際、オスマントルコが、彼らのかなり多数になったキリスト教少数派に対してとった態度と、第3帝国でのユダヤ人に対するナチスの扱いの間には、気まずい歴史的類似があり、そのことにはもっと注意が払われてもよいはずである。

この大量殺人が世界のキリスト教に及ぼした影響は複雑だった。地域的には、これは破局的と見られた。中東のキリスト教徒は、こ

の出来事に茫然自失した。彼らの多くは、イスラム教の支配の下で宗教的少数派として生きていた。これらの衝撃的な出来事は、この地域のほかのイスラム勢力からのより大規模な弾圧の前兆ではないだろうか？　結局、そうした不安は杞憂に終わった。トルコの大量虐殺は、外来者恐怖症を助長するような当時の内政状況を反映していたようである。このことに気づかなかった大量虐殺の生存者は、戦後のトルコが世俗主義憲法を採択し、イスラム教にオスマントルコ時代のような権力を持たせることを否定したにもかかわらず、もうトルコには自分たちの居場所がないと考えた。離散が唯一可能な解決策に思われた。今日では、最も大きなアルメニア人キリスト教共同体はアメリカ合衆国にある。

　大量集団虐殺は、世界中のキリスト教共同体に暗く困難な問いを感じさせた。20世紀は、競争相手がキリスト教をより持続的に攻撃し続ける最初の世紀となるのだろうか？　19世紀、特にヴィクトリア朝イングランドは、キリスト教の諸概念に対する前例のない激しさの知的攻撃を見た。20世紀は、新しい形の攻撃がなされ、今度は単にキリスト教徒の考えではなく、その命そのものが標的にされるのだろうか？

　結局、物事は、誰もが考えるよりも速く徹底的に推移した。1915年の暗い日々に、一部のアルメニア人たちはロシアに助けを求めた。この偉大な国は正教会キリスト教の要塞ではないか？　その偉大な資力は、彼らの絶望的状況に関与してもよいではないか？　結局、助けは来なかった。けれども、1917年、事態はほとんど誰も予期していなかった方向に転じた。ロシア革命がロシア帝政を覆し、すっかり新しい国家イデオロギーを持ち込んだ。もはやロシアは正教会の国家ではなくなった。それどころか、自国の領域から、いや、できるならそれをはるかに超えたところまで宗教を駆逐することに専心する国家になろうとしていた。

ロシア革命と国家による無神論の強要

　先に述べたように、カール・マルクスの考えは19世紀のヨーロッパでは決して真に受け入れられはしなかったようである。彼の考えに注目した学者や社会批評家は少数いたが、真に問題となった人々、つまり実権を握る人々に受け入れられなかったのである。1917年のロシア革命はその状況を、徹底的に、引き戻しようなく変えた。突然、マルクスの考えは真剣に受け取られ、国家によって実行に移されたのである。ウラジーミル・イリイチ・レーニンにとって宗教は抑圧の道具であり、ロシア支配階級の者たちによって小作たちに対して皮肉なやり方で用いられている。ソビエト連邦は今や、宗教の完全廃絶をイデオロギー的目的として掲げる最初の国家となった。

　けれども、問題は即座に明らかになった。マルクス理論の予言するところでは、宗教は革命とともに消滅するはずであった。宗教の

V. I. レーニン。AKG-Images.

原因がなくなるからである。革命によって社会的・経済的疎外がなくなれば、生活の痛みを鈍らせるための麻酔剤は不要になる。宗教的信仰が存続し続ける理由は何もないはずである。けれども、まもなく明らかになったことに、宗教は頑として存続し続けていた。この観察の結果は不可避のものであった。すなわち、理論上で、自然に起こると予言されていたことを強制的に実行するしかないということである。ソビエト連邦内では、宗教を信じる人々に対して、広報による説得から銃弾による脅しまで、パンフレットから強制収容所まで、堰を切ったようにさまざまな抑圧政策がとられた。

最初、注意は、ロシア自体の支配的な宗教団体、つまり正教会に対して向けられていた。1918年1月23日、レーニンは、教会が私有財産を持つことや、私立公立を問わず学校や少数グループで教える権利を剥奪すると布告した。ヘンリー8世のイングランドの修道院弾圧のソビエト版で、レーニンは、教会や修道院の財産を没収することと、それに反対する者すべての処刑を提案した。レーニンは、「あいつらが何十年も忘れないほどの残忍さですべての抵抗を鎮圧せよ」と彼の副官たちに命じた。

この迫害は、ヨシフ・スターリンのもとでさらに厳しさを増して続けられた。1930年代のスターリンによる容赦ない弾圧では、ほとんどすべての正教会の聖職者は銃殺か強制労働所送りになった。ウクライナのローマ・カトリック教会相手には別個の戦いがなされた。ここでは、ほかの諸要素が、弾圧を特に緊急のものとしていた――つまり、この地方の国家的アイデンティティーを抑圧し、ソビエト連邦の外部の宗教的人物（たとえば教皇など）の権威を認める形のキリスト教を排除したいという願いである。1939年までに、ロシアの教会の99パーセントが閉鎖された。

しかしながら、宗教の強制的排除に取り組むスターリンの全般的イデオロギーと一致して、彼の宗教弾圧はほかの宗教にも及んだ。

この時期のソビエト連邦の至るところで特徴的に見られたのは、ユダヤ人攻撃である。また、スターリンはことに、分離派イスラム教運動がソビエト連邦東南部の諸共和国で勢いを増すことを恐れ、この地域全般で強硬にイスラム教を弾圧した。

　1941年、短期間に事態は変わった。ヒトラーがソビエト連邦を攻撃した後のことである。この攻撃は一時的だが、スターリンの敗北とマルクス＝レーニン主義の転覆につながるかのように思われた。スターリンは、金がかかる破壊的戦争のためには民衆の広い支持が必要であるとの認識から、国内の宗教的生活に対しても手綱をゆるめた。モスクワには再び教会の鐘の音が響き、正教会にもある程度の自由が認められた。けれども、これらは結局、暫定措置だった。東ヨーロッパ全土にスターリンの傀儡支配が首尾よく敷かれ、1940年代に中国で毛沢東の赤軍が勝利すると、世界のかなりの部分での宗教の未来が真に危ぶまれるように思われた。意図的に政治問題として宗教が排除されてゆく世界で、キリスト教にどのような希望があるのだろうか？　未来は暗澹たるものに思われた。

　この頃の一般的な落胆の気分をさらに強めたのは、ヒトラーの戦争計画と、その過程で展開される集団大虐殺政策をドイツの諸教会が止めることができなかったことである。以下で見るように、キリスト教は暴君に抵抗するために必要なものを欠いているのではないかと思い始める者もいた。

ナチスの危機——「文化プロテスタンティズム」の失敗

　経済的失敗と政治的危機が続いたあと、アドルフ・ヒトラーがドイツの首相に任命された。ヒトラーのもとで、ドイツの教会はかつてない試練に遭った。国家社会主義は、まったくキリスト教的な哲学ではなく、むしろ、ゲルマン文化に関して長く存在し続けてきた信念、特に、中央ヨーロッパを支配する汎ゲルマン連盟の役割につ

いての信念に基礎を置いていた。これはしばしば前キリスト教の偉大な北欧神話から出た異教的な考えの色彩を帯びていた。ヒトラーの計画は、ドイツ教会を含めて、ドイツの生活のほとんどの側面を支配することを要求していた。しかし、スターリンと異なり、ヒトラーは、甘言や世辞や欺きによって教会を服従させることが可能と確信していた。

　ヒトラーのナチス化計画は、「ドイツ文化の刷新」という言葉で比較的容易に提示される。これは、特にドイツ・キリスト教でしばしば「文化プロテスタンティズム」と呼ばれた、宗教と文化との密接なつながりを提唱する運動と共鳴した。ナチスの支配は最初、多くのドイツ教会人に歓迎された。ソビエト連邦の中で支持された不吉な国家的無神論に対して防波堤を築いてくれたからである。また、ひとつには、ナチスが宗教に新しい文化的役割を与えてくれるように見えたからである。けれども、1933年以降、分裂が起こった。それはひとつには、ユダヤ人は教会に職を持ってはならないと定めたアーリア条項のためである。マルティン・ニーメラーらが率いる、教会の問題においてはヒトラーに従うのを良しとしない「告白教会」と、ヒトラーをドイツ国民と教会の救い主と見る「ドイツ・キリスト者」たちの間に激しい論争が起こった。疑いもなく、多くのキリスト教徒がナチス政権に反対の勇気ある立場をとった。そのひとりが、第2次大戦の末期に処刑されたディートリヒ・ボンヘッファーである。けれども、制度的ドイツ教会は、ナチスの隆盛に対抗して、それに取って代われるだけの信頼性と説得力のある機関とはなれなかったのである。ドイツ教会がこのように、ヒトラーが権力の座に上ってゆく際にも、また彼が徐々にドイツ帝国主義を再主張しだしたときにも、何も重要な影響を与えられなかったことは、キリスト教の道徳的信用に深刻な問いを投げかけ、考えの深いキリスト教徒を悩ませた。思索的にナチスを批判した者として、ディー

第7章 キリスト教の歴史――略史

トリヒ・フォン・ヒルデブラントがいる。彼は、ナチスが信憑性を得たのは、当時のドイツ文化の相対主義によってであり、その運動の最良の批判は、たとえばキリスト教にある客観的道徳価値の強力な再主張であると訴えた。文化的潮流に逆らうことのできなかったキリスト教や、そうした思潮を積極的に支持したキリスト教は、ナチズムや、あるいは、未来の同じような運動に対して抵抗する力を持たない。

ディートリヒ・ボンヘッファー。第2次世界大戦勃発のわずか前。ロンドンのホテルの庭にて。AKG-Images.

　いまだ大きな問題となっているのは、主流の教会とその神学者たちがいかに時代に流されて、最新の文化的潮流を深く吟味することなしに受け入れ、支持し、取り入れるという不快な傾向を示したかである。あたかも、彼らの批判的機能が、「ドイツ文化の刷新」への熱狂的な興奮によって差し止められてしまったかのようだった。彼らは、教会も現代的になり、現代の思考形態に与するべきだと論じた。今、ナチスのイデオロギーはドイツ民族の真の声であり、それには教会も耳を傾けるべきではないのか？　神はドイツ国民に新しい言葉を語っているのではないか、キリスト教徒の生活や思想を改革することに通じる言葉を？　哲学者マルティン・ハイデッガーは1933年の5月、ハイデルベルク大学総長就任演説で熱心にこの世界観を奉じ、それが未来の道だと宣言したではないか？

第3帝国時代のドイツ教会の歴史は、文化的規範や「現代世界」に従うあらゆる形の教会の致命的な弱さを暴露した。カール・バルトやディートリヒ・ボンヘッファーらの著者はこの潮流に激しく抗議し、キリスト教も教会も文化的基準ではなくイエス・キリストにその規範と合法性を求めるべきだと論じた。しかし、彼らは決定的に少数派であった。

　ボンヘッファーとバルトがドイツの教会に提供したのは、その当時の文化的規範を受け入れることに依拠しないキリスト教の信仰生活や思想の基礎理解だった。ふたりとも、「文化プロテスタンティズム」は当時の文化的規範を映しているものであるから、その文化を批判する十分な基礎を持たないと論じた。この状況は、国家教会など、文化的・政治的プログラムへの宗教的支持を与えるように特別の圧力をかけられている教会の場合には特に深刻である。

　それゆえ、多くのキリスト教思想家が同じような問題と格闘したときに、ボンヘッファーとバルトの両方を非常に親近感を抱いて参考にしたことは驚くに当たらない。たとえば、ジョン・デ・グラチーは、アパルトヘイト時代の南アフリカのキリスト教徒にとってのボンヘッファーの重要性を指摘している。ボンヘッファーは、支配的な文化的規範に挑戦し、その土地の既成の教会から強い支持を受けている国家に対立する立場をとる模範を示していると論じられた。

　バルトとボンヘッファーは、信仰が政治に魂を売り渡すようなことに対して激しく抗議した。ふたりとも政治的関与は明らかにしていたが、政治的関与は、イエス・キリストに忠実であり続けるという最優先の課題に従属するものと考えていた。権力や影響力の強い芳香をかいだ教会は、ほかの者ならば譲歩の余地がないと思うような問題についても適応し柔軟に対応できる、警戒すべき能力を見せている。

ドイツ教会の大部分がナチズムの危険を見極めることができず、ましてそれに立ち向かうことができなかったことは、多くのキリスト教徒たちに落胆と不安を残した。教会と国家文化との歴史的つながりは不可避的に、未来にもキリスト教が同じような大失敗に落ち込むことに通じるのだろうか？　国家教会のような伝統的なヨーロッパの教派は致命的に欠点があると示されたのではないか？　そして、もしもそうなら、ヨーロッパの祖先に源を持つ北アメリカやオーストラリアのプロテスタント諸教派についてはどのようなことが言えるのだろうか？

第2ヴァチカン公会議

1960年代は今では、西洋文化の世俗的楽観主義が最高潮に達した時期と見られている。そのような背景でキリスト教が今日的意味を持つかどうかという問題は決定的に重要になった。教皇ヨハネス23世（在位1958-63年）は広範な問題意識から、第2ヴァチカン公会議（ヴァチカンII）を招集した。教会の議題を「アップデート」するためである。公会議は1962年の第1会期から始まり、62年から65年まで毎年秋に開かれ、2,450人以上の司教が世界中からローマに集まって、カトリック教会の未来の方向を話し合った。ヨハネス23世は1963年の6月3日に亡くなったが、公会議の作業は中断され

教皇ヨハネス23世、本名アンジェロ・ジュゼッペ・ロンカリ（1962年撮影）。AKG-Images/Erich Lessing.

ず、彼の後継者パウロ6世（在位1963-78年）のもとで続けられた。

公会議の議題は膨大だった。大きく言えば、公会議は、現代世界の中でのキリスト教信仰の位置、特にキリスト教徒と非キリスト教徒との関係、カトリックとほかのキリスト教徒との関係を考察したのである。福音伝道の重要さは、非キリスト教徒のアイデンティティーと誠実さを尊重する方向で承認された。教会の性質自体と、司教たちと教皇との関係に特別の注意が向けられた。

第2ヴァチカン公会議の後、カトリック教会はますます自己を、神に任命され位階的に秩序づけられた集団というよりもむしろ信徒の共同体と見るようになった。教会生活の中で平信徒はますます重要な役割を与えられるようになった。エキュメニズム（つまり、異なる様式のキリスト教の理解を考え促進する運動）の重要さが認識された。

第2ヴァチカン公会議第2期の開会（1963年9月29日）。教皇はパウロ6世（本名ジョバンニ・バッティスタ・モンティニ）。Keystone/Getty Images.

第7章 キリスト教の歴史──略史

公会議は、レオ8世がキリスト教信仰の社会的側面を強調した例に従い、キリスト教信仰には人権や人種問題や社会正義も含まれていると考えた。教会内では、「司教団」の概念がますます重要になった。これは、教会がそれ自体、その司教団の共同体であり、その権威は教皇に集中するのではなく、ある程度その司教たちの間に分散していると考える。

　第2ヴァチカン公会議は、カトリックの歴史の時代を画した大きな出来事である。2000年から始まった新たな1000年間に、これがどのようにキリスト教の発展に影響を及ぼすかはまだ分からない。この公会議がもたらした新しい空気を歓迎するカトリック教徒も多いが、伝統的なカトリックの教えや習慣が裏切られたと感じた者もある。この緊張の跡が現代のカトリック教会にも残っている。けれども、これは創造的な緊張であり、将来には健全な自己吟味の過程につながることが期待できる。

　第2ヴァチカン公会議以降のカトリックの中では、さらにまたほかの重要な緊張が現れてきている。キリスト教はますます開発途上世界の宗教となりつつある。信徒数で見れば、中心は西洋世界から、アフリカやアジアに現れてきた国々に移っている。同じ形がほかのキリスト教会にも反映している。このことが意味するのは、発展途上世界の議題がますますカトリックの中心になってきており、伝統的な西洋の問題が重要性を減じているということである。多くの観察者から見れば、この流れが究極的に確定するのは、西洋人以外のカトリック教徒が教皇に選出されるときであろう。2005年の教皇選挙の際には、多くのラテンアメリカやアフリカの候補者が教皇に選出される可能性が真剣に論じられた。最終的にはドイツの枢機卿ヨセフ・ラッツィンガーが選出され、ベネディクト16世と呼ばれることを選んだ。将来、西洋人以外の教皇が選出されることが不可避であり、それが1790年代の惨事からのカトリックの再生の最終

段階となるであろうと今では広く考えられている。それによってカトリックは決定的に西ヨーロッパの信仰から世界の信仰へと変わることになろう。

　以上、キリスト教の発展を非常に簡単に素描してきたが、これは世界の現在のキリスト教の状況の背景となる。現在のキリスト教については次章で見ることにしよう。

第8章　キリスト教——グローバルな視点で

　21世紀の初めまでに、キリスト教は世界宗教になっていた。キリスト教は真の意味で西洋の宗教だったことはない。その起源はパレスチナにあり、その未来は圧倒的に南アメリカやアジアやアフリカにある。キリスト教は、中世と近代初期に西ヨーロッパでかなりの影響力を持ち、今でも西洋の文化を形作る上で大きな意味を持っている。けれども、これは今では、キリスト教の複雑な発展段階の広範ではあるが一時的な相にすぎないと見られるようになっている。キリスト教の歴史的根源と未来の繁栄はほかの場所にある。20世紀の最後の10年間での最も劇的な展開は、西洋の既成の宗教の内部の者たちが——彼らは伝統的に、自分たちが信仰の震央だと考えていたが、キリスト教の数的な重心は今や発展途上国にあると気づいてきたことである。
　この膨大な拡張と多様性の結果は明らかであろう。キリスト教の運動がこれほどの数に広がったことはない。これほど多様であったこともない。そして、これほど理解しがたかったこともない。今日のキリスト教を形成しているのは、複雑な文化的要素、過去の歴史的出来事や偉人たちの名残、神学的問題についての重大な意見の相違、その土地ごとの関心などである。この章では、この複雑な運動を、世界の地域と教派ごとに包括的に概観し、読者が今日の動向をいくらかでも理解できるようにしたい。

第8章　キリスト教——グローバルな視点で

キリスト教の地域的概観

　伝統的にグローバルなキリスト教の概説は、西ヨーロッパか北アメリカから始まり（つまり、そうすることが、ヨーロッパやアメリカの著者にはおそらく最もやりやすいからだろうが）、これらの地域がキリスト教世界で最も重要だという前提に立っていた。けれども、キリスト教の重心はすでに決定的にほかの場所に移っている。そこで、ここでの順番はその変化を反映したものにする。

アフリカ

　19世紀の終わりには、キリスト教はアフリカではほんの少数派宗教だった。キリスト教は広く植民地の宗教だと見られていた。つまり、これは、その地で影響力を持つためのヨーロッパ権力が押しつけているもので、ヨーロッパの関係者以外に対してはほとんど影響を及ぼさないと考えられていた。この地のキリスト教指導者たちはヨーロッパから輸入された——たとえば、英国国教会の植民地主教のように。20世紀の末までには、サハラ砂漠以南のアフリカは圧倒的にキリスト教の地域となり、ヨーロッパ人たちはますます、土着化したキリスト教共同体の周辺に追いやられていった。

　キリスト教は、その起源の数世紀のうちに北アフリカに定着した。教会は、現在、アルジェリア、チュニジア、リビアと言われている地方に当たる北アフリカの沿岸の多くの地域に建てられた。特にキリスト教が盛んになったのはエジプトで、都市アレクサンドリアは、キリスト教思想と信仰生活の指導的中心地となった。このように進出したキリスト教の信徒の多くは、7世紀のアラブ侵攻で一掃された。キリスト教はエジプトで生き残ったが、それは少数派の宗教と

第8章 キリスト教──グローバルな視点で

してであった。キリスト教国として残ったと言えるのは、小さな王国エチオピアだけ（領土は現在のエチオピアよりもずっと小さい）だった。16世紀の初頭にはアフリカは、北はイスラム教に支配され、南は原住民の宗教に支配されていた。離島のように存在するエチオピアの例を除いては、何も重要なキリスト教の存在はなかった。

　16世紀にその状況は徐々に変化し始めた。ポルトガルからの入植民が、それまでは人の住んでいなかったカボヴェルデ諸島など西アフリカ沖の島々を占領した。けれども、そのような入植地は、アフリカ本土にはほとんど影響を及ぼさなかった。南アフリカへのキリスト教伝来は18世紀からと見なされ、当時のイングランドでの大きな福音主義信仰復興運動と密接に結びついている。大きな英国宣教会が18-19世紀にアフリカで盛んに活動を始めた。けれども、キリスト教の宣教師たちの展望は決して楽天的とは言えないものだった。イスラム教がアフリカの多くの地域で深く根づき、アフリカ人の魂にははるかにそれが合っているように思われた。キリスト教はいったいどうしてこの地域に根づくことができるだろうか？　1897年に英国国教会のおもだった人たちは、アフリカではキリスト教が恒久的に定着することに完全に失敗したと考えていた。20世紀には、この地域に現れたわずかなキリスト教徒も侵食されるか根絶やしにされることになるだろうと考えられた。

　19世紀後期のアフリカのキリスト教徒たちは、大きく二つに分けられる。祖国を離れたヨーロッパ人と、アフリカ原住民である。前者は、感情的あるいは文化的理由で、できる限り母国のキリスト教生活を続ける傾向があった。そうして、英国国教会の外的装飾の写しが、この時期、南アフリカで英国植民地にさまざまな度合いで建てられた。

　けれども、さらに重要なことは、アフリカの原住民族によるキリスト教の受容である。キリスト教に改宗した最初の人々はしばしば、

伝統的なアフリカ社会の周辺に追いやられた人々であった——たとえば、奴隷や女性や貧しい人々である。アフリカのキリスト教の劇的な成長は今では、ヨーロッパの宣教師の活動によるのではなく、原住アフリカ民族のキリスト教共同体が設立され、その共同体がますます多くの改宗者を惹きつけ、その改宗者たちに対して教理問答教師や牧師を与えたことによると考えられている。

キリスト教は、伝統的なアフリカ社会の中に緊張を引き起こした。西洋のキリスト教社会は強固に一夫一婦制だった。アフリカの文化は長いこと、一夫多妻制の長所を認めてきた。ひとりの男性はひとりの妻だけを持つべきであるというヨーロッパの主張は西洋からの輸入で、伝統的なアフリカの社会にはふさわしくないと見られるようになった。一夫多妻制を認めているユナイテッド・アフリカ・メソジスト教会の起源は、1917年にナイジェリア、ラゴスのメソジスト教会会議で、指導的な一般信徒の大集団が彼らの一夫多妻制の信念のために教会から締め出されたときにさかのぼる。彼らは自らのメソジスト教会を創設することで応じ、それは、ヨーロッパの宣教師たちが眉をひそめた土着のアフリカの価値観を採択した。

第1次世界大戦（1914-18年）に続く時期に、キリスト教はこの地域で重要な変容と発展を遂げ、サハラ砂漠以南のアフリカのほとんどの地域で多数派の宗教になった。統計はあいにく周知のとおり手に入りにくい。その理由のひとつは、この地方の教会は学者のために会員のデータを編纂することにまったく関心がないことである。けれども、広く引用されている統計によると、1900年にはおよそ1億人のアフリカ人キリスト教徒がいたが、1970年にはそれが14億500万人になっており、2000年には40億人になっていた。キリスト教は明らかに、この土地固有の恒久的な形で根づいている。

キリスト教徒の数がますます増えていることは、この地域の政治にも大きな影響を及ぼしている。特に重要なのは、潜在的に地域紛

第8章　キリスト教——グローバルな視点で

争の原因をはらむイスラム教とキリスト教の境界面である。たとえば、ナイジェリアの南部は圧倒的にキリスト教であり、北部は圧倒的にイスラム教である。ここから、ナイジェリアがひとつの国家として存続しうるか、あるいは何らかの形の分離（たとえば、イスラム教徒が圧倒的なパキスタンと、ヒンドゥー教徒が支配的なインドが1947年に分離したように）が将来必要になるのかという問題が起こる。

　20世紀の最も重要な展開は、アフリカ独立教会の設立である。このアフリカ独立教会というのは、自分たちのキリスト教信仰のうちで、アフリカで継承されてきた伝統を保持することを重視する諸教会を広く指す呼称である。これらの教会はしばしばカリスマ的で、霊的癒やしや悪魔祓いや夢解釈、預言的使信などの重要さを強調する。ひとつの良い例は、ナイジェリアに拠点を置く「ケルビム＆セラフィム教団」である。19世紀西洋の世俗的文明への反動として、これらの教会は、経験と象徴主義を強調した。ここでのさらに

教皇ヨハネ・パウロ２世による、ナイジェリアの西アフリカ州での司祭の叙任。©Vittoriano Rastelli/CORBIS.

重要なもうひとつの要素は、いくつかの白人教会での人種差別である。この人種差別は、特に南アフリカのアパルトヘイト体制に顕著であった。この地方のシオニスト教会は、そのような公的敵意に面して、黒人アフリカ人のアイデンティティーを讃えて肯定していると見ることができる。ここ数十年の間に、これらの教会はしばしばカリスマ運動の影響を受け、それは、この地方でのさらなる成長を促す重要な媒体となった。これらの教会は、全アフリカでは約5,000万人の信奉者を持つと考えられている。

　それでは、アフリカの状況は私たちに、キリスト教の将来について何を語るのだろうか？　まるでキリスト教が何かヨーロッパ植民政策のひとつの側面であるかのような、西洋主導型の、西洋の形の礼拝に従った紋切り型の教会は過去のものとなった。アフリカのキリスト教はアフリカ人によって指導され、アフリカ人の説教を聴き、西洋型の思考を真似ることにまったく関心がない。それどころか、アフリカのキリスト教指導者たちは、西ヨーロッパのほうがキリスト教に再改宗し直す必要があると考えているようであり、もし西洋の教会がその困難な務めを果たせないのならば、自分たちが引き受けようとさえしているようである。18世紀にはヨーロッパ人がアフリカにキリスト教を持ち込んだ。今日では状況が逆になっている。

アジア

　1521年に、スペインの艦隊を率いた偉大な探検家フェルディナンド・マゼランが、約3,141の島からなる群島を発見した。現在、「フィリピン諸島」として知られているこれらの島々は、スペインの植民地となった。スペイン支配下で、特にフランシスコ会とドミニコ会をはじめとするさまざまな修道会によって福音伝道の計画が実行された。この群島は1898年にアメリカ支配にわたった。フィ

第8章　キリスト教——グローバルな視点で

リピンはアジアではキリスト教が支配的な唯一の国であり、その点では異例である。現在、この地域ではカトリックが支配的な形のキリスト教であるが、スペイン支配が終わった後には、多くのプロテスタント宣教会が進出していた。さまざまな形のプロテスタンティズムは今もしっかりとこの地域に根をおろしているが、少数派になっている。

　東アジアの地域ではキリスト教は、増加しつつある少数派の存在と形容するのが最も適切である。日本ではキリスト教は、1549年にイエズス会宣教師フランシスコ・ザビエルが鹿児島に上陸したとき、最初の足場を得た。この国の小さな教会は、徳川将軍時代には、西洋から孤立した長い時代を経験した。1865年になってやっと、日本は西洋に対してその扉を開き、国内に約6万人のキリスト教信者の存在を明らかにした。明治時代（1868-1912年）には、キリスト教は信徒の数を増した。しかしキリスト教が、近年の中国や韓国に見られるようなしっかりした成長を遂げたことはない。多くの日本人にとってキリスト教は、バターのように、西洋からの輸入品と見られている。それは、日本のよくある言い回しで、キリスト教を「バタくさい」宗教と表現することに明らかである。

　おそらく東アジアで最も興味深い展開は、中国と韓国に見られる。中国にキリスト教が定着したのは、1294年にフランシスコ会の宣教師たちがこの国に到着したときであると知られている。けれども、キリスト教は中国にそれよりずっと以前に伝播していたという証拠がある。「西安の碑」は通常、781年のものとされているが、ネストリオス派の宣教師がそれよりさらに146年前にこの地に訪れたことに触れており、この東洋的な形のキリスト教の非常に宣教的な活動がこの頃あったことを示している。けれども、教会が人々を改宗させるのに大成功を収めたことは一度もなかった。1840年代のアヘン戦争の影響は多々あるが、そのひとつは、この「中央王国」を

少なくともいくらか西洋的態度に開かせたことだった。中国は、19世紀に商業的利益のために西洋の宣教師にこの地を開くまで、西洋から孤立し続けることを選んでいた。これらの中で、ジェイムズ・ハドソン・テイラー（1832-1905）は特記に値する。

ハドソン・テイラーはもともとは中国福音伝道協会の宣教師だった。この組織に満足できず、1865年に中国奥地伝道団を創設した。この伝道団は珍しいいくつかの面を持ち、特に独身の女性を進んで宣教師として迎える点や、超党派の性格が特徴的である。ハドソン・テイラーは、中国でキリスト教宣教師が直面している文化的な障害に気づき、その障害を取り除くために全力を注いだ──たとえば、彼は自分の伝道団の宣教師たちに、西洋の服ではなく、中国の衣服を着用するように求めた。

それにもかかわらず、西洋によるキリスト教伝道の試みは非常に限られた価値しか持たなかった。キリスト教は何か西洋のものと見られ、それゆえ、中国的ではないと見られた。1894-95年の不運な戦争で中国が日本に敗れたことの直接の原因は、国内に外国人がいたことであると広く考えられた。そこから、1899-1900年の、外国の投資や宗教活動に熱狂的に反抗する義和団の乱などが起こった。1911年に中華民国が建国されると、キリスト教は公式にある程度の寛容政策を受けたが、それは突然、1949年に終わりを告げる。共産党が勝利し、中華人民共和国が建国され、国内からすべての西洋人宣教師が追放されたのである。1960年代の「文化大革命」は、キリスト教を強制的に抑圧することを含んでいた。キリスト教徒に対して何が起こったかは、まったく明らかではない。しかし、多くの人たちは、キリスト教が根絶やしにされたと結論した。

1979年に文化大革命の恐怖が終わった。そして、キリスト教が革命を生き延びたことが明らかになった。大きく言って、今日の中国のキリスト教には三つの流れが認められる。

第8章　キリスト教――グローバルな視点で

1 三自愛国教会。これは、1951年に創設された「公式の」教会である。「三自」という言葉は、「自養、自治、自伝」の三つの原理を示す。その原則的考えは、教会がいかなる外国の影響からも独立しているようにすることである。けれども、国家がこの教会にかなりの支配をふるっていることもまた明らかであった。
2 カトリック教会もまた、依然、中国では重要である。教会は外国の機関に依存したり従ったりしてはならないと政府が強調したことで、明らかにカトリック教徒は教皇への忠誠のために困難を味わった。一般的に言って、現代の中国のカトリック主義には二つのグループがある。ヴァチカンから独立したグループ（中国天主教愛国会）と、独立していないグループである。前者のほうが優勢に思われる。
3 家の教会運動は、今、中国で最も重要なキリスト教の運動である。非常にカリスマ的な方向にあるこの運動は、中国の特に田舎の地方でめざましく信徒数を増している。確かな数字を得ることは不可能であるが、おそらくこうした教会に属する中国人は5,000万人に上ると示唆されている。

　韓国の状況は、この地域のキリスト教の将来にとって重要である。韓国のキリスト教の起源は、18世紀の後期、中国の北京に倣って小さなカトリックの共同体が創設されたときにさかのぼる。この小さなキリスト教共同体は、19世紀に激しく迫害された。全部で18,000人ほどいたキリスト教人口のうち、8,000人が虐殺されたと考えられている。けれども、1882年にアメリカ合衆国と友好条約が結ばれたことによって、ある程度の安定が訪れる。その後まもなく、アメリカのプロテスタント宣教師たちが韓国に到着し、この国で医療

と教育による大きな宣教を開始する。それにもかかわらず、20世紀の初めには、この国のキリスト教徒の割合はほんのわずかだった——おそらく1パーセントほどだった。中央情報局が公表した韓国の宗教的帰属についての最新の調査は、大韓民国の2000年の人口は5,000万人弱で、そのうち49パーセントがキリスト教徒で、27パーセントが仏教徒だった。いったいどうして、ほとんどキリスト教徒が存在しなかった国が、事実上、キリスト教国になったのだろうか？

　予期されるように、状況は複雑である。けれども、明らかに20世紀にはキリスト教は敵ではなく、むしろ同盟者と見なされていた。韓国は1910年に日本に併合され、第2次世界大戦末まで日本の支配下にあった。特に日本の圧制に直面して、キリスト教は珍しいことに、韓国の国家主義と協調するものと見られた。アジアのほかの国々ではキリスト教は、その批判者から、西洋植民政策の追従者であるように言われがちであった。けれども韓国では、敵は西洋ではなく日本だった。この期間を通じてキリスト教徒は、韓国の独立運動において、その数とは釣り合わないほどの活動的役割を果たした。1911年に、日本支配に対して起こった民衆の反乱で、暴動を起こしたかどで日本から裁判を受けた123人のうち、98人がキリスト教徒だった。この時期、キリスト教徒は韓国の人口の1パーセントしかいなかった。この点の重要性は見逃すことはできない。

　第2次世界大戦の後、1950年6月25日に勃発した朝鮮戦争に続いて、韓国は共産主義の北と民主主義の南に分割された。戦後、キリスト教宣教団体が非常に力を入れて行った救済活動は、キリスト教の発展を促す強い刺激となった。そして、さらに1960年代の韓国の諸教会の社会活動が媒介となった。成長は衰えることなく続き、ことに韓国プロテスタンティズムの伸びはめざましかった。1957年には、韓国のプロテスタント教徒は約80万人だった。この数は、

1968年には倍以上になり（1,873,000人）、1978年までにはさらに急増した（5,294,000人）。カトリック教会も急成長を遂げ、285,000人（1957年）から、751,000人（1968年）、さらに1,144,000人に上っている。

　今日、韓国はキリスト教宣教師をアジア全土に派遣している。シドニーからロサンゼルス、メルボルンからニューヨークにわたる、西洋の主要都市にある韓国人の大きな居住区は教会のネットワークで結ばれ、教会はますます、共同体の活動や相互扶助や霊的栄養を与える拠点としての働きを強めている。北朝鮮は経済的にも政治的にも崩壊へのあらゆる兆候を見せているので、この強固な姿勢の共産主義国家の未来の宗教的展開はまったく分からない。逸話的に聞こえてくる証言から、キリスト教はすでにこの地に住む人々に深く侵入しており、おそらく次の10年間でさらに成長する見込みのようである。

　キリスト教は西洋では衰退している。けれども、韓国の状況は、グローバルな規模では、話は決して単純ではないことを思い出させ、どちらのシナリオがキリスト教の未来を決定するか問わずにいられなくさせる。たとえば、手に入る証拠は、特に「文化大革命」の時代のキリスト教の存在に対する持続的な公の敵意にもかかわらず、中国での大きな成長を示唆している。中国本土の外では、キリスト教がシンガポールやインドネシアやマレーシアの国外在住者の共同体に入り込んでいる。同じ図式が、ロサンゼルス、ヴァンクーバー、トロント、シドニーなどの中国人の共同体にも見られる。

北アメリカ

　アメリカ合衆国は、広く現代キリスト教の原動力と見られている。1789年のフランス革命がキリスト教の概念と制度の両方に対する

第8章　キリスト教——グローバルな視点で

反抗につながったのと異なり、1776年のアメリカ独立戦争は、キリスト教がアメリカの生活と文化にますます重要な役割を果たすことにつながった。教会と国家が憲法で分離されているために、キリスト教は何も特権的な地位を与えられず、結果、社会的な地位や権力によって妥協を強いられる可能性も減った。

初期植民地時代に支配的だったキリスト教の形は本質的にプロテスタントであったが、19世紀、イタリアやアイルランドからの移民が合衆国の人口を大幅に増加させた。それにもかかわらず、本書を書いている今現在、プロテスタントは依然として合衆国のキリスト教では最も数の多い形である。

合衆国は、グローバルなキリスト教で非常に重要な役割を果たしているので、その現代の形を掘り下げてみることは興味深く、また重要でもある。アメリカ人の宗教的帰属に関しては多くの世論調査が行われ、教派に沿って分析がなされている。これらの世論調査の結果は、対象になる者を抽出する技術が信頼しにくいために、議論の余地がある。最も信用できる抽出法は、一般に「自己認識」と考えられている——つまり、ひとりずつ自分の宗教を述べさせるという方法である。「宗教と公共生活についてのピュー・フォーラム」による2002年のある調査では、次のような統計が出た。

宗教的帰属	パーセント
キリスト教	76.5
ユダヤ教	1.3
イスラム教	0.5
仏　教	0.5
ヒンドゥー教	0.4
ユニテリアン・ユニヴァーサリスト	0.3
魔女宗／ペイガニズム／ドルイド	0.1

第8章 キリスト教──グローバルな視点で

　第1に、アメリカの全般的な宗教生活では、キリスト教は群を抜いて信徒数の多い宗教である。礼拝出席の形は（40パーセントものアメリカ人が定期的に教会に通っている）、特に西ヨーロッパなどのキリスト教文化伝統を持った他の国々のほとんどよりもはるかに多様である。ピュー・リサーチセンターの調査は、イスラム教やヒンドゥー教など非キリスト教宗教の重要性が増していることを示す一方で、どちらも依然として、アメリカの公的生活ではほんのわずかな一部の人々の宗教でしかないと指摘している。

　この調査はまた、キリスト教を各教派に分類し、さまざまな様式のキリスト教が見分けられるようにした。プロテスタンティズムは今も合衆国で最も信徒数が多いが、その信徒数は、広い範囲の教派に分散している。ローマ・カトリックは、ひとつの宗教団体としては最大である。

教派	パーセント
ローマ・カトリック	24.5
バプテスト	16.3
メソジスト／ウェスレー派	6.8
ルター派	4.6
長老派	2.7
ペンテコステ派／カリスマ派	2.1
監督派／聖公会	1.7
モルモン教	1.3
キリストの教会	1.2
会衆派／合同キリスト教会（UCC）	0.7
アッセンブリーズ・オブ・ゴッド	0.5

　けれども、アメリカのキリスト教を、純粋に教派的な線で分析するのは、その複雑性を十分に考慮していないやり方である。アクロン大学ブリス研究所の所長、政治学者のジョン・C・グリーンは2004年に、「宗教と公共生活についてのピュー・フォーラム」の

ために、宗教と政治に関する全国調査を行った。この入念な調査は、宗教団体内の傾向を見極めることによって、超教派的動向を探る試みであった。最も重要な三つのグループは、福音伝道主義プロテスタント（保守派、主流派、リベラル寄りの原理主義者、他の福音伝道主義、ペンテコステ派、カリスマ的諸教派）、主流派プロテスタント（監督派教会の左翼、中道、リベラル、アメリカ福音伝道主義ルーテル教会、長老派教会（USA）、アメリカ改革派教会、合同キリスト教会、合同メソジスト教会、そして同様の信仰を持った比較的小さな諸教派）、そしてローマ・カトリックである。そのそれぞれが、さらに三つの明確な分派に分かれる——すなわち、伝統主義者、現代主義者、中道派である。

「伝統主義者」は、ここでは、個々の保守的信徒で、度合いは異なるが、神に対する正統派の信仰、深い宗教的参与（礼拝出席、経済的支援、祈り、聖書朗読、小分団への参加などによって判断される）、自分たちの信仰と習慣を固持する願いを持ち、社会全体から来る変化の圧力に抵抗する者を指す。「現代主義者」は、ここでは、リベラルな傾向を持ち、比較的、宗教的参与の度合いが低く、変化に順応することを望む者を指す。「中道派」は、伝統主義者と現代主義者の中間である。

調査は、1992年からの多くの重要な流れを観察したが、特に、福音伝道主義プロテスタンティズムの中での保守的な態度の増大や、大統領が強い宗教的信仰を持っていることを重要と考えているという、アメリカ人の明らかな合意などがある。また、主流派プロテスタンティズムが、かつては共和党員に与していると考えられていたが、ここ20年間でますます民主党員と結びついてきたことが指摘された。

この調査は、アメリカ社会の内部での「文化闘争」を浮き彫りにしている点で有効である。特に論争の的となっている問題は、男性同士の結婚、中絶、幹細胞研究などである。一般的に、アメリカ社

会でそうした流れに最も強く敵対する声は福音伝道主義プロテスタンティズムから出ており、それに対し主流派プロテスタンティズムはそれらを支持する傾向がある。

この章の後の部分では、20世紀のアメリカのプロテスタンティズムのいくつかの展開がほかの地域に与えた大きな影響を見ることになる。

南アメリカ

16世紀には西ヨーロッパは、通常「宗教改革」と言われる宗教的・社会的大変動で混乱に投げ込まれた。プロテスタンティズムの誕生は、この地域全体に宗教生活の様式の大きな変化をもたらし、キリスト教はほぼ間違いなく、より弾力のある動的な形になった。カトリック教会は最初は、マルティン・ルターらによって引き金を引かれた宗教的抗議運動に不意を突かれたが、ついに立ち直って彼ら自身の刷新と改革の運動を始めた。これがいわゆる「カトリック宗教改革」である。1517-45年の危機的時代にカトリック教会を揺るがした衝撃的出来事にもかかわらず、16世紀の最初と終わりを比べれば、カトリック教会ははるかに健全になっていた。

同じようなことが今、ラテンアメリカで起こっているのだろうか？ この問いが最初に真剣に問われたのは、1990年にデイヴィット・ストールが『ラテンアメリカはプロテスタントになるのだろうか？』という挑発的な題の本を出版したときである。この書は、北アメリカの宗教学会に爆弾のように落ちた。ラテンアメリカは、「解放の神学」として知られる運動で大きな刷新を経てからいくらも経っておらず、北米の学者たちは長らく、ラテンアメリカはローマ・カトリックの砦だという考えに慣れていた。解放の神学は、学術界の文化の中核的価値観に共鳴したので学者たちに好まれ、彼ら

は解放の神学を困ったほど無邪気に無批判に扱う傾向があった。北アメリカの学者たちは、状況を遠くから観察していたので、彼らの目には致命的にたやすく浅はかなまでに、この複雑な状況が解放の神学者の著書と政治的活動家によって形作られたと見えたのである。その結果、彼らは、ふつうの人々が自分たちの状況をどう言っているか、何を望んでいるかに耳を傾け損ねた。

実際の単純な事実として、解放の神学は本質的に学術的運動であり、その関心は、この地方の貧しい者の関心と共鳴してはいたが、その貧しい人々が理解できないような言葉で述べられていた。解放の神学は改革プログラムを提唱したが、それは、この地方の歴史や社会的現実のもとでは、ほとんど誰の目にもまったく非現実的に見えた。

ストールの本は、今まで世界の中でも強くカトリックだったこの地域に、ある形のプロテスタンティズムが長い間伸び続けていることを容赦なく数字で示した。この地方にはペンテコステ派が急速に広がっており、状況を変容させてしまっていた。福音伝道主義の共同体がどこからともなくあちらこちらに出現し、この地域の宗教的地図を塗り替えていた。今では、南アメリカと中央アメリカの4億5,000万の人口のうち、少なくとも5,000万人はプロテスタントと見積もられている。そして、この傾向はさらに続いている。興味深いことに、広がりつつあるプロテスタンティズムは、新たに出現した「ペンテコステ派」とか「福音伝道主義」と呼ばれる刷新的形のものであり、この地方の伝統的なプロテスタント教派ではない。

この変化はどのように説明がつくのだろうか？　そして、その意味合いは何なのだろうか？　暗い見方をして、すべてはレーガン政権のときの中央情報局（CIA）の仕業だと示唆する者もいる。けれども統計は、どれほど数字を操作しても、この見方を支持しない。この傾向はそれよりはるか以前からあり、今も続いている。より妥

第8章 キリスト教——グローバルな視点で

当性の高い説明は、カトリックが、16世紀にスペインやポルトガルの領土拡張に伴って征服者によって植えつけられた植民地支配のための宗教と見られているということである。ラテンアメリカに広がってきた福音伝道主義とペンテコステ派の形のほうがはるかに土地の現実に即しており、この地方にはより受け入れられやすいと見る者もいる。

近年の展開について最も正しそうな説明は、この地方に広がった福音伝道主義の考えや礼拝形式と関係がある。それらは、民主的で、受け入れやすく、個人的宗教経験の世界に訴えかける。解放の神学は、民衆のラテンアメリカ文化に対して好意的に見えたが、学者ぶった知性主義で、ふつうの人々には近づきがたく見えた。たとえば、レオナルド・ボフが何を言っているかをある程度理解していなければならないからである。福音伝道主義の牧師たちは草の根レベルで活動し、これらの人々の問題に深く調子が合っていた。人々は自分の生き方をコントロールしたいと願っており、福音伝道主義やペンテコステ派がその目的を達成する手段になると見た。社会変革をするよりも（社会変革は賞賛に値するが、明らかに長期目的だった）、彼らは自分たちや家族や共同体を変えようと考えたのだ。

ペンテコステ派の経験的宗教は（517-520頁参照）これらの関心に特によく合っており、さらに、たとえば聖霊の遍在などといった、ラテンアメリカ民衆文化の重要な要素との間に重要な橋渡しができた。ペンテコステ派の世界観には、この地方の民間宗教と容易に、また自然に結びつく悪霊祓い（これは、西洋の学術的神学者を戸惑わせ、すくませがちなものだが）がある。ペンテコステ派はやすやすとラテンアメリカの地に根づき、さらに育とうとしているようである。未来の動向の最も有力な指標は、この運動が地域の外部の宣教師の手によってではなく、ラテンアメリカ人からラテンアメリカ人へと広がっていることである。この運動は確かにその根を北アメリカ人た

ちに負うかもしれない。けれども、今ではしっかりと地元の人々の手に渡っているのである。

　ここには、すでに韓国やサハラ以南のアフリカの場合に見たような様式がある。もともとはヨーロッパ人や北アメリカ人たちによって植えつけられた宗教が、地元の指導者たちに引き継がれ、新しい形で繁栄している。成長の最初の段階はヨーロッパや北アメリカの人々に促され、支えられていたかもしれない。けれども、それは過去のことである。今あるのは、これらの地域に土着した形のキリスト教であり、原住民が指導者となり、この土地で考え抜かれた福音理解を持っている。キリスト教の脱集中化はかなり進んでいるのである。

　最後に指摘しておかねばならないのは、ラテンアメリカにおけるローマ・カトリック教会が、この動きを決して見逃していたわけではなく、それに対抗して動いていたことである。明らかに答えは、どちらかと言えば机上の理論にすぎない解放の神学にはなかった。解放の神学はますます、新しい状況にはほとんど意味がなく見えてきているのである。それは、諸教会の社会的政策には重要かもしれないが、ふつうの人々にはあまり関係がないということなのだ。ひとつの答えは、カトリックの礼拝の基本的な構造や内容を保持しながら、福音伝道主義やペンテコステ派の形式ばらないやり方を取り入れた今日的礼拝様式を開発することだった。

　状況はまだ流動的であり、結果は予想できない。けれども、16世紀の宗教改革のように、これがプロテスタンティズムとカトリック主義両方の、刷新された、より弾力のある形の出現につながる可能性はあるだろう——そしてたぶん、どちらも、自分たちの動的な新しい考え方を故郷のヨーロッパに輸出し返すことを考えているのではないだろうか？

第8章　キリスト教——グローバルな視点で

ヨーロッパ

　20世紀には、かつてキリスト教信仰の中心地と見なされていた西ヨーロッパで教会出席が大幅に減少した。この見方が正しいかどうかは、もちろん非常に論争の余地がある。けれども、明らかに教会出席は（たぶん、一般のキリスト教支持率の最も明らかな指標であろうが）、20世紀にはこの地域では徐々に減っていった。民衆文化や学術的論争、政府の政策決定へのキリスト教の影響は、20世紀を通して着実に弱くなっていった。第1次世界大戦はしばしば、今日に至るまで衰えることなく続いている衰退の過程を引き起こした転換点と見なされている。けれども、多くの人々の指摘するところでは、このときに出現した流れは、ヴィクトリア朝時代に深い根を持っている。ヨーロッパがその知識人たちの世俗化を民衆文化全体に移すのはただ時間の問題であったというのである。

　多くの宗教社会学者やその他の未来学者は西ヨーロッパで活動しているので、西ヨーロッパのパラダイムが、その重要さや妥当性において世界に当てはまると考えられているのも実に理解できる。ヨーロッパ中心主義は、ロッテルダムのエラスムス以来いつでも、ヨーロッパ人の哲学にとっては非常に魅力的だった。中世の思想家たちが、太陽系全体が地球のまわりを回っていると信じたように、ヨーロッパの多くの学者は、ヨーロッパで起こることが、ほかのすべての場所で起こることを予表していると信じているようである。ヨーロッパが率いてゆくところに、ほかも従わなければならないとでもいうように。

　このような視点は西ヨーロッパの外では共有されない。西ヨーロッパでのキリスト教の運命は単に、キリスト教の未来についての多くのパラダイムのひとつにすぎず、それは決して、一部の人々が

示唆するようには自明に普遍的なパラダイムではないことをよく理解しておくべきである。たとえばヨーロッパは、1990年代の最も顕著な現象（多くの社会学者に、世界の「脱世俗化」と言わせた霊性への関心の高まり）がなかった顕著な例外であった。西ヨーロッパの情勢はこのように、世界の宗教的状況の典型とは受け取ることができないのである。今日の西ヨーロッパの状況を未来のグローバルな状況のパラダイムと考えることは、ほとんど意味がない。

　東ヨーロッパとの対照は、この点では特に意味が深い。1950年から89年の大部分、東ヨーロッパのキリスト教はマルクス主義政権に厳しく弾圧されていた。第2次世界大戦後のソビエトの政治的・軍事的影響力の増大によって、この地方は強固な反宗教的政策をとることになった。西ヨーロッパ人がフランス革命を教訓として、無神論を解放者と考え、教会を抑圧者と考える傾向があるのに対し、東ヨーロッパの人々はちょうど正反対に考えた。教会が、無神論国家の抑圧に抗して人々を支えたのである。

　もし、ひとつの出来事がこの見方を結晶化したとするならば、これは、短命の教皇ヨハネ・パウロの後継者として、ひとりのポーランド人が教皇に選出されたことであろう。彼はヨハネ・パウロ2世という称号を受け、速やかに、マルクス主義の弾圧に抵抗する力としてのカトリック教会の信用を打ち立てた。これは特に彼の祖国ポーランドに言えることであった。この地域で1980年代に国家イデオロギーとしてのマルクス主義が崩壊したことは、彼の影響によるものと広く考えられている。東ヨーロッパの教会は21世紀には多くの難問に向かっているが、マルクス主義に対する人権の擁護者としての役割によって、それらの問題に立ち向かう上で多分に人々の好意を確保している。

第8章 キリスト教——グローバルな視点で

キリスト教——今日の諸形態の概観

　前節では、世界のいくつかの重要な地域でのキリスト教の形を考察した。けれども、今日のキリスト教は多様であり、教会運営や礼拝様式、文化的ルーツなどに関して非常に異なった理解の仕方を特徴としている。そこで次に、今日の世界で主要ないくつかの形のキリスト教を吟味してゆくことにしよう。最初に取り上げるのは、数的に言って最も重要なローマ・カトリックである。

ローマ・カトリック

　ローマ・カトリックは、群を抜いて世界で最も大きなキリスト教集団であり、21世紀でも最も成功すると広く考えられている。ローマ・カトリックはアメリカ合衆国で最大の宗教団体であり、2番目に大きな南部バプテストの4倍の信徒数を持つ。最近の統計では、ここ数年の間にこの信徒数はさらにいくらか増加したようである。これは、群を抜いて世界で最も広く分布しているキリスト教集団でもあり、さらに広がり続けている。カトリックも至るところで問題に遭遇することが予想されるだろう。けれども、過去の歴史から、彼らはそれらに対処し、必要な調整を行うことができるであろうと思われる。

　それでも、ローマ・カトリックの未来は一時危ぶまれたことがある。この点をよく理解するためには、2世紀戻って、1789年のフランス革命後のカトリック教会の状況を考えてみなければならない。19世紀が慎重に幕を開けたときには、一般にはローマ・カトリックの未来は非常に危ういと感じられていた。フランス革命は、フランスの教会の影響も存在もほとんどすっかり消し去っていた。革命

は、その指導的概念の伝播と、それまでカトリックだったヨーロッパの地域を侵略してゆくフランス革命軍の活動によって、国外にまで広がろうとしていた。事態は暗く見えた。ナポレオン時代は、広く、ヨーロッパでカトリックの役割が終わる前触れのように思われた。けれども、ナポレオンの敗北とウィーン会議（1815年）によって状況は安定してきた。

　この時期、カトリックは南アメリカや日本やインドに進出しつつあったが、それでも、おもにヨーロッパの宗教であったことはよく理解しておかなければならない。19世紀のカトリックの発展で最も重要なことのひとつは、そのヨーロッパの外への急速な拡張である。アメリカ合衆国では、この時期、おもにアイルランドとイタリアからの移民によってカトリックが影響力を持つようになった。ジョン・キャロル（1735-1815）は、カトリック教徒が急速に増えた時期に、社会がカトリック主義を受け入れるように尽力し、1810年には、この国の最初のカトリック大司教に就任した。主要なカトリック教育機関の創設（たとえば、1842年のノートルダム大学など）は、カトリックがアメリカの文化生活の最も重要な知的力のひとつになる基礎となった。

　けれども、ここでは、この章の中心的な重要なテーマである問題に集中しよう。キリスト教の未来にカトリックはどのような役割を果たすだろうか？　もしこの問題が1800年に問われたとしたら、事情に通じた者は誰も、キリスト教一般、ことにカトリックには立派な未来があるとは思わなかったであろう。しかし、同じ問いを2006年に問うと、答えはかなり異なってくる。ほとんどの観察者は、カトリックがこの世紀にも最も支配的で、最も成功する形のキリスト教であると確信している。その理由のひとつは、第2ヴァチカン公会議（1962-65年）の業績である。それも特に、この公会議が、ためらう教会に押しつけた改革と刷新の課題である。

第8章　キリスト教——グローバルな視点で

　しかしそれ以来、カトリックの内部でかなりの緊張が現れてきた。まず第1が、司祭を志す男性の数の減少である。これは特に、伝統的に西ヨーロッパでのローマ・カトリックの砦だったアイルランド共和国で顕著だった。司祭が幼児虐待をしたとの申し立てが1件のみならずあり、司祭の地位がひどく損なわれた。1979年には、アイルランドには8,000人足らずの司祭しかおらず、そのうち29歳未満は400人もいなかった。6,000人以上が40歳を超えていた。アイルランド教会は深刻な司祭不足に直面しており、それに対して何がなせるかは見通しがたい。同様な傾向が西洋世界全体に認められる。けれども、開発途上世界では、はるかに勇気づけられる状況になっている。

　第2ヴァチカン公会議以来、カトリックは西洋以外の世界で成長し続けている。これは、伝統的な西洋の議題が重要性を減じ、成長途上世界の議題がカトリックでますます中心的な位置を占めるようになってきていることを意味している。多くの者の見解では、この流れを究極的に確定するのは、西洋以外のカトリック教徒が教皇に選出されることであろう——この可能性は、2005年の教皇選挙の際に真剣に考えられた。この展開は今では広く不可避と考えられているが、過去2世紀の間にカトリックが決定的に西ヨーロッパの宗教から世界宗教に移行したことを示す。こうすること以外に、カトリック教会がこれ

教皇ベネディクト16世（本名ヨーゼフ・ラッツィンガー）。2005年4月教皇就任。Domenico Stinellis/AP/EMPICS.

第8章 キリスト教――グローバルな視点で

からの世紀に世界のキリスト教において主要な役割を果たし続けると考える十分な理由はない。

カトリック特有の性質を要約することは困難である。この教派の運動は複雑だからである。けれども、次の点が重要である。

1　カトリック教会は伝統的に、教皇と枢機卿と司教たちを中心に、強度に位階的な教会運営理解をしてきた。教皇はカトリック世界の隅々まで、司教の任命にかなりの影響力を持つ。教皇が死去した後は、枢機卿会が非公開に会議を行い、その後継者を選出する。枢機卿は、教皇に指名された司祭か司教であり、特別の管理責任を負う。

2　ひとつには教皇の重要性のために、ローマ市はカトリックの特質の中でも特に重要な場所である。プロテスタント教徒はこの教会を指してしばしば「ローマ・カトリック」という言い方をするが、そのことが、この教会の運動の中心としてのローマの重要性を反映している。ヴァチカン市国はカトリック主義の霊的震央で、最近2回の公会議の開催地となった。第1ヴァチカン公会議（1869-70年）と第2ヴァチカン公会議（1962-65年）である。初期キリスト教との連想のために、多くのカトリック教徒がローマに巡礼する（使徒パウロとペトロがこの都市で殉教し、葬られていると信じられている）。

3　この教会は一般に、神のリアリティーを土台として建てられた、見える神の機関と考えられている。この教会観は第2ヴァチカン公会議で多少の変更を加えられたが、現代のカトリック主義にとっても依然として重要である。教会の教導職（通常、*magisterium* と言われる）の役割は特に重要と見られている。トリエント公会議は、いかなる者も、「聖書の真の意味と解釈を判断するべき聖なる母なる教会が保持し、今でも保持している意

味に反して」聖書を解釈する自由は持たないと断言している。この背後にあるのは、この教会内の強度に集合的なキリスト教信仰生活と権威であり、それは、20世紀と21世紀初期に現代西洋文明の特徴となった個人主義と際だって対照的である。

4　カトリックの聖職者は、地元のカトリック教徒の日常生活においてきわめて重要である。カトリックの聖職者は結婚を許されていない。これは、カトリック主義とほかの形のキリスト教との最も目立つ習慣上の違いのひとつである。正教会とプロテスタンティズムは、その司祭（あるいは牧師）に結婚を許している。カトリックでは男性しか司祭になれない。女性は、牧会や礼拝でいくらかの責任ある役割を果たすことが許されるが（その正確な詳細は場所によって異なる）、カトリック教会は目下のところ男性だけの司祭制をとっている。

5　カトリックは強度に典礼的である。つまり、カトリック教会が用いる礼拝形式は中央で決定されており、それは、教会が祈り礼拝するやり方は教会の信仰内容と不可分に結びついているという信念から来ている（しばしば「祈りの法は信仰の法」 *lex orandi, lex credendi* という標語で表される点である）。礼拝は、教会の信仰と価値観の公の声明であり、使徒的伝統の継承を保持する手段である。第2ヴァチカン公会議まで、礼拝の言語はラテン語だった。今では母国語の使用が認められているが、ただし、必ず礼拝文の元のラテン語の意味を正確に反映する訳を用いるようにかなりの注意が払われている。

6　カトリック主義は強度にサクラメント的であり、「サクラメントの経綸」にかなりの重要性を置いている（つまり、キリストの恩恵は彼の死と復活の結果なのだが、これはサクラメントによって教会に伝えられる）。カトリック教会は七つのサクラメントを認めている（プロテスタントは二つしか認めていない）。教会の通常の礼拝

生活の点では、それらのサクラメントの最も重要なものはミサであり、そこにはキリストの体と血とが現存すると理解されている。
7 修道院生活はカトリックの気質を形作り、表現する重要なものであり続けている。伝統的な修道会は衰退してきているが、それでも、一般信徒の修養施設としての活動などを通して、修道会は非常に重要な役割を果たしている。イグナチウス・ロヨラの霊性への関心が高まっていることは、この点でことに興味深い。修道会があらゆるレベルの教育施設を設立し、支えていることも指摘するに値する。
8 カトリックは一般的に聖人の役割を強調し、特に処女マリアを重要視している。聖人やマリアは、生きている者、死んでいる者両方のための執り成し手と理解されている。マリアの「無原罪の宿り」の教義は、マリアが、通常の人間の原罪の状態を共有することなく懐妊したと述べ、カトリックの信仰生活と礼拝でマリアに付与される高い地位を公認している。それでも、カトリックの著者たちは、マリアに払われるべき尊敬と、神とそのみ子なるイエス・キリストにささげられるべき礼拝との違いに注意させるように気をつけている。

東方正教会

　東方正教会は──しばしばただ「正教会」と呼ばれるが、ギリシア正教会も、ロシア正教会も、古代ギリシア教会との連続性を強度に保っている形のキリスト教であり、その礼拝形式と教義は直接、古代キリスト教にさかのぼる。
　正教会は東ヨーロッパで信徒数が最も多く、特にロシアやギリシアでは、国家のアイデンティティーを形作る上で決定的な影響力を

第8章 キリスト教──グローバルな視点で

持っている。けれども、それだけではなく、正教会は北アメリカやオーストラリアにも移民と共に進出した。たとえば、オーストラリアの都市メルボルンは、世界でも最も大きなギリシア正教会の拠点のひとつとなっている。

正教会特有の性質を描くとすれば、次のようなことが挙げられるだろう。

聖墳墓教会の外に立つギリシア正教会司祭たち(1895年)。AKG-Images/Carl Raad.

1 非常に強い古代教会との歴史的継続性の意識。正教会は「伝統」(paradosis)の考えを中心的に考え、特にギリシア教父の著述を尊重する。ニュッサのグレゴリオス、証聖者マクシモス、そして「ディオニュシオス・アレオパギタ」との偽名を用いた著者はこの点で特に重要である。伝統は生きた実体と見られており、時代が変わるごとに新しい問題に対処する力を持ちながら、しかも本質的には変わらないものと考えられている。これは、正教会の中で用いられている定まった礼拝形式に反映されている。ロシア正教会は礼拝で古スラブ語を用い、前世代との神学と言語の両方の面での継続性を強調している。

2 正教会は七つしか教会公会議を認めておらず、第2ニカイア公会議（787年）以降のいかなる会議も、拘束的権威を持たないとする。地元の諸会議はさまざまな問題を処理することはできる

が、以前の七つの公会議と同じ権利を持つとは考えられていない。

3 　正教会は、西のカトリックに現れたような権威の概念に抵抗してきた。20世紀には西洋の神学者たちが、正教会の諸教会で支配的な「公同性」(catholicity) の概念に注目した。これはしばしばロシア語の *Sobornost* という語で表されるが、この語に当たる語はほかの言語にはない。この語は一般的に「普遍性」も表すが、教会の交わりの中での信徒の統一性をも表す。この概念はセルゲイ・ブルガコフとＡ・Ｓ・ホミャコーフの著に最も十分に展開されているが、教会の個々の信徒の個別性と、共同体としての生活全体の調和をどちらも正当に扱っている。これは「会議制」（ロシア語で *Sobor* は、「会議」あるいは「議会」の意味）の概念と結びついている。教会生活の運営に関しては、権威は、誰かひとりの擬教皇的な人物を中心に集約するのではなく、むしろすべての信仰者に分散するという考えである。

4 　神学的に特有の考えには、聖霊が神だけから出る（西洋の教会では、父と子から出ることになっている。245-246頁参照）とすることや、救済を「神化」と理解することがある。「神が人間になったのは、人間が神になるためである」。この反復語は、教父時代にも、現代のギリシアおよびロシア正教会の神学的伝統においても、東方キリスト教の救済論的考察の多くの下敷きに見られる。引用が示唆するように、この救済理解は受肉の教義と特に密接に結びついている。アタナシオスは、救済は人間が神の存在に参与することにあると考えた。神の理性（ロゴス）は受肉によって人間に伝えられている。アタナシオスは、人類に普遍的な性質を想定して、神の理性は、イエス・キリストという特別な人間の存在だけではなく、一般的人間性をまとったと考えた。それゆえ、すべての人間は、受肉の結果、神化にあずか

ることができる。人間性は、神の存在にあずかるという目的のために創造された。神の理性の降下によって、この能力はついに実現されているのである。
5 正教会でのイコンの使用は特に重要である。イコンとは、イエス・キリストやマリアやその他の宗教的人物の肖像である。神のみ子の受肉を特に強調することが祈りや霊性に影響を及ぼすと考えられている。イコンは「知覚の窓」であり、それを通して信徒は神のリアリティーを垣間見ることができる。
6 修道院が、正教会独特の性質を表現し、擁護するために非常に重要な役割を果たし続けている。おそらく最も重要な修道院の中心は、エーゲ海に突き出す半島、アトス山であろう。ほとんどの主教は修道院から招聘される。
7 カトリックと異なり、正教会の聖職者は結婚を許されている(ただし、叙任される前に結婚している場合のみ)。けれども、主教たちはだいたい結婚していない。これは、修道院出身者が圧倒的なためである。正教会は、男性だけが聖職に叙任されうると主張し、女性司祭の可能性を退けている。その根拠はおもに伝統の継続性にある。

ペンテコステ派

　ペンテコステ派の起源は複雑であるが、通常は、20世紀の最初の日、1901年1月1日にさかのぼれると見られている。チャールズ・パーラム(1873-1929)はカンサスのトペカで2、3カ月前にベテル・バイブル・カレッジを創設していた。彼は、使徒言行録2章1-4節に語られている「異言」にことに関心を持った。ほとんどのキリスト教徒はこれを、初代教会に起こったことで、もうキリスト教徒が経験することではないと考えてきたが、1901年の正月に

パーラムの学生のひとりが異言を語る経験をした。そして２、３日後、パーラム自身も経験したのである。

　パーラムは、この「異言の賜りもの」の回復と見えるものについて教え始めた。彼が語るのを聞いた者の中に、アフリカ系アメリカ人の説教者ウィリアム・J・シーモア（1870-1922）がいた。シーモアは1906年の４月、ロサンゼルスのアズサ・ストリート312番地に「使徒信仰伝道所」を開いた。次の２年間で、異言を語る現象を特徴とする大きな復興運動が起こった。それは、新約聖書（使徒言行録２：１－４）で、この現象が最初に初代使徒たちに経験されたペンテコステの日にちなんで、ペンテコステ派と言われる。

　この運動はアメリカで急速に広まり、ことに社会の周辺に追いやられた人々を惹きつけた。珍しく白人の集団にもアフリカ系アメリカ人の集団にも信奉されたようである。ペンテコステ派は、キリスト教神学の面では伝統主義と考えられるが、ほかのキリスト教集団とは、異言を強調する点や礼拝の形が異なる。ペンテコステ派の礼拝は非常に経験的であり、預言や癒やしや悪魔祓いを含む。この礼拝形式と知的な複雑さがないことのために、この運動は主流派の教派や学会からは無視された。けれども、第２次世界大戦後、この運動の新たな拡張が始まり、20世紀後半の非常な成長の下地となった。

　1960年、カリフォルニアのヴァン・ナイスの出来事のために、ペンテコステ派はより広い社会的注目を浴びるようになった。当地の監督派教会の主任牧師デニス・ベネットは、自分が聖霊に満たされて異言を語ったと言って会衆を驚かせた。困惑する者もあり、激怒する者まであり で、反応はさまざまだった。当地の監督派教会司教は即座に、自分の教会で異言を語ることを禁じた。けれども、主流の教派の中に、ベネットの経験を共にする者がほかにもいることがまもなく明らかになった。彼らは、自分の私室から出てきて、自分たちが新約聖書の真正な現象を経験したことを信じるし、それが

第8章 キリスト教——グローバルな視点で

教会の刷新に通じるであろうと公言した。

1960年代後期までには、カリスマ的賜物（たとえば、異言を語る能力など）に基づく刷新が、英国国教会、ルター派、メソジスト、長老派などの中に足場を築きつつあった。おそらく中でも最も重要なのは、成長しつつあるカリスマ運動がローマ・カトリック教会の中で育ち始めたことである。この現象に「ペンテコステ派」「ペンテコステ主義」という言葉を当てはめることには問題がある。「ペンテコステ派」という語は、アッセンブリーズ・オブ・ゴッド教団のように、異言を語ることを特に重要視する教会群に言及するからである。それゆえ、ペンテコステ運動の考えや経験に基づいて主流派の教会の中で起こった運動には、「カリスマ的」という語が用いられた。主流派の教会内でのカリスマ的刷新は、形式ばらない新しい形の礼拝や、新しい「賛美の歌」の熱唱や、礼拝力学への新たな関心を生んだ。伝統的な形式ばった典礼形式はますます嫌われるようになり、ことに扱いにくい古い賛美歌や式文集を使うようなものは敬遠された。

ペンテコステ主義の運動は（ここでは、主流派の教会のカリスマ集団も入れて考えるが）、第2次世界大戦以降、かなり変わっている。最も明らかな変化は、膨大な信者数の増加である。現在では、世界で5億人のペンテコステ主義の信徒がいると見積もられている。地理的にも広い分布を示しており、この運動はもともとはアフリカ系ア

ペンテコステ派の礼拝。©David Gallant/CORBIS.

メリカ人の文化の中で生まれたと言われるが、南アメリカやアジアやアフリカやヨーロッパにも根をおろした。

　なぜ、この形のキリスト教がこのように大衆に広まったのであろうか？　ペンテコステ派がますますグローバルに信者を惹きつけている要素は、通常、二つ認識されている。第1に、ペンテコステ派は、神を直接、しかも直ちに経験することを強調し、だいたいの人にとってあまり魅力がなく理解もできない無味乾燥な知的形式のキリスト教を避けている。こうしてペンテコステ主義は、堅苦しい文化のよそよそしいお荷物なしに神を伝えることができるために、ラテンアメリカの労働者階級に広く浸透した。

　第2に、この運動は、非常に効果的に文化的落差を超えられる言語や伝達形式を用いている。ペンテコステ派は、人生観を物語や証言や歌によって伝える口伝宗教ととらえるのが最も的確である。

プロテスタンティズム

　「プロテスタンティズム」という語は、広く、16世紀ヨーロッパの宗教改革に源を発する教会を指して用いられる。この語は誤解を生じる可能性がある。ほとんどのプロテスタント教派は、初代教会からの歴史的・神学的継続性を強調しているからである。「プロテスト」（抗議）という語は、「公同」（カトリック）であることに対立するものではない。大文字の「カトリック」（カトリック教会）と小文字の「カトリック」（「公同の」「普遍的な」の意味）の違いはきわめて重要である！　カトリック教徒であることは、普遍的な（カトリック）信仰のひとつの特別なあり方にすぎず、そのあり方をプロテスタント教徒は否定しているのである。たとえば、聖公会やルター派の著者は、自分たちと初代教会の生活や考えとの継続性を特に強調し、自分たちの「普遍的」（カトリックな）適格性を断

言している。同様に、ジュネーヴの宗教改革者ジャン・カルヴァンは、1536年、宗教改革が教父の伝統に属していないというそしりに対して激しく抗弁している。以下では、習慣に従って「プロテスタント」という語を用いるが、それは、16世紀に始まった分裂に端を発する教会を指している。

　プロテスタント教会は、特にヨーロッパの多くの地域で国家と結びついている。たとえば、ルター派はスカンジナビアの国家と密接に結びつき、スコットランドとオランダでは、さまざまな形の長老派が影響力を持ち、聖公会がイングランドで影響力をふるっている。それらのつながりや、さらに一般的には、主流の宗教改革との継続性のために、それらの教会は、キリスト教の信仰告白ができないほど幼い子どもに洗礼を授けている。ただ、この点で異なっているのはバプテストで、彼らは、洗礼は信仰しているキリスト教徒だけに施すべきであると主張している（323頁参照）。

　「教派」という言葉はしばしば、たとえばルター派とかメソジストなど、特定のプロテスタント教会を指すのに用いられる。最近のプロテスタント諸教派の中には多くの動向があるが、中でも二つの動きが特に重要である。福音伝道主義（529-531頁参照）は、比較的最近までヨーロッパ大陸ではかなり影響力が弱かったのだが、現在では西洋英語圏のほとんどの主流派プロテスタント教派の中で主要な影響力を持っている。特に南アメリカや南アフリカでは、福音伝道主義的性質の独立した教会が数多く生まれている。多くの主流派プロテスタント教会では、信仰生活におけるカリスマ運動が重要になっており、その影響はカトリックの中にも感じられるようになっている。特にカリスマ的教派の多くが（たとえば、アッセンブリーズ・オブ・ゴッド教団など）、今、全世界的にプロテスタントの中で重要性を増している。以下では、五つのおもなプロテスタント教派を特に取り上げる。十分理解しておかなければならないのだが、福音伝道

主義とカリスマ運動が急速に成長しているということは、今やプロテスタンティズムの信徒数の増加が主流派の諸教派の外で起こる可能性がますます強くなってきたということである。

すべてのプロテスタント教派は、牧師に結婚を許している。最近では、ほとんどの（しかし重大なことに、すべてではない）教派が、教会の中で女性が専任の牧師に叙任されることを認めている。プロテスタントがカトリックと区別されるほかの点には、以下のようなことがある。

1　教皇の権威は否定される。プロテスタント教徒の中には教皇に敬意を払う者もいるが、プロテスタント教徒にとっては教皇は何も道徳的・教義的重要さを持たない。
2　プロテスタンティズムは、二つしかサクラメントを認めない（320頁参照）。聖餐は二種陪餐である（585頁参照）。つまり、聖餐式で一般信徒はパンとぶどう酒の両方を受ける。ただし、メソジストは伝統的に、ぶどう酒ではなく、発酵していないぶどうジュースを聖餐に用いている。
3　カトリック特有の一群の信仰は退けられるか、あるいは、教派の公式の教えではなく、あくまでも個人の私的な任意の信心として扱われている。たとえば、煉獄、聖人の執り成し、あらゆる形のマリア崇拝などである。
4　第2ヴァチカン公会議まで、カトリック教会の礼拝式文はラテン語で読まれることが要求されていた。これに対し、宗教改革者たちは、あらゆる形の公的礼拝は、ふつうの人々が理解できる言語で行われるべきだと主張した。

これらの歴史的・神学的点に興味のある読者には、宗教改革の歴史と神学を扱った書を読むことを勧める。それによって、これらの

点について、これよりもかなり詳細な説明とより広い知識が得られるであろう。

聖公会

「聖公会主義(アングリカニズム)」という語は、16世紀の宗教改革から出現した英国国教会 (ecclessia Anglicana) に特有の特徴を指すのに用いられる。世界中へのイングランドの影響の広がりは、アイルランドとスコットランドの併合から始まり、17世紀に北アメリカの植民地化、18世紀後期にはインド亜大陸、19世紀にはサハラ砂漠以南のアフリカと進み、それとともに聖公会の影響圏をかなりの程度広げた。聖公会を「祈りの大英帝国」と言うパロディーは、真理の一端を含んでいる。聖公会は、かつて英国が進出あるいは支配した領域以外では、比較的わずかしか影響力を持ってこなかった。

聖公会のおもな特色は、以下のようである。

1 聖公会は監督制教会であり、監督制を、初代教会との継続性を示す手段と見ている。これは、聖公会の中でもよりカトリックに近い諸教会において特に重要視されている。
2 イングランドの都市カンタベリーを特別重視する。カンタベリー大主教は、教皇に付与されている権力は持たないが、聖公会の霊的長と見なされている。聖公会のすべての主教は10年ごとにランベス会議出席のため、カンタベリーに招かれる。この会議では、過去10年間の聖公会の方向を見直し、未来の計画が立てられる。
3 聖公会は、神学的にはエリザベス1世の「信仰39か条」に規定され、これによってほかと区別される。
4 聖公会は強度に典礼的教会であり、もともとは「英国国教会祈禱書」(the Book of Common Prayer、1662年) を中心としていた。

これは、「聖公会の精神」を定まった典礼の形に具体化したものである。世界中の聖公会は共通してこれを用いており、教会の組織も共通である。しかし、1970年代に非常に重要になった典礼改革により、イングランド、カナダ、合衆国、オーストラリアの聖公会は、それぞれ異なった典礼様式をとるようになり、神学的一致をひどく弱める結果となった。

5 オーストラリアやカナダなどの国々が「植民地」イメージを払拭しようとするのに伴って、聖公会のアイデンティティーに関しても明白に国家的・民族的見方がなされるようになっている。伝統的な形では聖公会はあまりに「イングランド的」で「植民地支配的」なために、ポスト植民地時代には信頼性を持たないと考えられてきた。結果として、聖公会は地元の問題や長所を反映して、ますます多様になっている。この傾向はどこから見ても将来も続くと考えられる。

バプテスト

　バプテスト教会の起源は17世紀に見出される。宗教改革のより急進的な面々は常に、教会とは混合体ではなく、信徒だけの純粋な社会であるべきだと主張していた。17世紀の間に特にイングランドでは、教会の会衆は、自分の信仰をはっきりと公に宣誓した者だけで構成されるべきであるということだけではなく、さらにこの考えと関連して、洗礼は、このように自分たちの信仰を宣誓した者だけが受けるべきであるという考えを支持する者が増加した。これは、英国国教会が幼児洗礼を認めていたのとは対照的であった。

　この運動は19世紀に勢いを増し、C・H・スポルジョンなどの偉大な説教者の説教は非常に大勢の聴衆を集めた。ウィリアム・ケアリが1792年にバプテスト宣教会を創設し、宣教にかなりの努力がなされるようになった。北アメリカにはいくつものバプテストの信

徒団が設立され、バプテストはアメリカ合衆国の公的生活にかなりの影響を持つまでに成長した。南部バプテスト大会は、現在のアメリカのキリスト教において最も重要な勢力のひとつである。バプテストの六つの神学校は、この教派の性質を形成する上で非常に重要な役割を果たしてきた。おそらく最も有名なプロテスタント・キリスト教徒ビリー・グラハムはバプテストである。

　バプテストは世界中で多様なため、その性質は要約しがたい。しかし、バプテストをいく分か理解するのに、以下の点は有用であろう。

1　バプテストは、洗礼は信仰者のみに与えられるべきであると主張する。幼児洗礼は正当化されえないと考えられている。これはおそらくバプテストの最も顕著な性質であろう。バプテスト教会の中には、洗礼について開かれた方針をとり、成人と幼児の両方の洗礼を認めるところもあるが、それでもやはり、特別に成人の洗礼を強調している。
2　バプテストは、神学的には保守的な傾向があり、聖書の役割に非常な価値を置く。アメリカ合衆国の南部の州を指して「聖書地帯」という言い方は、説教をはじめとするバプテストの教会生活での聖書の重要さを反映している。「福音伝道主義」という言い方はときに懐疑的な目で見られるが（これは「ヤンキー」——つまり北部の言葉と見られるのだ）、明らかに南部バプテストはますます福音的な傾向を持つようになっている。
3　バプテスト教会は、伝統的な教会建築を意識的に避けている。伝統的には、聖餐台を中心に説教壇が片側に置かれ、会衆の注意を聖餐のサクラメントに惹きつけるようになっていたが、バプテスト教会の設計は、説教壇を中央に置き、公の聖書朗読と、それに続く聖書箇所についての説教が主要であると強調してい

る。
4 バプテストは、定型の礼拝に批判的な傾向があり、式文に従った固定した礼拝は単に形式的な信仰表現になりがちで、牧者や会衆がその場で自然な祈りを発することを抑制してしまう不健全な傾向があると見ている。
5 バプテストの聖職者は「僕」（minister、ラテン語の「僕」という意味の言葉から）や「牧者」（pastor、ラテン語の「羊飼い」という語から）と呼ばれ、「司祭」という語は完全に避けられる。教会運営の監督制は退けられた。

ルター派

　ルター派は、1520年代のルターのドイツ教会改革から直接出てきたプロテスタント教派である。ルター派はもともとドイツの北西部に限られていた。けれども、徐々に広がり、ルター派の運動はスカンジナビアとバルカン諸国にも定着した。ルター派は1530年代の後期には、イングランドで支配的な形のキリスト教になりそうな気配もあったが、一部の者が予想したような影響力を持つことはなかった。けれども、ルター派の最大の拡大は、スカンジナビアとドイツから北アメリカへのルター派共同体の移住とともに起こった。ミネソタのスウェーデン人の共同体は、この現象の特に良い例である。ルター派共同体は、同じような過程によってオーストラリアにも定住した。その結果、ルター派は今日、おもにドイツ、スカンジナビア、バルト諸国、特にアメリカ合衆国の北部の州に見られる。20世紀の間には、北アメリカとヨーロッパのルター派は、それぞれの異なった背景を反映して、いく分異なった課題に取り組んでいた。けれども、世界ルーテル連盟の結成によって、ルター派の人々に、アイデンティティーと目的を共有しているという感覚を与える方向にかなりの前進があった。

第8章 キリスト教──グローバルな視点で

　ルター派の性質は、ある程度、ルターの個人的な改革プログラムの中心的テーマを反映して、中世の教会との継続を強調しながら、同時に、教義その他の変化を必要に応じて取り入れている。

1　ルター派は強度に典礼的な教会であり、典礼を、過去との歴史的継続を確保して教義的正統主義を保持する手段と見ている。
2　ルター派は、神学的にアウグスブルク信仰告白 (1530年) とコンコルド式文 (1577年) の両方によって定義される。その結果、「アウグスブルク」や「コンコルド」という語がしばしばルター派の神学校や出版社の名前に組み込まれている。
3　ルター派は、ルター以来ずっとサクラメントを強調し続けている。これは、ほかの多くのプロテスタント教派にはないことである。ルター派は、洗礼が救済の原因になるという見方をとり、洗礼は「救済に不可欠で効果がある」と論じている。これは、ほかのプロテスタント教派（特にバプテスト）が洗礼を、恵みが与えられる前に必要なものではなく、恵みのしるしと見るのとは対照的である。

メソジスト

　メソジストは、英国国教会の内部での運動として始まり、やがてメソジスト派としてそれ自体でひとつの教派を生んだ。その源泉は特に、メソジスト運動の創設者であり初期の指導者であるジョン・ウェスレー (1703-91) と結びつけられている。ウェスレーの意図に反して、メソジストは英国国教会から分離して、異なる教派になった。初期メソジストたちが強調した彼ら独特の点は、個人的な聖性の必要性だった。「メソジスト」という語は、最初は、ウェスレーと彼の仲間たちの礼拝や鍛錬の几帳面な性質からついたあだ名だった。一般的にはメソジストは、おもに世界の英語圏の地域にあった。

その点では聖公会と類似している。さまざまな統合計画の結果、メソジストは、カナダやオーストラリアを含めて、世界のさまざまな地域では、別個の教派としては存在しなくなった。世界メソジスト会議の結成は、メソジスト派を世界のキリスト教の中で一個の存在として存続させる助けとなっている。

1　最初からメソジストは、一般信徒の役割を特別に強調している。「平信徒説教者」の職は、この強調点を例証している。一般信徒の役割の強調の例は、メソジスト教会運営のさまざまな様相にも見られる。
2　メソジストはかなりの努力で、個人の信仰と社会的活動の統合を試みている。福音は個人と社会の両方の変容を含むと考えるからである。
3　ウェスレーの時代からメソジストは、「恵みの楽観主義」と表現される神学的姿勢が特徴だった。これは、この問題について改革派教会によって採択された姿勢と対照的である。

長老派とその他の改革派教会

　ルター派の諸教会がルターに発するとすれば、改革派の諸教会はカルヴァンから出ている。改革派のキリスト教はまもなく西ヨーロッパに定着し、そこから北アメリカに広がった。ヨーロッパとスコットランドとオランダはまもなく、二つの主要な改革派の思想の特に重要な中心地となった。イングランドでは、二つの重要な改革派の伝統が、慣習的に「長老派」(Presbyterianism) と「会衆派」(Congregationalism) と言われている。19世紀のオランダ植民政策の結果、改革派教会の諸形態が南アメリカとアジア各地に定着した。アメリカ合衆国では、プリンストン神学大学が、長老派教会の思想と実践の指導的中心として創設された。最近では韓国が、その地域

での急速なキリスト教の成長の結果として、改革派教会の信仰生活の指導的中心となっている（497-499頁参照）。改革派教会世界連盟は1970年に現在の構成になったが（元は1875年にできた）、さまざまな改革派教会が共通のアイデンティティーを保つ手段となっている。

改革派教会の中にはかなりの多様性があるために、一般化するのは難しい。けれども、改革派の特徴として、以下の点が重要である。

1　改革派諸教会は、通常、「長老」と言われる者たちによって運営される（「長老派」という言葉はこの習慣から出ている）。改革派教会の中には、長老たち自身を、牧会と教えの責任を負う牧会者と見ているところもある。また、長老を、教会の管理運営に関して特別の責任を持った補佐と考えるところもある。「牧師」（minister）という語が使われる。
2　改革派の礼拝は伝統的に、神の言葉の朗読と説教を重視する。聖餐は定期的に行われるが、頻繁には行われない。サクラメントよりもむしろ説教を重視する性質は、特に改革派教会の通常の日曜礼拝に顕著に見られる。
3　英語圏の西洋と、その影響下の地域では、改革派の信仰を神学的に規定するのは「ウェストミンスター信仰問答」（1647年）である。結果として「ウェストミンスター」は、しばしば改革派の神学校や出版社の名前に取り込まれている。
4　ほとんどの改革派教会は、予定説的に神の主権を重視する。これは、ウェスレーのメソジストに見られる比較的「楽観的」な見方と対照的である。

福音伝道主義

福音伝道主義は、1945年以来、主流派プロテスタント諸教会の

間で重要になっている。はっきりと福音的な志向を持ってできた新しいプロテスタント教派もあるが、現れてきている通常の傾向としては、福音伝道主義は、主流派の教派の中のひとつの運動である。そのため、改革派諸教会の中の福音伝道主義者は、その教会の性質の多くを保持しており（その教会の構成などはそのままである）、それを補う形で、以下に述べるような福音伝道主義の少なくともいくらかの特徴を持っているのである。同様に、聖公会の内部の福音伝道主義は聖公会の多くを採択している（たとえば、監督制の教会運営や定まった礼拝式文の使用など）一方で、その教会内で福音伝道主義的性質を持っているのである。

福音伝道主義固有の性質としては、以下の4点が挙げられる。

1 福音伝道主義は、聖書を非常に強く強調する。これは、福音伝道主義の説教の形に特に明らかである。この聖書重視は、福音伝道主義の信仰生活のほかの側面にも持ち込まれ、少人数の聖書研究会や、信徒がそれぞれの信仰生活で常に聖書を読んでいることが重要視されている。
2 福音伝道主義は、イエスの十字架を特に重視する。イエスは福音伝道主義でも中心的重要性を持つが、その強調点は、救済をもたらしたイエスの十字架の死にある。これは特に福音伝道主義の賛美歌や歌に反映されている。
3 福音伝道主義は、個人の回心の必要性を強調する。「名目主義」の危険がかなり強調される。「名目主義」というのは、「結果として起こる個人的変容を何も伴わず、単に形式的あるいは外的にキリスト教の教義を受け入れること」である。福音伝道主義的説教はしばしば、キリスト教徒が「再び生まれる」（ヨハネ3：1–16）必要を強調する。
4 福音伝道主義の教会や個人宣教師は、福音伝道に深く打ち込ん

第8章 キリスト教——グローバルな視点で

ビリー・グラハム（1954年）。POPPERFOTO/Getty Images/AFLO.

でいる——つまり、ほかの人々をキリスト教信仰に改宗させようとする。ビリー・グラハムは、この点で有名になった20世紀福音伝道家の良い例である。注意すべきことは、「福音伝道主義」と「福音伝道」がしばしば、似た言葉であるために混同されることである。前者は運動であり、後者は行動である——ただしその行動は、特にこの特別の運動と結びついている。

キリスト教——そのグローバルな関心の概説

ここまでは、今日のキリスト教を形作っている地域的発展や教派的集団のいくつかを考察してきた。けれども、今日のキリスト教に関わる問題はどうだろうか？　その内部の論争は何だろうか？　その動きの内部での争点は何なのだろうか？　キリスト教とその広い文化的背景との間には、どのような潜在的あるいは現実の緊張があるのか？　以下では、これらの問題のいくつかを考察し、キリスト

教信仰の現在および未来の展開へのそれらの意義について解説しよう。最初に考えるのは、キリスト教がグローバルに進出した結果として起こってきたいくつかの問題である。

キリスト教のグローバル化

　グローバル化とは、通常、地域文化に取って代わる、ますます地球規模になりつつある、ひとつの文化の出現のことを言う。では、この過程はどのようにキリスト教に影響を与えているのだろうか？　世界は技術革命やグローバルな規模での再構成によって大きく変わりつつある。多くの社会理論家の意見では、世界は今、世界規模の資本経済体系の支配を強化するグローバルな諸力によって構成されている。これは、多国籍企業や超国籍企業によって「民族国家」の首位性が徐々に覆され、グローバルな文化の出現によって地域文化や地域の伝統の質を下げることにつながる。

　ひとつの可能性は、グローバル化が必然的に世俗化につながるということである。この見方では、グローバル化に含まれる現代化の過程が、不可避的にイデオロギーの進歩を生じ、それが宗教を侵食してゆくとされる。しかし、この見方は、イランのイスラム革命や、元ソビエト連邦の領域だった地域で国家的アイデンティティーを示すものとして宗教が復活したことなどの近年の出来事には合わない。そこで、この理論を現実世界の出来事に適応するには、さらに仮定を加えなければならない。宗教復興がグローバル化の前進を阻むものとして見られるのである。イランのイスラム革命やインドのヒンドゥー教徒国民党の出現は、両方とも、これらの宗教に対するグローバルな文化の押しつけに対する反動と見られている。けれども、これらの逆行は一過性のものと見るべきである。やがて現代化が勝つに違いない。

第8章 キリスト教――グローバルな視点で

　この見方の難点は、啓蒙主義の中核の前提にある――啓蒙主義は西洋文化の中で起こり、理性と論理の自立性を主張し、非合理な考えへの不適切な執着として宗教に反発する。けれども、そうした啓蒙主義はグローバルな現象ではなく、その考えは普遍的妥当性があるとも、世界全体の支持を集めるとも見られない。実際、このような宗教観は、グローバル化とは西洋化のことであるとあからさまに考え、しかも西洋の性質が、戦後すぐに特に西ヨーロッパで典型的だった世俗化という観点から規定できるのでない限り通用しない。けれども21世紀には多くの人々が、西洋文化のそのような分析はひどくゆがんでいると考えている。たとえばアジアの宗教に対しても、今では廃れた啓蒙主義のむしろ無味乾燥な世俗的信条にそれらを適応させようと圧力をかけるよりは、霊性への新たな関心によって、それらにますます敬意を払うようになることはありそうなことである。啓蒙主義のほうが普遍的どころか、むしろ、どうしようもなく民族中心的なのである。

　第2の見方は、宗教はグローバルな文化の一部として存続するだろうと論じる。西洋の世俗的課題を、グローバルな文化に押しつけられた、あるいは受け入れられたものと見る先の見方と対照的に、この見方は、グローバルな宗教の出現を、基本的には世界の諸宗教の伝統の融合と見る。消費者本位主義の高まりによって、多くの人々は、融通のきかない出来合いのイデオロギーを受け入れるよりも、自分たちの世界観を構築したいと願うようになっている。ここから出てくる考えはただ、未来のグローバルな宗教は、今日競争し合っている宗教のどれかひとつではなく、好みに合わせて組み立てられた混合物になるだろう、ということである。

　けれども、最も信頼できそうな予想は最も単純である――今日存在する諸宗教が21世紀にも重要であり続けるだろう、ということである。もちろん適応と発展の進行は、ことにキリスト教では起こ

るだろう。理論家の中には、キリスト教は、ほかの宗教や反宗教的勢力からの絶え間ない圧力に対して、その主要な要素——ローマ・カトリック、東方正教会、プロテスタントの復興主義あるいは保守的形態——の融合で応えるであろうと示唆している。

けれども、ひとつだけ明らかなことがある。英語は急速に、グローバルなキリスト教共同体に好まれる言語になりつつある。ひとつには、キリスト教伝播に関する大英帝国の多大な歴史的影響と、英語が、アメリカのキリスト教テレビ、ラジオ番組、宗教的出版物、主要な会議の話者の用いる言葉であるために、国際的なキリスト教共同体で支配的な言語になりつつある。英語は一般的な教会にとって、かつてのカトリック教会にとってのラテン語のようになりつつある。しかしここで、中国のキリスト教が、大きさにおいても文化的重要性においても増大していることも述べておかねばならない。信仰の言語としての英語の優位は、一時的な情勢かもしれない。

原理主義の挑戦

「原理主義」という言葉は一般に、「信仰復興運動の保守派宗教的正統主義」といったような意味に受け取られ、キリスト教、イスラム教、ユダヤ教、ヒンドゥー教の内部で認められる現象を指し示している。この語はことに、変化に抗し、理想的な過去を回復することを求める形の宗教的信念を指すのに用いられる。しばしばその過去は、ある宗教運動の過去の栄光と現在の失敗との対比を強調するためもあろうが、とうてい見込みのない非現実的な見方で考えられている。1969年のアントニー・F・C・ウォレスによる18世紀イロコイ族の文化復興についての研究は、「ハンサム・レイク」という人物に焦点を当て、宗教的原理主義の起源と発展についての重要な洞察を示しており、それは、この現象に関心のある人なら誰でも詳

第8章 キリスト教——グローバルな視点で

しく見る価値がある。ウォレスの分析を要約すると、文化的あるいは宗教的再活性化には三つの一般的な段階が見られる。

1　ひとつの民族あるいは社会集団の中に社会的変化が起こり、文化的緊張が生じる。
2　最初、この緊張は、変化に順応しようとする試みに通じる。これは不可避的に、社会の様式における変化や堕落の認識につながり、そこから今度は社会的分裂が起こる。
3　これに対する反動として、伝統的な文化様式の再肯定が起こる。それは通常、そのような様式への回帰を支持するカリスマ的人物の出現による。

　原理主義の発展は通常、キリスト教に関して論じられるが、そこに含まれる要素を調べるために、イスラム教の場合を例にして考えると特に分かりやすい。
　現代イスラム教は、1875年にジャーマル・アッディーン・アッガーニが、中東への西洋の影響に抵抗して、イスラムの遺産への回帰を主張したときに始まる。彼はイスラム教徒たちを促して、西洋人が来る前にはイスラムの知恵が支配する黄金時代だったと信じさせた。この状態は、個人の敬虔な信仰と、イスラム・シャリア法の改革と刷新、そして、この地域への西洋の進出と影響に抗することによって取り戻すことができる。そのとき以来、イスラエル国家の建設は、イスラム原理主義の復活を強く促進した。1978–79年のイラン革命は、この展望の重要性を明白に示した。アメリカ合衆国が中東に介入するたびに、そして特にイスラエルを支持するときには、イスラム原理主義の情熱を刺激して増大させ、支えることとなった。
　原理主義の逆説は、その信憑性を得るために世俗主義に頼ることである。原理主義を突き動かすのは、現代社会は宗教を排除しよう

としているという認識である。原理主義と西洋世俗唯物主義は、このように逆説的に共生関係にある。宗教的原理主義への嫌悪は世俗主義の動機となるが、それが今度は反動を生み、原理主義者の組織の増大につながる。われわれは、相互依存関係の悪循環に閉じ込められているのだろうか？　そして、実際に西洋は地元でも海外でもこの運動の起源を理解していないために、宗教的原理主義の成長を無意識に助長しているのだろうか？　答えなければならない難問がいくつかある。

　今述べたことから明らかであろうが、原理主義は本質的に反動的運動であり、ひとつの民族や集団の核となる価値観への脅威が感じられたときに、その反動から起こる。その脅威は外的な場合もあり（たとえば、中東への西洋の影響など）、内的な場合もある（伝統的な信仰を侵食する現代化の過程など）。聖書時代のファリサイ派は容易に「原理主義者」に分類できる。彼らは、伝統的なユダヤ教の信仰や習慣がヘレニズムによって脅かされていると考え、そうした伝統的信仰や習慣をとらえ直し、主張し直そうとしていたからである。実際、この「原理主義」という語ができたのは最近かもしれないが、これが表す現象は少なくとも2000年は身近に存在する。

　さて、本章の関心はおもに、20世紀の出来事と、それが21世紀のいく分長期にわたって持つ意味合いである。原理主義は特に1920-40年の時期に、アメリカの保守的プロテスタンティズムの中で、世俗主義の高まりに対して感じられた脅威への反動として起こった。この運動を単に、昔の立場の再主張やそこへの回帰と見なすのは正しくない。古典的な正統主義や、ベンジャミン・B・ウォーフィールドやチャールズ・ホッジなど古プリンストン学派の著には確かに原理主義的教義の側面があるが、原理主義を「変わることのない基本の正統主義」と同一視することはできない。この運動の反動的性質を考慮していないからである。原理主義は、20世

第8章　キリスト教——グローバルな視点で

紀から21世紀初期にかけての発展に対する意図的で熟慮された反動なのである。最初から、そして今でも反文化的運動であり、文化的境界を定める手段として、中心的な教義の主張を用いているのである。

　原理主義プロテスタントたちが、自らのはまった悪循環に気づき、自分たちには、自らの嫌う文化的潮流に挑戦したり、それを変えたりする力はないと理解するまでには長くはかからなかった。原理主義は、自由主義の波の高まりを差し戻すことに顕著に失敗した。当時の思想界に何も重要な影響を与えることができなかった。そして、当時の社会問題には単に背を向け、何も建設的な取り組みをすることなく、ただ中傷するだけだった。その後の若い世代は、先輩たちの目標に敬意を払ったが、彼らの戦法に致命的欠陥があったことを見て取った。

　原理主義の致命的弱点を避けるためのひとつの独特の選択肢は福音伝道主義（当時は「新福音伝道主義」と呼ばれていた）で、第2次世界大戦の直後に現れた。カール・F・H・ヘンリーの指摘によれば、原理主義者たちはキリスト教を、独自の社会的展望を持ったひとつの世界観として見ておらず、キリスト教の使信のただひとつの側面だけに注目し、その結果として、ひどく社会的展望の欠けた、貧しく縮小された版の福音を世界に提示した。原理主義はあまりにあの世的で反知性的なので、教養のある世間には耳を傾けてもらうことができず、キリスト教が一般の文化や社会生活とどのように関わるかに関心を持とうとしなかったので、福音伝道主義は持続的な文化的参与をする必要性があるとヘンリーは主張した。

　もともとは、北アメリカのプロテスタンティズムのこの第3勢力を言うのに「新福音伝道主義」という語が用いられた。しかし、徐々にこれに代わって、より単純で簡潔な「福音伝道主義」という語が用いられるようになった。その特徴は、堅い神学的学問と、福

音の使信を社会に適用しようとする積極的関与によって支えられた正統派キリスト教信仰の熱烈な擁護である。そこで、福音伝道主義は、これに似た原理主義の場合に見られた社会との隔絶を避けたキリスト教保守主義復興運動と見なすことができる。

　しかし、原理主義もまた、現代社会に訴える力を持ち続けそうである。

　伝統的な宗教的信仰や習慣や自由が危険にさらされていると認められるところで起こりうる反応は、原理主義である。キリスト教の歴史は、これが暴力的な形の反応とはならないことを示唆している。イスラム原理主義が、より「純粋な」イスラム教信仰と証しするものを取り戻すというより大きな善のために、相手に対する暴力的行為を奨励するのとは異なり、キリスト教原理主義者たちは通常（例外はあるが）、法の内部に留まっている。それでも、暴力行為を誘発しうるものがあるとすれば、それは何なのだろうか？　おそらく最も明らかなのは、脱キリスト教化の法的強制、つまり、国のキリスト教的過去を現在から取り除こうとする動きであろう。

　21世紀には世界がますます均一的な場所になるだろうと論じる社会理論家がいる一方で、それに代わる見方もあり、これも退けたり無視したりすることはできない。このもうひとつの見方では、世界はますますレバノンやバルカン諸国のようになり、領土は、組織立った民族国家の形ではなく、部族の境によって分割されるようになるだろう。西洋の政治家の好むと好まざるとにかかわらず、宗教的問題はこれらの共同体にとって重要である。実際、宗教的問題の重要さを十分理解しなかったことが、ここ10年間のアメリカ合衆国とEUの外交政策のまごつきの原因となった。この点をさらに詳しく見るために、21世紀のキリスト教共同体とイスラム教共同体の間にどのように衝突が起こりうるかを考えることにしよう。

第8章 キリスト教——グローバルな視点で

キリスト教とイスラム教の緊張関係

　最も熱烈に拡大に取り組んでいる二つのグローバルな宗教がキリスト教とイスラム教であり、どちらも20世紀にはかなりの前進を遂げた。ここ500年の間に両者の関係は逆転したと言ってもよい。1520年までは、イスラム教は支配的な世界宗教であり、ヨーロッパにかなり食い込んで領土を広げていた。けれども、北アメリカ、南アメリカ、アフリカ、アジア、オーストラリアへのキリスト教の拡大によって、その関係は変化した。今日ではキリスト教が、世界で群を抜いて最大の信仰集団になっている。

　理解しておかねばならないことだが、キリスト教が、マレーシアやインドネシアのような、世界で伝統的にイスラム教地域だったところにますます進出してきており、その一方で、イスラム教はおもに経済的移動によって西洋に進出してきている。たとえば、大きなイスラムの共同体が英国で発展している。けれども、これらは、自分たちのアイデンティティーを自分たちの共同体の民族的起源で考える傾向があり、伝統的な英国社会にはあまり影響を与えていない。

　イスラム教とキリスト教が、伝統的にはどちらの宗教もあまり見られなかった地域に進出し、また、歴史的にイスラム教かキリスト教のどちらかが支配的だった地域にも互いに進出し合ってきている状態から、明らかにいくつかの難しい問題が起こっている。この状況の結果としてあるひとつの可能性は、平和的共存と相互理解の深まりである。もうひとつは社会不安であり、それはおそらく内戦や、あるいは国土分割につながるだろう。大きな宗教共同体を抱える大国の中で、それぞれ独自の宗教的アイデンティティーを持った地域がそれぞれの国家を作るということだけが唯一の可能な解決となり、1947年のインドの状況が繰り返されることになるかもしれない。

第8章　キリスト教――グローバルな視点で

　それでは、ここで未来はどうなるのだろうか？　多くの点でこの問題は、紛争が起こりそうな地域で、どのような形のイスラム教が優勢になっているかということで決定される。伝統的なイスラム教国家はキリスト教少数派を寛大に扱い、キリスト教徒がイスラム教の隣人を改宗させようとしたり、イスラム教に改宗しようとするのを妨げたり、礼拝所を建てたりせず、国家が彼らを守ることに対してしかるべき人頭税（jizya）を払っている限り、彼らが平和に暮らすことを許していた。これは、エジプトで今も続いている状況であり、そこでは、毎年かなりの数の貧しいコプト・キリスト教徒が人頭税を払うことができないためにイスラム教に改宗している。

　けれども、キリスト教に対してより戦闘的な態度を支持するイスラム原理主義の諸形態がある。この状況のはらむ危険は、南アフリカのナイジェリアに見て取れる。ナイジェリアは、人口の多い、裕福になる可能性を持つ国であるが、長いこと政治的汚職と経済的不安定に悩まされている。イスラム教とキリスト教はそれぞれ、ナイジェリアの1億1000万の人口の4パーセントずつを占める。国の北の地方はイスラム教が支配的であり、南はキリスト教圏である。1999年から2000年にかけて、北部のいくつかの州が、無法状態に対処するためにシャリア法（伝統的なイスラム法）を導入した。けれども、この措置はこれらの州で暴動を誘発した。なぜなら、キリスト教徒は自分たちを犠牲にされたと考えて、これに対してデモを行ったのである。たとえば、シャリア法は「冒瀆」に対して死刑を宣告しているが、この「冒瀆」とは通常、預言者ムハンマドに対する批判を意味する。パキスタンでは、キリスト教徒に対して冒瀆罪の告発が向けられ、ときには、まだ13歳にしかならない子どもまで告発された。

　この法に対する批判者は、これが必然的に宗教的少数派に対する差別につながると論じている。それは特に、シャリア法が、イスラ

ム教以外の宗教を証言する者を法的に低い位置に見るからである。シャリア法は、イスラム教共同体のみに当てはまるように意図されており、宗教的少数派に強制することはできない。けれども、宗教的少数派はしばしば、自分たちがさまざまな点で差別を受けていると不満を述べている。その状況は、アフガニスタンやスーダンやサウジアラビアなど、強固なイスラム国家で特に深刻である。明らかに21世紀には、これら二つの拡張主義世界宗教の接点では緊張と不安が増すであろう。

西洋キリスト教に対するアジアとアフリカの同僚からの最も痛烈な批判は、西洋キリスト教がこうした点を何も重要と考えていないということである。たとえば、これが明らかになったのは、聖公会の主教たちが世界中から集められた1998年のランベス会議である。伝統的にこの会議では、西洋、特に北アメリカの聖公会会員の課題や問題が圧倒的位置を占めていた。しかし、この会期では、開発途上国が議事録に目立ったしるしを残した。この会議の決議61は、「イスラム原理主義の出現」が「北ナイジェリアやスーダンなどで宗教上の信条、習慣、宣教の自由など」の基本的人権を侵害し、「キリスト教会の財産を破壊していることに対する懸念」を表明している。

プロテスタント教派の不確かな未来

最近の数年間、プロテスタント教派が21世紀に生き残れるかどうかについてますます関心が高まっている。この議論はアメリカの経験に集中する傾向があり、アメリカの場合がしばしば、残りのキリスト教世界の潮流を決めると考えられている。以下で、その論と、そこに潜在的に含まれる意味を考察しよう。

1929年にH・リチャード・ニーバーは『アメリカ型キリスト教

の社会的起源』という題の本を出版した。アメリカの宗教教派の起源についてのこの研究で論じられているのは、それら教派はアメリカの宗教生活を特徴づけるしるしとなっていて、その状況はずっと続くだろうということだった。諸教派は、社会階級や富、出身国や人種に根ざしており、アメリカの文化では規範的なものとなっている。

　その後何十年間かは、ニーバーが論じたあらゆることを裏づけるように見えた。1950年代を通じて、アメリカ合衆国の伝統的なプロテスタントは急成長を遂げた。会衆派、米国聖公会、メソジスト、長老派は毎年、正味の会員数が増していることを報告した。それらの会員数は、まさにニーバーが述べたことを示していた。メソジストが裕福になると、米国聖公会に移った。各教派は、自分の主権と既得権を熱烈に弁護した。1956年に行われた調査では、米国聖公会員の80パーセントが、ほかのキリスト教グループの者たちと共に礼拝をすることは誤っていると考えていた。その1年前、ギャロップ世論調査は、アメリカ合衆国の成人人口の96パーセントが、自分たちの親と同じ宗教だと示していた。彼らの教会出席の習慣は1世代で変わっていなかった。

　けれども、1990年までに、これらの教派の多くがどこかうまくいかなくなっていた。ただ、成長が止まったというだけではない。衰えてきたのである。1990年までに、今挙げた教派は、1965年時の5分の1から3分の1の会員を失ったが、それは、合衆国の人口が急増していた時期に当たる。だから、実際の数字の減少を換算してみれば、これらの教派に入ることを選んだアメリカ人人口の比率が激減したと分かる。聖公会とメソジストと長老派教会は、この大きな人口統計学的移動の影響を特に強く受けた。

　アメリカの教派の数的減少とともに、もうひとつ気づかれる傾向がある。これは、いわゆる「教派」自体に真の未来はあるかを問い

直させる。教派はますます、ごくわずかしか残っていないヨーロッパ文化の制度的表現のひとつと見られるようになっている。けれども、多くのアメリカ人は疑問に思い始めているのだが、なぜアメリカの宗教生活がヨーロッパのモデルに依存しなければならないのだろうか——特に、そのモデルが母国でさえもだめになってしまっているというのに。

　アメリカの個々の教会とキリスト教徒たちはますます、自分たちを教派的に定義したがらなくなっている。私が礼拝に出たことのあるカリフォルニアの諸教会は、自分たちを「長老派の流れ」と表現していた——これは、長老派の人々がかつてやっていたように物事を行うが、この主流派の教派の組織的支配関係や政策には関与したくないと考えているということである。これは、そうするのが少しばかり時代後れだからということだろうか？　それとも、それが流行後れの制度に加わることと見られているからだろうか？　多くの教会が、教派を何も示さず、所在地の地名に由来した名前をつけている。教派的アイデンティティーを教会の名前に含むことは、もはや市場的価値を増すとは見られていない。

　南アメリカ、アジア、アフリカでは、これらの主流の教派の信仰もずっと力動的で適応した形で発展しているので、まったく異なった筋書きが展開するかもしれない。けれども、これらの流れから西洋の教派が利益を得ることを示す要素はほとんどない。現在のところ、西洋の主流派の教派で何らかの生命や成長のしるしを示しているのは、福音伝道主義かカリスマ的刷新の影響を受けたものだけである。

西洋キリスト教の商品化

　1993年に社会学者ジョージ・リッツァーは、彼が見た現代ア

第8章　キリスト教——グローバルな視点で

メリカ文化の特徴を表す「マクドナルド化」という新語を作った。「ファストフード・レストランの原則がますますアメリカ社会の諸分野で支配的になってゆく過程」である。リッツァーはなぜハンバーガーのチェーン店を、西洋、ことにアメリカの社会変化の範例に選んだのだろうか？　それは、マクドナルドが製品を作りだし、販売するやり方に、多くの人々の生活様式になったやり方を彼が見たからである。

　ひとつの見事な例が、開発途上国へ（安い労働力を求めて）工業が移ったことと、ますます増す西洋の豊かさに応えて次々とできたサービス業である。レクリエーションは、リラックスするために時間をとるという考えであるが、ひとつの製品となっている。そして、いったんひとつの製品が認識されると、その製品をできる限り効果的に効率的に作りだし、配給し、販売する方法が探求される。ひとつの人間的探求が、このようにひとつの官僚的事柄となる。できた製品が目的の市場に最も容易に届くように、一連のルールや規則や手順が開発されるからである。

　リッツァーは、マクドナルド化を定義する四つの特徴を確認している——効率、算定可能性、予測可能性、管理である。これらは製造ラインの道徳価値であり、生きた人間の道徳価値ではない。そして、それらが西洋社会全体を形作るようになっており、不安な結果を生んでいると彼は論じる。人々は、自分たちの基本的な人間的技能や才能を発揮する代わりに、労働力市場で、規則的で退屈なペースで、高度に単純化した課題を大量にこなすように強いられている。

　リッツァーはこの考えを教会生活に当てはめてみようとはしなかったが、疑いもなくこの傾向は現代西洋の教会にも働いている。ことに、急速に発展する福音伝道主義運動の中に。しかしながら、それらは、伝統的なキリスト教の核となるいくつかの概念や価値観にはうまく合わない。スコットランドを代表する宗教分析家ジョ

第8章 キリスト教──グローバルな視点で

ン・ドレインは、彼の優れた研究『教会のマクドナルド化』で、この過程の四つの特徴がいかに、高度に成功している教会のうちで働いているか、しかし逆説的に、これらの教会が打ち建てようとしている信仰そのものを根崩しにしようとしているかを掘り下げている。

1　効率。ドレインは、即効性のある霊性治療薬のような本がいかに数えきれないほど書店に置かれ、売られているかに気がついた。使徒性を身につけるには、かつての世代には、おそらく何年間にもわたる献身と祈りと積極的な参与が必要だと考えられていたが、今では、またたくまに片づけられる。「キリスト教徒の成熟」は、かつては、何十年もかかって、聖書を読み、説教を聞き、自分たちの人生の未来の方向について祈り、病人や老人を世話し、キリスト教の概念や価値観を何年間にもわたって生き抜くことで、それらに徐々に内面的に同化してゆくことで達成されるものと見られていたのである。

2　算定可能性。1970、80年代に「教会成長運動」は、教会員の数を増やすための一連の戦略を打ち出した（そのすべては新約聖書に見出されると論じながらである）。霊性は数ゲームの問題となった。数が多いということは、それだけ霊性が高いという意味だからだ。

3　予測可能性。ドレインは、予測可能性が、最も容易に教会で識別される「マクドナルド化」の特徴だと考えている。礼拝の様式は完全に予測可能であり、礼拝に心地よい慣れた環境を生みだしている一方、挑戦的にも刺激的にもなれない危険を冒している。会衆の政治的・社会的構成は、道徳的価値観や選択について、ある程度の予測可能性を生んでいる。予測可能性という大きな主題は、不可避的に、起こることを管理したいという願望につながる。それが、ドレインが教会のマクドナルド化の例

証で挙げる次の特質である。
4　管理。効率的な生産・販売システムには高度の管理が必要である。マクドナルドの場合は、これは大した問題ではない。製品の質は保証されている。後は、それが間違いなく適切に調理され、包装され、客に渡されるようにすればよい。

　西洋キリスト教は同じような特徴を見せている。ものの見方に決まったやり方があるのだ。多くの人々がアルファ・コースを通って、つまり、かつてビリー・グラハムが率いたような大きな福音伝道集会によって初めてキリスト教に出会う。それらはキリスト教信仰への導入となる。キリスト教信仰は、一歩一歩進めるようにしっかり組み立てられ、前もってプログラムされている。それでうまくいき、多くの人にとって非常に助けになっている。発見するものが非常に多いときには、それに慣れるまでの過程を整えてくれる人がいるのは助けになるものだ。
　アルファ・コースは、予測可能で、管理された、効率のよいキリスト教提示法の見事な例であり、まさに成績記録で立証済みゆえに、世界中の教会に採択されている。マクドナルドのように、概念がうまく伝わるのである。基本的な計画は、10週間のプログラムでキリスト教信仰のいくつかの基本を紹介することである。それはたいていリラックスした環境で行われ、質問者がどのような質問でもできるように促される。このコースのために集まった人々は急速に、共にキリスト教に出会った者同士のひとつの共同体となる。このプログラムの共同体形成の側面においては、食事を共にすることが重要な要素となる。それは、「信じること」と「所属すること」の二つのテーマをひとつにするのである。形式は内容と同じくらい重要である。まさに、形式に非常な注意が払われているからこそ、アルファ・コースは、ほかが失敗しているところで成功しているのであ

る。

　もちろん、キリスト教のこのような商品化には非常な抵抗もある。これはキリスト教の福音をゆがめるものだと言う声もある。福音伝道主義は今や巧妙な販売テクニックの問題になっており、使徒性は、効率よく個々の人々に教会のプログラムを受けさせることとなっている。けれども、少なくともこの販売法に影響を受けた人々の数から言えば、これはうまくいっているようである。ただ、これが全体として見た未来のキリスト教にとってどのような意味を持つかはまだ分からない。

キリスト教の脱西洋化の要請

　昔ながらの考え方はなかなか死なないものだ。20世紀に未来のキリスト教について語るとき、下敷きとなった前提のひとつは、それが西洋の信仰の代表であり、その未来が西洋社会の潮流に基づいているということだった。1990年までには、それがもはや誤った前提になっていることが明らかになった。20世紀の間にキリスト教の中心は南に移っており、今では開発途上国にある。第３世界から批判的に見れば、西洋キリスト教は、キリスト教世界が西洋中心に回っているかのごとくに振る舞っているが、それは誤りであると分かるのだ。

　アルバート・ヴァンは、マレーシアのサバ州にあるセント・パトリック教会の主任牧師であるが、この点を例証するような話をしている。隣のサンダーカンのセント・ミカエル教会はヨーロッパの教会の建築様式で、屋根の勾配は急だった。ヴァンはこの屋根の形について会衆に語り、なぜこれがこのように建てられたのか想像してみてほしいと言った。答えはもちろん簡単である。雪を滑り落としやすくするためである。熱帯のサンダーカンには雪はない。教会は

単に、積雪量の多い北ヨーロッパの冬に適した設計に沿って建てられただけなのだ。

　それとほとんど同様に、ヨーロッパ人は、自分たちの状況を反映したやり方で、教会であるとはどういうことかについて理解しているとヴァンは言う。それはマレーシアやシンガポールにはあまり当てはまらず、そこで用いるべきものでもない。教会のアイデンティティーと機能について、地元の制限と可能性をふまえた理解が必要であろう。「教会とは何か」という西洋の理解は、あまりにも西洋の社会と価値観とに文化的条件づけをされているので、西洋以外の状況では、役に立つどころか、むしろ障害になると彼は考えた。

　けれども、これよりもさらに深いさまざまな問題がある。ここではそのひとつ、アフリカとアジアのキリスト教の中で増大しつつある組織神学への批判を考えよう。キリスト教の震央がアフリカやアジアの開発途上国に移っていることは、学術的神学の未来にも意味を持っている。組織神学の分野はだいたい西洋の文脈で発展してきており、語りかける聞き手やその文化の中で論議されている問題によって形作られてきた。ヴォルフハート・パネンベルクは、西洋の神学は、自然科学や権威に対する世俗的批判が起こってきたことに取り組むことによって形成されてきたと論じている。けれども、こうした批判が西洋世界と結びついているからこそ、まさに、取り組むべき問題が西洋のもの、たとえば世俗主義などではなく、ヒンドゥー教との対峙が問題になるなど、新しくできつつある世界の問題を反映するときには、非常に異なった形の組織神学ができる可能性はないだろうか？

　このように組織神学が圧倒的に西洋型にできていることから、いくつかの重要な問いが出てくる。たとえば、なぜアジアの人々がわずかでもそのような伝統を続ける義務を感じなければならないのか？　21世紀には、ほかの誰かが残したもの（それはたいていは西洋

第8章 キリスト教──グローバルな視点で

のものなのだ)をただ受け取るよりも、各々の土地に合った福音書の真理との関わり方をする神学を発展させるのが正しく明白なやり方ではないだろうか？

　たとえば、ジャン・カルヴァン（1509-64）の場合を考えてみよう。今日でも改革派神学の重要な源であり続ける著名な西洋神学者である。カルヴァンにとっては、神学の務めは、聖書を16世紀のジュネーヴに結びつけることであった。ほかの者にとっては、それは、同じ聖書を21世紀の香港に結びつけることであろう。カルヴァンのアプローチや、それがもたらした結果は、香港のキリスト教徒がこの務めを果たそうとする際に役立つかもしれない。けれども、彼らの答えはカルヴァンの答えそのままではありえない。たとえば、カルヴァンが古典ローマの哲学や修辞学の伝統に興味を持っており、ある程度はそれに影響されていたことはよく知られている。けれども、中国にはそれよりも古い哲学や修辞学の伝統がある。中国の神学者には、彼ら自身のよりどころとなる立派な遺産があるのに、なぜ少しでもカルヴァンが借用したのと同じ概念を用いなければならないという義務を感じる必要があろうか？

　近代の西洋の神学は、西洋の考え方や言説の型が普遍的であるという誤った前提に基づいている。つまり、西洋の哲学や神学が明らかにした普遍的に妥当な考え方が存在するという前提である。この前提では、西洋で優勢になった神学の形式は、すべての人々にとって妥当である。ただこれらの神学的方法を世界のほかの地方に輸出すればよいだけなのだ。世界の教養のない地域を開拓して、洞察の恩恵に浴させてやればよいのだと考えているのである。こうした現代の神学者たちは、もちろん自分たちが植民地開拓者だとは思っていない。そのような不快なイメージは、その土地に元からあった文化とは本質的に異なった思考様式を自分たちが植えつけようとしているかのようだからだ。けれども、実際はまさにそのようなことを

彼らはしていたのである。そして、そのようなやり方に多くの問題があった。

　第1に、啓蒙主義においては普遍的と思われていたことが、結局は民族中心主義的であることが明らかになった。たとえば、イマヌエル・カントやG・W・F・ヘーゲルの哲学は、当時の西洋文化の核となる価値観を具現していると言える。カントは、古典的なニュートンの世界観の哲学者であり、ヘーゲルは、ドイツ文化の哲学者であった。彼らはどちらも、あるひとつの文化的背景に閉じこもっており、彼らの観念は普遍的に妥当などころか、彼らの社会的背景によって決定されていた。多くの西洋の神学者はたまたま同じかあるいは似通った文化・社会的背景を共有していたので、彼らは通常、その体系を用いることに問題を感じなかった。けれども、そのようなヨーロッパ中心主義の哲学を、顕著に異なった知的歴史や思考体系の遺産を持つ中国に押しつけることに、いったいどのような正当性が主張できると考えられるだろうか？

　第2に、グローバルなキリスト教で西洋神学が支配的であったことは、単に、全般的な西洋の文化的影響のひとつの側面であると（西洋人によって）弁護された。非西洋の神学者は、西洋のキリスト教が軍事的・経済的力を利用して自らの神学的見解をこっそり持ち込み、土地の見方を抑制し、それらが言いえたかもしれない重要なことを言わせずに片づけてしまったと論じる。ポストモダンの到来で、西洋以外の思考様式に対する開けた態度が西洋にも育ってきた。その批判をする者は、これはまだ単なる口先以上の域まで進歩していないのではないかと言う。けれども、これは正しい方向への一歩である。

　けれども、最も重要な発展は、教会の多くの部門の中で学術的な組織神学をすっかり無視して、神学とは聖書の本文に直接携わるものであると考える傾向である。ますます多くのキリスト教思想家が、

神学は根本的に聖書を注意深く読むこと以上でも以下でもない、そして、そこに見出したものを教会や世間に伝える願望にほかならないと論じている。キリスト教神学は、聖書の証言に敬意をもって従順な注意を払う義務があり、聖書に表現されていると分かったことによって形成され、再形成されることを受け入れなければならない。

　これは、聖書が、その解釈の過程が行われている文化の文化的背景に照らして解釈されなければならないということを意味する。たとえば、香港のキリスト教徒は、自分が聖書に読むものがどのように自分自身の状況を照らし、導くのかを問う必要がある。そして、そう問い、考える過程において、何も西洋の神学者たちを仲介にする差し迫った必要を感じないだろう。経済学の言い方を用いてたとえるならば、新たな神学的傾向は、仲介者の排除を伴っているのである。問題は、キリスト教思想家がもともと非常に異なった文化的文脈を念頭に置いて作られた聖書解釈を奴属的に繰り返す代わりに、自分たちの文脈に聖書を当てはめるということである。

新たな「教会のあり方」の出現

　キリスト教は植物のようだ。成長し、発展する。イエス・キリストは多くのたとえで、神の国を成長する種にたとえた。成長と発展は、命がある確かなしるしである。変化がないことは、その組織が死に瀕していることを示すことが多い。生きた信仰は植物のように育つ――けれども、育つことで変化を経験するのである。偉大な英国ヴィクトリア朝の著者ジョン・ヘンリー・ニューマンがかつて指摘したように、教会は、もしずっと同じでいようとするならば、変わらなければならない。じっとしているために動かなければならないのである。

　ニューマンがとらえた逆説は、キリスト教の未来に関してキリス

ト教の教会や共同体内部で行われている多くの熱烈な議論や懸念の中心にある。そうした議論の多くは、会衆がどのように、その会員や、より広い文化の中で彼らが獲得したいと考えている人々の状況や要求の変化に応じてゆくべきかに集中した。その議論は、最近できた専門的言い回しを用いれば、「教会である」ということの新しいあり方についてであった。以下で、そのような「教会のあり方」の三つの様式を考えよう。コミュニティー教会と、細胞教会と、「求道者に配慮した」教会である。

コミュニティー教会は、特にアメリカ合衆国で社会刷新とキリスト教徒の交わりの強い媒介手段として最近現れてきた。そうした教会は自らを「流れの中の小島」と見なしている。中世の修道院のように、旅人たちに安全と共同体を提供している。ヨーロッパの教会の理論がしばしば、デカルトの有名な（謎めいてもいる）公理「われ思う、ゆえにわれあり」によっているように見えるのに対し、そのような教会はしばしば、まったく異なった公理「われ属す、ゆえにわれあり」によっているようである。アイデンティティーとは、どこかに属することである。そして、コミュニティー教会は、自分の会員たちに共同体を提供するのが教会であると考えている。カリフォルニア・レイク・フォレストのサドルバック教会は、神に肯定され、キリスト教の共同体に愛されていることの重要性を主張して、ほかの多くに先んじ手本を示している。

コミュニティー教会は、ちょうど古き時代のアメリカの、1,000人から1,200-1,300人ほどの小さな町のようである。ひとつの集団に対する帰属意識があり、共通の価値観を共有しているという意識があり、互いを知り合っているという感覚がある。コミュニティー教会に行く人は、ただ行くのではない。自分たちはそこに属していると考えているのである。アメリカ社会が断片化しつつあるように見える時代に、コミュニティー教会は接着剤の役割を果たしている。

第8章 キリスト教——グローバルな視点で

　コミュニティー教会はその会員の要請に応えてサービスを提供し、共同体を形成するような広い範囲の社会活動を提供している。カリフォルニア州アーヴィンのマリナーズ教会など、典型的なコミュニティー教会は、ひとり親の子育て、アルコール中毒や薬物濫用から立ち直るための集まり、離婚力学の講義など、緊急の問題についてセミナーを行ったりしている。その結果、こうした教会は、人格的再生や人間的な相互の結びつきを深く感じさせる場となっているのである。

　昔、共同体は、自分がどこに住むかで定義された。それは、親から受け継いだ秩序の一部であり、生まれつきのものであった。今では、共同体は作りだされねばならず、それを作りだすのは、ますます自発的な組織となっている。驚くに当たらず、アメリカ社会全般で社会的諸力が共同体を破壊していく今、キリスト教会は、戦略的に共同体を作りだすべき場に立たされている。コミュニティー教会は、ことに効果的にこの役割を果たしているのである。

　その多くは最近できたばかりで、多くの会員を持つこれらの新しい教会の意義は何であろうか？　ほとんどのコミュニティー教会は無教派で、教会政策に関心を持たない。彼らは、自分たちが存在するのは主として会員のためであると考えており、扱いにくく、ますます利己的になりつつある教派的聖職者階級組織を支持したり保持したりすることに興味がない。この成長は、本章で見てきた西洋のプロテスタント教派の衰退をさらに進めそうである。

　細胞教会運動は、非常に異なった取り組みをしている。第2次世界大戦以来、多くの教会が「小グループ」の実験を行ってきた。母教会での毎日曜日の礼拝のほかに、多くの会衆が比較的小人数のグループで平日に聖書の勉強会や祈禱会をする。これらの小グループが教会員の増加の基礎となった教会は多い。簡単に言えば、小グループは、新しいメンバーを誘い入れるにつれて大きくなり、ある

程度大きくなって、もはや「小」グループではなくなると、まるでアメーバのように二つに分かれる。主流派の教会の多くは、小グループが教会成長の動力のように見えると報告している。

1990年代の英国における教会出席状況の入念な調査によると、比較的大きな教会は、成長を続けることが難しかった。大きな教会は、ある一定の大きさに達すると、帰属感を感じさせなくなる。しかし、この帰属感は、ポストモダンの文化では非常に大切なものである。比較的小さな教会は成長していたようだが、それは、より親密で、そのために帰属感が生まれたからであろう。ひとりで150人以上の世話が十分できる牧師はいない。明らかに、小グループの活動が盛んな大きな教会は、大教会だからこそ可能な規模や資力の恩恵を受けることのできる立場にいると同時に、その小グループを通して、多くの人が「教会のあり方」の重要な側面と考える仲間意識や個人的な親密さや参与をはぐくみ支えることができる。「細胞教会」運動の基礎にあるのは、この考え方である。

この「教会のあり方」への新しい取り組みは今、ことに極東などで広く行われ、教会内の生活における小グループの役割について抜本的に新しい理解を提供していると見られている。シンガポールのフェイス・コミュニティー・バプテスト教会はめざましく成長し、環太平洋全体で注意を引いている。聖公会で世界最大の細胞教会のひとつは、東マレーシア（かつての英国領北ボルネオである）のサバ州タワウにある。セント・パトリック教会は、1992年に「細胞教会」に変わる決断をして以来、信徒数700人から3,000人に育っている。「細胞教会」のアプローチは、小グループを用いているが、その仕方は非常に異なっている。何よりも重要なことは、これが、教会とは何であるか、どのように経営すべきかについて、伝統的なヨーロッパの前提を捨てていることである。

現在、7,500万人もの人々が細胞教会に属していると見積もられ

第8章　キリスト教──グローバルな視点で

ている。この運動の基本理念は、新約聖書、特に使徒言行録2章42-46節などで語られる教会生活の形式に見られる。初代教会のように、この運動は、ときに「基本のキリスト教共同体」と呼ばれる小さな細胞を形成する。それらの細胞共同体は、典型的には会員の家での集まりであるが、教会の生命はこの細胞にあり、これが第一と見なされ、日曜日に会衆が集まる礼拝は第二次的なものと見なされている。

細胞はたいてい6人から8人で始まり、何カ月かの間に15人に成長する。この時点で各々の細胞は二つの小さなグループに分裂し、そして再び成長を続けて細胞分裂を繰り返す。新しい会員は、個人的な証言や福音伝道によってグループに引き入れられ、グループの中で指導を受ける。細胞のおもな目的はしばしば教化と増殖であると言われる。つまり、信者を増やし、その新たな信者がまた、自分の属する共同体に手を差し伸べて、教会に新しい改宗者を連れてくることができるようにすることにあるということである。それら細胞は日曜日には集まって共に礼拝を持つが、真の牧会活動や宣教は細胞内で行われる。

「求道者に配慮した」教会は、教会の付加的飾りの部分がしばしば、教会に慣れていない人とキリスト教信仰を隔てる障害となると感じ、それらを取り除こうとする。ウィロウ・クリーク・コミュニティー教会は、そのような「教会のあり方」の原型的な例である。教会外の人々を遠ざけるようなものはすべて取り除かれる。ビル・ハイベルズその他のウィロウ・クリークの指導者たちは、アメリカ人の多くが非教会化していることに気がついた。大半のアメリカ人は、ガウンを着た聖職者や、会堂の硬い席や、献金皿や、旧式の賛美歌を経験したこともなく、伝統的なキリスト教用語も知らなかった。そして、聖書を開いたこともなかったのである。指導者たちは、新しい者たちがイエスを知るのに、わざわざ、廃れたキリスト

教文化のしがらみをくぐり抜ける必要はないのではないかと考えた。教会外にいた人々にとっては、伝統的礼拝で最初に経験するようなものは、最も馴染みのないものであろう。旧式の音楽や、埃くさい古い賛美歌や、座り心地の悪い席や、大げさな礼拝儀式は、現代のアメリカで経験される日常生活とはまったく対照的に異なっている。いったいなぜそのような障害を据える必要があろうか？　そうしたものはキリスト教信仰の本質ではない。なぜ、過ぎ去った時代の教会文化の習慣によって人々をキリスト教から遠ざける必要があろうか？　彼らに手を差し伸べる道がこんなにたくさんあるのに？

　こうして、彼らは決断した。ウィロウ・クリークの日曜礼拝は「求道者に優しい」ものにしよう。伝統的な教会の建物や慣例のよそよそしい影響を考えよう。かつて世俗の建物（銀行や大学など）がゴシック建築の教会の様式を真似たように、現在では多くの教会が世俗の集会所の様式で、大きな講堂やホールを備えて建てられている。ウィロウ・クリークの日曜礼拝は、賛美歌の本や祈禱書を避け、ひざまずいたりすることもなく、聖職者はガウンを着ていない——実際、求道者が疎外感を覚えるようなものはほとんど何もなくしてある。ウィロウ・クリークは尋ねた。正真正銘のキリスト教徒になるためには、16世紀の聖職者のガウンを着て、18世紀の賛美歌だけを歌い、19世紀の教会建築だけを使わなければならないと、いったいどこに言われているのか？　デジタルの映写機が、必要なものをすべて映し、音楽は、一般の市場に出まわっている最高の歌のようなものにされた。これは確かに伝統的な西洋のキリスト教ではないが、確かにキリスト教である。そして、ますます多くの教会がこの教会に続いている。

　ここでは、グローバルなキリスト教の形を変える可能性のある流れを三つ考察してきたが、この三つがすべてではない。理解しておかなければならない重要な点は、キリスト教が決して恒久的な制度

第8章　キリスト教──グローバルな視点で

的形態に「凍結」しているのではなく、新しい歴史的・社会的背景を持ったところに移ったり、馴染みの（しかし、変化しつつある）状況の諸問題に順応することで、成長し、適応し、発展しているということだ。

　それでは、キリスト教の将来はどうなるのだろうか？　未来がどこにあるかについては、ほとんど疑いがない──未来は開発途上世界にある。2050年のキリスト教は、おそらく圧倒的に、ヨーロッパの南とアメリカ合衆国の貧しい非白人系の人々の信仰となるであろう。予測できるのは、キリスト教の根幹にある癒やしと預言の重視を復活させようとする関心が高まるだろうということである。そして、その大きな理由は、信仰者が自分たちを、イエスが約束した贖いや癒やしや祝福を最初に信じ受け入れた人々と同一視するからであろう。

　西洋の教会がこの変化にどう対処するか、そして、ここから何を学べるかはまだ分からない。西洋の信徒たちに好まれたキリスト教の生活様式や礼拝や神学が、開発途上国のキリスト教徒たちを惹きつける力は減じているようである。キリスト教には疑いもなく未来がある──けれどもそれは、西洋の者たちが規範的として受け入れてきた地域や形式においてではないだろう。

第9章　信仰生活
　　　生きたリアリティーとしてのキリスト教との出会い

　ここまで本書では、キリスト教を特にその教義と歴史の面から考察してきた。この方向からのアプローチは、キリスト教を学ぶ人たちに、キリスト教がだいたいどのようなことを問題としているのか理解させるのには役立つ。ただ、ひとつ欠点がある。キリスト教が単にひとつの概念体系にすぎないという、役にも立たず、ただひどく誤解を生じるだけの印象を与えがちなことである。キリスト教が、核となるある一連の概念に基づいているというのは確かに真理かもしれないが、これらの信仰内容が個々のキリスト教徒の私的生活や価値観に影響を与えること、そして、キリスト教共同体の行動や礼拝の仕方、キリスト教の置かれた文化などにも影響を及ぼしていることはぜひ理解しておかなければならない。
　本書の最終章では、現代世界におけるキリスト教生活を見てゆこう。これは特に、キリスト教以外の読者で、現代のグローバルな文化の中の大きな力としてのキリスト教について少なくとも基礎的な知識を必要とする人たちに役立つだろう。多くの人々は、キリスト教を単なる概念体系ではなく、生きた存在としてとらえている。そこでここでは、できる限り、現代世界でのキリスト教の習慣や価値や活動の元にある信仰内容を説明しながら、キリスト教という存在の性質を見てゆきたい。
　その際、キリスト教の暦の構成を考えることになるが、特にキリスト教のおもな祝祭日の宗教的意味と、それらと結びついた習慣に注目しよう。誰でもキリスト教を理解したいと思う人は、キリスト

教徒にとってクリスマスが決して単なる贈り物をする日などではなく、イースターはイースター・エッグをプレゼントするための日ではないことを知っておかなければならない。すべての重要な祝祭日の意味についてのキリスト教の理解を正しく描写できるように注意を払ってある。そして、次に考えるのは、キリスト教が音楽や美術や詩にとって持つ意味などを例に、キリスト教が文化にどのような影響を与えてきたか、そして今も与え続けているかを考えよう。けれどもまず最初に、教会の生活を考えることにする——教会は、キリスト教徒が属する組織である。個々のキリスト教教派の間にはかなりの違いがあるが、以下の資料のほとんどは、すべてに共通に当てはまる。

教会生活

　キリスト教徒の生活の中心は、礼拝共同体である。外側からキリスト教に出会う人たちがキリスト教を経験する場は、おそらくさまざまな形の礼拝だろう。礼拝には、信じられないほどさまざまな形がある——ロシア正教会の、金箔の装飾を施した主教座大聖堂での豪華絢爛で凝った礼拝から、ラテンアメリカのペンテコステ派の、間に合わせの教会堂にすし詰めで行われる形式ばらない気楽なギター伴奏による礼拝まで、多様である。そういうわけで、今日見られるキリスト教の礼拝のせめていくつかの面を見ておくほうがよいだろう。キリスト教徒ではない人たちが経験するキリスト教の礼拝といえば、おそらく結婚式と葬式と、クリスマスの大きな「九つの聖書箇所朗読とクリスマス・キャロル」礼拝などだろう。そこで、ここではこれらから始めよう。これらの礼拝がキリスト教への「入り口」の役目を果たせるように、これらをふつうよりも詳しく説明して解説をつけることにしよう。

第9章　信仰生活

キリスト教の結婚式

　キリスト教の結婚式の基本的な形はとても単純だ。花嫁と花婿が人間の証人と神の前で結婚に同意し、ふたりの結びつきに神の祝福を願うことで成り立つ。礼拝の基本的構成は、すべてのキリスト教徒が共有している神学的考察と、その土地特有の法律的・文化的要素との両方によって形作られる。キリスト教は長年、自分独自の思想と文化的規範とを混ぜ合わせることが得意だった。そこで、はっきりとしたキリスト教の思想とともに、ほかのところに由来する習慣の両方が見出される――たとえば、薬指に結婚指輪をはめることには、特にキリスト教的意味は何もなく、それより以前からあった伝統をキリスト教が受け継いだと広く考えられている。

　キリスト教の結婚式は、結婚は、ふたりの個人が自由な意志に

チャーチ・オブ・トランスフィギュアレーションでのロシア正教会の結婚式。サンクトペテルブルク。©Robert Harding Picture Library Ltd./Alamy.

第 9 章　信仰生活

よって責任を負う約束であり、神の創造の秘蹟の一部であるということを強調する。しばしばこの点を明確にするために、聖書の創世記から、「主なる神は言われた。『人が独りでいるのは良くない。彼に合う助ける者を造ろう』」（2：18）という一節が読まれる。人間は、ほかの人々との交わりの中で生きるために、そして神との交わりの中で生きるために造られたのである。キリスト教の結婚式では、イエス・キリストがガリラヤのカナの結婚式に出席したときに水をぶどう酒に変える奇跡を行ったことに触れることも多い（ヨハネ2章）。そのような礼拝式の例として、2002年に行われたスコットランド聖公会の結婚式を見てみよう。典礼の中にこれらの概念を編み込んである。

> 　私たちは今、神と会衆の前でＮとＮの結婚の証しをして、神の祝福を祈り、喜びを分かち合おうとしています。主イエス・キリストもガリラヤのカナの婚礼に列席し、聖霊によって今も私たちと共におられます。
> 　聖書は、結婚は神が創造の初めから与えられたもので、神の恩寵の手段、男女が一体となる聖なる神秘であると教えています。キリストが彼の教会と結びついているように、夫婦が生涯愛によって自分を与え合い、その愛によって結びつくことが神のみ旨です。

結婚式からのこの短い引用は、結婚のより深い霊的な意味を語っている。キリスト教徒にとって、結婚における男女の結びつきは、信徒とイエス・キリストの霊的結びつきを象徴しているのである。キリスト教の霊的著者はしばしば、キリストと信徒との「霊的結婚」について語る。たとえば、マルティン・ルターは信仰を、キリストと信徒とを結びつける「結婚指輪」と語り、両者の間に存在す

る人格的な関係と、互いの間で交換される贈り物のことを指摘した。ルターの考えでは、キリストは信徒の罪と咎とを受け取り、信徒には、彼の正義と永遠の命という賜物を与えるからである。

キリスト教の葬式

　キリスト教の葬式の中心的なテーマは、復活の希望を宣言し、故人の人生を讃え、亡くなった人を神の優しいみ手にゆだねることにある。「キリスト教徒は、神を礼拝し、讃え、神のもとに帰った命を与えてくださったことを神に感謝するために葬式を祝う。神は命の作者であり、また、正しい者の希望であられる」(ローマ・カトリック『キリスト教の葬式』)。

　『英国国教会祈禱書』(1662年)に沿ったイングランドの伝統的な葬式は、終始、復活のテーマを維持している。礼拝は、司祭が教会墓地の門で葬式参列者を迎え、ヨハネによる福音書11章25-26節からの言葉を語るところから始まる。このキリスト教の希望が明らかに示されている一節である。

　　「わたしは復活であり、命である。わたしを信じる者は、死んでも生きる。生きていてわたしを信じる者はだれも、決して死ぬことはない」。

　礼拝は次に、コリントの信徒への手紙一の15章の朗読に進む。この章は、キリスト教徒にとって復活がどれほど重要か、そして、そのことがどれほど大きな違いをもたらすかをパウロが強調する箇所である。

　　「死よ、お前の勝利はどこにあるのか。死よ、お前のとげは

どこにあるのか」。死のとげは罪であり、罪の力は律法です。わたしたちの主イエス・キリストによってわたしたちに勝利を賜る神に、感謝しよう。わたしの愛する兄弟たち、こういうわけですから、動かされないようにしっかり立ち、主の業に常に励みなさい。主に結ばれているならば自分たちの苦労が決して無駄にならないことを、あなたがたは知っているはずです。

最後に、遺体が墓に下ろされ、司祭が次のような言葉を述べる。ここでも希望のテーマに気づいてほしい。

> 全能の神よ、みもとに召された愛する兄弟の体を今、地にゆだね、土を土に、灰を灰に、塵を塵に返し、終わりの日の復活と永遠の命とを主イエス・キリストの死と復活によって堅く待ち望みます。

復活の希望のテーマは、しばしば、ふさわしい象徴を用いることによって強められる。たとえば、ローマ・カトリックの葬式では、教会の入り口で棺を出迎えて、聖水を振りかける。これは、この信徒の洗礼を覚え、この信徒が死から出て新しい命に入ったこと（ローマ6：1-4）を確証している。次に、家族の者たちが棺に覆いをかけ、その上にキリスト教の象徴——たとえば十字架や聖書を、キリスト教徒の復活の希望の象徴として置く。

こうした基本的なテーマと並んで、付加的なテーマもしばしば展開される。たとえば、ヴァンクーバーのローマ・カトリック大司教区は次のような指示（あるいは「礼拝規範」）を示しているが、ここには、生きているときも死んでいるときも信徒が平等であることが強調されている。

棺は葬式の間、閉じられたままで、洗礼の衣を記念して棺覆いをかけておく——これは、キリストにおいてこの命を超えた新しい命に入る者のキリスト教徒としての尊厳のしるしである。棺覆いは、キリスト教の象徴で飾ってもよい。その典礼的意味に加えて、覆いは非常に実際的な役割も果たす。これは、虚飾を避け、貧しい者の当惑を防ぎ、神の前でのキリスト教徒の平等を強調する。

「棺覆い」は、棺を覆う質素な布である。ここでは洗礼の記念と解釈されている。同じ習慣はカトリックの伝統の外にもあり、たとえばテキサス州オースティンの第1合同メソジスト教会は、遺族が葬式で用いる棺覆いを提供している。ここでは、その理由は次のように示されている。

　最初の教会には、棺を縦横すっかり覆う伝統的なサテンの金の十字架をつけた白い弔いの覆いがあった。これは、罪を赦しで覆い、恐れを希望で覆い、死を命で覆う神の力の象徴である。この棺覆いはあなたがたも用いることができ、棺を覆う花よりも適切である。

九つの聖書箇所朗読とクリスマス・キャロル

　ヴィクトリア朝時代、イングランドではクリスマスが国民の祭日として制度化された。クリスマス・ツリーを用いる習慣は、ヴィクトリア女王の配偶者アルバート公が故郷のドイツから持ち込んだものだ。小説家アントニー・トロロープの発明した郵便ポストを広く用いて新しくできた国有郵便制度を利用して、クリスマス・カードが流通した。ヴィクトリア朝には、爆発的にクリスマス・キャロル

が書かれた。最もよく知られているクリスマス・キャロルのいくつかは、この英国史の形成期に書かれた。たとえば、「木枯らし吹く夜に」「ダビデの村の」などである。

　19世紀後期にクリスマスがますます重要な祝祭日になると、教会が、それを教会で公式に祝う十分な準備をしていないことが痛切に明らかになった。1662年の『英国国教会祈禱書』は、クリスマスの季節については、適切な特別の祈りと聖書朗読を指定しているほかは、何も特別の式文を用意していなかった。しかし、クリスマスの祝いが国民の意識の中でますます大きく重要になってゆくに従って、この季節に特別な教会礼拝が行われることを求める要求が強くなった。クリスマス・キャロルと聖書朗読を組み込んだ礼拝が求められたのである。そこで、1880年にイングランド西南部のトルロ主教区の主教エドワード・ホワイト・ベンソンは、クリスマス・イヴの深夜のためにそのような礼拝を考案した。それは、質素で優雅な形式の礼拝だった。九つのクリスマス・キャロルと9箇所の聖書朗読からなり、その朗読は、教会のさまざまな職務の人たちが順に高位の者に引き継いで読むようになされ、聖歌隊の人々から始まり、主教自身の朗読で締めくくられた。ベンソンは、カンタベリー大主教に昇進した。そして、この礼拝は新たな形式で、ケンブリッジ大学キングス・コレッジで用いられるようになった。

　ケンブリッジ特有の形式の起源は、1918年のクリスマス・イヴにさかのぼる。第1次世界大戦の傷と荒廃の後で最初に祝われたクリスマスである（この時点では、わずか20年しか経たないうちに、もうひとつの大きな戦いが起こるような兆候はまだなかった）。エリック・ミルナー＝ホワイトは、戦争中、陸軍従軍牧師を務め、ケンブリッジ大学キングス・コレッジの学長に選出されたばかりだった。彼は、頑固で懐疑的になった戦後の世代に対して、礼拝をもっと現代的な意味のある魅力的なものにする必要を痛切に感じ、クリスマス

物語がキリスト教の礼拝を披露する良い場になると気づいた。長い伝統のあるキングス・コレッジの聖歌隊の歴史を利用して、ミルナー＝ホワイトは、「九つの聖書箇所朗読とクリスマス・キャロル」の形式を開発し、それは非常に影響力を持ち、また有名になった。1919年にいくらかの修正が施されたが、この形式は今でもだいたい同じである。

　この礼拝の柱となるのは、会衆全員で歌う九つのクリスマス・キャロルと、欽定訳聖書からの9箇所の聖書朗読である。これに、クリスマスのテーマを反映した聖歌隊の歌が織り交ぜられる。礼拝にはいくらかの祈り——たとえば、クリスマス・イヴのための特別の祈りなどが、1662年の『英国国教会祈禱書』から入れられたが、招きの祈りは特別にこの礼拝のために作られた。この祈りは20世紀の初期のものではあるが、その言葉とイメージは、17世紀の特に欽定訳聖書の言葉とイメージを反映している。

　祈りと聖書朗読について言えば、礼拝の構成は次のようになっている。

聖書朗読1：創世記3：8-15、17-19。聖歌隊のひとりによる朗読。
聖書朗読2：創世記22：15-18。合唱奨学生による朗読。
聖書朗読3：イザヤ書9：2、6-7。コレッジの教職員による朗読。
聖書朗読4：イザヤ書11：1-3a、4a、6-9。ケンブリッジ市の代表による朗読。
聖書朗読5：ルカによる福音書1：26-35、38。音楽の指導者による朗読。
聖書朗読6：ルカによる福音書2：1、3-7。ケンブリッジ諸教会の代表による朗読。
聖書朗読7：ルカによる福音書2：8-16。コレッジのフェローによる朗読。

第9章　信仰生活

聖書朗読8：マタイによる福音書2：1–12。コレッジの副学長による朗読。

聖書朗読9：ヨハネによる福音書1：1–14。コレッジの学長による朗読。

クリスマス・イヴの特別祈禱。

祝禱。

　聖書朗読は、40年前にベンソンが立てたのと同じ原則に従っており、その組織の最も若年の立場の者が第1の朗読を行い、最も目上の者が最終朗読を行う。

　最初の招きの祈りでは、クリスマス物語の聖書朗読の舞台設定がなされる。締めくくりの特別祈禱では、礼拝のすべての朗読と賛美によって確認されてきた偉大なテーマが要約される。開式祈禱では、クリスマスの主題がキリスト教徒の視点から明確にされる。

　　キリストにある愛する者たちよ。このクリスマス・イヴ、喜びをもって天使たちの知らせを聞き、起こった出来事を見に、心と頭でベツレヘムまでも訪ねてゆこう。羊飼いや博士たちと共に、母親の腕に抱かれたみ子をあがめよう。聖書を読んで、私たちが神に背いた最初の日から、この聖なるみ子によってもたらされた栄光の贖いまでを見ようではないか。そして、すべての教会といっしょになって、この礼拝堂を、彼の清く謙遜な母マリアにささげ、喜び、賛美の歌を歌おう。

　この礼拝の基本的な主題は単純である。キリストは、長く約束されていた世界の救い主であり、受肉した神であり、この世を贖うために私たち人間のひとりとしてこの世に来てくださったということである。

第9章　信仰生活

キリスト教の礼拝

　新約聖書には、礼拝の芽生えの形が見える。使徒言行録には、最初のキリスト教徒たちが定期的に集まって、「使徒の教え、相互の交わり、パンを裂くこと、祈ることに熱心であった」（使徒言行録 2：42）ことが記録されている。「パンを裂くこと」に加えて、新約聖書は、信徒がイエス・キリストに自己をゆだね、キリスト教共同体に加入するしるしとして、洗礼の意味を重視する。歌と感謝の重要性は、多くの聖書箇所に見て取ることができる。「詩編と賛歌と霊的な歌によって語り合い、主に向かって心からほめ歌いなさい。そして、いつも、あらゆることについて、わたしたちの主イエス・キリストの名により、父である神に感謝しなさい」（エフェソ 5：19-20）。今日、キリスト教の教会で見られる礼拝の形は、さまざまな点で新約聖書にさかのぼることができる。

　新約聖書は、「教会」（ギリシア語の *ekklesia*）という語を、教会の建物のことではなく、人々の集まりを指して用いる傾向がある。実際、迫害の恐れが強かったので、初期の教会はしばしば秘密に、通常はほかの目的のために用いられている建物を「借りて」集まり、自分たちの活動に注意を引かれないようにしていた。初期のキリスト教の礼拝が秘密に行われたことから、キリスト教徒たちが礼拝中に行っていることについて、あらゆる種類の噂が流れた。1世紀後期には、人食いをしているという非難が広まったが、これは、イエス・キリストの肉を食べ、血を飲むという考えを誤解したところから来るのであろう。乱交パーティーのそしりは、初期のキリスト教の「愛餐」（アガペー）に由来すると思われるが、この愛餐とは基本的に、イエス・キリストが彼の民を愛したこととキリスト教徒同士の愛を賛美するものだ。

第9章　信仰生活

　キリスト教の礼拝は、特にある特別の曜日と結びついている。日曜日である。明らかにキリスト教徒たちは週の最初の日を特に重視するが、それは、イエスが死者の間から甦った日だからである。それに対して、ユダヤ人たちの礼拝は、特に週の7日目と結びついている（安息日。土曜である）。最初のキリスト教徒たちは、ユダヤ教のこの伝統的習慣を守らなかった。日曜日は、神の新しい創造の最初の日と見なされ、キリスト教の主要な公同礼拝はすべてこの日に行われるのがふさわしいと考えられた。殉教者ユスティノスは165年頃に、この伝統について重要な証言を書いている。

　　日曜日と呼ばれる日には、都市に住んでいる者も、田舎に住んでいる者も、すべてひとつの場所に集まる。そして、時間のある限り、使徒たちの言行録や預言者の書が読まれる。そして、朗読し終わると、議長が説教を行い、これらの聖書箇所にある徳の見本に従うように人々を招く。そして、われわれは、いっしょに立ち上がり、祈りをささげる。そして、祈りが済むと、パンと、水を混ぜたぶどう酒が提供される。そして議長はその能力によって祈りと感謝をささげ、人々は「アーメン」と言って合意を示す。感謝がささげられたパンとぶどう酒は、そこにいるすべての者に分配され、受け取られ、そこにいない人々には助祭によって届けられる。

　キリスト教徒の生活を支える上で、礼拝の位置はどれほど高く評価してもしすぎることはない。特にギリシア正教会の伝統では、教会の礼拝は、天国そのものの門に近づき、入り口から天国の礼拝を垣間見ることである。正教会の礼拝の形式は、天国の礼拝に参与するという考えや、人間の視野を超えた領域を垣間見た感覚によって喚起される神秘の畏怖の念を讃える。

第9章　信仰生活

　礼拝においてこのように非常に神秘を尊重する態度を促すのに大きな働きをした聖書箇所について指摘しておこう。イザヤ書の6章はこの預言者の召命を語っているが、そこで、彼が「神の聖域」に入ったときの臨界体験を描写している。

　　ウジヤ王が死んだ年のことである。わたしは、高く天にある御座に主が座しておられるのを見た。衣の裾は神殿いっぱいに広がっていた。上の方にはセラフィムがいて、それぞれ六つの翼を持ち、二つをもって顔を覆い、二つをもって足を覆い、二つをもって飛び交っていた。彼らは互いに呼び交わし、唱えた。「聖なる、聖なる、聖なる万軍の主。主の栄光は、地をすべて覆う」。この呼び交わす声によって、神殿の入り口の敷居は揺れ動き、神殿は煙に満たされた。わたしは言った。「災いだ。わたしは滅ぼされる。わたしは汚れた唇の者。汚れた唇の民の中に住む者。しかも、わたしの目は王なる万軍の主を仰ぎ見た」。　　　　　　　　　　　　　　　（イザヤ6：1-5）

　多くの神学者がこの一節から拾い集めた中心的な洞察は、人間は天国の礼拝そのものを見ることは端的に言ってただできないということ、その光景は被造物に映し出されることによって——たとえば、自然界や、聖餐式のパンやぶどう酒や、礼拝そのものなどを通して、人間の受容能力に合わせて調節されなければならないということである。
　だから、礼拝に参与することは、聖なる地に立つことなのである（出エジプト3：5）——その地に入る権利は、厳密に言えば、人間にはない。しかし、地上で神が礼拝され、讃えられるたびに、天国と地上との間の境が取り除かれ、この世の礼拝者が、天使によって歌われる天の礼拝に加わることができる。こうしたこの世の讃美の

瞬間に、礼拝者は神秘的に天国の敷居のところに運ばれる。聖なる場所にいて、聖なる物事に参与しようとするとき、彼らは一方で自分の限界と罪深さを意識し、一方で、神の栄光を垣間見て元気を取り戻す。これがまさしく、イザヤの幻に示されている考え方である。

　礼拝と天国の連想は、しばしば音楽によって高められる。ゴシック様式の教会が天国の広がりの感覚を具現して、礼拝者が天国の礼拝を思い描くように促したように、音楽を慎重に用いることで同じような効果が出せると広く考えられている。音楽そのものを聞くことなしにこの点を言葉だけで説明するのは難しいが、セルゲイ・ラフマニノフ（1873-1943）の「晩禱」（1915年）やジョヴァンニ・ピエルルイージ・ダ・パレストリーナ（1525頃-94）のモテット「マリアは天に昇りたもう」やミサ曲「マリアは天に昇りたもう」を聴けば、礼拝音楽によってどれほど天国の光景が伝えられるかがいく分分かるだろう。

　境界の概念——つまり、聖なる場の入り口にいて、禁じられた天国の領域を覗いているという考えは、正教会の教会建築に視覚的に表現されている。それを特によく表すのは、聖域と聖餐台が会衆席から切り離されていることで、これは、神の神秘に対する深い畏怖の念のためである。クリュソストモスその他のギリシア正教の教父たちは繰り返し、聖なるものに対する感覚が礼拝においていかに重要かに注意を促した。聖餐台は「恐ろしい食卓」であり、パンとぶどう酒は「キリストの体と血の恐るべき犠牲であり、信徒はこれに恐れと身震いをもって近づかなければならない」のである。ギリシア正教では、聖体拝領、つまりパンとぶどう酒で行われる秘蹟と、天国での礼拝の経験がことに密接に結びついて考えられている。読者は読むだけではなく、ぜひ地元のキリスト教会の礼拝に出てみて、その構成やリズムや魅力を味わい理解してほしい。

祈 り

　祈りは、あらゆる形のキリスト教礼拝の必須要素である。祈りとは、「神と人間とがキリストにおいて契約を結ぶことである。……新約の祈りとは、神の子らと、限りなく慈しみ深い御父、そのみ子イエス・キリスト、そして聖霊との命に満ちた交わりのことである」(カトリック信仰問答)と定義されている。祈りはさまざまな形をとり、個人の私的な祈りと教会の公の祈りとが区別できる。祈りはまた、感謝の形をとることもある。個人や教会全体が、受けた恵みを与えてくれたことに対して神に感謝をささげる祈りである。おそらく最も重要なのは、会衆が神に特別の願いをする嘆願の祈りであろう。この型の祈りはイエスの教えにも例があり、イエスはこのような祈りを、人間がする願いごとにたとえている。

賛 美

　キリスト教聖書はいつも信徒に、神を賛美するように強く促している。これは、最も早い時期からキリスト教の礼拝に組み込まれている。今日のキリスト教では、賛美は特に賛美歌や礼拝の歌と結びついている。賛美歌の歌詞にはさまざまな形のメロディーがつけられ、そこにはしばしば会衆の好みも考慮されている。

　多くの古典的な賛美歌は18世紀に書かれ、アイザック・ワッツ(「すばらしい十字架を見上げるとき」)やジョン・ウェスレー、チャールズ・ウェスレーらの手による。キリスト教徒の生活や思想では賛美歌は非常に重要なので、ここでひとりの賛美歌作者を詳しく考えよう。ジョン・ニュートン(1725-1807)という、教会の最も有名な賛美歌のひとつ「くすしき恵み」(アメイジング・グレイス)の作者である。

　ジョン・ニュートンは、今日でも広く用いられている多くの賛美歌を含む見事な賛美歌集「オルニー賛美歌集」のおもな著者である。彼はある期間、奴隷売買に携わった後、回心した。ニュートンは奴

隷売買を嫌っており、彼がアメリカに運んだ奴隷たちにかなりの同情をしていた十分な証拠はあるが、それでも彼は自分の奴隷船を持ち、その船長であった。1748年に23歳で彼は宗教的回心を経験し、自分の行為の非人間性を深く悟った。彼は奴隷船の船長としての生活をやめ、「潮流の調査官」としてリバプールの港に住むようになった。1764年に英国国教会の司祭に叙任されて、オルニーの村で聖職についた。その年、彼は、自分が奴隷船を指揮して行った搾取を説明した『本当の物語』を出版した。

　1779年、1冊の賛美歌集を出版したが、彼はその賛美歌集によって最もよく知られている。その前書きでニュートンは、自分がこの賛美歌を書いた目的を述べている――「誠実なキリスト教徒の信仰を促し、慰めを深めるため」である。これらの賛美歌の最も有名な歌は、驚くべき恵みを主題に讃えている。

　　　くすしき恵み　われを救い、
　　　まよいしこの身も　たちかえりぬ。

　　　おそれを信仰に　変えたまいし
　　　わが主のみ恵み　とうときかな。

　　　思えば過ぎにし　すべての日々、
　　　苦しみ悩みも　またみ恵み。

　　　わが主の　み誓い　永遠(とわ)にかたし、
　　　主こそはわが盾、つきぬ望み。

　　　この身はおとろえ、世を去るとき、
　　　よろこびあふるる　み国に生きん。

第9章　信仰生活

　この賛美歌を、ニュートン自身の人生の経験と切り離して読むことはできない。疑いなく彼は、奴隷売買も、それを促進する者たちも嫌っていた——自分自身のことも。いったい、どうして神はそのような堕落した悪人を愛することができるのか？　神はいったい彼をどうしたいというのだろうか？　この賛美歌でニュートンは、神の恵みの偉大な逆説——神は罪人たちを愛する、それも、彼らが自分たちの罪を悔いる前に愛するのだということを表現している。この賛美歌は、自分が神を知り、神に仕え、神にささげる賛美の歌を書いたということに対するニュートン自身の驚きを反映している。

　これと似たテーマが、ゼカリヤ書13章1節に材をとった「開かれた泉」という彼の賛美歌でも展開されている。

　　血で満ちたひとつの泉がある。
　　それはインマヌエルの血管から取られた血で、
　　罪人たちはその流れに浸ることで
　　すべての罪の汚点を取り去られる。

　　死につつある盗人は、生きているうちに
　　その泉を見たことを喜び、
　　彼に劣らず極悪な私もそこで
　　すべての罪を洗い流してもらったのだ。

　このように、賛美歌は第1に賛美の行為である——神の善と信実と愛を宣言し、神の栄光を褒め讃える。けれども、ニュートンの賛美歌の神学的に豊かなイメージから明らかなように、賛美歌は、キリスト教信仰の基本について人々を教育するという第二次的な役割も果たすのである。

第9章 信仰生活

聖書朗読

　聖書の公の朗読は、キリスト教礼拝の必須要素である。多くの教会は、ひとつに構成されたプログラム（しばしば「聖書日課」と呼ばれる）を用いた聖書朗読を行っている。この聖書日課のねらいは、教会の定期的礼拝を通して確実に聖書全体が読まれることにある。また、教会によっては、個々の牧師がその時々に読まれる聖書箇所を選ぶことを許している。しかし、原則は同じである。キリスト教礼拝の一部は、神の言葉を聴き、それに応答することなのである。その応答は、ときに、ある教義を信じるという形をとるかもしれない。また、ある種の仕方で振る舞う必要、何かあることを行う必要を認識することを含むかもしれない。

　初期の教会では、まず福音書の朗読が優先された。これは、イエス・キリストの言葉と行いを公に宣言するものと考えられたからである。多くの教会は、福音書朗読を聞くときに会衆が起立するやり方をとって、イエス・キリストが教会とその個々の会員の礼拝と生命の中心であることを示している。このやり方はやがて、聖書から２、３箇所を朗読する方法に発展した。典型的には、旧約聖書から１箇所、新約聖書の書簡から１箇所、福音書のひとつから１箇所の順で読まれる。多くの教会では、聖書朗読に続いて説教があり、そこで聖書箇所の説明や応用解説がなされる。そのことを次に見てゆこう。

説　教

　多くのキリスト教礼拝では説教がある。「説教」（sermon）という語は、ラテン語の *sermo*、文字どおりには「言葉」（a word）という意味の語から来ている。説教は基本的にはキリスト教信仰の陳述あるいは応用であり、しばしば聖書箇所（たとえば、その日のために

選んだ箇所、決められた箇所など）や聖書のひとつのテーマ、信仰信条のひとつの項目などの釈義（exegesis、文字どおりには「引き出すこと」）の形をとる。キリスト教には、初期の段階からすでに、優れた説教や信用できる説教が説教集の形で流布していた。説教集の本はラテン語で *homilarium* と呼ばれ、パウルス・ディアコヌス（-790頃）やファルファのアラン（-770頃）の編纂によるものがある。説教の形式はかなり多様であり、説

サン・ピエール大聖堂の説教壇。ジュネーヴ。J. P. Scherrer/Geneva 2005

教者によっては、説教をおもに教理問答的（つまり、会衆に自分たちの信仰についてより多くのことを教えることを目指す）と見ている者もあるが、説教者によっては、奨励的（つまり、聴衆にキリスト教徒としてより良い生き方をするように促すか、基本的なキリスト教の教えや原理を深く心に受け止めるように促すため）と考えている者もある。

　説教はいつでも、多くのキリスト教伝統で礼拝の一部であったが、宗教改革の時代には特に重要な役割を果たした。聖書の重要さが新しく要求され、特に「万人祭司」が強調されたことは、聖書を読むことのできる一般信徒の重要性を増した。ジャン・カルヴァンなどの著者が、聖書を基礎にした説教の決定的重要性を強調したことは、そうした関心を反映している。

信条の唱和

　キリスト教のより儀式的な礼拝では、多くの場合、信条のひとつ

が暗唱される。それはたいていは使徒信条かニカイア信条であるが、信徒に自分たちの信仰の基本的主題を思い出させ、その結果、誤った教えを避けることができるようにすることを意図している。信条の暗唱はまた、今日のキリスト教共同体と古代のキリスト教共同体との基本的継続性を確言し、強い「帰属」意識を確立する。そこで、たとえば聖公会の人々は、信仰39か条を自分たちの特に聖公会的信仰を規定する重要なものと考え、長老派の人々は、同じことをウェストミンスター信仰告白について感じるが、これら二つの文書は決してこれらの教会の公同礼拝には組み込まれない。これらは、信条の持つ普遍的権威を欠くと考えられるからである。

サクラメント

　一般的にはサクラメントは、信徒への神の恵みを運ぶか表象する外的な儀式かしるしのことと考えられる。新約聖書は実際には「サクラメント」という語は特に用いていない。その代わり、ギリシア語の *mysterion*（おそらく「神秘」と訳すのが最も適切だろう）が、神の救いの業一般を指して用いられる。このギリシア語は一度も、現在、サクラメント（たとえば洗礼）と考えられるものを指してはいない。けれども、現在知られている初期教会の歴史から、早い時期にすでに、神の救いの業の「神秘」と洗礼と聖餐の「サクラメント」とが結びつけられていたことが明らかである。このそれぞれについては、まもなく考察する。

　先に見たように、ほとんどのキリスト教徒は、その背景にかかわらず、サクラメントを神の恵みと臨在の重要なしるしと考えている。ルターはサクラメントを、しるしをつけられた神の約束であり、それらの約束の真実と信頼性を請け合うものと考えていた。聖餐のパンとぶどう酒と洗礼の水は、それらの背後にある霊的リアリティー

の、目に見え、手で触れることのできる「しるし」である。パンとぶどう酒は、福音が提供する命の豊かさを指し示し、水は、福音がもたらす清さを示している。

　霊性におけるこのサクラメントの役割の面は、伝統的にトマス・アクィナス（1225頃-74）の作とされている有名な賛美歌「アドロ・テ・デヴォテ」に明らかに表されている。この賛美歌から３節引用して、その論点の概要を見よう。

　　　　私のあがめる神はここに隠れて存在する
　　　　ただの影、形だけにすぎないこれらに隠れて
　　　　主よ、見てください。へりくだった心であなたに仕えるこの心
　　　　神よ、あなたの存在に驚き、われを忘れたこの心

　　　　十字架につけられたキリストの記念のあなた
　　　　私たちのために死んでくださった
　　　　　　　　キリストの生きた体、私たちの命
　　　　この命を私に与えておいてください。私の心を養ってください
　　　　ここにあなたがいらっしゃる。人が見出すことのできるように。

　　　　ここに降って、見える形で衣をまとっているイエスよ、
　　　　どうか、私に送ってください、
　　　　　　　　私がこれほど渇望しているものを
　　　　いつの日かあなたを見ることを、光の中で顔と顔を合わせ、
　　　　永遠の祝福を受け、あなたの栄光を仰いで。

　最初の考えは、サクラメントにおける神の存在が実物ではなく「ただの影」の形をとっているとしても、それでもサクラメントは、その存在を見分ける手段であるということである。けれども、サク

ラメントが、それの指し示すさらに大きなリアリティーのただのしるしにすぎないとしても、礼拝者の考えを神に集中させる力を持つ。さらに、サクラメントは特に、救済のためのキリストの死と、その死が人間にもたらした益を思い起こさせる。また、心を高揚させ、将来、天国で神の顔を観想するときのことを考えさせる。サクラメントはこのように、キリスト教の希望を、目に見え、手で触れることのできる形で思い出させる重要な働きをすると同時に、十字架の痛みと苦難をも思い出させる。

洗　礼

「洗礼」という語は、ギリシア語の *baptizein*（「洗う」あるいは「清くする」という意味）から来ている。新約聖書ではこの語は最初に、ヨルダン川で洗礼者ヨハネが行っていた洗礼を指して出てくる。イエス自身、ヨハネに洗礼を受けている。キリスト教徒にとって洗礼の必要性は、ひとつには、復活したキリストが弟子たちに、「行って、すべての民……に父と子と聖霊の名によって洗礼を授け」（マタイ28：17-19）るように命じたことに基づいている。新約聖書では、洗礼は明らかに、キリスト教共同体の一員になるための条件であり、また、しるしでもある。

　使徒言行録は、ペトロが初期のある説教で、救われるためにはどうしたらよいのか知りたがっている人々に、次のような言葉で結んでいるのを記録している。「悔い改めなさい。めいめい、イエス・キリストの名によって洗礼を受け、罪を赦していただきなさい。そうすれば、賜物として聖霊を受けます」（使徒言行録2：38）。パウロの書では、洗礼は習慣として肯定されており、神学的に解釈されて、キリストと共に死に、復活することと（ローマ6：1-4）、「キリストを着ている」こと（「信仰により、キリスト・イエスに結ばれて神の子なのです。洗礼を受けてキリストに結ばれたあなたがたは皆、キリストを着てい

第9章　信仰生活

ザンジバルの島のインド洋での浸礼によるキリスト教の洗礼。©World Religions Photo Library/Alamy.

るからです」ガラテヤ3：26-27）との両方に理解されている。

　新約聖書は、洗礼が大人に施されたように示しているように見えるが、まもなく幼い子どもたちも洗礼を受けるようになった。この習慣の起源は明らかではない。新約聖書は、個人でも家族全体でも洗礼を受けたことを語っている（使徒言行録16：15, 33、Ⅰコリント1：16）。パウロは洗礼を、割礼に代わる霊的対応物として扱っており、その類比は、幼児に与えられることにまで及ぶことが示唆されている。初期の教会は、新しい契約の下での洗礼と、古い契約の下での割礼とに明らかなつながりを見ている。新約聖書自体にこの考えがほのめかされている。初期の教会は、割礼が、誰かをイスラエルの民に属すると示すひとつの契約のしるしであるのと同様に、洗礼は、教会という契約共同体に属するしるしであると論じた。イスラエルが幼児の男子に割礼を施したのなら、なぜ教会も洗礼を施さないわけがあろうか？　より一般的に言えば、信仰を持つ家の中で子ども

の誕生を祝うキリスト教の両親のための牧会的必要性があったようである。幼児洗礼は、ひとつには、このような問題に応えて始まったとも考えられる。けれども、強調しておかなければならないが、幼児洗礼の習慣の歴史的起源についても、社会的・神学的原因についても、正確には分かっていない。

　しかし、明らかに２世紀の終わりまでには、幼児洗礼の習慣は広く広まっていた。２世紀にはオリゲネスが、幼児洗礼を普遍的な習慣として扱っており、これを彼は、すべての人がキリストの恵みを必要とするということを基礎に正当としている。同様の議論が、後にアウグスティヌスによっても用いられており、キリストはすべての者の救い主であるから、すべての者が——幼児も含めて、一部なりとも、洗礼の与える贖いを必要とするとされた。この習慣への反対は、テルトゥリアヌスの著に見られる。彼は、子どもの洗礼は、彼らが「キリストを知る」ようになる時期まで延ばすべきだと論じたのである。

　幼児洗礼の習慣は、たとえばカトリック教会で、キリスト教への加入の儀式が少なくとも２段階で行われるやり方につながった。最初に、幼児のときに洗礼を受ける。その幼児は信仰を持っていないが、教会の信仰と、その子をキリスト教の環境に連れていき、家でキリスト教信仰を教え実行する両親の委託によって洗礼を行うのである。第２段階は、その子が自分自身でキリスト教信仰を承認できるようになったときに行われる堅信礼である。カトリックの伝統では、洗礼は地元の司祭によって行われるが、堅信礼は、全教会の代表者として主教が行う。けれども、正教会は、いつでも洗礼と堅信礼（堅信される人に塗油する油を用いることから「傅膏（ふこう）」と言われる）の連続性を主張してきており、ひとりの人には同じ司祭が洗礼と堅信を施すのが望ましいとしている。

第9章　信仰生活

聖 餐

キリスト教がパンとぶどう酒を公式の礼拝に用いる習慣は、直接、イエスにまでさかのぼる。新約聖書の証言から明らかなことに、イエスは、彼を記念して教会がパンとぶどう酒を用いることを期待していた。ユダヤ教の過越の食事との強い連想もあり、そのひとつの大きな理由は、神による解放を覚えるという点にある。ヨハネによる福音書によれば、洗礼者ヨハネは、イエス・キリストを「世の罪を取り除く神の小羊」（ヨハネ1：29）と宣言した。「神の小羊」というイメージは、イスラエルの大いなる過越の祝いを思い出させ、神が自分の民イスラエルをエジプトの奴隷の状況から救い出した信実を想起させる（出エジプト記12章）。過越の小羊は、逆境と苦難の状況にある自分の民を神が絶えず気づかい、彼らに責任を果たし続けていることを覚えるために屠られる。イエスをこの神の小羊と考えることは、彼を神の偉大な解放の業と結びつけて考えることであり、その解放とは、罪や死の恐怖に捕らわれた状態からの民の解放も含むのである。

ヤコポ・ダ・ポンテ・バッサーノ（1510-92）画「最後の晩餐」。最後の晩餐は、ユーカリストで祝われ、想起される。ローマ、ボルゲーゼ美術館蔵。AKG-Images/Cameraphoto.

聖体拝領、ミサ、それとも晩餐――その名が意味するものは？

　キリスト教徒は、パンとぶどう酒を中心にしたサクラメントをどう呼ぶかについて、意見が一致していない。その呼称として用いられるおもな言葉は、以下のとおりである。それぞれが特に、ある特別のキリスト教伝統と結びついていることに気づく。

聖体拝領
　この語はギリシア語の動詞 eucharistein から来ており、「感謝をささげること」という意味である。感謝をささげるという主題は、特にパン裂きの重要な要素であり、これを、その礼拝を言うための適切な語としている。「聖体拝領」という語は、特にギリシア正教の伝統と結びついているが、それ以外でも用いられている。

ミサ
　この語はラテン語の missa から来ている。この missa という語は本来ただ「何かの礼拝」という意味であり、古典時代の西方教会での主たる礼拝がパン裂きだったため、この語はこの礼拝を特に指すようになった。「ミサ」という語は今では特にカトリックの伝統と結びつけられている。

聖餐式
　「聖餐式」という言葉は、「仲間」とか「分かち合い」の概念を示す。これは、イエスと教会、そして、個々のキリスト教徒同士の仲間としてのつながりを強調する。この語はプロテスタント系の人々によって、特に英国の宗教改革に起源を持つ教会で用いられている。

主の晩餐
　この言葉は、パン裂きを最後の晩餐の記念とするテーマを取り上げている。「主の晩餐」にあずかることは、イエスが十字架の死を通して成し遂げてくれたことすべてを感謝をもって想起することである。この語は、プロテスタント系の人々の間で、特に英国宗教改革に起源を持つ教会で用いられている。これは時に「晩餐」と省略される。

第9章　信仰生活

　明らかにキリスト教徒たちは、最も初期の時代から、イエスのこの明らかな命令に従ってきた。使徒言行録は、弟子たちがイエスの死と復活から何週間も経たないうちに「パンを裂いていた」ことを記録している。パウロのコリントの信徒への手紙一は、はっきりとこの習慣に関して述べており、非常に厳かな言葉づかいで、パウロが何かこの上なく重要なことを読者に伝えているのだということを明らかに示している。殉教者ユスティノスが165年頃書いたものには、通常の習慣として、聖書の朗読と解釈に続いて感謝がささげられ、パンとぶどう酒が配られることが定着していたことが示されている（324頁参照）。このぶどう酒にはいつも水が混ぜられていたことを指摘しておくが、そうした習慣の理由は明らかではない。ぶどう酒を受けた人が脱水状態を起こすことを防ぐための実際的な手段であったのかもしれない。この習慣についての神学的な説明がまもなく発達し、それらの説明のひとつは、ぶどう酒と水の混合は、イエス・キリストと彼の民の混じり合いを象徴するというものであった。

　この基本的な形式は、多様な形をとって現在のキリスト教に伝えられ、実践されている。キリスト教徒の間でのひとつの大きな違いをここで述べておいたほうがよいだろう。一般的にカトリックは、司祭だけが聖餐のパンとぶどう酒の両方を受けることが許されていると教えている。プロテスタント教会は、牧師と一般信徒の両方にパンとぶどう酒を両方受けることを許している。カトリックが一般信徒にぶどう酒を与えない習慣の起源は明らかではないが、ぶどう酒をこぼす危険を避けたいという実際的な願いから来ているのかもしれない。第2ヴァチカン公会議は明らかに、一般信徒がパンだけではなくぶどう酒も受けることを望んだが、そのやり方はいまだ例外であって標準ではない。

　正教会では、司祭と一般信徒の両方がパンとぶどう酒の両方を受

けることが許されている。正教会の聖餐の一般的なやり方では、スプーンにパンを載せ数滴のぶどう酒をたらしたものが信徒に与えられる。より一般的な西洋の習慣は、聖餐を受ける人に直接パンを手渡すやり方である。

キリスト教生活のリズムと期節

　最も初期の時代からキリスト教徒は、キリスト教の基礎的な信仰内容とその根拠となった歴史的な出来事を反映した暦を発展させてきた。この暦は、さまざまな理由からできたようである。キリスト教が史実に基づいていることは、１年を構成する直接の基礎となった。たとえば、聖金曜日と復活祭（イースター）の日は、１年の暦の特別な位置に置かれた。ペンテコステと昇天日も、すぐにこの年次暦に加えられた。このようにキリスト教徒の１年の構成は、キリスト教にとって基本的な重要性を持ついくつかの画期的な出来事を反映している。

　１年を暦に構成することは、重要な教育的役割も果たしている。これによって教会は、ある期節にある特別のテーマに注目することができる。キリスト教の信仰の大きなテーマはいかなるときにも教えられ、宣べ伝えられるが、キリスト教暦は、ある考えやテーマがふさわしい時々に強調されるようにした。そこでペンテコステは、三位一体の聖霊とその働きを讃えるための明らかな時節を示している。聖金曜日は、キリストの死の意味について深く考えるのに特にふさわしいときとなった。イースターの日は、キリスト教徒の生活に復活のテーマが展開され、当てはめられることを可能にした。

　けれども、まだ第３の理由がある。新約聖書は「時をよく用いなさい」（エフェソ５：16）と語っている。時間は、単にキリスト教徒の存在の位置を示しているだけではない。キリスト教徒に、彼らが

第9章　信仰生活

成長し展開してゆける領域を与えているのである。時を暦に構成することは、そこで霊的成長を促し、時の経過によってキリスト教の基礎的な概念をさらに強め、キリスト教徒の知性や想像力や心により深い影響を及ぼすようにするひとつの手段なのである。キリスト教の日や週や年には、信仰のいくつかの基本的なテーマに気づかせ、それらを思い起こさせ、表現する力が潜んでいるが、その力は、それらの日や週や年を暦にすることで高められる。

キリスト教が時間を構成する上でなした最も明らかな発展は、日曜日——週の最初の日を特に取り分けて、キリストの復活が祝われる日としたことである。パウロの手紙は明らかに、キリスト教徒が日曜日に礼拝に集まり、土曜日を「安息日」として守るユダヤ教の伝統から離れていたことを前提としている。ローマ皇帝コンスタンティヌスはキリスト教に改宗した後、321年に、日曜日を公式な帝国の公休日とする公布を出した。

日曜日は、キリスト教の著者にとって、神が親切に、私たちの体を休め、霊的活力を新たにするために取り分けた「場」である。この点を強調した著者のひとりが、ウェスレー兄弟ジョンとチャールズの母スザンナ・ウェスレー（1669-1742）である。彼女は、忙しい生活のさなかで、神のために場を作ることの重要さを納得している。スザンナにとって日曜日は、まさにこの目的のために神によって作られた場であり、喜びをもって有効に用いられるべきものであった。

初期のキリスト教共同体が水曜日と金曜日を取り分けて断食の日にしていたことも知られている。特にこの曜日を選んだ理由は明らかではない。後の説明では、水曜日が断食日として守られたのは、それがキリストが裏切られた日だからであり、金曜は彼が十字架につけられた日だからだとされている。この初期の展開を反映することとして、金曜日に（肉ではなく）魚を食べる習慣は、今でもカトリック世界で広く見られる。

おそらく、時を構成する暦では、キリスト教の1年に関わることが最も重要であろう。

キリスト教の1年

強調したように、キリスト教は単なる一連の考えではない。その生活の一部は、豊かに構成される毎年の生活様式であり、そこでは、キリスト教信仰のさまざまな側面が1年の過程の中で特別の注意を引くように取り上げられる。そのような祭りの中でキリスト教会の外でも最もよく知られているのは、クリスマスとイースター、つまり、イエスの誕生を祝う祭りと、イエスの復活を祝う祭りである。ここでは、キリスト教の1年のおもな祝祭日に焦点を当て、その宗教的基礎を説明し、キリスト教世界のさまざまな地域でそれらに結びついた習慣のいくつかを見てみよう。

心にとめておかなければならないのは、キリスト教世界の中でも、キリスト教信仰による祭りについては非常な多様性があるということである。一般的に言って、福音伝道主義やカリスマ的な派のキリスト教徒は、それらの祝祭に比較的あまり価値を置かないのに対して、カトリックや正教会のキリスト教徒たちはそうした祝祭をかなり重要視している。実際、キリスト教徒が降誕前節（アドヴェント）や四旬節（レント）をどの程度重視するかが、それぞれのキリスト教徒たちが選んだキリスト教の型を示す目安として役立つほどである。

祝祭日は、いくつもの異なった分類に分けることができる。大きな区別としては、固定祭日と移動祭日とがある。たとえば、西洋教会では、クリスマスは必ず12月25日に祝われる。ほかの祭りは、年ごとに異なる出来事との関係で決定される。たとえば、イースターの日は満月との関係で決定され、3月21日と4月25日の間

第9章　信仰生活

のどにでも当たりうる。ほかの一連の祭日が、次のようにイースターによって決まってくる。

- 灰の水曜日。これは、イースターの日から、日曜日を除いて数えた40日前に当たる。
- 洗足木曜日。イースターの前の木曜日。
- 聖金曜日。イースターの前の金曜日。
- キリスト昇天日。イースター後40日目（常に木曜日になる）。
- ペンテコステ。イースター後50日目（常に日曜日になる）。
- 三位一体日曜日。ペンテコステの次の日曜日。

　その他、個人の聖人を記念する祝祭日もある。その中には、特にある地域やある職業に結びついた祝祭日もある。その結びつきの例は、たとえば——

- 聖ダビデ。ウェールズの守護聖人で、その祝日は3月1日。
- 聖パトリック。アイルランドの守護聖人。その祝日は3月17日。
- 聖セシリア。教会音楽の守護聖人。祝日は11月22日。
- 聖クリストファー。旅人の守護聖人。祝日は7月25日で、一部の教会で祝われる。

　いずれの場合にも、聖人と特別の職業とのつながりは、たいてい彼らの人生の出来事と結びついている。しかし、彼らがもともとどういう人物であったかということと一見無関係な連想が出来上がった聖人もいる。たとえば、聖バレンタインは、3世紀にローマで殉教した聖人だと考えられている。しかし、現在の西洋社会では、2月14日の彼の祝日を個人的なロマンスと結びつけて見るところもある。

祝祭日に加えて、二つの時期が特に断食や改悛のときとして守られる——アドヴェントとレントである。特に中世には、これらの時期は断食の期節として守られていた。多くのキリスト教徒はもはやそのようには断食の伝統を守っていないが、これらの時期を個人的な考察や改悛の時期として重要視している人々もいる。

　ここで述べておかなければならないのは、正教会が1年を、イースターを中心にして三つに大きく分けた典礼暦に従っていることである。これらの三つの部分は、復活前節10週 (*triodion*)、過越の期節 (*pentecostarion*)、その他の期節 (*octoechos*) である。これらを簡潔に見てゆこう。「復活前節10週」はイースターの前10週間であり、この大きな祭りの準備期間と見られている。「過越の期節」はイースターの期節全体を指し、イースターからペンテコステの後の日曜日の間（西方教会では、この最後の日はしばしば「三位一体主日」として祝われる）に当たる。その他の期節は、この年の残りの部分を指す。

　以下で、西洋のキリスト教で多くの教会の礼拝や祈りに大きな影響を与えている重要な期節を説明しよう。これらの祝祭はしばしば社会全体にも浸透している。いずれにしろ、各々の祭りや期節の基礎を見て、それと結びつけられるようになった習慣のいくつかも概略で説明しよう。祭りを説明する順序は、アルファベット順ではなく、時の順に従うことにする。西方キリスト教の1年はアドヴェントで始まる。

アドヴェント

　「アドヴェント」という言葉は、ラテン語の *adventus*、つまり、「到来」「到着」を意味する語から来ている。これはクリスマス直前の時期を指し、この間、キリスト教徒はイエス到来の背景を思い出す。伝統的には、クリスマスの意味を十分に知る備えをするために、四つの日曜日が特別の日曜とされている。最初の日曜日は「ア

ドヴェント主日」、最後の日曜は「アドヴェント第4主日」と呼ばれる。この四つの日曜日の期間は、しばしば「アドヴェント・クラウン」という、木や金属の枠に4本のロウソクを立てた冠状のものによって祝われる。そして、アドヴェントのそれぞれの日曜日に1本のロウソクが割り当てられて灯される。教会によっては、改悛の必要のしるしとして、この時期に紫の衣を用いることもある（これはやはり改悛的な性質を持つレントにも行われる習慣である）。

　厳密に言ってアドヴェントは、イエスの二つの「アドヴェント」、つまり「到来」の関係に注目するためのものである。つまり、彼の地上での時間の最初の到来（特にクリスマスのこと）と、時の終わりに彼が栄光の裁き手として来る第2の到来である。

クリスマス

　クリスマスは、固定した動かない祝祭日で、常に12月25日に祝われる。強調しておかなければならないが、これは決して、キリスト教徒がイエスの誕生日をこの日と信じているという意味ではない。むしろこの日は、誕生の正確な日とは無関係にイエスの誕生を祝うために選ばれた。おそらくこの日が選ばれたのは4世紀のローマで、地元の異教の祭りに代わるキリスト教の祭りをするためだったかもしれない。クリスマスには、北半球で生まれたキリスト教文学などの多くに見られる冬と雪の連想があるが、祭りの日にちには実際はあまり意味がない。

　クリスマスの中心的なテーマはキリストの誕生であり、しばしばクリスマス・キャロルで構成される特別礼拝で記念される。これらの中でも最も有名なのは、ケンブリッジ大学のキングス・コレッジでできた「九つの聖書箇所朗読とクリスマス・キャロル」の礼拝だと広く考えられている。九つの聖書箇所朗読が、この世での神の贖いの業の進行をたどるように設計されており、イスラエルの召命か

ら始まり、イエスの到来で頂点に達する。この礼拝の型は、今ではキリスト教世界全体で用いられ、キリスト教徒以外の人たちにもよく知られている。この礼拝形式については、すでにこの章の前のほうで少し詳しく論じてある。

　多くの習慣がクリスマスと結びつけられた。中でも最も有名な習慣のいくつかは19世紀に始まった。「サンタクロース」は、子どもの守護聖人「セント・ニコラス」のドイツ語形がなまったものである。この聖人の日は12月6日で、子どもたちに贈り物をすることで祝われた。ニュー・アムステルダム（後のニューヨーク）に移民したオランダ人はこの習慣を新世界に持ち込み、そこでこの習慣はしっかりと根をおろして、クリスマスの祭りと融合した。クリスマス・ツリーを家に持ち込んで飾りつけをする風習はドイツに起源があり、ヴィクトリア女王の夫アルバート公が1840年代にイングランドにもたらした。ドイツでの起源は、キリスト教史の夜明けに宣教師たちが木々の神への異教信仰に出会ったときにまでさかのぼる。

顕現日〔「公現日」とも呼ばれる〕

　この祝祭日の変わった名前は、ギリシア語の*epiphaneia*、文字どおりには「顕現」あるいは「知らせること」という意味の語から来ている。この祝祭は1月6日に行われる。東方正教会では、この祝日は特にイエスの洗礼と結びつけられる。けれども、西方教会では、幼いイエスを「賢者」あるいは「博士」が訪問したことと結びついている。この祝祭は、イエスのアイデンティティーと意義が世界に「知らされる」長い過程の始まりを印すものと理解されている。博士の訪問（マタイ2：1-11に描写されている）は、後にガリラヤとユダヤでのイエスの宣教と結びつけられ、復活で頂点に達する認識と礼拝を予表していると見られている。

レント

　レントの期間は、イースターの7週間前に当たる灰の水曜日から始まる。「灰の水曜日」という言葉は説明を要する。旧約聖書はしばしば、自分の顔や衣服に灰をつけることを改悛や悔恨のしるし（たとえば、エステル4：1、エレミヤ6：26）として述べている。レントは改悛の期間と見られている。灰を身につけることは、心の中の悔恨や改悛の態度を適切に表す外的なしるしであった。教会の歴史のより早い時代、特に中世では、レントの最初の日は、聖職者と人々の頭に灰をつける日だった。より最近には、この灰は、前の年のレントの棕櫚の日曜日に渡された棕櫚の十字架を燃やして作られる。改悛のテーマを象徴的に表すために、この期節に聖職者が紫色の衣を着る教会もある。

　レントは広くイースターの準備期間と見なされており、過去には一般に断食の期間と結びつけられた。レントは、イエスがガリラヤで公的宣教を始める前に荒れ野で過ごした40日の期間に基づいている（41-42頁参照）。イエスが40日間断食をしたのと同様に、彼に従う者たちも同じようにすることを促される。イースターの前の40日間の断食はこのように奨励される。この習慣の起源は4世紀にさかのぼるようである。それ以前の時代には、より短い断食が奨励された（2、3日間）。「断食」の正確な性質は土地と時代によってさまざまである。概して西方教会は「断食」をおもに、食事の量を減らすことと、肉よりむしろ魚を食べることと理解してきた。通常、強調されるのは、断食よりもむしろ信仰的読書や教会の礼拝に出ることなどであった。

　この点で述べておかなければならないひとつの問題は、レントの長さである。灰の水曜日からイースターの日までの日数は、実際は46日ある。それなのになぜ40日間の断食になるのだろうか？　答えは、すべての日曜日は神の復活の祝いとして見なければならない

という、キリスト教の非常に早い時期に発達した伝統にある。この伝統のために、日曜日には断食は禁じられていた。そこで、灰の水曜日からイースターの日までの46日は、40日の断食と6回の日曜日からなる。

　レントと結びついた最も興味深い習慣のひとつは、レントの始まる前の日のことである。すでに述べたように、レントは水曜日に始まる。この日の前日は、この公式な断食の期間が始まる前の最後の日となる。イングランドではこの日は「告解火曜日」と呼ばれるが、それよりもむしろ「パンケーキ・デー」として知られている。この名前の起源は、レントの始まる直前に食料品貯蔵室を空にする習慣にある。卵、粉、牛乳その他の材料のたまったものを使い切る最も簡単なやり方は、パンケーキを焼くことであった。この同じ日は、いくつかのヨーロッパの国々とその植民地では「ざんげ火曜日」とも呼ばれ、たとえば、現在のブラジルのリオ・デ・ジャネイロのカーニバルなど、大きなカーニバルも行われる。

　イースターの日に至るレントの最後の週については取り上げて特別に述べなければならない。この期間は通常は「聖週間」として知られ、棕櫚の日曜日（イースターの前の日曜日）に始まり、イースターの前日で終わる。この期間はしばしばキリストの受難と死についての考察で過ごされ、この期間はしばしば「受難節」と呼ばれる。ローマ・カトリックでかなり重要になった信仰の助けのひとつは、「十字架の道行きの留」である。これは、キリストの地上での最後の日——聖金曜日のさまざまな段階を14描くものであり、14の「留」は次のようである。

1　キリストがピラト総督の前で有罪判決を受ける。
2　キリストが十字架を受け取る。
3　キリストが十字架の重さのために最初に倒れる。

4 　キリストが母マリアと出会う。
5 　通りがかりのキレネ人シモンが十字架を担ぐ。
6 　キリストの顔をヴェロニカが拭う。「ヴェロニカ」という名は福音書の中では語られていないが、「ピラト言行録」などの初期の外典に見られる。この書は、ヴェロニカがイエスに長血を癒やされた女性であり（マタイ9：20-22）、イエスがピラトの前で裁判を受けたときには、行って彼の無実を主張したと語っている。
7 　キリストが十字架の重さのために二度目に倒れる。
8 　キリストの、エルサレムの女性への勧告。
9 　キリストが十字架の重さのために三度目に倒れる。
10 　キリストの衣服が引き剝がされる。
11 　キリストの十字架刑。
12 　キリストの死。
13 　キリストの遺体がマリアに与えられる。
14 　キリストの埋葬。

　これらの「留」を描いた14枚の板絵を壁にはめ込んだ教会も多い。また、取りはずしのできる板を用い、この時期に展示する教会もある。礼拝者は教会の中を巡り歩いて、ひとつずつの「留」の前で立ちどまり、黙想し、省察し、祈ることを促される。

　「聖週間」は、特に述べる価値のある4日の日を含む。それらは、

- 棕櫚の日曜日
- 洗足木曜日
- 聖金曜日
- 聖土曜日

である。

　イースターの日は必ず日曜日で、聖土曜日のすぐ後に続いている。しかし、イースターの日はレントの期節の外にあって、断食の時期の終わりを印すと見られている。聖週間の四つの日をそれぞれ見てゆこう。

　棕櫚の日曜日は、イースターのすぐ前の日曜日である。この日、教会は、イエスがエルサレムに凱旋入城したことを記念する。その間、群衆は、彼の道に棕櫚の葉を敷いた（マタイ21：1-11）。聖週間の始まりとなるこの日は、今では広く、棕櫚の葉で作った十字架を会衆に配る日になっている。

　洗足木曜日は、ヨハネによる福音書が語るイエスの最後の行いのひとつに注目する──弟子たちの足をイエスが洗ったことである（ヨハネ13：1-15）。キリストの例に倣い、聖職者の謙虚さを象徴して教会の会衆の足を洗うことは、中世の教会の典礼の重要な要素になった。見慣れない「洗足の」（Maundy）という語は、この中世の習慣と関係している。中世では教会の礼拝はラテン語で行われた。この日の典型的な礼拝の最初の言葉は、ヨハネによる福音書の13章34節に記されているイエスの言葉に基づいている。「あなたがたに新しい掟を与える。互いに愛し合いなさい。わたしがあなたがたを愛したように、あなたがたも互いに愛し合いなさい」。ラテン語ではこのイエスの言葉の最初の部分は *mandatum novum do vobis* となっている。Maundyという語は、このラテン語 *mandatum*（「命じる」）がなまった語である。

　イングランドでは、この日に特に興味深い儀式が行われるようになっている。以前は、謙遜の証拠として、王が数名の家臣の足を洗う習わしがあった。今日では、その代わりに「洗足記念賜金」の式が行われるようになった。これは、王たちが、特別に鋳造した貨幣をイングランド全国の司教座大聖堂の長老たちに配る儀式である。

第9章　信仰生活

2004年にリバプールの英国国教会大聖堂で行われた女王列席の洗足記念礼拝で、洗足記念賜金を手渡す女王エリザベス２世。硬貨の入った財布は、女王の年齢78歳を記念して選ばれた男女それぞれ78人に与えられた。PA/EMPICS.

　聖金曜日は、イエスが十字架で死んだ日として記念される。これはキリスト教の１年のうちで最も厳粛な日で、この日を覚えて、教会からすべての飾りを取り除くところも多い。ルター派の教会では、福音書から受難物語が朗読され、ヨハン・セバスチャン・バッハ（1685-1750）の作曲した受難曲が演奏される。「マタイ受難曲」と「ヨハネ受難曲」はどちらも、聖金曜日の記念礼拝に起源を持つ。聖金曜日に午前０時から午後の３時まで３時間ごとに礼拝を守る習慣は、18世紀にさかのぼる。「十字架の３時間」はしばしば、「十字架上の七つの言葉」についての長い黙想の形をとって、沈黙と祈禱と賛美歌斉唱からなる。

　聖金曜日の出来事はまた、劇的に多様なやり方で世界中で記念される。おそらく最もよく知られているのは、10年ごとにキリスト

の受難と死を演じるオーバーバイエルン地方のオーベルアメルガウの受難劇だろう。この村の人々は、1633年のペストから彼らを救ってくれたことを神に感謝するために、10年ごとにキリストの受難と死を演じることにした。この催しは6時間続き、700人の登場人物を動員するもので、今や大きな観光名物になっている。アジア唯一のキリスト教国フィリピンでは、聖金曜日は特に熱烈に記念される。国中の村や町でキリストの十字架刑は若者によって演じられるが、その若者たちはキリスト教信仰への深い参与のしるしとして、喜んで、しばらくの間、釘で十字架に打たれるのである。

聖土曜日はレントの最後の日であり、イースターの直前の日に当たる。東方正教会では特にこの日は「復活祭の徹夜禱」、つまり、翌日、イースターの日に直接つながる深夜の礼拝が行われる日である。この礼拝では、光と闇のイメージが後半に用いられる。

イースター

イースターの日は、イエスの復活を記念する日で、キリスト教の1年で最も重要な日と広く考えられている。この祭りは、キリスト教の最も基礎となる重要性を持つ。第1に、イースターは、イエスがまさに甦りの救い主であり、主であると主張する。正教会の伝統では、この点はしばしば、教会にある勝利の甦りのキリスト（しばしば「全能のキリスト」 $Christos\ pantocrator$ と呼ばれる）を描いたイコンや絵で示される。これは、死から甦った結果、宇宙の支配者となったキリストの姿である。第2に、これは、キリスト教の希望が真実だと主張する——つまり、キリスト教徒が死者の中から復活し、もはや死を恐れる必要がないということを主張している。これらのテーマの両方が、イースターの賛美歌や礼拝を支配している。その良い例が、「リラ・ダヴィディカ」と呼ばれる18世紀初期の賛美歌集である。

第9章　信仰生活

同様のテーマが、キリスト教に伝わる詩にも見られる。ジョージ・ハーバート（1593-1633）の詩はこの点をよく例証している。ハーバートにとってイースターは、キリストと共に甦るという信徒の希望に関わっている。

> 心よ、甦れ、主は甦った。遅れることなく、
> 主を讃えて歌え
> 主は君の手をとる。主と共に君も
> 甦ることができるように。

イースター主日暦（1995–2020年）

年	日付	年	日付
1995年	4月16日	2010年	4月4日
1996年	4月7日	2011年	4月24日
1997年	3月30日	2012年	4月8日
1998年	4月12日	2013年	3月31日
1999年	4月4日	2014年	4月20日
2000年	4月23日	2015年	4月5日
2001年	4月15日	2016年	3月27日
2002年	3月31日	2017年	4月16日
2003年	4月20日	2018年	4月1日
2004年	4月11日	2019年	4月21日
2005年	3月27日	2020年	4月12日
2006年	4月16日		
2007年	4月8日		
2008年	3月23日		
2009年	4月12日		

イースターの日が定められると、それと関連したすべての祝祭日が定まる。棕櫚の日曜日はイースターの日の1週間前である。ペンテコステは、イースターの7週間後で、三位一体主日は8週間後になる。たとえば2000年には、これらの四つの祝祭日は次のようだった。

棕櫚の日曜日	4月16日
イースター主日	4月23日
ペンテコステ	6月11日
三位一体主日	6月18日

ギリシア正教会では、以下のような伝統的なイースターの挨拶が用いられており、今世紀には、ほかのキリスト教伝統でも一般的になってきている。

  Christos anestos（「キリストは甦られた」）
  Alethos anestos（「本当に甦られた」）

イースターは、キリスト教世界の全体で多様な仕方で祝われている。カトリックと正教会ではしばしば、特に光と闇の象徴が重視される。古代教会では、洗礼はイースターの日に行われ、そうすることによって、信徒が闇から光へ、死から命へと移ったことを示したのである。西洋文化圏で広く行われているイースター・エッグを贈る習慣は、卵は新しい命の象徴であり、キリスト教の福音によってもたらされた新しい命を指し示すという考えから来ているようである。

キリスト教会の礼拝式文と賛美歌は、イエス・キリストが死から復活したという知らせの重要性を特に力強く証ししている。ビザンチン典礼の「イースターのトロパリ（賛歌）」は、この世にとってイースターの出来事がどれほど重要かを明らかに示している。

  キリストは死者のうちから甦った！
  キリストは死んで、死を征服した！
  死んだ者に、彼は命を与えてくれた！

昇天日

昇天日は常に木曜日に当たり、イースターの祝いの最後の出来事と見ることができる。この祝いは、キリストが死者から甦り、再び

第9章　信仰生活

弟子たちを派遣した後、最終的に天に昇った出来事を記念する。神学的には、昇天は、甦ったキリストが弟子に現れた期間の最後である。これらの顕現は福音書にある程度詳しく記録されており、また、新約聖書の書簡でもほのめかされているが、復活の直後から始まった。「高挙」のテーマがここでは重要である。それは、イエスが神の右手に高挙された（上げられた）と考えられているからである。

ペンテコステ

　ペンテコステは、教会に聖霊が与えられた、その形成期に劇的な拡張をするにつながる出来事を祝う祝祭日である。聖霊は、キリスト教の思想にも生活にも非常に重要である。近年では世界中の教会でカリスマ運動が起こり、聖霊の特別の役割に認識が高まっている。ペンテコステは、イースターから50日目に当たる。ルカがその福音書と使徒言行録に記した報告によると、復活から聖霊の授与までには一連の出来事が次々と起こっている。復活の後、イエスはさまざまな機会に弟子たちに姿を現し、聖霊が与えられることを約束している。聖霊は、「父の約束されたもの」と言い表され、明らかに伝道と宣教の賜物というテーマと結びついている。

　ヨハネによる福音書は、イエスが弟子たちに、自分が弟子たちから取り去られた後には聖霊が与えられると約束していることを記録している。そのテーマは基本的には、イエスが肉体的にもはや彼らと共にいなくなった後には、彼らがイエスの言葉と行いを覚えるために聖霊が与えられるということである。ただひとつ覚えておいたほうがよいが、ヨハネによる福音書では聖霊は「弁護者」と言われている。これはギリシア語では *parakletos* だが、「慰め手」「助言者」とも訳される。

　ペンテコステを特に記念する出来事は、使徒言行録に記録されている聖霊の降臨である。ルカは、弟子たちが集まっていたときに聖

霊に満たされた次第を語っている。ルカの記述は、この出来事の影響に焦点を当てている。弟子たちは福音を宣べ伝える力を与えられ、彼らと聞き手の間を引き離す言語の壁を取り除かれた。聖霊の降臨はこのように神学的には、救済の計画において「バベルの塔」（創世記11：1-32）の逆転という重要な役割を果たす。

ペンテコステは、キリスト教の1年の重要な祭りである。キリスト教ではこれをイースターに次いで2番目に重要なものと考えている教派も多い。ペンテコステは、昔の英語の文書では「ウィットサン」（文字どおりには「ホワイト・サンデー」つまり「白い日曜日」）と呼ばれていた。それは、この日、聖職者が白いガウンを着る伝統からである。

三位一体主日

キリスト教の1年で最後の重要な祭りは、ペンテコステの翌週の日曜日の三位一体主日である。これは、キリスト教特有の三位一体の教義を祝い、イースターの一連の出来事を完成する。神が父と子と聖霊の三位一体として啓示される日と考えられている。これは、聖霊降臨を祝うペンテコステのすぐ後に置かれている。初期の教会は、三位一体の教義を教会の祝祭日の機会とは見ていなかった。たとえば、正教会のキリスト教暦には、直接この祭りに相当する日はない。この祭りが最初に決定的に重要になったのは中世で、ついに1334年にヨハネ22世によって正式に祝祭日とされた。三位一体主日は、キリスト教暦で最後の重要な祭りである。この後の日曜は、「三位一体後主日」と呼ばれる。そうして、アドヴェント主日から始まる次の一巡りに至るのである。

修道院の1日

時を組織化する方法としては、キリスト教の1年の暦が間違いな

第9章　信仰生活

く最も重要なものであるが、もうひとつ見ておくべきものがある。時を組織化する最も重要な方法は、修道院で発達した。修道院制は、ある程度、コンスタンティヌス大帝の回心の結果起こった世俗化への反動として起こった。世間で活発に働き続けることを選んだキリスト教徒にとって、不断の祈りがますます困難になってきたのに対し、修道院は、ひとつには、そうした祈りを可能にするために設立された。ますます修道院制はひとつの理想となり、修道院の外では不可能な不断の祈りという目的が献身的に追求される場と見られるようになった。

　不断の祈りへの強調は、1日を再構成することにつながった。徐々に出来上がってきた形は、昼7回と夜1回の祈禱であった。これらの祈禱の1回ずつは「聖務日課」(office) と呼ばれ、ラテン語の *officium*（「務め」という意味）から来ている。この形の聖書的基礎は詩編に見出される。たとえば、詩編119編164節は、日に7度、祈りをささげることを促しており、多くの詩編は、夜中に祈ることに触れている。この修道院の1日の発達は、昼7回と夜1回の聖務日課が徐々に制度化されたことに見られる。

　この型の正確な発展ははっきりとは分かっていない。けれども、次のような点が原因になったと思われる。

1　すでに通常の教会生活の中でも、早朝と夕刻に会衆が集まって祈る傾向が広まっていた。これらの聖務日課は、「朝課」と「晩課」と呼ばれた（ラテン語の「朝」と「夕方」からである）。修道院は、これらの祈りの通常の型を、彼ら自身のより厳密な構成に取り入れたように見える。これら2回の祈りはしばしば主要な日課とされる。
2　第2のおもな要素は、古代ローマの労働時間の構成である。これによって、祈禱が特に第3、第6、第9刻（つまり、午前9

時、正午、午後3時)になされるようになった。これらは、特に(ラテン語の「第3」「第6」「第9」から)「第3時課」「第6時課」「第9時課」と呼ばれる。

3 さらに2回の聖務日課が規定された。「終課」は、実際は就寝前の最後の祈りである。「プリマ」(1時課)は早朝の祈りの形であり、おそらくカッシアンによって導入された。彼は、修道士たちが夜の聖務日課の後、床について、朝の9時まで起きてこないのではないかと憂えたのである。

4 夜の聖務日課の時刻は、その土地の礼拝の様式や個人的鍛錬の見方によってかなり異なっている。もし、昼が3時間ごとの八つの時間帯に分けられるなら、夜の聖務日課は午前3時に設定されるはずである。けれども、この点においてはいくらか変動がある。

　ここで指摘しておくべき基本的な点は、修道院の1日は祈りと聖書朗読によって組織的に構成されていたということである。ことに詩編が朗読され、詩編の148編、149編、150編は特に頻繁に用いられた。日ごとの聖務日課という様式は、個人と共同体の霊性にとって重要な枠組みと見られた。これは修道士たちには、不断の祈りという理想を達成する機会を与え、同時に、彼らに聖書の言葉を染み込ませたからである。修道院の霊性にとって非常に重要な一側面であった聖書の内面化は、いくつかの修道院の伝統に見られるような、個々の修道士の個室での個人的な信仰生活の重視だけではなく、修道院の聖務日課で聖書が非常に豊かに用いられたことにも基づいている。

　覚えておくべきことは、1日をこのように組織立てるやり方のいくつかの面は、修道院の伝統の外で今でもやはり重要だということだ。その非常に良い例は、福音伝道主義の「静かなとき」の伝統で

あろう。これは、聖書朗読や黙想や祈りのために取り分けておかれる毎日の時間である。多くの福音主義者にとって、早朝は、聖書を読むことから１日を始める理想的な機会である。現代生活の圧力によってこの習慣はいくらか損なわれてきているが、基本的な原理は変わっていない。「静かなとき」を奨励し助ける多くの自習書が出版されており、これらは特に、日ごとにひとつの聖書箇所を割り当て、その聖書箇所について信仰上の短い解説や省察を加えて祈りの助けとしている。同様に、ディートリヒ・ボンヘッファー（1906-45）は、毎日一定の時間を個人的な聖書研究と黙想のために割くことを勧めている。『共に生きる生活』（1938年）でボンヘッファーは、「ひとりでみ言葉に向かうこと」、そして、み言葉が読者に挑み、鼓舞するようにすることの重要さを論じている。

文化に対するキリスト教の態度── 一般的考察

　キリスト教は、個人的であると同時に公的な信仰である。個人の考え方や振る舞い方に影響を与えると同時に、社会全体にも影響を与える。一部のキリスト教著者が、社会から退き、関係を絶つことを主張している一方で、文化全般に深く関わることを支持する者もある。いかなる公共の娯楽──たとえば、映画などに行くべきではないと考える人もいる一方で、一般に文化には、十分によく理解するように関わることが重要だと考える人もいる。

　キリスト教と文化との相互作用の歴史は非常に複雑である。いくつかのキリスト教のグループは意図的に自分たちを反文化的と規定し、そこから、自分たちをまわりの人々から区別するような衣服や習慣を身につけている。現代アメリカのメノナイトやアーミッシュの共同体は、この流れの特に良い例である。彼らは、自分たちの信仰が、自らを主流の文化から離すことを要求していると考えており、

物理的な目に見える方法で自分たちをほかから区別している。たとえばアーミッシュは、世間からの分離と謙虚さとを助長するような型の衣服を選んでいる。非常に素朴な服装をして、ごく基本的な装飾以外はすべて避けている。衣服はおもに黒っぽい色の地味な生地を用いて家で縫われる。けれども、これは、少数派の見方である。ほとんどのキリスト教徒は、世間から自分たちを区別する必要をまったく認めない。

　キリスト教と文化との相互関係の複雑さを理解するためには、キリスト教の歴史の最初の段階を考えなければならない。キリスト教は40年代にローマに最初の進出を果たして以来、決定的に不安定な法的地位にあった。一方で、キリスト教は法的には認められておらず、特別の権利を何も持たなかった。けれども、信徒数の増加によって勢力が増大したために、定期的に力による抑圧を受けることになった。それらの迫害は、ときには地域的に、たとえば北アフリカなどの地方に限定されたものであったが、ときにはローマ帝国全体で公認で行われた。

　それでは、キリスト教徒はこの状況にどのように応えるべきか？　コンスタンティヌス帝の改宗以前は、多くのキリスト教徒は、信仰を自分自身のうちに留めて目立たないようにすることに甘んじていた。多くの人々は——テルトゥリアヌスを含めて、キリスト教はそのような世俗的影響を避けて独自のアイデンティティーを保つべきだと考えた。「アテネがエルサレムと何の関わりがあるのか？」と彼が問うたのは有名である。けれども、コンスタンティヌス帝の改宗で新しい可能性が開けた。

　ヒッポのアウグスティヌスは、信仰と文化との関係についてキリスト教のおもな応答を規定したと広く見られており、それは正しい。アウグスティヌスの取り組みは、「古典文明の批判的取り込み」だったと言うのがおそらく最も妥当だろう。アウグスティヌス

第9章　信仰生活

の考えでは、状況は、出エジプトの時代に奴隷の境遇から逃れたイスラエルにたとえることができる。彼らは、エジプトの偶像を置いてきたが、エジプトの金や銀は持ってきて、それらの富をより良く妥当に用い、それによってその富が解放され、以前より高い目的のために用いられるようにした。それと実に同様に、古代世界の哲学や文化は、しかるべき場合にはキリスト教徒によって取り入れられ、キリスト教信仰のために役立てられるであろう。

アウグスティヌスの基本的な考えは、それまで異教徒だけに用いられるように閉じ込められていたある考え方——あるいは、書き方や話し方を用いて、それらをその拘束から解放し、福音に役立てることである。アウグスティヌスによれば、本質的に中立的だが価値のある考え方や自己表現の仕方は、「神の管区の鉱山で」採掘されてきたのだ。困難なのは、それらが異教の文化の中に入れられてしまって、「不適切に、また非合法的に悪霊礼拝と姦淫している」からである。

アウグスティヌスの見方はこのように、善いもの、真理なるもの、美しいものは何でも、福音のために用いることができるという主張の基礎となった。この考えは後に西方教会で支配的になり、キリスト教の著者たちが、もともとは教会の外にあった文学ジャンルを批判的に取り入れることへの神学的根拠になった。すでに教会の中で知られ、キリスト教の使用に完全に適していると認められていた文学形態——たとえば説教や聖書注解に加えて、ほかの文化的血筋から言えば完全に世俗的なものも加えられた。たとえば、劇や——後に発達したものも含めるならば、小説などである。

けれども、アウグスティヌスの見方は決して完全には受け入れられなかった。キリスト教史の研究から明らかになるのは、文化とのさまざまな相互作用が織りなす複雑な模様であり、アウグスティヌスに触発されたものもあり、それよりも反文化的な考え方によるも

のもあった。キリスト教徒の中には、世界をキリスト教の信仰や習慣に敵対的な環境と考える者もあった。神の国の価値観は世俗の価値観と対照的である。この型の霊性は、キリスト教史の最初の2－3世紀、キリスト教が世俗の権威から非常な不信感と疑惑の目で見られ、ときに活発に迫害を受けた時代には特に重要だった。しかし、ローマ皇帝コンスタンティヌスがキリスト教に改宗したことによって、事態はまったく異なった。キリスト教は急速にローマ帝国の公式の宗教になった。多くの人々の目から見れば、その結果、世俗の価値との妥協が起こった。司教たちは、世俗の君主たちのドレスや習慣を真似し始めた――たとえば、紫色のガウン（富と権力の象徴である）を着用し始めた。

こうしたことによって多くのキリスト教徒は、真正のキリスト教の理想が危険にさらされていると考えた。修道院運動の起こりは、教会と国家が安易に順応し合い、折り合いをつけるようになり、両者が区別できなくなってきたことに対する反動と広く見られている。修道院は、権力と富の誘惑から隔離された正真なキリスト教の中心であり、真のキリスト教のヴィジョンが追求できる場と自負していた。修道院の霊性の著の多くは「この世の蔑視」、つまり、救済と個人の霊性の成長には障害になると見られるこの世の差し出す誘惑の意識的な拒否をはぐくむことを語っている。この世から退くことが、自分の救済を確保する唯一の保証された方法であった。

プロテスタント宗教改革は修道院の理想を拒否したが、この世を放棄することと、真正のキリスト教のためにこの世界に敵対することという二つのテーマは、宗教改革運動のより急進的な者たちに取り上げられ、発展させられた。アナバプティストの著者たちは、世俗の権力や権威といかなる関係を持つことも拒絶し、武力の行使を拒否した。このとき、より急進的な著者たちと主流の宗教改革者たち（ルターやカルヴァン）の間に緊張が認められた。同様の態度が、

今日の北アメリカの原理主義者たちの間に見られる。
　キリスト教と文化の関係はこのように複雑である。地元の文化と積極的に十分な相互関係を持つことに何の困難も覚えないキリスト教徒がいる一方で、そのような関与はキリスト教の独自性を蝕んでしまうと恐れるキリスト教徒もいる。

文化に対するキリスト教の影響

　キリスト教は、文化を変える潜在能力を持っている。それは、古代にも現代の世界にも見られる。3世紀後期には多くのローマ人が、ローマの繁栄と影響力が減じている直接の原因はキリスト教が起こったことだと考えていた。古い宗教祭儀はキリスト教に取って代わられた。疑いもなく、古代異教文化の、ゆっくりとではあるが容赦ない死を助長した最も重要な原因のひとつはキリスト教であった。同様のパターンが、現代の中国の文化にも見られる。中国では、若い世代の人々の間にキリスト教に対する関心が広がっている。伝統的な中国の習慣には、たとえば「墓掃除」（子どもたちは先祖の墓を掃除することによって祖先を敬う義務があると考えられている）などがあるが、それらは中国の若いキリスト教徒たちには疑いの目で見られている。彼らは、これらの習慣が、キリスト教にはない一連の信仰と結びついていると感じるからである。この伝統的な中国の習慣は、キリスト教の成長のせいで損なわれつつある。キリスト教の成長の結果起こった文化的な変化については、無数の例が他にも挙げられる。アフリカや東南アジアの伝統的な宗教と、それに結びついた習慣の衰退もそのひとつである。
　キリスト教と、もう二つの一神教——ユダヤ教とイスラム教の違いは、キリスト教がその信徒に食物や衣服について何も要求しないことである。ユダヤ教とイスラム教はどちらも、ある種の食物——

たとえば豚肉を「不浄」と見て、信徒がそれを食べることを禁じている。ナザレのイエスは、すべての食物は清いと宣言し、道徳や宗教の純粋さは人の心の中にあり、口を通して体の中に入ってくるものにはよらないと主張した。同様に、ユダヤ教とイスラム教は、動物を屠殺するにも、宗教的規定に従った食べ物（ユダヤ教のコーシャやイスラム教のハラール）にするように、特別のやり方でなすように要求している。初代教会の中には、そのような要求を取り入れようとするユダヤ化主義者たちがいたが、そうした圧力にもかかわらず、キリスト教は決して信徒にそのような要求をしたことはない。

　けれども、キリスト教が文化との相互関係の中に生きていることも十分理解しておかなければならない。キリスト教は周囲の文化に影響を与えたが、その文化もまたキリスト教を作ったのである。この過程はまったく自然であった。キリスト教が食物や衣服や生活様式について何も明確な規定をしなかったために、キリスト教徒たちは、自分たちの文化のさまざまな面を信仰内容に従って組み入れていくことができると考えた。キリスト教の内部での広い範囲の文化的多様性は、キリスト教とイスラム教の最も顕著な相違であろう。

　こうして、伝統的な文化の慣習や習慣はキリスト教の中に入った。そのいくつかは、ほとんど普遍的に受け入れられた。二つの例が挙げられる。キリスト教の司教と結びつけられる伝統的な色は紫である。これは、古典世界では社会的地位のしるしであり、キリスト教には、キリスト教共同体と、それを超えた範囲で司教の重要性を示すために取り入れられた。キリスト教がもしその起源を中国に持っていたら、きっと司教は黄色のガウンを着ていたかもしれない（黄色は、中国で伝統的に王室と結びついた色である）。古代文化のこの面をキリスト教徒は受け入れられると考え、結局、教会にまで取り入れたのである。第2の例は、結婚指輪を花嫁の左手の薬指にはめるキリスト教の習慣（今では西洋の文化に広く広まっている）である。これ

は伝統的なローマの慣習を反映している。キリスト教徒はこれを完全に受け入れられるものと見た──そして、彼らの結婚の習慣に組み入れたのである。

さらにもうひとつの興味深い領域は、イエスが弟子たちに、パンとぶどう酒を用いて彼を記憶しなさいとはっきり命じたことに応じるために、ぶどう酒の供給が必要となったことと関係がある。スペインやフランスやイタリアの大きな中世の修道院はまもなく、聖餐式のぶどう酒をいつでも確実に入手できるように、ぶどう園を造るようになった。そして、ポルトガル・コルク樫の樹皮を用いて、いかにぶどう酒を保存できるかを発見したのは、ひとりの修道士──ドム・ペリニョンであった。

以下で、キリスト教がどのように文化に影響を与え、今でも与え続けているかをいくつか見てゆこう。このように主題を限定するのは、ひとえに紙面が限られているためであることははっきりと断っておかねばならない。以下は、キリスト教が文化と相互作用をするやり方の例として見るべきである。この短い分析が最終的なものであるとは考えるべきではない。

キリスト教と自然科学の発達

自然科学の出現は、近代文化に最も独特の特徴である。そのため、キリスト教がこの展開に与えた影響を見ることは重要である。予想されるように、これはかなり複雑である。科学とキリスト教は恒久的な対闘争関係にあるという一般的な見方もあるが、これは事実には合っていない。キリスト教と自然科学の最も信頼の置ける説明は、「複雑だ」ということだ。

神がこの世を創造したということが科学の研究の根本的動機であるということには広く合意がある。この点を掘り下げてみるために、

自然の位置づけについて、三つの広い立場を考えよう。

1　自然界は、神性を帯びている。
2　自然界は、創造主によって造られ、その創造主といく分似ている——これがキリスト教の見方であり、後に考察する。
3　自然界は、神と関係がない。

　上の見方は、ある程度単純化してある。けれどもこれは、キリスト教と科学の関係について基本的に重要な点を突いている。誰か非常に宗教的な人を考えてみよう。もし、自然界が神と何の関係もないとしたら、それを研究する動機は何もない。他方、もし、自然界が神と何か関係があるとすれば、自然界を研究することは、それを創造した神の性質についてより深い洞察を与えてくれることなので、やるだけの十分な理由がある。それゆえ、創造の教義——たとえば、ユダヤ教やキリスト教にあるような——が神と自然界の秩序の間にどのような関係を打ち立てるかを研究することは、非常に深い関心の対象なのである。

　16世紀の多くの宗教的著者が強調した点は、目に見えない神のことは、目に見える創造を通して研究できるということである。この考えは（しばしば、聖書と自然の「2冊の本」という言い方で表現されるが）、自然研究のさらなる刺激となった。もし神自身は見えなくても、何らかの仕方で創造に御自身の性質を刻印しているとすれば、自然界の秩序を研究することで、自然と神の目的をより高度に理解できるようになるであろう。

　第2の関連した問題は、自然界の秩序に関する。創造の教義の（キリスト教やユダヤ教の）基本的なテーマのひとつは、神が自然界に秩序と合理性と美を押しつけたということである。創造の教義は直接、宇宙は人間によって明らかにされうる規則性を持っているとい

う概念に結びつく。このテーマは「自然の法則」という言い方に表現されるが、根本的に重要である。自然の規則性に関するこの宗教的な支えが、自然科学の出現と発達にとって決定的な歴史的重要性を持っていたことは知られている。

けれども、状況はこれよりもはるかに複雑である。キリスト教と自然科学のこれらプラスの相互作用に加えて、両者が対立するか、あるいは対立する可能性のある点をいくつか指摘しなくてはならない。

最初の点は、多くの伝統的な宗教にある概して保守的な性格に関係する。キリスト教の教会はしばしば自らを伝統の擁護者と考えており、急進的な新しい考えに反対する立場をとる。これは、キリスト教の神学の必然の結果ではないが、西ヨーロッパの歴史において長く教会が果たしてきた社会的役割を反映している。一方、自然科学はしばしば急進的で、受け継いだ知恵を問い直すものと見られている。

フリーマン・ダイソンが「反逆者としての科学者」という論文で指摘しているように、科学のほとんどの視点に共通の要素は、「その土地で優勢な文化によって押しつけられた制限への反逆である」。だから、科学は、ほとんどその定義からして革命的な営みなのだ——この点は、J・B・S・ホールデンが1923年にケンブリッジで「異端者協会」に向けて行った講演で述べたよく知られた言葉にあるとおりである。アラブの数学者で天文学者でもあったオマール・ハイヤームにとって、科学は、イスラム教の知的拘束に対する反抗だった。19世紀の日本人科学者にとっては、科学は、彼らの文化の中に残っている封建制への反逆だった。20世紀の偉大なインド物理学者にとっては、彼らの学問は、ヒンドゥー教の宿命論的倫理に対する強い知的力だった（そしてまた、当時この地方を支配していた英国の帝国主義に対抗する力でもあったことは言うまでもない）。そして、西

ヨーロッパでは、科学の進歩は不可避的に、政治的・社会的・宗教的要素を持つ当時の文化との対立を含んでいた。西洋ではキリスト教が支配的だったので驚くに当たらず、科学と西洋文化との緊張はしばしば科学とキリスト教の衝突と見られてきた。

科学的世界観が起こってきたことで、伝統的な宗教的見方の多くに疑問が持たれるようになったことも、ぜひ指摘しておかなければならない。たとえば、コペルニクスの太陽系モデルが出現し、徐々に受け入れられるようになったことは、多くの宗教的思想に暗に含まれてきた地球中心の宇宙観に深刻な問いを突きつけた。けれども、そのような地球中心の見方がそれほど深く伝統的な宗教的思想に根をおろす必然性があったのかどうかが、そもそも疑問なのである。実際は、聖書がそのような地球中心主義を支持すると考える昔の見方は、大方、地球がすべての中心であるから聖書も同じことを言っているに違いないという暗黙の前提から来ている。聖書や聖書解釈者の文化的に条件づけられた要素を「はがす」ことのできる聖書解釈の技術によって、この難題は解決された。

けれども、伝統的な宗教的信仰内容を最も抜本的に脅かしたのはダーウィニズム論争だった。これは、神がそれぞれの種を直接創造したという信仰（「特殊創造」の教義）や、特に、人間が神の創造の頂点であり、動物の王国のほかの者たちから別にされているという考えに直接異議を唱えるものだったからだ。ダーウィンの考えは（その微妙な性質に気がついて、彼はかなり注意深く述べているが）明らかに、人類は自分たちが思いたがっているほど特別ではないと示唆していた。

コペルニクスの宇宙論が、創世記の創造物語のひとつの面に異議を唱えた一方で、ダーウィニズムがもうひとつの面に疑問を投げかけた。19世紀後期には、聖書とコペルニクスとダーウィンを調和することは完全に可能であると考える向きも多かったが（「有神論的進化論」という考えがあったことも指摘しておく）、一般に、科学と宗教

二つの学問の間には根本的でおそらく致命的な矛盾があるという認識が起こってきた。これは、西ヨーロッパ（特にイングランド）に典型的な社会的・政治的要因によって起こった分極だが、そのような緊張が存在するという事実は残り、宗教を、科学の進歩に対して潜在的に敵対するものとした。

　それゆえ、明らかなように、科学と宗教の歴史的相互関係については、問題をただ否定的に、あるいは肯定的にのみ描くような分析はすべて、ことの一部しか見ておらず、受け入れがたい。単純な事実として、歴史的相互作用は両義的だった。宗教的な信仰は自然科学の出現を促しもしたし、妨げもした。信仰と科学は不倶戴天の敵同士になっているという単純な見方は、まったくナンセンスだ。けれども、これは否定しようもなく非常に両義的な関係である。おそらく、誰も驚くに当たらず、さまざまな調査はいつでも、神が存在するか否かということに関して自然科学者の意見が半々に分かれていることを示している。

　ここで注意を、現在の文化のひとつの特別の要素——自然科学から、芸術や音楽や文学の世界に向けよう。キリスト教はどのように、私たちがこの世界を描く描き方や考察する仕方を形作ってきたのだろうか？　最初に、キリスト教の象徴がどのように発達してきたかを考えよう。

キリスト教の象徴——十字架

　イエス・キリストがどれほどキリスト教信仰の支配的存在であるかはすでに見た。特に、キリスト教徒がイエスの十字架の死を人類救済の根拠と理解していることも見た。十字架はこのように救済の象徴である。これはキリスト教の希望の象徴でもある。イエスの復活によって死が打ち負かされたことを断言するものだからである。

十字架は——処刑の道具であるが——このように、キリスト教の基本である希望と変容のしるしとなった。

　十字架は、おそらく2世紀の後期にまでさかのぼる非常に早い時期から普遍的に認められたキリスト教信仰の象徴である。実際、キリスト教信仰の中で、これほどの重みと権威と評価を持っている象徴はない。キリスト教徒は十字架のしるしによって洗礼を受ける。教会その他のキリスト教の場所には十字架が置いてあるが、それだけではなく、その建物自体、しばしば十字架の形に建てられている。キリスト教が十字架を重視していることは、教会の設計に大きな意味を持っている。実際、キリスト教の神学が西洋の文化に最も深い影響を与えたのは、おそらくこの点においてであろう。大きな中世の大聖堂や教会のまわりを歩いてみることは、石に刻まれた神学を見ることにほかならない。

　多くのキリスト教徒は、危険や不安のときに十字架のしるしを作ることが助けになると考えてきた。キリスト教徒の墓には——カトリックでも、正教会でも、プロテスタントでも——十字架のしるしがつけてある。キリスト教の象徴表現の起源や発達の注意深い研究によって明らかになったことだが、十字架は、最も初期の時代からキリスト教の福音の象徴と見られていた。新約聖書で最も初期に書かれた部分ですでに、「十字架の言葉」という言い回しは、キリスト教の福音の要約として用いられていた（Ⅰコリント1：18-25参照）。ふたりの2世紀の著者が特別の明確さで十字架の重要性を表している。テルトゥリアヌスにとって、キリスト教徒は「十字架を信じる者たち」であった。アレクサンドリアのクレメンスにとっては、十字架は「主の最高のしるし」であった。古代ローマの壁に刻まれた反キリスト教的な絵が残っているが、そこには、十字架にかけられたロバの頭をした男を拝む男が描かれている。そこに刻まれた題名は、「アレクサンダー、彼の神を拝む」である。

第9章　信仰生活

　十字架がキリスト教信仰の最高の象徴として世界中で受け入れられるようになった最終段階は、一般に、後にローマ皇帝となるコンスタンティヌスの改宗だったと考えられている。決定的なミルウィウス橋の戦い（312年）の前後に、コンスタンティヌスは十字架の幻を見た。その幻は彼に、そのしるしを彼の兵士たちの盾につけろと命じた。コンスタンティヌスの統治の間、さまざまな型の十字架がローマに立てられ、ローマの貨幣にもつけられるようになった。十字架は、彼以前のローマ皇帝たちには処刑の手段として用いられ続けていたが、コンスタンティヌスはその習慣を違法として、処刑台のことはもはや「十字架」（*cruces*）とは呼ばず、*patibula* と呼ぶように指示した。

　初期のキリスト教著者たちは十字架を、キリスト教信仰の大きなテーマの数々を教える教材とも考えた。十字架は、救済の真実性と、死の世界での希望を確言するだけではない。イエスの完全な人性をも確言する。初期のキリスト教著者は十字架に、それよりさらに野心的な概念を読み込むことも辞さなかった。殉教者ユスティノスは、キリスト教の十字架と、プラトン哲学が宇宙の象徴とするギリシア語の *chi*（Xの十字形をしている）の間には直接の対応があるのではないかと論じている。

　1世紀のキリスト教徒たちは、イエスの十字架刑を描くことを嫌がったという証拠がある。十字架の象徴を作ることと、ゴルゴタの十字架の上のイエスを描くこととは、まったく別の問題である。特に、裸のイエスの肖像を描くことは悪趣味で品がないと考えられた。けれども、そうした抑制は徐々に克服された。キリスト教の芸術は、東西を問わず、信仰のために十字架に注目するようになってきた。イエスが純粋に神的で、何も人性を持たないという見方に対して、キリスト教の指導者たちは芸術家たちに、彼の完全な人性を強調するためにイエスの十字架を描くことを奨励した。イエスの苦難

と死を強調するのに、十字架の上の彼を描くよりも良い方法はあるだろうか？　これらの考察の含意は重大であり、多くのキリスト教著者が十字架を敬虔に描くことを非常に重視していたことが理解できる。

　当時、キリスト教芸術で復活の描写はかなり重要だったが、キリスト教の思想と礼拝で根本的に重要なものはやはり十字架であった。このように十字架が中心に見られていることは、文化の多くのレベルに表れている。そのひとつが教会の設計である。多くの教会は十字架の形に建てられ、いくつもの十字架を目立つように中に飾ってある。多くのキリスト教徒にとって特に重要なのが、キリスト磔刑像――つまり、十字架の上で両手を広げたイエスの木彫――で、その頭上には「INRI」という刻銘がある（この文字は、ラテン語で「ナザレのイエス、ユダヤの王」を意味する *Iesus Nazarenus Rex Iudaeorum* の頭文字である。その背景は、ヨハネによる福音書19章1–16節にある）。磔刑像は、キリスト教徒にイエスの苦難を思い出させ、彼の十字架の死の結果としてもたらされた救済の真実性を強調するためのものである。

　十字架は、その歴史にキリスト教信仰が浸透した諸国民の象徴に入り込んでいる。たとえば、英国の国旗ユニオンジャックは、三つの異なる十字で構成されている――聖ジョージ（イングランド）、聖パトリック（アイルランド）、聖アンデレ（スコットランド）の十字架がひとつの柄に組み合わされているのである。ケルトの十字架は、十字架の四つの辺にかかるように円を重ねてあるものだが、アイルランドの光景で特に目を引く。特別の国家的あるいは地方的連想のある十字架の形には、たとえば、「ロレーヌの十字架」や「マルタの十字架」などがある。このキリスト教の象徴を国旗に組み入れるようになった背景は、おそらく2世紀にさかのぼる。殉教者ユスティノスとその他の者たちは、当時、ローマの凱旋軍が彼らの「旗とトロフィー」（*vexilla et tropaia*）を先頭に立てて行進したこととの

類似点を見出した。それらの著者たちは、キリスト教徒たちも同様に、敗北した死というトロフィーを戴いた十字架の旗を立てて行進するのだと論じたのである。このテーマは、ことに明らかに、司教ヴェナンティウス・フォルトゥナトゥス（530頃-610頃）の書いた「王は旗ひるがえす」（*Vexilla regis prodeunt*）（288-289頁参照）に表されている。この行進の賛美歌で、フォルトゥナトゥスは、十字架を偉大な凱旋行進の旗にたとえている。十字架は、イエスが十字架で勝ち取った勝利の真実性を象徴している。

十字架は、最もよく知られて広く見られるキリスト教の象徴ではあるが、ほかの象徴も初期のキリスト教では重要であることを覚えておくことが重要である。それらのひとつを見ておこう。魚は、キリスト教徒のアイデンティティーの象徴として用いられた。教材として用いることのできる要素を含んでいたためである。ギリシア語で魚は *IXΘYΣ*（I-CH-TH-U-S、イクテュスと読む）と言うが、この5文字は、イエスのアイデンティティーと意義に関するキリスト教の中心的な信仰内容を書き表す言葉の頭字語の役割を果たす。

ギリシア語の文字	ギリシア語	訳
I（イオータ）	Iesous	イエス
X（キー）	Christos	キリスト
Θ（セータ）	Theou	神の
Y（ヒュプシロン）	Huios	み子
Σ（シグマ）	Soter	救い主

こうしてイクテュスという語は、キリスト論的主張「イエス・キリスト、神のみ子、救い主」を書き表しているものなのである。「魚」への言及は、初期キリスト教徒が書いた多くのものに見られ、特に墓には多い。ギリシア語の *ichthus* という語と魚の象徴は、今

でもキリスト教徒に広く用いられている。もし、あなたの前の車がバンパーに魚の象徴をつけていたら、おそらくそれはキリスト教徒の車だろう。もし、何かの組織かインターネットのアドレスが *ichthus* という語を含んでいたら、何かキリスト教と関係があると見てまず間違いはない。

キリスト教芸術

　神は不可視であり、死すべき人間の目には見えない。この洞察は、神を超越的なものと理解するほとんどの宗教に基本的である。けれども、キリスト教思想の歴史を通じて、人間は、神を何らかの形で描きたいという顕著な憧れを示してきた。もし神を映像化できないならば、神の概念は潜在的に抽象的で非人格的となり、人間の経験から離れたものとなる。キリスト教の霊性の最も重要なテーマのひとつは具象化である——神の超越性を傷つけることなく、神を熟考できるようなものとして視覚的に表現するやり方の開発である。神の顔を見ることは可能だろうか？

　この問題について、まず、不可避的に出てくる問題を考えることから論じ始めよう——つまり、偶像崇拝の問題である。神の像を作ることは、私たち自身が作りだしたものを作り上げてしまう危険を冒すことである。つまり、私たちの作る神の像はすべて、偶像になりうるのだ。おそらくこの理由から、旧約聖書は、いかなる神の像を作ることも絶対的に禁止している。第2の命令——すべてのキリスト教徒が拘束力を認めている戒めであるが——はこの点では非常に明瞭である。

　　あなたはいかなる像も造ってはならない。上は天にあり、下は地にあり、また地の下の水の中にある、いかなるものの形も

造ってはならない。あなたはそれらに向かってひれ伏したり、それらに仕えたりしてはならない。　　　（出エジプト20：4-5）

　この関心は、キリスト教の改革派の伝統では非常に重視されてきた。この伝統は宗教改革者ジャン・カルヴァン（1509-64）の著に基礎を置いているのだが、いかなる形にしろ宗教的像を作ることには、少なくとも、私たちが自分自身の作ったものを礼拝することになる理論的な危険が伴うと考えている。そこで改革派の伝統は、神やイエス・キリストを描くことを含め、あらゆる形の宗教芸術をやめさせようとする方向にある。

　以下では、ギリシア正教の伝統でのイコンの重要性を見る。正教会のイコンの使用は普遍的に良しとされているわけではないことを知っておくことが重要である。ビザンチン世界での聖画像破壊論争（730-843年）は、イコンが実際に偶像かどうか問題提起している。おもなイコン擁護者たち（ダマスコのヨアンネスやストゥディオス修道院のテオドロスを含む）は、イエスの人性をイコンで表すことは完全に合法的であると論じた。信仰によって、キリストの人性を通過して彼の神性を見分けることは可能である。

　今述べたことからまた明らかなように、西方の神学での改革派の伝統では、イコンの使用は、人間の手で作られた像を礼拝することを奨励する点で、潜在的に偶像崇拝であると考えられていた。正教会はそうした批判に対する応答として、礼拝の対象になっているのはイコンの像ではなく、それが描こうとしている真の実在であると答えた。正教会にとっては、イコンは祈りの手段であり、そうしたものとして天国への窓であり、単に美的快楽のために見る芸術作品ではない。ビザンチンの伝統では、イコンの神学は通常、彫像よりもむしろ二次元に描かれたイコンやモザイクについて適用されてきている。

第9章　信仰生活

「ハイデルベルク信仰問答」は、イコン使用に対する改革派の異議の大筋を論理的に示している。また、改革派の教会ではなぜ宗教芸術がカトリックや正教会と同じように発達したことがないのかも示している。この宗教問答は1563年にドイツ語で書かれたが、神の像はキリスト教信者にとって必要ではなく、役にも立たないという考えを展開している。ここには、イスラム教との興味深い類似がある。イスラム教と改革派の神学はどちらも、神の像が神を崇拝する助けになる代わりに、それ自体、礼拝の対象になることを避けようとしているからである。

問い96　第２戒で神は何を望んでおられますか？
答え。　私たちが、どのような方法であれ神を形作ったり、この方がみ言葉において命じられた以外の仕方で礼拝してはならない、ということです。

問い97　それならば、人はどのような形も作ってはならないのですか？
答え。　神は決して模造されえないし、またされるべきでもありません。被造物については、それが模造されうるとはいえ、人がそれをあがめたり、またはそれによってこの方を礼拝するために、その形を作ったり所有したりすることを、神は禁じておられるのです。

問い98　しかし、画像は、信徒のための書物として、教会で許されてもよいのではありませんか？
答え。　いいえ。私たちは神より賢くなろうとすべきではありません。この方はご自分の信徒を、物言わぬ偶像によってではなく、み言葉の生きた説教によって教えようとなさるのです。

第9章　信仰生活

　「ハイデルベルク信仰問答」が、いかに指導と信仰の手段として宗教芸術ではなく聖書の説教を用いることを示唆しているかに注意したい。この関心は、改革派の伝統を、カトリックや正教会からだけではなく、ほかの宗教改革教会（ルター派や英国国教会など）からも区別する指標となる。ほかのキリスト教の伝統はほとんど、宗教芸術を信仰に役立つ助けと考え、礼拝の場にしかるべき宗教芸術の作品を展示することを奨励している。また、改革派の中でも最近、数名の神学者が、深い神学的考察や個人の献身を促すために宗教芸術の作品を用いていることも指摘しておく。たとえば、カール・バルト（1886-1968）は、マティアス・グリューネヴァルトが磔刑を描いたアイゼンハイムの祭壇画の写しを机の上に置いていた。ユルゲン・モルトマン（1926-）は、20世紀最大の神学書のひとつと定評のある『十字架につけられた神』を書いたとき、マルク・シャガールの「黄色の磔刑図」の写しを前にしていた。

　それでは、もし神を描くために宗教的画像を用いるとすれば、偶像崇拝の咎めはどのようにすれば避けることができるのだろうか？　最も説得力のある答えは、おそらく最も簡単な答えだろう。「私たちは、そうするように意図されているからだ」。新約聖書は、イエスが「見えない神の姿であり」（コロサイ1：15）、「神の本質の完全な現れ」（ヘブライ1：3）であると断言している。ヨハネによる福音書には、イエスが、彼を見る者は神を見たのであると示す重要な言葉が多数ある（たとえば、ヨハネ14：6）。こうした聖書箇所から浮かび上がってくる基本的なテーマは、イエスが、神を表す権威を持った目に見える像であるということである。つまり、イエスが、目に見え、手で触れることのできるやり方で神を知らせるのである。

　この洞察はキリスト教の霊性にとって非常に大きな含みを持っている。それらのいくつかはすでに見た（278-281頁参照）。神はイエス

に似ている。私たちの考えをイエスに集中することは、ひとつの窓を通って生きた神へと入ってゆくことである。見捨てられた人々、貧しい人々、無力な人々に対するイエスの愛は、そうした人々に対する神の愛を映している。キリスト教の霊性にとって、この洞察の重要性は多大である。これは、神が認めたやり方で神を可視化することを許す。これは、私たちがイエスを、あたかも彼が目に見えない神の像であるように扱う決意をしたということではない。イエスが実際、その神の像であると教えられているということであり、私たちはそのことを知った上で行動すべきだということである。スコットランドの著名な神学者ヒュー・ロス・マッキントッシュ（1870-1936）は、この洞察をこう言い表している。「私はイエスの顔を見つめ、そこに神御自身の御顔を見るとき、それがほかのどこでも見たことのない顔であり、ほかの方法では見ることのできない顔だと分かるのだ」。

　この点は霊性にも関係があり、そのことは多くのことから分かる。特によく知られている例で考えよう。1373年5月8日、英国の宗教家ノリッジのジュリアンは、神の愛について一連の幻を見た。これは、ひとつの特別なきっかけで起こった。ジュリアンは病気になっており、彼女のまわりの者たちは、彼女がまもなく死ぬと確信した。地元の教区司祭が呼ばれた。彼は、彼女の前に磔刑像（つまり、十字架につけられたキリストの彫刻像である）をかざし、彼女にこう語りかけた。「あなたに、あなたの造り主、救い主の像を持ってきましたよ。ご覧なさい、そして力をいただきなさい」。十字架の上のキリストの像は、神の善性と、罪人への圧倒されるような寛容さと好意を広く黙想する窓口となった。

　この点の発展は、宗教芸術に見ることができる。もし、イエスの生涯と人格を瞑想することで人々が神をより深く知ることができるとすれば、キリストの生涯の出来事を鮮やかに描くことは、多くの

第9章　信仰生活

人々にとってその過程をさらに助けると思われた。中世とルネサンスには、公私の礼拝や祈りに宗教芸術を用いることが増した。イエスの物語やイエスとその母マリアを描いた静的な肖像を描くのには、板絵が広く用いられた。中世初期の二つの支配的な宗教的像は、聖母子像と磔刑像だった。ルネサンス後期までに、かつて磔刑像に払われたような注意がほかの宗教的主題にも向けられるようになった。ルネサンス芸術家たちは、イエスの生涯の多くの出来事が重要性を秘めていると考えた。特に注目されたのは、受胎告知（天使ガブリエルがマリアに「あなたは身ごもって男の子を産む」と告げる、ルカによる福音書の1場面による）、イエスの受洗、復活であった。復活したイエスがマグダラのマリアに現れた場面（ヨハネ20：17）もまた多くの古典的作品の主題であり、たとえば、フィレンツェのサン・マルコ修道院に1440-41年にかけて描かれたフラ・アンジェリコの「私に触れてはならない」（*Noli me tangere*）もこれを描いている。それに加えて、描かれている者たちの表情を通して、痛みと悲しみなどの感情が伝えられるようになる。教会の板絵は1枚だけで飾られることもあったが、しばしば2枚折りにしたり、3枚、あるいはそれ以上の枚数の絵をつなげて飾られることもあった。たとえば、フーベルト＆ヤン・ファン・エイク兄弟が描いたゲントの祭壇画や、マッティアス・グリューネヴァルトが描いたアイゼンハイムの祭壇画などである。

　イエスの生涯の二つの場面を取り上げて解説しておこう。彼の誕生（しばしば「降誕」と呼ばれる）と十字架上の死（磔刑）である。これらを少し詳しく掘り下げ、キリスト教のテーマや価値観がどのように芸術作品に表れるのか、例で考えてみよう。

　「降誕」――つまり、キリストの誕生は、キリスト教のイコン画で長いこと、ひとつの主要な役割を果たしてきた。キリスト教徒はいつも、救い主の誕生の神学的・霊的重要性をよく理解し、この出

来事を描くことが個人的にも共同体としても信仰に役立つと考えてきた。受肉は、神が私たちを天の場所に引き上げるためにこの罪の世の中に降ってきたということである。神が私たちのひとりとして私たちの歴史に入ってきたことを確信すればするほど、み子キリストが今栄光に輝いて支配している天の場所に私たちが引き上げられることも確信できる。

　西洋で降誕の描き方として圧倒的に多いのが、マリアとみ子を絵の中心に置く描き方である。この描き方の良い例が、サンドロ・ボッティチェッリ（1447-1515）の「神秘的降誕」である。この作品は1500年頃描かれたが、マリアは、新約聖書の時代よりはむしろ画家の生きた時代にふさわしく描かれている。ボッティチェッリは、14-15世紀のほかの画家たちのやり方に従って、聖母を同時代の貴族の女性のような服装で描いている。そこで示されているのは、キリストが歴史に入ってきたのは単に１世紀のパレスチナだけではなく、すべての時代にとって重要なのだということである。マリアをルネサンスの貴婦人のように描くことは、み子キリストをルネサンスのために変容させる可能性を強調するひとつの方法であった。

　ボッティチェッリは、降誕の場面に牛とロバを含める長い伝統に従っている。けれども、福音書の降誕物語を少し読めばすぐに、牛やロバのことは何も描かれていないことが分かる。では、なぜこのようなものが伝統的にこの場面に入れられてきたのだろうか？　２世紀以来、注解者たちは、キリストの誕生とイザヤ書の１章３節にある「牛は飼い主を知り、ろばは主人の飼い葉桶を知っている」と語る箇所を結びつけてきた。この箇所はキリストの誕生と結びつけられて、被造界のすべてのものが、キリストの誕生とその受肉と死と復活の結果もたらされる新しい創造に関わっているのだということを思い出させるために、こうして降誕の場面と結びつけられたようである。ボッティチェッリはこの伝統に従って、被造界がキリス

第9章　信仰生活

トの誕生によって変容させられたことを天で喜ぶ天使たちを描いている。実際、絵の下の部分では、新しい天と新しい地の可能性を祝って天使たちが人間たちと踊っているところまで描かれている。

　クリスマスの主題と顕現日の主題が混合する場合もある。たとえば、レンブラントの「み子を礼拝する羊飼い」では、生まれたばかりの王を最初に訪問した者たちが描かれている——ベツレヘムの近郊の野から羊を連れてやって来た羊飼いたちである。時々これに描き加えられるのが、生まれた子に金と乳香と没薬という高価な贈り物を持ってきた東方からの3人の「賢者」あるいは王たちである。伝統的にこの「賢者たち」は、めいめいひとつの贈り物を持ってきたと考えられている（福音書には、実際には何人の「賢者」がやって来たかは書かれていない）。

　教会や私有の礼拝堂や家には、しばしば、個人の信仰を深めるための手段として、磔刑の絵が飾られた。キリスト教の著者や芸術家たちはいつも、この画期的な出来事と、そこに含まれる人生を変える意味を熟考する必要に気づいていた。仮現論の異端（これは、イエスはただ人間の「外観」をまとっただけであり、実際には苦しんでいないと主張する）と異なり、キリスト教の正統派は、十字架上のキリストの苦しみと、それがもたらした救済の両方の真実性を強調した。こうして、十字架上のキリストの苦しみを目に見える形で描くことは、私たちの贖いの高価さを強調する役に立ち、キリストが私たちのために成し遂げてくれたことに対する私たちの感謝を深めた。彼が被った痛みをよく理解すればするほど、私たちは、彼が私たちのためにしてくれたことをより讃えるようになる。

　キリストの受難を描く絵は、しばしば、非常に異なる関心と強調点を明らかに示している。十字架上のキリストを、彼を取り巻く群衆の上に高く上げられた形で描く絵もある。これは、キリストが十字架に「上げられ」たのは、彼の十字架と復活によって今度は私た

ちが天に「上げられる」ためであったことに私たちの注意を集中するためである。また、ほかには、彼のまわりの群衆に焦点が当てられ、ときに、彼を嘲笑する人々の怒り狂った表情を描いている絵もある。そこでの強調点は、イエスを十字架につけたのは、実際はちょうど私たちと同じようなごくふつうの人々であったということである。人間の本性に罪は非常に深く根づいているので、キリストを賛美するよりもむしろ彼を十字架につけるほうが私たちの自然な本能になっている。これは、歪曲し破壊する罪の力を強く思い出させるものであり、それと同じくらい強く、私たちには贖いが必要なのだということも思い出させる――そしてもちろん、その贖いを私たちにもたらすためにキリストは十字架で死んだのである。

　十字架のまわりに立っている人々に焦点を当てた絵もある。その見事な例は、1513-15年にマティアス・グリューネヴァルトが描いたアイゼンハイムの有名な祭壇画である。十字架の左手では、3人の人々がキリストの死を嘆いている。イエスの母マリアと、イエスの愛した弟子ヨハネと、マグダラのマリアである。これは、キリストの死が彼の弟子にもたらした驚くべき衝撃について深く理解する助けとなるように意図されている。マリアの場合には、自分の息子――幼子の頃には腕に抱いていた息子が、彼女から取り去られ、十字架の横木につけられたとき、どのように感じたかを私たちに想像させる。

　十字架の右には、洗礼者ヨハネが見える。グリューネヴァルトは、ヨハネがイエスを見たときの言葉を私たちに思い出してほしいのだ。「見よ、世の罪を取り除く神の小羊だ」。キリストの死は、世の罪が取り除かれるための手段だった。十字架のキリストを指し示すことで、ヨハネは、キリストが神の小羊であり、その死が私たちの罪を取り除いてくれると宣言している。この含みを私たちが見逃さないように、グリューネヴァルトは、救いの死の重要性を示す十字架と

マティアス・グリューネヴァルト画「十字架刑」。アイゼンハイムの祭壇画。1513-15年頃製作。ウンターリンデン博物館蔵。AKG-Images/Erich Lessing.

聖杯とともに、絵の下部に小羊を入れている。洗礼者ヨハネはまた、旧約聖書と新約聖書の連続性を象徴する者でもある。イエスは、旧約聖書の偉大なテーマである贖いの成就である。彼の受けた懲らしめによって私たちが癒やされ、彼の受けた傷によって私たちが救われた（イザヤ53章）とあるのは、実にイエスのことである。

教会建築

最初、キリスト教徒たちは、礼拝のできる建物を借りなければならなかった。キリスト教は、ローマ帝国で公認宗教となるまでは、独自の建物を建てる自由を持たなかった。キリスト教徒たちは個人の家で集まったり、礼拝の場として異教の神殿を借りたりしていた。けれども、4世紀以降、キリスト教は、自分たち独自の考えや信仰

内容を反映した建物を自由に建築することができるようになった。そのことによって、いくつかの独特な教会建築様式が発達した。その様式はそれぞれ、神の性質や、神の救済の計画における教会という制度の位置づけや、人間性の究極的な運命についての独自の考えを反映している。

　中世は教会建築の黄金時代だった。この中世を通しての教会建築の重要性をよく理解するためには、当時、教会という制度が例外的に高い価値を付与されていたことを理解することがどうしても必要である。キリスト教の３世紀にカルタゴのキプリアヌスは、救済の注解者であり保証人である教会の役割についてのキリスト教理解に決定的な影響を持つことになる標語を書いた。「教会の外に救いなし」である。この簡潔な金言は、さまざまに解釈できる。中世を通じて支配的だった解釈は、ローマ帝国崩壊後、制度としての教会が成長したことの直接の結果と言うことができる。救済は、教会の一員であることによってしか得られない。キリストは、救済の希望を可能にしたかもしれない。けれども、教会だけが実際に救済を得させることができる。贖いの配分については、教会が専売権を持っていた。

　この神学的見方は、ローマ帝国滅亡後に定着した聖書解釈法によっても支持された。西方の神学者はますます、聖書は四つの「意味」を持つと考えるようになった。ある聖書箇所には、字義どおりの意味のほかに、より深い霊的な意味が見分けられる。教義学的な問題に関わるアレゴリー的意味、道徳的な問題に関わる比喩的意味、キリスト教の希望を指し示す神秘的意味である。英国キリスト教歴史学の初期の偉大な学者であったベードは、聖書箇所のこうした解釈法は、旧約聖書の神殿についての文章に適用すると、深い意味が見えてくると考えた。

第9章　信仰生活

　主の神殿は、文字どおりの意味では、ソロモンが建てた家である。寓意的には、主の体か教会である。……比喩的には、信仰深い個々の人々である。……神秘的には、天国の大邸宅の喜びなのである。

これらの意味はそれぞれ、教会の性質や意味についての中世の考察に反映された。ことに重要だったのは、教会の物理的な意味での建物と、制度としての教会が宣べ伝えようとする神学的真理とを結びつけている点である。

教会という制度が天国の希望を保証するという洞察は、すぐに教会の建物に組み込まれた。ロマネスク様式の教会の偉大な門は、しばしば天国の栄光を描く入念な彫像で飾られ、教会に入りさえすればこの天国が実在のものとして経験できると、手で触れられる形で確約している。正門は、通りがかった人々や、立ちどまってその壮大な飾りを讃えている人に直接呼びかけるキリストと同一視された。その見事な例は、サウゼのベネディクト派の小修道院の聖マルセル教会にある。この教会は985年に建てられ、12世紀に大きく拡張されたが、その正門には、キリストが、近づいてくる者すべてに語りかけている姿が描かれている。

　通っていくあなたたちよ、
　自分の罪のために泣きに来たあなたたちよ、
　私を通りなさい。
　私は命の門なのだから。

これは明らかにキリストの言葉とされているが（ヨハネ10章の、キリストを「羊の囲いの門」にたとえたイメージを取ったものである）、教会の建物そのものによって、手で触れられるつながりが造られている。

そのつながりを裏づけるように、教会の扉に近い位置に洗礼聖水盤があり、視覚的にも、天国に入ることと洗礼の聖礼典を受けることとが確かに結びついていることを示している。

同じような主題が、スペインのジャカからプエンテに至る巡礼路の近くにあるサンタ・クルス・デ・ラ・セロスのベネディクト派の教会の門の上に掲げられた銘にも見られる。

> 私は永遠の扉、私を通れ、信仰深い者たちよ。
> 私は命の泉、私に渇け、ぶどう酒に渇くよりも。

また、おそらく12世紀のものと思われるサン・ジュアン・デ・ラ・ペニャの扉には、次のような託宣が掲げられている。

> この門を通り、天国はすべての信徒に開かれる。

この主題をもじった最も有名な文学的表現は、実際、この内容を皮肉に逆転している。ダンテの『神曲』の第3巻「地獄編」の第3歌には、有名な地獄の門の描写がある。この門には、「希望を捨てよ、すべてお前たち、ここに入る者よ」と書いてある。ダンテの描写は明らかに、当時の教会の慣例的な造りがよく知られていることを前提にしており、建築に表された重要な主題をふざけてパロディー化している。

教会建築の特に重要な機能のひとつは、神の超越性を強調することである。中世の大聖堂の高くそびえるアーチや尖塔は神の偉大性を強調し、礼拝者の思いを天に向けるためのものだった。そこに象徴されているのは、時間の世界に入ってきている永遠性であり、教会の建物は、福音を通して差し出された天と地の仲介を象徴している。超越的なものがこの地上で表現されているのだということを強

第9章　信仰生活

調しているのは、ことにゴシックの教会建築様式であり、これについてはさらに述べる価値がある。

「ゴシック」という語は、16世紀にジョルジオ・バザーリが、ロマネスク様式とルネサンス様式の間の建築様式を指すのに作った新語であり、先のとがったアーチ、広い扉と窓の空間、複雑な構造、巨大な大きさ、そして（特に北ヨーロッパでは）大きなステンドグラスの窓と彫刻のある入り口を特徴とする。ゴシック建築の始まりは、通常、12世紀、西ヨーロッパで比較的政治が安定し、芸術や建築の復興が促進された時期にまでさかのぼるとされる。フランスには、1世紀の間（1130-1230年）に25ほどのゴシック様式の大聖堂が建てられた。この建築様式独特の特色のひとつは、その高さと光を意図的・計画的に用いて、地上に神と天国が現臨しているという感覚を生みだし、支えていることである。控え壁を広範に用いることで、建物の重さを外から支え、内部の壁には大きなガラスの窓をはめることができ、建物が太陽の輝きに満たされるようにしてある。ステンドグラスの使用によって、大聖堂の中に別世界のような輝きが生みだされ、また、礼拝者のために福音書の場面を描くこともできた。細く背の高い柱を用いてあり、それによって、非常に広い空間の印象を生みだし、また、そこで天国への希望を喚起するようにも考えられている。大聖堂はこのように聖なる空間になり、信徒の手の届くところに天国の膨大な広さと輝きをもたらしていた。そこでの礼拝は天国の生活の先取りと見られ、信徒は退屈な日常生活の営みに戻る前に、もうひとつの世界に踏み出し、その喜びを味わうことができたのである。

一貫した「ゴシック大聖堂の神学」を語ろうとすることは少し野心的すぎるかもしれないが、疑いもなく、ゴシック大聖堂を建築した人たちには霊的な大望があり、彼らの作った聖なる空間は、天の聖なる空間を予表する重要なものだった。このような触覚的

な価値の神学的重要さを見るには、おそらくアボット・シュガー（1080-1151）の考えを見るのがいちばんだろう。彼は後半生の大半を費やして、パリ郊外のセント－デニス大修道院の教会を修復した。これは初期の古典的なゴシック様式の典型で、その特徴的な強調点を具体的に示している。しかし、おそらく最も重要なことは、修復過程についてのシュガーの解説が、建築の物理的な過程だけではなく、彼の設計をつかさどる霊的・美的方針についての洞察を私たちに与えてくれることである。教会の大きなブロンズの扉の上に彼が掲げた銘は、彼が建物の中に作りだした輝きと広い空間の感覚についての彼の神学的解釈を示している。

> この作品は高貴に輝くが、
> 高貴に輝く作品は心を澄ませなければならない。
> そうして、心が真の光線をたどって
> 真の光へまでも進んでいけるように。
> キリストが真の扉になっている真の光へまでも。

シュガーの言いたい点は明らかである。人間の心は、この建物の光を通って真の光へと引き上げられなければならない。そして、その真の光とは、天の王座についているキリストなのであるということだ。

ここでは教会は、制度としての教会と、物理的な建築物の両方で考えられ、天国の希望の保証人であると同時に視覚化ともとられている。すべての人がこの、教会の役割を非常に重く見た神学に納得したわけではないが、これが中世以降の文化に与えた非常な影響は間違いない。

このように神の超越性を強調したのに加え、建築は、キリスト教諸派のそれぞれが特に重視していることにも重点を置き、そのこと

第9章　信仰生活

をも反映している。そのような重点を三つ挙げることができる。

1　特にカトリックの内部で、聖餐台は特別な注目を集めるために選ばれている。これは、ミサの重要性が強調されていることの反映である。教皇大グレゴリウスは、聖餐台を建てるのにペトロの墓の上を選んだが、それによって「祭壇のサクラメント」と聖人の聖遺物崇拝とを結びつけている。

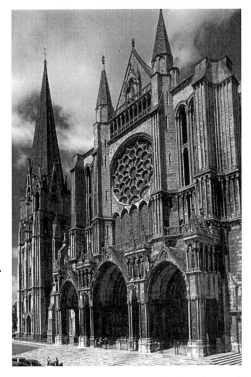

シャルトル、ノートルダム大聖堂の南翼廊。ゴシック教会建築の代表のひとつ。正面は13世紀中頃に完成した。AKG-Images/Archives CDA/St.-Genes.

2　東方正教会の伝統では、特別の強調点がイコノスタス——つまり、イコンを立てる台に置かれるようになった。後の正教会の教会では、イコノスタスは際だって重要なものとなり、事実上、聖餐台の部分を会衆の視界から遮る役割まで果たすようになった。そのため、イコノスタスの上のイコンのほうが聖餐台よりも目立つことになった。

3　プロテスタントの伝統では説教が重視され、物理的にも、また、それに帰せられた意味から言っても、説教壇が聖餐台よりも高いところに置かれている。著名なスイスの改革派神学者カー

ル・バルトは、改革派教会が教会設計やその他の祭儀的手段によって、どのように神の「相違性」を強調しているかを指摘している。

　説教は説教壇から行われる（説教壇は、畏敬の念を喚起する、意図的に高くされた場所によって、ただの台とは異なる）。そして、説教壇の上には、そこに上る者への警告として、大きな聖書が置かれている。説教者はガウンを着用する――私はこういうことに戸惑いは感じない――そして、そうすべきなのである。なぜなら、ガウンというこの特別の上衣を着ている者から、人々は特別なみ言葉を期待するからである。

さらに近年では、教会建築は、ほかの要因に影響を受けている。たとえば、19世紀北アメリカの信仰復興運動は、礼拝を一部には娯楽という観点から見ており、教会の建物を、音楽や賛美の上演に適した設計にした。基礎教会共同体や「家の教会」の出現によって、しばしば、個人の家や借りた場所で行われる新しい格式張らない形の礼拝が起こっている。建築のことは最小限にしか重要視せず、交わりや祈りや礼拝に重点を置くものである。これを、最も初期のキリスト教のやり方に戻るもので、後に発展したやり方よりも正しい本物の礼拝だと考える人々もいる。

ステンドグラス

キリスト教では、教会建築と芸術の形式についての関心が多くの点で融合している点が多い――たとえば、祭壇画を用いて十字架の上のイエス・キリストの苦難を会衆に思い出させ、信仰の助けとするのもその例である。けれども、広く合意ができていることだが、

第9章　信仰生活

フランス、シュトラスブルクのノートルダム大聖堂の正門の上の大きなバラ窓。ヨーロッパでも最も見事なステンドグラスのひとつ。AKG-Images/Hedda Eid.

　教会の建築様式と結びついた最も特徴的な芸術形態はステンドグラスの使用である。なぜこのようなものが使われるようになったのか？　その意味は何なのか？

　初期のキリスト教建築はステンドグラスは用いなかった。窓は広く用いられていたが、おもに機能的な点で考えられていた。光を建物の中に入れるのに必要だったのだ。キリストや聖人たちの生涯を描くのによく壁画が用いられていた。それらは、会衆の信仰心をかき立てるためのものであった。そして、絵がそのような働きをするためには、見えることが必要だった。窓は太陽の光を教会の建物の中に通し、これらの信仰の助けが適切に見えて鑑賞できるようにした。これらの窓はしばしば非常に狭く、ガラスでふさぐ必要もなかった。

　ステンドグラスの起源は歴史に埋もれ、分からない。7世紀には、非常に小規模だが、作られていたことが分かっている。イングラン

第9章 信仰生活

ピエール・ド・モントルイによって1243–48年に建てられたパリのサント・シャペルの窓のステンドグラスの1枚。旧約聖書と新約聖書の両方からとられた場面を描くこの窓は、活力にあふれた人物描写が見事である。AKG-Images/Joseph Martin.

ドのキリスト教の偉大な歴史家だったベードの故郷であるヤロウの聖パウロ教会には今でも、アングロ－サクソン時代にさかのぼる非常に小さな丸いステンドグラスの窓がある。この小さな窓を見ると、この芸術形態が後の数世紀の間にどれほど大規模に発展したかが分かる。

　ゴシック建築の繁栄は、ステンドグラスのデザインと技術とを最前線に押し出した。教会はますます高く、ますます軽くなり、壁はますます薄くなり、窓はますます大きくなった。その窓はガラスでふさがなくてはならない。それでは、ガラスを用いて信仰的な像を描いてはどうだろうか？　窓を、壁の絵を照らしだすための手段として見るのではなく、窓自体に聖書の映像を描き出させればよいで

第9章　信仰生活

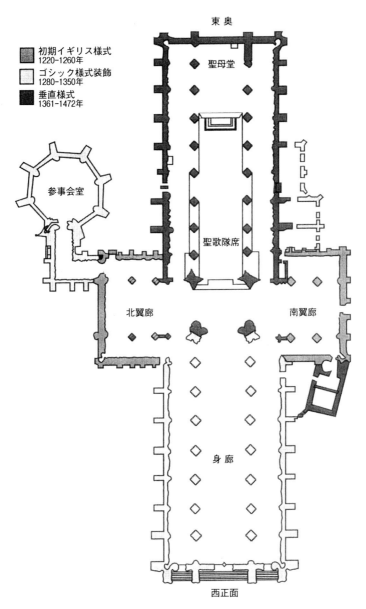

ヨーク大聖堂の平面図。この大聖堂はヨーロッパで最も大きなゴシック様式の大聖堂であり、十字架型の構造が顕著である。©The Dean and Chapter of York.

はないか？

　ステンドグラスの窓を作る技術は、1100年までにはしっかりと出来上がっていた。ガラスには、製造過程で金属の塩化物や酸化質物を加えて着色される。金を混ぜると深紅になり、銀は黄色や金色を作り、コバルトは、天を描くのに理想的な深い青を作った。中世のステンドグラスの工法について知られていることのほとんどは、テオフィルスという名で知られている12世紀のドイツの修道士によって書かれた『さまざまな芸術について』という本によっている。自ら芸術家であり金属職人であったテオフィルスは、「計り知れない美しさ」の窓を作りだすために、自分がどれほど注意深く上薬工やガラス絵描きの仕事ぶりを観察し、細かい指示を与えていたかを書いている。そして、さらに彼はステンドグラスの窓の制作のために正確な指示を与えており、これは中世を通して綿密に守られるやり方となった。

> 　単純な窓を組み立てたい場合は、まず、板の上にその高さと幅のしるしをつけ、渦巻き模様でも何でも好きなものを描き、入れる色を選びなさい。ガラスを切り、それらのガラス片を目地ふさぎの鉄でつなぎなさい。両側を鉛でハンダ付けして囲みなさい。釘で補強した木の枠でまわりを囲み、望みのところに掲げなさい。

　窓が大きくなるに従って、鉄材を用いてより精巧な方法で窓を支えるやり方が発達した。

　フランスでは初期のゴシック様式のステンドグラスは、北フランスのサンドニ教会（1144年建設）、シャルトルの大聖堂（1150年）、ランの大聖堂（1160年）、パリのノートルダム寺院（1163年）、ライム（1211年）やアミアン（1220年）の大聖堂などに見られる。どれも見

事なステンドグラスの窓で美しく飾られている。それらのいくつかは、「バラ窓」と言われる円形のものである。中でも最も有名なのはシャルトルの大聖堂であろう。この大聖堂は、最初の窓のうち152がそのまま残っており、1200年頃に作られた三つの大きなバラ窓もある。ほかの重要な例としては、ポルトガルのエヴォラ、サン・フランシスコ教会（1186年設立）、カンタベリー大聖堂、ヨーク大聖堂（北ヨーロッパ最大のゴシック大聖堂）などがある。

　1550年から1850年にかけて、多くの芸術家が、ステンドグラスは洗練さに欠けると考えるようになった。新たな技術によってガラスに絵が描けるようになり、新しい可能性が開かれた。細かいガラスのかけらを集めて絵にする代わりに、直接ガラスに絵が描けるようになった。中世のステンドグラスの窓が教会から取りはずされ、代わりに、絵を描いた窓がはめ込まれた。教会芸術の一様式としてのステンドグラスの復興は19世紀後半に起こり、特に前ラファエル派の運動と関係がある。おそらく最も良い例は、エドワード・バーン゠ジョーンズ卿の手による三つの窓、「希望、愛、信仰」だろう。これは、カンブリアのブランプトンのセント・マーティン教会のためにデザインされ、ウィリアム・モリスの工房で製作された。この独特の前ラファエル派の教会は、建築家フィリップ・ウェブの設計により1889年に建てられた。

イ コ ン

　公の礼拝や個人的な信仰生活におけるイコンの使用は、特に東方正教会と結びついているが、今ではキリスト教内で広く広まっている。「イコン」（ギリシア語のeikon「似姿」から派生した呼び名である）は、持ち運びのできる聖画像で、特にビザンチン芸術の伝統と約束事に従って、木の板に描かれたものを指すようになった。

第9章　信仰生活

　イコンの使用の歴史はいく分不確かである。けれども、そのような聖画像の使用はパレスチナとシリアの地域で発生したようである。最初のイコンは殉教者の絵で、しばしば彼らの人生の物語が描かれたようである。4世紀の東方キリスト教の著者の説教集は――たとえば、大バシレイオスやニュッサのグレゴリオスなどのものだが、この習慣の重要な証言である。けれども、5世紀以降、ますますイコンにはイエス・キリストとマリアが描かれるのがふつうになった。

　聖画像破壊論争によって、イコンの製造は一時中断され、古いイコンの多くは破壊されることとなった。正教会の著者たちは、旧約聖書は宗教的像の製造と使用を禁じていると認めながら、これは本質的には一時的な規定であり、カナンの文化での広範な偶像の使用を反映していると論じた。コンスタンティヌス帝の改宗によってローマの異教崇拝が打ち負かされた今では、これはもはや重要な問題ではないと正教会の神学者たちは論じた。その上、彼らは、神のみ子の受肉はさらに旧約聖書の禁止を覆すものだと指摘した。イエスは、人間に見せられた神の似姿ではなかったか？　この問題が「イコン愛好者」に優勢に解決したことによって、850年から1200年のコンスタンティノポリスを中心とするイコン製作の黄金時代が

13世紀後期か14世紀初期のビザンチン様式のイコン。マリアと幼いイエスを描いている。ベネチア、アカデミア美術館蔵。AKG-Images/Cameraphoto.

第9章　信仰生活

訪れた。この時代にイコン画の特別な様式が発達し、ビザンチン絵画の典型となった。

　それでは、イコンは何をなしていると理解すればよいのだろうか？　イコンの目的は何か？　正教会のキリスト教著者たちは、深刻な誤解であると彼らが考える二つの見方を強く退けている。それは、イコンはそれ自体が礼拝の対象であるという見方と、イコンは単に一種の宗教芸術であり、その意義は、宗教的な場を美しくするところにあるという見方（ローマの地下墓地にあるフレスコ画は2、3世紀のものだが、この目的でなされたように見える）である。

　最初の誤解について言えば、正教会にとってイコンは賛美や礼拝の対象ではない。賛美や礼拝にふさわしいのはキリストや神だけである。イコンは、敬意を払われる対象なだけである。

　さらに、この敬意は直接のものではなく、派生的なものである。つまり、イコンに払われる敬意は——大バシレイオスが述べたように——「それが表している御方に渡される」。

　第2の誤解について言えば、正教会は、イコンが超越的なものへの窓だと考えている。イコンは、聖書と同じ真理を、言葉ではなく絵の形で宣べ伝える「見える福音」である。たとえば、コンスタンティノポリスの総主教ニケフォルス（806-815年）は、イコンは、聖書を理解する概念的技能を持たない人々にとって特に有意義だと考えた。実際、実にしばしば人々は、言葉で読んだり聞いたりしたときに逃してしまったことを、イコンを見て理解することがある。

　それゆえ、画像と言葉は対立するものと見なされるべきではなく、相互に強め合う可能性を提供するものである。正教会の著者たちは、「聖書的なヴィジョン」と「絵画的な形象」を、人間が超越的な真理に到着するための二つの象徴的な道であるように語る傾向があった。聖画像破壊論者が、「教育も受けていない無学な者たち」は、画像とそれが描く神のリアリティーを区別できない（そして偶

像礼拝に陥る）と論じたのに対し、聖画像支持者は、その同じ人々がイコンを、彼らを神のリアリティーに導く「色で描かれた聖書」として用いることができる——もし使い方を適切に指導されるならば——と論じた。

キリスト教の音楽

　キリスト教の礼拝の豊かさは、不可避的に、キリスト教の教会生活にすべての種類の音楽様式を取り込むことにつながった。初期のキリスト教著者は、礼拝に音楽を用いることが真のキリスト教の礼拝を異教的にするのではないかと恐れ、その使用をためらったが、まもなくキリスト教の信仰心の助けとしての音楽の価値に気づいた。

　初期の最も重要な音楽の使用は、ある一連の定型文の使用にさかのぼることができる。通常、聖書から取られ、修道院の礼拝（しばしば「聖務日課」と呼ばれる）で用いられた——たとえば、夕方の晩禱で用いられる「マニフィカート」（「私の魂は主をあがめます」）、床につく前の終課のための「ヌンク・ディミティス」（「主よ、今あなたの僕を平和に去らせてください」）などである。これらの定型文のそれぞれは、ラテン語の冒頭の数語で知られている。まもなく、これらの中心的な本文をただ暗唱するのではなく、歌えるように単旋律聖歌が導入された。現代世界に最もよく知られているその聖歌の形は、おそらく「グレゴリア聖歌」だろう。これは、現代の高音質な録音で手軽に手に入り、修道院で録音されたものもよくある。

　徐々に様式はますます複雑に、華美になった。歌われる聖書の箇所と結びついたさまざまな情緒を表すために、ますます複雑な音楽形式が用いられるようになった。このように音楽に合わせて歌われるようになった賛美歌で最も重要なものとして挙げておくべきは、次のものである。

第9章　信仰生活

- 「1日の終わる前にあなたに」（*Te lucis ante terminum*）。終課で歌われる賛美歌。信徒は暗い時間に、神の配慮に自分をゆだねる。
- 「さあ、栄光の神秘を宣べ伝える私の舌よ」（*Pange lingua gloriosa*）。しばしばトマス・アクィナスと結びつけられる中世の賛美歌で、聖餐式の意味を説明する。しばしば洗足木曜日（595-596頁参照）に用いられる。
- 「ひとりの男の子が生まれた」（*Puer natus*）。聖歌隊入場のときに歌われる短い賛美歌。イエスの誕生を祝う。

　宗教改革とともに、音楽の役割に関して論争が起こった。ツヴィングリとカルヴァンは、音楽はキリスト教の礼拝でしかるべき場を持たないと考えた。しかし、ほかのプロテスタント教派では、音楽は重要な役割を果たし続けた。マルティン・ルターは多数の伝統的な賛美歌に曲をつけ、彼自身の賛美歌も作詞した。その中で最も有名なものは「神はわがやぐら」（*Ein feste Burg ist unsere Gott*）で、今でもルター派教会をはじめとしたプロテスタント教会で広く用いられている。英国国教会は、詩編やその他の歌に賛美歌として曲をつけることを奨励した。

　プロテスタントの音楽の中で最も勢いの強い発達は、メソジスト運動の起こりに起因する。ウェスレー兄弟は、ジョンもチャールズも、キリスト教の教えを伝える上で賛美歌の持つ多大な潜在力に気づいていたからである。チャールズ・ウェスレーは、世俗的な歌のメロディーをキリスト教のために「借りて」用いることを先駆けた。たとえば、英国の作曲家ヘンリー・パーセルは、ジョン・ドライデンが英国を讃えた「あらゆる島に勝るすばらしい島」という題の詩にすばらしい曲をつけている。ウェスレーはその言葉を、キリスト教の関心を反映するように変え、パーセルのオペラ的な曲は保持し

第9章　信仰生活

て、有名な「神の愛、すべての愛に勝る」を作った。おそらくプロテスタントの最も有名な曲はヘンデルの「メサイア」だろう。イエスの到来と後の栄光に焦点を当てた一連の聖書箇所に曲をつけたものである。

　けれども、西方キリスト教で最も重要な音楽の発達はカトリックと結びついている。ヨーロッパの大きな大聖堂は、標準的なカトリックの礼拝式文につけるますます凝った権威ある曲を要求するようになった。それらのうちで最も重要なのは、ミサと鎮魂の式文であった。ヨーロッパのほとんどすべての主要な作曲家が、教会音楽の発達に貢献している。モンテヴェルディ、バッハ、ハイドン、モーツァルト、ベートーベン、ロッシーニ、ヴェルディはすべて、この分野で重要な貢献をした作曲家の例である。カトリック教会は疑いもなく音楽の最も重要な後援者のひとつであり、西洋の音楽の伝統の発展を決定的に促した。

　音楽は現代のキリスト教徒の生活にも不可欠な役割を果たし続けている。過去のクラシック音楽は、現代のキリスト教の礼拝に今も用いられている。けれども、明らかに、よりポピュラーな型の音楽がキリスト教の礼拝にますます影響を及ぼしてきており、それは特に福音伝道主義やカリスマ的会

J. S. バッハ（1746年）。エリアス・ゴットロープ・ハウスマン画。AKG-Images/Erich Lessing.

衆に言えることである。

キリスト教と文学

「ひとつの体としての教会は、いまだかつて芸術に関して自分の心を決めたことはない」とドロシー・L・セイヤーズは言っている。セイヤーズは、彼女自身、20世紀のキリスト教文学の形成に重要な貢献をした人だが、この判断の正しさは間違いない。キリスト教作家の中には、文学に対して非常に肯定的な態度をとり、文学は、キリスト教の展望と、世界との相互作用をはぐくむ探求との強い同盟者だと考える者もいる。文学を、キリスト教の信仰とは無関係で、誤りに導く可能性を持つものと考える者もある。

詩や哲学や文学の膨大な古典世界の文化遺産をキリスト教徒はどの程度まで取り入れるべきかということに関して、初代教会の最も重要な論争のひとつがなされている。「詩学」は、そのような古典的な文学様式を用いて信仰を説明し、伝えたいと切望するキリスト教著者たちにどのように採用されるべきか？　それとも、そのような文学的媒体を用いることは、キリスト教信仰の必須の部分を損なう妥協に等しいのか？　これは非常に重要な意味を持つ論争であった。キリスト教徒はその古典的な遺産に背を向けるべきか、あるいは、弁証論的に修正した形にして取り入れるべきかという問題につながるからである。

キリスト教会の初期の時代には、同時代の異教の文化に対する批判的で敵対的な態度は——その文学を含めて——優勢な向きにあった。この態度は、キリスト教徒は世俗的な態度や視点を不適切に取り入れることによって自分の信仰を損なうような妥協をすべきではない、というパウロの主張に根ざしていると論じられている。「正義と不法とにどんなかかわりがありますか。光と闇とに何のつなが

りがありますか。キリストとベリアルにどんな調和がありますか。信仰と不信仰に何の関係がありますか」（Ⅱコリント6：14-15）。けれども、パウロ自身、明らかに古典文学や詩に精通している。彼は、クレアンテスやアラートスやエピメニデスの権威に訴えてアレオパゴスでの説教を行っている（使徒言行録17：28）。彼は、クレタ島の住人の道徳的状況を論評する際には、地元クレタ島の詩人エピメニデスから引用している（テトス1：12-13）。ホメロスやプラトンやメナンドロスへの言及も、彼の著のほかの箇所に見られる。

　しかし、文学に対する初期キリスト教の態度を形作るのを助けた古典文化は、それ自体、文学の明確な役割については不確かである。プラトンは意識的に詩人を彼の理想の共和国から排除し、この態度はアウグスティヌスに好意的に受け入れられた。アウグスティヌスにとって詩人は、「真理にまったく構わずに作りごとをするか、ありうる最悪の手本を示して、それがあたかも神の行為のようなふりをする」者である。けれども、アリストテレスその他によって発展した修辞学の技能は、伝達の効果を高める重要な手段だと認識された。パウロの演説には、使徒言行録に記録されているように、ヘレニズムの修辞学の明らかな影響が見られる箇所が多い。それゆえ、文学に対する初期のキリスト教の態度が複雑で微妙で特徴を述べにくいのは驚くに当たらない。テルトゥリアヌスやクリュソストモスのような著者は、ギリシアやラテンの文学に非常に懐疑的であり、教会内へのそれらの影響を最小限に食い止めようとした。ヒエロニムスとアウグスティヌスは、かなりそれより好意的であったが、ほかの者たちが発している不安の声をいく分は共有していた。

　多くの点で文学はキリスト教護教論者に、彼らの信仰をより広い世界にさらに力強く訴える手段と見られた。福音書が人々を惹きつける力は、それが美しく力強い言葉で提示され、神学的明確さが詩の情緒性と散文の修辞法で補われればさらに増すのではないだろう

第9章　信仰生活

か？　議論の形の重々しさや表現の崇高さは、その内容の伝達と推奨に役立つ。1300年頃に書かれた作者不明の『世を馳せめぐる者』 *Cursor Mundi* もそうした見方をしており、人々が世俗の文学を非常に楽しんで読んでいるのだから、宗教的真理を文学の形で提示するのも理にかなっていると示唆している。このような考えの結果、読んで楽しく、また人間の魂の糧となる宗教文学が生まれる。けれども、この見方が生みだす緊張は、この時代のほかの方面から見られる。たとえば、ジェフリー・チョーサーは『カンタベリー物語』を、「空虚な世俗の事柄を翻訳し、創作したこと」について読者の許しを乞うと「撤回文」で結んでいる。

　その含みは明らかである。文学作品は潜在的に空虚であり、それに対し、教義や倫理的指導のために書かれた純粋に宗教的な作品は受け入れられる。ここでのチョーサーの懸念は、喜ばせ楽しませる望みが、キリスト教の教義と倫理のまじめさに対して潜在的に緊張関係にあるので、「キリスト教文学」という概念が本来、擁護不可能なのかという問いを起こす。これは確かに、著名なピューリタンの作家リチャード・バクスターに見られる考えである。バクスターは、文学は読者に、もっとほかの生産的なことができるはずの時間を娯楽で無駄遣いさせ、しかも道徳的に腐敗させるという不安な可能性を持っていると論じているからである。バクスターの最も激しい批判は小説に向けられた。小説は虚偽の文化を積極的に促進し、「若者や浅はかな人々の心を惑わし、腐敗させる」。

　この緊張を解くひとつの方法は、キリスト教の歴史を通じてずっと知られており、特にロマン派の時代に重要となった。文学の言語は読者を高揚させ、信心と熱意に鼓舞する。これは宗教文学の十分な正当化ではないだろうか？　ウィリアム・ワーズワースは彼の『叙情詩集』の「序文」で、彼の時代を誘惑している「半狂乱の小説、むかむかするような愚鈍なドイツ悲劇、詩で書かれた無益で途

方もない物語の氾濫」に不満を述べ、シェイクスピアやミルトンのような著者の言語や関心を取り戻すことがぜひ必要だと考えている。ワーズワース自身にとって、宗教と詩との間には明らかな親縁関係があった。実際、ワーズワースの文学は年を追ってますます宗教の特徴を帯びてくる。この展開は、聖書を文学として見る見方の発達に特に重要である。パーシー・ビッシェ・シェレーにとって聖書は、それが提示する宗教的見方のためではなく、その文学的性格のために尊ばれるべきものだった。

けれども、文学へのキリスト教の興味は、教会の発展や宗教的信仰の強化を願う実利的な願望の結果にすぎないとは考えるべきではない。キリスト教の著者たちは最初から、「著者としての神」という概念が文学を書くことへの十分な神学的根拠であり励ましであると考えた。原初に神は、混沌の上に語られた神の言葉で創造を行った。これは、キリスト教徒が世界を理解するための言葉の決定的な役割を示していないだろうか？ また、世界が言葉でできたという起源と、言葉や啓示、文章や文学や読み書きなどへの関心の間には自然なつながりがないだろうか？ キリスト教文学の制作は、このように、ある人々の目には好都合なだけではなく、むしろ厳密な神学的根拠の上に立つものであった。

けれども、ここで、「キリスト教文学」とは正確には何であると理解すべきかについて困難な問いが持ち上がる。これは依然として論争が続いているが、少なくともキリスト教文学に入れるに値する文学ジャンルについてはある程度の同意ができている。それらの書は、大きく三つに分けられる。

1 キリスト教徒や制度としての教会の必要に応えるために特に書かれた文学作品——たとえば、祈り、信仰啓蒙書、説教など、キリスト教の信仰はある特別な文学形態を生みだし、キリスト

第9章　信仰生活

　教徒たちはそれを文化的な優秀さの点で最高の基準にまで高めようとしてきた。これらの作品は、キリスト教信仰の性質への応答であり、その信仰の必要に応えていると同時に、その性質を表している。

2　一般的な文学作品——たとえば、物語や詩など。これらは、キリスト教の信仰だけに特有なものではないが、キリスト教の概念や価値観念やイメージや語りに影響を受けた作品である。特にキリスト教詩は、非常に独特な一連の概念やイメージを反映していて、それらがどのように作品の中に反映され、同化されているかを深く味わうことは重要である。ほとんどのキリスト教文学はキリスト教徒によって書かれているが、著者が自分自身をキリスト教徒と見なしていなくても、明らかにキリスト教の影響によって形成された作品の例も多い。ウィリアム・ワーズワースとサミュエル・テイラー・コルリッジが共同で出した『叙情詩集』の作品は、この分類に含まれるだろう。

3　キリスト教の諸概念や個人や思想の学派や制度などとの相互作用を扱い、しばしばキリスト教に対しては傍観者あるいは批判者であると自認している者によって書かれた作品。ジョージ・エリオットやトマス・ハーディーがこの分類に入る。ここでは、少なくとも作品の主題からだけでもキリスト教の影響は明らかである。けれども、批判の形自体がしばしばキリスト教の前提を微妙に取り上げ、発展させ、修正して用いている——たとえば、キリスト教徒はどういう者であるべきかということについての前提を取り上げ、それと、経験で観察された状態とを対照させるなどである。

　この短い議論の中では、キリスト教文学の性質や発展の詳しい分析をすることはできない。しかし、その領域は、この分野に含まれ

る代表的な作品の例をいくつか考えてみれば、いくらか理解できよう——たとえば、ダンテの『神曲』、ジョージ・ハーバートの敬虔な宗教詩、T・S・エリオットのそれよりも形而上的な宗教詩、そして、20世紀の文芸評論家で小説家でもあったC・S・ルイスの作品などである。

　ダンテ・アルギエリ（1265-1321）はフィレンツェの良家に生まれ、フィレンツェの複雑な政治世界に巻き込まれた。1293年のフィレンツェは、既成の名家の伝統的な力が新興の商家に揺さぶられるのを見て、政治的危機にひどく動揺していた。しかも、名門の家と新興の中流階級との間のこの緊張と並んで、そうした名家の中でも、ゲルフ派［教皇派］とギベリン派［皇帝派］の間にも依然、危険な緊張が続いており、さらに加えて、そのゲルフ派の中にも分裂があり、内輪で分かれて戦う辛らつな争いに発展していた。そのような複雑で政治的には不安定な状況では、道を誤るのは容易だ。ダンテは愚かにもゲルフ派のまずいほうに与してしまった。そして、自分の立場が保てないと気づいた彼は、1301年の10月、フィレンツェを逃れる。そして、彼の不在の間にフィレンツェの法廷ではまず彼の追放が決まり、さらには死刑の判決が下された。

　亡命は、イタリアの都市国家の世界ではひとつの生き方として確立しており、ダンテのような境遇に置かれたのは彼だけではなかったろう。1301年にフィレンツェを発った後、彼に何が起こったかを確実に知ることは事実上不可能だが、おそらく彼は故郷のトスカーナ地方を離れてイタリアの別の地方にいながら、何らかの形でギベリン派の保護を受けることができたと考えられる。ただ分かっているのは、トスカーナからの追放が自分の運命についての彼の理解に非常に重大なものであり、彼はこれを自分の人生の転換点と考えていたということである。彼はこの時期に、今私たちが『神曲』として知っている大作の構想を持ち始め、書き始めている。

第9章　信仰生活

　『神曲』は100歌（14,000行以上）からなる自国語の詩で、彼の亡命の期間に書かれた。詩人が地獄と煉獄を通って天国へと旅をする物語になっている。「三韻句法」と呼ばれる複雑な五歩格で書かれたこの詩は、神に秩序立てられた不変の宇宙を描き、中世の神学的見方の見事な統合体をなしている。この詩によってダンテは、彼の母国語であるトスカーナ語をイタリアの文学的言語として確立した。この『神曲』という題の意味は、英語圏の人には誤解されるかもしれない。英語でこの題は Divine Comedy と訳してあり、Comedy には面白おかしいものという意味があるからだ。けれども、イタリア語の Commedia という語は、むしろ drama（劇）と訳したほうがよいだろう。Divine（神の）という語は、後の段階にベネチアの出版社によって付け加えられたらしい。

　『神曲』は、関連し合った三つの主要な詩からなり、それぞれ「地獄」（*Inferno*）、「煉獄」（*Purgatorio*）、「楽園」（*Paradiso*）と題がついている。この作品はキリスト教の神学と霊性の主要なテーマをかなり用いているが、同時に、当時の政治的・社会的出来事についての批評も含んでいる。詩が描く旅は、ダンテがフィレンツェから追放になる以前、西暦1300年の聖週間［訳注：イースター前の１週間］の間に起こったこととされている。作中に書かれたさまざまなことから推論して、この旅が始まったのは聖金曜日の夕暮れと分かる。地獄に入った後、ダンテは丸１日下り続け、その後、煉獄に向かって上昇を始める。煉獄の山を登りきると、ダンテはさらに昇ってゆき、ついに神の顔を仰ぐに至る。

　旅の間中、ダンテには同行する導き手がいる。最初の導き手はヴェルギリウスで、『アイネイアース』を書いたローマの大詩人である。ダンテはヴェルギリウスを古典時代の学問と人間理性の象徴として用いている、というのが多くの人の意見である。ふたりが煉獄の山の頂上に近づくと、ヴェルギリウスは遅れてゆき、気がつい

てみると、ダンテはベアトリーチェと共にいる。そして、彼女が彼を連れて天国の外側の輪を案内する。最後にクレルヴォーのベルナルドゥスが彼に同伴し、神の御前まで連れてゆく——「太陽とそのほかの星を動かす愛」である神の前に。

この詩の構成はきわめて複雑で、いくつもの異なったレベルで読むことができる。たとえば、中世イタリアの政治についての解説、ことに1300-01年にかけてのフィレンツェの政治の込み入った事情に関する解説として読むこともできるし、死後の生に関するキリスト教信仰の、詩で書かれた手引書として読むこともできる。より根本的には、詩人が最終的に、自分が心から望んでいたものを発見し、それと出会う自己発見と霊的覚醒の旅として読むこともできる。

敬虔な宗教詩人ジョージ・ハーバート（1593-1633）は、1614年にトリニティー・コレッジのフェローに選出され、6年後にケンブリッジ大学の大学代表弁士に任命された。この地位のため、彼は、大学のおもな機会に、当時の大学界のかなり飾り立てたラテン語を用いて公の演説を行わねばならなかった。ハーバートはほぼ間違いなく、この特権的な地位を足がかりにしてさらに高い政治的な地位につくこともできたのだろうが、彼はそうすることを選ばなかった。1625年のジェイムズ1世の死が彼に、自分の未来の野望を考え直させたということもありえよう。また、ニコラス・フェラーの個人的影響によって、神学を勉強するようになった可能性も非常に高い。彼はこうして自分の世俗的野心を捨てて、1630年に英国国教会の聖職につき、残りの人生をソールスベリの近くファグルストンとベマートンの教区牧師として過ごした。

ハーバートの詩の特徴は、言語の明確さ、韻律の変化、形而上詩人たちに好まれたイメージ、あるいは「奇想」の巧妙な用い方である。彼の詩は、歌や詩の知られたほとんどすべての形のものがあるが、話し言葉に対するハーバートの関心も反映している——会話的

な言葉、説得的な言葉、格言的な言葉などである。詩は、関連づけられたつながりに注意深く配列され、ハーバート自身が個人的に経験した動揺の中で発見した神の愛の働き方を掘り下げ、讃えている。

けれども、ハーバートは、単に「宗教的」詩人というよりも、むしろ「教会的」詩人と見るべきであろう。彼の作品は、彼個人の宗教的経験よりも、教会暦のリズムに関心を持って書かれている。ハーバートの見解は非常に英国国教会的であったが、彼の宗教詩はあらゆる宗教層に愛読されている。たとえば、チャールズ１世は、処刑される前に彼の詩を読み、賞賛した。オリバー・クロムウェルの個人司祭であったジョン・ダンはおそらく最大の形而上詩人だが、彼もハーバートを読み、賞賛している。実際、ハーバートは広く英国最高の信仰の詩人のひとりと考えられているのである。

ハーバートはおもに詩人として記憶されているが、彼の文学的活動は決してこの分野に限定されてはいなかった。彼の最も有名な散文作品は『礼拝堂の司祭──田舎の教区司祭』（1652年）である。これはおそらく、田舎の教区司祭への実際的序言のベーコン主義的手引きと見るのが最もよいだろう。これは、ファグルストンとベマートンの教区牧師として責任を果たしていた彼の知性と信仰心を証明する書である。その文体の優雅さは非常に賞賛され、キリスト教文学の中には必ず数えられるべきものとなっている。

Ｔ・Ｓ・（トマス・スターン）エリオット（1888-1965）はおもに彼の詩『荒地』（1922年）で有名になった。エリオットは後には詩人としてだけではなく文芸評論家としても名声を確立することになるが、この初期の作品は、意図的・意識的に過去を断ち切ったイングランドの文学での「モダニズム」の声明と広く見られた。エリオットが宗教的な課題に向かいつつあることは、1927年７月29日に彼が英国国教会で受洗したとき、明らかになった。

彼は、最初の結婚の若い時期には教会を訪れてその美しさを賞賛

していたが、後年には、平安と瞑想と霊的回復のために教会を訪れるようになった。1926年に彼の兄と義姉と共にローマを訪れたとき、彼はミケランジェロのピエタ像の前にひざまずいて、彼らをかなり驚かせた。彼の伝記記者たちは、エリオットのうちに伝統の感覚と秩序を求める本能があり、挫折と格闘の人生の中で、信仰が彼に、その求めに応じた安心感を与えたのであると示唆している。おそらく、すべての人間的営みの「空虚さ」と彼が呼ぶようになったものに気づいたことから、彼は、彼自身の経験において見出した無秩序と無意味と不毛さを理解し、それらに耐えられるための意味の枠組みを探したのだろう。

彼の詩は今や明らかに宗教的なテーマを含んだ。それらの題名にさえ――たとえば、「灰の水曜日」(1930年)、「シメオンにささげる歌」(1928年)、「博士たちの訪問」(1927年) など、それが明らかである。エリオットのキリスト教的関心はおそらく『四つの四重奏曲』(1943年) に最もよく表れている。これは、今でも説教や一般向けのキリスト教神学書や霊性の本に定番で引用されている。エリオットは1948年にノーベル文学賞を受賞し、1965年に亡くなった。

C・S・ルイス (1898-1963) は、20世紀で最も読者を惹きつけ、読みやすいキリスト教作家であると広く定評がある。1920年代、ルイスのキリスト教に対する態度は変化の過程をたどった。彼が少年のときに捨てた信仰に戻るまでの話は、彼の自伝『喜びの訪れ』に詳しく語られている。神に関して、人間の理性や経験の中に発見したいくつもの手がかりと格闘した後、彼はついに、知的に誠実であろうとすれば、神を信じ、神に信頼せざるをえないと決断したのである。

回心の後、ルイスは、中世・ルネサンス英文学の指導的権威としての名声を確立した。1936年に出版された『愛のアレゴリー』は、『「失楽園」序説』とともに今でも傑作と考えられている。しか

第9章　信仰生活

し、学者としての著書と並んで、ルイスは、それと非常に異なった種類の本も書いている。それは、自分と同世代の人々にキリスト教の合理性を伝えることを目的とする一連の作品で、明確さと確信を目指している。それらの作品によって彼は一般の人々からの賞賛を得たが、これによって彼の学者としての名声は損なわれたと感じた人もいたようである。特に『悪魔の手紙』の場合がそうで、この書簡集の「大衆主義的」「下品な」調子のために、彼の職場の同僚の多くが彼から離れていった。1946年にオックスフォード大学でマートン・カレッジの英文学教授のポストが空いたときも、彼は無視されたのである。

　ルイスの最初の大衆向けの本は、『天路逆程』という、大雑把に言えば、ジョン・バンヤンの『天路歴程』に基づいたような作品である。これはあまり売れなかったが、ルイスはこの大衆レベルで描き続けた。1940年の『痛みの問題』は好評で、その議論の明確さと知性とを買われて、ルイスはBBC（イギリス放送協会）で連続講演をするように招かれた。1942年には、それが『キリスト教の弁護』として出版された。この本は非常な成功を見たので、ルイスは、それをほかの二つの短い著書（『キリスト教徒の生き方』1943年、『人格のかなたに』1944年）と合わせて1冊にし、『キリスト教の精髄』として出版した。1942年には『悪魔の手紙』も出版され、その機知と洞察は、キリスト教信仰の指導的擁護者としてのルイスの名声を不動のものにした。そして、その代価として、オックスフォード大学の同僚の多くを遠ざけることになったのだった。

　彼のキリスト教作家としての名声のかなりの部分は、『ナルニア国物語』によっている。このナルニア国シリーズの最初の物語が出版されたのは1950年である。『ライオンと魔女』は読者をナルニアの国に案内するが、このナルニアという国は、一見ごくふつうの衣装ダンスの奥に4人のイングランドの子どもたち（ピーター、スーザ

ン、エドマンド、ルーシー）が発見するのである。このシリーズの最後は、1956年に出版された『最後の戦い』である。『ナルニア国物語』シリーズは、19世紀にジョージ・マクドナルドによって確立されたフェアリー・テール（妖精物語）の伝統に位置づけられる。その成功は、ルイスの「洗礼を受けた想像力」の概念を広めるのに大きな役割を果たした。ルイスが言うように、「理性は、真実を知るための自然の器官だが、想像力は、意味を知るための器官なのだ」。

巡礼とキリスト教生活

多くのキリスト教の伝統は、ある特別の場所やそれらの場所への巡礼の過程に特別の霊的な意味を付与している。これも、キリスト教のすべてに普遍的な傾向ではない。しかし、一般化の危険を認めながら言うならば、プロテスタンティズムは通常、「聖なる場所」の概念に対しては、肯定的であるよりむしろ批判的立場をとってきた。ここでは、この「聖なる場所」と、それらが霊性に持つ意味を考えよう。

旧約聖書は明らかに、都エルサレムを聖なる場所と考えていた。エルサレムとその神殿は、イスラエルの宗教の中心にある焦点と見られていた。神はエルサレムを「住むところ」として選び、そうしてこの都とその神殿は、イスラエルのほかの場所には与えられなかった特別の宗教的重要性を持つものと見られるようになった。イスラエルの初期の歴史では、シロやミツパなどの地が特別な宗教的重要性を持っていた。カナン征服の時代に祭儀壇が建てられたのはこれらの場所だったからだ。しかし、エルサレムに建てられた神殿は、最高の意味を持つものと見られるようになった。旧約聖書の中には、エルサレムやその神殿を神の「住むところ」と語っている箇所もある。結果としてエルサレムは、イスラエルの未来の希望に

第9章　信仰生活

とっても特別の役割を果たすようになった。神についての知識が世界中に広がるのはエルサレムからであろう（イザヤ2：2-4、ミカ4：1-3）。諸国民が真にひとつになるのは、エルサレムの神を礼拝することによってであろう（イザヤ19：23、ゼカリヤ8：3）。現代でも、ユダヤ教の過越の祭りでは最後に、来年はエルサレムで過越を祝えるようにという希望が表される。

　このように、明らかにエルサレムはユダヤ教で特別の役割を果たすようになっていた。キリスト教の信仰の基礎となった中心的出来事──つまり、イエスの死と復活──がエルサレムで起こったことからすると、この都の特別な地位について新約聖書が旧約聖書の理解を受け継いでいることは予期されるだろう。しかし、事実はそうではない。旧約聖書でのエルサレムの特別な聖なる地位は、新約聖書では裏打ちされていない。新約聖書は、エルサレムの歴史的重要性は認めているが、神学的重要性は認めていない。「新しいエルサレム」（ヘブライ12：22、黙示録21：2参照）のテーマは確かに見られる。けれども、これは、現在のエルサレムの都に何らかの霊的意味を見ることの正当化ではない。

　エルサレムの意味は、3世紀までのキリスト教著者たちによっては何も詳しく論じられていない。これは、このこと自体、エルサレムがあまり重要なものと見られていなかった証拠である。

　4世紀に、二つの非常に異なった見方が出現した。カイサリアのエウセビオス（260頃-339）によれば、新約聖書の霊性は物理的な存在物（たとえば、イスラエルの国土や都エルサレム）ではなく霊的な事柄にあり、物質的なものはせいぜい便利な物質的象徴にすぎない。しかし、エルサレムのキュリロス（320頃-386）は、エルサレムが依然として聖なる都であると確信していた。もちろん、教会の政治がこの議論に入り込んでいたことは完全にありえる。キュリロスは、彼自身の都の権威を保持したがっていた。一方、エウセビオスは、

ローマが、神の特別な愛顧を与えられた新しい都であるとの主張を擁護したかった。

巡礼の霊的重要さを例証するひとつの重要な文書がこの時期に書かれた。それは、『巡礼』あるいは『エーゲリアの巡礼』として知られているもので、1884年に発見され、おそらく381-384年に書かれたと思われるが、実際は、聖地を訪れたひとりの婦人が自分の見たすべてのことを記録した個人的な日記である。このテキストはしばしば、当時、聖地で行われていた典礼のやり方についての重要な直接の証言として読まれるが、そのような巡礼がどのような益をもたらすと考えられていたかについての重要な証言でもある。

キリスト教の歴史の中で、多くの場所が霊的重要性を持ちうる地として現れてきた。それらは、たとえば以下のようである（ただし、決してこれだけではない）。

- エルサレム。イエスの最後の晩餐、引き渡し、十字架刑と復活の場。
- ローマ。聖ペトロと聖パウロのふたりともがここで殉教の死を遂げ、埋葬されていると広く信じられている。
- カンタベリー。トマス・ベケットが1170年に殉教した場。ジェフリー・チョーサーの『カンタベリー物語』には、カンタベリー巡礼に伴う下品な話の数々が書いてある。
- スペイン北西部にあるサンチャゴ・コンポステラ大聖堂。伝統的に、使徒ヤコブの埋葬地とされる。
- 南フランスのルルド。1858年に聖母マリアの幻が見られた。ここでは病などが癒やされると言われるようになっている。

では、キリスト教の霊性では、そのような場への巡礼はどのような役割を果たしているだろうか？　明らかにそのような問いへの

第9章 信仰生活

答えは複雑で微妙である。キリスト教の中でも、神学に関わる問題はかなり多様だからだ。たとえば、プロテスタントは通常、そのような「聖なる場の神学」をいかなる種類も認めず、マリアにも特別の名誉な地位を認めない。それゆえ、ルルドへの巡礼は、プロテスタントの霊性には何も目立ったものとしては表れてこない。一般に巡礼の霊性に関しては、以下の要素がきわめて重要だと考えられている。

サンチャゴ・コンポステラ大聖堂。AKG-Images/Andrea Jemolo.

1　巡礼をするという行為は、少なくともある程度の積極的関与と困難を伴う。このことは、巡礼を自己否定か自己鍛錬の行為とする。その徳は広く認められている。苦難の度合いはさまざまな形で高められうる。たとえば、中世の巡礼団は、旅をつらくするために自分たちの靴の内側に小石を置いた。
2　巡礼はしばしば、巡礼地に結びついた人々の人生や教えを深く考える機会を与える。たとえば、サンチャゴ・コンポステラへの巡礼は、聖ヤコブを読む機会を与え、同様に、ローマへの巡礼は、聖ペトロと聖パウロの人生や教えについて集中して考える機会を与える。

3 「巡礼」の概念は、信徒は「地上ではよそ者であり、巡礼者」（ヘブライ11：13）であり、その「本国は天に」（フィリピ3：20）あるというキリスト教の考えを強化するのに役立つ。この世で落ち着くのではなく、この天の都への途上にこの人生を通っているだけなのだという考えは、巡礼という行為に明らかに具体化されている。
4 巡礼の地それ自体に何らかの霊的な性質があり、そこに旅する者はそれを経験することができると考える者もある。

すでに述べたように、プロテスタントは通常、「巡礼」という考えに懐疑的である。しかし、そうした考えは、多くのプロテスタント霊性の中にも多少方向修正された形で存在する。多くのプロテスタントは、聖地や新約聖書にゆかりの地——たとえば、（ヨハネの黙示録にある）アジアの七つの教会や、聖パウロが創設したり手紙を送ったりした教会などへの旅行が有益だと考えている。しかしながら、これらの旅は、それらの場所を訪問することで、聖書の文章に新しい個人的な意味を付け加え、聖書研究に新しい深みを与えるためのものである。宗教的な場所を訪ねることは、このように、より効果的な聖書研究への助けと見られている。

「巡礼」のイメージは、第2ヴァチカン公会議がこれを教会のモデルとして用いたことによって新しい重要性を帯びた。「教会憲章」は、この世での教会の位置を次のように解説している。

> すでに世々の終わりはわれわれのもとに到来しており（Ⅰコリント10：11参照）、世の一新は取り消しえないものとして決定され、ある意味で現世において前もって行われている。定住する新しい天と新しい地（Ⅱペトロ3：13参照）が実現するまで旅する教会は、現世に属するその諸秘蹟と制度の中に、過ぎ去

第9章　信仰生活

この世の姿を示し、今日に至るまで陣痛の嘆きと苦しみの中で神の子らの現れを待ち望む被造物の間に住んでいる（ローマ8：22、19参照）。

　今日の世界のキリスト教の複雑で豊かな生活についてのこの短い**概観**をもって、このキリスト教入門は終わる。紙面の都合上、提示した情報の量はひどく限られたものにすぎない。しかし、本書に書いてある事柄から、読者が、今日の世界で最も影響力のある宗教的運動であるキリスト教をさらに深く理解し味わう力を得られたことを望むものである。もし読者がこの入門書を読み終わってもまださらに知りたいと感じるならば、この本はその目的を遂げたのである。

キリスト教用語集

以下は、この本で読者が出会うキリスト教関係の専門用語の一覧である。キリスト教用語をより詳細に理解したい人には、特に次の本を推薦する。

Livingstone, Elizabeth A., and F.L. Cross, *The Oxford Dictionary of the Christian Church,* 3rd edn（Oxford: Oxford University Press, 1997）.

アナバプティスト（Anabaptism）
「再洗礼者」を意味するギリシア語に由来し、16世紀宗教改革の急進的な一派に関して用いられる。メノー・シモンズやバルタザール・フープマイアーなどの思想家の考えに基づいている。

アレイオス主義（Arianism）
古代のキリスト論のおもな異端のひとつ。イエス・キリストを神の被造物の最高のものと見なし、神としての地位を否定した。アレイオス論争は、4世紀におけるキリスト論の発展にきわめて重要な意味を持っている。

アレクサンドリア学派（Alexandrian School）
エジプトの都市アレクサンドリアに拠点を持つ教父時代のひとつの学派で、そのキリスト論（キリストの神性を強調する）と、聖書解釈法（アレゴリー的釈義法を用いる）で有名である。両方の分野で競争相手となったのは、アンティオキアに拠点を持つ学派の取り組み方であった。

アンティオキア学派（Antiochene School）
現在のトルコに位置する都市アンティオキアに拠点を持つ教父時代のひとつの学派で、そのキリスト論（キリストの人性を強調する）と、聖書解釈法（字義的釈義法を用いる）で有名である。両方の分野で競争相手となったのは、アレクサンドリア学派の取り組み方であった。

位格的統一（Hypostatic union）
イエス・キリストにおいては、神性と人性の二つの性質がそれぞれの本性の

実体を融合することなく合一しているという教理。

五つの道（Five Ways, the）
トマス・アクィナスの五つの「神の存在証明」論を指す一般的な用語。

イデオロギー（Ideology）
ある社会、あるいは人々の集団の行動や見方を支配する一連の思想や価値観。たいていは世俗的な思想や価値観について言う。

ヴルガータ（Vulgate）
聖書のラテン語訳。大方、ヒエロニムスの訳による。中世の神学は大部分これに基づいている。

エビオン主義（Ebionitism）
初期のキリスト論の異端。イエス・キリストは特別のカリスマ的賜物を授けられており、その点でほかの人々と異なると認めながらも、彼を純粋に人間の一人物として扱う。

オーソドクシー（Orthodoxy）
この語は多数の意味で用いられるが、そのうち最も重要なのは以下のものである。異端に対する「正しい信仰内容」という意味での〈正統派〉。ロシアやギリシアで優勢な形態のキリスト教である〈正教会〉。特に16世紀後期から17世紀初期にかけてのプロテスタンティズムの内部のひとつの運動で、教理的定義の必要性を強調した〈正統主義〉。

改革派（Reformed）
ジャン・カルヴァン（1510-64）とその弟子たちの著作から霊的洞察を得ている神学の伝統を指すのに用いられる用語。現在では一般に、「カルヴィニスト」という言い方よりも好んで用いられる。

会議制（Conciliarism）
教会合同の公会議の役割を強調する教会論的・神学的な権威についての理解。

解釈学（Hermeneutics）
テキスト、特に聖書のテキストの解釈あるいは釈義の基礎となる諸原則。と

りわけ、現代への適用に関わる。

解放の神学（Liberation theology）

　この用語は、福音の解放的影響力を強調するいかなる神学的運動をも指して用いられるが、特に1960年代後期にラテンアメリカで発達した、政治的行動の役割を強調して貧困や圧迫からの政治的解放を目標にした運動を指すようになってきた。

仮現論（Docetism）

　初期のキリスト論の異端で、イエス・キリストを、人間としての「外見」をしていただけの純粋に神的な存在として扱うもの。

カパドキア教父（Cappadocian fathers）

　教父時代の主要な3人のギリシア語著述家を併せて呼ぶ呼び名。カイサリアのバシレイオス、ナジアンゾスのグレゴリオス、ニュッサのグレゴリオスの3人で、3人とも4世紀後期の人である。「カパドキア」は彼らの拠点で、小アジアの一地方（今のトルコ）である。

カリスマ、カリスマ的（Charisma, Charismatic）

　聖霊の賜物に特に関連する用語。中世の神学では、「カリスマ」という語は、神の恵みによって個々の人に与えられる霊的賜物を指すのに用いられた。20世紀の初期から、「カリスマ的」という語は、聖霊の直接の臨在と経験を特に強調する形の神学や礼拝の一形態を指すようになっている。

カルヴァン主義（Calvinism）

　曖昧な用語である。二つのまったく別個の意味で用いられる。第1に、ジャン・カルヴァン（1510–64）や彼の書いた文書によって深く影響を受けた宗教団体（改革派教会など）や個々の人々（テオドール・ベーズなど）の宗教思想を意味する。第2に、カルヴァン自身の宗教思想を意味する。第1の意味のほうがはるかに一般的であるが、この用語が誤解を生じやすいという認識が強くなってきている。

カルケドンの定義（Chalcedonian definition）

　イエス・キリストは二つの本性、つまり人性と神性とを持つと見なされるべきであるとする、カルケドン公会議での公式宣言。

キリスト教用語集

救済論（Soteriology）
　救い（ギリシア語で *soteria*）の教理を扱うキリスト教神学の一分野。

教会論（Ecclesiology）
　教会の理論を扱うキリスト教神学の一分野。

共観福音書（Synoptic gospels）
　新約聖書の最初の三つの福音書（マタイ、マルコ、ルカ）を指す語。この語（ギリシア語の *synopsis*「要約」から来ている）は、この三つの福音書が、イエス・キリストの生涯、死、復活について同様の「要約」を示していると見なされていることを表している。

共観福音書問題（Synoptic problem）
　三つの共観福音書がどのように相互に関係しているかという学術的問題。三つの共観福音書の関係についておそらく最も一般的な見方は、マタイとルカがマルコを資料として用いながら、第2の資料（通常、「Q」として知られる）にも依拠していたと主張する「2資料説」である。ほかの可能性も存在し、たとえばグリースバッハの仮説は、マタイが最初に書かれ、ルカ、マルコと続いたと見ている。

共在説（Consubstantiation）
　聖餐においてキリストが実在するという理論を指して用いられる。これは特にマルティン・ルターの考えで、聖餐におけるパンとぶどう酒の実体はキリストの肉体と血の実体と共に与えられるとする。

教父（Fathers）
　「教会教父」を言う別の呼び方。

教父的（Patristic）
　新約聖書が書かれた後の教会史上最初の数世紀（教父時代）と、この時代に著述活動をした思想家たち（教父）を指すのに用いる形容詞。多くの者はこの時代を100年頃–451年と考えているようである（つまり、新約聖書の最後の文書の完成から、画期的なカルケドン公会議までの期間である）。

キリスト教用語集

キリスト論（Christology）
　イエス・キリストのアイデンティティーを扱うキリスト教神学の一分野。特にイエス・キリストの神性と人性の関係についての問題を扱う。

クワドリガ（Quadriga）
　聖書の「四重」の解釈を言うラテン語の用語。字義的意味、アレゴリー的意味、比喩的（道徳的）意味、類比的意味に沿ってなされる。

敬虔主義（Pietism）
　特に17世紀ドイツの著述家たちに結びつけられるキリスト教への取り組みのひとつ。信仰の私的人格への適用、キリスト教信仰生活における聖潔の必要性を強調する。この運動は、英語圏では、おそらくメソジスト運動の形で最もよく知られている。

啓蒙主義（Enlightenment, the）
　人間の理性と自律を強調する、18世紀の西ヨーロッパと北アメリカの思想の多くを特徴づける思想を指すのに、19世紀から用いられるようになった用語。

ケノーシス論（Kenoticism）
　キリスト論の一形態。キリストは受肉においてある神的属性のいくつかを「一時捨てた」ということ、あるいは、少なくともいくつかの神的属性、特に全知や全能を自分のうちから空にした（「自分を空しくした」）と強調する。

ケリュグマ（Kerygma）
　特にルドルフ・ブルトマン（1884-1976）と彼の弟子たちによって用いられた用語。イエス・キリストの意義についての新約聖書の本質的メッセージ、あるいは宣教の使信を指す。

公同的、カトリック（Catholic, Catholic）
　形容詞で、時間的・空間的な意味での教会の普遍性を指す意味と、その普遍性を強調するある特別な教会組織（時にローマ・カトリックとも言われる）を指す意味がある。

告白（Confession）
　この語は第1に罪を認めることを指すが、16世紀にかなり異なった専門的な

意味を持つようになった。つまり、プロテスタント教会の信仰原理を具体的に述べる文書、たとえば、初期ルター派の考えを具体的に表す「アウグスブルク信仰告白」(1530年)、改革派教会の「第1スイス信条」(1536年) などである。

根本主義（Fundamentalism）
聖書の無謬の権威を特に強調するアメリカのプロテスタント・キリスト教の一形態。

サクラメント（Sacrament）
純粋に歴史的な用語としては、イエス・キリスト自身によって制定されたとされる教会の礼拝や儀式。ローマ・カトリックの神学と教会実践では七つのサクラメント（洗礼、堅信、ユーカリスト、結婚、叙階、告解、終油）を認めるが、プロテスタントの神学者たちは一般に、新約聖書自体にはサクラメントは二つだけ（洗礼とユーカリスト）しか見出されないと主張する。

サベリオス主義（Sabellianism）
三位一体論の初期の異端。三位一体の三つの位格を、唯一神の異なる歴史的顕現として考える。通常、様態論の一形態と見なされる。

三位一体（Trinity）
神についてのキリスト教独特の教理。キリスト教徒の神経験の複雑さを反映する。この教義は通常、「三つの位格、唯一の神」という金言で要約される。

実践（Praxis）
文字どおりには「行動」を意味するギリシア語で、思考と関連して行動することの重要性を強調するためにカール・マルクスが用いた。この「実践」の重視は、ラテンアメリカの解放の神学にかなりの影響を与えてきた。

実体変化（Transubstantiation）
ユーカリストにおいてパンとぶどう酒が、外見の見かけはそのままでありながら、キリストの体と血に変化するとする教理。

史的イエス（Historical Jesus）
特に19世紀において、ナザレのイエスという歴史的人格を指すのに用いた用語。特に新約聖書や諸信条に提示されたイエスの人格についてのキリスト教

の解釈に対立する。

使徒時代（Apostolic era）
　イエス・キリストの復活（35年頃）から最後の使徒の死（90年頃？）までの間のキリスト教会の一時代で、多くの人々から決定的な時期と見なされている。この時期の思想と実践は、多くの教会で、少なくともある意味で、あるいはある程度、広く規範とされている。

至福直観（Beatific vision）
　特にローマ・カトリックの神学で用いられる用語。選ばれた者だけが死後に見ることが許される神の完全な姿。けれども、トマス・アクィナスなどの何人かの著述家は、ある愛顧を受けた個人——たとえば、モーセやパウロなどは、生きている間にこの姿を見ることが許されたと教えている。

釈義（Exegesis）
　テキスト解釈のための学問分野で、通常、特に聖書について言われる。「聖書釈義」という語は、基本的には、「聖書を解釈する過程」を意味する。聖書釈義に用いられる特別の技術は通常、「解釈学」として語られる。

急進的宗教改革（Radical Reformation）
　アナバプティスト運動を指す語としてますます頻繁に用いられるようになってきた用語。彼らは、特に教会論に関して、ルターやツヴィングリの考えたものを超えて進んだ宗教改革の一派である。

宗教史学派（History of Religions School）
　宗教史、特にキリスト教の起源を考察する取り組みとして、旧約、新約聖書の発展を、グノーシス主義などのほかの宗教との出会いへの応答として論じる学派。

自由主義プロテスタンティズム（Liberal Protestantism）
　特に19世紀ドイツに見られた運動で、宗教と文化の連続性を強調する。特にF・D・E・シュライエルマッハーとパウル・ティリッヒの間の時代に栄えた。

充当（Appropriation）
　三位一体論に関連した用語。三位一体の三つの位格はすべて、三位一体の神

の外的な働きのすべてにおいて働きをなしていると認めながら、それらの働きを、特に三つの位格のひとつの働きとして考えることが妥当であると考える。たとえば、創造を父なる神の働きとして、または、贖いを子なる神の働きとして考えることは、これらの働きのどちらにも三つの位格のすべてが介在し、働いているにもかかわらず、やはり妥当なのである。

終末論（Eschatology）

「終末の事柄」、特に復活、地獄、永遠の命などの概念を扱うキリスト教神学の一分野。

受苦神説（Theopaschitism）

6世紀に生じた論議を巻き起こした教理で、これを異端と見なす人々もいる。ヨアンネス・マクセンティウスなどの著作家や「三位一体のひとつの位格が十字架につけられた」という標語による教理。この公式はまったく正統的な意味で解釈されうるし、ビザンチンのレオンティオスによってそのように弁護された。しかし、教皇ホルミスダス（523年没）などを含む、より注意深い著作家たちは、これが誤解や混乱を生じる可能性をはらんでいると考え、この公式は徐々に用いられなくなった。

受肉（Incarnation）

イエス・キリストという人格において神が人間の本性を引き受けたことを言う用語。「受肉主義」（incarnationalism）という用語はしばしば、神が人間になったことを特に強調する神学的見方を指して用いられる。

頌栄（Doxology）

キリスト教の礼拝式における賛美の一形式。神学への「頌栄的」取り組みは、神学的考察における賛美と礼拝の重要性を強調する。

贖罪（Atonement）

もともとは、1526年にウィリアム・ティンダルがラテン語の *reconciliatio* を翻訳するために造った英語で、それ以来、「キリストの業」「キリストの死と復活によって信じる者が得られるようになった祝福」という意味に発展してきた。

神義論（Theodicy）

ドイツの哲学者ゴットフリート・ヴィルヘルム・ライプニッツ

(1646-1716) の造語で、世界に悪が存在することに直面して神の善性を神学的に正当化する理論を指す。

信仰義認の教理（Justification by faith, doctrine of）
　罪人である個人がどのように神との交わりに入ることができるかということを扱うキリスト教神学の一分野。この教理は、宗教改革の時代に主要な意義を持つことになった。

信仰主義（Fideism）
　キリスト教信仰をそれ自体以外の資料によって評価あるいは批判することの必要性（あるいは、時にはその可能性）を認めないキリスト教神学についての理解。

信仰の類比（Analogy of faith, Analogia fidei）
　特にカール・バルトによる理論で、被造界の秩序と神との間のいかなる対応も、ただ神の自己啓示に基づいてのみ確立されるとする。

信仰問答（Catechism）
　キリスト教教理の一般的な手引き。たいていは質問と回答という形をとっており、宗教教育を目的としている。

信条（Creed）
　すべての教育者によって共有されるキリスト教信仰の要約。最も重要な信条は、一般に「使徒信条」と「ニカイア信条」として知られるものである。

神人同型論（Anthropomorphism）
　神に、人間の特徴（手や腕など）やその他の人間的性質があるかのように語る傾向。

新正統主義（Neo-orthodoxy）
　カール・バルト（1886-1968）の神学的立場全般を指して用いられる用語。特に、彼が改革派正統主義の時代の神学的関心に依拠した姿勢を言う。

人文主義（Humanism）
　厳密な意味では、ヨーロッパのルネサンスと結びついた知的運動である。そ

の運動の中心にあるのは（この語の現代的意味が示すような）一連の世俗的あるいは世俗化的概念ではなく、古典古代の文化的業績への新しい興味である。これらはルネサンスの時代には、ヨーロッパ文明とキリスト教の刷新のための主要な資源と見なされた。

スコラ主義（Scholasticism）
　特に中世におけるキリスト教神学への特殊な取り組み方。キリスト教神学を理性によって正当化し、組織的に提示することに強調点を置いた。

聖書原理（Scriptural principle）
　改革派の神学者に特に結びついた理論。教会の実践と信仰内容は聖書に基づくべきだとする。聖書に根拠を持つことが証明できないことは何も、信徒に対して拘束力を持たない。「聖書のみ」（*sola scriptura*）という表現がこの原理を要約している。

存在の類比（Analogy of being, Analogia entis）
　特にトマス・アクィナスによる理論で、神が創造主であるために、被造界の秩序と神との間には対応あるいは類比があるとする。この考えは、自然界の既知の対象や関係から神に関する結論を引き出す習慣に神学的正当性を与える。

存在論的証明（Ontological argument）
　特にスコラ神学者カンタベリーのアンセルムスがなした型の、神の存在証明の理論を指して言う。

第4福音書（Fourth gospel）
　「ヨハネによる福音書」を指して用いる用語。この語は通常、「共観福音書」と呼ばれる最初の三つの福音書に共通の構造とこの福音書を区別する文学的・神学的特徴を強調している。

単性論（Monophysitism）
　キリストには神性というひとつの本性があるだけだとする教理（ギリシア語の *monos*「唯一」と、*physis*「本性」から来た語）。これは、カルケドン公会議（451年）によって提唱された見解、すなわち、キリストは神性と人性の二つの本性を持つという正統主義の見解と異なる。

ツヴィングリ主義（Zwinglianism）

　この用語は一般に、フルドリヒ・ツヴィングリ（1484-1531）の思想を指して用いられるが、しばしば、特にサクラメントについての彼の見解、とりわけ「実体的現臨」（これは、ツヴィングリにとっては、むしろ「実体的不在」に近い）についての主張を指す。

テオトコス（Theotokos）

　文字どおりには「神を産む者」という意味。イエス・キリストの母マリアを指して用いられるギリシア語。「イエス・キリストは神にほかならない」という受肉の教義の中心的洞察を補強する意図で用いられた。この語は、特にネストリオス論争の時に、キリストの神性と受肉の真実性を表現するために東方教会の著述家たちに広範に用いられた。

デカルト主義（Cartesianism）

　特にルネ・デカルト（1596-1650）による哲学的見解。ことに、知る主体と知られる対象とを分離し、考える自己の存在を哲学的考察の適切な出発点とする主張に関係する。

天父受苦説（Patripassianism）

　3世紀に生じた神学的異端で、ノエートス、プラクセアス、サベリオスなどによる。父なる神が子として受苦を受けたという考えに基づく。つまり、キリストの十字架上の受難は父の受難として見なされる。これらの著述家たちによれば、神格の内部における唯一の区別は、様態や作用の継続にすぎず、父、子、聖霊は、同一の基本的神的実在の異なった存在様式、あるいは異なった表現にすぎない。

典礼（Liturgy）

　公的礼拝の書かれた式文。特にユーカリストの式文。

同一実体（Consubstantial）

　ギリシア語の *homoousios* から派生したラテン語の用語で、文字どおりには「同一実体」。この語は、特にアレイオス主義への反論として、イエス・キリストの完全な神性を断言するのに用いられる。

ドナトゥス派（Donatism）
4世紀のローマ領北アフリカを中心にした運動で、教会とサクラメントに関する厳格な見解を展開した。

パルーシア（Parousia）
文字どおりには「到来」や「到着」を意味するギリシア語で、キリストの再臨を指して用いられる。パルーシアの概念は、「終末の事柄」についてのキリスト教的理解の重要な側面である。

バルトの（Barthian）
スイスの神学者カール・バルト（1886-1968）の神学的特徴を表現するのに用いられる形容詞。おもに啓示の優越性の強調とイエス・キリストに焦点を絞っている点で知られている。この関連では、「新正統主義」や「弁証法神学」という語も用いられる。

反ペラギウス文書（Anti-Pelagian writings）
ペラギウス論争に関するアウグスティヌスの文書。彼は、恩寵と義認についての彼の見解を弁論している。「ペラギウス主義」を参照せよ。

否定的（Apophatic）
神は人間の範疇では知りえないということを強調する神学の形を指して用いる用語。神学における「否定的」（ギリシア語の *apophasis*「否定」「否認」からこのように言う）な方法は、特に東方正教会の修道院の伝統で行われた。

福音主義、福音伝道主義（Evangelical）
この語はもともとは、1510年代から20年代にかけてドイツとスイスで起こった改革運動を指すのに用いられたが、今日では、特に英語圏の神学で、聖書の最高権威とキリストの贖罪死を特に強調する運動を指して用いられている。

プロテスタンティズム（Protestantism）
シュパイアー帝国議会（1529年）の余波の中で、ローマ・カトリックの習慣と信仰内容に抗議した人々を指して用いられた用語。1529年以前には、こうした個人やグループは自らを「福音主義者」と呼んでいた。

キリスト教用語集

分裂（Schism）
　教会の統一から故意に分裂すること。キプリアヌスやアウグスティヌスら、初期の教会で影響力のあった著述家から激しく非難された。

フェミニズム（Feminism）
　1960年代からの西方神学内の運動。特に「女性の経験」を重視し、キリスト教の家父長主義に批判を向けている。

ヘジカズム（Hesychasm）
　特に東方教会に関連する伝統で、神の姿を見るに至る手段としての「内なる静寂」（ギリシア語で *hesychia*）という概念をかなり強調する。特に、新神学者シメオンやグレゴリオス・パラマスなどの著述家によって言われた。

ペラギウス主義（Pelagianism）
　人間がいかに救いへの功徳を得ることができるかについての一理解で、ヒッポのアウグスティヌスの見方に真っ向から対立する。人間の業の役割をかなり重視し、神の恩寵の概念を軽視する向きがある。

ペリコレーシス（Perichoresis、Circumincession）
　三位一体の教義に関連する用語で、しばしばラテン語で *circumincession* と言われることもある。基本的考えは、三位一体の三つの位格すべては、ほかの位格の命を分かち合っているので、どの位格も、ほかの位格の行動から隔離されたり引き離されたりはしていないということである。

弁証学（Apologetics）
　キリスト教信仰の弁明に焦点を絞った神学の分野。特に、キリスト教の信仰内容や教理を理性的に正当化することによる。

弁証法神学（Dialectical theology）
　スイスの神学者カール・バルト（1886-1968）の初期の思想を指して用いられる用語。神と人間との「弁証的」関係を強調する。

ポストモダニズム（Postmodernism）
　特に北アメリカでの一般的な文化現象。啓蒙主義の普遍的・理性的諸原則の全般的崩壊の結果起こった。

ポストリベラリズム（Post-liberalism）

1980年代のデューク大学とイェール大学の神学部と関係した神学運動。自由主義的に人間の経験に依拠することを批判し、神学を統御する影響力を持つものとして、共同体の伝統という概念を再主張する。

ホモウーシオス（Homoousion）

文字どおりには「同一の実体」を意味するギリシア語の用語で、イエス・キリストは「神と同一の実体である」という主流のキリスト論的信仰を示すのに、4世紀を通じて広範に用いられていた。この語は論争的なものであり、キリストは神と「類似の実体」（*homoiousios*）であるというアレイオス主義の見方に反論として向けられた。「同一実体」（consubstantial）の項も参照せよ。

マニ教（Manicheism）

マニ教徒の見方とされる強度の運命論的立場。ヒッポのアウグスティヌスも若い頃信じていた。二つの異なる神々が区別され、片方は悪と見なされ、片方は善と見なされる。そこで悪は、悪い神の影響の直接の結果と見なされる。

黙示文学、黙示思想（Apocalyptic）

世界の最後の事柄と終末に焦点を当てた著述や宗教的見方一般で、しばしば複雑な象徴主義の幻という形をとる。「ダニエル書」（旧約聖書）や「ヨハネの黙示録」（新約聖書）がこの型の文書の例である。

模倣説（Exemplarism）

贖罪論の特別な見方のひとつ。イエス・キリストによって信徒に示された道徳的あるいは宗教的手本を強調する。

ユーカリスト（Eucharist）

本書では、「ミサ」「主の晩餐」「聖陪餐」などとさまざまに呼ばれるサクラメントを指して用いられる。

養子説（Adoptionism）

イエスは公生涯のどこかで（たいていは洗礼の時とされる）神の子として「養子にされ」たという異端説。イエスは受胎の時から本性において神の子であったという正統的教理と対立する。

様態論(Modalism)
　三位一体の神の三つの位格を、神格における異なる「様態」と見なす、三位一体説の異端。典型的な様態論的見方は、神が創造の時には父として活動し、贖いの時には子として、聖化においては聖霊として活動すると見なすものである。

理神論(Deism)
　特に17世紀イングランドの一群の著述家の見解で、啓蒙主義の考えの多くを先取りしている。この語はしばしば、神の創造の業を認めてはいるが、神が継続して世界に関わっているという概念を拒否する神観を指して用いられる。

両性説(Two natures, doctrine of)
　通常、イエス・キリストの二つの本性、人性と神性についての教理を指して用いられる用語。「カルケドンの定義」や「位格的統一」という語がこれと関連する。

ルター派(Lutheranism)
　マルティン・ルターに帰される宗教的思想で、特に「小教理問答書」(1529年)と「アウグスブルク信仰告白」(1530年)に表現されている。

歴史批評学的方法(Historico-critical method)
　聖書を含む歴史的テキストの研究法のひとつ。テキストの正しい意味は、それが書かれた特殊な歴史的状況に基づいてのみ決定されると論じる。

ロゴス(Logos)
　「言葉」を意味するギリシア語で、教父時代のキリスト論の発達に決定的な役割を果たした。イエス・キリストは「神の言葉」として認識されるが、問題は、この認識の含む意味であった。特に、イエス・キリストにおける神の「ロゴス」がどのように彼の人間の本性と関係しているかが問題となった。

さらに学びたい方へ

　本書では、キリスト教に関して広い範囲の歴史的・神学的・実践的問題を扱った。以下に挙げるのは、さらに学びたい方が本書の序説的概説をずっと深く掘り下げてゆくのに役立つだろうと思われる書である。項目順にまとめてあり、その配列は、本書で扱った順になっている。

　さらに広範に読みたい方は、一次資料も二次的な資料も、インターネット上で検索してみることをお勧めする。たとえば良い検索サイトを用いれば、「教会論参考文献」などというサイトに当たるかもしれない。そこからすぐに、教会に関する教義を扱った書物に関する最適なサイトに入れるだろう。また、「初代教会参考文献」のサイトも試してみていただきたい。そこでは、初代教会の生活や思想に焦点を当てた一連の参考文献を見出すことができるだろう。

ナザレのイエス

Barclay, William, *Jesus as They Saw Him* (London: SCM Press, 1962).

Bauckham, R., R. T. France, M. Maggay, J. Stamoolis, and C. P. Thiede, *Jesus 2000: A Major Investigation into History's Most Intriguing Figure* (Oxford: Lion, 1989).

Brown, R. E., *Jesus, God and Man: Modern Biblical Reflections* (Milwaukee: Bruce, 1967).

Cullmann, Oscar, *The Christology of the New Testament* (Philadelphia: Westminster Press, 1959).

Davis, Stephen T., *Risen Indeed: Making Sense of the Resurrection* (Grand Rapids: Eerdmans, 1993).

Drane, John, *Jesus and the Four Gospels* (Oxford: Lion, 1984).

Dunn, James D. G., *Christology in the Making* (London: SCM Press, 1980).

――, *The Evidence for Jesus* (London: SCM Press, 1986).

France, R. T., *The Evidence for Jesus* (London: Hodder and Stoughton, and Downers Grove, Ill: InterVarsity Press, 1987).

――, *Jesus and the Old Testament* (Downers Grove, Ill: InterVarsity Press, 1971).

Green, Michael, *Who is this Jesus?* (London: Hodder and Stoughton, 1990).

Grillmeier, Aloys, *Christ in Christian Tradition,* 2nd edn (London: Mowbrays, 1976).

Harris, Murray T., *Jesus as God: The New Testament Use of Theos in Reference to Jesus* (Grand Rapids: Baker, 1992).

Hooker, Morna D., "Interchange in Christ," *Journal of Theological Studies* 22 (1971), pp. 349–361.

Käsemann, Ernst, "The Saving Significance of the Death of Jesus in Paul," in *Perspectives on Paul* (Philadelphia: Fortress Press, 1971), pp. 32–59.

Macquarrie, John, *Jesus Christ in Modern Thought* (London: SCM Press, 1990).

Marshall, I. Howard, *The Origins of New Testament Christology* (Downers Grove, Ill: InterVarsity Press, 1976).

Morris, Leon, *The Apostolic Preaching of the Cross*, 3rd edn (Leicester: InterVarsity Press, 1975).

Moule, C. F. D., *The Origin of Christology* (Cambridge: Cambridge University Press, 1977).

O'Collins, Gerald, *Jesus Risen* (London: Darton, Longman, and Todd, 1987).

Pannenberg, Wolfhart, *Jesus—God and Man* (London: SCM Press, and Westminster: Philadelphia, 1968).

Saldarini, A. J., *Pharisees, Scribes and Sadducees in Palestinian Society* (Edinburgh: Clark, 1989).

Stott, J. R. W., *The Cross of Christ* (Leicester: InterVarsity Press, 1986).

Theissen, Gerd, *The Shadow of the Galilean* (London: SCM Press, 1987).

Thiede, C. P., *Jesus— Life or Legend* (Oxford: Lion, 1990).

Wright, N, T., *Who was Jesus?* (London: SPCK and Grand Rapids: Eerdmans, 1992).

聖 書

Anderson, Bernhard W., *The Living World of the Old Testament,* 4th edn (London: Longman, 1988).

Barton, John, *Reading the Old Testament: Method in Biblical Study,* 2nd edn (London: Darton, Longman, and Todd, 1996).

Brown, Raymond E., *An Introduction to the New Testament* (New York: Doubleday, 1997).

Buttrick, George A., *The Interpreter's Dictionary of the Bible: An Illustrated Encyclopedia,* 5 vols. (Nashville, TN: Abingdon Press, 1962).

Carson, D. A., Douglas J. Moo, and Leon Morris, *An Introduction to the New Testament* (Grand Rapids: Zondervan, 1994).

Chilton, Bruce, *Beginning New Testament Study* (London: SPCK, 1986).

Clements, R. E., *The World of Ancient Israel* (Cambridge: Cambridge University Press, 1995).

Dunn, James D. G., *Unity and Diversity in the New Testament,* 2nd edn (London: SCM Press, 1990).

Ehrman, Bart D., *The New Testament: A Historical Introduction to the Early Christian Writings,* 2nd edn (Oxford: Oxford University Press, 2000).

Greenslade, S. L., ed., *The Cambridge History of the Bible*, 3 vols. (Cambridge: Cambridge University Press, 1963).

Gundry, Robert H., *A Survey of the New Testament* (Grand Rapids: Zondervan, 1994).

Johnson, Luke T., *The Writings of the New Testament: An Interpretation* (Philadelphia: Fortress Press, 1986).

Kaiser, Otto, *Introduction to the Old Testament* (Oxford: Blackwell, 1975).

Metzger, Bruce M., *The New Testament: Its Background, Growth and Content* (Nashville, TN: Abingdon, 1983).

——, and Michael D. Coogan, *The Oxford Companion to the Bible* (Oxford: Oxford University Press, 1994).

Perkins, Pheme, *Reading the New Testament: An Introduction,* 2nd edn (New York: Paulist Press, 1988).

Porter, J. R., *The Illustrated Guide to the Bible* (Oxford: Oxford University Press, 1995).

キリスト教の教義

キリスト教神学の、最も広く用いられている入門書は、『キリスト教神学入門』McGrath, Alister E., *Christian Theology: An Introduction,* 3rd edn (Oxford and Cambridge, MA: Blackwell, 2001) である。この書は、約300の一次資料を収録した『キリスト教神学資料集　上・下』McGrath, Alister E. (ed.), *The Christian Theology Reader* (Oxford and Cambridge, MA: Blackwell, 1995) と併せて読んでいただくことをお勧めする。

以下のものも、教義一般の分野についての有用な入門書であり、読むに値する。

Braaten, Carl E., and R. W. Jenson (eds.), *Christian Dogmatics*, 2 vols. (Philadelphia: Fortress Press, 1984).

Erickson, Millard J., *Christian Theology* (Grand Rapids: Baker, 1992).

Fiorenza, Francis F., and John P. Galvin, *Systematic Theology: Roman Catholic Perspectives*, 2 vols. (Minneapolis: Fortress Press, 1991); also published as a single-volume edition (Dublin: Gill and Macmillan, 1992).

Grenz, Stanley J., *Theology for the Community of God* (Nashville, TN: Broadman and Holman, 1994).

Gunton, Colin E., *The Cambridge Companion to Christian Doctrine* (Cambridge: Cambridge University Press, 1997).

Hodgson, Peter C., and Robert H. King (eds.), *Christian Theology: An Introduction to its Traditions and Tasks*, 2nd edn (Philadelphia: Fortress, 1985).

Migliore, Daniel E., *Faith Seeking Understanding*, 2nd edn (Grand Rapids: Eerdmans, 2004).

Tanner, Kathryn, *Jesus, Humanity and the Trinity: A Brief Systematic Theology* (Edinburgh: T&T Clark, 2001).

キリスト教史

キリスト教史全体を扱う書は多数あり、また、個々の時代や問題について専門に扱った書も多い。以下は、キリスト教の歴史全体を扱った概説書として推薦するものである。

Bainton, Roland H., *Christendom: A Short History of Christianity and its Impact on Western Civilization*, 2 vols. (New York: Harper and Row, 1966).

Dowley, Tim, and David F. Wright, *Introduction to the History of Christianity* (Minneapolis: Fortress Press, 1995).

González, Justo L., *The Story of Christianity* (San Francisco: Harper and Row, 1984).

Livingstone, Elizabeth A., and F. L. Cross, *The Oxford Dictionary of the Christian Church*, 3rd edn (Oxford: Oxford University Press, 1997).

Noll, Mark A., *Turning Points: Decisive Moments in the History of Christianity*,

2nd edn (Grand Rapids: Baker Books, 2000).

Petry, Ray C., and Manschreck, Clyde L., *A History of Christianity: Readings in the History of the Early and Medieval Church*, 2 vols. (London: Prentice-Hall, 1962).

教父時代

Bettenson, Henry, *Documents of the Christian Church*, 2nd edn (Oxford: Oxford University Press, 1963).

Brown, Peter, *The Rise of Western Christendom*, 2nd edn (Oxford: Blackwell, 2003).

Chadwick, Henry, *The Early Church* (London and New York: Pelican, 1964).

Comby, Jean, *How to Read Church History*, vol. 1 (London: SCM Press, 1985).

Daniélou, Jean, and Henri Marrou, *The Christian Centuries*, vol. 1 (London: Darton, Longman, and Todd, 1964).

Frend, W. H. C., *The Rise of Christianity* (Philadelphia: Fortress Press, 1984).

Hazlett, Ian (ed.), *Early Christianity: Origins and Evolution to A.D. 600* (London: SPCK, 1991).

Kelly, J. N. D., *Early Christian Doctrines*, 4th edn (London: A. and C. Black, 1968).

Stevenson, J., Creeds, *Councils and Controversies: Documents Illustrating the History of the Church, 337–461*, rev. edn (London: SPCK, 1987).

——, *A New Eusebius: Documents Illustrating the History of the Church to A.D. 337*, rev. edn (London: SPCK, 1987).

van der Meer, F., and Christine Mohrmann, *Atlas of the Early Christian World* (London: Nelson, 1959).

Young, Frances M., *From Nicea to Chalcedon* (London: SCM Press, 1983).

初代教会の女性たちについて

Arlandson, James Malcolm, *Women, Class, and Society in Early Christianity: Models from Luke-Acts* (Peabody, MA: Hendrickson Publishers, 1997).

Eisen, Ute E., *Women Officeholders in Early Christianity: Epigraphical and Literary Studies* (Collegeville, MN: Liturgical Press, 2000).

Hooker, Morna, "Authority on Her Head: An Examination of 1 Corinthians 11: 10," *New Testament Studies* 10 (1964), pp. 410–416.

Jensen, Anne, *God's Self-Confident Daughters: Early Christianity and the*

Liberation of Women (Kampen: Kok Pharos, 1996).

Laporte, Jean, *The Role of Women in Early Christianity* (New York: Edwin Mellen Press, 1982).

Matthews, Shelly, *First Converts: Rich Pagan Women and the Rhetoric of Mission in Early Judaism and Christianity* (Stanford, CA: Stanford University Press, 2001).

Scholer, David M., *Women in Early Christianity* (New York: Garland, 1993).

Thomas, W. D., "The Place of Women in the Church at Philippi," *Expository Times* 83 (1971), pp. 117-120.

Witherington III, Ben, *Women in the Earliest Churches* (Cambridge: Cambridge University Press, 1988).

——, *Women in the Ministry of Jesus* (Cambridge: Cambridge University Press, 1984).

ケルトのキリスト教

Gougaud, Louis, *Christianity in Celtic Lands* (London: Batsford, 1981).

Hanson, Richard T., *Saint Patrick: His Origins and Career* (Oxford: Oxford University Press, 1968).

Mackey, James P. (ed.), *An Introduction to Celtic Christianity* (Edinburgh: T. and T. Clarke, 1989).

Simpson, Douglas, *The Celtic Church in Scotland* (Aberdeen: Aberdeen University Press, 1935).

中世とルネサンス

Burke, Peter, *The Italian Renaissance: Culture and Society in Italy,* rev. edn (Oxford: Polity Press, 1986).

Coplestone, Frederick, *A History of Christian Philosophy in the Middle Ages* (London: Sheed and Ward, 1978).

Crummey, Robert O., *The Formation of Muscovy, 1304- 1613* (London: Longman, 1987), pp. 116-142.

Fleischer, Manfred P. (ed.), *The Harvest of Humanism in Central Europe* (St. Louis, MO: Concordia Publishing House, 1992).

Herrin, Judith, *The Formation of Christendom* (Princeton: Princeton University Press, 1987).

Hussey, J. M., *The Orthodox Church in the Byzantine Empire* (Oxford:

Clarendon Press, 1986).
McGrath, Alister E., *The Intellectual Foundations of the European Reformation*, 2nd edn (Oxford: Blackwell, 2003).
Magoulias, Harry J., *Byzantine Christianity: Emperor, Church, and the West* (Chicago: Rand McNally, 1970).
Meyendorff, John, *Byzantine Theology: Historical Trends and Doctrinal Themes*, 2nd edn (New York: Fordham University Press, 1983).
Oberman, Heiko A., *Masters of the Reformation* (Cambridge: Cambridge University Press, 1981).
O'Malley, John W., Thomas M. Izbicki, and Gerald Christianson (eds.), *Humanity and Divinity in the Renaissance and Reformation* (Leiden: Brill, 1993).
Overfeld, J. H., *Humanism and Scholasticism in Late Medieval Germany* (Princeton, NJ: Princeton University Press, 1984).
Ozment, Steven E., *The Age of Reform 1250-1550: An Intellectual and Religious History of Late Medieval and Reformation Europe* (New Haven: Yale University Press, 1973).
Pieper, Josef, *Scholasticism: Personalities and Problems of Medieval Philosophy* (London: Faber and Faber, 1961).
Porter, Roy, and Mikulbais Teich (eds.), *The Renaissance in National Context* (Cambridge: Cambridge University Press, 1992).
Price, B. B., *Medieval Thought: An Introduction* (Oxford and Cambridge, MA: Blackwell, 1992).
Spitz, Lewis W., *The Religious Renaissance of the German Humanists* (Cambridge, MA: Harvard University Press, 1963).

宗教改革と宗教改革後の時代

Bossy, John, *Christianity in the West* (Oxford: Oxford University Press, 1985).
Cameron, Euan, *The European Reformation* (Oxford: Oxford University Press, 1991).
Chadwick, Owen, *The Reformation* (London and New York: Pelican, 1976).
Elton, G. R. (ed.), *The Reformation 1520-1559*, 2nd edn (Cambridge: Cambridge University Press, 1990).
Iserloh, Erwin, Joseph Glazik, Hubert Jedin, Anselm Biggs, and Peter W. Becker, *Reformation and Counter-Reformation* (London: Burns and Oates,

1980).

Jones, Martin D. W., *The Counter-Reformation: Religion and Society in Early Modern Europe* (Cambridge: Cambridge University Press, 1995).

McGrath, Alister E., *Reformation Thought: An Introduction*, 3rd edn (Oxford and Cambridge, MA: Blackwell, 1999).

Noll, Mark A., *Confessions and Catechisms of the Reformation* (Grand Rapids: Eerdmans, 1991).

Reardon, B. M. G., *Religious Thought in the Reformation* (London: Longman, 1981).

Spitz, Lewis W., *The Protestant Reformation 1517–1559* (New York: Scribner's, 1986).

Stoeffler, Fred E., *German Pietism During the Eighteenth Century* (Leiden: E. J. Brill, 1973).

White, Carol, *Reformation and Counter-Reformation* (Harlow: Longman, 1995).

Wright, A. D., *The Early Modern Papacy: From the Council of Trent to the French Revolution, 1564–1789* (Harlow: Longman, 2000).

Yeide, Harry, *Studies in Classical Pietism: The Flowering of the Ecclesiola* (New York: Peter Lang, 1997).

現 代

Ahlstrom, Sydney E., *A Religious History of the American People* (New Haven, CT: Yale University Press, 1972).

Aston, Nigel, *Christianity and Revolutionary Europe, c. 1750–1830* (Cambridge: Cambridge University Press, 2002).

Chadwick, Owen, *The Victorian Church*, 2 vols. (London: Black, 1966–1970).

Edwards, David F., *The Futures of Christianity* (London: Hodder and Stoughton, 1987).

Emilsen, Susan E., and William W. Emilsen, *Mapping the Landscape: Essays in Australian and New Zealand Christianity* (New York: Peter Lang, 2000).

Gaustad, Edwin S., *A Documentary History of Religion in America*, 2 vols. (Grand Rapids: Eerdmans, 1993).

Hastings, Adrian, *A History of English Christianity 1920–1985* (London: Collins, 1986).

Jedin, Hubert, *The Church in the Modern World* (New York: Crossroad, 1993).

Latourette, Kenneth S., *Christianity in a Revolutionary Age*, 5 vols. (New York:

Harper, 1958-1962).

McManners, John, *Church and State in France 1870-1914* (London: SPCK, 1972).

Mead, Sydney E., *The Lively Experiment: The Shaping of Christianity in America* (New York: Harper and Row, 1963).

Norman, Edward R., *Church and Society in England, 1770-1970* (Oxford: Clarendon Press, 1976).

第三世界のキリスト教

Appiah-Kubi, Kofi, and Sergio Torres (eds.), *African Theology En Route* (Maryknoll, NY: Orbis Books, 1979).

Boyd, Robin S. H., *Introduction to Indian Christian Theology*, 2nd edn (Madras: CLT, 1974).

Dryness, William A. (ed.), *Emerging Voices in Global Theology* (Grand Rapids: Zondervan, 1995).

——, *Learning about Theology from the Third World* (Grand Rapids: Zondervan, 1992).

Elphick, Richard, and T. R. H. Davenport, *Christianity in South Africa: A Political, Social, and Cultural History* (Los Angeles: University of California Press, 1997).

Gispert-Sauch, SJ, George, "Asian Theology," in D. F. Ford (ed.), *The Modern Theologians*, 2nd edn (Oxford and Cambridge, MA: Blackwell, 2005), pp. 455-476.

Goodpasture, H. McKennie, *Cross and Sword: An Eyewitness History of Christianity in Latin America* (Maryknoll, NY: Orbis Books, 1989).

Isichei, Elizabeth, *A History of Christianity in Africa* (London: SPCK, 1995).

Kalu, O. U., The History of Christianity in West Africa (London: Longman, 1980).

Lande, Aasulv, *Meiji Protestantism in History and Historiography: A Comparative Study of Japanese and Western Interpretation of Early Protestantism in Japan* (Frankfurt am Main: Peter Lang, 1989).

Latourette, Kenneth Scott, *A History of the Expansion of Christianity* (London: Eyre and Spottiswoode, 1941).

Lee, Joseph Tse-Hei, *The Bible and the Gun: Christianity in South China,*

1860–1900. East Asia: History, Politics, Sociology, Culture (New York: Routledge, 2003).

Lee, Jung Young, "Korean Christian Thought," in A. E. McGrath (ed.), *The Blackwell Encyclopaedia of Modern Christian Thought* (Oxford and Cambridge, MA: Blackwell, 1993), pp. 308–313.

Moffett, Samuel Hugh, *A History of Christianity in Asia* (San Francisco: Harper SanFrancisco, 1992).

Neill, Stephen Charles, *A History of Christianity in India*, 2 vols. (Cambridge: Cambridge University Press, 1984–1985).

Parratt, John (ed.), *A Reader in African Christian Theology* (London: SPCK, 1987).

Song, C. S., *Third-Eye Theology: Theology in Formation in Asian Settings*, rev. edn (Maryknoll, NY: Orbis, 1990).

Sugirtharajah, R. S., and C. Hargreaves (eds.), *Readings in Indian Christian Theology* (London: SPCK, 1993).

Takayanagi, Shunichi, "Japanese Christian Thought," in A. E. McGrath (ed.), *The Blackwell Encyclopaedia of Modern Christian Thought* (Oxford and Cambridge, MA: Blackwell, 1993), pp. 280–284.

Ustorf, Werner, and Toshiko Murayama, *Identity and Marginality: Rethinking Christianity in North East Asia* (Frankfurt am Main: Peter Lang, 2000).

Yu, Carver T., "Chinese Christian Thought," in A. E. McGrath (ed.), *The Blackwell Encyclopaedia of Modern Christian Thought* (Oxford and Cambridge, MA: Blackwell, 1993), pp. 71–77.

現代のキリスト教の諸形態

Anderson, Robert M., *Vision of the Disinherited: The Making of American Pentecostalism* (New York: Oxford University Press, 1979).

Baker, Robert A. (ed.), *A Baptist Source Book* (Nashville, TN: Broadman, 1966).

Bett, Henry, *The Spirit of Methodism* (London: Epworth Press, 1937).

Blumhofer, Edith Waldvogel, *Restoring the Faith: The Assemblies of God, Pentecostalism, and American Culture* (Urbana: University of Illinois Press, 1993).

Bucke, Emory S., *The History of American Methodism* (New York: Abingdon

Press, 1964).
Bunting, Ian (ed.), *Celebrating the Anglican Way* (London: Hodder and Stoughton, 1996).
Corten, André, *Pentecostalism in Brazil: Emotion of the Poor and Theological Romanticism* (New York: St. Martin's Press, 1999).
Davies, Rupert E., *Methodism* (London: Epworth Press, 1976).
Elert, Werner, *The Structure of Lutheranism* (St. Louis, MO: Concordia, 1962).
George, Timothy, and David S. Dockery, *Baptist Theologians* (Nashville, TN: Broadman, 1990).
Hollenweger, Walter J., *Pentecostalism: Origins and Developments Worldwide* (Peabody, MA: Hendrickson, 1997).
Leith, John H., *Introduction to the Reformed Tradition* (Atlanta, GA: John Knox Press, 1981).
McBeth, H. Leon, *The Baptist Heritage* (Nashville, TN: Broadman, 1987).
McGrath, Alister E., *Evangelicalism and the Future of Christianity* (Downers Grove, IL: InterVarsity Press, 1995).
McKee, Elsie Anne, and Brian G. Armstrong, *Probing the Reformed Tradition* (Louisville, KY: Westminster/John Knox Press, 1989).
McKim, Donald K. (ed.), *Major Themes in the Reformed Tradition* (Grand Rapids: Eerdmans, 1992).
Martin, David, *Tongues of Fire: The Explosion of Protestantism in Latin America* (Oxford: Blackwell, 1990).
Meyendorff, John, *The Orthodox Church,* 3rd edn (Crestwood, NY: St. Vladimir's Seminary Press, 1981).
Quebedeaux, Richard, *The New Charismatics: The Origins, Developments and Significance of Neo-Pentecostalism* (New York: Doubleday, 1976).
Roof, Wade Clark, and William McKinney, *American Mainline Religion: Its Changing Shape and Future* (Princeton: Rutgers University Press, 1987).
Samuel, Vinay, and Christopher Sugden, *Lambeth: A View from the Two Thirds World* (London: SPCK, 1989).
Stoll, David, *Is Latin America Turning Protestant?* (Berkeley: University of California Press, 1991).
Sykes, Stephen W., and John Booty (eds.), *The Study of Anglicanism* (London: SPCK, 1988).
Wagner, C. Peter, *The Third Wave of the Holy Spirit: Encountering the Power of*

Signs and Wonders Today (Ann Arbor: Servant, 1988).

キリスト教の信仰生活

Adam, Adolf, *The Liturgical Year: Its History and its Meaning After the Reform of the Liturgy* (Collegeville, MN: Liturgical Press, 1981).

Bartholomew, Craig G., and Fred Hughes, *Explorations in a Christian Theology of Pilgrimage* (Aldershot: Ashgate, 2004).

Bony, Jean, *The English Decorated Style: Gothic Architecture Transformed 1250–1350* (Oxford: Phaidon Press, 1979).

Cowie, Leonard W., and John Selwyn Gummer, *The Christian Calendar: A Complete Guide to the Seasons of the Christian Year, Telling the Story of Christ and the Saints from Advent to Pentecost* (London: Weidenfeld and Nicolson, 1974).

Dillenberger, Jane, *Style and Content in Christian Art* (London: SCM Press, 1986).

Dowell, Graham, *The Heart Has Seasons: Travelling through the Christian Year* (Worthing: Churchman, 1989).

Duchesne, Louis, *Christian Worship: Its Origins and Evolution* (London: SPCK, 1949).

Foley, Edward, *From Age to Age* (Chicago: Liturgy Training Publications, 1991).

Garrett, Thomas S., *Christian Worship: An Introductory Outline* (Oxford: Oxford University Press, 1963).

Giakalis, Ambrosios. and Henry Chadwick, *Images of the Divine in the Eastern Orthodox Church: The Theology of Icons at the Seventh Ecumenical Council* (Leiden: E. J. Brill, 1994).

Guéron, René, *The Symbolism of the Cross* (London: Luzac, 1958).

Jasper, David, *The Study of Literature and Religion: An Introduction* (Basingstoke: Macmillan, 1989).

Jefferson, H. A. L., *Hymns in Christian Worship* (London: Rockliff, 1950).

Kemp, Wolfgang, *The Narratives of Gothic Stained Glass* (Cambridge: Cambridge University Press, 1997).

Ladner, Gerhart B., *God, Cosmos, and Humankind: The World of Early Christian Symbolism* (Berkeley, CA: University of California Press, 1995).

Laliberté, Norman, and Edward N. West, *The History of the Cross* (New York:

Macmillan, 1960).

LaVerdiere, Eugene, *The Breaking of the Bread: The Development of the Eucharist According to Acts* (Chicago: Liturgy Training Publications, 1998).

Lillich, Meredith P., *The Armor of Light: Stained Glass in Western France, 1250-1325* (Berkeley: University of California Press, 1993).

McArthur, Allen A., *The Evolution of the Christian Year* (London: SCM Press, 1953).

Nocent, Adrian, *The Liturgical Year*, 4 vols. (Collegeville: Liturgical Press, 1986-1988).

Nolan, Mary Lee, and Sidney Nolan, *Christian Pilgrimage in Modern Western Europe* (Chapel Hill: University of North Carolina Press, 1989).

Nye, Thelma M., *An Introduction to Parish Church Architecture, AD 600-1965* (London: Batsford, 1965).

Panofsky, E., *Gothic Architecture and Scholasticism* (London: Thames and Hudson, 1948).

Raguin, Virginia Chieffo, and Mary Clerkin Higgins, *The History of Stained Glass: The Art of Light Medieval to Contemporary* (London: Thames and Hudson, 2003).

Routley, Erik, *The Church and Music: An Enquiry into the History, the Nature, and the Scope of Christian Judgement on Music* (London: Duckworth, 1978).

Rubin, Miri, *Corpus Christi: The Eucharist in Late Medieval Culture* (New York: Cambridge University Press, 1991).

Schiller, Gertrud, *Iconography of Christian Art*, 2 vols. (London: Lund Humphries, 1971).

Self, David, *High Days and Holidays: Celebrating the Christian Year* (Oxford: Lion, 1993).

Takenaka, Masao, *The Place Where God Dwells: An Introduction to Church Architecture in Asia* (Hong Kong: Christian Conference of Asia, 1995).

Taylor, Richard, *How to Read a Church: An Illustrated Guide to Images, Symbols and Meanings in Churches and Cathedrals* (London: Rider, 2004).

Turner, Victor, and Edith Turner, *Image and Pilgrimage in Christian Culture: Anthropological Perspectives* (Oxford: Blackwell, 1978).

White, James F., *A Brief History of Christian Worship* (Nashville: Abingdon Press, 1993).

Wilson-Dickson, Andrew, *A Brief History of Christian Music: From Biblical*

Times to the Present (Oxford: Lion, 1997).

Wright, T. R., *Theology and Literature* (Oxford: Blackwell, 1988).

訳者あとがき

　本書は Alister E. McGrath, *Christianity: An Introduction,* 2nd edition (Oxford: Blackwell, 2006) の全訳である。

　マクグラスは、最近、日本でも多数の翻訳が出て広く読まれるようになっているが、現代イギリスを代表する歴史神学者であり、むしろ世界のプロテスタント神学を代表する学者のひとりと言ってもよいだろう。

　マクグラスの本の邦訳は、『宗教改革の思想』高柳俊一訳（*Reformation Thought*、教文館、2000年）、『キリスト教神学入門』神代真砂実訳（*Christian Theology : An Introduction*、教文館、2002年）、そして、この神学入門と併せて役に立つ『キリスト教神学資料集　上・下』古屋安雄監訳（*Theology Reader*、キリスト新聞社、2007年）、『キリスト教思想史入門――歴史神学概説』神代真砂実、関川泰寛訳（*Historical Theology: An Introduction*、キリスト新聞社、2008年）など学術的なものから、より広い読者に向けた啓蒙的な『科学と宗教』稲垣久和、小林高徳、倉沢正則訳（*Science and Religion: An Introduction*、教文館、2003年）、『神学のよろこび――はじめての人のための「キリスト教神学」ガイド』芳賀力訳（*Theology: The Basic*、キリスト新聞社、2005年）、『十字架の謎――キリスト教の核心』本多峰子訳（*The Enigma of the Cross*、教文館、2003年）などであり、毎年新たな本が訳出されている。これらを見て分かるように、彼は、学者として高度な神学研究に携わりながら、その学問を大学や学会内での狭い学者間に閉じ込めず、広い読者に向けて伝えようとする、一貫した姿勢を貫いている。彼

訳者あとがき

は、神学的には聖書に忠実な十字架と復活の信仰に立ち、霊性を重んじる穏健な伝統的な立場をとる「福音主義」に共感を示しており、自由神学的な立場のさまざまな神学があふれる現在において、地味ではあっても堅実な印象を与える。彼の入門書は、教派的な偏りを避け、今日のキリスト教の全体像をつかみたい読者には最適の公平さと客観性、そして入門書には不可欠の明確な理解しやすさを持ち、彼の才能と、キリスト教を一般読者に理解してもらおうとする熱意を感じさせる。

マグラスは、1953年1月にアイルランドのベルファストで生まれた。1971年よりオックスフォード大学で化学を専攻した科学者でもあり、分子生物物理学の研究に進んだ。そして、オックスフォード大学で神学を学び始めた後も科学の研究を続け、1977年、分子生物学で自然科学の博士号を取り、ケンブリッジ大学に移って神学の道を深め、1980年には聖職者として叙任された。その後、牧師としての経歴を経て、オックスフォード大学の歴史神学の教授として教鞭をとり、同大学のコレッジのひとつであるウィクリフ・ホールの学長を務めた。2006年の秋からはオックスフォード大学、ハリス・マンチェスター・カレッジで自然神学の研究の大きなプロジェクトを指導している。これは、科学者としてのマグラスと神学者としてのマグラスの両方の力量を見せる大きな仕事である。

本書の訳出にあたっては、マグラスが意図したように、できる限り分かりやすくキリスト教の全容を伝えることを第1に意図した。訳語をできる限り明確にすることは無論のことだが、聖書の箇所の表示などは、通常、マタイによる福音書の1章2節などなら「マタ1：2」というように書くところを「マタイ1：2」とするというように、通常よりも省略を少なくするなどして分かりやすくした。そのほか、固有名詞などは、さまざまな表記があるものもあるが、この本と併せて読むことをマグラス教授自身が勧めておら

訳者あとがき

れる『キリスト教神学入門』『キリスト教思想史入門』『キリスト教神学資料集』などの邦訳にできる限り準拠する方針をとった。上記の本を訳出なさった神代真砂実先生、古屋安雄先生、関川泰寛先生には、参考にさせていただき、多々学ばせていただいたことに対して、この場でお礼を申し上げたい。また、私にとっては母校である日本聖書神学校時代以来の恩師、今橋朗先生には、訳出上の貴重な助言をいただいた。常に的確なご指導に感謝している。そのほかにも、さまざまな方に訳語上の貴重なご指摘、ご助言をいただいたことを感謝とともに記しておきたい

　キリスト教の入門書は多々あるが、実際、これほど、歴史、教義、今日のさまざまな地方や教派によって多様なキリスト教の姿などを網羅し、学術的にも充実し、しかも理解しやすいものは見たことがない。訳者として、このようなものを翻訳できたことは非常な喜びであった。

　キリスト教を知りたく、しかも、正しい理解をしたいと求める読者には、この本はぜひ勧められる１冊であろう。マクグラスの文体は魅力にあふれ、読んでいて楽しめる簡潔さとテンポのよさを持っている。その魅力のいくらかなりともを、内容の豊富さとともに読者にお伝えできたなら、うれしい限りである。

　最後に、この本を訳出する機会を与えてくださり、丁寧に原稿を見て貴重な助言をくださり、出版に至らせてくださったキリスト新聞社社長の金子和人さん、出版部副部長の友川恵多さんにお礼を申し上げたい。

本多峰子

索　引

あ

アーノルド、マシュー　473-475
アーミッシュの共同体　605-606
アイゼンハイムの祭壇画　623, 625, 628-629
アイダン　379
アヴィニョン教皇庁　392
アウグスティヌス、聖　379
アウグスティヌス、ヒッポの　87, 184, 224, 260, 264, 268, 314-316, 322, 367, 374-375, 390, 401, 606-607, 676
　　サクラメントについて　320-322
　　聖書の解釈　101-102
　　罪について　272, 300-307, 314
　　マニ教　87, 678
　　恵みについて　300-307
アウグスブルク信仰告白　424, 428, 527, 670, 679
アウグスブルクの宗教和議　439
贖い　54, 292-295
アガペー（愛餐）　569
アクィナス、トマス　242, 264, 312, 389-391, 579, 666, 674
　　五つの道　205, 264, 666
　　神の存在証明　204-208, 220, 674
　　『神学大全』　204, 220, 223, 225
アジア　463-465, 494-499, 548
アタナシオス　90-91, 373, 382, 516
アドヴェント　588, 590-591, 602
アナバプティスト　315, 413-414, 608, 665, 671

アパルトヘイト　484
アブラハム　105, 128, 131, 152-153, 200, 231, 349-350
アフリカ　366, 461, 490-494, 506, 521, 548
アベラルドゥス、ペトルス　222-223, 389
アメリカ
　　キリスト教　454-456, 499-503
　　プロテスタント　434-437, 454, 500
　　ローマ・カトリック　469, 509
アメリカ先住民　434
アメリカ独立戦争　437, 454-456, 500
アリストテレス　648
アリストテレス哲学　219-221, 256, 324, 395
アルバート公　565, 592
アルビ派　257
アルファ・コース　546
アルベルトゥス・マグヌス　389
アルメニア大虐殺、1915年の　476-479
アルル会議　377
アレイオス主義　665
アレイオス論争　373
アレクサンダー夫人、セシル・F.　293
アレクサンドリア　366
アレクサンドリア学派　100-101, 105, 665
アレゴリー　100
アンジェリコ、フラ　38, 625
アンセルムス、カンタベリーの　293, 389, 674
安息日　570
アンティオキア　366
アンティオキア学派　101, 665

699

索　引

アンティオコス・エピファネス4世　33
アンドリューズ、ランスロット　367
アンブロシウス、ミラノの　101

い

イースター　215, 586, 588-590, 598-600
　主日暦　599
　東方正教会　590, 598-600
イエス　17-78, 273-285
　愛の人　295-299
　贖い主　54, 292-295
　位格的統一　665-666
　イスラエルと　24, 28-32
　イスラム教の見方　75, 274-276
　癒やしの奇跡　45, 71-72
　エッセネ派　37
　エルサレム入城　37, 53
　王　88-89
　教え　49-51
　凱旋行進　286-288
　神　17, 22, 76-78, 278-281
　神の国のたとえ　49-51
　神の子　17, 55, 57, 73-75, 171, 276, 285, 642
　奇跡　45
　キリスト教信仰の中心　18-22
　「キリスト」の意味　24, 66
　キリストの三重の職位　88-89, 285
　芸術　15, 38, 44, 59, 279, 594-595, 617-618, 620-629, 629
　公的宣教　40-46
　最後の晩餐　54-55, 61, 583
　祭司　88-89
　サドカイ派と　33-35
　サマリア人と　32-33
　地獄下りの　290-292
　史的イエス　670

　死と罪の征服　286-289
　自分の民からの拒絶　42-44
　主　68-71, 77
　十字架刑→「イエスの十字架刑」の項を見よ。
　受難物語　55
　受肉の概念　278-281, 672
　昇天　601
　勝利者　286-289
　勝利者キリスト　286-289
　初期キリスト教のキリスト論　276-278
　女性たちと　46-49
　神性　617, 621, 674-675
　人性　76, 194-195, 229, 278, 617, 621, 627
　新約聖書の理解　66-78
　救い主　71-73, 77-78, 171, 286-299
　洗礼　41, 161, 580
　誕生　38-40, 625-627
　仲介者としての　282-285
　出来事と意味　62-66
　熱心党と　36-37, 68
　人の子　75-76, 285
　ファリサイ派と　33-36, 42, 46
　福音書と　22-27
　復活　46, 58-62, 72, 274, 286
　埋葬　58
　メシア　24, 36-37, 45, 66-68, 171, 274, 277
　ユダヤ教の諸派と　32-37, 42
　預言者　88-89, 274
　預言の成就　30-32
　両性説　280, 283, 679
　ローマの歴史家たちと　27-28
イエズス会　109, 333, 415, 441-442, 445, 463-465
イエズス会士　442-443, 463-464
イエスの十字架刑　30-31, 42, 51-58, 62, 286, 615-616

索引

イスラム教の見方　275
　芸術における　15, 363, 617-618, 624, 627-629
　使徒と　57
　十字架上の七つの言葉　57
　十字架の3時間　57
　受難物語　55
　証言　40, 46, 57
　女性　40, 46, 57
　神殿の垂れ幕が裂ける　65-66
　スタバト・マーテル　40
　天父受苦説　675
　パウロ　51-52, 62-66
　福音伝道主義と　530
イエスの誕生　38-40
　芸術における　38, 625-627
家の教会運動　497, 636
位格的統一　665-666
異教　134-136, 326, 340-341, 355
ichthus（魚）　21, 619-620
イグナチウス・ロヨラ　109-110, 442-443, 445
　イエズス会　442-443, 463-464
　『精神修行』　442, 446
異言を語る　517-519
イコン　517, 621-622, 635, 641-644, 642
イサク　105
イスラエル　134
　イエスと　24, 28-32
　神との契約　152-153, 155, 347
　メシアの時代　24
　→「エルサレム」「ユダヤ教」「ユダヤ人」の項も見よ。
イスラム教　326, 449, 478, 493
　イエスと　75, 274-276
　異端　75
　カリフ　383

　キリスト教と　539-541, 609-610
　芸術と　622
　現代の動向　535
　原理主義　535-536, 540-541
　コーラン　95
　三位一体と　75, 250-251
　シャリア法　535, 540-541
　スターリンによる弾圧　481
　聖戦　449
　中世　382-383
　ムハンマド　23, 75, 251, 275
　→「ほかの宗教」の項も見よ。
五つの道　205, 264, 666
一夫多妻制　492
イデオロギー　666
祈り　573
　感謝　112
　告白　112
　主の祈り　49, 111, 233, 321
　信仰的読みと　111-113
　黙想　108-109
　ルター　111-112
イングランド
　宗教改革　416, 422-424
　内戦　448
　プロテスタンティズム　416
インド　463-464, 510
イノケンティウス3世　392
INRI　363, 618

う

ヴァチカンⅠ→「第1ヴァチカン公会議」の項を見よ。
ヴァチカンⅡ→「第2ヴァチカン公会議」の項を見よ。
ヴァラ、ロレンツォ　398-399
ヴァン、アルバート　547

索 引

ウィーン会議　466, 468, 510
ヴィクトリア朝の信仰の危機　472-476
ウィクリフ、ジョン　96
ウィットサン　602
ウィットビー会議　380
ウィリアム、オッカムの　242, 391
ウィリアムズ、ジョージ・ハンストン　414
ウィルソン、A. N.　472
ウィルバーフォース、ウィリアム　467
ヴィレ、ピエール　421
ヴィンケンティウス、レランスの　214
ウェストファリア条約　449
ウェストミンスター信仰告白　578
ウェスレー、ジョン　432-433, 453, 527-529, 573, 587, 645
ウェスレー、スザンナ　587
ウェスレー、チャールズ　433, 573, 587, 645
ウェブ、フィリップ　641
ヴェルミーリ、ピエトロ・マルチル　423
ヴォルムスの帝国議会　409
ウォレス、アントニー・F. C.　534
ヴルガータ　94, 96, 397-399, 438, 441, 666

え

英国国教会祈禱書　523, 563, 566-567
エイレナイオス、リヨンの　90, 93, 213-214, 246-247, 254, 256, 271, 368
evangelion　23, 170
Evangelical の意味　676
evangelist の意味　170
エウセビオス、カイサリアの　92, 222, 285, 370, 659
エック、ヨハン　419
エックハルト、マイスター　114
エッセネ派　37
エドワーズ、ジョナサン　263-265, 413, 436
エドワード6世　423

エビオン主義　278, 666
エラスムス、ロッテルダムの　104-105, 389, 398-399, 402, 419, 507
　聖書の翻訳　96, 398-399
エリオット、ジョージ　473-474, 651
エリオット、ジョン　434
エリオット、T. S.　652, 655-656
エリザベス1世　423, 429, 523
エリシャ　141, 162
エリヤ　41, 141, 148, 162
エルサレム　134-136, 141-143, 162-167
　巡礼　658-660
エルサレム会議　189, 196, 348-349, 360

お

オーストラリア　466-467, 515, 524, 526, 528
オーソドクシー
　意味　666
　プロテスタント　426-429, 666
　東方→「東方正教会」の項を見よ。
オーベルアメルガウ　597
オーマン、ジョン　237
オマール・ハイヤーム　613
オリゲネス　100-101, 104, 256-257, 338, 368, 582
音楽　14, 572, 644-647
　クリスマス・キャロル　38, 565-567, 591
　賛美歌　40, 288, 293, 569, 573-575, 579, 598, 600, 619, 644-645
　受難物語　55, 57, 597

か

カール5世　421, 439-440, 447
改革派教会　411-413, 427-428, 447, 450, 528-529, 666
　教会建築　635
　芸術と　621-623

索引

聖書原理　674
予定説　529
会議制　516, 666
解釈学　100, 666
会衆派　528, 542
凱旋行進　286, 619
外典　82, 94, 122, 290
解放の神学　462, 503-506, 667, 670
カヴァデール聖書　97
カエキリアヌス　313
雅歌（ソロモンの雅歌）　84, 103, 116, 123, 137, 140
科学　611-615
仮現論　278, 627, 667
火葬　340-342
カタリ派　257
割礼　152-153, 155, 188, 190, 196, 322-323, 348-351, 357, 581
カトリック教会
　　中国の　497
　　ローマの→「ローマ・カトリック」の項を見よ。
カトリック宗教改革　414-415, 503
カトリックの意味　310-313, 669
　　→「ローマ・カトリック」の項も見よ。
カナダ　524, 528
カナン　156-157
カパドキア教父　382, 667
カブ Jr.、ジョン・B.　327
神
　　イエスとしての　17, 21, 76-78, 278-281
　　イスラエルとの契約　152-153, 155, 347
　　キリスト教の神理解　230-252
　　芸術家としての　263
　　人格神　237-241
　　性別　235-237
　　全能の　241-244

創造主　260-263
父なる　232-237
人間と「神の像」　266-269
の存在証明　204-209, 220, 674
の名前　68, 155-156
羊飼いとしての　232-233
神の国のたとえ　49-51
髪の毛の長さの問題　355
ガリア信仰告白　95, 210
カリスマ運動　494, 519, 521, 588
カリスマ的の意味　667
カリスマの意味　667
カリフ　383
カルヴァン、ジャン　95, 97, 102, 110-111, 201-202, 223-225, 258-259, 265, 284-285, 309-310, 322, 325, 389, 407, 410-412, 416, 420-421, 437-438, 447, 520, 528, 549, 621, 645, 666
カルヴァン主義　412, 447-449, 667
カルヴァンの宗教改革　411-413
カルケドン公会議　276, 278, 280-281, 344-345, 367, 667, 668, 674
カルケドンの定義　667
カルメル会　443-444
ガレリウス　369-370
韓国　495, 497-499, 506, 528
観想　108-110, 228-229
カンタベリー巡礼　400, 660
カンタベリー大主教　523
カント、イマヌエル　221, 550

き

キプリアヌス、カルタゴの　367, 369, 438, 630, 677
キャロル、ジョン　469, 510
救済
　　救済論　668

703

索 引

神化としての　384, 516
信仰の核としての　71-73, 282, 286-299
救い主としてのイエス　71-73, 77, 171, 286-299
洗礼と　580
東方正教会における　516-517
特殊主義の見方　331-332
ビザンチンにおける　384
恵みによる　299-308
急進的宗教改革　315-316, 414, 671
「求道者に配慮した」教会　552, 555
旧約聖書　29-30, 80-81, 119-168
　哀歌　124, 143
　アブラハム　152-153
　アモス書　81, 145-146
　イザヤ書　31, 34, 81, 141-143, 571
　エステル記　81, 136, 593
　エズラ記　81, 135-136, 166-168
　エゼキエル書　81, 141, 143-144
　エレミヤ書　81, 124, 141-143
　王制の確立　157-159
　オバデヤ書　81, 146
　おもなテーマ　149-168
　雅歌（ソロモンの歌）　103, 116, 137, 140
　形　120-125
　神とイスラエルとの契約　152-153, 155
　キリスト教正典　122-125
　キリスト教の態度　347
　言語　80
　五書　80-81, 85, 125-130
　コヘレトの言葉　81, 140
　祭司職　159-162
　サムエル記　81, 124, 133-135
　士師記　81, 131-133, 158
　詩編　30-31, 56-57, 137-139, 158, 603-604
　出エジプト記　34, 80, 128-129, 153-156
　省略表記　84

　箴言　81, 139-140
　申命記　80, 111, 129-130, 151-152, 164
　新約聖書との連続性　29, 86-89, 102, 148, 149, 347-348
　正典性　89-95, 120-125
　ゼカリヤ書　81, 147
　ゼファニヤ書　81, 147
　洗礼　323
　創世記　80, 113, 124, 126-128, 150-153, 562, 567, 614
　創造　127-128, 150-152
　第1聖書　119-120
　第2正典　82, 122
　タナク　120
　ダニエル書　76, 81, 124, 141, 144, 197
　知恵文学　81, 137-140
　内容　125-148
　70人訳　120-125, 134
　ナホム書　81, 146-147
　ネヘミヤ記　81, 135-136, 166
　ハガイ書　81, 147-148, 166
　ハバクク書　81, 146-147
　プロテスタントと　125
　ヘブライ語聖書　119
　ヘブライ語正典　122-125
　ホセア書　81, 145, 152, 234-235
　マソラ本文　121, 124-125
　マラキ書　81, 124, 148
　ミカ書　81, 146
　民数記　80, 129
　名称の変更　119-120
　モーセ五書　80, 85, 125-130
　約束の地に入る　156-157
　ヨエル書　81, 145
　預言者　81, 86, 101, 124, 141-148, 162-163
　ヨシュア記　81, 130-133, 157
　ヨナ書　81, 146

索引

ヨブ記　81, 137-138, 140
ルツ記　81, 124, 132
歴史書　81, 130-137
歴代誌　81, 124, 135-136
列王記　81, 124, 134-135, 137, 139
レビ記　80, 100, 129, 160
　ローマ・カトリックと　124
キュリロス、エルサレムの　659
キュロス大王　136, 166
教会
　カトリックとしての　310-313
　公同性　310-313
　使徒性　317-319
　信仰の核としての　308-319
　聖性　313-317
　統一性　309-310
　見える教会と見えない教会　309-310
教会建築　14, 629-636
　イコノスタス　635
　改革派教会　635-636
　ゴシック　632-635
　祭壇画　623, 625, 628-629, 636
　十字架と　616, 618, 639
　十字架の形　14
　神学　633-634
　ステンドグラス　14, 636-641
　聖餐台　635
　説教壇　635-636
　洗礼聖水盤　14
　東方正教会　572, 635
　バプテスト　525
　バラ窓　637, 641
　ロマネスク　631-632
教会生活　560-586
教会成長運動　545
教会のあり方　551-557
教会論　668

共観福音書　26, 46, 54, 76, 82, 85, 176, 179, 181-185, 668, 674
　→「マタイによる福音書」「マルコによる福音書」「ルカによる福音書」の項も見よ。
共観福音書問題　181-185, 668
教皇至上主義　470-471
教皇制
　アヴィニョン教皇庁　382, 392
　教皇の権威　392, 424, 470-472, 522
　プロテスタンティズムと　424, 521
共在説　325, 668
共在の意味　668
教父時代　367, 372, 516, 668
ギリシア正教　124, 319-320, 514-515, 570
　ビザンチウム　382-385, 394
キリスト→「イエス」の項を見よ。
キリスト教信仰　227-342
　イエス　273-285
　神　230-252
　救済　286-299
　教会　308-319
　サクラメント　319-325
　終末のこと　336-342
　神学　221-225
　信仰　199-204
　聖書と　209-212
　創造　252-265
　天国　336-342
　伝統と　212-214
　人間性　265-273
　ほかの宗教と　326-336
　源　209-219
　恵み　299-308
　理性　218-219
　→「信条」の項も見よ。
キリスト教の1年　588-602

705

索　引

→「祝祭日」の項を見よ。
キリスト教のグローバル化　462-468, 532-534
キリスト教の商品化　543-547
キリスト教の歴史　343-488, 606-609
　アヴィニョン教皇庁　392
　アガペー　569
　アラブ人による侵略　382
　アルメニア大虐殺、1915年の　476-479
　アレイオス論争　373
　ヴィクトリア朝の信仰の危機　472-476, 507
　割礼　152-153, 155, 188, 190, 196, 322-323, 348-349, 357, 581
　カリフ　383
　教義的多元論の起こり　405-406
　教父時代　89, 100, 278, 367-368, 372, 516, 668
　キリスト教と女性たち　351-357
　キリスト教とユダヤ教　346-351
　キリスト教の強化　364-372
　キリスト教のグローバル化　462-468
　クワドリガ　102-104, 669
　啓蒙主義　327-328, 451-454, 532-533, 550, 669
　ケルトのキリスト教　376-380
　現代　449-488
　コンスタンティヌス　370-371, 383, 587, 603, 617
　コンスタンティノポリス　383-385
　コンスタンティノポリスの陥落　385
　サクラメント　320-322
　シスネロスの改革　401
　使徒時代　671
　宗教改革→「宗教改革」の項を見よ。
　宗教的無関心の起こり　450-451
　修道院制　373-376

殉教者　368-369, 642
巡礼　400
初期キリスト教の神学論争　372-373
初代教会　345-380
信仰義認　188, 190, 196, 306, 349-350, 411, 673
信仰共同体の発生　391-393
信仰的読み　107-113
人文主義　395-399, 401
スコラ主義　104, 387-391, 674
聖遺物　400
聖書の解釈→「聖書の解釈」の項を見よ。
成人の識字率の増大　403
西方キリスト教の刷新　386-387
宣教活動　462-468
中世　39, 257, 380-406, 602, 624, 630
ドナトゥス派論争　372-373
ナチス　172, 477, 481-485
西ヨーロッパ　382-383
迫害　368-369
反聖職権主義　403-405
ビザンチウム　382-384
ピューリタン主義　412-413, 429-431, 649
福音主義　402
文学　400
文化に対するキリスト教の影響　609-663
ペラギウス論争　300, 304-307, 373, 676
無神論　456-462
理性主義の勃興　451-454
理性の時代　218
ルネサンス　393-399, 401
ローマ　362-364
ローマの滅亡　381-382
『キリストの益』　437
キリストの三重の職位　88-89, 285

706

索 引

キリスト論　78, 669
欽定訳聖書→「ジェイムズ王訳聖書」の項を見よ。

く

グイゴ2世　107
クウィンティリアヌス　53
偶像崇拝　620-621, 623, 642-644
「くすしき恵み」（アメイジング・グレイス）　573
グスマン、ドミニック・デ　393
口伝　170-176
グノーシス主義　191, 194, 196, 213-214, 246, 254-256, 259, 278, 347
クムラン　24, 121
　→「死海文書」の項も見よ。
グラチー、ジョン・デ　484
グラハム、ビリー　5, 170, 341-342, 525, 531, 546
クララ、アッシジの　393
クランマー、トマス　422-423
グリースバッハ、J. J.　184
グリーン、ジョン・C.　501
クリストファー、聖　589
クリスマス　38-40, 565-566, 588, 591-592
　キャロル　565-566
　九つの聖書箇所朗読とクリスマス・キャロル　565-568, 591
　3人の賢者　39, 89, 592
グリフィス＝トマス、W. H.　203
グリム兄弟　117-118
グリューネヴァルト、マティアス、アイゼンハイムの祭壇画　623, 625, 628-629
クリュソストモス、ヨハネス　101, 438, 572, 648
グレート・バイブル　97
クレーマー、ヘンドリック　331, 334

グレゴリウス7世　391
グレゴリオス、ナジアンゾスの　115, 246, 667
グレゴリオス、ニュッサの　115, 248, 337, 515, 642, 667
グレゴリオス・パラマス　386, 677
グレベル、コンラッド　413
クレメンス、アレクサンドリアの　38, 90, 219, 222, 616
クレメンス、ローマの司教　92
クレメンス14世　463
クワドリガ　102, 104, 669

け

ケアリ、ウィリアム　463, 524
敬虔主義　310, 428, 431-433, 453, 669
芸術　15, 401, 620-629
　アイゼンハイムの祭壇画　623, 625, 628-629
　イエス　15, 38, 44, 59, 279, 594-595, 617-618, 621-629
　イエスの誕生　38, 625-627
　イコン→「イコン」の項を見よ。
　イスラム教と　622
　偶像崇拝と　622
　芸術家としての神　263
　宗教改革と　621, 623
　十字架刑　15, 363, 617-618, 624, 627-629
　十字架の道行きの留　594-595
　受胎告知　180, 625
　ステンドグラス　636-641
　復活　618
　マリア　625-626, 628, 642
　→「教会建築」の項も見よ。
啓蒙主義　327-328, 451-454, 532-533, 550, 669
結婚式　13, 561-563, 610-611

707

索 引

ケノーシス論　669
ケリュグマ　669
ケルトのキリスト教　376-380
顕現日　592
原罪　301
堅信礼　582
建築→「教会建築」の項を見よ。
ケンピス、トマス・ア　224, 227-228, 258, 401
憲法修正条項の1　455
原理主義　534-538, 670
　イスラム教の　535, 538, 540-541

こ

コーラン　20, 95, 251, 274-275
ゴシック建築　632-633, 638-641
五書　34-35, 80, 85, 121-122, 125-130, 151, 152, 156
告解火曜日　594
コペルニクスの宇宙論　614
コミュニティー教会　552-553
コルリッジ、サミュエル・テイラー　651
コレット、ジョン　402
コロンバ　378-379
コンコルド式文　527
コンスタンツ公会議　392
コンスタンティヌス　313, 370-371, 383, 587, 603, 608, 617
コンスタンティノポリス　383-386
コンゼ、エドワード　327

さ

最後の晩餐　54-55, 61, 105, 583
祭司
　イエス　88-89
　旧約聖書と　159-162
　プロテスタンティズムと　410, 425

祭壇画　623, 625, 628-629, 636
細胞教会　552-555
サウロ　186, 357-358
サクラメント　319-325, 415, 419, 441, 513-514, 525, 527, 529, 578-586, 635, 670, 675, 676, 678
　カトリックと　319-325, 513-514
　プロテスタントと　425, 522
　→「聖餐」「洗礼」の項も見よ。
サドカイ派　32-35, 60
サベリオス主義　670
サマリア人　32-33, 180
サロメ　46, 59
ざんげ火曜日　594
30年戦争　431-432, 448
39か条　424, 523, 578
山上の説教　49, 177, 179, 235
サンタクロース　592
サンチャゴ・コンポステラ　400, 660
サンデイ、W.　184
3人の賢者　39
賛美　573-575
賛美歌　40, 288, 293, 569, 573-575, 579, 598, 600, 619, 644-645
　→「音楽」の項も見よ。
三位一体　227-229, 244-252, 300, 330, 602, 670
　イスラム教と　75, 250-251
　サベリオス主義　670
　充当　671
　「フィリオクエ」論争　251-252, 384
　ペリコレーシス　677
　様態論　679
三位一体主日　590, 599, 602

し

詩　294-299, 472-476, 598, 650-656

708

索 引

シーモア、ウィリアム・J. 518
ジェイムズ王訳聖書 98-99, 110
ジェファーソン、トマス 244
シェレー、パーシー・ビッシェ 650
ジェンソン、ロバート 248-249
死海文書 37, 52
　→「クムラン」の項も見よ。
視覚化 109-110, 248, 445-446, 620-623
地獄下り 290-292
自然 254, 264, 378
自然科学 611-615
70人訳 120-124, 134
十戒 111-112, 129, 156
実践 670
実存主義 221
実体変化 324, 670
シトー派 392-393
使徒信条 215-216, 224, 232, 241, 252, 286, 308, 578
至福直観 671
シメオン、新神学者 386, 677
シモン、キレネ人 56, 595
シモンズ、メノー 316, 665
釈義→「聖書解釈」を見よ。
シャトーブリアン、フランソワ・ルネ・ド 468
シャルトル、ノートルダム大聖堂 635, 640-641
シュヴァルツ、クリスチャン・フレデリック 463
宗教改革 40, 110, 407-449
　アナバプティスト 413-414
　イングランドの 416, 422-424
　改革派 411-413
　カトリック宗教改革 414-415
　急進的 315-316, 413-414, 671
　教派の出現 407

宗教戦争 446-449
信条主義 427-429
聖書の正典性 94
第2の 426-429
チューリッヒの 407
トリエント公会議 94-95, 408, 414-415, 426, 440-441, 443
プロテスタント 407-408, 414-415
ルター派の 408-411
ローザンヌ論争 438
ローマ・カトリック 437-446
宗教史学派 671
宗教戦争 446-449, 449-450
十字架
　建築 616, 618, 639
　象徴 615-620
　磔刑像 618, 624
十字架の道行きの留 594-595
自由主義プロテスタンティズム 671
修道院制 373-376, 514, 517, 608
　ケルトのキリスト教 377-379
　修道院の1日 602-605
　修道会 392-393
終末論 224, 310, 337, 672
シュガー、アボット 633
儒教 327
祝祭日 586-602
　移動祭日 588
　固定祭日 588
　レント 42, 215, 588, 590, 592-597
　→「イースター」「クリスマス」の項も見よ。
受苦神説 672
守護聖人 247, 589, 592
受肉 278-281, 672
主の祈り 49, 111, 233, 321
主の晩餐 54-55, 319, 324-325, 584

索引

→「聖餐」の項も見よ。
シュパイエル帝国議会　415
シュペーナー、フィリップ・ヤーコプ　431
シュマルカルデン同盟　439
ジュリアン、ノリッジの　624
棕櫚の日曜日　53, 593-596, 599
殉教者　368-369, 642
殉教者ユスティノス　52, 70, 90, 219-220, 255, 282, 284, 368, 570, 585, 617-618, 618
巡礼　400, 632, 658-663
ジョヴィオ、パオロ　393
ジョウェット、ベンジャミン　453
象徴表現
　　ichthus（魚）　21, 619-620
　　凱旋者キリスト　287
　　十字架　615-619
昇天日　586, 589, 600-601
勝利者キリスト　286-289
贖罪　286, 290-299, 672
　　大贖罪日　129, 159-160
　　模倣説　678
処女マリア　174
　　芸術における　625-626, 628, 642
　　重要性　39
　　崇拝　40, 426, 517, 522
　　スタバト・マーテル　40
　　深い崇拝　400
　　プロテスタントの見方　426, 522
　　ローマ・カトリックにおける　514
女性
　　イエスと　46-49
　　キリスト教と　351-358
　　十字架刑の場で　40, 46, 57
　　叙任　513, 517, 522
　　神秘主義者　444-445, 624
　　生理　47
　　パウロにおける　352, 354-355

フェミニズム　677
復活の証人としての　46, 58-59
　　マタイによる福音書　57-58
　　マルコによる福音書　46-47, 59
　　ユダヤ教における地位　46-47, 59
　　ルカによる福音書　47-48, 351-352
　　ルター派と　410
初代教会　345-380
ジョット・ディ・ボンドーネ　183
進化　207, 614
神学　221-225
　　アリストテレス主義と　219-221
　　プラトン主義と　219-220
　　文化と　219-221
神義論　672
信仰
　　意味　199-204
　　信仰義認　188, 190, 196, 306-307, 349-350, 673
信仰義認　188, 196, 306, 349-350, 411, 673
信仰共同体　391-393
　　→「修道院制」の項も見よ。
信仰告白
　　アウグスブルク信仰告白　424, 527, 670
　　祈り　112
　　意味　670
信仰主義　673
信仰的読み　106-118
信仰内容→「キリスト教信仰」の項を見よ。
信仰の類比　673
信仰問答　673
　　カトリック教会　210
　　ハイデルベルク信仰問答　412, 424, 621-622
　　ルターと　257, 439
信条　151, 214-218, 321, 577-578, 673
　　使徒信条　215-216, 224, 232, 241, 252,

286, 308, 312, 317, 578, 673
　ニカイア信条　76, 216-217, 224, 248, 251,
　　　257, 261, 381, 578, 673
信じる者たちの間の合意　91
神人同型論　673
新正統主義　673, 676
神秘主義→「霊性」の項を見よ。
人文主義　394-399, 401, 673
新約聖書　80, 82-86, 92-93, 169-197
　旧約聖書との連続性　29, 86-89, 102,
　　　148-149, 346-351
　使徒言行録　23, 25, 85, 90, 179, 185, 326,
　　　351, 357, 555, 569, 580, 601
　省略表記　84
　正典性　89-95
　→「福音書」「手紙」「ヨハネの黙示録」
　　の項も見よ。

す

スウィンバーン、アルジャーノン　472-473
スエトニウス　27-28
過越　53-54, 153-155, 583, 659
スコトゥス、ドゥンス　225, 390-391
スコラ主義　104, 343, 387-391, 394-395, 397,
　　　420, 428, 674
スターリン、ヨシフ　480-482
スタバト・マーテル　40
ステンドグラス　14, 633, 636-641
ストア派の哲学　221, 277
ストール、デイヴィット　503-504
ストリータ、B. H.　184
スポルジョン、チャールズ・ハッドン　113,
　　　524
スミス、ジョン　434

せ

聖遺物　400, 635

聖金曜日　57, 586, 589, 595, 596-597
聖公会　424, 520-521, 523-524, 530, 563,
　　　565-567, 578
聖餐　55, 320, 324-325, 419, 525, 578, 583-
　　　586, 678
　共在説　325, 668
　実体変化　324, 670
　東方正教会　325, 585-586
　二種陪餐　425, 522, 585
　ぶどう酒　611
聖餐式　55, 584
　二種陪餐　425, 522, 585
　→「聖餐」も見よ。
聖週間　594-598
聖書　13
　ヴルガータ　94-96, 397-399, 438, 441, 666
　公の聖書朗読　525, 576
　解釈→「聖書の解釈」の項を見よ。
　外典　82, 94, 122, 290
　カヴァデール聖書　97
　カトリックの　95
　キリスト教信仰の源としての　209-212
　キリスト教の霊性と　106-118
　欽定訳　98
　グレート・バイブル　97
　五書　34-35, 80, 85, 121, 125-130
　ジェイムズ王訳　98-99, 110
　70人訳　120-125, 134
　信仰的読み　106-118
　聖書箇所の参照法　83
　「聖書」という語の由来　79-86
　正典　89-94, 121-125
　知恵文学　81, 137-140
　テーマと表象　113-118
　内容　89-95
　配列　93, 122
　福音伝道主義と　530

711

索引

　プロテスタンティズムと　94-95, 424-425
　翻訳　68, 95-99, 110, 120-121, 397-399, 401, 437-438
　マシューズ聖書　97
　マソラ本文　121, 124-125
　霊性と　106-118
　礼拝での使用　92
　→「旧約聖書」「新約聖書」の項も見よ。
聖書（Scripture）
　意味　89
　正典　89-94
聖書原理　674
聖書の解釈　99-105
　アレクサンドリア学派　100-101, 105, 665
　アレゴリー的　102-104
　アンティオキア学派　101, 665
　エラスムスと　104-105
　解釈学　100, 666-667
　教父時代　100
　『キリスト教綱要』　111, 201, 225, 284, 412, 420, 428
　クワドリガ　102-104, 669
　字義どおりの　103
　釈義　671
　生涯　420-421
　神秘的　103
　中世　102-105
　ツヴィングリと　105
　人間性について　259
　比喩的　103
　見える教会と見えない教会　309-310
　読み込み　100
　ルターと　97, 104
　霊的　102
　ローザンヌ論争　438
聖人　426, 514, 522, 589
聖性　316

聖画像破壊論争　386, 621-622
聖土曜日　595, 598
セイヤーズ、ドロシー・L.　282-283, 647
聖霊
　東方正教会における　516
　ペンテコステ　586, 589-590, 601-602
　→「三位一体」の項も見よ。
セシリア、聖　589
説教　110-111, 576-577, 622-623
説教壇　635-636, 636
セティナ、ディエゴ・デ　444
セルウィン、ジョージ　467
ゼルボルト、ズトフェンのゲラルドゥス　108-109
宣教協会　465
洗足木曜日　589, 595-596, 645
洗礼　215, 320, 322-323, 569, 580-582, 592, 616, 632
　アナバプティストと　413-414
　イエスの　41, 580
　救い　323
　パウロにおける　322, 581
　バプテストと　521, 525
　プロテスタンティズムと　425
　幼児洗礼　322-323, 413-414, 524-525, 582
　ルター派と　322, 527
洗礼者ヨハネ　37, 40-41, 45, 54, 148, 163, 580, 583, 628-629
洗礼派→「バプテスト」の項を見よ。

そ

葬式　13, 563-565
創造　80, 113, 127-128, 150-152, 252-265, 614
　グノーシスの考え　254-257, 259
　芸術表現としての　263
　建築としての　262-263
　自然科学と　611-613

索引

自然神学と　263-265
進化論　207, 614
善性　260
創造主なる神を表すモデル　260-263
秩序づけとしての　253
二元論の考え　256-257, 259
人間の　127-128, 150, 260, 265-269
の教義が含む意味　257-260
無からの　254-255
モデル　253-257
流出としての　261-262
ソルボンヌ大学　389
ソロモン　81, 106, 134-137, 139-140, 158-159, 161, 167, 630
存在の類比　674
存在論的証明　674

た

ダーウィン、チャールズ　207, 614
第1ヴァチカン公会議　470, 512
第1次世界大戦　98, 461, 463, 472, 476, 492, 507, 566
第1聖書　119-120
大覚醒　434-437
大虐殺
　アルメニア大虐殺、1915年の　476-479
　ナチスと　172, 477, 481
大贖罪日　129, 159-160
ダイソン、フリーマン　613
第2ヴァチカン公会議　209, 335-336, 441, 485-488, 510-513, 522, 585, 662
第2の宗教改革　427
第4回ラテラノ公会議　257
第4福音書→「ヨハネによる福音書」の項を見よ。
タキトゥス　11, 27-28, 286
多元論　328-331, 405-406

脱西洋化、キリスト教の　547-551
脱世俗化　508
建物→「教会建築」の項を見よ。
たとえ、神の国の　49-51
タナク　120
タヒチ　466
ダビデ　60, 81, 89, 133-136, 158
　子孫のイエス　67, 73, 177
　子孫のヨセフ　40
ダビデ、聖　589
ダルマ・サバー　464
タルムード　47
ダン、ジョン　295, 655
断食　587, 589, 593-594
単性論　281, 674
ダンテ・アルギエリ『神曲』　118, 632, 652-654

ち

知恵文学　81, 137, 140, 252
中国　464-465, 481, 495-497, 499, 534, 549-550, 609-610
　家の教会運動　497
　カトリック教会　497
中世　39, 257, 380-406, 602, 624, 630
チューリッヒ宗教改革　412
長老派　528-529, 542-543
チョーサー、ジェフリー『カンタベリー物語』　400, 649, 660
チリングワース、ウィリアム　424

つ

ツィーゲンバルク、バルトロメーウス　463
ツィンツェンドルフ、ニコラウス・ルートヴィヒ・フォン　310, 432
ツヴィングリ、フルドリヒ　105, 110, 323, 325, 407, 410-413, 416, 419, 645, 671, 675

索引

ツヴィングリ主義　675
罪
　アウグスティヌス　272, 300-307, 314-315
　イエスが打ち負かした　286-289
　原罪　301
　象徴としての暗闇　115
　堕罪と　270-273, 301

て

ディアスポラ　32
ディオクレティアヌス　313, 369, 372
ディオドロス、タルソの　101
ディダケー　93
ディデュモス、盲目の　100
ディドロ、ドニ　454
ティベリウス　11, 28, 286
テイラー、ハドソン　496
ティリッヒ、パウル　221, 671
ティンダル、ウィリアム　97, 438, 672
テオトコス　675
テオドロス、モプスエティアの　101
テオフィルス『さまざまな芸術について』　640
テオフィロス、アンティオキアの　255
手紙　85-86, 174, 186-196
　エフェソの信徒への手紙　21, 190
　ガラテヤの信徒への手紙　189-190, 349
　公同（公会）書簡　85, 93, 195, 310
　コリントの信徒への手紙　63, 175-176, 188-189, 563-564, 585, 648
　コロサイの信徒への手紙　19, 191, 623
　正典性　92
　テサロニケの信徒への手紙　98, 191-192, 360
　テトスへの手紙　192-193, 648
　テモテへの手紙　192-193
　パウロの手紙　86, 88, 90-91, 93, 174-176, 187-193, 357, 362, 368
　フィリピの信徒への手紙　190-191
　フィレモンへの手紙　193
　ペトロの手紙　86, 91-93, 193-194
　ヘブライの信徒への手紙　19, 21, 195, 347
　牧会書簡　86, 192, 213
　ヤコブの手紙　93-94, 195-196
　ユダの手紙　92, 196
　ヨハネの手紙　86, 92-93, 194-195
　ローマの信徒への手紙　188, 363
デカルト、ルネ　221, 552, 675
デカルト主義　675
デキウス　369
デターブル、ルフェーブル　402
テトラグラマトン　68, 156
テナント、F. R.　264
テルトゥリアヌス　90, 222, 256, 319, 367, 582, 606, 616, 648
テレサ、アビラの　444-445
天国　336-342
伝統　212-214, 515-517
伝道活動　385, 387, 462-468, 491-492, 495-498
天父受苦説　675
典礼（式文）　13, 92
　イースター　600
　意味　675
　聖公会　523-524
　バプテスト　526
　ビザンチン　600
　プロテスタンティズム　522
　ルター派　527
　ローマ・カトリック　513, 522

と

東方正教会　92, 385, 514-517

索引

イースター　590, 598-600
会議制　516
　救済　516-517
　旧約聖書　124
　境界　572
　教会建築　572, 635
　ギリシア正教　124, 319-320, 514-515, 570
　堅信礼　582
　公会議　515-516
　今日の形　514-517
　サクラメント　319-320
　修道院　517
　聖餐　325, 585-586
　聖職者　517
　聖霊　516
　洗礼　582
　伝統の重要性　515-517
　ビザンチウム　382-385, 394
　傅膏　582
　普遍性　516
　礼拝　515
　ロゴス　516, 679
　ロシア正教会　385, 480, 514-515, 560-561
ドーキンス、リチャード　202-203
トーラー　34-35
トーランド、ジョン　452
特殊主義　328, 329, 331-332, 336
ドナティスト→「ドナトゥス派」の項を見よ。
ドナトゥス派　312-316, 372, 676
トマス　77
トマスによる福音書　90
ドミニコ会　393, 494
ドライデン、ジョン　645
トリエント公会議　94-95, 408, 414-415, 426, 440-441, 443, 512
トリフォン、ユダヤ人　70
奴隷　352, 573-575

トレイシー、デイヴィット　327
トレント公会議→「トリエント公会議」の項を見よ。
トロロープ、アントニー　565

な

嘆きの壁　162
ナチス　172, 477, 481-485
ナントの勅令　448

に

ニーバー、H・リチャード　541-542
ニーメラー、マルティン　482
ニール、ジョン・メイソン　288
ニカイア公会議　373, 441, 515
ニカイア信条　76, 216, 224, 248, 251, 257, 261, 381, 578, 673
ニケヤ信条→「ニカイヤ信条」の項を見よ。
ニケフォルス　643
二元論　256-257, 259
ニコデモの福音書　290
日曜日　570, 587
日本　443, 468, 495-496, 498, 510, 613
ニュージーランド　15, 467
ニュートン、ジョン　573-575
ニューマン、ジョン・ヘンリー　551
人間性
　創造　127-128, 150, 260, 265-269
　堕罪と罪　270-273

ね

熱心党　32, 36, 68

の

ノヴァティアヌス　369
『農夫ピアズの夢』　291

索　引

は

パーセル、ヘンリー　645
ハーディー、トマス　474-475, 651
ハーバート、ジョージ　293-299, 599, 652, 654-655
パーラム、チャールズ　517-518
バーン＝ジョーンズ卿、エドワード　641
背教者ユリアヌス　371
ハイデッガー、マルティン　483
ハイデルベルク信仰問答　412, 424, 621-622
灰の水曜日　589, 593-594
ハインリヒ6世　392
パウロ　21, 29-30, 83, 106, 114, 158, 178, 180, 186, 195-196, 212-213, 231, 258, 272, 308, 310, 312, 318, 357-366, 368, 378, 400-402, 512, 563, 660-662, 671
　アレオパゴスの説教　221, 277, 360, 648
　エルサレム会議　348-349
　回心　358
　割礼について　152-153, 188, 190, 348-351, 357
　神の子としての　73-74
　十字架刑について　51-52, 62-66
　十字架の言葉　65, 616
　主としてのイエス　68-69
　女性について　352, 354-355
　初代教会と　357-361
　人格神　237
　ストア派の哲学と　221
　聖餐と　585
　洗礼について　322, 580-581
　手紙　86, 88, 90-91, 93, 174-176, 187-193, 357, 362, 368　→「手紙」の項も見よ。
　伝道旅行　186, 188, 190-192, 359-361, 366
　日曜礼拝　587
　復活について　60-66, 189, 274, 337, 341-342
　文学と　647-648
　恵みについて　300, 307
パウロ3世　440, 442
パウロ6世　444, 486
墓の崇敬訪問　59
バクスター、リチャード　649
バザーリ、ジョルジオ　633
バシレイオス、カイサリアの　667
バシレイオス、大　642-643
パスカル、ブレーズ　208-209, 269
旗　618-619
バッハ、ヨハン・セバスチャン　57, 597, 646
パトリック　247-248, 376-378, 387, 589, 618
ハヌカー　34
バビロンの空中庭園　126
バプテスト　323, 429, 463, 465, 524-526
　洗礼と　521, 525
バベルの塔　150, 270-271, 602
バラ窓　637, 641
パルーシア　676
バルタザール、ハンス・ウルス・フォン　262, 264-265
バルト、カール　20, 201, 212, 225, 250, 271, 331-332, 484, 623, 635, 673, 676, 677
　新正統主義　673, 676
　バルト神学　676
　弁証法神学　676, 677
バルナバ　348
パレストリーナ、ジョヴァンニ・ピエルルイージ・ダ　572
バレンタイン、聖　589
パンケーキ・デー　594
ハンティンドン伯爵夫人、セリーナ　433

ひ

索引

ピウス7世　468
ピウス9世　470
ピエロ・デラ・フランチェスカ　59
ヒエロニムス　94, 121-122, 648, 666
東アジア　495
東インド会社　454, 464
光の表象　113-115
　→「闇の表象」の項も見よ。
ピサの会議　392
ビザンチウム　382-385, 394
　→「イコン」「東方正教会」の項も見よ。
ビスマルク、オットー・フォン　471
ヒック、ジョン　329-330, 332
ヒッポリュトス　215
否定神学　115, 117
ヒトラー、アドルフ　172, 283, 343, 477, 481-482
ピューリタン主義　412-413, 429-431
ピラト、ポンティオ　11, 27-28, 56, 216-217, 286, 594-595
ピルグリム・ファーザーズ　435
ヒルデガルト、ビンゲンの　389
ヒルトン、ウォルター　116

ふ

ファリサイ派　32-37, 42, 46, 60, 121, 348, 357-358, 536
ファレル、ギヨーム　421
ファン・エイク兄弟、フーベルト＆ヤン　625
フィリオクエ論争　251-252, 384
フィリピン　494-495, 598
フィレンツェ公会議　257
フィロン、アレクサンドリアの　100, 211
フィロテウス、プスコフの　385
ブーバー、マルティン　238-241
フェーヴル、リュシアン　406
フェミニズム　677
　→「女性」の項も見よ。
フェリックス、アプチュンガの　313
フォルトゥナトゥス、ヴェナンティウス・ホノリウス・クレメンティアヌス　288, 619
フォン・ラート、ゲルハルト　150-151
『不可知の雲』　116
福音書　22-27, 44, 66, 82, 169-185
　イエスと　22-27
　意味　23, 82
　evangelion　23, 170
　共観福音書　26, 54, 76, 82, 181-185, 668
　共観福音書問題　181-185, 668
　口伝　170-176
　トマスによる　90
　ニコデモの　290
　→「新約聖書」「マタイによる福音書」「マルコによる福音書」「ヨハネによる福音書」の項も見よ。
福音伝道　402, 462-468, 529-531
　意味　170, 531
福音伝道主義　521, 525, 529-531, 588
　意味　531
　原理主義　537-538
　個人の回心　530
　静かなとき　604
　新福音伝道主義　537
　バプテストと　525
　福音伝道　530-531
　ラテンアメリカにおける　504-506
ブツァー、マルティン　421, 423
復活　336-342
　イエスの　46, 58-62, 70, 72, 274, 286
　イスラム教における　275-276
　火葬と　340-342
　芸術における　618
　サドカイ派と　34-35, 60

索引

年齢　340
パウロ　60-61, 62-65, 189, 274, 337-338, 341
　ファリサイ派と　35, 60
　ユダヤ教と　60-61
仏教　326-327, 330
仏陀　173
ぶどう酒　611
フラ・アンジェリコ　38, 625
ブラウン主義者　429
ブラウン、ロバート　429
ブラッドストリート、アン　430
プラトン　255, 261-262, 648
プラトン哲学　219-220, 255-257, 261, 309, 338, 366, 395, 617
フランシスコ、アッシジの　393
フランシスコ会　393, 494-495
フランス革命　271, 452, 465, 468-469, 476, 499, 508, 509-510
プリニウス、小　27-28
ブリンガー、ハインリヒ　411-412
ブルクハルト、ヤーコプ　393-394
ブルトマン、ルドルフ　221, 669
フルベール、シャルトルの　290
ブルンナー、エミール　240, 282
ブレイク、ウィリアム　253
ブレンダーヌス　378
プロテスタンティズム　520-529, 676
　アメリカの　434-437, 454-456, 499-503
　イングランドの　416-419
　会衆派　528, 542
　旧約聖書と　125
　教皇制への態度　522
　教皇の権威の否定　424
　敬虔主義　310, 428, 431-433, 453, 669
　原理主義　536-537
　今日の形態　520-529

　サクラメント　425, 522
　自由主義プロテスタンティズム　671
　主要な特色　424-426
　処女マリア　426, 522
　女性牧師　522
　「信仰告白」の形成　426-429
　信仰的読み　110-113
　衰退　541-543, 553
　聖公会　520-521, 523-524
　聖書の第一義的な重要性　424-425
　聖人　426
　正統主義　426-429, 666
　洗礼　425
　第2の宗教改革　426-429
　長老派　528-529, 542-543
　典礼（式文）　522
　ドイツにおける　481-485
　ナチスと　481-485
　二種陪餐　425, 522, 585
　ハイデルベルク信仰問答　412, 424, 621-622
　バプテスト　429, 524-526
　万人祭司　410, 425, 577
　ピューリタン主義　413, 429-431
　不確かな未来　541-543
　ブラウン主義者　429
　文化プロテスタンティズム　481-485
　米国聖公会　542
　牧師　522
　勃興　407-408, 415-422
　未来　541-543
　煉獄　425, 522
→「改革派教会」「宗教改革」「福音伝道主義」「プロテスタントの霊性」「メソジスト」「ルター派」の項も見よ。
プロテスタント宗教改革　407-408, 415
→「宗教改革」の項も見よ。

索引

プロテスタントの霊性
　祈り　111-113
　講解説教　110-111
　信仰的読み　110-113
　聖書神学　111
　聖書の注解　110
文化
　キリスト教の影響　609-663
　キリスト教の態度　605-609
　神学と　219-221
文学　92-93, 400, 607, 647-658
　詩　293-299, 474-476, 598-599, 647-656
文化プロテスタンティズム　481-485
分裂　677

へ

米国聖公会　542
ペイリー、ウィリアム　207
ベイントン、ローランド・H.　414
ヘーゲル、G. W. F.　221, 550
ベーズ、テオドール　412, 667
ベード、尊者　630, 637
ヘーバー、レジナルド　464
ヘジカズム　386, 677
ベスケンドルフ、ペーター　111
ペトロ　26, 44, 67, 70, 86, 178-179, 181, 185, 193-194, 400, 512, 580, 635, 660-661
ベネット、デニス　518
ベネディクト、ヌルシアの　375
ベネディクト16世　487, 511
ヘブライ語聖書　94, 119
ペラギウス主義　406, 677
ペラギウス論争　300, 307, 373, 676
ヘラクレイトス　100
ペリコレーシス　677
ベルナルドゥス、クレルヴォーの　103, 393, 654

弁証法神学　676, 677
弁証論　368, 647, 677
ベンソン、エドワード・ホワイト　566, 568
ペンテコステ　70, 145, 189, 518, 586, 589, 590, 599, 601-602
ペンテコステ派　504-506, 517-520
　異言を語る　517-519
　ラテンアメリカの　505-506, 520, 560
ヘンデル、ジョージ・フレデリック　13, 646
ヘンリー、カール・F. H.　537
ヘンリー8世　416, 422-423, 480

ほ

ホイットフィールド　433, 436-437
ボイル、ロバート　264
包括主義　328-329, 333-336
ポーキングホーン、ジョン　268
ボーデンシュタイン・フォン・カールシュタット、アンドレアス　409
ホールデン、J. B. S.　613
ほかの宗教　326-336
　宗教多元論　329-331, 332
　常識的な見方　327-328
　特殊主義の見方　328-329, 331-332, 336
　包括主義の見方　328-329, 333-336
　→「イスラム教」の項も見よ。
ポカホンタス　434
ポストモダニズム　677
ポストリベラリズム　678
ボッティチェッリ、サンドロ　374, 626
ボナヴェントゥーラ　225, 389-390, 390, 393
ボフ、レオナルド　505
ホモウーシオス　281, 678
ボラ、カタリーナ・フォン　410
ポレー、ジルベール・デ・ラ　222
ボンヘッファー、ディートリヒ　482-484,

719

索引

605

ま

マートン、トマス 228-229
マールブルク会議 428
マカバイの乱 33-34
「マクドナルド化」 544-545, 545
マシューズ聖書 97
貧しきクララ会 393
マゼラン、フェルディナンド 494
マソラ本文 121, 124-125
マタイによる福音書 26, 39, 57, 82, 158, 173, 177-179, 399
　→「共観福音書問題」「福音書」の項も見よ。
マッキントッシュ、ヒュー・ロス 624
マッティングレー、ハロルド 353
マニ教 87, 257, 678
マリア、イエスの母→「処女マリア」の項を見よ。
マリア、マグダラの 46, 48, 59, 625, 628
マリア、ヤコブの母 46, 59
マルキオン 87, 246, 347
マルクス、カールとマルクス主義
　『共産党宣言』 459
　実践 670
　資本主義 459
　宗教と 458-461, 508
　疎外 459-462
　崩壊 508
　マルクス=レーニン主義 461, 481
　唯物主義 459-460
　ロシア革命 461, 479
マルコによる福音書 26, 59, 173, 178-179, 363
　→「共観福音書問題」「福音書」の項も見よ。

み

ミケランジェロ 15, 266, 401, 656
ミサ 55, 584
　→「聖餐」の項も見よ。
南アフリカ 449, 466, 484, 491, 494, 521, 540
南アメリカ→「ラテンアメリカ」の項を見よ。
ミラノ勅令 313
ミルナー=ホワイト、エリック 566-567

む

無神論 456-462, 479-481
ムハンマド（預言者） 23, 75, 251, 275, 540

め

メアリー・チューダー 422-423
メーストル、ジョゼフ・ド 470
恵み 299-308, 332
　ペラギウス論争 300, 304-307, 373, 676
　メソジストと 433, 527-528
メソジスト 522
　敬虔主義 310, 431-433, 453, 669
　今日の形 527-528, 542
　恵みと 433, 528
　→「ウェスレー、ジョン」の項も見よ。
メノナイトの共同体 605
メランヒトン、フィリップ 225, 438

も

毛沢東 465, 481
モーセ 55, 80, 88-89, 128, 130, 153
モーセ五書 80, 85, 125-130
黙示文学 678
黙想 108-109
　ヘジカズム 386, 677
模倣説 678
モンテ・カッシーノ 375

索引

や

約束の地への入植　156-157
闇の表象　113-118
ヤムニア　121-122, 124

ゆ

唯物主義　459-460, 535
ユグノー　447-448
ユスティノス2世　288
ユダヤ教
　神とイスラエルとの契約　152-153, 155, 347
　キリスト教と　24-25, 28-37, 346-351, 609-610
　十字架刑と　52
　「主」と呼ぶ用法　68-71
　女性の地位　46-47, 59
　過越　54, 153-155, 583, 659
　大贖罪日　129, 159-160
　墓の崇敬訪問　59
　ハヌカー　34
　復活と　60-61
　→「イスラエル」「ユダヤ人」の項も見よ。
ユダヤ人
　イエスとユダヤ教の諸派　32-37, 42
　エッセネ派　36-37
　エルサレムからの追放　135, 141-143, 162-166
　エルサレムへの帰還　136, 166-167
　サドカイ派　33-35, 60
　サマリア人　32-33
　サンヘドリン　55
　出エジプト　54-55, 80, 128-129, 153-155, 583, 606
　大虐殺　172, 477, 481
　ディアスポラ（離散）　32
　という語の使用　167-168
　熱心党　36-37, 68
　ファリサイ派　33-37, 42, 46, 60, 121, 536
　への攻撃　477, 481
　ヘレニズム時代　33
　マカバイの乱　33-34
　メシアの時代　24
　→「イスラエル」「エルサレム」「ユダヤ教」の項も見よ。

よ

ヨアンネス、ダマスコの　382, 621
養子説　678
様態論　679
ヨーク大聖堂　639, 641
ヨーロッパ、のキリスト教　507-508
預言者
　イエス　88-89, 274
　旧約聖書　81, 85, 101, 124, 141-148, 162-163
ヨシュア　81, 100, 130-131
ヨセフ　40
ヨセフス　33, 35, 53, 69
予定説　307, 529
ヨハネ、十字架の　116, 443-444
ヨハネス・クリュソストモス　101
ヨハネス23世　485
ヨハネによる福音書　26, 45, 181, 277, 563, 583, 601, 623, 674
　→「福音書」の項も見よ。
ヨハネの黙示録　84, 86, 90, 92-93, 196-197, 308, 398, 662, 678
ヨハネ・パウロ2世　493, 508
読み込み（eisegesis）　100
『世を馳せめぐる者』　649

ら

索引

ラーナー、カール　250, 333-336
ライプツィヒ討論　417
ラデグンデ　288
ラテンアメリカ　503-506, 520
　解放の神学　462, 503-506, 667, 670
　福音伝道主義　504-505
　プロテスタンティズム　503-506
　ペンテコステ派　504-505, 518-520, 560
　ローマ・カトリック　503-506, 510
ラフマニノフ、セルゲイ　572
ラングランド、ウィリアム　291
ランフランク、カンタベリー大主教　389
ランベス会議　523, 541

り

理神論　327, 330, 433, 453-454, 679
理性　218-219
理性主義　451-454
リッツァー、ジョージ　543-544
両性説　280
臨界性　571

る

ルイス、C. S.　269, 292, 652, 656-658
ルカによる福音書　26, 39, 47-48, 61, 174, 177, 179-181, 277, 348, 351-352, 601
　→「共観福音書問題」「福音書」の項も見よ。
ルター、マルティン　20, 94, 97, 104, 111-112, 197, 221, 223-225, 325, 406-411, 416-417, 437-439, 526, 645, 668
　「95か条の提題」　409, 417
　教理問答　257-258, 439
　サクラメント　321-322, 325, 578
　生涯　417-419
　女性と　410-411
　信仰　200-201, 562-563

聖書の翻訳　95, 97, 110, 437
洗礼　322
恵み　307-308
『やさしい祈り方』　111-112
　→「ルター派」の項も見よ。
ルターの宗教改革　408-411
ルター派　520, 679
　アウグスブルク信仰告白　424, 428, 527, 679
　国家との結びつき　521
　コンコルド式文　527
　今日の形　520, 526-527
　サクラメント　527
　シュパイエル帝国議会　415
　宣教師　463
　洗礼　322, 527
　典礼　527
　→「プロテスタンティズム」「ルター、マルティン」の項も見よ。
ルドルフス、ザクセンの　109, 445
ルネサンス　393-399, 401
ルブリョフ、アンドレイ　246
ルルド　660-661

れ

霊性
　意味　107
　カトリックの　443-446, 624
　観想　108-110, 117, 228-229, 264, 442, 446, 580
　視覚化　620-624
　信仰的読み　106-118
　神秘主義　401, 443-446, 624
　聖書のテーマと表象　113-118
　プロテスタントの　110-113
　ヘジカズム　386, 677
　黙想　108-109

索引

礼拝　13, 559-560, 569-578
　結婚式　561-563
　九つの聖書箇所朗読とクリスマス・キャロル　560, 565-568
　葬式　13, 563-565
　→「祈り」「賛美歌」の項も見よ。
レーニン、ウラジーミル・イリイチ　461-462, 479-480
レオ3世　386
レオ8世　487
レオナルド・ダ・ヴィンチ　15
歴史批評学的方法　679
『レビの遺訓』　161
煉獄　118, 425, 522, 653
レント　42, 215, 588, 591, 592-597
レンブラント　627

ろ

ローザンヌ論争　438
ローマ　362-364, 380-383, 660
ローマ・カトリック
　アメリカにおける　469
　イエズス会　109, 415, 441-442, 445, 463, 463-464, 495
　位階的な教会運営　512
　解放の神学　462, 503-506, 667, 670
　火葬と　340-342
　カトリック宗教改革　414-415, 503
　神の機関としての教会　512
　韓国における　497-499
　旧約聖書と　124-125
　教会の教導職　512-513
　教皇至上主義　470-472
　教皇の権威　392, 424, 470-472, 522
　近現代　468-472
　今日の形態　509-514
　サクラメント　319-325, 513-514
　司教団　487
　実体変化　324-325
　宗教改革と　437-446
　十字架の道行きの留　594-595
　修道院制　373-376, 392-393, 514
　処女マリアの地位　514
　職権濫用の撲滅　441
　神秘主義　443-446, 624
　スターリンによる弾圧　480
　聖職者　513
　聖人の役割　426, 514
　宣教　468
　葬式の礼拝　563-565
　第1ヴァチカン公会議　470-472, 512
　第2ヴァチカン公会議　209, 335-336, 441, 485-488, 510-513, 522, 585, 662
　中国における　495-497
　典礼　513, 565
　トリエント公会議　94-95, 408, 414-415, 426, 440-441, 443, 512
　の復活　437-440
　ラテンアメリカにおける　503-506
　霊性　443-446, 624
　ローマと　512
ローマの歴史家　11-12, 25, 27, 286
ロゴス　516, 679
ロザリオ　400
ロシア革命　343, 461, 476, 478-481
ロシア正教会　385, 514-515, 560-561
　→「東方正教会」の項も見よ。
ロゼッティ、ダンテ・ガブリエル　180
ロック、ジョン　450-452
ロビンソン、ジョン　429
ロマネスク様式　631, 633
ロルフ、ジョン　434
ロンバルドゥス、ペトルス　224-225, 321, 339-340, 390

723

『命題集』 224, 321, 339, 390

わ

ワーズワース、ウィリアム　649, 650-651
ワッツ、アイザック　573

アリスター・E・マクグラス（Alister E. McGrath）　1953年、北アイルランドのベルファストに生まれる。オックスフォード大学で化学と生物学を学ぶ。若くしてマルクス主義に傾倒するが、在学中にマイケル・グリーンの影響でキリスト教を再発見する。1977年、分子生物学で博士号を取得。また同大学から神学博士号を受ける。オックスフォード大学ウィクリフ・ホール前学長。現在、同大学神学部歴史神学教授（ハリス・マンチェスター・カレッジ）。著書：『ルターの十字架の神学』『神の義——義認についてのキリスト教教理の歴史』『宗教改革の思想』『カルヴァンの生涯』『教理の発生』『近代ドイツ・キリスト論の形成』『科学と宗教』『科学的神学』『キリスト教の将来』『キリスト教の霊性』『十字架の謎』『キリスト教神学入門』『神学のよろこび』『キリスト教の天国』『キリスト教神学資料集　上・下』『キリスト教思想史入門』など多数。

訳者
本多峰子（ほんだ・みねこ）　1989年、学習院大学大学院博士後期課程修了、文学博士（イギリス文学専攻）。現在、二松学舎大学国際政治経済学部教授、日本基督教団横浜上倉田教会伝道師。著書：『天国と真理——C. S. ルイスの見た実在の世界』、The Imaginative World of C. S. Lewis．訳書：J. ポーキングホーン『科学と宗教』、『自然科学とキリスト教』、W. バークレー『助けと癒しを求める祈り』、A. ギルモア『英語聖書の歴史を知る事典』、S. T. デイヴィス編『神は悪の問題に答えられるか——神義論をめぐる五つの答え』、A. E. マクグラス『キリスト教の将来』、『十字架の謎』、『キリスト教の天国』など多数。

装丁：桂川　潤
編集・ＤＴＰ制作：雑賀編集工房

アリスター・E・マクグラス
総説　キリスト教──はじめての人のためのキリスト教ガイド

2008年6月25日　第1版第1刷発行　　　　　©2008

訳者　本　多　峰　子
発行所　キリスト新聞社

〒162-0814　東京都新宿区新小川町9-1
電話 03(3260)6445
URL. http://www.kirishin.com
E-Mail. support@kirishin.com
印刷所　文唱堂印刷

Printed in Japan

アリスター・E・マクグラス
総説 キリスト教――はじめての人のためのキリスト教ガイド（オンデマンド版）

2019年3月15日　発行　　　　　　　　　　　　©2019

訳　者　本　多　峰　子
発行所　キリスト新聞社
〒162-0814　東京都新宿区新小川町9-1
電話 03(5579)2432
URL. http://www.kirishin.com
E-Mail. support@kirishin.com
印刷所　デジタル パブリッシングサービス

ISBN 978-4-87395-726-5　C3016（日キ販）　　Printed in Japan